中国の少数民族教育と言語政策

【増補改訂版】

岡本雅享
Okamoto Masataka

涼山イ族自治州開元イ族郷の子どもたち（1994年10月撮影）

社会評論社

はじめに

現行の中華人民共和国憲法（一九八二年）は、序言で同国が多民族国家であることを謳い、第四条で各民族の一律平等、民族区域自治の実行や各民族語・文字の使用と発展の自由などを定めている。実際、人口一〇億四二五〇万人の漢族（一九九〇年）も二三〇〇人あまりのロッパ族（同年）も等しく民族として公認し、一九九八年現在、民族自治地方として五自治区、三〇自治州、一二〇自治県・旗が置かれている。延辺朝鮮族自治州や内モンゴル自治区へ赴くと、漢語と民族語で併記された看板を町のあちこちで見かけ、旅行者に新鮮な印象を与える。看板ほど目に触れやすくはないが、一九八〇年代末の段階で一七種の民族文字で八四種の新聞が、一一種の民族文字で一五三種の定期刊行物が発行され、中央人民放送局で五種類の民族語、地方レベルでは合計一五種類の民族語によるラジオ放送も行われている。また一九九五年現在、全国に民族小学校が二万二七五八校、民族中学が二九六五校あり、その前年の統計では二九種類の少数民族語が学校教育で用いられ、小中学校約一万六千校が少数民族語と漢語の二言語教育を行っており、その対象は二三民族の小中学生約六〇〇万人に及ぶという(1)。このほか民族教育を専門に扱う行政機関もあるし、人民代表の選出、計画出産（一人っ子政策）の緩和、進学、民族地区補助費の分配などの点で、少数民族に対する特別措置も講じられている。

こうした事象のゆえに、日本のマイノリティ問題に関わる人々の間では、中国の少数民族政策は優れており、学ぶべきだという評価がなされてきた。例えば一九七〇年代後半、モンゴル族や朝鮮族地域を取材した石川昌氏（一九七八年）は「中国の少数民族政策の方向に、日本として学ぶべきことが多いと感じた」「漢族主導型の少数民族政策の中に、漢族の利益を犠牲にしても……という傾向すら感じさせる(2)」と述べている。また在日朝鮮人社会・教育研究所の座談会（一九八九年）は、「いくつもの民族が共存する社会の進んだ例」として中国を取り上げ、民族自治区では「外国との外交条約を締

延辺朝鮮族自治州の街角

結する権利以外、すべての自治を認められ」ており、「中国の少数民族制度と自由主義国のスウェーデンの外国人保護政策は共通するものがある」と評している。(3) かくいう筆者が中国の朝鮮族、在ソ朝鮮人、在米韓国人などの状況に関心を抱いたのも、これらの国では朝鮮民族の社会的地位が比較的高いという情報を基に、在日韓国・朝鮮人の社会的地位が高くないのは、朝鮮民族の民族性ゆえではなく、日本社会にこそ問題があるのだと示したいという思いからだった。

しかし中国の場合、法律はこう定めている、政策はこうなっている、民族学校は何校あり……といった政府の公的立場やハード面の情報は、対外的にも積極的に流される一方で、ソフト面の状況――現場での実施状況や具体的な反響、成果、当事者達の思いなど――は、不思議なほど伝わってこない。

また一九八九年の天安門事件は、中国社会に無知な筆者にも一つの疑問を突きつけざるを得なかった。この事件の後、ある著名なアイヌ民族の活動家が講演の中で「中国は少数民族政策だけは優れているようだ」と述べたが、そんなことがあり得るのだろうか、あり得るならそれはなぜか。そもそも中国のマイノリティ政策はどんな理念に基づいているのか。

少数民族文字による雑誌

民族的マイノリティの権利保障の中で、民族語の使用や民族文化、歴史の継承を目指す民族教育は重要な要素である。本書はこの点を中心に、中国の少数民族が置かれている状況とマイノリティ権利保障の実態を明らかにしてみたいと思う。具体的には少数民族の言語、教育をめぐる実状を、新式学校教育が始まった一九世紀末頃から一九九〇年代にかけて、民族ごと、あるいは地域ごとにとらえる。中でも民族語による教育や、それと漢語との二言語教育に焦点をあてたい。その際、法律が具体的にどう機能し、使われているのか？　二言語教育のための教科課程がどう組まれ、教科書がどうつくられ、どのような教授法をとっているのか？　行政指導者の考え、子どもや父母、教師の思いはどうか？　民族語による新聞、雑誌やラジオやテレビ放送もあるというが、どのくらいの広がりを持つものか？　部数や頻度、内容、実際の視聴率や効果はどうなのか？——といった点に注意しながら検証することにする。

実は、中国内でもこうした少数民族教育の実状を、細部（ミクロ）と全体（マクロ）の双方から検証し、体系的かつ詳細にまとめあげた本は存在しない。地方の実状や個別の民族に関しては、ある程度まとまったものもあるが、それが中国少数民族教育全体の中でどのような位置づけにあるのか、今一つ見えてこない。細部と全体の双方から解明するに足る十分な情報を網羅的に集め、検証することが容易な作業ではないからだろう。本書では各種資料の中に断片的に散在する情報を組み合わせ、つなぎ合わせることで、有機的な全体像をつかもうと試みた。

そういうわけで本書は、この分野では類のない初めての試みとなったが、おかげでこんなに分厚くなってしまった。書店から持ち帰られる読者のことを思うと、まことに申し訳なく思う。ただ文章自体は、頭から終わりまで通して読まねば意味が分からないようなつくりにはしていないので、興味のある所から（だけ）読んでいただいて構わない。マイノリティ問題はもとより、教育や言語問題、そして中国やアジア研究に関わる方々に幅広く使っていただけるよう、内容には広がりをもたせたつもりだし、資料には特に力を入れた。ほとんどは筆者が研究を進める中で、実像を分かりやすく捉えるために必要な地図や統計を、ぶつかるたびにオリジナルでつくり出していったものである。今後中国の少数民族問題を研究しようとするあらゆる人に、きっと役立てていただける資料になったと思う。

＊

本書は二部からなる。第一部は総論であり、国家が少数民族に対して行う教育――本書では少数民族教育とよぶ――を中心にみていく。第二部では、それぞれの民族が自らの言語や文化を維持するために行う教育――本書では民族教育とよぶ――にできるだけ光をあてながら、民族や地域ごとの実状を明らかにしていきたい。

中国の地方レベルでの民族教育を捉える場合、主に二つの方法が考えられる。一つは、省・自治区、自治州、自治県など行政単位で見ること。もう一つは民族ごとにみる方法である。ウイグル族のように、人口のほとんどが一つの自治区内に集中しているような（一九九〇年現在で九九・七％）場合、また中国内総人口が数千から数万人の民族で、一つの自治県に住んでいる場合、前者と後者の視点は合致するが、多くの民族は省や自治区の境界で分けられ、「分散」している。特にモンゴル族や満洲族は、かつて広大な領域を支配した歴史的経緯から、現在もかなり広い地域にわたって住んでいる。

行政区ごとに捉えると、その行政区の少数民族政策や重点、行政区内の各民族の関係などがみえてくる。民族ごとに捉えると、同じ民族の言語や教育をめぐる状況が、住んでいる行政区が違うことによって、どう異なっているかがみえてくる。後者の場合、その民族が自治民族である民族自治地方と、別の民族が自治民族である民族自治地方、民族自治地方ではないが少数民族の多い省、それらの都市部、漢族地域などに分けてみることで、民族区域自治を根幹とした少数民族政策の機能と特徴もみえてくる。

本書では、モンゴル族、朝鮮族、チベット族、イ族については、民族を単位として見る視点で捉え、その他については行政区を単位として捉えることにした。特に前三者の場合、後述するように、それぞれ八省区、三省、五省区間の民族語による教科書の編さん協力機構があり、教科書面では比較的に民族内部の一致性が高いといえる。

＊

本書のベースになっているのは、一九九一年九月から九三年二月までの中国留学で得た見識や資料である。この一年半のうち約八ヵ月は、ほとんどゼロから始める漢語学習に当てねばならなかったが、のべ三ヵ月は少数民族教育（特に二言語教育）に関する現地調査に費やし、延辺朝鮮族自治州（延吉市）、雲南省（昆明市、路南イ族自治県）、内モンゴル自治区（フフホト市、トゥメッド左旗）、新疆ウイグル自治区（ウルムチ市、イリ・カザフ自治州、カシュガル市）を訪れ、研究機関、行政機関の担当者との面談、授業参観、資料収集などを行った。

また一九九二年九月から翌九三年二月までは、中央民族学院（九四年以降「中央民族大学」と改名）の民族語言三系に所属し、中国少数民族二言語教育を課題とする研究を授業、文書資料を中心に行った。この間、モンゴル族、朝鮮族、エヴェンキ族、イ族、満洲族、ミャオ族、リー族、ペー族、回族など少数民族及び漢族の研究者と交流し、各地の民族教育、二言語教育の状況を聞いたり、図書館で各種資料を閲覧したりした。

帰国後は一九九四年一〇月、部落解放研究所の訪中団に加わって四川省の涼山イ族自治州と成都市を訪れ、西南民族学院や四川省民族研究所の研究者らと面談する機会も得、一九九八年三月には、文部省科学研究費補助金による平成九年度国際学術研究で、雲南省のタウホーン（徳宏）タイ族ジンポー族自治州を訪れる機会も得た。

本研究はこうした現地における調査・研究とその中で収集・閲覧した資料に基づいているが、そこにはいくつかの限界があることを断っておかねばならない。第一に、筆者が留学中現地調査に訪れた少数民族地域は、前述した延辺、雲南、内モンゴル、新疆だけで、それ以外の地域については、専ら文書資料と北京の研究者、行政担当者らから聞いた話によっており、資料的な弱さがある。また現地調査をしたといっても、都心部を中心に動き、都市部以外の教育の現場を、ほとんど直には見ていない。貧乏留学生（一年半の経費は、計約九〇万円――うち学費、宿舎費が約六〇万円――で、しかも一部は借金し、帰国後働いて返さねばならない状態だった）の個人調査では、現地の関連機関に交通の便をはかってもらうことも、自分で車をチャーターして行くこともできなかった。限られた費用と時間の中では、現場をよく知っている現地の研究者から実状を聞いたり、現地でしか入手できない資料の収集に主眼を置くのが最善の策であった。

第二に、筆者の現地調査は、ほぼ漢語で行ったものであり、少数民族語で面談を行っていない。中国側の資料も、朝鮮語の資料を除けばすべて漢語のものである。内モンゴルで現地調査をしていた時、「モンゴル語の資料の中にいいものがいくつかあるのだが」と言われたことがある。民族語で書かれた資料には漢文で書かれた資料とは違ったニュアンスがあると思われるが、それを使っていない。漢族研究者や少数民族の中で漢語で論文を執筆できる者の視点からの資料に偏り、民族語で語り、文章を書く人々の意識が調査、文書資料からもあまり拾えていない。これも、ほとんどゼロから始めた漢語学習期間も含めて一年半という滞在期間の中では、まず「族際語」漢語の能力をより強化するのが賢明と思ったからだ。

ただその反面、一年半の留学生活を通し、中国で一般の人々と共に暮らす中で、法律とは別の社会のルール、資料の裏にある人々の意識を一部肌身で知ることができた。中でも中央民族学院での研究生活や現地調査では、経済力も権威もない筆者は、汽車の切符や資料を入手するのに、中国人の一般研究者と同じように、つて、コネ、人付き合いを通して、また自分の足を使わねばならなかったが、そのお陰で「外国人だけど、（大使館や企業で働いていたり、観光や語学留学で来ている）外国人とは違う」と、胸のうちを語ってくれる人も多かった。昆明まで五四時間、ウルムチまで七二時間の汽車の旅では、飛行機で飛び越えてしまっては見えないもの、感じられないものを見ることができた。これらはデータにはならないが、その感覚を頼りに検証を進めたことは、本書の強みになっていると思う。

［注］

（1）張愛英「大力発展民族教育事業　促進民族共同発展」『民族教育研究』一九九四年第四期、一八頁。

（2）石川昌「中国・吉林の朝鮮人――少数民族政策と日本――」『季刊三千里』第一五号、一九七八年秋、二〇六～二一三頁。

（3）在日朝鮮人社会・教育研究所編『帰化』晩聲社、一九八九年、六一、七三頁。

凡例

1　本書に登場する人名、地名などの固有名詞は、モンゴル語はフフバートル氏（和光大学人間関係学部兼任講師）、ウイグル語は新免康氏（アジア・アフリカ言語文化研究所助教授）、チベット語は石濱裕美子氏（早稲田大学教育学部専任講師）、シボ語は楠木賢道氏（筑波大学歴史・人類学系専任講師）にご教示いただき、できるだけ原音に近い形でカタカナ表記することができた。厚くお礼申し上げたい。朝鮮語のものは漢字で表記し朝鮮語読みのルビをふり、漢語については編集作業の都合上、主要な人名、地名にルビをふるにとどめざるを得なかった。各省、民族自治地方の読みは、五五～五七頁の表D（中国民族自治地方一覧）をご参照いただきたい。なお表記をめぐっては、モンゴル人の「グンセンノロブ」は、名の由来に従ってチベット語読みすれば「グンサンノルブ」になるなど、関係者の間でも見解の違いがあるが、本書では先に挙げた方々に、それぞれの言語の表記を一元的にお任せし、統一を図った。ご了承をいただきたい。

2　地名については、本来民族語であり、日本である程度知名度の高いものはカタカナ表記のみにした（フフホトなど）が、そうでないものは、できるだけ初出で漢字表記を（　）で添えるようにした〔タウホーン（徳宏）など〕。漢語の地名が行政区の公式名称で、別に民族語の名称がある場合は、後者を（　）で添えるようにした〔玉樹（ジェクンド）など〕。

3　中華人民共和国が公認する五六民族は、同国の呼称に従って「～族」と記した。中華民国期については、国の施策の範囲内で行われる教育を扱う場合などは「～族」を、個々の民族が独自に行う教育などでは「～人」「～族」を使うなど、適宜使い分けた。

4　漢語の文献を引用する際、工作（事業、作業）など日本語と表記は同じで意味が違うものは、誤解をさけるため極力日本語に訳したが、漢語を解する読者の便も考えて、法規や会議の名前は原文も生かすようにした。

5　日本語には個々の言語の話し言葉と書き言葉を区別した言い方は一般的になく、双方を含んで言語という。英文、漢文という表現はあるが、日本文、朝鮮文などとは言わない。いっぽう漢語には、漢語、漢文、漢語文といった表現がある。「語言」は話し言葉のみを、「文」は書き言葉のみを、「語文」は書き言葉あるいは話し言葉と書き言葉の双方を含む概念である。そのため日本語に訳す場合「語言」は言語と訳せるが、「語文」は文語に相当する場合もあれば、言語に相当する場合もある。学校の教科目言語の名称は「漢語文」「朝鮮語文」など「語文」と称する場合とチベット文、リス文、イ文など「文」と称する場合がある。前者は日本の国語の授業と同じようなものと考えてよい。後者は、口語と必ずしも一致しない文語を教える場合や、新しく創った文字などの読み書きを学校で教える場合などに使われる。本書では、会議や公文書の名称などで「民族語文」をそのまま用いる場合があるが、それ以外はできるだけ民族語と訳した。

中国の少数民族教育と言語政策＊目次

第一部　総論——教育、言語からみた中国のマイノリティ政策

第一章　五五の少数民族と民族区域自治——27

第四章 現代中国の少数民族語政策——121

第二部　中国各地、各民族の民族教育

第一部　総論

――教育、言語からみた中国のマイノリティ政策

第一章　五五の少数民族と民族区域自治

一　中国の少数民族

中華人民共和国は現在、五五の少数民族を公認している。その人口は、一九九〇年の第四回人口センサスで約九〇四五万人、中国総人口の八・七%を占める。「少数」民族といっても一〇億を超える漢族との関係においてであって、チワン族（約一五五〇万人）など九つの民族がそれぞれ四〇〇万人以上の人口をもつ。逆にロッパ族（二三〇〇人余）など人口一万人以下の民族も七つある。

表Aは、この五五の少数民族を言語的な系統にしたがって分類し、それぞれの特徴をまとめたものだ。一口に少数民族といっても、アルタイ語族やインド・ヨーロッパ語族、漢・チベット語族、南アジア語族、マライ・ポリネシア語族とずいぶん違うことが分かる。またその地理的背景が示すように、漢族をマジョリティとする中国の領域内に置かれた少数民族の多くは、東アジアとは風土の違う中央アジアや北アジア、南アジア、東南アジア世界に属しながら、漢族地域を核とする同国においてそれを取り囲む形で存在している。民族自治地方の配置を示した**地図A**（五四頁）から、その様子がうかがえるだろう。漢族地域からみれば辺境と映る、国家領域の周縁部に住むこれら少数民族の中には、隣接する国との国境で同一民族が分かたれているものも多く、五五少数民族のうち三四の民族は中国国境外に同じ民族が住んでいる。

宗教についてみれば、チベット族やモンゴル族などがチベット仏教、ウイグル族や回《フイ》族などがイスラーム教、タイ族などが上座部仏教を主に信仰する他、キリスト教、道教なども信仰され、トムバ教などシャマニズムも多い。農耕、遊牧、狩猟民族に分かれる一方、近年は都市に住む少数民族も年々増えており、生活用式に根差した習慣、価値観も様々で、時には抵触しあう

表A　中華人民共和国の五五少数民族

本書の民族名	自称	漢語表記	中国内人口（一九九〇年）	●自治区 ◎自治州 ○自治県	中国外に同一民族が住む	中国以外の居住国	中国外での呼称	備考（他称、主な居住地、信仰宗教など）
朝鮮族	チョソン	朝鮮	一九二万〇五九七	◎○	○	韓国（四二〇〇万）、北朝鮮（二一〇〇万）、日本（九〇万）、ロシア連邦（一五・五万）、ウズベキスタン（二二万）、カザフスタン（一一万）、クルグズスタン（一・一万）、米国（一〇〇万）	韓（ハン）、朝鮮、高麗（コリョ）、カレイツイ、コリアン	吉林、遼寧、黒龍江、内モンゴル
満洲族	マンジュ	満	九八二万一一八〇	○				
シボ族	シボ	錫伯	一七万二八四七	○				新疆、遼寧、吉林
ホジェン族	ホジェン、ナチ、ナベイ	赫哲	四二四五		○	ロシア連邦（一・一万）	ナナイ	黒龍江
エヴェンキ族	エヴェンキ	鄂温克	二万六三一五	○	○	ロシア連邦（二・八万）	エヴェンキ	他称・旧称としてソロン、ヤクート、ツングース
オロチョン族	オロチョン	鄂倫春	六九六五	○				シャマニズム
モンゴル族	モンゴル	蒙古	四八〇万六八四九	●◎○	○	モンゴル国（一九〇万）、ロシア連邦（ブリヤート三五万、トゥヴァ一八万、カルムイク一四・七万）	ブリヤート・モンゴル、カルムイク、トゥヴァ	チベット仏教
ダウル族	ダウル、ダグール	達斡爾	一二万一三五七	○				内モンゴル、黒龍江、新疆
東郷（トンシヤン）族	トンシャン	東郷	三七万三八七二	○				他称＝蒙古回回、東郷蒙古人。甘粛
保安（ボウナン）族	ボウナン	保安	一万二二一二	○				イスラーム教、甘粛
土（トゥ）族	モンゴル、チャガーン・モンゴル	土	一九万一六二四	○				チベット仏教、青海
ユーグル族	ヤオフル、シーラ・ユーグル	裕固	一万二二九七	○				チベット仏教、甘粛

（土族・保安族・東郷族・ダウル族・モンゴル族）モンゴル語群
（オロチョン族・エヴェンキ族）ツングース語群
（ホジェン族・シボ族・満洲族）満洲語群
（朝鮮族）朝鮮語

モンゴル語派
ツングース・満洲語派
？

サラール族	サラール	撒拉	八万七六九七	○				イスラーム教、青海、甘粛
ウイグル族	ウイグル	維吾爾	七二一万四四三一	●	○	カザフスタン(一八・五万)、クルグズスタン(三・七万)、ウズベキスタン(三・一万)、アフガニスタン、パキスタン	ウイグル	イスラーム教、新疆
ウズベク族	ウズベク	烏孜別克	一万四五〇二		○	ウズベキスタン(一四七六万)、タジキスタン(一一九万)、カザフスタン(三三・二万)、クルグズスタン(五六万)、トルクメニスタン(三〇万)、アフガニスタン(一五六万)	ウズベク	イスラーム教、新疆
カザフ族	カザフ	哈薩克	一一一万一七一八	◎○	○	カザフスタン(六六〇万)、ウズベキスタン(八一万)、トルクメニスタン(四九万)、クルグズスタン、ロシア連邦(六四万)、モンゴル国(七万)、タジキスタン(一・一万)	カザフ	イスラーム教、新疆
タタール族	タタール	塔塔爾	四八七三		○	ロシア連邦(五六四・四万)、カザフスタン(三一・三万)、クルグズスタン(七・二万)、ウズベキスタン(六四・九万)、タジキスタン(八万)、トルクメニスタン(四万)、モンゴル国		イスラーム教、新疆
クルグズ族	クルグズ	柯爾克孜	一四万一五四九	◎	○	クルグズスタン(二二九万)、カザフスタン(一五万)、ウズベキスタン(二〇万)、タジキスタン(六・五万)、アフガニスタン(一万)	クルグズ	イスラーム教、新疆
タジク族	タジク	塔吉克	三万三五三八	○	○	アフガニスタン(三六四万)、タジキスタン(三一八万)、ウズベキスタン(八〇万)、クルグズスタン(三・四万)	タジク	イスラーム教、新疆
ロシア族	ルースキー	俄羅斯	一万三五〇四		○	ロシア連邦(一億三一〇六万)、カザフスタン(七〇〇万)、ウズベキスタン(一三五・五万)、クルグズスタン(一一八・二万)、タジキスタン(五四・二万)	ルースキー、ロシア	ロシア正教、新疆

スラブ語派　イラン語派
インド・ヨーロッパ語族

チュルク語派
アルタイ語族

チベット族	ボ	藏	四五九万三三三〇	●◎○	○	ブータン、インド、ネパール	シェルパ、プティア	現中国ではツァン（藏）人。民国期はカムパをカム（康）人と表記。
メンパ族	メンパ	門巴	七四七五		○	ブータン（七六・五万）、インド	ドルックパ、チュモ	チベット仏教
ロッパ族	ロッパ	珞巴	二三一二		○		ロッパ	チベット自治区
羌（チャン）族	ユマ	羌	一九万八二五二	◎				四川
プミ族	プィンミ	普米	二万九六五七	○				雲南、四川
イ族	ノス、ニ、ロロポ、ラロプア	彝	六五七万二一七三	◎○	○	ベトナム（二千）、ラオス（二千）	ロロ	四川、雲南、貴州、広西
リス族	リス	傈僳	五七万四八五六	◎○	○	ビルマ（五万）、タイ（三万）	リス	雲南
ナシ族	ナシ（西部）、ナ、ナズ、ナヒ（東部）	納西	二七万八〇〇九	○				他称＝モソ（寧蒗）。雲南、四川
ハニ族	ハニ、ウォニ、アイニ	哈尼	一二五万三九五二	◎○	○	ビルマ（六万）、タイ（三・五万）、ラオス（一万）、ベトナム（一万）	アカ、ハニ（ベトナム）	雲南
ラフ族	ラフ	拉祜	四一万一四七六	○	○	ビルマ（八万）、ラオス（一・五万）、タイ（一・五万）、ベトナム	ラフ、マシャ（他称）	他称＝ムソ。雲南
チノー族	チノー	基諾	一万八〇二一					雲南
ペー族	ペー・ホ、ペー・ツ、ペー・ジ	白	一五九万四八二七	◎○				他称として民家、ラマ、ロボ、レブ、ラホ、ミンキャ。雲南
アチャン族	アチャン	阿昌	二万七七〇八				マインタ（ミャンマー）	上座部仏教、雲南
ジンポー族	ジンポー、ツァイワ、ラウォ、ラツィ	景頗	一一万九二〇九	◎	○	ビルマ（一〇〇万）、インド（一千）	カチン（ミャンマー）、シンポー（インド）	雲南
ヌー族	ア・ヌー、ア・ナン、ア・ルン、ヌ・ス	怒	二万七一二三	○	○	ビルマ（三万）	ヌー	雲南
トールン族	トールン	独龍	五八一六	○	○	ビルマ（五千）	トールン	雲南、キリスト教
土家（トゥチャ）族	ワッカ、ピッカ	土家	五七〇万四二二三	◎○				湖北、湖南、四川、貴州

チベット語群　ロッパ語　チャン語群　イ語群　ビルマ語群　ジンポー語群　ヌー語　トールン語　土家語

チベット・ビルマ語派

漢・チベット語族

苗(ミャオ)族	モン、ムー、モー、コション、ソー、クー・スワン	苗	七三九万八〇三五	◎○	○	ベトナム(四〇万)、ラオス(二一万)、タイ北部、ビルマ	モン(メオ*)	貴州、雲南、広西、四川
瑶(ヤオ)族	ミエン、プヌ、ムン、ラキャ、	瑶	二一三万四〇一三	○	○	ベトナム(四〇万)、タイ(六万)、ラオス、ビルマ、インドシナ半島	ザオ(ベトナム)、マン(インドシナ半島)	広西、広東、湖南、貴州、雲南
ショー族	ショー	畲	六三万三七八	○				
チワン族	プ・チワン、プ・イ、プ・ノン、プ・トゥなど	壮	一五四八万九六三〇	●◎○	○	ベトナム	ヌン、タイー	広西
タイ族	タイ・ルー、タイ・ヌー、タイ・タウ、タイ・ポム、タイ・ヤ	傣	一〇二万五一二八	◎○	○	タイ、ビルマ(二九〇万)、ベトナム(八〇万)、ラオス(一八万)	シャン(ミャンマー)、ターイ(ベトナム)、ルー、タイ・ルー(ラオス)	他称としてパイ・イ(百夷)、上座部仏教。雲南。
プイ族	プ・イ、プ・イョイ、プ・ヤイ	布依	二五四万五〇五九	◎○	○	ベトナム	ボイ、ザイ、(プナ、トウイ)	貴州
侗(トン)族	カム	侗	二五一万四〇一四	◎○	○	ベトナム	トン(自称はニンカム、カムニャン)	湖南、広西、貴州
スイ族	アイ・スイ	水	三四万五九九三	○	○	ベトナム	トウイ	他称として水家、水家苗。貴州
マオナン族	マオナン	毛南	七万一九六八	○				旧表記は「毛難」。広西。
ムーラオ族	リン、チン	仫佬	一五万九三二八	○				広西
コーラオ族	コーラオ	仡佬	四三万七九九七	○				貴州、広西
リー族	ライ、ハ、ケイ、モイ・ファウ、ズン	黎	一一一万九〇〇	○				海南
京(キン)族	キン(ベトナム)	京	一万八九一五		○	ベトナム(五〇〇三万)、ラオス	キン(ベトナム)	ベトナムのマジョリティ、広西
回族	回	回	八六〇万二九七八	●◎○	○	カザフスタン(二・七万)、クルグズスタン(三万)、ウズベキスタン	トゥンガン	イスラーム教

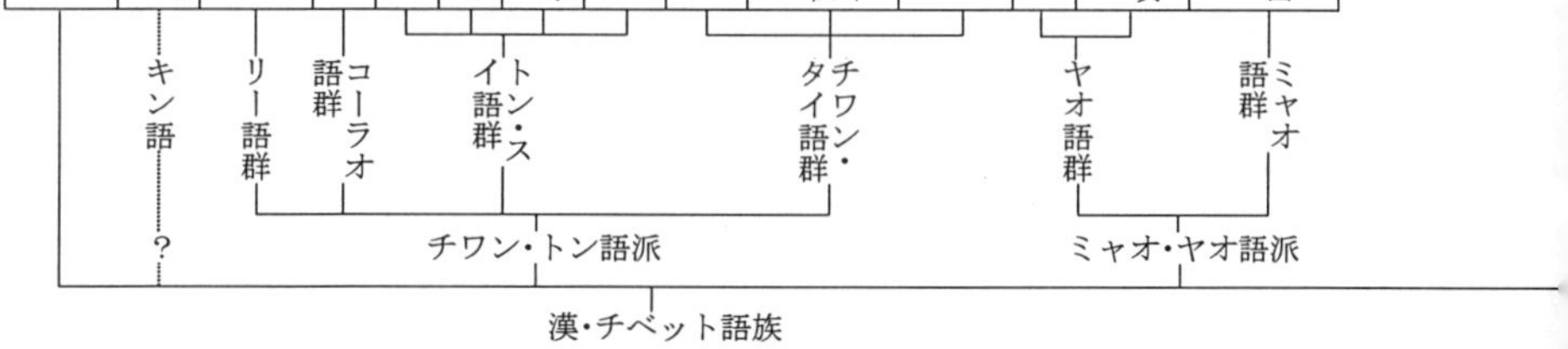

ワ族	ワ、アワ	佤	三五万一九四七	○	○	ビルマ(二〇万)、ラオス(二万)、タイ(一・二万)	ラワ	他称=カワ、アワ。一九六二年にカワからワに変更。雲南。	ワ・ドアン語群―モン・クメール語派―南アジア語族
ドアン族	アン、ニアン、ルマイ他	徳昂	一万五四六二		○	ビルマ(二五万)	パラウン	一九八五年九月二一日、ポンロンから変更。雲南。上座部仏教	ワ・ドアン語群―モン・クメール語派―南アジア語族
プーラン族	プマン、マン、アワ、イワ、ポーランなど	布朗	八万二二八〇	○	○	ラオス、ビルマ(数万)	ワ(プマン)	雲南。上座部仏教	ワ・ドアン語群―モン・クメール語派―南アジア語族
高山(カオシャン)族	アタイヤル、サイセット、ツオウ、ブヌン、ルカイ、パイワン、ヤミ、アミ、ピュマ	高山	二九〇九		○	台湾(三六・五万)	アタイヤル、サイセット、ツオウ、ブヌン、ルカイ、パイワン、ヤミ、アミ、ピュマ	台湾の先住民族。中国内では上海、北京、武漢、福建に住む。	インドネシア語派―マライ・ポリネシア語族

出所　以下の資料をもとに筆者作成。村松一弥「現代中国の少数民族語―その分類と訳名について―」『中国語学』一三二号、一九六三年七月。同『中国の少数民族―その歴史と文化および現況』毎日新聞社、一九七三年。金春子・王建民『中国跨界民族』民族出版社、一九九四年。『世界民族問題事典』平凡社、一九九五年。戴慶厦主編『漢語与少数民族語言関係概論』中央民族学院出版社、一九九二年。同『跨境語言研究』中央民族学院出版社、一九九三年。馬寅主編・君島久子監訳『概説中国の少数民族』三省堂、一九八七年。岩佐昌暲『中国の少数民族と言語』光生館、一九八三年。班弨『中国的語言和文字』広西教育出版社、一九九五年。

注　中国以外の居住国の各民族人口は金春子・王建民、前掲書に基づく。同書で使われている数字は一九九〇年前後の統計とみられる。台湾の先住民族の人口は牟中原・汪幼織『原住民教育』師大書苑、一九九七年、一一〜一五頁。朝鮮語、キン語は語派、語群が未確定。ロッパ語、ヌー語、トールン語、土家語は語群が未確定。ヤオ族のミエン語はヤオ語群、プヌ語はミャオ語群。ユーグル族のアンゴル語はモンゴル語群、ヤオフル語はチュルク語群。

こともある。

　次に政治的権利についてみると、五五少数民族のうち四四民族が民族自治地方をもつ一方、ホジェン、ウズベク、チノー族など一一民族がそれを持っていない。前者の中でもモンゴル、ウイグル、チワン、回、チベット族など漢族地域の省に相当する自治区をもつもの、朝鮮族、カザフ族、イ族など地区に相当する自治州が最高行政機関であるもの、満洲（マンジュ）族、タジク族、ヤオ族などそれが自治県レベルであるものと、三ランクの差がある。

　漢族以外の民族の教育を一まとめにして少数民族教育というが、このように各民族間には教育上も一律に扱えない様々な要素が複雑に入り交じっているのである。

　以上、中国の五五少数民族の特徴をざっと見渡してみたが、先ほどから五五、五五といっている中国の少数民族は、実は初めから五五だったわけではない。中華人民共和国成立後初めて行われた全国人口センサス（一九五三年）では、自己申告に基づいて登録された「民族名」が四百以上にのぼっていた。中国政府は同年からこの四百数種の集団に対する民族識別を開始し、分別、統合することにより現在の五五少数民族を確定したのである。

　本書は中国の少数民族教育や言語政策の実状を明らかにしようとするものだが、中国の少数民族教育は後述するように「五五の少数民族に対して行う教育」であり、それ以外の民族的少数者は民族教育の対象とはならない。ではどのような集団が、どのような経緯で「五五の少数民族」になったのだろうか。中国の少数民族を語る時、通常五五少数民族という枠組みに基づいて議論される。本書も例外ではないが、その前提として前記の点を明らかにしておきたいと思う。

二　五五少数民族の承認

　二〇世紀を振り返ると、国家が領域内の少数民族（national minorities）或は民族的少数者（ethnic minorities）の存在を認めないという問題が、世界の各地で幾つも生じてきた。それは第一に、均質な国民を作り上げることが、より良質な国民国家だとの考えから求められ、少数者の存在は消してしまいたい、少なくとも目立って欲しくはない存在だったからであり、第二に、特に国際連盟の時代に少数民族の保護が国際的取り決めとして確立されてから後、民族的少数者としての承認は往々に、当該集団（に属する個人）に対して特別措置を講じる国家の義務を伴うようになったためである。

　しかし今世紀、逆に政府主導で少数民族の承認を積極的に行ってきた国家群があった。社会主義諸国である。ソビエト社会主義共和国連邦（以下、ソ連）の一九八九年の国勢調査は、一〇二の民族（ナーツイヤ）、民族集団（ナロードノスチ）を記している。[1] ベトナム社会主義共和国は現在五四の民族（ザントック）を認めている。[2] そして中華人民共和国は現在、同国が漢族と五五の少数民族からなる多民族国家であると公言している。

一九八〇年代後半、単一民族国家発言の是非というレベルの問題が議論されていた日本に身を置く筆者には、中国のこの堂々たる言説はとても眩しく、立派なものに見えた。しかし後に中国に留学して、「日本にはいくつの少数民族がいるのか」との中国人からの問いに答えるうちに、中国は逆になぜ五五という固定化された数字を皆口を揃えて言えるのか、不思議に思うようになった。また筆者が、少数民族二言語教育の現地調査で雲南省を訪れた時、南方少数民族自身の間で、民族語ができなくなってもいいという考えが広く存在することを知って驚いた。北方のモンゴル族や朝鮮族の間では、一旦喪失した民族語を取り戻すための教育も行われていることと比べると、南方少数民族の民族的アイデンティティはどうなっているのか、疑問がわいてきたのである。さらに、一つの民族語に分類されている方言どうしで全く会話ができなかったり、逆にある民族の一方言と別の民族の一方言が非常に似ていたり、独立した民族語とされる二つの言語が、実は会話ができるほど近いという奇妙な状態も見えてきた。こうした状況は、それぞれの民族の枠組みが形成された経緯をとらえることによって初めて理解できる部分がある。言語や方言の分類は、民族教育の中で何語で教えるか、何語を教えるかという問題と深く関わってもくる。

以下、五五少数民族という枠組みがどうつくられ、現在どういう人々がこの社会的カテゴリーに包含されているのか、検証してみよう。

1　五族共和から五五少数民族へ

中国で漢族以外の民族が、少数民族と呼ばれる一つのカテゴリーに括られるのは一九二〇年代以降のことである。中国では一九二〇年代前半、「弱小民族」や「小民族」あるいは「異種民族」という言葉で、今でいう少数民族を表現するようになり、一九二四年一月の「中国国民党第一回代表大会宣言」が初めて「少数民族」という言葉を公的に使ったといわれる。中国共産党が「少数民族」という言葉を使い始めるのは、一九二六年一一月の西北軍工作に関する指示からだ。「弱小民族」や「小民族」という表現が現在の「少数民族」に統一されるのは、中華人民共和国成立後のことである。[3]

「少数民族」という言葉はなくとも、少数民族はそれ以前から実体として存在したという見方がある。だが現在の価値観や認識を取り払って考えると、一九二〇年代以前は「少数民族」という言葉がなくて事足りた（必要なかった）のであり、それ以前は漢人以外の集団を一まとめにした少数民族と呼ばれるカテゴリーは存在しなかったし、これら漢人以外の諸集団の教育を少数民族教育という一つのカテゴリーで扱うこともなかったのである。(4) 私達はそのことに注目すべきだろう。

また中華人民共和国成立以前、中国内にどれだけの民族集団が存在するのか、明言できる者はいなかった。中華民国の成立当時唱えられた「五族（漢、満洲、モンゴル、回、チベット）共和」は、**中国で初めて複数の民族の共和という考えを打ち出**したものだが、視点を変えれば、この五民族以外の存在を無視したものだった。(5) 孫文《スンマン》は「五族共和」を唱える前の著作で「中国の民族についていえば総数は四億人であり、その中に入り交じっているのは数百万のモンゴル人、百万余りの満洲人、数百万のチベット人、百数十万の回教のチュルク人にすぎない。そこで大多数の者についていえば、四億の中国人は完全に漢族であるといえる」「我が国の歴史から考えると、漢族が大きくなり、もともと中国の土人であった苗《ミャオ》、瑶《ヤオ》、僚《リャオ》、壮《チワン》などの種族は滅亡する」と記している。(6) 孫文から国民党を引き継いだ蒋介石《ジャンカイシク》は「民族」を「宗族」と言い換え、「私達の各宗族は、実際は同じ一つの民族をなし、同じ体系に属する一つの種族である」「辛亥革命以降、満洲族と漢族は実際すでに融合して一体となり、何の違いも見られない」などとし（『中国の命運』、一九四三年）(7)、種族同化主義をさらに強めた（ただし地域レベルでみれば、コミンテルンの影響を受けた盛世才《ションシーツァイ》政権時代の新疆省が一九三五年、同省は一四の民族からなると定めたという事実はある――第二部第六章を参照）。

これに対し、中国共産党は「（中国の）四億五千万の人口のうち、九〇%以上は漢人である」が、「この他、モンゴル人、回人、チベット人、ウイグル人、ミャオ人、イ人、チワン人、仲家人、朝鮮人など数十種の少数民族がいる」との認識を示し、中華人民共和国成立直前は、雲南に一四〇余種二五〇～三〇〇万人、貴州に八〇余種約一二〇万人の少数民族がいるらしいとの推定もしている。(8) だがその中共にしても、国内に一体どのような民族がどれだけ存在するのか、中華人民共和国成立当時に至っても正確に把握していたわけではない。具体的に挙げられる民族名は、前述した「五族」に幾つかを加えた十数の民族に過ぎなかったのである。

同国成立後、中央人民政府政務院は一九五〇年七月から五二年末にかけて西南、西北、中南、東北、内モンゴルなどの地域へ中央訪問団を派遣し、中共の民族政策を宣伝し、各民族の代表人物と面談し、少数民族の社会調査を行った。そこで「長期にわたり圧迫されていた多くの少数民族が続々と自分たちの民族的出自を公表し、その民族名を告げた」といわれる。(9) この訪問団から一九五三年の第一回人口センサスまでに、「名はその持ち主に従う」との方針で中央政府が把握した「民族」名称は四〇〇余り（雲南一省で二六〇余り、貴州一省で一〇〇余り）にのぼった。

中国政府はこの一九五三年、ショー民が漢族か否か、ダウル（ダグール）人が独立した民族かモンゴル族の下位集団かを決めるべく、それぞれ福建、浙江省と黒龍江省、内モンゴル自治区へ調査隊を派遣し、五四年以降も、雲南、貴州、湖南（トゥチャ族）、四川、湖北、広東、青海、甘粛の各省、チベット、桂西（広西）チワン族自治区に続々と民族識別調査隊を送った。その結果一九五四年の全国人民代表大会第一期第一回会議までに、新たに二九の民族[10]を認め、合計三八の少数民族を確定する。続いて一九五四年から六四年の間にトゥチャ、ショー、ダウル、ムーラオ、プーラン、コーラオ、アチャン、プミ、ヌー、ドアン、キン、トールン、ホジェン、メンパ、マオナンの一五の少数民族を公認した[11]。それにつれて申告される民族名称数は一九六四年段階で一八三に減少し、その後一年間で、七四種の名称の異なる集団が公認済の民族の何れかに編入され、さらに数十種の集団がそれまで登録していた名称を「識別過程で自発的に撤回」したという[12]。一九六五年のロッパ族の認定で少数民族数は五四となり、文革終了後の一九七九年、チノー族が一つの民族として承認され、現在の五五となった。これに伴って一九五三年の人口センサスでは一三八万五七〇二人とされた未識別民族は、一九六四年には三万三五〇八人に減少する。

五五少数民族の名称の幾つかは、一九五〇年代に名づけられたものである。例えば、プイ族は、清代から民国の間、漢人から「仲家」「夷家」「夷族」「水家」「水戸」「土人」「土辺」などと呼ばれていた人々だ。一九五三年八月二四日から二八日、貴州省民族事務委員会が主催した会議で、名称を布依《プイ》族に統一することが提議され、中央人民政府民族事務委員会がこの意見に同意してプイ族という名称が定まった。またスイ族の祖先は漢人から「百越」「僚」「苗」「蛮」などと呼ばれ、清代中期以降「水苗」「水家」と呼ばれ、近代では「仲之水家」「水人」「水家」と呼ばれていた集団である。一九五〇年から一九五六年の間は「水家族」と呼ばれたが、一九五六年一二月二一日、国務院が水家族代表の意見を聴取した上で水《スイ》族と確定した[13]。

ただし、中国の少数民族のすべてが民族識別を経て公認されたわけではない。モンゴル、回、チベット、ウイグル、朝鮮、満洲、ミャオ、ヤオ、イの九民族は、中華人民共和国成立段階ですでに公認されていたし[14]、同国成立後公認された民族の中でも、カザフ族などは民族識別調査の結果、民族として認められたものではなかろう。また第二部で紹介するように、朝鮮族やロシア族は国籍の変更によって、中国内の少数民族となった。

では中国は現在の五五の少数民族をどのような基準で承認し、そこにはどんな特徴が見られるか。次にそれを捉えてみよう。

2　中国共産党の民族承認の方針と特徴—ソ連の影響と独自の路線

中国の民族政策に大きな影響を与えたソ連は、「諸民族の牢獄」と呼ばれる、多種多様な民族を含むロシア帝国の領域を受け継ぎ、かつ欧州から押し寄せてくる「民族自決」の波の直撃を受ける中で、社会主義とナショナリズムという政治目的を両立させねばならない使命を持って生まれたといわれる。そのソ連の民族政策を築いたスターリンは「全東方はわが共和国同盟を（民族問題を実践的に正しく解決するかの）実験農場と見ている」と自任し、アジアとアフリカの植民地諸民族の解放と、エンゲルスのいう「遅れた」「歴史なき民族」を「文明民族」「歴史を担い得る民族」と同列におくという、一九世紀欧州の社会主義にはなかった特有の観点を打ち出した(15)。中国やベトナムが、特に初期段階で積極的に少数民族を承認したのは、そのアピールに心打たれ、歓喜した人々の理想の追求のなせる業だったのかもしれない。

その中国における民族の承認において「民族とは、言語、地域、経済生活、及び文化の共通性のうちにあらわれる心理状態、の共通性を基礎として生じたところの、歴史的に構成された、人々の堅固な共同体」というスターリンの民族定義が与えた影響が大きかったのは言うまでもない。ただし中国共産党は一九三四年一〇月に始まる「長征」の道程で幾多の非漢民族地域を通過し、少数民族の支持を得ることが目前の課題となるにつれ、より現実的な立場から少数民族政策を構築し、実践レベルでは独自の民族承認の基準も適用していくようになった。その契機が抗日戦争期の「回回《フイフイ》問題」といえよう。

中共が延安で民族問題を検討した時、まず最初に回回が一つの民族であるか否かという問題につき当たった。当時共産党員の中には、回回はスターリンの民族定義が示す四つの特徴を持っておらず、民族とみなせないと考える者がいた。しかし党中央は中国の民族の実情に鑑み「これらの特徴が一つでも欠けていたら、それは民族とはいえない」というテーゼに縛られず、回回を一つの民族として認めたのである。後年このことを馬寅《マーイン》（国家民族事務委員会委員、同委員会民族問題五種叢書編集委員会副主任）は、もし中共が当時スターリンの定義をそのまま中国に当てはめていたら、中国の多くの少数民族は民族とみなすことはできなかったのであり、そうしていたら、各民族を団結させて抗日戦争と解放戦争をいち早く勝利に導くことはできなかっただろうと回顧している(16)。

中国は、五五少数民族を中華人民共和国成立時点における「社会発展段階」で①原始社会（オロチョン族、ジンポー族など）、②奴隷社会（イ族など）、③封建社会（モンゴル族、チベット族など）、④近代社会（朝鮮族など）にあったものに分けている(17)が、このうちスターリンの民族定義に当てはめた場合、民族を形成していたといえるのは③と④で、ごくわずかしかない。

同国成立後も前述の方針は貫かれ、一九五三年、中共中央が「過去数年間党が少数民族の中で実施した政策の主な経験の総括について」討議した時、毛沢東《マオザートン》は「科学的な分析は結構だが、政治上はどれが民族で、どれが部族あるいは部落であると区別してはならない」と指示した。そのため中国では、民族を人口の多少、居住地域の大小、社会発展段階と経済的文化的発展レベルの高さによって、民族、社会主義民族、部族、氏族、部落に分けず、歴史的に形成された経済生活、言語文字、文化的特性、民族意識などの面で明らかな特徴がある、安定した人々のコミュニティであれば、すべて民族と称することにしたという。(18)人口約一五五〇万人のチワン族（一九九〇年）も、二三〇〇人余のロッパ族（同年）も均しく民族として承認しているのはそのためである。(19)

こうして中国はスターリンの定義を掲げながらも、実践的には「民族意識」を特に重視し、漢族か少数民族か、同じ民族か違う民族か、少数民族の場合、一つの民族かいずれかの民族の下位集団かを基準として民族識別を行った。(20)

また中国では、特に新しく承認された民族の場合、民族学的調査が少数民族承認の重要な役割を果たしているのが特徴である。例えば一九五〇年、国慶節にミャオ族の代表として参列した湖南省の田心桃《ティエンシンタオ》が、自分はミャオ族ではなく土族《トゥチャ》だと主張したことに端を発した土家族の承認問題では、まず民族調査が行われ、地方政府がその承認に難色を示した時、説得のため繰り返し行われたのもまた民族調査だった。このように中国の少数民族承認にあたって、大量の労力と時間を費やして民族識別調査が行われたのもまた、ソ連の影響だったと思われる。ソ連は数々の政治的実験と誤りを正当化するため、特に生物学、遺伝子学、民族学、言語学の領域での理論構築に熱中し、理論的な整合性にこだわったという。(21) 実際、中国における一九五〇年代の少数民族言語調査や少数民族文字創作は、ソ連の言語学者の指導の下で行われている。

ただし、最終的に民族として承認するか否かの段階では、政治的駆け引きがかなり作用したようだ。黒龍江省のダウル族承認の背景には、同省主席だった於毅夫の積極的働きかけがみられるし、一九七九年にチノー族が一つの民族として認められる根拠となったのは、実質的には「民族自身の願望」だけで、民族識別の報告はチノー族が一つの民族として認められた理由というよりも、むしろ後からつけた説明だったとの説もある。(22)

3　民族の承認と自治地方の設立

中国では一九五〇年代に民族識別調査、少数民族言語調査、少数民族社会歴史調査という三大調査を行っている。少数民族言語調査は、中国科学院と中央民族事務委員会の主導で一九五五年一二月から始まったもので、七つの民族言語調査隊、合計七〇〇人を、一六の省・自治区に派遣した。また少数民族社会歴史調査は、全国人民代表大会民族委員会の主導で、民族学、歴史学などの専門家と民族事業に携わる者達二〇〇人を集めて、一九五六年に始まったもので、内モンゴル、新疆、チベット、雲南、貴州、四川、広東、広西の八つの調査グループをつくり、二〇余りの民族地域で少数民族の調査を行った。一九五八年には甘粛省、青海、寧夏、遼寧、吉林、黒龍江、湖南、福建など八つの調査グループを加え、最も多い時で一〇〇〇人を超える規模の調査が一九六四年まで続けられたという[23]。

国家がなぜこれほど大掛かりな調査をして、民族や言語を分類しなければならなかったのだろう。その一因は、起死回生の長征から抗日戦争、国共内戦の勝利を勝ち取った中国共産党率いる新国家建設の中で、理想の共産主義社会の実現を信じた当時の人々の、今では想像し難いほどの情熱だったのかもしれない。だがもう一つ、よりプラグマティックな要因があった。民族識別が民族事業に関する議題に上ったのは、一九五三年以降のことだったという[24]。文革後に行った報告で費孝通《フェイシャオトン》は[25]、その理由として、(一)当時各級人民代表大会において、どの民族に何人の代表を出させるか、民族自治地方を設立する際、当該地方がいずれの民族の集居地であるかを明らかにしなければならなかったこと、しかしながら、(二)四〇〇数種の民族名称の中には、同じ民族の自称と他称、同じ民族内の異なる支系(下位集団)の名称や同じ民族の異なる漢語の訳名が含まれていたり、自分達が住んでいる地域の地名や自分達の生業を民族名として申告したものなど、一つの民族として認められないものがあったこと、を挙げている。

雲南省を例にみてみると、王連芳《ワンリエンファン》(当時中央民族事務委員会二司司長)[26]は、「解放初期の雲南省は……民族関係も複雑で、少数民族の間には中国共産党に対する懐疑と不信感も強い」という状況下、少数民族の共産党への支持を固める上で大きく作用したのが、少数民族が主体となる自治政府をつくる政策だったと回顧している[27]。当時各民族の代表は、民族民主連合政府(五八頁参照)をつくり区域自治を行うことに強い関心を持っており、連合政府をつくる際、代表達が最も注意を払ったのは委員リストで、民族の居住地域、人口、種類などを熟慮して繰り返し協議することが、首尾よく連合政府をつくる鍵だったという[28]。その雲南省の寧洱専区で一九五一年三月下旬に開かれた民族代表会議には、四二種類の名称の民族(同地区で全部で五〇種類の民族名称が確認されていた)の代表が出席している。現在雲南省に代々住んでいる少数民族は二六とされているから、その倍の集団がとりあえず一つの民族と認められていたことになる。

同じ頃、費孝通は「貴州少数民族の種類と名称問題」(一九五一年二月)の中で、例えば白苗、紅苗、花苗、黒苗、青苗を合わせて一つの苗《ミャオ》族と称するか否か、仲家、水家、洞家、僮家など合わせて一つの民族とするか否か、仡兜族をミャオ族に入れるか否かをめぐって意見が分かれているが、それを決めることによって各民族の人口が変わり、今後民族区域自治地方と連合政府を成立させる時の代表、委員のポスト枠に影響すると述べている[29]。

一九四九年の「中国人民政治協商会議共同綱領」や一九五二年の「民族自治実施綱領」は、民族自治地方の設立を約束しており、一九五四年九月には第一期全国人民代表大会第一回会議が開かれた。こうした点から、民族識別は民族自治地方や人民代表の対象を確定するという政治的権益と密接に関わって行われたことがうかがわれる。

4　希薄な個の尊重

中国における少数民族の権利は、個人的権利ではなく、国家が定めた少数民族という固定的な枠に含まれる人々に、集団を単位として特定の権利を認めるものである。その性質は、民族的出自の承認の仕方にも表れている。二点指摘しよう。

中国では国家が公認していない名称を自己の民族名称として申告することはできない。一九八二年の第三回人口センサスの際は、国務院の人口センサス指導グループが「各民族名称一覧表」を配った。この表には五六民族と未識別民族、外国人中国籍加入者という計五八の名称が連ねられ、それぞれに二桁の数字が付けられており、「第三回人口調査表」の民族記入欄にはこの二桁の記号で民族的出自を記入させた。表中の民族に対する呼称で、地方にこれらと違う呼称があっても表にリストアップした名称に従い、また表の中にない民族名称については、現地の民族事務部門と協議して決めるよう指示したとされる(30)。これについて広西チワン族自治区では一九八二年七月一〇日、「記入報告した者が(国務院が承認した民族名称に)変更したがらない時は、再三教育を行い、それでも変更したがらない者は、登記表の民族欄に『自報(自己申告上)某族』と記入させても構わない。ただし人口センサス作業への影響を避けるため、注記欄に「県以上の人民政府の識別により、実際は某民族」と明記するものとし、統計、通し番号は政府が識別した民族に準ずる」と指示している(31)。

また外国人が中国籍を取得した場合の扱いをみると、「中国公民の民族的出自確定に関する規定」(一九九〇年五月一〇日)の第八条は、中国籍に加入した外国人は、その民族的出自が中国に現存するいずれかの民族と同じか特徴が近ければ、そのいずれかを申請できると規定する(32)。前者は韓国・朝鮮人やロシア人、タイ人が中国籍を取得したような場合を想定できよう。同条は、本規定に照らし、中国が公認する五五少数民族のいずれかを申告した者は少数民族として処遇するという。そのいずれにも該当しない場合は少数民族として認められず「外国人中国籍加入者」という範疇に入れられたままとなる。また同条第三項は、父母の一方が中国人あるいは中国籍を取得後すでに中国のいずれかの民族として申告している場合は、その子どもは中国側の民族を記入するよう定めている。この場合、父母のもう一方が中国の五六民族以外の民族に属する者であっても、子どもはその民族的出自を公認されないことになる。例えば、漢族と非漢民族の外国籍者との間に生まれた子どもは、登記上は漢族とする他ない。

こうした枠組みからもれた未識別民族、外国人中国籍加入者、外国籍のまま中国に生活の基盤を置く人々並びにこれらの人々と漢族の間に生まれた子どもなどの民族的少数者は、少数民族として認められていない。国際人権法におけるマイノリティ・ライツは、個人的権利として位置付けられており、中国政府が一九九八年一〇月五日に署名した市民的政治的権利に関する国際規約（自由権規約）の実施監視機関である規約人権委員会（Human Rights Committee）も、一九九四年四月六日に採択した一般的意見二三で、同規約第二七条がいう民族的、宗教的、言語的少数者（ethnic, religious or linguistic minorities）—漢語では「人種的、宗教的或語言的少数人」(33)—は国民や市民に限定されず、永住者や移住労働者なども含まれるとの見解を示している(34)。この点からも、中国における少数民族は、民族的少数者（人種的少数人）より狭いカテゴリーであることが分かる。中国で五五少数民族という固定化した数字が挙げられるのは、中国が民族自治という、集団を単位として認める権利を少数民族政策の基本に位置付けてきた一方で、個人のアイデンティティ尊重という観念がいまだ希薄なためだと思われる。

以上、中国の少数民族承認について概観した。しかしこの五五少数民族という枠組みには、本書が少数民族教育、特に民族語、民族語による教育を中心に扱う上で留意しておかねばならない点がある。それを以下、いくつかの観点から指摘しておこう。

三　五五少数民族という枠組みに対する留意点

1　曖昧な民族の境界

現在公認されている五五の少数民族を、民族学的立場からみた松本光太郎「雲南省の彝語支諸集団の民族識別をめぐって」は、「実際には同一の言語を話していても二つの民族に分類されていたり、異なった言語を話す集団が同一の民族に分類されている」ことがしばしばあると指摘している(1)。具体的な例を二、三挙げてみよう。

まず前者の例としては、広西チワン族自治区北部のチワン族と貴州省のプイ族が挙げられる。広西と貴州は南盤江を境に行政区分上、南は広西、北は貴州に分けられているが、川の北に住むプイ族と川の南に住むチワン族の自称はいずれもプイで、親類、知人同士の往来もある。ある言語学者から聞いたところでは、チワン語とプイ語は実際上同じ言語だが、民族識別の折、別々の民族とされたので、言語もその既成事実に合わせて分類せざるをえなかったという。現在「チワン語の中で北部方言と南部方言との違いが大きい一方、チワン語北部方言とプイ語は非常に近似している」(2)という言い方がされるが、実際は同じ言葉だというのだ。民族調査が省・自治区ごとに行われ、省・

自治区の境界の両側に住む集団に対する照会が十分になされていなかったため、本来なら同じ民族とされてしかるべき集団が、別々の民族に分けられるに至ったものと思われる。

後者の例としてヤオ族とイ族をみてみよう。費孝通によれば、大瑶《ヤオ》山（現在、広西チワン族自治区の金秀ヤオ族自治県）には名称の異なる五つの集団が住んでいるが、これらは異なる時期に別々の地方から入ってきた本源の異なる人々で、言語も、盆ヤオの言葉はヤオ語に属するが、花藍ヤオの言葉はミャオ語、茶山ヤオの言葉はトン語に近いなど、ひとつの民族と見なしがたい状態だった。しかし当人達がみな自分達はヤオ族であるとの認識を持ち、共同で山の秩序を維持し、外敵の侵入に抵抗してきた社会組織を有しており、（民族識別上）ひとつの民族共同体と承認しないわけにはいかなかったという。(3)

またイ族は雲南、四川、貴州省と広西チワン族自治区内に住むノス、ニス、ラロパ、アシ、ロロポなど百種類以上の異なる呼称の諸集団を統合したもので、一九五四年の雲南における半年間の民族識別調査だけで、四三の異なる他称、自称をもつ種族集団（族体）約三〇〇万人が、イ語を使い、イ族が有する普遍的な特徴にほぼ同じか近いということでイ族と確定されたという。(4) 中国内の分類によれば、イ語は六大方言、二五土語に分かれ、方言間のみならず、同じ方言の土語の間でも会話できないものがある（詳しくは第二部第三章を参照）。一九五〇年代半ばには、ペー族、リス族、ナシ族はみなイ族の下位集団と見なすべきとの意見もあった。(5) 民族が確定された後も「イ族は……もしイ語系統のハニ、ナシ、リス、ラフ、チノー族を加えれば七五五万人となる……現在、イ語を話すこれらの人々は異なる名称の五つの民族と見なされている」として、これら五民族もイ族の範疇に加え得るとの見解も示されている。(6)

民族識別では複数の集団が一つの民族に統合される一方で、その逆にもとは同じ集団に帰属していたものが、別々の民族として認められたケースもある。(7) 例えば保安《ボウナン》族は、一三世紀、現在の青海省同仁県辺りに進駐し、明洪武四年（一三七一年）、保安城に保安堡をつくった、イスラーム教を信仰するモンゴル軍兵士の子孫であるという。保安族とともにモンゴル語族と称される土《トゥ》族（自称「モンゴル」「チャガーン・モンゴル」(8)）、東《トン》郷《シャン》族（他称「蒙古回回」「東郷蒙古人」）などは、元代のモンゴル遠征兵と深い関わりを持ちながら、イスラーム教を信仰したり、周囲の回、漢、チベット、土族の祖先らと婚姻を重ねる中で形成され、一つの民族として認定されたものである。(9) ダウル族はモンゴル族の一部であるという声も、中国内外から聞かれる。

中国では様々な集団が「民族」を意識・形成する必要もなく暮らしてきたのであり、紛争その他の原因で移住や同一集団の分散も多々起こり、周囲の諸集団と接触、混合し合ってきた。中央政府主導による「科学的識別」で、どこで民族の線を引くかは、非常に難しいものだったろう。中国政府は四〇〇数種の集団を五五の少数民族に分けたが、その結果をみると、一つの民族とその近隣民族との境界は曖昧なものがあり、民族内部でも言語、風俗、習慣が随分異なっているものがある。言い換えれば、A民族の下位集団aが同民族の下位集団bより、B民族に分類された下位集団cに近い、といった現象が多々みられる。

馬寅は「夷、蛮、苗といった呼称は、実際は少数民族一般に対する幅広い呼称で、何種類もの民族を含んで」おり、「多くの民族の祖先は共通している」と述べているが[10]、順序を戻せば、昔漢人が夷、蛮、苗、百越、僚などの呼称で捉えていた人々が、何種類もの民族に分けられたのである。各民族間でよく似た伝説や故事、言語、風俗習慣など、同じか似た特徴が見られるのはそのためだ。先ほど、プイ族、スイ族の祖先の呼称を挙げたが、両者で「水家」という同じ呼称や「仲」「水」の文字のつく類似の呼称、またはイ族やミャオ族を想起させる「夷」「苗」という呼称があるのも納得できよう。

2　集団や個人の民族的出自の曖昧さ

広西チワン族自治区は、一九八一年八月から一九八二年七月にかけて民族識別の再調査を行った。その結果、大新県宝圩など三公社のミャオ族（三万四一四一名）、大新県五山、太平、碩龍、三公社のヤオ族（一二二五人）、崇左県那隆公社の九大隊、駄盧公社の二大隊のヤオ族（一万〇二八〇名）などは、実はチワン族だったことが「判明」した。興味深いのは、調査の時に現地の幹部や住民達が一様に「解放前は自分達が何民族か全く知らなかった」と回顧し、また一九五二年桂西チワン族自治区が成立した時、はじめて民族的出自を知らせなければならないことを聞いたと語っていることである[11]。

例えば大新県のミャオ族の場合は、一九五二年の代表大会[12]で、天等、隆安、崇左などの県代表が、自分たちの県の小明山一帯に沿って住む少数民族はヤオ族だと言い、大新県の県長が大新県の小明山一帯に沿って住む少数民族もヤオ族に違いなく、ベトナム辺境の宝圩、下雷、碩龍一帯の民族はミャオ族に違いないとしたため、ミャオ族となったという[13]。また漢族と識別された防城各族自治県灘散公社那峒大隊の余を姓とする住民（自己申告では満洲族、九二人）の場合は、北京で開かれた全国少数民族代表座談会に出席した那峒民族郷の代表が、帰郷後、姓が余である人々に「今回北京へ行って姓が余の代表はすべて満洲族であることを発見した。だから余を姓とする者の民族的出自を漢族とするのは誤りで、満洲族に変更すべきだ」と語り、この話を聞いた余姓の人々はそれを信じ、自分は満洲族であると思うようになったという[14]。

解放後、「長期にわたり圧迫されていた多くの少数民族が続々と自分たち民族の存在を承認するよう要求した」という[15]が、どうもそうとばかりはいえないようだ。前述の事例から、一九五〇年代、それまで民族を意識する必要のなかった人々が、政府に自分達が何民族であるか報告しなければならなくなったことで初めて「民族」問題に触れ、各地の代表が確たる裏付けのない推量、憶測で何民族と見なしたことで、その後三〇年近い間の民族的出自が決まっていたという状況がうかがえる。

一九九〇年代に入っても、当事者たちが国家の分類した民族のうち自分がどれに属するか、よく分かっていないことを物語る報告がある。一九九〇年の第四回人口センサスで、貴州省には京族《キン》（一六世紀初頭にベトナムから移住し、広西チワン族自治区の防城各族自治県に住む）、土族《トゥ》（青海省の互助トゥ族自治県に住む）、黎族《リー》（海南省に住む）が少なからず登録された。しかし民族的特徴の上で本来のキン族、リー族、トゥ族と関係も共通点もなく、南京《ナンキン》、里民《リーミン》、土辺《トゥビエン》との呼称をもつ人々が、キン族、リー族、トゥ族と間違って報告したものといわれている。また一部地域のプイ族は、国家が公認したプイ（布依）という呼称ではなく、夷家《イージャー》、土家などの呼称を使い続けており、民族的出自をイ族、トゥ族、トゥチャ族などと「誤って」申告していることが多いともいう(16)。イ族の間で解放後イ族としての民族意識がどこまで深化しているか定かでなく、彝《イ》という民族名は未だ完全に定着していないという指摘もある(17)。

いっぽう中華人民共和国成立後、当人達が民族意識を明確に持ち、民族的出自を明らかにしながら、現地の幹部、末端行政機関などがそれを認めず、漢族と報告されていたケースもある。貴州省思南県では、一九五三年の人口センサスの時、文家店、孫家壩などの地域で住民が自分達はミャオ族だと主張したが、人口センサスを担当した県の指導者が「一つの県の中に何種類もの民族がいるのは、党の民族政策を実施する上で不便だ」と考え、全部漢族として報告した(18)。また湖南省懐化などの地区では、漢族幹部の中に「解放を迎え、共産党と人民政府の指導の下、漢族も少数民族も皆同じになった」と考える者がおり、ミャオ族やトン族としての出自を認めなかったという(19)。湖北省の洪湖市新河郷に住む陸を姓とする住民（一九八〇年代後半で、四一五〇人）は、一九六四年の第二回人口調査の際、モンゴル族と自己申告したが、人口登記担当機関が「すでに漢人化している」ことを理由に認めなかった(20)。

差別や迫害を恐れて自分の民族的出自を隠していた人々もいる。欽州県板城、大洞公社のチワン族は、土地改革の中で民族的出自を登記させられた時、チワン族と報告したら差別されると思って、みな漢族と報告したという(21)。トゥチャ族の中にも、一九五〇年代の民族調査の時「トゥチャ族だと明かしたらひどい目にあったり、不利益を被ることになる」などといって、トゥチャ族としての民族的出自を認めたがらない者がいた(22)。満洲（マンジュ）族の場合は、民族的出自を隠していた人は特に多い。清朝末期以来の潜在的「排満」意識が左傾路線に伴って表出し、一九五七年の反右派闘争では、全国政治協商会議の委員や著名な文化人らが次々と右派のレッテルを貼られ、一九六六年に始まった文化大革命（十年動乱）の間は、満洲族であるというだけで一般の人々も「封建家庭の出身」として迫害された。漫才界の大家、侯宝林《ホウバオリン》が自分は満洲族だと明かしたのは、文革後の一九八〇年だったという(23)。

こうした問題があったがために、一九八〇年代、以下に述べる二〇〇〇万人に及ぶ民族的出自の回復・変更という事態が生じたのである。

3　二千万人に及ぶ民族的出自の回復・変更と漢語を話す少数民族の増大

張天路主編『中国少数民族社区人口研究』の推計によれば、一九七八年から一九九〇年の間で、民族的出自を少数民族に変更した者は約二〇〇〇万人（同時期の少数民族人口増加数の五〇〜六〇％）にのぼる(24)。例えば内モンゴル自治区では一九八二年の上半期だけで、モンゴル族へ三〇万九三〇〇人（人口調査時のモンゴル族人口の一二・四四％）、満洲族へ約一二万五五〇〇人など、計約四五万人が民族的出自を変更し、漢族が二三万七六〇〇人減った(25)。

中華人民共和国の第一、第二、第三、第四回全国人口センサスにおける各民族の人口の推移をまとめた表Bを見ると、朝鮮族を除くすべての少数民族の人口増加比が漢族のそれを上回っており、特に一九八二年から一九九〇年にかけてトゥチャ族、ミャオ族、コーラオ族、満洲族などの人口が不自然に増えていることが分かる。

次に一九八〇年代、これら民族の自治県になった地域の、一九八二年と一九九〇年の民族別人口と比率をまとめた表Cをみると、総人口が自然増加の範囲内で増えている中、漢族人口が激減し、少数民族人口が激増している状況が顕著に表れている。

ロシア族やキン族（ベトナムのマジョリティ）の人口変動は、国境を越えた移住、及びその結果としての中国籍取得が大きな原因だと思われる(26)。またマオナン族やペー族などの場合、一九八〇年代の民族識別で、未識別民族の幾つかがこれら民族の下位集団に併合されたため、人口が増加したという要素が大きい(27)。しかし表Bや表Cでみた各民族人口の不自然な動態や一九八〇年代の少数民族人口の激増をもたらした最大の要因は、民族的出自の変更であり、それに少数民族に対する出産制限の緩和が加わったためだと考えられる。漢族と少数民族との結婚が増えて、その間に生まれた子どものほとんどが少数民族として登録するようになったため、相対的に増えたという原因もあろう(28)。

この民族的出自の回復・変更がどのように行われたのか、以下、その状況、要因や社会的影響をみてみよう。

（1）一九八〇年代の推移

文革以降、湖南、遼寧、貴州、河北省などで民族的出自の回復・変更や、一つの民族としての承認を求める声が次々に上がってきた。それを受けて一九七八年九月、費孝通が政治協商会議全国委員会の民族組会議で「我が国民族の識別問題について」

表Ｂ　中国各民族の人口推移（1964 年～ 1990 年）

民族名	1964年人口	1982年人口	1990年人口	1964～1982年		1982～1990年		1964～1990年	
				人口増加数	増加比	人口増加数	増加比	人口増加数	増加比
総人口	694,581,759	1,003,913,927	1,133,682,501	309,332,168	1.45	129,768,574	1.13	439,100,742	1.63
漢族	654,565,495	936,674,944	1,042,482,187	282,109,449	1.43	105,807,243	1.11	387,916,692	1.59
少数民族総人口	39,975,340	66,434,341	90,447,552	26,459,001	1.66	24,013,211	1.36	50,472,212	2.26
チワン族	8,402,483	13,383,086	15,489,630	4,980,603	1.59	2,106,544	1.16	7,087,147	1.84
満洲族	2,700,725	4,304,981	9,821,180	1,604,256	1.59	5,516,199	2.28	7,120,455	3.64
回族	4,488,015	7,228,398	8,602,978	2,740,383	1.61	1,374,580	1.19	4,114,963	1.92
ミャオ族	2,788,800	5,021,175	7,398,035	2,232,375	1.80	2,376,860	1.47	4,609,235	2.65
ウイグル族	4,000,402	5,963,491	7,214,431	1,963,089	1.49	1,250,940	1.21	3,214,029	1.80
イ族	3,388,940	5,453,564	6,572,173	2,064,624	1.61	1,118,609	1.21	3,183,233	1.94
トゥチャ族	525,348	2,836,814	5,704,223	2,311,466	5.40	2,867,409	2.01	5,178,875	10.86
モンゴル族	1,973,192	3,411,367	4,806,849	1,438,175	1.73	1,395,482	1.41	2,833,657	2.44
チベット族	2,504,628	3,847,875	4,593,330	1,343,247	1.54	745,455	1.19	2,088,702	1.83
プイ族	1,351,899	2,119,345	2,545,059	767,446	1.57	425,714	1.20	1,193,160	1.88
トン族	838,254	1,426,400	2,514,014	588,146	1.70	1,087,614	1.76	1,675,760	3.00
ヤオ族	857,866	1,411,967	2,134,013	554,101	1.65	722,046	1.51	1,276,147	2.49
朝鮮族	1,348,594	1,765,204	1,920,597	416,610	1.31	155,393	1.09	572,003	1.42
ペー族	709,673	1,132,224	1,594,827	422,551	1.60	462,603	1.41	885,154	2.25
ハニ族	630,245	1,058,806	1,253,952	428,561	1.68	195,146	1.18	623,707	1.99
カザフ族	491,867	907,546	1,111,718	415,679	1.85	204,172	1.22	619,851	2.26
リー族	439,587	887,107	1,110,900	447,520	2.02	223,793	1.25	671,313	2.53
タイ族	536,399	839,496	1,025,128	303,097	1.57	185,632	1.22	488,729	1.91
ショー族	234,320	371,965	630,378	137,645	1.59	258,413	1.69	396,058	2.69
リス族	270,976	481,884	574,856	210,908	1.78	92,972	1.19	303,880	2.12
コーラオ族	26,852	54,169	437,997	27,317	2.02	383,828	8.09	411,145	16.31
ラフ族	191,241	304,256	411,476	113,015	1.59	107,220	1.35	220,235	2.15
トンシャン族	147,460	279,523	373,872	132,063	1.90	94,349	1.34	226,412	2.54
ワ族	200,295	298,611	351,947	98,316	1.49	53,336	1.18	151,652	1.76
スイ族	156,388	286,908	345,993	130,520	1.83	59,085	1.21	189,605	2.21
ナシ族	157,862	251,592	278,009	93,730	1.59	26,417	1.10	120,147	1.76
羌(チャン)族	49,241	102,815	198,252	53,574	2.09	95,437	1.93	149,011	4.03

トゥ族	77,484	159,632	191,624	82,148	2.06	31,992	1.20	114,140	2.47
シボ族	33,451	83,683	172,847	50,232	2.50	89,164	2.07	139,396	5.17
ムーラオ族	52,949	90,357	159,328	37,408	1.71	68,971	1.76	106,379	3.01
クルグズ族	70,175	113,386	141,549	43,211	1.62	28,163	1.25	71,374	2.02
ダウル族	63,595	94,126	121,357	30,531	1.48	27,231	1.29	57,762	1.91
ジンポー族	57,891	92,976	119,209	35,085	1.61	26,233	1.28	61,318	2.06
サラール族	34,680	69,135	87,697	34,455	1.99	18,562	1.27	53,017	2.53
プーラン族	39,411	58,473	82,280	19,062	1.48	23,807	1.41	42,869	2.09
マオナン族	22,419	38,159	71,968	15,740	1.70	33,809	1.89	49,549	3.21
タジク族	14,298	26,600	33,538	12,302	1.86	6,938	1.26	19,240	2.35
プミ族	16,236	24,238	29,657	8,002	1.49	5,419	1.22	13,421	1.83
アチャン族	12,032	20,433	27,708	8,401	1.70	7,275	1.36	15,676	2.30
ヌー族	15,047	22,896	27,123	7,849	1.52	4,227	1.18	12,076	1.80
エヴェンキ族	9,695	19,398	26,315	9,703	2.00	6,917	1.36	16,620	2.71
キン族	4,293	13,108	18,915	8,815	3.05	5,807	1.44	14,622	4.41
チノー族		11,962	18,021	11,962		6,059	1.51	18,021	
ドアン族	7,261	12,297	15,462	5,036	1.69	3,165	1.26	8,201	2.13
ウズベク族	7,717	12,213	14,502	4,496	1.58	2,289	1.19	6,785	1.88
ロシア族	1,326	2,917	13,504	1,591	2.20	10,587	4.63	12,178	10.18
ユーグル族	5,717	10,568	12,297	4,851	1.85	1,729	1.16	6,580	2.15
ボウナン族	5,125	9,017	12,212	3,892	1.76	3,195	1.35	7,087	2.38
メンパ族	3,809	1,140	7,475	-2,669	0.30	6,335	6.56	3,666	1.96
オロチョン族	2,709	4,103	6,965	1,394	1.51	2,862	1.70	4,256	2.57
トールン族	3,090	4,633	5,816	1,543	1.50	1,183	1.26	2,726	1.88
タタール族	2,294	4,122	4,873	1,828	1.80	751	1.18	2,579	2.12
ホジェン族	718	1,489	4,245	771	2.07	2,756	2.85	3,527	5.91
カオシャン族	366	1,650	2,909	1,284	4.51	1,259	1.76	2,543	7.95
ロッパ族		1,066	2,312	1,066		1,246	2.17	2,312	
未識別民族	33,508	799,705	749,341	766,197	23.87	-50,364	0.94	715,833	22.36
外国人中国籍加入者	7,416	4,937	3,421	-2,479	0.67	-1,516	0.69	-3,995	0.46

出所：国務院人口普査辦公室『中国第四次人口普査的主要数据』中国統計出版社、1991年、4、17～25頁、国家民族事務委員会教育司『新時期民族教育工作手冊』中央民族学院出版社、1991年、421～424頁の「各民族人口」を基に筆者作成。

表C　豊寧、圍場、印江、務川各県の民族別人口の推移

			総人口	漢族	満洲族
河北省	豊寧（満洲族自治）県	1982年	337,028	278,849	49,690
		1990年	354,624	125,935	209,933
		増加数	17,596	-152,914	160,243
	圍場（満洲族モンゴル族自治）県	1982年	464,568	442,568	17,260
		1990年	493,321	189,835	243,823
		増加数	28,753	-252,733	226,563

			総人口	漢族	トゥチャ族	ミャオ族	コーラオ族
貴州省	印江（土家族ミャオ族自治）県	1982年	322,218	322,131	8	49	0
		1990年	349,593	103,457	183,984	61,847	30
		増加数	27,375	-218,674	183,976	61,798	30
	務川（コーラオ族ミャオ族自治）県	1982年	316,453	316,171	8	87	0
		1990年	350,536	61,287	41,825	111,059	135,849
		増加数	34,083	-254,884	41,817	110,972	135,849

出所：拙稿「中国における民族的出自の回復・変更— 1980年代の政策推移と実態—（上）」『中国研究月報』597号、1997年11月、3頁の表2、表3より抜粋。

と題して発言し、民族識別事業は未だ終わっていないと提起し、民族識別事業が再開された[29]。中国政府は翌一九七九年六月、チノー族を五五番目の少数民族として公認し、民族成份（民族的出自）の回復・変更事業も始まる。

一九七九年一一月三日、国家民族事務委員会は「民族識別事業の積極的推進に関する通知」（国家民委（七九）一六六号文書）を発し、関連する省、自治区の民族事務部門が積極的かつ有効な措置をとり、未解決の民族識別問題を迅速に処理するよう求めた[30]。一九八一年一一月二八日には、国務院人口センサス指導グループ、公安部、国家民族事務委員会による「民族的出自の回復あるいは改正の処理原則に関する通知」（国家民委（八一）民政字第六〇一号文書）が出され、一九八二年の第三回人口センサスから一九八六年までに、五〇〇万人以上が民族的出自の回復・変更あるいは一つの民族としての承認を求め、うち二六〇万人余りの民族的出自が変更された[31]。

一九八〇年代前半は、こうした中央政府の政策にそって、民族識別と民族的出自の回復・変更事業が中国各地で積極的に展開された。各地の政府は第六〇一号文書（一九八一年）が出された後、学生や職員募集、民族幹部の任用と昇級、人民代表と政治協商委員の少数民族定員枠の拡大、計画出産政策の緩和など少数民族に有利な措置をとって、以前は少数民族と記入報告しなかった人々が「続々と本来の出自を回復する」のを促したという。

こうした民族政策の影響で、一九八〇年代、漢族と少数民族が結婚した家庭では、ほとんど生まれた子どもを少数民族として登録するようになった(32)。少数民族地域とみなされていなかった地域にも民族的出自の回復・変更作業が広がり、それにつれて、個人の少数民族としての承認基準も緩められていった(33)。民族的出自回復の前提作業として、民族文化の掘り起こし、民族意識の高揚が図られたケースもあった(34)。

また民族的出自の回復・変更は民族自治地方の新設をもたらした。一九九〇年現在、中国の民族自治地方は五自治区、三〇自治州、一二一自治県、三自治旗の計一五九を数えるに至ったが、このうち二つの自治州、六二の自治県が一九七九年以降設立されたもので、その多くが八〇年代に民族的出自の回復・変更によって民族人口が急激に増えた民族のものである。一九五〇年代には民族自治地方を選定・設立するために民族識別が行われたことを思えば、一九八〇年代は民族的出自の回復・変更が民族自治地方設立へのステップとして機能したともいえよう。

ところが、こうした積極的政策の推進の中で、政府を悩ませる様々な問題が生じたのである。

まず、民族的出自の回復・変更事業により、それまで差別や迫害を恐れて少数民族としての出自を明らかにできないでいた人々の民族的出自が公認される一方で、少数民族に対する計画出産（一人っ子政策）の緩和や進学・幹部採用時の優遇措置などを目当てに、民族意識のない者が少数民族となったり、漢族の中に不正な手段を使って民族的出自を変更する者が増え、少数民族の不満を招くなど社会問題化した。例えば、政府は入学試験の際、少数民族については優先的に受け入れる政策をとっているが、青海省のいくつかの地域では、一部の漢族が嘘をついたり、いろんなつてを使って証明をつくって民族的出自を少数民族に変えたために、本来の少数民族の受験生が落とされ、「にせ少数民族」の学生ばかりが合格するという事態が起こり、問題になったという(35)。

第二に、一九八〇年代前半、民族的出自の回復・変更によって地域の少数民族人口比が高まった結果として、民族自治地方が次々に新設されたが、その周囲の地域に民族的出自を回復・変更して民族自治地方を設立するという動きが波及していった(36)。若林敬子『中国　人口超大国のゆくえ』は「補助金や納税上の優遇政策もともなうが故に、行政指導者の力による統一的集団的戸籍変更により、自治県となった例もある」とする(37)。自治県となれば、様々な優遇が得られるとの思いから、県指導部が積極的に少数民族を増やそうとしたことは推察し得る。この場合、どれだけの当事者が自己の民族的アイデンティティにしたがって、民族的出自を変更したか疑わしい(38)。

第三に、すでに五五の少数民族のいずれかの支系（下位集団）と識別された集団の中から、識別調査のやり直し、すなわち一つの民族としての承認を求める声が次々にあがってきた。第二回人口センサス（一九六四年）では約三万三五〇〇人、費孝通が一九七八年に政治協商会議で発言した時も総数数万人にすぎないと述べた未識別民族は、第三回人口センサス（一九八二年）で約八〇万人に増えた。その後八〇年代を通じて瓦郷人《ワーシャン》（四〇万人）、穿青人《チョワンチン》（二五万人）など数十万人単位の集団の帰属が、次々に確定されたにも関わらず、第四回全国人口センサス（一九九〇年）でなお約七五万の未識別民族が登録されている。(39)

こうした状況を受けて、国家民族事務委員会は一九八五年一〇月二四日に「区域自治を実行する民族が総人口に占めるべき比率の問題について」（第三二五号文書）を発し、民族自治地方設立の要求に歯止めをかけた。また一九八六年二月八日、同委員会は「民族的出自の回復あるいは変更問題に関する補充通知」（国家民委（八六）民政字第三七号文書）を発し、「民族的出自の回復、変更事業は個別的な情況を除いてほぼ完了した」と通達、「（一つの民族をなす明らかな）特徴がすでに消失したものは、原則としてもう民族的出自の変更は行わない」と指示するなど、民族的出自の回復・変更事業の収束へ政策変更する。同委員会はさらに同年六月一二日、「我が国の民族識別事業と民族的出自変更の情況に関する報告」（（八六）民政字第二五二号文書）で「すでに民族的出自を変更した人々の中で、本来は別の少数民族だと思われるものがあっても、原則としてもう民族的出自の変更はしない」よう指示した。そして一九八九年一一月一五日、国家民族事務委員会と公安部は、各省、自治区、直轄市民族事務委員会（局、処）、公安庁（局）に対して「民族的出自変更事業の一時停止に関する通知」を発し「全国各地で一律に民族的出自の変更事業を一時停止する」に至る。(40)

民族識別についても、一九七八年のチノー族以降、新たに少数民族として認められたものは一つもなく、一九八〇年代に雲南省政府が一つの民族と認めるよう国務院に求め、国務院の関連部門が内部承認していた克木人《コム》も、一九九〇年代になっても承認は公布されていない。(41) 逆に中央は一九九二年に「かつて一つの少数民族として認定される方向にあった一部の共同体については、引き続き科学的論証を行って条件がありかつ当該集団の同意が得られた場合は、類似する民族と同じ民族としてかまわない」との方針を示している。「すでにいずれかの民族として認定され、現在改めて新しい一つの民族としての認定を要求するものについては、変更してはならず、関係する地区、部門に思想工作を行うよう要請する」との、収束策へ変更したのである。(42)

（2）民族語を話す少数民族の割合の低下

この二〇〇〇万人に及ぶ民族的出自の回復・変更の結果、中国では統計上、民族語のできる少数民族の割合が低下したことは見逃されがちである。トゥチャ族、満洲族、コーラオ族など一九八〇年代の民族的出自の変更によって人口が激増した民族は、当時すでに民族語ができる者が極めて少ない状態にあった。

一九八〇年前後の統計で、民族語を話すトゥチャ族は七％、コーラオ族は二三％である。その後一九八〇年代に増えたトゥチャ族やコーラオ族人口のほとんどは民族語ができないので、これら民族の中で民族語ができる者の比率は先に挙げた数字から大幅に下がったという。その比率は分からないが、湖南省のトン族の場合でみると、一九八〇年代に三一万八〇〇〇人から五二万一九〇〇人に人口が増えたのに伴って、トン語を使う者の比率は六一％から三二％に下がっている。[43]また一九八〇年代後半の遼寧省の阜新モンゴル族自治県における調査報告によれば、全県モンゴル族のうち二万人余り（全県モンゴル族人口の一五％）はモンゴル語ができず漢語を使っているが、この中には一九八〇年代前半に民族的出自をモンゴル族に変えた数千人が含まれている。[44]

民族語ができない少数民族が増えれば、民族政策の中で民族語の保障を求める者の割合が低下することになる。また少数民族の中で幹部の地位につくのは、一般に漢語のできる者であり、一九八〇年代における民族的出自の変更の結果、少数民族幹部となった者が多いとすれば、意思決定層の中で民族意識が希薄で民族語ができない少数民族の割合が高まったことも考えられる。

以上の整理から、中国における五五少数民族の枠組みの特徴として、以下の点が浮んでくる。

第一に、少数民族の権利は基本的に個人的権利ではなく、集団を単位として与えられる権利である。なおその権利は第四節でみるように、民族自治地方という地域的範囲の中で付与されるため、五五少数民族であっても、自治地方以外では権利を実質的に保障されない。

第二に、中国の少数民族は民族的少数者（漢語で「人種的少数人」）より狭いカテゴリーであり、それに含まれない民族的少数者は、少数民族としての権利を享受できず、学校教育で民族教育を受ける権利も保障されていない。

第三に、南方少数民族に多く言えることだが、中華人民共和国成立以降の民族識別によって認められた民族があり、民族の境界に曖昧なところがあり、集団や個人の民族的出自が正しく登録されていない場合が少なくない。言い換えれば、現在登録上A民族になっている人が、必ずしもA民族とは限らない、また民族学的には本当にA民族であっても、当人たちがA民族としてのアイデンティティを持っていないことがあるということであり、これは現在登記上A民族に属しているからといって、その人々の教育をA語、A文字で行うのが望ましい、効果的である、あるいは当人達がA民族だから、A語を身につけたいと望んでいる、とは限らないことを意味する。

第四に、一九八〇年代に、二〇〇〇万人といわれる人々が、漢族から少数民族へ民族的出自を変更している。その中で、少数民族に対する計画出産の緩和や進学時の優遇措置などを目当てに、民族意識のない者や漢族が少なからず少数民族となり、統計上、民族語のできる少数民族の割合が低下した。これらの問題は、特に第二部で取り上げるモンゴル族や南方少数民族の民族教育の問題と関連してくる。

以上みてきたことから、五五少数民族という枠組みで、必ずしも人々の帰属意識や言語、風俗習慣が分けきれない場合があることが明らかになったと思う。現在の民族やその言語、方言の区分けや個々人の民族的帰属を鵜呑みにすると、各民族に属する人々の民族意識や民族語の使用、継承への願いの強さなどの問題を考える上で、実証を誤る危険がある。中国の少数民族を五五という枠組みで議論するとしても、そのことは念頭に置いておくべきだろう。

四 民族区域自治——中国少数民族政策の根幹

中華人民共和国の少数民族政策の根幹は、民族区域自治制度だといえる。一九九八年現在、この制度の下で五自治区、三〇自治州、一一七自治県、三自治旗が設けられている（**地図A**、**表D**）。この制度は現在、一九八四年五月三一日に公布された民族区域自治法によって保障され、同法第一九条に基づいて各地で自治州条例や自治県条例が制定されている。同制度がどのような経緯で確立され、どんな特徴を持つのか、以下明らかにしてみよう。

1 民族区域自治制度の確立

中国共産党は結成（一九二一年）当初、少数民族に対し民族自決権と連邦制を唱えていた。一九二二年七月の中共第二期全国代表大会宣言では、中国本土（東北を含む）に統一した民主共和国を建設し、モンゴル、チベット、新疆にそれぞれ民主自治邦を樹立し、これらが連合して中華連邦共和国を打ち建てるとの構想を示しているし(1)、中共初期の指導者である陳独秀《チェンドゥシュー》は、『統一と分立』の中で「チベットやモンゴルは本部（漢族地域）と言語風俗が全く異なる民族であるから、分立、連邦加入のいずれを選択しようと私達は賛成する」と述べている(2)。また一九三一年一一月七日に採択した中華ソビエト共和国憲法大綱の第一四条では「中華ソビエト政権は、中国領域内の少数民族の自決権を承認し、各弱小民族が中国から離脱して自ら独立国家を樹立する権利をも承認する。モンゴル族、回族、チベット族、ミャオ族、リー族、朝鮮人など、およそ中国内に住む者は、中国ソビエト連邦に加入しまたはそこから離脱し、若しくは自己の自治区域を樹立する完全自決権をもつ」と定めた(3)。

こうした方針が変化していくのは、一九三〇年代後半頃からである。中共は一九三六年の「抗日救亡運動の新形勢と民主共和国に関する決議」で「目下の形勢において、すべての抗日の力を結集し中国領土の保全を守り、人民が亡国、種族絶滅の惨禍に遭うのを防ぐため、民主共和国の建立というスローガンを打ち出す必要がある」として「民族統一戦線」を唱える。そして一九三八年の第六期六中全会では「モンゴル、チベット、回、ミャオ、ヤオ、イなど各民族が漢族と平等の権利をもつことを認め、共同で日本に対峙するという原則の下、自民族の事柄を自ら管理する権利を有することを認め、同時に漢族と連合し統一の国家を建立する」[4]（毛沢東「新段階論」一九三八年一〇月）とし、民族自治、統一国家の建設へと流れが変わるのである。

一九三〇年代初め頃までは、中共の少数民族政策に関する言説は、ソ連のものをそのまま持ってきたという感じが強い。それが一九三四年一〇月に始まる長征の過程で、中共軍が貴州、雲南、四川（西康）、甘粛省などの少数民族地域を通過し、少数民族の支持を得ることが重要な政策課題になってくるあたりから、中国の現実に結びついたものになっていく。さらに中共軍の行き着いた先、陝西《シャンシー》、甘粛《カンスー》、寧夏《ニンシャー》三省の境界地域、いわゆる陝甘寧《シャンカンニン》辺区につくった新たな革命根拠地は、北をモンゴル族、西を回族、南をチベット族が住む地域に囲まれる場所にあった。一九三〇年代後半からの政策変化については複合的な要素が考えられる。「満蒙は漢民族よりも、むしろ日本民族に属すべき」「満蒙問題を解決し得ば支那本部の排日また同時に終熄すべし」[5]とする日本が、一九三二年傀儡「満洲国」を、さらに三七年、モンゴル連盟自治政府を設立させ、日中全面戦争に突入するに従い、中共が危機感を高め、理想論を言っておられなくなったということが主な要因の一つだと考えられる。また国民党との関係が中共の民族政策を強く規定し、国民党の政策に歩み寄った結果、民族自決権を否定し、区域自治論に近いものになったとの説もある。[6]一九四一年五月の「陝甘寧辺区施政綱領」には、「モンゴル族、回族の自治区を建設し、モンゴル族、回族の宗教・信仰や風俗・習慣を尊重する」と、すでに現在の民族区域自治の雛形ができあがっており、一九四七年には内モンゴル自治区を設立している。

中共の「モンゴル、回民その他の少数民族を動員し、民族自決と自治の原則の下、共同で日本に抗する」[7]（毛沢東「すべての力を動員し抗日戦争勝利獲得のため奮闘する」一九三七年八月二五日）という戦略は功を成し、抗日戦争勝利後はそのまま対国民党戦略として用いられた。だが国共内戦を経て一九四九年中華人民共和国が設立されると、中共中央は自決権、連邦制を否定する。一九四九年一〇月五日、第二野戦軍前敵委員会宛てに発した通達は「各少数民族の『自決権』問題については今後これを強調してはならない」と指示し、その理由を以下のように述べている。[8]

「過去の内戦時期、我が党は少数民族（の支持）を獲得するために、国民党の反動統治に反対し、自決権というスローガンを強調したことがあり、それは当時全面的に正当であった。だが今日状況は根本的に変化しており、国民党の反動統治は基本的に打ち倒され、我が党の指導する中華人民共和国がすでに誕

地図Ａ　中華人民共和国の民族自治区・自治州（1990年）

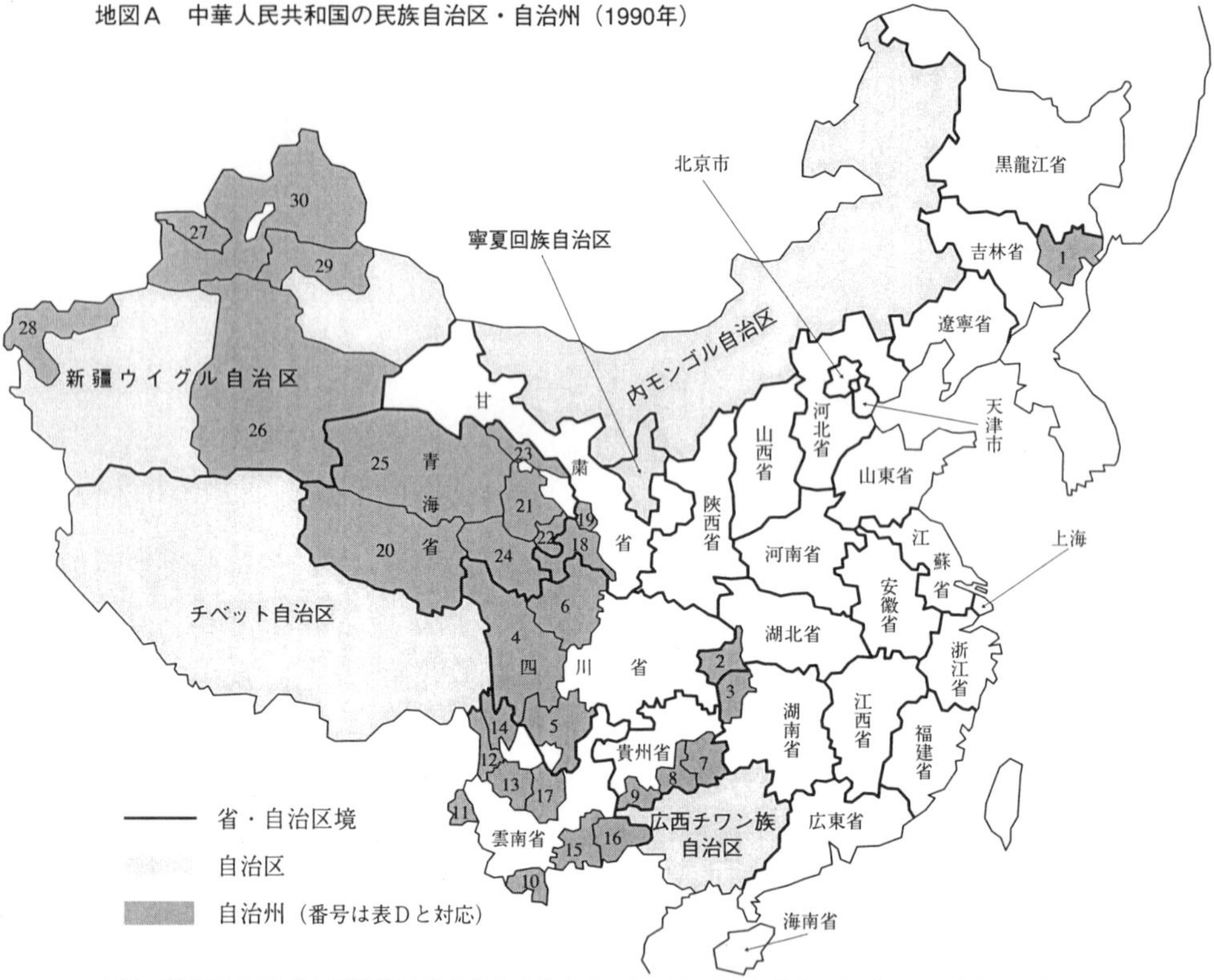

出所：張爾駒主編『中国民族区域自治的理論和実践』（中国社会科学出版社、1988年）の「中国民族自治地方示意図」、中華人民共和国民政部編『中華人民共和国行政区画簡冊（1992年版）』（中国地図出版社、1992年）他をもとに筆者作成。

生した。国家の統一という大業を成し遂げ、帝国主義とその走狗が中国の民族団結を分裂しようとする陰謀に反対するため、国内の民族問題においては今後再び民族自決権を強調すべきではなく、もって帝国主義や国内少数民族中の反動分子に（同スローガンが）利用され、（私達が）受け身の立場にまわることを回避する」。

その後「帝国主義の侵略と国民党反動派の統治の下、民族自決のスローガンを用い、各少数民族を反帝国主義闘争に立ち上がらせた」[9]とする中共の、建国後の主張の変化については「植民地・半植民地状態にあった中国において民族自決と分離の要求とは、帝国主義に対し中華民族の自決を実行することであった」という理由付けがなされ、「革命の勝利後、無産階級が指導する国家からの民族分裂運動を行うことは、帝国主義に加担するものに他ならず、確固たる反対を加えなければならない」という方針が敷かれた[10]。

ソ連が連邦制をとったのに対し、中国は民族区域自治に止まり、ベトナムは一旦成立させたターイ・メオ自治区（一九五五年五月）

表D　中国民族自治地方一覧（1991 年現在）

所在地区		名称	成立年月日
自治区(5)			
		内モンゴル自治区	1947年 5月 1日
		新疆(シンジャン)ウイグル自治区	1955年10月 1日
		広西(グヮンシー)チワン族自治区	1958年 3月15日
		寧夏(ニンシャー)回(フイ)族自治区	1958年10月25日
		チベット自治区	1965年 9月 1日
自治州(30)			
吉林(チイリン)省	1	延辺(ヨンビョン)朝鮮族自治州	1952年 9月 3日
湖北(フウペイ)省	2	鄂西(アーシー)トゥチャ族ミャオ族自治州	1983年12月 1日
湖南(フウナン)省	3	湘西(シャンシー)トゥチャ族ミャオ族自治州	1957年 9月20日
四川(スーチョワン)省	4	カンゼ・チベット族自治州	1950年11月24日
	5	涼山(リャンシャン)イ族自治州	1952年10月 1日
	6	ガパ・チベット族羌(チャン)族自治州	1953年 1月 1日
貴州(クイジョー)省	7	黔東南(チエントンナン)ミャオ族トン族自治州	1956年 7月23日
	8	黔南(チエンナン)プイ族ミャオ族自治州	1956年 8月 8日
	9	黔西南(チエンシーナン)プイ族ミャオ族自治州	1982年 5月 1日
雲南(ユンナン)省	10	シプソンパンナ・タイ族自治州	1953年 1月24日
	11	タウホーン・タイ族ジンポー族自治州	1953年 7月24日
	12	怒江(ヌージャン)リス族自治州	1954年 8月23日
	13	大理(ターリー)ペー族自治州	1956年11月22日
	14	デチェン・チベット族自治州	1957年 9月13日
	15	紅河(ホンハァ)ハニ族イ族自治州	1957年11月18日
	16	文山(ウェンシャン)チワン族ミャオ族自治州	1958年 4月 1日
	17	楚雄(チューション)イ族自治州	1958年 4月15日
甘粛(カンスー)省	18	甘南(カンナン)チベット族自治州	1953年10月 1日
	19	臨夏(リンシャー)回族自治州	1956年11月19日
青海(チンハイ)省	20	玉樹(ユーシュ)チベット族自治州	1951年12月15日
	21	海南(ハイナン)チベット族自治州	1953年12月 6日
	22	黄南(ホァンナン)チベット族自治州	1953年12月22日
	23	海北(ハイペイ)チベット族自治州	1953年12月31日
	24	ゴロク・チベット族自治州	1954年 1月 1日
	25	海西(ハイシー)モンゴル族チベット族自治州	1954年 1月25日
新疆ウイグル自治区	26	バヤンゴル・モンゴル自治州	1954年 6月23日
	27	ボルタラ・モンゴル自治州	1954年 7月13日
	28	クズレス・クルグズ自治州	1954年 7月14日
	29	昌吉(チャンチイ)回族自治州	1954年 7月15日
	30	イリ・カザフ自治州	1954年11月27日
自治県(121)・自治旗(3)			
河北省(ハァペイ)省		孟村(モンツン)回(フイ)族自治県	1955年11月30日
		大廠(ターチャン)回族自治県	1955年12月 7日
		青龍(チンロン)満洲族自治県	1987年 5月10日
		豊寧(フォンニン)満洲族自治県	1987年 5月15日
		圍場(ウェイチャン)満洲族モンゴル族自治県	1990年 6月12日
		寛城(クワンチョン)満洲族自治県	1990年 6月16日
内モンゴル自治区		オロチョン自治旗	1951年10月 1日
		エヴェンキ族自治旗	1958年 8月 1日
		モリダワー・ダウル族自治旗	1958年 8月15日
遼寧(リャオニン)省		ハラチン左翼モンゴル族自治県	1958年 4月 1日
		阜新(フーシン)モンゴル族自治県	1958年 4月 7日
		新賓(シンピン)満洲族自治県	1985年 6月 7日
		岫岩(シゥイエン)満洲族自治県	1985年 6月11日
		鳳城(フォンチョン)満洲族自治県	1985年 6月13日
		清原(チンユエン)満洲族自治県	1990年 6月 6日
		本溪(ベンシー)満洲族自治県	1990年 6月 8日
		桓仁(ホァンレン)満洲族自治県	1990年 6月10日
		寛甸(クワンディエン)満洲族自治県	1990年 6月12日
		北鎮(ペイジェン)満洲族自治県	1990年 6月15日

吉林省	前ゴルロス・モンゴル族自治県	1956年 9月 1日
	長白(ﾁｬﾝﾍﾟｸ)朝鮮族自治県	1958年 9月15日
	伊通(ｲｰﾄﾝ)満洲族自治県	1989年 8月30日
黒龍江(ﾍｲﾛﾝｼﾞｬﾝ)省	ドゥルベット・モンゴル族自治県	1956年12月 5日
浙江(ｼﾞｬｰｼﾞｬﾝ)省	景寧(ｼﾞﾝﾆﾝ)ショー族自治県	1984年12月24日
湖北省	長陽(ﾁｬﾝﾔﾝ)トゥチャ族自治県	1984年12月 8日
	五峰(ｳｰﾌｫﾝ)トゥチャ族自治県	1984年12月12日
湖南省	通道(ﾄﾝﾀｵ)トン族自治県	1954年 5月 7日
	江華(ｼﾞｬﾝﾎｱ)ヤオ族自治県	1955年11月25日
	城歩(ﾁｮﾝﾌﾟｰ)ミャオ族自治県	1956年11月30日
	新晃(ｼﾝﾎｱﾝ)トン族自治県	1956年12月 5日
	芷江(ｼﾞｰｼﾞｬﾝ)トン族自治県	1987年 9月24日
	靖州(ｼﾞﾝｼﾞｮｰ)ミャオ族トン族自治県	1987年 9月27日
	麻陽(ﾏｰﾔﾝ)ミャオ族自治県	1990年 4月 1日
広東(ｸﾞﾜﾝﾄﾝ)省	連南(ﾘｪﾝﾅﾝ)ヤオ族自治県	1953年 1月25日
	連山(ﾘｪﾝｼｬﾝ)チワン族ヤオ族自治県	1962年 9月26日
	乳源(ﾙｰﾕｴﾝ)ヤオ族自治県	1963年10月 1日
広西チワン族自治区	龍勝(ﾛﾝｼｮﾝ)各族自治県	1951年 8月19日
	金秀(ｼﾞﾝｼｳ)ヤオ族自治県	1952年 5月28日
	融水(ﾛﾝｼｭｴｲ)ミャオ族自治県	1952年11月26日
	三江(ｻﾝｼﾞｬﾝ)トン族自治県	1952年12月 3日
	隆林(ﾛﾝﾘﾝ)各族自治県	1953年 1月 1日
	都安(ﾄｩｱﾝ)ヤオ族自治県	1955年12月15日
	巴馬(ﾊﾞｰﾏｰ)ヤオ族自治県	1956年 2月 6日
	防城(ﾌｧﾝﾁｮﾝ)各族自治県	1958年 5月 1日
	富川(ﾌｰﾁｮﾜﾝ)ヤオ族自治県	1984年 1月 1日
	羅城(ﾙｵﾁｮﾝ)コーラオ族自治県	1984年 1月10日
	環江(ﾎｱﾝｼﾞｬﾝ)マオナン族自治県	1987年11月24日
	大化(ﾀｰﾎｱ)ヤオ族自治県	1987年12月23日
	恭城(ｺﾝﾁｮﾝ)ヤオ族自治県	1990年10月15日
海南(ﾊｲﾅﾝ)省	東方(ﾄﾝﾌｧﾝ)リー族自治県	1987年12月28日
	楽東(ﾗｰﾄﾝ)リー族自治県	1987年12月28日
	瓊中(ﾁｮﾝｼﾞｮﾝ)リー族ミャオ族自治県	1987年12月28日
	保亭(ﾊﾞｵﾃｨﾝ)リー族ミャオ族自治県	1987年12月30日
	昌江(ﾁｬﾝｼﾞｬﾝ)リー族自治県	1987年12月30日
	白沙(ﾊﾞｲｼｬｰ)リー族自治県	1987年12月30日
	陵水(ﾘﾝｼｭｴｲ)リー族自治県	1987年12月30日
四川省	ミリ・チベット族自治県	1953年 2月19日
	秀山(ｼｳｼｬﾝ)トゥチャ族ミャオ族自治県	1983年11月 7日
	酉陽(ﾖｳﾔﾝ)トゥチャ族ミャオ族自治県	1983年11月11日
	峨辺(ｱｰﾋﾞｴﾝ)イ族自治県	1984年10月 5日
	馬辺(ﾏｰﾋﾞｴﾝ)イ族自治県	1984年10月 9日
	彭水(ﾎﾟﾝｼｭｴｲ)ミャオ族トゥチャ族自治県	1984年11月 1日
	黔江(ﾁｴﾝｼﾞｬﾝ)トゥチャ族ミャオ族自治県	1984年11月13日
	石柱(ｼｨｼﾞｭ)トゥチャ族自治県	1984年11月18日
貴州省	威寧(ｳｪｲﾆﾝ)イ族回族ミャオ族自治県	1954年11月11日
	松桃(ｿﾝﾀｵ)ミャオ族自治県	1956年12月31日
	三都(ｻﾝﾄｩ)スイ族自治県	1957年 1月 2日
	鎮寧(ｼﾞｪﾝﾆﾝ)プイ族ミャオ族自治県	1963年 9月11日
	紫雲(ｽﾞｰﾕﾝ)ミャオ族プイ族自治県	1966年 2月11日
	関嶺(ｸﾞﾜﾝﾘﾝ)プイ族ミャオ族自治県	1981年12月31日
	玉屏(ﾕｰﾋﾟﾝ)トン族自治県	1984年11月 7日
	印江(ｲﾝｼﾞｬﾝ)トゥチャ族ミャオ族自治県	1987年11月20日
	沿河(ｲｪﾝﾊｱ)トゥチャ族自治県	1987年11月23日
	務川(ﾑｰﾁｮﾜﾝ)コーラオ族ミャオ族自治県	1987年11月26日
	道真(ﾀｵｼﾞｪﾝ)コーラオ族ミャオ族自治県	1987年11月29日

雲南省	峨山(アーシャン)イ族自治県	1951年 5月12日
	瀾滄(ランツァン)ラフ族自治県	1953年 4月 7日
	江城(ジャンチョン)ハニ族イ族自治県	1954年 5月18日
	孟連(モンリェン)タイ族ラフ族ワ族自治県	1954年 6月16日
	耿馬(ゲンマー)タイ族ワ族自治県	1955年10月16日
	寧蒗(ニンラン)イ族自治県	1956年 9月20日
	貢山(コンシャン)トールン族ヌー族自治県	1956年10月 1日
	巍山(ウェイシャン)イ族回族自治県	1956年11月 9日
	路南(ルーナン)イ族自治県	1956年12月31日
	麗江(リージャン)ナシ族自治県	1961年 4月10日
	屏辺(ビンビェン)ミャオ族自治県	1963年 7月 1日
	河口(ハァコウ)ヤオ族自治県	1963年 7月11日
	滄源(ツァンユェン)ワ族自治県	1964年 2月28日
	西盟(シーモン)ワ族自治県	1965年 3月 5日
	南澗(ナンジェン)イ族自治県	1965年11月27日
	墨江(モージャン)ハニ族自治県	1979年11月28日
	尋甸(シュンディエン)回族イ族自治県	1979年12月20日
	元江(ユェンジャン)ハニ族イ族タイ族自治県	1980年11月22日
	新平(シンピン)イ族タイ族自治県	1980年11月25日
	維西(ウェイシー)リス族自治県	1985年10月13日
	漾濞(ヤンビー)イ族自治県	1985年11月 1日
	禄勧(ルーチュエン)イ族ミャオ族自治県	1985年11月25日
	金平(ジンピン)ミャオ族ヤオ族タイ族自治県	1985年12月 7日
	普洱(プーアー)ハニ族イ族自治県	1985年12月15日
	景東(ジントン)イ族自治県	1985年12月20日
	景谷(ジングー)タイ族イ族自治県	1985年12月25日
	双江(シュワンジャン)ラフ族ワ族プーラン族タイ族自治県	1985年12月30日
	蘭坪(ランピン)ペー族プミ族自治県	1988年 5月25日
	鎮源(ジェンユェン)イ族ハニ族ラフ族自治県	1990年 5月15日
甘粛省	天祝(ティエンジュ)チベット族自治県	1950年 5月 6日
	粛北(スーペイ)モンゴル族自治県	1950年 7月29日
	東郷(トンシャン)族自治県	1950年 9月25日
	張家川(ジャンジャーチョワン)回族自治県	1953年 7月 6日
	粛南(スーナン)ユーグル族自治県	1954年 2月20日
	アクサイ・カザフ族自治県	1954年 4月27日
	積石山(チーシィシャン)保安(ボウナン)族東郷(トンシャン)族サラール族自治県	1981年 9月30日
青海省	門源(メンユェン)回族自治県	1953年12月 1日
	互助(フージュ)トゥ族自治県	1954年 2月17日
	化隆(ホァロン)回族自治県	1954年 3月 1日
	循化(シュンホァ)サラール族自治県	1954年 3月 1日
	河南(ハァナン)モンゴル族自治県	1954年10月16日
	民和(ミンハァ)回族トゥ族自治県	1986年 6月27日
	大通(タートン)回族トゥ族自治県	1986年 7月10日
新疆ウイグル自治区	焉耆(イェンチィ)回族自治県	1954年 3月15日
	チャプチャル・シボ自治県	1954年 3月25日
	ムルイ・カザフ自治県	1954年 7月17日
	ボボクサイル・モンゴル自治県	1954年 9月10日
	タシュクルガン・タジク自治県	1954年 9月17日
	バルクル・カザフ族自治県	1954年 9月30日

注:121自治県のうち、1998年までに遼寧省の鳳城満洲族自治県(94年)と北鎮満洲族自治県(95年)、広西チワン族自治区の防城各族自治県(94年)、海南省の東方リー族自治県(97年)が廃止され、自治県の数は117に減った。4自治県はそれぞれ風城市、北寧市、防城港市、東方市になった。

とベトバック（越北）自治区（一九五六年一〇月）を、南ベトナム解放後の一九七五年一二月に「歴史的任務を完遂した」として廃止した。[11] ソ連を発祥とする社会主義型のマイノリティ権利保障システムが、中国、ベトナムへ伝わるにつれ弱まっていったという構図も思い描ける。

さて中国共産党の提唱する民族自治は、中華人民共和国の成立に伴って、国家の公的制度となり、おぼろげだった枠組みも現在の形に向けて固まっていく。その過程をみてみよう。

一九四九年九月二九日の中国人民政治協商会議共同綱領は、第五一条で「各少数民族が集まり住む地域では民族の区域自治を実行し、民族人口と地域の大小に応じて、各種の民族自治機関を設置する」と定め、一九五二年半ばまでに一三〇の民族自治区が設立された。一九五二年八月八日には民族区域自治実施綱領が定められ、その第四条が、少数民族が集まり住む地域では三つのタイプの民族自治区――①一少数民族の集住地域を基に設立する自治区、②人口の多い少数民族の集住地域を基にしつつ、人口の非常に少ない別の少数民族の集住地域も含んで設立する自治区、または③二つあるいは複数の少数民族の集住地域を基に連合で設立する自治区――を設立するよう定めている。また同綱領第五条は、現地の経済や政治の需要に応じ、それぞれの民族自治区の中には漢族の居住地域を含ませ、自治区内の漢族人口がとくに多い地域では民族民主連合政府を設立するよう指示した。

民族民主連合政府とは、中央人民政府政務院が同綱領と同時に採択した「地方民族民主連合政府実施方法の決定」（一九五二年二月二二日）によれば、以下のような地域で設立されるものであった。（一）地域内で漢族人口が絶対多数を占めるが、少数民族人口が総人口の一〇％以上に達する省（行署）、市、専区、県、区と郷（村）。（二）少数民族人口が地域内の総人口の一〇％に達しないが、民族関係が顕著であり、行政に多方面の影響が生じる省（行署）、市、専区、県、区と郷（村）。（三）二つ以上の少数民族が混住しているが、まだ連合自治を実施していない地域。（四）民族自治区内の漢族人口が特に多い地域。[12]

これらの規定に基づいて、少数民族が集まり住む地域では民族自治区を設立し、漢族と少数民族が混住する地域や民族自治区を設立する条件がまだ整っていないとされる地域で、民族民主連合政府が設立された。後者の数は一九五二年六月で二〇〇以上になっていたという。[13]

その後一九五四年九月二〇日に採択された中華人民共和国憲法は、第五三条で「自治区、自治州、自治県はすべて民族自治地方である」と定め、それまで一元的だった民族自治区を行政区域の大きさに従って自治区、自治州、自治県、民族郷にクラス分けし、県以上の行政区域を持つ民族自治区を民族自治地方とし、民族郷をその対象から外した。[14]

いっぽう地方民族民主連合政府は、一九五五年一二月二九日の国務院「地方民族民主連合政府の改定に関する指示」で廃止され、民族自治地方あるいは民族郷を設立するにふさわしいと認められるものについては、それらに改められた[15]。こうして現在の三クラスからなる民族自治地方の枠組みが確定したのである。

民族自治地方の設立は反右派闘争・大躍進、文化大革命の中で頓挫し中断されたが、文革後再開され、一九八〇年代、前述したように民族的出自の回復・変更にともなって民族自治地方が次々に新設された。ただし、一九九〇年一〇月の恭城ヤオ族自治県の成立を最後に民族自治地方はつくられていない。その前年、一九八九年一一月三日の各省、自治区、直轄市人民代表大会民族委員会主任会議は、一九八四年の民族区域自治法発布以来四九の自治地方が新設され、少数民族人口の七八％が自治を実行するに至ったとして、全国の自治地方設立の任務は基本的に完成したとの認識を示した[16]。逆に一九九〇年代に入って、鳳城満洲族自治県、北鎮満洲族自治県、防城各族自治県、東方リー族自治県の四自治県が廃止されている。

2　民族区域自治制度の特徴と問題

(1)　民族自治地方という枠組み

中国の民族自治地方は、省クラスの自治区、地区クラスの自治州、県クラスの自治県・旗に分かれている。そのため自治区の中に自治州があり、さらにその中に自治県があるという構造が生じ得る。実際こうした三層構造があるのは新疆ウイグル自治区だけだが、二層構造（自治区——自治県・旗、自治州——自治県）は各地に存在する。下級行政機関は上級行政機関の指導を受けねばならないので、上級自治地方の自治民族と下級自治地方の自治民族の間では自治権に大小の違いが生じることになる。また上級行政機関が民族自治地方でない場合は、民族的権利の保障がより図りづらくなる。この点については、第二部でとりあげる各地の事例の中で具体的に見ていきたい。

また民族自治地方の中には、海西モンゴル族チベット族自治州（青海省）や威寧イ族回族ミャオ族自治県（貴州省）、双江ラフ族ワ族プーラン族タイ族自治県（雲南省）のように複数の民族からなる連合自治地方がある。広西チワン族自治区の龍勝各族自治県、隆林各族自治県、防城各族自治県のように各族自治県と称するものもある。名称からは特定の自治民族がいないかのような印象を受けるが、それぞれの自治県条例をみると、龍勝はトン、ヤオ、ミャオ族、隆林はミャオ、イ、コーラオ族、防城はキン、ヤオ族が自治民族だと定めている。

民族区域自治制度は、後述するように運用面でいくつかの問題を抱えているが、枠組み自体にも問題がある。第一に自治地方を持たない民族がいること、第二に自治地方を持つ民族に属する個人が、少なからず自民族の自治地方以外の地域に住んでおり、自治地方の中でのみ実現される施策（入試における民族語による答案など）が及ばないことである。これは民族区域自治制度が集団を単位とし、また地域を枠組みとしていることから生じる。

少数民族のうち民族自治地方の外に住む者は一九九〇年現在、約二〇七五万三七〇〇人で、これは少数民族総人口の二三・三％にあたる。(17) 一九八〇年代の改革開放、一九九〇年代の市場経済の導入は、漢族の少数民族地方への流入、少数民族の都市部への流入を増加させ、民族自治地方を単位とした区域自治制度はますます機能を低下させているように見える。一九九〇年前後で北京や上海、天津など大きな都市に住む少数民族は七〇〇万人を超えた。(18)

また一九九〇年現在、自治地方を持たない民族はホジェン、ウズベク、タタール、ロシア、メンパ、ロッパ、チノー、アチャン、ドアン、高山の一〇民族だったが、その後防城各族自治県が廃止されたことで、キン族が自治地方を失い、現在合わせて一一民族となった。ただしこれらの少数民族については、すべて民族郷が設立されている。民族郷は自治地方ではないが、民族区域自治を補完するものとみなされており、一九九〇年前後の段階で、全国に約一五〇〇あり、合計で七〇〇万人以上の少数民族が住んでいるという。(19)

民族自治地方では、自治民族――内モンゴル自治区の自治民族はモンゴル族――にとっては国内の他の地域より自民族の利益を反映させた政策がとられている。民族語については、行政地域内の公用語を自治民族の言語と漢語と定めたり、民族学校をつくり民族語による教育体系を整えやすいなどのメリットがある。しかし、これら権利が民族自治地方を単位としてそこに住む少数民族を対象とするため、民族自治地方以外に住む少数民族には同じ民族間で享受する権利に差が出ている。近接した地域であっても内モンゴルと黒龍江省のモンゴル族の民族語使用率に大きな差が出るのは、決して人口比だけの問題ではない。またそれが個人の権利から生じたものではないため、自治民族以外の少数民族の権利は弱くなる。このため少数民族の言語をめぐる政策は、第二部で具体的にみるように、各地方によって様々な違いが生じているのである。

以上、制度的な特徴、問題を簡単にみた。続いて実際の運用面での特徴、問題をみてみよう。

(2) 漢族地域の編入と少数民族人口比の低下

中国では民族自治地方の中でも、漢族がマジョリティであるケースが少なくない。一九九〇年現在、内モンゴル自治区の民族別人口比はモンゴル族が一九・四％で、漢族が八〇・六％、広西チワン族自治区ではチワン族が三三・五％で、漢族が六〇・九％である。これは民族自治地方を設立する際、意図的に漢族地域を組み入れた結果だ。前述したように、一九五二年の民族区域自治実施綱領は、第五条で民族自治区の中に漢族の居住地域を含ませるよう指示している。一九五〇年代、民族自治地方の設立にあたってそれぞれの行政領域を確定する際、少数民族の幹部は漢族人口が多いと自治が行いづらくなるとして、漢族の居住地域を含ませることに反対したが、中央民族委員会の責任者は、少数民族幹部が漢族の居住地域を受け入れるよう忍耐強く説得し、教育したという[20]。

例えば一九五二年、内モンゴル自治区と綏遠《スイユエン》省の合併構想が持ちあがった時、幹部の中にはこれに反対する者があった。しかし毛沢東の意向を受けた周恩来《ジョウエンライ》が「内モンゴルに漢族が入ることは、モンゴル・漢両民族の団結や辺疆の建設に有利である」と説得し、内モンゴルは綏遠省の領域を加えて広大な自治区になる一方で、大量の漢族人口を受け入れることになった（第二部第二章一節参照）。

また広西省の中には一九五二年一二月、桂西《クイシー》チワン族自治区（チワン族人口が六七・一％）が設立されていたが、一九五七年六月、これを拡大して現在の広西チワン族自治区が設けられた。その裏にも、文化や技術の面でレベルが高い漢族の人口の多さと、少数民族地域の広大な土地、豊かな資源という互いの「長所」を発揮すべきという周恩来らの説得があったという（第二部第八章一節参照）。

こうして漢族居住地域を含めて民族自治地方がつくられたが、その設立以降、かなりの民族自治地方で漢族人口はさらに大幅に増えた。例えば新疆ウイグル自治区では一九四九年に二九万人（ウイグル族は三二九万人）だった漢族は一九八二年に約五二九万人（ウイグル族は五九五万人）に増え、区都ウルムチでは四分の三が漢族となっている。オロチョン自治旗では一九五一年の自治旗設立時ゼロだった漢族人口（当時オロチョン族が七七八人、全旗人口の九九％）が、一九六〇年に約一一万三四〇〇人（全旗人口の九六％）に増えている。これは一九五八年の大躍進による「辺境開発支援」という政府主導の漢族移住政策や「新天地」を夢見た漢族の自発的移住による結果だ。延辺朝鮮族自治州で話を聞いたある研究者によれば、一九五〇年前後に民族自治区と聞いた朝鮮族の中には、自分たちの地域から漢族がいなくなるのかと思った人も多かったというが、結果は逆だったのである。

あるモンゴル族研究者が「中国の民族政策は（法規上は）正しい、ただ実際漢族が多すぎる」と筆者に語ったことがある。もともと全国レベルがそうした状態にある中国で、なぜ少数民族の反対を押し切って、民族自治地方に漢族地域を組み入れ、自治地方設置後も、その外から漢族の移住者を大量に送り込まねばならなかったのか。

張爾駒《ジャンアージュー》（一九八八年）は民族区域自治を次のように説明している[21]。

「民族区域自治の基本精神は民族が単独で事をなすことに反対し、民族分裂に反対し、祖国という大家庭の中で共同の繁栄を実現することにある。……少数民族地域が社会主義現代化を実現する過程において、国家の強力な助成と漢族地域からの支援なしにそれを行うのは不可能だ。……いっぽう国家の社会主義建設は少数民族地域なしに考えることはできない。そこにある豊富な天然資源は、国家が社会主義経済建設を行う物質的基礎だからである」。

民族区域自治の目的は、少数民族の統合によって国境沿いの広大な領域を保全し、そこにある資源を「内地」の産業発展のために活用する点にある、といっているようにも聞こえる。

漢族の少数民族地域への大量流入は、憲法その他の国内法規の文言とは裏腹に、少数民族の言語や風俗を喪失させる大きな要因となった。例えば漢族人口の増大にともなって、オロチョン族やホジェン族の民族語使用範囲は、社会一般から家庭の中へ縮小し、また家族全員から高齢者へと移り変わっていったという。一九五〇年代はじめ、ホジェン族はみなホジェン語を話し、漢語に通じているのは一部の者に限られていた。ところが六〇年代はじめに漢族人口が激増し、この頃に生まれたホジェン族は現在漢語を第一言語とし、ホジェン語を第二言語とし、八〇年代に生まれた者はほとんどホジェン語が話せなくなっている。一九九〇年前後にはホジェン語を話せる人は二〇~三〇%、精通している者となると五%前後に過ぎなくなってしまった[22]。

(3) 法規と現状の隔たり

中国の法規が市民的政治的権利を現実に行使し得る社会で執行されるなら、「はじめに」で述べたスウェーデンと中国のマイノリティ政策は同レベルだという意見は、現実性を持つのかもしれない。だが一歩下がってそれを認めたとしても、中国で制定された法規の中には、一見少数民族の権利を認めるかに見えて、実際はそれを制約し得る文言があったり、恣意的な解釈や運用を可能にするあいまいな文言が多いという問題がある。

例えば憲法第四条は民族の平等を謳いながら「民族の団結を破壊し、民族の分裂をつくりだす行為を禁止する」と付け加えているが、これが拡大解釈され、少なからぬ少数民族が、日本などでは何の罪にもあたらない言論や執筆活動を理由として、国家分裂活動の罪をとわれ拘禁されてきた。宗教信仰の自由を定める憲法第三六条も「いかなる者であれ、宗教を利用して社会秩序を破壊し……国家の教育制度を妨害する活動をしてはならない」と付け加えている。しかしここで条文解釈の問題を云々するつもりはない。現状では法規とその運用がかけ離れているため、法規を丹念に検証することにあまり意味はないからである。

民族区域自治法に関していえば、少数民族幹部の中から「自治法は慰問状のようなもの」「州長や県長が自治民族の幹部であること以外、その他の権利は内地と同じ」との不満も出ている[23]。国家民族事務委員会は前述したような民族区域自治制度の欠点を補うべく、一九九三年九月一五日、民族郷行政工作条例と城市(都市)民族工作条例を同時に公布したが、この二つの法規の制定によって具体的に何かが変わったという話も聞かない。都市民族工作条例は第二〇条で「都市の人民政府は少数民族が当該民族の言語文字を使用する権利を保障し、必要性と条件に基づき、国家の関連規定に基づき、少数民族文字の翻訳、出版と教育研究を強化する」ことを定めている。これにより、例えば北京在住の現在漢族と変わらぬ教育を受けている少数民族の子ども達が、今後学校で民族語教育を受けられるのかと問うと、北京のある民族法学者は、必要性も条件もないからそうはならないと答えた（一九九四年六月）。

民族区域自治法は自治機関による財政の自主的管理を定め（第三三条）、国家は民族自治地方に対し財政補助を与えているが、一方で様々なルートを通じて国家に資金を上納しなければならない構造があり、実際は先に補助して後で取る、あるいは補助を上回る徴収をしているという。例えば雲南省の大理ペー族自治州は一九八七年、国家から三四七六万元を受け取ったが、各種のルートを通じて五〇三九万元を上納している。[24]

また区域自治法は、民族自治地方に当地の草原、森林資源の所有権と使用権を決定する権利（第二七条）、当地の自然資源を管理・保護する権利（第二八条）を認めているが、実際には良好な森林はすべて中央か上級国家機関の国営企業が伐採し、その収入を持ち去り、民族自治地方は何の利益も得られないばかりか、国営企業が伐採したはげ山を緑化する任務を負わされるのだという。[25] オロチョン自治旗には多くの林場（森林の保護、伐採、造成に従事する組織または造林地域）があるが、同自治旗が所有する林場はそのうちの一つで、他はすべて林業管理局の所有とされ、森林の伐採権と出荷権、製造加工などは林業管理局がすべて握り、自治旗の行政機関は口を出せないという。林業管理局は毎年オロチョン自治旗政府に一〇％の林業税を払うのみで、オロチョン族の住民は何の利益も得ていない。[26]

法規と現状がなぜこうもかけ離れてしまうのか。行政が法に従って執行しないのなら、行政訴訟を起こして裁判で争えばいいと、日本に住む私達は思うだろう。ところが民族区域自治法に基づいて、行政訴訟を起こしたという話は全く聞かない。それはそうした訴訟を起こせない、あるいは起こしても問題解決にはつながらない構造があるからだ。

中国の法制度を見る上でまず知らねばならないのは、中国では司法権の独立が否定されていることである。現在も司法機関は往々にして中国共産党の行政機関、党の命令を執行する機関と化しており、裁判官や裁判所職員の業務水準も低い。[27]

一九五七年秋「裁判所は国家機関の一つである以上、党の指導は当然裁判所にも及ばなければならない。裁判に対する党の指導はたんに政治思想や方針・政策の指導に止まらず、裁判業務にも及ぶ」との理論で、中国共産党の裁判への介入が正当化され、「党の指導を逸脱した」国務院司法省は一九五九年四月に廃止された。文革後司法機関は復活したが、現在も共産党は、司法機関の上にある党の政法委員会など様々なチャネルを通じて司法機関をコントロールしており、「重大な方針・政策に関わる問題に及ぶ案件」は中共委員会が最終的に判断するという審査承認制度や、党グループのメンバーなどからなる審判委員会などを通じて、司法プロセスに介入し、これを指導している。審判委員会は、刑法上は裁判業務の最終的意思決定機関とされているが、一九八〇年代後半、あらゆる案件をすべて審判委員会が先に討議・決定し、その後合議廷を開いて裁判を行う法院もあったという。

訴訟を起こしたとしても、裁判官や検察官は中立ではなく、法律の専門家でない者が多く含まれている。一九八三年の報告では、四川省の法院幹部のうち法政専門学校卒業者は四・六%にすぎず、八四%は共産党員・団員で、大半は非識字者か識字能力の低い者だったという。裁判官の任用にあたっては「政治的要素」が最優先されてきたからだ。一九五七年の反右派闘争で最高人民法院や司法省が標的になったのは、そのメンバーのほとんどが国民党時代の法律家だったせいもあるという。また一九八〇年の律師暫行条例で弁護士制度が復活したが、そこでかき集められた弁護士の大半は、司法職とは無縁の労働現場から転属させられた人々だったという。さらに弁護士を裁判の邪魔ものと考える裁判官も多いそうで、一九九五年六月には、河南省の某県人民法院の裁判官が、法廷で自らの見解に反論した弁護士を法院の裏庭の木に縛り付け、公判終了後一〇時間も放置するという事件も起きている。「政治的要素」に偏重していた裁判官の任用条件に、やっと法律の専門知識に関わる若干の知識が求められるようになったのは、一九九五年二月の法官法、検察官法の採択以降であるという。

こうした状況下では、問題を現実的に解決しようと思えば、裁判に訴えるより、人間関係を通じて影響力のある人物に働きかける方がはるかに有効だ。

行政機関の職務執行にあたっては、憲法その他の国内法規（中央政府が発布した民族区域自治法や、自治地方が制定した自治条例など）がベーシックな規範とはなる。だが現状で具体的に行政指導上の強制力として作用しているのは、中国共産党や政府の機関が発する命令、決定、指示、通告、通知、報告、指導者講話、電報など二十数種類に及ぶ「文件」と呼ばれる公文書である。各組織・機関の指導者（集団）には、その意思を伝えるため自らの名義で文件を出す権限がある。[28] このため政策は時々の指導部の考えを直に反映するものとなり、一貫性は保たれにくい。特に広西や貴州など民族語条例さえない地域では、民族語教育の実施も指導部入れ代わりの度に、より流動しがちになる。

第二部でとりあげるように、民族区域自治法や各地の自治条例をはじめとする各種法規が民族語の主体的地位を規定していても、役所や企業の中で実施されていないケースが多いのは、このためである。

（4）市場経済化の下で

中国では、市場経済化以降、国家による積極的措置が必要であるマイノリティ権利保障の分野に、市場経済の競争原理を持ちこもうとする論調が現れている。馬文余《マーウェンユー》（一九九三年）は、幹部や民衆はこれから市場経済の法則に従って物事を処理しなければならず、民族地域ではそれにそぐわないものを徹底的に改革する必要があると説いている。馬は市場経済の原理に則って、効率や利益を重視せず、商売を恥とする少数民族地域の人々の考え方を変革し、経済はすなわち金儲けだと考え、効率・利益を優先するようにしなければならない、技術管理ができ、市場の動きをよく知る者は今日の勇士であり、民族地域は多額の費用を投じても外からこうした人材を招聘し、重用しなければならないとする。(29)

また丁漢儒《ディンハンルー》（一九九四年）は、弱者に配慮し、後れたものを保護するのは市場経済にそぐわず、公平な競争原則に反し、市場経済の法規とも合い入れない、民族の間の後進、先進の発展の格差を「事実上の不平等」（九四頁参照）と考える必要はなく、経済文化上の発展の格差を「民族の不平等」とするべきではないと説いている。さらに民族地域と沿海地域が市場経済の中で対等に競争すれば、前者が劣勢にまわり、発展の格差が一時的にさらに広がるだろうが、これは市場経済の原理が民族の発展をもたらす上での避けられない過程であり、社会の進歩であり、民族地域はこの苦難の過程を経なければならないとする。(30)

マイノリティの権利保障は、そもそも民主主義の欠陥たる多数決の暴力を是正するためのものであり、効率主義や競争原理に合うものでもない。前述のような主張は、少数民族の風俗習慣や価値観を商業に長けた漢族のそれに近づけることや、少数民族地域への漢族のさらなる流入を正当化する恐れがある。実際中国では一九九〇年代、急激な物価上昇と市場経済を名目とした「自力」路線の中で、政府の資金で出されてきた各種の民族関係・民族文字による出版物が発行困難になり、廃刊になった定期刊行物もある。マイノリティ言語による出版物が市場競争の中に放り込まれれば、漢語による出版物に太刀打ちできるわけはなく、たちまち淘汰されてしまうのは目に見えている。

いっぽう一九九〇年代、教科書や新聞に掲載される文章の中で、民族区域自治制度について、区域自治は地方自治であり、民族自治ではないとする解釈を示すものも出始めているという。(31)こうした立場をとる人々は、周恩来の「民族区域自治は民族自治と区域自治が正しく結合したものであり、また経済的要素と政治的要素が正しく結合したものである」という言葉を引用して、区域自治と民族自治は違うものであり、民族区域自治は少数民族自治ではなく、自治権は自治民族によって行使されるものではないという論理を展開しているらしい。なんとも通りの悪い理屈だが、こうした発想のエッセンス自体は一九五〇年代からあったといえる。一九五〇年代、各地で民族自治地方を設立する際に、漢族幹部の中には、中国の諸民族は混在して住んでおり、少数民族が集まり住む地域でも漢族の人口が少数民族より多いのだから、少数民族自治など成り立たず、彼らを当地の主人として政治を行わせるのは不合理だとして、少数民族自治に反対する者がいたという。文革の時は、雲南省では民族自治地方は「独立王国」であり、民族区域自治は「マイノリティがマジョリティを圧迫する」ものとして攻撃され、四つの自治州が廃止された（第二部第四章参照）。「漢族主導型の少数民族政策の中に、漢族の利益を犠牲にしても……という傾向すら感じさせる」[32]とはどうもいえないようだ。

筆者は以前、ウルムチから北京へ向かう汽車の中で武漢出身の漢族女性と合い席になった。感じの悪い人ではなかったが、世間話をしているうちに「ウイグル族はバカだ」と言った一言が今でも耳に残っている。漢族の中には潜在的に少数民族を低く見ている人が多い。その少数民族が自分達の行政地域の主席だというのがおもしろくない人もいよう。広西チワン族自治区を、本来正式名で記すべき時でも広西、広西という人々を見ると、「チワン族自治区」と言いたくないのではないかと思えてくる。以前筆者が編集を務めた中国研究の季刊誌で、寄稿論文中「広西」と記している日本人の執筆者がいたので、フルネームで記すべきではないかと言ったら、少数民族問題を扱うのではないから「チワン族自治区」は付けないでほしいと言われたことがある。日本人の中国研究者にしてそうなのだから、現地で暮らす漢族は、自分の出身地が少数民族地域だと意識されたくないと思っているのかもしれない。いっぽう少数民族はこうした省略に敏感であり、快く思っていない人が少なくない。

［注］

第一――第二節

（1）ボフダン・ナハイロ、ヴィクトル・スヴォボタ『ソ連邦民族・言語問題の全史』明石書店、一九九二年、六九七頁。

（2）古田元夫『ベトナム人共産主義者の民族政策史――革命の中のエスニシティ』大月書店、一九九一年、五七〇頁。

（3）金炳鎬「我国〝少数民族〟一詞的出現及使用状況探討」『黒龍江民族叢刊』一九八七年第四期、二〇～二三頁。

（4）一九二〇年代は、ウィルソンの提案により少数民族（に属する者）が初めて国際法の主体として登場した時代である。この頃、日本で少数民族という言葉がつくられ、中国に取り入れられたとみられる。詳しくは、拙稿「少数民族――日本におけるマイノリティの概念」『法学セミナー』一九九九年八月号を参照。

（5）片岡一忠「辛亥革命時期の五族共和論をめぐって」によれば、五族共和の提唱者は孫文だという定説には問題があり、南北講話会議での五族共和に関わる発言、提言は、当時立憲派の中心人物であった張謇の主張に由来しており、孫文の民族主義は、国家統一が主流で同化論を唱えることが得策でなかった民国初年を除き、一貫して種族同化論であったという（田中正美先生退官記念論集刊行会編『中国近現代史の諸問題』国書刊行会、一九八四年、二七九～三〇六頁）。

（6）邱久栄「試析孫中山的民族主義与民族概念」『中央民族大学学報』一九九四年第一期、八頁。
（7）祝啓源「中華民国時期民族政策」（田継周等著『中国歴代民族政策研究』青海省人民出版社、一九九三年）四〇〇頁。
（8）毛沢東「中華民族」（一九三九年一二月）。国家民族事務委員会政策研究室『中国共産党領導人論民族問題』民族出版社、一九九四年、一四頁。「曹荻秋関於少数民族問題的講話」一九四九年九月二一日。中共中央統一戦線部『民族問題文献彙編　一九二一・七―一九四九・九』中共中央党校出版社、一九九一年、一三四七頁。
（9）費孝通「関於我国的民族識別問題」（中央民族学院民族研究論叢『民族理論和民族政策論文集　一九五一―一九八三』中央民族学院出版社、一九八六年）一頁。
（10）チワン、プイ、トン、ペー、カザフ、ハニ、タイ、リー、リス、ワ、カオシャン、トンシャン、ナシ、ラフ、スイ、ジンポー、クルグズ、トゥ、タジク、ウズベク、タタール、エヴェンキ、ボウナン、羌、サラール、ロシア、シボ、ユーグ、オロチョンの各民族。
（11）宮崎世龍『中国の少数民族と中共の政策』（朝日新聞調査研究室報告、一九五七年）によれば、一九五七年までに四六の民族が認められている（同書一～六頁）。五四年～五七年までに公認されたと思われるのは、トゥチャ、ダウル、ムーラオ、コーラオ、ヌー、トールン、マオナン族。
（12）黄光学主編『中国的民族識別』民族出版社、一九九五年、一五〇頁。
（13）黔南布依族苗族自治州史誌編纂委員会編『黔南布依族苗族自治州誌第四巻・民族誌』貴州民族出版社、一九九三年、二〇、一五九頁。
（14）注（12）黄光学主編『中国的民族識別』一四八頁。『当代中国的民族工作（上）』（当代中国出版社、一九九三年）は、これにリー族と高山族を加え一一民族としている（二八六頁）。
（15）田中克彦『言語からみた民族と国家』岩波書店、一九九一年、二四八～二五六頁。
（16）馬寅「中国共産党民族問題理論的形成和発展」（一九八七年九月二日、四川民族理論学会成立会における発言）。『馬寅民族工作文集』民族出版社、一九九五年、二五八～二五九頁。
（17）例えば、謝啓晃編著『中国民族教育史』広西教育出版社、一九八九年、二～一五頁。
（18）施聯朱「中国民族識別研究工作的特色」『中央民族学院学報』一九八九年第五期、一九頁。
（19）ベトナム戦争（一九五四年～一九七五年）期に重なって民族識別を行ったベトナムでは、指標から明確に経済生活と領土を外し、言語、文化・生活の特徴、特に自意識を重視し、人口五〇人のトン族も民族と認めている。これについて、中央政府は少数民族の戦争参加を促すためにも民族的な自意識を尊重する必要があり、もし諸集団を民族、種族、部族に分けたら、諸民族を結集してベトナム戦争を闘うことなどできなかったとの指摘がされている（吉沢南『ベトナム・現代史のなかの諸民族』朝日新聞社、一九八二年、一八～二三頁）のは、中国の場合と対照して興味深い。
（20）この点、韓忠太は、中国では「文化の共通性のうちにあらわれる心理状態」を民族識別の基準にしながら、それが何を意味するのか十分に分からず、調査のやりようがなく、ほとんどの民族識別調査は、「共通性の心理状態」を社会組織、婚姻制度、風俗習慣、信仰宗教などに置き換えたと記している（韓忠太「〝共同心理素質〟不能作為民族識別的標準」『民族研究』一九九六年第六期、一、四頁）。

(21) 田中克彦「ソビエト連邦」の文明論――社会主義と「民族」論のゆくえ――」『Libellus』一九九二年二月号、柏書房、一二頁。

(22) 呉維栄「一个達斡爾人的心理話」『民族団結』一九九二年第八期、二〇頁。松本光太郎「雲南省の彝語支諸集団の民族識別をめぐって（下）」『東京経済大学　人文自然科学論集』一〇一号、一九九五年一二月、五二～五七頁。

(23)『当代中国的民族工作（下）』当代中国出版社、一九九三年、四七八～四八〇頁。

(24) 以下、注（9）費孝通「関於我国民族的識別問題」『民族理論和民族政策論文集』二一～三三頁。

(25) 費孝通は、現代中国の著名な民族学、人類学、社会学者であり、政治家であり、民族研究や民族政策の分野において大きな影響力を持つ人物である。一九五〇年代、中央西南訪問団、中央中南訪問団では副団長を務め、貴州省の民族識別調査や、雲南省の少数民族社会歴史調査に指導的立場で加わっている。文革後、中国社会科学院社会学研究所所長、国務院国家外国専家局副局長、国家民族事務委員会副主任、中国人民政治協商会議副主席などを務め、現在は前掲社会学研究所の名誉所長、中国社会学会会長、全国人民代表大会常務委員会副委員長、国家民族事務委員会顧問、中国民主同盟中央委員会主席などの要職にある。

(26) 王連芳は回族。一九四九年中央民族事務委員会二司局長、中央訪問団雲南分団副団長、雲南民族学院副学長、中共雲南省委員会辺疆工作委員会副書記、統一戦線部副部長、中共雲南省民族部部長、雲南省民族事務委員会主任、一九八三年から雲南省人民代表大会副主任、全国政治協商会議委員などを務める。

(27) 王連芳「雲南民族区域自治四十年的回顧与展望」（王連芳『民族問題論文集』雲南民族出版社、一九九三年）一五～一七頁。

(28) 春冲・王連芳「寧洱専署成立民族連合政府的実践与啓示」（王連芳『雲南民族工作実践与理論探索』雲南民族出版社、一九八九年）四六～四八頁。

(29) 中央訪問団費孝通副団長「関於貴州少数民族情況及民族工作報告的附献」一九五一年二月、一頁。

(30) 陳郁・王建民・支書方『戸口登記与人口普査』寧夏人民出版社、一九九〇年、八一～八二頁。

(31) 広西壮族自治区人口調査指導小組・公安庁・民族事務委員会「関於迅即糾正在人口普査中乱報民族成份的通知」（一九八二年七月一〇日、桂人組字〔一九八二〕六号）。同通知は「実際にはチワン族であるのにトン族やプイ族と申告するものがいたり、隆安県呉僑農場にいる難民の中に「越南（ベトナム）京（キン）族」「越南漢族」とするものがいたりした」として、「人口センサスにおいて民族的出自をでたらめに申告する現象を速やかに改めなければならない」と記している。広西壮族自治区民族事務委員会『広西壮族自治区民族識別文献資料彙集』一九八三年、五～六頁。

(32) 国家民族事務委員会・国務院第四回調査指導組・公安部「関於中国公民確定民族成份的規定」『民族工作大全』中国経済出版社、一九九三年、三〇二～三〇三頁。拙稿「中国における少数民族の承認」（『中国研究月報』第五九二号、一九九七年六月）に訳文を載せた（二六～二七頁）ので参照されたい。

(33) 董雲虎・龍武萍『世界人権約法総覧』四川人民出版社、一九九一年、九七八頁。

(34) General Comment No.23, UN document CCPR/C/21/Rev.1/Add.5, 19 April 1994, para.5-2.一般的意見二三については、拙稿「自由権規約第二七条に関する一般的意見と日本における意義」『法学セミナー』一九九四年九月号、六六～七二頁、同一一月号、三三～三四頁を参照。

第三節

(1) 松本光太郎「雲南省の彝語支諸集団の民族識別をめぐって(上)」『東京経済大学　人文自然科学論集』九九号、一九九五年三月、三九頁。

(2) 周耀文「壮・布〝文字聯盟〟反思」『民族研究』一九九〇年第二期、一八頁。

(3) 費孝通「民族社会学調査的嘗試」『中央民族学院学報』一九八二年第二期。

(4) 黄光学主編『中国的民族識別』民族出版社、一九九五年、一四八～一四九頁。中国共産党国家民族事務委員会党組「関於我国的民族識別工作和更改民族成份的情況報告」(貴州省民族事務委員会政策研究室『民族政策文件選編(一九七九～一九八九)』貴州民族出版社、一九九〇年)七〇一～七〇四頁。

(5) 王連芳「対過渡時期雲南民族工作的初探和設想」(王連芳『雲南民族工作実践与理論探索』)一八二頁。この種の意見は、歴史的起源を考えれば一理あるが、常識的に見ればたとえ一つの民族とはいえないとしても、これら民族の現状と特徴にそぐわないとして否定された。

(6) 費孝通等著『中華民族多元一体格局』中央民族学院出版社、一九八九年、二七頁。

(7) この点、楊堃『民族学調査方法』(中国社会科学出版社、一九九二年)は「本源が同じことのみを根拠に同じ民族とすることはできない。本源が同じでも発展して異なる民族になることも可能だし、本源が異なるものが融合して一つの民族になることもある」と述べている(四一頁)。

(8) 李克郁『土族(蒙古爾)源流考』(青海人民出版社、一九九三年)は、トゥ族の自称はモンゴル族と全く同じmonggolだが、モンゴル族と区別するためmonggor(漢字表記で「蒙古爾」)とし、青海の漢族がこれらの人々を「土達」「土人」「土民」と呼んでいたことから一九五二年の民族識別で土(トゥ)族という呼称が確定したと述べている(四～五頁)。ただmonggorという表記は中華人民共和国成立以前からあり、モンゴル族と区別するためとする説には疑問が持たれる。

(9) 東郷族は一九五〇年に、保安族は一九五一年、ユーグル族は一九五三年に、一つの民族と認められた(志琪「建国以来党的民族政策在甘粛的実施述略」『甘粛民族研究』一九九一年第三期、二二頁)。

(10) 一九八二年一一月二日、貴州省のミャオ族、プイ族、トン族の各『簡史』査定会における講話。馬寅「談貴州民族史的幾個問題」(『馬寅民族工作文集』民族出版社、一九九五年)一四〇頁。

(11) 広西壮族自治区民族事務委員会『広西壮族自治区民族識別文件資料彙編』一九八三年、五一～五二頁、六二頁、九三～九四頁。

(12) 一九五二年一二月九日の桂西チワン族自治区第一期各族各界人民代表会議(南寧)、あるいは一九五二年一二月一五日～二四日の広西省第二期第一回各族人民代表大会（南寧）と思われる。
（13）「大新県〝苗族〟識別調査報告」注（11）『広西壮族自治区民族識別文件資料彙編』五一～五二頁。
（14）「防城各族自治県灘散公社那峒大隊余姓群衆自報〝満族〟的識別調査報告」同前書一九〇頁。
（15）注（4）黄光学主編『中国的民族識別』一四七頁。
（16）張人位・石開忠『貴州民族人口』貴州民族出版社、一九九二年、一四～一五、二五頁。
（17）栗原悟「社会変動の中の少数民族――少数民族に見る伝統と近代」（『岩波講座現代中国第三巻　静かな社会変動』岩波書店、一九八九年）二九二～二九三頁。
（18）思南県民族事務委員会『思南県民族誌』一九八八年、一六二頁。
（19）「関於我国的民族識別工作和更改民族成份的情況報告」注（4）『民族政策文件選編』七〇一～七〇四頁。
（20）克爾倫・留金鎖・陳献国・蘇浩「関於湖北省洪湖市陸姓公民族籍問題的調査報告」『内蒙古社会科学』一九八八年第五期、三七頁。
（21）注（11）『広西壮族自治区民族識別文件資料彙編』一五三頁。
（22）『鄂西土家族苗族自治州民族誌』四川民族出版社、一九九三年、二〇二頁。
（23）趙書「〝文革〟先后的北京満族人」『満族研究』一九九三年第一期、五二～五三頁。牧田英二『中国辺境の文学――少数民族の作家と作品』同学社、一九八九年、二九頁。
（24）張天路主編『中国少数民族社区人口研究』中国人口出版社、一九九三年、五頁。
（25）『中国人口　内蒙古分冊』中国財政出版社、一九八七年、三四二～三四七頁。
（26）国境の両側に同胞のいる民族は、反右派闘争、文革といった中国内の政治変動や大躍進の失敗による大飢饉が起こると中国外へ移住し、逆にソ連やベトナムなどの政治・経済状況が悪化すると、中国内へ移住したりしてきたのである。一九八二年の第三回人口センサスの際、「外国人中国籍加入者」のうち、本人の民族的出自が中国のいずれかの民族的出自と同じ場合は、「戸口登記簿」にその民族を記入することになった。ただし、同じ民族がない場合は「外国人中国籍加入者」の蘭に記入し、「戸口登記簿」の注記蘭に「もと何々人、何年何月何日、中国籍に加入」と記すよう指示された（陳郁・王建民・支書方『戸口登記与人口普査』寧夏人民出版社、一九九〇年、八〇頁）。
（27）例えば貴州省では、棘人、白尼、羅苴、民家、七姓、龍家、南京人などの未識別民族（この中には民族登記の際、漢族やイ族としていたものもあった）が、一九八二年以降ペー族と識別され（李平凡「貴州的白族」『貴州民族』一九九二年第四期、五三頁）、その結果貴州省のペー族人口が、一九八二年の一万九三九八人から一九九〇年には一二万二一六六人へ増えた。マオナン族の場合、一九八二年から一九九〇年の間に人口が三万三八〇九人増えているが、これは貴州省の未識別民族、佯僙人（一九八二年の人口センサスで三万〇七〇八人）が、一九九〇年七月にマオナン族と認定されたことによる人口増加とみられる（黔南布依族苗族自治州史誌編纂委員会編『黔南布依族苗族自治州誌第四巻・民族誌』貴州民族出版社、一九九三年、二〇八頁）。
（28）一九八四年四月、中共中央は国家計画生育委員会党組「計画生育事業情況の総括報告」を承認し「少数民族の出産については、人口が一〇〇〇万人以下の少数民族は、一組の夫婦が二人の子どもを産むことを許し、特別な場合は三人の子どもを出産しても構わない」と指示した。その後少数民族の場合は、一般に大都市で暮らす者以外は、一組の夫婦につき二人まで、内モンゴル自治区の辺境純牧畜業地域、雲南省辺境、高山地域、寧夏回族自治区南部の山間地域八県の少数民族は三人まで子どもを出産することが認められている〔注（24）張天路主編『中国少数民族社区人口研究』六～七頁〕。貴州省では、漢族と少数民族の婚姻により生まれた子どもの民族的出自は、以前は漢族と申告する者が多かったが、この政策を受けて貴州省が一九八七年七月「貴州省計画生育試行条例」を発布すると、多くの者が少数民族に変更したという（張人位・石開忠『貴州民族人口』貴州民族出版社、一九九二年、二二六頁）。

（29）費孝通「関於我国的民族識別問題」（中央民族学院民族研究論叢『民族理論和民族政策論文集　一九五一―一九八三』中央民族学院出版社、一九八六年）五、一五頁。

（30）国家民族事務委員会「関於抓緊進行民族識別工作的通知」。注（4）黄光学主編『中国的民族識別』一五二頁。

（31）第六〇一号文書については、横山廣子「中国における民族的帰属の変更に関する覚書」『民博通信』一九九五年六七号、四六～四七頁と辻康吾・加藤千洋編著『原典中国現代史　第四巻　社会』岩波書店、一九九五年、七四～七五頁にすでに翻訳が掲載されているので参照されたい。

（32）楊一星・張天路・熊郁『中国少数民族人口研究』民族出版社、一九八八年、三五頁。例えば、一九八二年の人口センサスの時、北京市蜜雲県檀営満洲族モンゴル族民族郷では、満洲族と漢族の間に生まれた三一四人の子どものうち、二三二人が満洲族を選び、モンゴル族と漢族の間に生まれた三五人の子どものうち三三人はモンゴル族と申告している。

（33）拙稿「中国における民族的出自の回復・変更（上）――一九八〇年代の政策推移と実態――」『中国研究月報』五九七号、一九九七年一一月、七～一一頁を参照。

（34）例えば遼寧省岫岩県は一九八〇年、満洲族の族譜、故事、歌謡、文物などを大量に収集し、満洲族文化展覧会を開催し、全県で数万人が観覧するなど、満洲族の文化や遺産の採集・掘り起こし作業と住民の民族意識高揚を図った。一九六四年には八万八六九九人、県総人口の二二・八％だった同県の満洲族人口は、一九八三年末には三四万〇七二七人、県総人口の七一・七％を占めるに至り、「満洲族の郷」と呼ばれるようになったという（王風利「岫岩的満族」『丹東満族――岫岩専輯』遼寧民族出版社、一九九一年、一五頁）。

（35）照秀多傑「堅持実事求是原則，搞好識別恢復、更改民族成份工作」『民族理論研究』一九八八年第二期、九三頁。

（36）詳細は、拙稿「中国における民族的出自の回復・変更（下）――一九八〇年代の政策推移と実態――」『中国研究月報』五九七号、一九九七年一二月、三四～三九頁を参照。

（37）若林敬子『中国　人口超大国のゆくえ』岩波書店、一九九四年、九〇頁。

（38）貴州省思南県は、一九八四年三月二五日に発した五号文書で、住民が自分の民族的出自を申告する際、それを正確にいえるようにトゥチャ族やミャオ族特有の風俗習慣を適切な範囲内で紹介するように通達したが、同年七月、県民の民族的出自の申告作業を実施した際、一部の住民はコーラオ族とミャオ族がどういう民族かよく分からず「本来コーラオ族に属するべき者」がミャオ族と申告したりしたという（『思南県民族誌』一九八四年、一六四、二九四頁）。

（39）注（4）黄光学主編『中国的民族識別』二〇八～二四三頁。九〇年代になっても未識別民族は存在している。例えば董建中『雲南少数民族教育発展与改革』（雲南民族出版社、一九九三年）によれば、一九九三年現在、雲南には克木人、空格人、拉基人、老緬人など一〇近い「未識別民族」が六七二六人存在する（同書前言）と記している。

（40）国家民族事務委員会、公安部「関於暫停更改民族成份的通知」（一九八九年一一月一五日）『中華人民共和国公安法律全書』吉林人民出版社、一九九五年、七〇九頁。

（41）注（4）黄光学主編『中国的民族識別』一六九、二八二～二八七頁。

（42）「我国的民族識別」『民族団結』一九九二年第四期、一三頁。

（43）中国社会科学院民族研究所・国家民族事務委員会文化宣言司主編『少数民族語言使用情況』中国藏学出版社、一九九四年、五、六頁。

（44）同前書、一九四～一九九頁。

第四節

（1）「中国共産党第二次全国代表大会宣言」（一九二二年七月）。中共中央統一戦線部『民族問題文献彙編　一九二一・七―一九四九・九』中共中央党校出版社、一九九一年、一八頁。

（2）張有雋・徐傑舜『中国民族政策通論』広西教育出版社、一九九二年、一八三頁。

（3）注（1）『民族問題文献彙編』一六六頁。

（4）同前書、五九五頁。

（5）石原莞爾「国運転回の根本国策たる満蒙問題解決案（一九二九年）」。侵略史講座実行委員会編『侵略・布告なき戦争』社会評論社、一九八五年、二一九～二二〇頁。

（6）吉田豊子「中国共産党の少数民族政策――「民族自決権」の内実をめぐって（一九二二～四五年）」『歴史評論』五四九号、一九九六年一月、六〇～六一頁。

（7）毛沢東「為動員一切力量争取抗戦勝利而闘争（一九三七年八月二五日）」注（1）『民族問題文献彙編』五五七頁。

（8）一九四九年一〇月五日「中共中央関於少数民族〝自決権〟問題給二野委的指示」。中共中央文献研究室編『建国以来重要文献選編』中央文献出版社、一九九二年、二四～二五頁。

（9）張爾駒『中国民族区域自治的理論和実践』中国社会科学出版社、一九八八年、三四頁。

（10）注（1）『民族問題文献彙編』五頁。

（11）古田元夫『ベトナム人共産主義者の民族政策史――革命の中のエスニシティ』大月書店、一九九一年、四〇九、五二一頁。

（12）『民族政策文件彙編』人民出版社、一九五八年、八三頁。

（13）張爾駒『中国民族区域自治史綱』民族出版社、一九九五年、一三五、一三八～一三九頁。

（14）張爾駒、同前書一六六～一六七頁。ただし憲法第六〇条が「民族郷の人民代表大会は法律の定める権限に基づき、民族的特徴に合った具体的措置をとることができる」と規定した。

（15）何潤『当代中国民族問題的特点和発展規律』民族出版社、一九

九二年、一九〇頁。注(13)張爾駒『中国民族区域自治史綱』一七一～一七二頁。国務院は一九五五年一二月二九日「民族郷設立の若干の問題に関する指示」「区に相当する民族自治区の改定に関する指示」を、一九五六年一〇月六日「区と郷に相当する民族自治区の改定に関する補充指示」を発し、民族郷の設立について具体的に指示。その後一九五八年までに全国で一千数百の民族郷が設立されたが、大躍進に伴う人民公社化でほとんどすべて廃止された(ごく一部は民族人民公社と名づけられた)。一九八二年憲法で人民公社が廃止され、民族郷を復活させることになり、一九八三年一二月二九日、国務院が「民族郷の設立問題に関する指示」を発し、一九八六年までに一九〇〇以上の民族郷が設立された(史筠『民族法律法規概述』民族出版社、一九八八年、一六五～一七六頁)。

(16)『人民日報』海外版、一九八九年一一月四日。

(17)金炳鎬「民族聚居地区的少数民族人口及分布」『民族理論研究』一九九四年第二期、二三頁。

(18)何潤『当代中国民族問題的特点和発展規律』民族出版社、一九九二年、一九一～一九二頁。

(19)金炳鎬「有関民族郷的幾個理論問題」『貴州民族研究』一九九三年第一期。何潤、同前書一九四～一九五頁。内訳は内モンゴル自治区一五、新疆ウイグル自治区四〇、広西チワン族自治区六二、チベット自治区八、河北省九〇、遼寧省一四一、吉林省三二、黒龍江省六八、浙江省一七、湖北省一一、湖南省七一、広東省五、四川省一一七、貴州省四五四、雲南省一九五、甘粛省三八、青海省三四、北京市五、天津市二、江蘇省一、安徽省三、福建省一五、江西省二、山東省五、河南省一二、陝西省三。

(20)茂敖海「関於民族区域自治的幾個問題」『黒龍江民族叢刊』一九九六年第一期、一九～二一頁。

(21)注(9)張爾駒『中国民族区域自治的理論和実践』二五、四三頁。

(22)注(18)何潤『当代中国民族問題的特点和発展規律』二一八頁。

(23)周域主編『雲南民族工作四十年研究』雲南人民出版社、一九九一年、二五一頁。

(24)周域主編、同前書二五三頁。

(25)注(18)何潤『当代中国民族問題的特点和発展規律』一六七～一六八頁。

(26)何潤、同前書一三一頁。

(27)以下、中国の司法制度に関する記述は、以下の文献に基づく。毛里和子「現代中国の人権——二つの伝統・二つの国権主義」文部省重点領域研究一一三・現在中国の構造変動『シリーズ中国領域研究』第三号、一九九七年二月、四二～四四頁。範雲涛「改革・開放時代における中国社会主義法制整備の実験——裁判官・弁護士制度の改革にみる「法治主義」への接近」同『シリーズ中国領域研究』第六号、一九九七年一〇月、五八～六一頁。

(28)王方之・鄭培生・李継林・孟憲文編著『文件収発与処理』档案出版社、一九九〇年、三～一〇頁。

(29)馬文余「社会主義市場経済是民族地区経済発展的根本出路」『黒龍江民族叢刊』一九九三年第一期、四八頁。

(30)丁漢儒「社会主義市場経済与民族問題的発展趨勢」『民族理論研究』一九九四年第四期、三七～九頁。

(31)注(20)茂敖海「関於民族区域自治的幾個問題」。

(32)石川昌「中国・吉林の朝鮮人——少数民族政策と日本」『季刊三千里』第一五号、一九七八年秋、二一三頁。

第二章　中国政府の少数民族教育施策の推移

中国の少数民族教育の中には、政府が国家を支える人材を養成するため少数民族に対して行う教育（国民教育）と、少数民族自身が行う教育（民族教育）とが入り交じっている。第二部では後者の民族教育にできるだけ光をあてていきたいが、第一部では主に前者、すなわち国家が少数民族に対して行う教育を紹介することにする。本章では、二〇世紀前半の中華民国期と後半の中華人民共和国期に分けて、少数民族教育施策の推移を追ってみたい。

一　中華民国期

国民統合をかなり達成したといえる中華人民共和国においては、少数民族自身が行う民族教育は、政府に与えられた枠内で行われているという性格が強い。しかし、二〇世紀前半の中華民国期は、そこまで統合は進まず、その枠は緩やかなもので、朝鮮人やモンゴル人、チベット人、トルコ系ムスリムなどの間では、自らのナショナリズムに基づいた独自の教育が行われていた。それと同時に、モンゴル人とチベット人（及び新疆のトルコ系ムスリム）を対象とした「蒙藏教育」、それを南方少数民族にも広げた「辺疆教育」と称せられる国家主導の少数民族教育が、時に反目し、時に協調する形で広められていったのである。以下、清朝末期から二〇世紀前半の中華民国における状況をみていこう。

1　清朝末期の教育改革と満蒙文高等学堂

一九〇〇年の義和団事件が起因となって、北京が八カ国連合軍に蹂躪されるに至り、清朝政府は本格的な教育改革に乗り出した。科挙制度と官学を廃止して新式の学校制度を導入し、新政（一九〇一年）を担う人材を養成しようとした。

こうした動きの中で、一九〇七年（光緒三三年）五月六日、清朝の学部は、満洲（マンジュ）人の王朝たる清の国粋を保つため、清朝の皇帝に忠義をつくす満洲人、モンゴル人の人材を養成すべく、満蒙文高等学堂を設立した。学部が一九〇八年に定めた「満蒙文高等学堂章程」によると、この学堂には満洲文科、モンゴル文科、チベット文科の三つの学科があり、この三言語が主要な学科で、その他に満洲、モンゴル、ウ・ツァンの地理・近代史などの授業があった（予科二年、正科三年）。言語については前述した他に、ロシア語、英語、日本語の教員もおり、国際情勢にも対応できる人材の養成を意図していたことをうかがわせる。いっぽう清朝は一九〇九年、ハルハ・ジャサクのホショー親王が理藩部を通じて出した上奏文を受けて、北京に殖辺学堂をつくった。殖辺学堂はモンゴル部、ウ・ツァン部の二つに分かれ、清朝の新政改革を担うモンゴル、チベット人の養成を図ったという[1]。殖辺学堂の教育内容は不明だが、満蒙文高等学堂は中華民国成立後の一九一二年、教育部によって殖辺学堂と合併され、北京籌辺高等学堂（高等学校）となる[2]。

2　蒙藏事務処／局・蒙藏院の設置と蒙藏学校

一九一一年一〇月一〇日、武昌蜂起を契機として辛亥革命が勃発し、同年一一月三〇日、外（北）モンゴルが清朝からの独立を宣言した。清朝が崩壊すると、一九一二年一月一日、南京で中華民国臨時政府が成立し、翌一九一三年、チベットが独立を宣言する。

中華民国の民族政策は当初、清朝時代のそれを引きずった面があったといえる。中華民国初代大統領となる袁世凱《ユエンシーガイ》は、もともと山東巡撫、直隷総督、軍機大臣など清朝の要職を歴任した軍人政治家であった。その袁が一九一一年一二月、皇帝退位後の処理をめぐり、清朝皇帝を代表して「皇室優待の八ヵ条」「皇族待遇の四ヵ条」とともに出したという「満洲、モンゴル、回、チベット待遇に関する七ヵ条（待遇満、蒙、回、藏七条）」は、漢人との平等、現有資産の保護や、王公世爵は旧習を維持すること、王公の中で生活に窮する者あればその生計を支えること、満洲、モンゴル、回（トルコ系ムスリム）、チベットの宗教信仰の自由を認める、などを掲げている[3]。これは、スムーズな政権明け渡しの条件として、清朝における王侯貴族の権益や非漢人統治原則を一定程度保障・継承することを約束させるものだったといえよう。辛亥革命党はこれを受け入れて同月二六日に公布し、袁世凱は一九一四年（民国三年）五月一日に公布した中華民国約法（暫定憲法）の第六五条で、この七ヵ条の効力は永久に変更しないことを再度確約している[4]。民国政府側にとってこの七ヵ条は、清朝がモンゴル人やチベット人に対してとった政策を引継ぐことで、「辺疆」の政局を安定させるという意味があったともいわれる[5]。

いっぽう、「排満」を唱える漢人勢力が打ち建てた国民国家という性格をもつ中華民国は、自ずと満洲人の王朝とは異なる

中華民国期の学校制度

中華民国の学校制度は約四〇年の間にかなり変動した。同国成立前、清朝は一九〇四年（光緒三〇年）、一連の奏定学堂章程（奏上学堂規定）を施行し、就学前教育を蒙養院（三～七歳）、初等教育を初等小学堂（七～一二歳、五年）と高等小学堂（一二～一六歳、四年）、中等教育を中学堂（一六～二一歳、五年）、高等教育を高等学堂や大学預科（二一～二四歳、三年）などに分けていた。

一九一二年一月一日、中華民国が成立すると、同月九日に教育部（文部省）が設置される。教育部は同月一九日、普通教育暫行辦法通令（普通教育暫定措置令）を発して学堂を学校と改称し、同年九月三日に学校系統令を公布し、初等教育を初等小学校（六～一〇歳、四年）と高等小学校（一〇～一三歳、三年）および実業学校（同前）、中等教育を中学校（一三～一七歳、四年）、高等教育を大学、専門学校および高等師範学校に分ける。

中華民国はその後一九二二年一一月一日に新学制を公布し、蒙養院を幼稚園、初等小学校を初級小学校、高等小学校を高級小学校と改称し、中等教育を中学校――初級中学（一二～一五歳、三年）、高級中学（一五～一八歳、三年）――と師範学校（六年）、職業学校（六年）の三種類に、高等教育を大学校と専門学校の二種類に分けた。またこの時から初級、高級小学校を合わせた完全小学校も生まれる。

南京国民政府樹立後、初等教育は小学法（一九三二年一二月）や小学規程（一九三三年三月）などによって、完全小学校（六年）、初級小学校（四年）、簡易小学校（四年）、短期小学校（一～二年）の四種類に分けられた。簡易小学校は、初級小学校に入れない学齢児童を就学させる学校で、全日制と半日制に分かれ、短期小学校は一〇～一六歳の未就学用に設けた学校である。また同時期、中等教育機関である職業学校は、普通中学に対応させて初級職業学校と高級職業学校に分けられた。

なお初等教育機関は、一九四〇年三月二一日の教育部「国民教育実施綱領」の公布によって、同年八月から中心国民学校（六年）と国民学校（四年）に分けられている。

参考文献　李華興主編『民国教育史』上海教育出版社、一九九七年、七九～八〇、九八～一〇一、一四六～一五〇、一五六～一五七、一六四～一六五、六二八、六四一～六四二、六四八、六八二頁。

非漢人統治のシステムをしいていく。

袁政権は中華民国の国務院が成立した一九一二年四月二一日に理藩部(6)を廃止し、翌五月、内務部の下に蒙藏事務処を設けた（蒙《モン》はモンゴル、藏《ツァン》はチベットを表す）。中華民国は漢、満洲、モンゴル、回、チベットの五族共和の国であり、モンゴル、チベット、回疆《フイジャン》の各地方はいずれも中華民国の統一された領土であり、これら地域は内地各省と「平等」にみなすべきであり、現在統一政府がすでに成立したので、これらの地方の政務はみな内政の範囲に属し、すべて内務部が管理すべきだというのがその理由とされる(7)。ちなみに、清朝崩壊に伴って独立を宣言した外モンゴルやチベットに対し、袁政権は前述した暫定憲法の第三条で「中華民国の領土は、前帝国が所有した全疆域である」とこれを否定し、内モンゴルを一九一三年一月に熱《ルー》河《ハー》、チャハル、綏遠《スイユエン》特別行政区とするなど、旧藩部の内地化を強行している。

袁世凱は一九一二年七月二四日、モンゴル、チベットに関わる政務が多くなったとの理由から、蒙藏事務処を蒙藏事務局に改め、国務総理直属の機関とした。七月二九日に姚錫光《ヤオシーグアン》が同局の副総裁に、九月九日、モンゴル人のグンセンノロブ（ハラチン右旗ジャサグ親王、一九二頁参照）が総裁に就任している。蒙藏事務局は総務処の他に、民治、辺疆防衛、勧業、宗教など五科を置き、民治科が教育事業を担当した(8)。

蒙藏事務局の総裁となったグンセンノロブは、清朝時代の威安宮学、タングート学（チベット語翻訳官養成所）、トド学（オイラート・モンゴル文翻訳官養成所）及びモンゴル学を基に、一九一三年、蒙藏学校を設立した。教育部が一九一三年二月に定めた「蒙藏学校章程」によれば、同校は「モンゴル、チベット、青海人民の学識を開き、発展させ、文化を向上させる」ことを主旨とし、生徒の募集枠には内モンゴル、外モンゴルが五〇％、西藏（チベット）が一五％、青海と付近の回民（トルコ系ムスリム）が一〇％、漢、満洲族が二五％という地域・民族配分がある。各地の盟長、将軍、都統、長官などが生徒を選抜し、北京へ送るよう指示していた。教育内容をみると、予科では漢語漢文、モンゴル文、チベット文の他、中国及び外国の歴史、地理や理数系の教科などがあり、生徒には一年目に漢語漢文を集中的に学ばせた。またこれらの生徒の学費は免除され、その食事や宿舎は公費で提供されたという(9)。同校は蒙藏専門学校（一九一八年四月）、蒙藏委員会北平蒙藏学校（一九二九年一一月）、国立北京蒙藏学校（一九三七年）、国立北平蒙藏学校（一九四五年一〇月）、蒙藏学校（一九五〇年九月）などと改称し、一九五一年三月、中央民族学院附属中学となり、現在に至っている(10)。

袁世凱は一九一四年五月一八日、蒙藏事務局を蒙藏院に改め、大統領の直属機関とし、再びグンセンノロブをその総裁に任命した。蒙藏院は総務庁、参事室、秘書室、第一司、第二司を設けており、第一司の民治科の中に教育関係が、第二司に宗教科が置かれた[11]。

3　蒙藏委員会と蒙藏教育司の設立

蒋介石《ジャンカイシク》による南京国民政府樹立（一九二七年四月一八日）以降、北京（北洋軍閥）政府の蒙藏院の職権は、蒙藏委員会に引き継がれる。同委員会によれば、蒙藏委員会が正式にスタートしたのは一九二八年一二月二七日である[12]。ただ実質的には同年一月、国民政府は張継《ジャンチー》、白雲梯《バイユンティ》（一九五頁参照）、劉樸《リュウプー》忱《チェン》の三人を常務委員とする合計七人の蒙藏委員会委員を任命し、六月には蒙藏院の職権を接収すべく白雲梯が北平（北京）に派遣され、一二月一八日委員長として閻錫山《イエンシーシャン》が就任するなど、下準備を含んだ活動は進んでいた[13]。

　こうして発足した蒙藏委員会は行政院の直属機関となった。その機構を概観しておこう。

　国民政府が一九二九年二月七日に公布した蒙藏委員会組織法によれば、同委員会はモンゴル、チベットの行政及び各種事業の振興・改革を掌握し処理する機関であり、総務処、蒙事処、藏事処の三処を置く。また「蒙藏委員会辦事細則」（一九三〇年三月八日、修正公布）によれば、この蒙事処と藏事処の下にそれぞれ三つの科があり、第一科が民政、財政、軍事、外交などを、第二科が教育、衛生、宗教、司法などを、第三科が産業、交通に関わる事項を担当した。蒙藏委員会には正副委員長と委員の他に、法令や命令を起草、審査する参事（四人）やモンゴル、チベットの各種文書を翻訳するための翻訳員（一二三人）、モンゴル、チベット地方の状況及び事件が発生した場合に調査するための調査員（一六人）などがおり、蒙藏教育委員会も設けている[14]。これが本体である[15]。

　この他、所属機関として北平蒙藏学校、蒙藏招待所、蒙藏政治訓練班、蒙藏旬報社（蒙藏月刊社）などがあり、地方には駐藏辦事処（事務所）、チャハル・モンゴル旗特派員公署、張家口牧場、北平ラマ寺廟整理委員会、駐北平辦事処、蒙藏宣慰使公署、モンゴル旗宣化公署などを設け、逆に南京や北平にはチベット駐京辦事処、パンチェン駐京辦事処、チベット駐北平辦事処、チベット駐西康辦事処、モンゴル各盟旗聯合駐京辦事処などを設けた。また一九三〇年（民国一九年）の「蒙藏委員会派遣駐在処専門員条例」で、ハイラル、赤峰（オラーンハダ）、張家口、包頭（ボゴト）、西寧、タルバガタイ、イリ、ラサなど計一七ヵ所に蒙藏委員会の専門員を派遣したりもしている[16]。

　こうした蒙藏委員会の活動に伴って、国民政府の民族教育施策は一九三〇年代、徐々に拡充されていく。まず一九二九年（民国一八年）六月一七日、国民党第三期中央執行委員会第二回全体会議は「モンゴル・チベットに関する決議案（関於蒙藏之決議案）」を採択したが、その中の「教育部にモンゴル・チベット教育を専門に管理する教育機関を設置する」という規定に基づき、教育部は一九三〇年に蒙藏教育司（局）を設立する。

蒙藏教育司は中央がモンゴル・チベット教育とその他の辺疆民族教育を管理する行政機構で、モンゴル、チベット地域の教育調査、各種教育事業の開設、教員養成や、その他の辺疆教育事項など六項目の任務を負った[17]。これが中国における、少数民族教育を専門に扱う初めての国家機関である。

この他、「モンゴル・チベットに関する決議案」には（イ）首都に蒙藏学校を設立し、モンゴル、チベットの各地から優秀な青年を選んで試験をして入学させ、同校に蒙藏研究班を付設する、（ロ）各盟旗、チベット、西康などの地域の主管官庁に、速やかに各級学校をつくり、モンゴル、チベット教育経費を確定するよう通達する、（ハ）首都及びその他の適切な場所に、モンゴル、チベット青年が入る予備学校をつくり、国立及び省立の学校に認定し、モンゴル、チベット、新疆、カム（西康）の学生を優待する、（ニ）モンゴル、チベット民族は中華民族の一部であるといったモンゴル、チベット関連の広報活動を強化し、その媒体をモンゴル語、チベット語に翻訳する、などモンゴル、チベット族向け教育に関する施策が多く含まれている。その後、各地にモンゴル、チベット族を対象とする小学校や中学、師範学校、職業学校、専科学校が設立され、蒙藏問題研究班もつくられた[18]。

4　国民政府の少数民族教育施策

国民政府は蒙藏教育司を設立したり、一九三五年から少数民族教育専門の予算を設けるなど様々な施策を講じ、現代中国における少数民族教育施策の基盤を築いた。その一部は中華人民共和国にも受け継がれている。その意味で国民政府の少数民族教育施策は、一九二〇年代までの北京政府とは一線を画するものだといえよう。それはまた蒙藏教育の普及・拡充を図った一九三〇年代と、それを他の少数民族にも広げた四〇年代（日中戦争勃発後）に大まかに分けられる。以下、国民政府の少数民族施策を、方針、教科書、進学面や経済面での特別措置などの点から、とらえてみたい。

（1）蒙藏教育の方針

国民党が一九三一年九月、第三期中央執行委員会第一七回常務会議で採択した「三民主義教育実施原則」の第六章——蒙藏教育は、その後少数民族教育の法規を定める際の基本原則となったといわれるが、そこには三つの目標と三つの実施綱領が明記されている[19]。三つの目標とは、（一）中華民国の教育の主旨と実施方針に従って、モンゴル、チベット教育の普及と発展を図ること、（二）モンゴル人、チベット人の特殊な環境に基づき、その知識の向上、生活の改善を図り、民族意識の養成と自治能力の訓練、生産技術の増進に注意すること、（三）孫中山（文）の民族平等の原則に従って、教育の力によってモンゴル、チベット人民の言語と意志の統一を図り、五族共和の大民族主義国家の完成を望む、ことである。

また実施綱領は教育課程、訓育、設備の三項からなり、そのうち教育課程は、(一)各級学校の教育課程は、内地の学校の標準的な教育課程に基づき、モンゴル、チベットの状況を考慮して定めること、(二)小学校の教科書はモンゴル語と漢語、チベット語と漢語を併用してつくる。中等以上の学校の教科書は原則として漢語で編さんすること、(三)各級学校の教科書は以下の点——①中国民族の融合史、②辺疆と内地の地理的関係、③モンゴル、チベットに対する帝国主義の侵略の歴史と事実、④モンゴル、チベット人と国民革命の関係、⑤モンゴル、チベット人と地方自治、民権主義の関係、⑥モンゴル、チベット人の経済事業と民生主義の関係、⑦その他モンゴル、チベット人の特殊な環境に関する事項——に注意することを挙げている。訓育については、(一)モンゴル、チベット民族の生活状況に基づき、内地の各級学校の訓育を基準として参照しながら実施すること、また(二)以下の点——①科学的知識で自然界の迷信を取り除く。②民族精神を喚起し、部落的な考え方を取り除く。③国際時事の解説と団体生活の訓練、国家と(中国)民族を愛する精神を養成する——に注意して実施することを指示している。

前述した方針は、いずれもモンゴル人やチベット人を同化主義的な手段によって、中華民国の国民として統合することを図ったものだったと評さざるを得まい。それは、国民政府のみに帰する問題ではなく、ナショナリズムが席巻する国際環境、日本を含む諸外国による干渉・侵略に晒される国内状況に大きく規定されたものだったともいえる。

(2) 教科書の編さん

教育部が少数民族語による教科書の編さん作業に着手したのは、一九三二年である[20]。それまではモンゴル、チベット族を対象とする学校の教科書も、すべて上海で出版したものを使っていた。編者はすべて、甘粛、青海とは自然環境や社会状況が違う中国東南地方の出身者であったため、教科書の内容もモンゴル族やチベット族の教育に合わなかったという。

国民政府は一九三〇年、第二回全国教育会議で蒙藏教育実施計画を採択し、その第四条で「モンゴル、チベットの状況に基づき、チベット語と漢語を組み合わせた教科書、及び教育的あるいは補足的な民衆向け読み物を編さんし発行する」との方針を打ち出した。またそこには具体策として、教育部が内地の現行教科書を原本として、学校の教科書と補足的な読み物を編さんするいっぽう、各地で自発的に小中学校用の教科書や民衆向け読み物を編さんし、教育部の検定を受けるよう奨励することも記されている。

教育部はこの指針に基づいて一九三二年、蒙藏委員会の職員や中央組織部辺疆党務処の翻訳員らも集めて、国語(漢語)と短期小学校用の教科書をそれぞれモンゴル語とチベット語、ウイグル語に翻訳する作業を始めたが、これらの教科書を八冊編さんし終えたのは三年後のことだったという。なぜ三年もかかったのかは分からない。とにかく編さん事業はスムーズにはいかなかったようだ。またこれら教科書のうち、実際に発行したのはモンゴル語版だけだったというから、結果的に所期の目的を達したとはいえない。いろいろな問題があったのだと思われる。これが最初の試みだった。

その後一九三五年に小学校の国語と常識の国定教科書が出ると、これらを改めてモンゴル語とチベット語、ウイグル語に翻訳した。最初の四冊は国語とモンゴル語またはチベット語を併記し、後の四冊はモンゴル語やチベット語で単語の注釈をつける形をとり、今度はすべて発行した。ところが直訳であったために、教科書の内容がモンゴル族やチベット族の生活や生産様式に合わず、使った学校はごくわずかだったという。これが第二回目の試みである。

第三回目の試みは抗日戦争勝利後に行われた。一九四六年、小学校用の国定教科書が改訂された際に、国立辺疆文化教育会館（一九四五年、国民政府が南京で設立した辺疆民族の文化を研究する機関）が初級小学校の国語と常識の教科書を原本としつつ、モンゴル、チベット、ウイグル語による教科書をつくった。この時は各地方ごとに、それぞれの民族性や地方性のある内容をとり入れて、モンゴル語（九冊）、チベット語（八冊）、ウイグル語（一〇冊）に翻訳し、モンゴル、チベットに関連のある図版を挿入して出版し、これは各地で実用されるに至ったという。少数民族文字による教科書編さんを試みてから実に一六年後のことであった。

いっぽう少数民族地方では、その間現地で編さんされた教科書の方がよく使われていたようだ。例えばカム（現在の四川省西部）地方では、一九三五年に設置された西康《シーカム》建省委員会が、同年教科書編さん委員会を設け、国語と常識の教科書を、まず漢語で八冊ずつ編さんし、それらをすべてチベット語に翻訳するという方法でつくり、一九三七年に発行している。これらの教科書はそれ以前のものに比べると、漢語とチベット語の二言語併記を実現し、民族的特徴のある内容の編さんに注意し、民族関係史、辺疆地史、仏教知識などをとり入れ、チベット族の生活や生産様式に合った図版も大幅に盛り込むなど、質がずいぶん向上したという。この他一九三〇年以降、青海省蒙藏文化委員会によるチベット語と漢語併用の初級小学校国語教科書（八冊）、釈法尊によるチベット語読本、チベット語文法、常識教科書などのチベット族用教科書も各地で編さんされていた。地方での編さんは中央よりスムーズにいったといえよう。中央でつくった教科書より、現地にいる者が現地でつくった教科書の方が、より使用に適していたからだと思われる。

また当時各地方では、教育部が一九四一年、各辺疆地域で郷土史や郷土の地理、民話・民謡、風俗習慣などをまとめた郷土教育用の教科書を自主編さんするよう求めた（「辺疆教育郷土教科書参考資料の請求方法」「辺地教育史料方法」）のを受けて、西康省デルゲ県政府編『西康徳格《デルゲ》県郷土教科書』や張明良編『西康白玉《ベーユル》県郷土教科書』など、県レベルの郷土教科書もつくられている。

国民政府は一九三一年五月五日の「中華民国訓政時期約法」第一条で「中華民国の領土は、各省とモンゴル、チベットである」と定め、袁政権時代に始まった内モンゴル、チベット地域の内地化をさらに推し進め、一九二八年に熱河、チャハル、綏遠特別行政区をそれぞれ省に改め、一九二九年には青海省を、一九三九年には西康省を設立した。しかし実際には外モンゴルは独立し、中央チベットとチャムド地方（西康省西部）は独立的状況にあり、東北地方には日本の傀儡、満洲国が打ち建てられ、内モンゴルにはモンゴル連盟（連合）自治政府が、新疆には東トルキスタン共和国が樹立されていた。このように、中国全土を統合できなかった国民政府は、実質的には「辺疆民族」の自主性・裁量を一定程度認め、その力を活用しながら、緩やかな統合を図らざるを得なかったと思われる。教科書に関していえば、規制は強くなく、ある意味で今の中国より地方性、民族性を反映させることもできただろう。一九五七年に始まる反右派闘争で教科書の中の地方民族主義批判が展開されるが、その時問題になった教科書は、国民政府時代、地方の裁量で作られ、中央の追認を得ていたものの流れをくむものだったのかもしれない。

ところで国民政府は教科書の他にも、国策や政令を広報し、「辺疆同胞の理解を深めるため」として、三民主義要義（浅説）や総統訓詞、中華民国憲法（一九四七年一月一日公布）をモンゴル語やチベット語、ウイグル語に翻訳して発行した。一九四五年一月には、重慶で『中央辺報』をこの三言語で創刊し、毎回時事問題や国策を中心に、科学や地史、医薬や衛生などに関する記事も掲載したという。ただし民族語による刊行物の発行量は、中華人民共和国には到底及ばない。

（3）少数民族教育の専門予算

中華民国は一九三五年から少数民族教育専門の予算（辺疆文化教育補助費、辺疆民族教育事業費など）を設けるようになり、同年五〇万元を拠出した[21]。当初は中央が関係各省に補助金を出すという方法をとったが、効果があがらず、教育部は一九三九年から少数民族地域に直轄の国立小学校、中学、師範学校、職業学校を設け、これらを直接運営するとともに、地方が設立・運営する学校には補助金を出すという方法をとるようになる。中央はあくまで補助するという立場をとったが、甘粛省などは一九三五年から四一年まで、中央の補助金のみで少数民族教育の費用をまかなっていた。そのため一九四二年、教育部が補助費の拠出を一端停止すると、各地で民族学校の経費は激減し、学校運営が難しくなり、教育部は一九四四年、再び辺疆民族文化教育補助費を出すようになる。

(4) 少数民族就学生への特別措置

国民政府は、少数民族の就学生に対し、進学面と経済面で特別措置を講じていた(22)。

一九三九年の「修正蒙藏学生章程」は、モンゴル族やチベット族で、首都あるいは現地における進学を希望する者があれば、地方の官庁がその進学を保障し、蒙藏委員会は、中等以上の学校への進学を希望する者のために適切な学校を選んで、学校側にできる限り受け入れるよう命じると定めている。またその際は、①専科学校クラス以上の学校はモンゴル族とチベット族の学生を幅広く受け入れ、あるいは別に入学試験を行う、②入学試験に合格しなかった者は聴講生として受け入れ、一年後成績合格者は正規の学生とする、③入学試験に不合格で聴講生としても受け入れられない者は、特定の学校で補習を受けさせる、とした。これは第三章で述べる中華人民共和国の少数民族に対する進学措置とよく似ており、同国が中華民国時代の方式を踏襲したものと思われる。

経済面では、教育部が内地の専科学校以上の学校に入学するモンゴル族とチベット族、トルコ系ムスリムの学生に就学補助金を出したり、教育部所属の国立辺疆民族小学校の児童には食事と衣服および書籍、雑費代を給付し、師範学校に入学した者については学費と宿舎費を免除し、食事を供給し、衣服、書籍、雑費代を給付するなどした。

中華民国のマイノリティ政策は一九三〇年代半ばまで、ひたすら同化による国民(中国民族)化をめざすものだったといえる。執行レベルではモンゴル人やウイグル人、トルコ系ムスリムなどに対しては強固な同化政策はとれなかったが、南方少数民族については「特殊部族」などと称し、広西特殊教育教員訓練所(一九三五年、広西)を設けるなどして中国人化を図った(23)。広西三江県の政府は一九三二年、「風俗改良委員会」をつくってカム人(現トン族)に「すべて漢人の服を着る」よう強制したりしている(24)。

こうした中華民国のマイノリティ政策は、一九三七年の日中全面戦争の勃発に伴って変化し、また第二次大戦後は国内外の情勢変化によって、より変容したといえる。

5 蒙藏教育から辺疆教育への拡大——国民党のマイノリティ政策の変容

一九三七年七月、日中戦争が始まると、国民党政府は一一月に重慶(四川省)に遷都し、雲南、貴州、広西、湖南など南方少数民族が多く住む地域に近づき、また甘粛、青海省は抗日戦争の後方地帯となり、政府としてはこれら地域に住む諸民族の支持を得ることがより重要になった。同時に北京大学や清華大学、南開大学など華北地域の高等教育機関が戦火をさけて南下し、雲南省の昆明《クンミン》に拠点を置いて西南連合大学をつくると、南方少数民族に関する研究がさかんになり、その状況も知られるようになった[25]。こうした中で国民政府による「辺疆教育は抗日戦争の需要から大いに発展し、蒙藏学校教育は成熟期を迎えた」といわれる[26]。

国民党は一九三九年四月の第三回全国教育会議で「辺疆教育推進方案」を採択し、一九三九年には蒙藏教育司の管理下で辺疆教育問題委員会を設置する[27]。こうして一九三〇年代末からは「蒙藏教育」から「辺疆教育」への呼びかえが起こった。国民政府教育部は一九四六年（民国三五年）、蒙藏教育司を辺疆教育司に改称するが、それは「蒙藏」を名称とするのは「その他の辺地民族の誤解（モンゴル、チベット地域の教育のみを扱うという誤解――筆者）を招きやすい」という理由からだという[28]。

これは単なる呼びかえではなく、対象の拡大である。一九四一年一一月、行政院が公布した「辺地青年教育及び人事行政実施綱領」は、辺疆地域教育の対象を「モンゴル、チベット及びその他各地の人々で、言語や文化において特殊性を持つ者」と明記した[29]。

これにともなって、就学生に対する経済面での特別措置の対象も広げられた[30]。教育部が一九二九年七月二二日に発した「待遇蒙藏学生章程（モンゴル、チベット学生待遇規約）」、一九三六年に発した「蒙藏回学生の内地専科学校以上の学校への進学補助辦法（措置）」、一九三九年の同措置の修正大綱は、いずれも就学補助金を申請できる者をモンゴル、チベット地方か新疆に住むモンゴル族、チベット族、トルコ系ムスリムに限っていた。これに対し一九四二年の「辺疆学生待遇暫定辦法」、一九四四年の「辺疆学生待遇待辦法」は、内地の中等以上の学校に進学する「言語や文化で特殊性をもつ地方の学生はすべて、進学の確保と、公費待遇及び通年の補助費を申請するという優待を享受する」とし、対象を南方少数民族にも広げた。一九四七年の修正「辺疆学生待遇辦法」は、辺疆民族地域に建てられた国立の中等以上の学校に就学する少数民族の学生、あるいは公費待遇措置を設けている内地の中等以上の学校に通う少数民族学生で、家庭の経済状況がよくない者には公費を与える（定員の制限はしない）こと、辺疆民族学生で在学中、不意の事故や真に経済的な理由から衣服や書籍が購入できない者は、特別補助費の給付を申請することができる、として奨学制度の充実化を図っている。

一九三九年の辺疆教育推進方案は、辺疆民族教育推進の方針として「辺疆教育は大中華民族を構成する人々の文化を融合し、その発展を促すことを方針とする」ことを第一に掲げ、依然として同化による国民統合を図る色彩が強かったが、そのいっぽうで「辺疆教育は現地の特殊な環境とその生活習慣に応じて方策を講じ推進しなければならない」という柔軟な姿勢も示している[31]。「その他の言語や生活習慣が（漢人と）同じである辺民、例えば漢回（現在の回族）の子ども達が通う学校などは、学校の設備が宗教生活に適合するよう配慮する外は、内地の普通学校に準じて教育を実施する」という点は、中華人民共和国における回族教育と通じるものがある。ただ執行レベルでは、国民政府時代の回教教育は、中華人民共和国の回族教育よりかなり自由だった。

中華民国は回民を一つの民族とは認めず、ウイグル族と区別せずに「回」と称したり、「漢回《ハンフイ》」と称したりしたが、回教に対しては支持しないが制限をせず、実質的にはかなり自由を与えていたといわれ(32)、各地に設けられた回民学校では、国語その他の一般教科とともにコーランやアラビア語の授業を行っていた。例えば寧夏省内の回民たちが一九一〇年代末頃から設立し始めた清真学校（一九三〇年で初級小学校が四三校、高級小学校が九校）では、アラビア語を週二時間ずつ教えていたという。国民政府教育部は、アホンの養成や研修を目的としてイスラーム寺院内に建てられた、寧夏省のアホン教義国文講習所に対し、一九四〇年から月々四千元の補助金を支給してもいる(33)。

国民党は、一九四五年五月の第六回全国代表大会（重慶）の宣言で「民族主義の目的は、一つには中国民族の解放であり、一つには国内各民族の一律平等である。……全力をあげて辺疆各族の経済、文化の発展を扶助し、固有の言語、宗教、習慣を尊重し、外モンゴル、チベットに高度自治の権利を与える」との方針を打ち出した。同大会中の五月一八日に採択した同党政策綱領案の「民族主義者について」は「モンゴル、チベット各民族の高度の自治を実現し、各民族の経済、文化のバランスのとれた発展を扶助し、以って自由統一の中華民国の基礎を定める」としている(34)。これは日本の敗戦が確実となった段階で、抗日戦争勝利後の国内の統治を見据えて出されたものだったとみられる。具体的な中身は分からないが、一九四六年三月の国民党第六期第二回中央全会（重慶）では、辺疆問題委員会と辺疆問題報告審査委員会を設け、白雲梯が内モンゴル問題とその解決方法、ケルサンツェリンがチベット族の現状報告、張治《ジャンジー》中《ジョン》が新疆問題の解決方法について報告したという。当時少数民族の支持を着実に獲得・拡大していた中国共産党に「勝利の果実」を奪われまいと意識してのことだったとも思われる。しかし時すでに遅く、国民党は党員と官僚の腐敗、そして執政党だったが故に戦争の痛手やそれによるインフレ、物不足といったマイナス・イメージを一手に被り、国民の支持は低下していた(35)。いっぽう八路軍の活躍で抗日戦争の主役となり、日本軍の占領地域の背後に広大な「解放区」を築いた中国共産党は、国民党の失政も手伝って日増しに支持を高めていく。その後国共両勢力が衝突して内戦が勃発し、一九四七年以降は国民党の全体会議などで民族問題や辺疆問題は議論されなくなり、前述した宣言や決議は実行性を伴うものとはならなかった(36)。

6　中国共産党の長征と延安民族学院

中華人民共和国の少数民族教育施策は、同国成立までに中国共産党が蓄積してきた実践を基盤としている。同国成立後の状況をみる前に、それを概観しておきたい。

一九二一年七月に成立した中国共産党は、一九二八年七月九日、同党第六回全国代表大会における「民族問題に関する決議案」で「中国境内の少数民族問題（北部のモンゴル、回族、満洲の高麗人、福建の台湾人、並びに南部のミャオ、リー等原始民族、新疆とチベット）は革命にとって重要な意味をもつ」[37]との方針を打ち出した。一九三一年一一月の中華工農兵ソビエト第一回全国代表大会では、中華ソビエト共和国臨時政府の樹立を宣言するとともに、「中国境内の少数民族に関する決議案」を採択し、「国内少数民族のために民族言語文字を用いる学校、編集館、印刷局を設立し、あらゆる政府の機関で民族の言語文字を使用することを認める」[38]としている。

ただし中共成立当初の少数民族政策のスローガンはソ連の受け売り的な側面が強い。それが実態に即したものになっていく上で、大きな影響をもたらしたのが、一九三四年一〇月に始まる「長征」であろう。一九三〇年一一月に始まる国民党の中共中央革命根拠地（江西省南部）に対する五回にわたる殲滅作戦を受けて、中共軍（紅軍）は一九三四年一〇月に根拠地を放棄して西方に総退却した。その後国民党軍に追われつつ、新たな根拠地を目指した一二ヵ月、二万五千華里に及ぶという行軍が「長征」と呼ばれる。それは八万五千人の中共軍が七千人余名に減るという、し烈なものだったという[39]。

中共軍はこの長征の道程で、江西省から陝西省にたどり着くまでに、湖南、広西、貴州、雲南、西康、四川、甘粛、寧夏省の非漢人地域を通った。そこでこれら地域の非漢人から攻撃を受けることなく、できれば支持を得ることが死活問題となり、より現実的・実践的な観点から、少数民族政策を構築していくようになる。

例えば、中国工農紅軍（中共軍）の第一方面軍、第二方面軍、第四方面軍は一九三五年四月から一九三六年一〇月まで、現在チベット族自治州となっているデチェン（雲南省）、カンゼ（西康省）、ガパ（四川省）、ゴロク（青海省）、甘南（甘粛省）などチベット地域を経由した。その過程で中共中央は「少数民族（の支持）獲得に関する指示」を発し、一九三五年八月、中央政治局会議で党の少数民族地域における基本方針を決め、また「少数民族工作必須知識」をつくって党員に配布するなどしている。「康藏西番（カム、ツァン、アムドのチベット人）民衆に告げる書――チベット民族革命運動進行の闘争綱領」は、各少数民族は「自己の言語文字を使用し、文化を高め、学校を設立し、皆が学校に入って学習できる権利がある」とし、また一九三五年一二月の中共中央「内モンゴル人民に対する宣言」は「モンゴル、チベット、回、漢、満洲民族は、自己の言語文字の応用、信仰、居住の自由がある」と述べている[40]。

また中共軍が辿り着いた新たな根拠地――陝甘寧辺区は陝西、甘粛、寧夏三省の境界地域であり（中心は延安）、そのすぐ北はモンゴル族、西は回民、チベット族の住む地域と接する場所にあった。そのためモンゴル族と回民に対する政策が特に重要となった。毛沢東《マオザートン》は一九三八年、中共第六期中央委員会拡大第六次全体会議における報告で「各少数民族の文化や宗教、習慣を尊重し、漢語漢文の学習を強制すべきでないのみならず、各民族の言語と文字を用いた文化教育の発展に賛成しなければならない」と指示する。一九三九年の「陝甘寧辺区抗日戦争時期施政綱領」でも「モンゴル、回民族の信仰、宗教、文化、風俗、習慣を尊重し、その文化的発展を補助する」とし、陝甘寧辺区に蒙回民族学院、抗日回蒙学校、延安に蒙古文化促進会をつくった。こうした中で中共根拠地で現在の民族学院の前身となる延安民族学院がつくられたり、回民学校が設立・運営されるのである。

　中共西北局民族工作委員会は一九四〇年、西北五省で少数民族工作を展開していくために、延安に少数民族幹部の養成を目的とした陝北公学民族部をつくった。これは、中央党校の少数民族班（一九三七年）、陝北公学のモンゴル青年隊（一九三九年）、陝北公学の少数民族工作隊（一九三九年）をもとにつくられたものである。この民族部が陝北公学から分離し、中央党校の民族班、抗日大学、女子大学の少数民族と一緒になって、一九四一年九月に設立されたのが、延安民族学院である(41)。

　延安民族学院は西北局民族工作委員会の管轄下に置かれ、モンゴル、チベット、回、イ、ミャオ、満洲、トンシャン、漢の八民族、計三〇〇人が学んだという。中でもモンゴル族と回族が多く、チベット、イ、ミャオ族は、紅軍の長征に加わって貴州、四川省などから延安に来た者達だった。その後民族ごとにモンゴル族班、回族班、チベット族班、イ族班がつくられ、政治の授業として民族問題を教え、また漢語、民族語などの授業があった(42)。

　こうした中国共産党の少数民族政策の唱道や実践は、国共内戦期に少数民族に好感をもって迎えられ、その多くを共産党に加担させることになったと思われる。

　一九四六年七月、国民党と共産党は本格的な内戦に突入した(43)。当初は圧倒的兵力をほこる国民政府軍（一九四五年段階で国民政府軍が四三〇万人、共産党軍が一二〇万人）が優勢だったが、一九四七年二月から人民解放軍と改称した中共軍は、土地改革で得た農民の支持もバックにして五月から東北で反攻に転じ、一一月に全東北を手中に収めた。人民解放軍は一九四九年一月三一日、北京に入城し、四月二三日、国民政府の首都南京を陥落させ、一〇月一日に中華人民共和国を成立させる。いっぽう国民政府は敗走を重ねる中で首都を広州（五月二二日）、重慶（一〇月一五日）、成都（一一月二九日）へと移し、最後に一二月八日台湾に遷都して大陸の支配権を失った。国共内戦は中華人民共和国の成立後も続き、中共軍が四川省ガパ地方に拠った馬良《マーリャン》（馬歩芳《マーブーファン》配下）率いる国民党勢力を壊滅したのは、一九五三年五月半ばであった。この間中共は内モンゴル、新疆、チベットを次々に統合し、現在の中国の領域を掌握するに至ったのである。

では続いて、この中華人民共和国における少数民族施策の推移をとらえてみよう。

二　中華人民共和国期

1　第一回全国民族教育会議にみる方針と施策
――一九四九年～五〇年代半ば

中華人民共和国は一九四九年一〇月一日に成立した。翌一九五〇年一一月二四日、政務院は「少数民族幹部養成試行方案」を公布し、「国家建設、民族区域自治、共同綱領と民族政策の実現のため……広範かつ大量に各少数民族の幹部を養成する」ことを目的として、北京に中央民族学院、各省に民族幹部学校、民族小中学校、民族高等学校を設立することを決めた(44)。その後、民族学院は雲南、貴州、青海などにも設立され、現在は計一三校に増えている。

翌一九五一年九月二〇日～二八日、国家教育部は北京で第一回全国民族教育会議を開き、「中華人民共和国の少数民族教育の方針」と「少数民族教育発展のための措置」を打ち出す。この会議では「民族教育は少数民族幹部の養成を主な任務」とし、「各少数民族地域において愛国主義の政治思想教育を実施し……各民族人民の祖国観念と人民政府支持の熱情を強化し、共同で祖国の防衛と建設のため奮闘する」ことが確認され、次のような具体的施策が示された(45)。

（a）中央人民政府教育部と関連する各級人民政府教育行政部門の中に、少数民族教育を扱う機関を設立するか、専門の職員を置く。

（b）各少数民族学校の教科課程は中央教育部の規定を基準とし、各民族の具体的状況を融合させ、適切に柔軟な運用を行い補充する。

（c）一定範囲内で通用する文字があるモンゴル、朝鮮、チベット、ウイグル、カザフなどの民族は、小中学校の各教科の授業は必ず当該民族の言語と文字を用いて行う。独自の言語がある一方、文字を持たないか文字が不完全である民族は、文字づくりと文字の改革に着手しつつ、自由意思の原則の下で、漢語あるいは当該民族が慣用する他民族の書き言葉を使って授業を行う。各少数民族の各級学校は、現地の少数民族の需要と自発的意思に基づき漢語の授業を設ける。

（d）少数民族地域の教育経費については、各地の人民政府は一般支出の標準額に基づいてこれを拠出する他、経済状況及び教育事業に応じ、別に特定費目を拠出し、少数民族学校の設備、教師の待遇、児童・生徒の生活などに特有の困難を解決するための補助を行なう。

ここに示された民族教育の指針は、文化大革命終了後から現在にかけても基本的に維持されている。

中華人民共和国成立初期は、非漢民族を少数民族として中国へ統合するための教育路線が確立されるが、少数民族政策は全国的にみて比較的安定したものだったといえる。[46] 第一回全国民族教育会議の方針に沿って、民族教育関係の各種機関が設立され、入学年齢の緩和、入学試験におけるボーダーラインの緩和や民族語による答案の許可など、少数民族に対する教育上の特別措置も整えられた。反右派闘争が始まる一九五七年以前は、民族学校における漢語教育の比重もそれほど大きくはなく、逆に民族語による教育を奨励、強調していた。例えば一九五三年二月二日、国家教育部は「兄弟民族はどの種の言語を用いて授業を行うべきかに関する意見」(中南軍政委員会教育部と湖南省教育庁の請示報告に対する回答)で、次のように指示している。

(一)「共同綱領」第五三条の規定と第一回全国民族教育会議の精神に従って、少数民族学校では自民族の言語と文字を使って授業を行うべきである。但し、広く通用する言語を持つが文字を持たない民族は、そうした文字が創られるまでは、しばらく漢文あるいは当該民族が習慣的に使っている文語(書き言葉)で授業を行っても構わない。

(二) 各種授業の中では実情に即して、できる限り自民族の言語を使わなければならない。民族語が分からない教師は、積極的にこれを習得し、当面は様々な有効な方法を用いて、児童・生徒が授業内容を十分理解できるよう努める。

(三) 自民族の言語で授業を行う条件が整わず、漢語で授業を行っている学校は、当面は児童・生徒が慣用する漢語の方言で授業を行っても構わない。

こうした方針が性急路線に転化するのは、「社会主義の基本的完成」が宣言された一九五六、七年ごろからである。一九五六年六月四日、国家教育部は第二回全国民族教育会議を開いて、「一九五六～一九六七年全国民族教育事業計画」を検討したが、[47] 翌年に始まる反右派闘争から文化大革命へと続く「階級闘争」「不断革命」によって反古にされ、民族教育体系は壊滅的打撃を被ることになる。第三回会議はその後二五年間開かれなかった。

2 地方民族主義批判とエスカレートする漢語教育
——反右派闘争・大躍進期

五五万人を解雇、投獄、労働改造に追い込んだ反右派闘争と、三年間で二〇〇〇万人という餓死者を出した大躍進(一九五七～六〇年)、四〇〇万人以上の死者と一億人に及ぶという犠牲者を出した文化大革命(一九六六～七六年)は、民族教育にも多大な被害をもたらした。まず前者からみていこう。

一九五六年四月、毛沢東は共産党政治局会議で「様々な学術思想は正否にかかわらず述べさせ、干渉しない」とする百花斉放・百家争鳴を提唱し、翌五七年二月には「人民内部の矛盾を正しく処理する問題について」とする講話等を通じ「言者無罪」を強調した。だが各地で共産党や社会主義に対する批判が続出すると、毛東沢は同年六月八日、人民日報に「これはどうしたことか」と題する社説を出し、反右派闘争を発動する。

反右派闘争の中では、少数民族に対する地方民族主義批判が展開された。その具体的状況はあまり伝えられていないが、ここでは『民族研究』一九五八年第二期に掲載された定正清《ディンジョンチン》「少数民族社会歴史調査における地方民族主義の傾向を批判する」を通して、新疆少数民族社会歴史調査グループ（一九五六年九月～五七年八月）の副長、ウイグル・サイラニが批判されたケースをみてみよう。ウイグル・サイラニは調査後北京で開かれた民族研究工作科学討論会で批判され、それは「民族研究工作戦線における大きな勝利」だと喧伝された。定正清が挙げる、ウイグル・サイラニが社会調査の中で露にした地方民族主義の傾向とは、以下のようなものである。①ウイグル族の後れた面を認めようとせず、中央の「後れた人々を救う」という方針に逆らって、ウイグル族には先進的な面も多く、なぜ後れた面ばかり調べねばならないのか、後れた面はウイグル族社会の全体を表すものではない、などと言った。②「ウイグル族は解放前、すでに資産階級民族になっていた」などとでたらめを言った。③打ち倒された封建搾取階級分子や反革命分子の所へ行って、自分の民族主義的観点に見合った資料を集め、新疆分局の調査は間違っており、現地に農奴制はなかったなどと、封建統治階級を擁護し無産階級の立場に叛く発言をした。④新疆と祖国の歴史を歪曲し、「左宗棠《ツオズンタン》が出兵するまで新疆は独立国家であり、その後中国の版図に入った」という反動的な主張をした。⑤東トルキスタン・イスラーム共和国（カシュガル、一九三三年）を賛美した、等々。(48) 定はこれらの「罪状」をあげ、「ウイグル・サイラニが調査の中で見せた地方民族主義の傾向は深刻なものであり、マルクス・レーニン主義の基本原則を逸脱し、党の指導を逸脱し……反党反社会主義の資産階級民族主義分子の道をたどるものである」と批判している。

色眼鏡を外してみれば、ウイグル・サイラニは、はじめからウイグル族は後れた民族だと決めつけた調査のやり方に不満を持ち、そうではないことを調査によって立証しようとした、ということだろう。政府を批判しているわけでもない。それがなぜ目くじら立てて批判されねばならなかったのか、今の私たちの感覚ではピンとこない。しかし当時の中国では、歴史研究は次のような観点で行わねばならないとされていた。

「私達が歴史を研究する目的は、歴史のために歴史を研究するのではなく……当面の社会主義建設事業をよりいっそう早めるためである。……党の指導に有利であり、各民族人民の団結に有利であり、労働する人民が社会主義建設を早める上で有利なものは、強調し発揚しなければならない。党の指導に不利であり、各民族人民の団結に不利であり、労働する人民が社会主義建設を早める上で不利なものは切り捨てるべきである。私たちマルクス主義者は、歴史の問題に対して、取捨選択することなく単純に史実を記録するのであってはならず、ましてや搾取階級の『英雄』を大げさに書きたてることなどしてはならない」[49]。

こうした色眼鏡をかけて見直すと、ウイグル・サイラニの行為は、切り捨てるべきものを逆に掘り起こして強調する、反動的で許しがたい行為と見なされることが察せられる。

反右派闘争、大躍進期には、こうした地方民族主義批判が展開されるとともに、言語・民族の融合が叫ばれ、新聞や雑誌には「祖国の言語の統一」「漢語に近付く」などのスローガンがあふれ出た。民族語の中にそれまでなかった新しい単語を取り入れるにあたっては、各民族語の中から適当な言葉を選んだり、新しい単語をつくるといった方針は徹底的に否定され、「漢語漢文は、すでに我が国各民族のコミュニケーション手段となっている」ので、漢語を借用するのが「全般的な趨勢」とされた。そして「各民族言語が発展する内的法則」と称して、各少数民族語に大量に、続々と、漢語の単語が取り入れられたのである[50]。

第二部一章でも述べるように、大躍進時のこうした行為は、民族の融合を促進することによって、社会主義の発展を立証しようとする倒錯した運動だったといえる。そのため、多くの民族学校を漢族学校と合併し、その教授用言語を漢語にすり替える運動も展開された。当時、方与厳《ファンユーイエン》は次のように述べている。

「現在、全国の少数民族地域はすでに民主改革を基本的に完了し、人民公社化を実現し、社会的経済的な基盤が変わったのだから、民族教育もその他の民族事業と同様、共通性がどんどん増し、違いが減っている。……少数民族に共通の言語、共通の認識、共通の思想を獲得させ、自ずと共通の行動が生まれ、全国の各民族人民が一致した行動をとる状態を醸成していかねばならない」[51]。

一九五八年春に開かれた第二回全国民族語文科学討論会は「少数民族の初級小学校で、漢語漢文の学習を即刻始める（どの学年から始めるかは各省と民族自治地方に決めさせる）」ことを打ち出した[52]。こうした指針の下、延辺朝鮮族自治州では、一九五〇年に八七〇時間だった民族小学校から高級中学に至る漢語の授業時数は、五七年に二〇〇〇時間、六〇年には二六八八時間に増やされ、一方朝鮮語は高級中学で週六時間から二時間に減らされるなどして、漢語を約五〇〇時間下回るに至った。教師はうまく授業ができず、児童や生徒は聞き取れず、教育の質が大きく低下してしまったという。この点については第二部第一章、第二章で具体的に述べる。

一九六〇年七月、中共中央の北戴河会議で李《リー》豊春《フォンチュン》が国民経済の「調整」についての提案を出し、六一年一月の中共八期九中全会で「調整・鞏固（強化）・充実・提高（向上）」の「八字方針」が承認されると、中央では大躍進政策の転換が図られた。これに伴って民族事業でも、一時的に左傾路線が改められる。しかし十分な建て直しまで至らぬうちに、今度は文化大革命が勃発した。

3　民族語の授業や民族学校の廃止——文化大革命期

一九六六年、中共中央は五・一六通知を出して文化大革命(別名、十年動乱)を発動する。文革では教育全体が荒廃したが、民族教育が被った打撃は特に大きかった。

文革時には、民族問題はすでに消滅したとして、中央及び各地の民族教育行政機関が取り潰され、民族語による出版物もほぼ停止された。民族語の授業や民族学校そのものが廃止され、多くの少数民族教師が迫害を受け、死亡または障害を負わされている。内モンゴル自治区の首都フフホト市には文革前はモンゴル族小中学校が一〇校あったが、文革中すべてが廃校に追い込まれ、モンゴル語教師九三人のうち、迫害を受け三人が死亡、五五人が学校を追われ、一九人が転勤させられた(53)。一九八〇年代初めにはモンゴル族小中学生の民族語学習率は約七割近くまで回復したが、当時は一・七%にまで低下していたという。

その結果少数民族の子ども達の中に民族語の読み書き、会話さえできない者が多く出て、学校は骨幹の民族教師陣を失った。貴州省威寧県のミャオ族は二〇世紀の初めから宣教師がつくったミャオ文字を使い、一九五二年には全県人口の六%のミャオ族が全県小学校教師の四三%を占め、小学校の就学率も漢族を上回るなど、現在より教育レベルが高かったと関係者は懐古する(54)。

しかし反右派闘争、大躍進時期に関しては、文書、統計資料とも比較的多く、当時の思想、実状を知り得るのに対し、文革期は統計も途絶え、その間の民族教育の実状を伝える第一次資料は皆無に等しく、文革後に出された資料でも、ほとんど記述がないため、不明な点が多い。

4　民族教育事業の再建——ポスト文革期

文革は一九七六年九月の毛沢東死去、一〇月の四人組追放によって終了する。一九七八年一二月の中共第一一期三中全会で政治路線が変更され、八一年六月の六中全会は「建国以来党の若干の歴史問題についての決議」を採択し、「民族問題の実質は階級闘争である」という思想が誤りであり、十年動乱(文革)中、少数民族幹部と民衆に残酷な迫害を加え、民族関係に新たな隔離を生じさせたことを認めた(55)。これに伴い、文革で廃止された国家民族事務委員会などの国家機構や制度が次々に復活した。その後一九八〇年一〇月九日に教育部と国家民族事務委員会が連名で出した「民族教育事業の強化に関する意見」は、「民族小中学校教育の発展は、教授方法などの面で、少数民族の特徴に適合させねばならない。最も重要なことは、自己の民族言語と文字を持つ民族は、自民族の言語で授業を行い、自民族の言語をよく学び、同時に漢語も学習すべきことである。……自民族の文字がないが独特の言語を持つ民族は、当該民族語を補助的に使って教授を行うべきである」ことを改めて指示している(56)。

文革による被害がこうして一定程度回復された後、一九八一年二月、第三回全国民族教育工作会議が開かれ、ポスト文革期における民族教育の方針、任務が打ち出される。学校教育において少数民族語の授業を強化すること、教育体系の上で、漢族地域のやり方をそのまま押し付けてはいけないことなどが確認され、一九五〇年代に整備、あるいは整備途上であった民族教育体系の復活、整備が決められた。[57] 一九八四年五月三一日には民族区域自治法が公布され、その第三七条によって「少数民族の児童・生徒・学生を主に募集する学校で、条件が備わっているものは、民族文字の教科書を使用し、民族語で授業を行うものとする。小学校高学年または中学で漢語の授業を設け、全国で広範に使用される普通語（北京官語）を普及させる」ことが法文化されている。

この一九八〇年代には、民族教育の重要な課題として「経済文化の建設」が提起されるようになった。改革開放政策によって沿海都市部との所得格差が拡大する中で、その多くが少数民族居住地である貧困地域の温飽問題（凍えず、飢えないようにすること）を解決し、内陸、辺境少数民族地域の経済発展に資する人材を養成しようというのである。こうした中で「民族教育の発展は民族経済の発展に資するもの」でなければならず、「漢族教育の先進的な経験を充分に吸収」することにより「歴史が遺留した『各民族間の事実上の不平等』[58]を取り除く」[59]ことが唱えられるようになった。

中国共産党が一九九二年秋の第一四回全国代表大会で打ち出した市場経済化は、経済重視に拍車をかけた。ここ数年は「少数民族と民族地域の経済を向上させることが、当面の民族事業の基本的な任務である」[60]として、市場経済の発展に資する少数民族の人材養成が声高に唱えられている。市場経済の導入は民族教育に大きな影響を与えていることを近年の文書資料の所々で感じるが、それを分析するに足る資料はいまだ少なく、中国国内でもこうした研究は体系的に行われていない。市場経済導入間際に筆者が留学を終えて、中国社会から離れたことも、この点に関する感覚を鈍らせている。だがこうした中で、経済成長とは裏腹に、民族教育の分野では経費や人材不足が深刻化し、第一章四節で少し触れたように、マイノリティ政策に一部市場経済の法則を掲げた効率主義、弱肉強食の競争原理が持ち込まれ、中国が建前として維持してきた少数民族に対する社会権さえ危うくなっているのではないか、と思わせる事態も伝え聞いている。

［注］

（1）朱解琳『藏族近現代教育史略』青海人民出版社、一九九〇年、七二〜七七頁。蔡風林「清末蒙古族教育」『民族教育研究』一九九二年第二期、七四〜七六頁。盧明輝『清代蒙古史』天津古籍出版社、一九九〇年、四〇二〜四〇三頁。白岩一彦「内蒙古における教育の歴史と現状（中）」『レファレンス』一九九五年五月号、六九頁。

（2）『教育大辞典第4巻（民族教育、華僑華文教育、港澳教育）』上海教育出版社、一九九二年、二一七頁。
（3）祝啓源「中華民国時期民族政策」（田継周等著『中国歴代民族政策研究』青海省人民出版社、一九九三年）三七八頁。
（4）史筠『民族事務管理制度』吉林教育出版社、一九九一年、一三二～一三三頁。一九一三年一〇月一〇日、袁世凱は自らが中華民国大統領に就任することを宣言し、一九一四年五月一日、「臨時約法（暫定憲法）」を廃止し、「中華民国約法」を制定した。第六五条は「中華民国元年二月一二日に宣布した大清皇帝退位後の優待条件、清朝皇帝の待遇条件、満洲、モンゴル、回の各民族の待遇条件はその効力を永久に変更しない」と記す。またその第三条は「中華民国の領土は、前帝国が所有した全疆域である」とし、外モンゴル、チベットの独立宣言を認めない旨示した〔注（3）祝啓源「中華民国時期民族政策」三八〇頁〕。
（5）注（3）祝啓源「中華民国時期民族政策」三八一頁。
（6）清朝は、明朝が統治した漢人居住地域一八省を、従来通り六部制で直接統治するいっぽうで、新たに征服したモンゴル、チベット、トルコ系ムスリムなど非漢人居住地域を、直接統治地域でも朝貢国でもない「藩部」として、間接的に統治した。この藩部の非漢人を統治するために中央に設置した行政機関が理藩院である。理藩院の前身はモンゴル関係事務を取り扱う官庁「蒙古衙門」だが、一六三八年（崇徳三年）六月に理藩院となり、六部（一六三一年設置）と同列の地位をもち、清朝の支配地域の拡大に伴ってその組織を拡張していった。当初は漢人ポストもあったが、モンゴルのハルハ部を支配下に置いた後一七九九年に漢人ポストを一掃し、満州人がモンゴル、チベット、ウイグルを統治する体制を固めている。理藩部は一八九六年（光緒二年）一一月、清朝の官制改革に伴って理藩院が改称したものである（片岡一忠『清朝新疆統治研究』雄山閣、一九九一年、一四～三八頁。蒙藏委員会編譯室『蒙藏委員会簡史』蒙藏委員会、一九七一年、二～三頁）。
（7）一九一二年四月二二日の「中華民国大統領令」。注（4）史筠『民族事務管理制度』一二〇、一二六頁。「理藩」を「蒙藏」に変えたのは、前者が五族共和の主旨にふさわしくなく、新疆が省となり（一八八四年）、「藩部」はモンゴルとチベットのみになったとの理由からでもあったという〔注（6）『蒙藏委員会簡史』九頁〕。また中華民国における「蒙藏」は、人を指すのではなく、モンゴル、チベット地域を指すものである。
（8）注（6）『蒙藏委員会簡史』九頁。注（4）史筠『民族事務管理制度』一二〇～一二一頁。
（9）注（1）朱解琳『藏族近現代教育史略』七二～七七頁。
（10）楊進銓「関於《民族辞典》有関蒙藏学校詞目釈文的商権」『民族教育研究』一九九三年第二期、八一～八四頁。注（2）『教育大辞典第4巻』二一七頁。同校は一九三五年から初級、高級中学クラスを設け、モンゴル文、チベット文、高学年でモンゴル、チベットの歴史と地理も教えるようになり、一九三七年の日中戦争勃発以降は漢族の生徒（私費）やモンゴル族、チベット族以外の少数民族も若干就学させるようになった。
（11）注（4）史筠『民族事務管理制度』一三〇～一三一頁。
（12）注（6）『蒙藏委員会簡史』一三頁。
（13）同前書。注（4）史筠『民族事務管理制度』一四七～一四八頁。
（14）注（4）史筠『民族事務管理制度』一四九～一五九頁。
（15）蒙藏委員会は現在も台湾にあり、一九八一年一月一二日の修正

「蒙藏委員会組織法」でもその基本的性格はほとんど変っていない（劉学銚『蒙藏委員会簡史続編』蒙藏委員会、一九九六年、三一九～三二二頁）。蒙藏委員会の下にあるモンゴル・チベット文化センター（蒙藏文化中心）は、台湾で生まれ育ったモンゴル族やチベット族の子どもたちなどを対象に民族語のクラスなどを設けているが、近年先住民族運動や台湾ナショナリズムの高揚に伴い、形骸化しながらも多額の予算配分を受けてきた蒙藏委員会への批判が高まり、台湾の現実に即して先住民族をより重視した新しいマイノリティ保護の枠組みを唱える声が強くなり、委員会の予算は減らされている（一九九七年一〇月、台湾の蒙藏文化中心などで聞き取り）。

(16) 注（6）『蒙藏委員会簡史』一三頁。注（4）史筠『民族事務管理制度』一四七、一六七頁。劉学銚、同前書八～九頁。注（3）祝啓源「中華民国時期民族政策」三九九頁。

(17) 注（1）朱解琳『藏族近現代教育史略』一四一～一四二頁。

(18) 注（3）祝啓源「中華民国時期民族政策」三九一～三九二頁。

(19) 以下、蒙藏教育の方針に関する記述は注（1）朱解琳『藏族近現代教育史略』一三五～一四〇頁に基づく。

(20) 教科書編さんに関する記述は、以下の文献に基づく。郭寄嶠著、蒙藏委員会主編『民国以来中央対蒙藏的施政』中央文物供応社、一九八四年、四八～四九頁。注（1）朱解琳『藏族近現代教育史略』一三八～一四四頁。高士栄「民国時期甘、青蒙藏学校教育」『甘粛民族研究』一九九一年第三期、四五頁。

(21) 少数民族教育の専門予算に関する記述は、注（1）朱解琳『藏族近現代教育史略』二四四～二四六頁に基づく。

(22) 以下、少数民族就学生に対する特別措置に関する記述は、注（1）朱解琳『藏族近現代教育史略』二五一～二五四頁、注（20）郭寄嶠著『民国以来中央対蒙藏的施政』四九～五一頁に基づく。

(23) 注（2）『教育大辞典第4巻』一八八頁。

(24) 注（3）祝啓源「中華民国時期民族政策」。四〇〇～四〇一頁。

(25) 岩佐昌暲『中国の少数民族と言語』光生館、一九八三年、二三二頁。

(26) 注（20）高士栄「民国時期甘、青蒙藏学校教育」四三頁。

(27) 注（2）『教育大辞典第4巻』一八六～一八七頁。同書によれば、辺疆教育委員会の活動目的は、辺疆教育の処理原則と各種の実際問題を研究し、辺疆教育を推進する各種の方案を起草し、各辺疆教育機関とその経費を調整するための建議を出し、辺疆青年の進学や就職などを指導することであった。ただし活動の実態は分からない。

(28) 注（1）朱解琳『藏族近現代教育史略』一四二頁。

(29) 朱解琳、同前書一三九頁。

(30) 以下、少数民族就学生に対する経済的補助に関する記述は、以下の文献に基づく。注（20）郭寄嶠著『民国以来中央対蒙藏的施政』五〇頁。注（3）祝啓源「中華民国時期民族政策」三九九頁、注（1）朱解琳『藏族近現代教育史略』二五三～二五四頁。

(31) 注（1）朱解琳『藏族近現代教育史略』一三七～一三八頁。

(32) 張承志『回教からみた中国』中公新書、一九九三年、一三四～一三五頁。

(33) 胡迅雷「民国時期寧夏回族宗教教育与研究」『民族教育研究』一九九三年第四期、七三～七八頁。注（2）『教育大辞典第4巻』三五六～三五七頁。一九三三年、寧夏省政府主席の馬鴻逵が、イスラーム寺院の中に寧夏省中阿学校を建て、小学校を卒業しアラビア語がある程度できる回民の子ども達を入学させた。中阿学校ではアラビア語やコーランの授業の他に、国語や算数などの一般教科を漢語で教えた。一九三九年に中国回教救国協会（後、中国回教協会）寧夏省分会が成立すると、一九四〇年までにアホンの養成を目的とする初級中阿学校を二二校、高級中阿学校を二校設立し、これが同年八月から寧夏省アホン教義国文初級講習所、同高級講習所と改称する。同講習所では中文科目（国語、公民、算数など）とアラビア語科目（アラビア語、コーランなど）を併設し、教育を行った。

（34）注（3）祝啓源「中華民国時期民族政策」三九六〜三九七頁。

（35）『中国二〇世紀史』東京大学出版会、一九九三年、一五五頁。

（36）注（3）祝啓源「中華民国時期民族政策」三九八頁。

（37）中共中央統一戦線部『民族問題文献彙編　一九二一・七―一九四九・九』中共中央党校出版社、一九九一年、八七頁。

（38）中共中央統一戦線部、同前書一六七頁。

（39）野町和嘉『長征――毛沢東の歩いた道』講談社文庫、一九九五年、八〜九頁。

（40）注（1）朱解琳『藏族近現代教育史略』三〇〇〜三一〇頁。

（41）以下、延安民族学院に関する記述は、注（1）朱解琳『藏族近現代教育史略』三一一〜三一三頁、郝維民「研究内蒙古革命史的珍貴文献――読王譯同志的《五十春秋》」『内蒙古社会科学』一九九三年第二期に基づく。

（42）延安民族学院は一九四三年四月、魯迅芸術学院などその他の学校とともに延安大学に吸収合併されるが、翌四四年四月、民族学院はそこから分離して定辺に移動し（通称「三辺民族学院」）、翌四五年三月にはイフジョー盟城川に移転し（通称「城川民族学院」）、一九四八年中共軍が西北戦で反攻を開始した後、民族学院と三辺幹部学校が合併され、廃止されるまで続く。

（43）国共内戦に関する記述は、以下の文献に基づく。中嶋嶺雄『中国現代史』有斐閣選書、一九八一年、一八三〜一九八頁。『中国二〇世紀史』東京大学出版会、一九九三年、一七一、一七九〜一八一頁。

（44）政務院「培養少数民族幹部試行方案」、同「籌辦中央民族学院試行方案」（国家教育委員会民族地区教育司『少数民族教育工作文件選編』内蒙古教育出版社、一九九一年）二五〜二八頁。

（45）馬叙倫「関於第一次全国民族教育会議的報告」同前書三四〜三九頁。この報告は、一九五一年一一月二三日馬叙倫・国家教育部長が政務院第一一二回政務会議で行った報告であり、同会議はこれを承認した。

（46）中華人民共和国成立初頭には、「中国人民政治協商会議共同綱領」第六章「民族政策」（一九四九年一〇月）、「中華人民共和国民族区域自治実施綱要」（一九五二年）、中央人民政府承認公布「民族区域自治推進経験に関する基本総括」（一九五三年九月九日）、「中華人民共和国憲法」第三、第七一条（一九五四年）などの諸文書が、少数民族教育の中での民族言語文字使用の権利に関する規定をしている。

（47）注（2）『教育大辞典第4巻』一二〇頁。

（48）定正清「批判少数民族社会歴史調査工作中的地方民族主義傾向」『民族研究』一九五八年第二期、一二〜一四頁。

（49）賈敦芳「関於研究祖国各民族歴史的幾点意見」『民族研究』一九五八年第二期、一〇頁。

（50）楚倫巴根「堅持民族語言文字的平等地位」『内蒙古社会科学』

一九八一年第三期、三六頁。
(51) 方与厳「進一歩做好少数民族教育工作、来迎接国慶十周年」『民族研究』一九五九年第六期、四頁。
(52) 中華人民共和国国家民族事務委員会文教司「為正確貫徹執行党的民族語文工作方針而奮闘」『民族研究』一九五八年第三期、六~七頁。
(53) 『内蒙古自治区民族教育文集』内蒙古大学出版社、一九九〇年、一八頁。
(54) 今旦・張済民「貴州地区双語問題浅探」(貴州省民族語文辦公室編『貴州双語教学論文集』貴州民族出版社、一九八九年)二五~二六頁。
(55) 中共中央文献研究室『関於建国以来党的若干歴史問題的決議注釈本』人民出版社、一九八五年、六六~六七、六二五~六三〇頁。
(56) 教育部、国家民委「関於加強民族教育的意見」注(44)『少数民族教育工作文献選編』九一~九六頁。
(57) 教育部・国家民委「関於進一歩加強民族教育工作的報告(一九八一年八月一一日)」同前書一〇一~一〇八頁。
(58) 国家の民族政策は民族の一律平等であるが、少数民族は文化教育が後れているために、実際の生活において、政治や法律上の各種権利を先進的な漢族と同様に十分享受できていない、ということ。
(59) 楊湛山「〝少数民族教育〟的提出及其意義」(『民族教育改革与探索』中央民族学院出版社、一九八九年)二〇七~二一三頁。
(60) 国家教育委員会・国家民族事務委員会「関於加強民族教育工作若干問題的意見」『中国少数民族教育』一九九三年第一~二期、五頁。

第三章　現代中国における少数民族教育の概況と特徴

現在中国では少数民族に対する「民族教育」が行われている。各地に民族学校がつくられ、民族教育を専門に扱う行政機関も設置されている。だがその目的や具体的内容をひとつひとつ整理してみると、日本でいう「民族教育」と異なる点も幾つか見えてくる。現代中国における民族教育の概況を整理し、その特徴をとらえてみたい。

一　現代中国の「民族教育」とは

中国において民族教育とは「少数民族教育の略称であり、特に漢族以外の五五の民族に対して実施する教育を指す」といわれる。(1) つまり、第一章でみたようなトン人などの未識別民族（約七五万人）、中国籍に加入した元外国人、「残留」日本人などの在中外国人など、政府が承認した少数民族以外の民族的少数者は民族教育の対象に入っていない。

また少数民族に対して行う教育＝民族教育だとして、少数民族に一般教科や漢語を教えることも民族教育と呼ばれている。実際中国には「民族政策教育」「民族幹部教育」「民族通信教育」「民族技術教育」「民族芸術教育」「民族医学教育」「民族成人教育」「民族体育教育」など、日本では聞き慣れない様々な名称の民族教育が存在している。これを葉志貞《イエジージェン》は次のような言葉でまとめている。「民族教育とは我が国五五の少数民族すべての教育でなければならず、それは民族語で授業を行うものも、そうでない民族教育をも含むし、民族名を冠した学校もそうでない学校の教育も含む。同時に少数民族の就学前教育、職工（職員、労働者など）教育、成人教育、通信教育、テレビやラジオによる教育も含む。すなわちおよそ我が国少数民族の文化水準（学力、教養）を向上させ、少数民族の各種各クラスの人材を育成する教育はすべて民族教育と称されるべきである」(2)。

こうした考え方に対し、「民族語で授業を行う教育であってはじめて民族教育と呼べる」などの異論も出ている。また、先進的な漢族が、遅れた少数民族を助けてその教育レベルを引き上げるという意識に対し、モンゴル族出身の民族教育研究者、バトバガナは「少数民族教育は、第一に少数民族自身の教育でなければならない。……少数民族教育の中で、少数民族は教育を受ける対象であるだけでなく、教育を行う主体なのである」として、その主体性を強調している。ただし「少数民族自身が教育を行う自主権がなければ少数民族教育とはいえない」と言いつつ、「国家の援助がなければ少数民族教育を迅速に発展させることはできない」という同氏の主張には、少数民族自らの教育を主張しつつ、国家の支援なしにはできないというジレンマもうかがわれる(3)。

現状をみれば、中国では民族教育問題は前述した広い枠組みで語られている。それが、中国の少数民族教育は建国当初から、国民統合を達成するための「国民教育」という性格と、民族性の覚醒と保持を内容とする「民族教育」という性格を同時に持っていたと指摘される所以でもあろう(4)。

日本において民族教育という言葉が想起させるものは、在日韓国・朝鮮人やアイヌ民族など民族的少数者に対し、日本社会の同化の圧力に屈することなく、自己のアイデンティティを確立、保持すること等を目的とし、民族の歴史やことば、文化などを教えることだろう。それは「少数民族教育」とは決して呼ばれない。中国ではこうした民族的アイデンティティの確立といった問題は、民族教育の課題として意識されていなかったり、それほど重視されていないといえる。民族学校では各民族独自の歴史は、ほとんど教えられていない。各少数民族の歴史は「中国史」の一部だというのが理由である。朝鮮族の学校では中華人民共和国成立当初まで「朝鮮史」「朝鮮地理」の授業を行っていたが、一九五三年の国家教育部の指示で「祖国観念を培い、僑民意識を防ぐ」ため取り止めになった（第二部第一章一五一～一五二頁参照）。現在自民族の歴史を深く学べるのは大学の歴史学部で少数民族史を専攻した学生ぐらいだろう。ただ歴史や地理の教科書の中で、ある程度、民族的あるいは地域的内容を取り入れたり、それらに関する補助的な教材をつくったりはしており、民族文化として、音楽や課外活動で民族楽器や民族舞踏を教えている学校もある。ただし、民族衣装を纏って民族舞踊を踊るのが民族教育かといえば、日本でも懐疑的な意見がある。中央民族学院で広報用の写真撮影の場に居合わせた留学生が、色鮮やかな民族衣装に身を包んだ大学生達に何民族か聞いてまわったら、違う民族の衣装を着ている者が多かったという話を聞いたこともある。

漢族の多い地域で暮らすモンゴル族や雲南省のチベット族、タイ族などの間では、漢族式の通名をつけている者が多い。朝鮮族の名前も、朝鮮族同士でなければ漢語の発音で呼ばれるし、パスポートのローマ字表記も漢語の発音による。だが、日本の学校に通う在日韓国・朝鮮人に対して行われてきた「本名を呼び、名のる教育」のようなものがあるわけでもない。つまり、日本で民族教育と捉えられている民族の歴史、言語、文化の教育のうち、公教育としての中国の民族教育の中で、各地域、各民族ごとの比較ができるほど全国的に幅広く実践されているのは、民族語教育ぐらいだといえる。本書が「中国の少数民族教育」と銘打って、その実、民族語教育を中心に扱っているのは、そのためでもある。

なお「民族教育」と「少数民族教育」は日本では明らかにニュアンスの違う言葉であるが、中国では同等のものと扱われているので、本書でも中国に関して述べる場合は、一般的に両者を区別せずに用いる。ただしあえて区別する必要がある場合、それぞれの少数民族が自らの言語や文化を維持・伝承するために行う教育を「民族教育」、国家が少数民族に対して行う教育を「少数民族教育」と呼ぶことにする。

二　少数民族教育の特徴

1　民族学校の設立

中国の学校制度は、現在図Aが示すような形になっている。基本的に日本の学校制度と大差ないと考えてよいが、二、三、説明を要するものがある。就学前教育では、学前班と呼ばれるものがある。これは幼稚園の不足を補うため小学校に附設された幼児クラスだが、日本に相応するものがないので原文のまま学前班（就学前教育）と記す。小学校は同じだが、日本で中学校、高等学校と呼ばれる中等教育機関は、中国では初級中学、高級中学であり、また初級、高級中学一貫制の完全中学もある。初等中等教育は現在は六—三—三制をとる所が多いが、内モンゴル自治区などは五—三—三制あるいは五—三—二制をとっている。その上の専科学校（二年制）は、位置づけ的には日本の短期大学に当たるが、民族語事業の人材を養成するモンゴル語専科学校などがあり、女性に偏っている短大よりイメージ的には専門学校に近いだろう。なお中国ではこの専科学校や大学な

図A　中国の学校制度

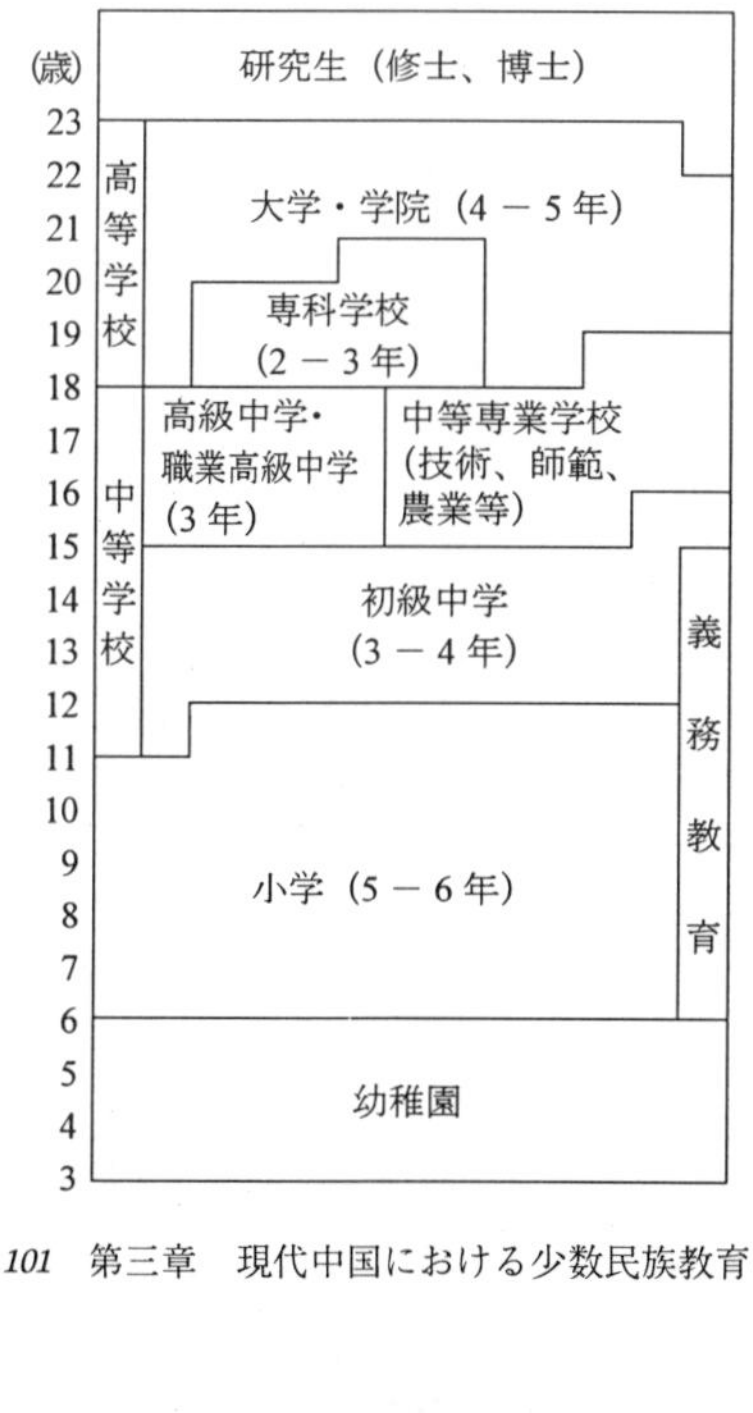

表E　民族幼稚園・小中学校へ通う少数民族（1995年、全国）

	全国少数民族園児・児童・生徒数（人）	民族幼稚園・学校数　*1	民族幼稚園・学校に通う少数民族（人）*2	%
幼稚園	1,001,549	1,176	124,635	12.4
小学校	11,959,836	22,758	3,590,059	30.0
普通中学	3,466,478	2,965	1,158,202	33.4
職業中学	237,786	174	46,609	19.6

*1　学校数は、単独の民族学校のみで、漢族との合同校を含まない。
*2　漢族学校の民族クラスに在籍するものを含まない。
出所：以下の資料をもとに、筆者作成。「1995 年独立設置的少数民族学校基本状況」『中国民族教育』1996 年第 1 期、39 頁。「1995 年各級各類学校少数民族学生、教務工基本状況」『中国民族教育』1996 年第 1 期、32 頁

どの高等教育機関を総じて高等学校という。本書では誤解をさけるため、できるだけ「大学や専科学校」と呼びかえるが、「高等学校入試」といった場合はそのまま用いているので注意されたい。

少数民族が通う民族学校も、この学校制度に従って設けられている。表Eをみると、民族学校の設置は、義務教育レベルでは比較的多いものの、幼稚園などでは少ないことがうかがえる。幼児期は民族教育にとっても大切な時期であり、内モンゴル自治区のフフホト市で会ったモンゴル族の教師達は、モンゴル族幼稚園は数が不足している上、三歳以前の子どもをあずける託児所はすべて漢族のもので、子どもの言語環境に大きく影響していると語ってくれたことがある。また全国平均では、少数民族のうち民族学校に通っているのは小中学生の約三割程度であることが分かる。民族学校があるからといって、少数民族がすべて民族学校に通っているわけではない。そうでない学校に通う者の方が多いのである。

ただし自治区、省レベルで民族学校の数をみると、例えば青海省には一九九一年末現在で一五三九校（全省学校総数の三五%、漢族との連合校を除く）、内モンゴル自治区には一九八六年現在で三八二七校（全区学校総数の二〇・四%、漢族との連合校を含む）ある。同時期の少数民族人口比は青海省で四二・一%、内モンゴル自治区で一九・四%だから、これらの地域ではそれに近い比率で民族学校があるといえよう。いっぽう少数民族が総人口の三二・四%を占める貴州省には、一九九一年現在で民族小学校が一六五校、民族中学が二七校しかなく、少数民族のうち民族学校に通っている者は小学生の九%、中学生の二・六%にすぎない（三六四頁の表5—3参照）。

民族学校の中には、もともと民族学校として設立されたものもあるが、少数民族の在籍率によって一般の学校が民族学校に変更されたものもある。例えば山東省人民政府は一九八五年、「民族教育事業の強化に関する意見」の中で、「少数民族の児

表F　民族学院一覧

大学名	所在地	創立年月*	廃校期間
中央民族大学	北京市	1951年6月	1970年3月～71年12月
西北民族学院	甘粛省蘭州市	1950年8月	1970年　～73年
西南民族学院	四川省成都市	1951年6月	1966年　～73年
中南民族学院	湖北省武漢市	1951年11月	1970年　～80年1月
雲南民族学院	雲南省昆明市	1951年8月	1969年3月～72年4月
貴州民族学院	貴州省貴陽市	1951年5月	1959年3月～74年6月
広西民族学院	広西チワン族自治区南寧市	1952年3月	1966年　～71年
青海民族学院	青海省西寧市	1956年9月	1970年　～71年7月
広東民族学院	広東省広州市	1958年9月	1969年5月～74年4月
西藏民族学院	陝西省咸陽市	1958年9月	1970年1月～71年5月
湖北民族学院	湖北省恩施市	1989年7月	
西北第二民族学院	寧夏回族自治区銀川市	1984年	
東北民族学院	遼寧省大連市	1993年	

＊ 西北第二民族学院と東北民族学院については学生募集を始めた年。
出所：国家民族事務委員会教育司『新時期民族工作手冊』中央民族学院出版社、1991年、471頁ほかをもとに筆者作成。

童・生徒が五〇％以上在籍する小学校と三〇％以上在籍する中学は、民族学校に改める」よう指示している。(5) 文化大革命以降は、牧畜・山間地域など通学の不便な少数民族地域に、衣食住無償の寄宿制民族小中学校を建てることに力が注がれている。

また少数民族の高等教育機関として、全国一三ヵ所に民族学院が設けられている（表F）。民族学院は一般に少数民族を主に入学させており、中央民族学院（一九九四年から中央民族大学）は在学生の九八％、教職員の三分の一が少数民族（一九九二年）だが、西南民族学院では学生五割（規定では八割）、教職員は二割程度（一九九四年）で、(6) 西藏民族学院は漢族学生が過半数を占める（一九八九年で五七・八％）。中央民族大学などは少数民族研究に関する学部、学科を多く設置しているが、東北民族学院などそうした学科が全くない所もある。(7)

2　教科課程と言語

中央政府は民族語で教育を行う小中学校の修業年限について統一の規定をつくっておらず、統一の教科課程もつくっていない。一九五一年、馬叙倫《マーシュールン》・教育部長が国務院に対して行った報告で「各少数民族の教科課程、授業要綱は中央教育部の規定に基づき、各民族の具体的状況に応じて適当に変更、補充する。少数民族の各級学校の学校制度は、中央人民政府政務院の《学校制度の改革に関する決定》に従い、少数民族地域の具体的状

［上］モンゴル族学校　［下］雲南民族学院

況に応じて徐々に改革を実行していく」と示した。この指針は現在も生きており、一九八四年五月三一日に公布された民族区域自治法の第三六条は「民族自治地方の自治機関は国の教育方針に従い、法律の定めるところにより、当該地方の教科課程、各級各種学校の設立、修業年限、運営形態、授業内容、教授用言語、新入生募集方法を決定する」と定めている。[8]

現在、北方少数民族の教科課程は、国家がつくった小中学校教科課程に基づき、各省、自治区が現地の状況に応じて適宜変更したものをつくり、国家教育委員会へ報告し、その承認を経て実施している。南方少数民族の場合は、全国統一の小中学校教科課程と漢語文教育要綱にそのまま従い、教科書も全国統一の漢語教科書を使っているが、民族文字のある少数民族は教科課程を適宜調整して自民族の言語科目を加えている。[9]

そのため民族学校の教科課程は、主

に使用言語の状況によって各地域、各民族ごとに異なる。民族語と漢語を併用する学校が多いが、漢語のみで教育をしている所も少なくない。民族学校における民族語と漢語の使用状況を、文字の有無や人口の大小等の要因から大まかに四つの形態に分類してみよう。

（一）二言語併用（長期型）。モンゴル族、朝鮮族、ウイグル族、カザフ族、チベット族などは民族内で普及した固有の文字があり、人口も多く、幼稚園から大学に至る民族語・民族文字による教育体系がある。小学校から高級中学まで、大部分の学校が民族語を教授用言語として使っている（チベット族は青海省のみ当てはまる）。漢語は必修科目だが、一般に小学校の中学年から学習し始める。ただし漢族人口が圧倒的に多い地域にある学校で、子どもの第一言語が漢語である場合は、ほぼこの逆の教科課程が組まれている。漢語の比重は学年が上がるごとに高まるが、大学レベルでも民族語で授業を行う学科がある（ただし数は多いとは言えない）。二言語を習得するが、一言語多く学習するため学習者の負担をどう解決するか、試行錯誤が繰り返されている。

（二）二言語併用（短期型）。小学校低学年時は民族語のみで言語、算数などを教えるが、途中から漢語を教え始め、漢語との併用を経て、最終的には漢語のみで教育を行う体制にシフトする。この中には、固有の民族文字がありながらその学習・使用が小学校や中学レベルに限られているものもある。クルグズ、シボ、ロシア族などは人口が少なく、タイ族は地域によって四種類の文字を別々に使っており、イ族の伝統的音節文字は、現在普及途上である（涼山イ族自治州では、一九九〇年にイ語を教授用言語とする初級中学が、九三年に高級中学ができた）。

いっぽうプイ族、トン族など従来文字を持たなかった民族などに対し、一九五〇年代ローマ字式文字がつくられたが、これを現在学校教育にとり入れている民族もある。新文字は特定地域の言語を基にした表音文字で多様な方言に対応できず、教員や教科書も限られているため、特定地域の実験学校で小学校低学年の教科書に使われる程度にとどまっている。

一般にタイ族やイ族など伝統文字を持つ民族は民族語を小学校卒業あるいは中学まで学習するが、ペー族やミャオ族など五〇年代以降につくられたローマ字式文字を使う民族は、小学校低学年のみである。後者の場合、母語によって思考能力を培い、民族語や民族文字を媒介として漢語を学習させることが目的とされ、漢語への移行段階は早い。民族語から漢語への移行時期等をめぐって現在試行中のものが多い。

（三）民族語を補助的に用いる形式。チノー族など人口が少なかったり、ハニ族など方言が多くて、普及性のある文字を作れないでいる民族の場合、民族語による教科書が作れないので、漢語・漢文で授業が行われている。民族語の授業はない。低学年の授業で分からない部分を民族語で口頭解説する、という教授法をとる。とはいえ民族教師ならば、子ども達のが分からない所を民族語で解説できるが、実際は民族語のできない漢族教師が教え、子ども達は意味の分からない授業をただ聞かされている、といったケースの方が多いようだ。これに対しエヴェンキ族がモンゴル文で、タジク族がウイグル文で学習するなど、近隣民族の書き言葉で教育を行っている場合もある。

（四）漢語のみ。回族と現在の満洲族の子ども達は漢語を母語とするので教科課程の上で漢族学校との差はない。以前、回民小中学校からアラビア語の授業を設けたいとの申請が出されたことがあるが、「歴史上アラビア文字は我が国のいかなる少数民族の共通文字となったこともなく、宗教の経典文字としてかつて少数の者が使用したことがあるだけである」から「学校でアラビア語の授業を設ける必要はない」との理由で、却下されている(10)。ただし各地に回族が建てた私立のアラビア語学校があり、アラビア語を主とした教科課程を組んで教えている(11)。回族学校の場合は、食堂で豚肉を出さないなど、イスラーム教の慣習を考慮した措置もとられている。また満洲族学校の中には一九八〇年代、課外授業として満洲語を教え始めた所もある（コラム参照）。

3　教科書の編さん

現在、民族語で書かれる教科書は、基本的には自治区や省ごとに作っている。全国共通教科書をもとに、ある程度変更を加えたり、一部の教科書は独自につくることも認められている。モンゴル族と朝鮮族、チベット族の場合は、第二部で詳述するように、省・自治区間の教科書編さん機構がある。しかし、こうした状況に至るまで、民族文字による教科書の編さんをめぐる状況は紆余曲折してきた。

中華人民共和国が成立して間もない一九五〇年前後は、人材不足のため国内で少数民族用の教科書をつくれなかったという(12)。朝鮮語による小中学校用教科書は、政治は中国内でつくっていたが、その他の文系科目は朝鮮民主主義人民共和国の教科書を使い、理系科目は、満洲国時代の教科書を翻訳して使っていた。新疆省ではウイグル、カザフ、モンゴル語による小中学校の教科書は、言語は現地で編さんしていたが、他の教科はほとんどソ連とモンゴル人民共和国の教科書を使っていた。内モンゴル自治区のモンゴル語による教科書も、ほとんどがソ連とモンゴル人民共和国のものだった。

一九五〇年代前半から半ばは、小学校の教科書は、民族語は現地で編さんし、その他はすべて中央の人民教育出版社が編さんした全国共通の教科書を翻訳するスタイルに移行した。当時はそれにならう方針が強調されたので、民族語の教科書も練習問題の七〇％以上が全国共通の漢語教科書と同じになったりして、漢族学校と同じ内容を、ただ民族語でやるだけという状況が生じてしまったという。

一九五八年の「民族整風」運動の時は、民族語教科書の中に自民族の作品がちょっと多いというだけで、地方民族主義の傾

満洲語の喪失と現状

一五九九年、清の太祖ヌルハチから満洲語の文字化を命じられた大臣エルデニは、モンゴル文字を応用して満洲文字を創った。その後皇帝ホンタイジの命を受けたダハイが、一六三二年に満洲語に適合した正書法を確立している。康熙、雍正、乾隆帝の時代には、宮廷でも満洲語が主流で、満洲文字による記録、著作、翻訳が活発に行われた。しかし人口の少ない満洲人が、漢人が多数を占める広大な領域を二世紀にわたって統治するにつれ、次第に漢語・漢文が第一言語、母語になっていく。

満洲語の喪失は、広州など南方に派兵された八旗人から始まった。満洲人の故地である東北地方では満洲人の人口が多く、特に黒龍江は「開発」が遅く、ツングース系民族がマジョリティであり、清朝末期でも漢人の移住は多くなかったので、北京や吉林に比べても喪失が遅かった。それでも乾隆末期の頃から東北三省でも満洲人の多くが漢語を用いるようになり、清朝崩壊後はこれに拍車がかかったという。

一九八〇年代には、満洲語が話せるのは黒龍江省の黒河市(もと愛輝県)、富裕県の農村や新疆ウイグル自治区の辺境地域に住む高齢者のみとなった。一九八〇年代後半、東北地方で満洲語を話す者は約三〇〇〇人。黒河地区の八六年の調査では、満洲語が話せる者は四三人、だいたい話せる者が二八人。富裕県の三家子村では、八〇年代半ばの調査で、満洲族四九五人(村民の四七%)のうち、満洲語ができる者は五八人(五〇歳以上)、だいたい分かる者四六人(三〇歳前後以上)、三〇歳以下の者は満洲語ができない状態だった。

愛輝県では、中華人民共和国成立後も満洲語が幅広く使われ、満洲文字も伝承していた。同県の大五家子は国務院が一九五六年に初めて承認した満洲族郷だが、五八年の調査では、五〇歳以上(一九〇八年以前生まれ)の者は満洲語を使い、四〇〜五〇歳の者は漢語とのバイリンガルだった。ただしこの時すでに一〇〜二〇歳(一九三八年〜四八年生まれ)は満洲語が聞き取れない状態だったという。文化大革命の時、同郷の満洲族は「内地」に移住させられ、一九六四年には三六%(一四二七人)だった満洲族人口が八二年には一七・六%(一八八七人)になり、満洲語のできる人々が散り散りになったため、満洲語が話せる者は八二年で一〇人前後(年齢六〇歳以上)になっている。

満洲文字の読み書きができる者は愛輝県で一人、富裕県で一人しかいないという。小中学校の教科書はみな漢語のものを使う。ただし一九八〇年代、満洲族地域で満洲文養成クラスがつくられたり、富裕県の小学校で一九八七年から満洲語の教科書による満洲語教育が始まったりしている。

参考文献　王慶豊「満語」(中国社会科学院民族研究所・国家民族事務委員会文化宣伝司主編『中国少数民族語言使用情況』中国藏学出版社、一九九四年)九一五〜九一七頁。小泉保「現代満洲語の実状」『言語』一九八八年一月号、八四〜九〇頁。

向ありと批判され、民族語の教科書の内容を全国共通の教科書と同じにすることが求められた。当時書かれた長虹「少数民族文字による教科書を正しく編さん出版する」は次のように記している(13)。

「地方民族主義の思想を持つ者は民族文化を強調し、漢族の先進文化を拒んで排斥し、教科書の選択にあたっては自民族の作品を主とし、自民族の作品であれば質の善し悪しに関わらず用い、政治的に非常に誤っている作品さえ載せているものがある。大量に外国の教科書を使っても、漢語による教科書を翻訳して使おうとはしない。……ウイグルスタン思想をふりまいている教科書もあり、……第一課がボタラ宮で、北京を後ろの方で紹介し、しかもそれが祖国の首都であることを書いていない教科書もある。こうした教育の結果は児童や生徒の祖国観念をあやふやにし、分裂主義や地方民族主義をふりまくものである。……ある高級中学のクラスでは五〇人の生徒のうち四七人が外国を祖国とみなしていた。……宗教文化を民族文化とする教科書もあり、宗教を宣伝するものを民族の文化的遺産、民族文学などと称して用い、児童や生徒に有害な影響を及ぼす教科書もある。……イスラーム教を信仰する民族の中には、漢語による教科書を翻訳するとき、豚や豚肉といった言葉があれば、ことごとく排除してしまっているものもある」。

当時はこうした点が批判され、「教科書編さんにおける地方民族主義の傾向を克服するよう努め、外国の教科書をたくさんとり入れすぎるという誤ったやり方を改めなければならない。……少数民族用の教科書は祖国の統一、民族団結、社会主義の建設に沿うように作らなければならない」と唱えられたのである(14)。

文化大革命では「民族語無用」論が席巻し、各地にあった民族文字による出版機関はほぼすべて廃止され、民族語による教科書の編さんもほとんどできなかった。

文革が終わると、少数民族用の教科書の編さん・発行も再開され、その内容については、国家教育委員会が定めた教科課程に従いつつ、少数民族地域の実状に合わせて、民族的あるいは地域的特色を取り入れることが認められた。数学、物理、化学など理数系は、人民教育出版社で編さんする全国共通教科書をそのまま全て翻訳するが、政治、歴史、地理と小学校の算数、音楽、体育、美術などの教科書は、主な内容はそのまま翻訳しつつ、それ以外の部分については適宜変えることができるようになったのである。これ以降、歴史や地理は郷土地理と民族地域簡史等の内容をいくらか補充することになり、音楽や体育、美術の教科書は民族的特徴に配慮し、内容の一部を少数民族に好まれるものと入れ替えたという（そのいっぽう、政治の教科書には民族理論と民族政策に関するページが加えられた）。算数は、少数民族地域の生産様式や生活の実状に合うよう注意して翻訳・編集し、民族語と漢語、外国語の教科書および地域性のある参考書はすべて現地で編さんすることになった。民族小中学校では一九五〇年代、全国共通の漢語教科書の実際の学年より低いもの（初級中学一年生で小学校三年生用など）を使って漢語の授業を行っていたが、文革後、モンゴル族や朝鮮族、チベット族は国家教育部が一九八二年三月二日に発した「全日制民族小中学校漢語文教育要綱」に基づいて民族小中学校専用の漢語教科書を編さんしている。同要綱は、民族語で授業を行う全日制の民族小中学校にのみ適用し、またこれを用いる際は、具体的状況に応じて要綱に適度な補充を加えることが認められている。[15] いっぽう漢語で授業を行う南方少数民族などには、漢族学校の漢語教育大綱がそのまま適用されている。

このように文革以降、各民族のオリジナリティを反映させられる部分が若干広げられたが、第二部で述べるように、チベットなどではいまだに教科書の内容が現地の生活とかけ離れていることが子ども達の学習意欲を削いでいる、という実態もあるようだ。

4　宗教と学校教育のあつれき

イスラーム教、チベット仏教、上座部仏教を信仰する民族の間では寺院教育の伝統が根づいており、無神論を党是とする中国共産党が主導する学校教育との間で衝突が多い。中共中央は一九八二年「我が国の社会主義時期における宗教問題の基本観点と基本政策」を発し「宗教が……学校教育と社会の公共教育を妨害することを断固として許さない。いかなる者、特に一八歳以下の少年児童に対し入教、出家、寺院における経典学習を強制することを決して許さない」と指示した。[16] しかし特に文化大革命で学校教育が破綻をきたし民族語教育が縮小、停止されたことで、寺院教育を受ける者が増え、新疆、寧夏自治区や甘粛、青海、雲南、四川省の各地で一旦廃止された寺院の学校がかなり復活した。例えば甘粛省の臨夏回族自治州広河県で一九八一年の入学者は公立学校一万二千人に対し、コーラン学校は一万四千人だったという。[17] またチベット自治区のある農村では入学する子どもをくじ引きで選び、入学しない子どもの親は学校に通う子どもの家に年一〇〇〜二〇〇元を支払う決まりがあったとも聞く。漢語を学習させられる学校へ通わせるよりも、民族語のレベルが高い寺院に子どもを送りたがる親が多かったからだ。

これに対し教育部は「大量の経典学校を開設し、多くの学齢児童を学校に通わせず経典を読ませる情況は……民族教育事業の発展に対し非常に有害である」とし、①学校で児童や生徒に宗教を宣伝する、②学校で宗教の授業を設けたり、教える、③学校が児童や生徒に対しマルクス主義、毛沢東《マオザートン》思想教育と科学文化教育を行うことを妨害する、こと等を厳しく禁じた。[18] 同時に寺院の敷地に公立学校を建てたり、「宗教界の人物に学校の名誉会長を担うよう要請し、彼らを通じて農民や遊牧民の子女を入学させたり、教育資金を集めたりする」[19] など宗教との関係を利用して、公立学校への就学率を高めようとする試みも行っている。

5　進学面での特別措置

一九九〇年現在、少数民族は全国総人口の八・七%を占めるが、表Gが示すように、学校における比率は幼稚園、普通中学、高等学校、大学院でこの数字を二~六%下回っている。このように少数民族の進学率は、朝鮮族などを例外とし初級・高級中学、大学等で漢族を下回っているが、共和国成立直後からすれば、かなり上昇している。その要因の一つとして、中国政府が少数民族の就学率を高めるため、様々な特別措置を講じてきたことが挙げられるだろう。補助金を出して民族学校の設備を充実させたり、衣服や文具の無料配布や奨学金の給付・金額面での優遇など経済的措置もあるが、ここでは進学面に絞って紹介したい。

少数民族の中には、二〇世紀半ばまで学校教育が全く普及していなかった民族もあり、こうした人々を中華人民共和国の成立とともに、漢族主体で築き上げられてきたその学校教育制度に途中から取り込むには、特別な措置が必要だった。また二〇世紀前半、民族語で学校教育を普及させてきた民族の場合も、中華人民共和国の学校教育制度に取り込まれてから、その高等教育機関はほとんど漢語で教育を行っているので、民族語で初等中等教育を受けてきた者は、入試や入学後の学習で大きなハンディを背負うことになる。

表G　全国各級学校における少数民族比（%）

<table>
<tr><th colspan="3">学校＼年</th><th>1952</th><th>1980</th><th>1990</th></tr>
<tr><td colspan="3">幼稚園</td><td>--</td><td>--</td><td>4.0</td></tr>
<tr><td colspan="3">特殊教育学校</td><td>--</td><td>--</td><td>1.9</td></tr>
<tr><td colspan="3">小学校</td><td>2.9</td><td>5.1</td><td>8.7</td></tr>
<tr><td rowspan="5">中等学校</td><td colspan="2">普通中学</td><td>2.9</td><td>3.6</td><td>6.3</td></tr>
<tr><td colspan="2">工読学校</td><td>--</td><td>--</td><td>1.7</td></tr>
<tr><td colspan="2">農牧業中学、職業中学</td><td>--</td><td>3.2</td><td>5.1</td></tr>
<tr><td rowspan="2">中等専業学校</td><td>中等技術学校</td><td>0.9</td><td>5.2</td><td>7.3</td></tr>
<tr><td>中等師範学校</td><td>4.7</td><td>9.3</td><td>10.0</td></tr>
<tr><td colspan="3">高等学校</td><td>1.5</td><td>3.8</td><td>6.6</td></tr>
<tr><td colspan="3">大学院</td><td>--</td><td>--</td><td>2.7</td></tr>
</table>

出所：『中国教育成就』人民教育出版社、1991年、他をもとに筆者作成。

そこで中華人民共和国政府は、特に同国成立直後は、まず少数民族の就学を促すため、入学年齢と入試における合格最低点の緩和を図った。例えば、国家教育部は一九五五年一二月二日、広西省教育庁にあてた通達で「本年度、各級学校で新入生を募集するにあたって申請年齢を定める際、少数民族の申請年齢は一般に当地の規定より二、三歳緩和すべきである。今年度卒業する者が申請する場合は年齢の制限を設けない」よう指示している。[20] また、一九五〇年に初めて高等学校の新入生募集規定をつくった時「兄弟民族学生については……試験の成績が劣っていても寛大に採用しなければならない」との指針を取り入れた。[21]

現在は、少数民族のうち民族地域出身の者については合格最低点を適宜引き下げて、漢族地域出身の者については漢族と同等の成績であれば優先的に入学させるという措置をとっている。[22]合格最低点との差が比較的小さい者は本科（学部）へ直接入学することが認められるが、その差がかなり大きい場合でも一定人数の入学者を確保するため、民族学院等に民族予科が、重点大学等に民族班（クラス）[23]が設けられている[24]。民族予科では、入試の得点が合格最低点（民族学院で最高四八〇点程度）以下八〇点以内の者を基準に選抜して受け入れ、高級中学課程の理数系科目などの復習と漢語の補習を行っている。一般に漢語で入試を受けた者は学習期間一年、民族語で受けたものは学習期間二年とされ、その後学力が適格とみなされれば、学部に入れる。

次に、漢語で行われる入学試験での言語的ハンディを是正するために、一九五〇～六〇年代半ばにかけて、①各教科の成績が合格最低点を超えており、授業を聞き取るに足る漢語能力があると判断されれば優先的に採用する、②少数民族の言語で授業を行う大学・専科学校は、民族語で独自に入学試験を実施する、③古文と外国語試験を免除する、などの措置がとられていた。[25]こうした措置は文化大革命で廃止されたが、一九八〇年の高等学校新入生募集規定や、一九八七年の普通高等学校新入生募集暫定条例などによって復活している。

現在、民族語で授業を行う民族中学の卒業生は、全国高等学校（大学や専科学校など）受験の際、民族文字で答案できることになっているが、その度合いは民族学校と一般の高等学校で異なる。民族学院や民族自治地方の民族語で授業を行う高等学校（延辺大学、内モンゴル師範大学、涼山大学、カシュガル師範学院など）の入試は、全国統一試験の枠外で自治区や省が出題する。いっぽう漢語で授業を行う普通高等学校を受験する学生は、全国統一試験に参加しなければならない。この場合、漢語は国家教育委員会が少数民族用に出題した漢語で書かれた問題を漢語で答案し、他の各教科は民族語に翻訳し、民族文字で答案できるようになっている。省、自治区によっては、言語科目として漢語とあわせて民族語を受験することを認めている所もある。その際、漢語と民族語の試験成績を五〇％ずつの割合で合算し、言語科目の総点数とすることが目安とされているが、漢語の成績が合格レベル以下なら採用できないと定められており、民族語はあくまで二次的な位置づけにある。[26]内モンゴル自治区などで総点数に占める民族語の比率は下げられる傾向にあるとも聞く。また第二部でみるように、実態としては民族語による答案が行われていない地域が多い。

三　民族教育を司る行政機関

民族学校の設立やそこでの授業内容、教授用言語や児童・生徒・学生の募集方法などは、民族自治地方の行政機関が国家の教育方針の範囲内で決められることになっている。だが下級機関に対し上級機関が指示を出すことも多い。例えば一九五四年、吉林省の朝鮮族中学教科課程案における中国近代史の授業時数が中央規定より少なかったのに対し、国家教育部は意見つき回答を送付し「学校教育における最も重要な科目で……民族学校において愛国主義の精神を育成する」同科目の授業時数を減らしてはならないと指示している。

前述したように、中華民国政府は一九三〇年、中央教育部に民族教育を扱う専門行政機関として蒙藏教育司（一九四〇年から辺彊教育司）を設けた。中華人民共和国の民族教育を管轄する行政機関は、国家教育委員会の民族（地区）教育司、国家民族事務委員会の教育司という二つの国家機関と両系統に属する各地の行政機関である。両者の設置の経緯や役割をみてみよう。

1　国家教育委員会の系統

中央人民政府政務院[27]（現「国務院」）は一九五二年四月一六日「民族教育行政機構設置に関する決定」を発し、国家教育部の下に民族教育司（局）を設け、各級地方人民政府の教育部門の中にも、民族教育を担当する機関か専門職員を置くよう指示した[28]。この時、

（a）少数民族が現地の総人口の一〇％を超える省や市あるいは一〇％以下でも民族教育事業の重要性が高い省や市では、教育行政機構内に専門機関を設ける、

（b）少数民族人口が一〇％以下で、かつ民族教育事業がそれほど複雑でない省や市では、教育庁（処）の関連機関の中に専門職員を置く、

という基準が示された。この時点では、民族自治区（地方）あるいは少数民族が総人口の半数程度を占める地域では、教育行政部門の主要な任務が少数民族教育の管理なので、特に民族教育の行政機関を設けないとした。だが民族自治区といっても、内モンゴル自治区のように漢族が多数を占める（一九五三年で八三・九％）所もあり、さらに学校の数では民族学校は少数民族の人口比よりもっと少なく、一般の学校が絶対多数だった。その結果、教育行政機関の労力のほとんどが一般教育事業に費やされ、少数民族教育を主要な任務として行い得ていないことが認識され、後述する一九五五年四月二八日の通達では、こうした地域でも民族教育専門の行政機関を設けても構わないと変更している。

前述の一九五二年四月の通達は、教育行政機構の中で民族教育を扱う機関と、初等、中等、高等教育を扱う機関の役割分担も示している。それによると、

（一）全国統一の一般的な教育行政、経費、教員、学校教育制度、教科課程、教科書などについては、引き続き主管の局、処、科が処理する、

（二）少数民族教育の行政、経費、教員、学校教育制度、課程、教科書など特殊な問題は、民族教育司、処、科あるいは民

族教育の専門職員が処理する、
（三）双方に関連する問題については、各関連の局、処、科と民族教育局、処、科あるいは専門職員が協議の上、処理する、ことを原則とする。この通達に基いて一九五五年一月までに、黒龍江、吉林、遼寧、熱河、貴州、甘粛、青海省の七省が教育庁の中に民族教育科を設け、北京、天津、河北、上海、江蘇、福建、河南、湖北、湖南、広東、広西、四川、雲南、西康、陝西の一五省・市が民族教育を担当する職員を置いたという(29)。

国家教育部は一九五五年四月二八日、各省、自治区、直轄市教育庁（局）に対して「全国の民族教育行政指導問題」を発し、民族教育を担当する機関や職員の任務を、次のように詳しく指示した(30)。

（一）民族教育に関わる方針や政策の貫徹実施。国家の統一の教育方針・政策や法令を、民族教育の分野で執行する過程で、民族的特徴から生じる特殊な問題を検討し、処理する。
（二）国家統一規定の学校教育制度、授業大綱、教科課程などを、各民族の具体的状況に鑑みて変更、補完する。
（三）民族教育事業の計画や少数民族教育補助費などを統轄する。
（四）民族語による教科書を編さんし、新しくつくった少数民族文字の学校における使用実験、推進と普及を行う。
（五）民族学校の教員の養成とレベルの向上に協力する。
（六）民族学院と民族学校の関連業務を行う。

この通達は、文教政策と民族政策を結合させることへの注意を促し、「民族教育の指導的思想」として、「国家の建設を担う民族幹部を積極的に養成し、少数民族人民の文化水準を徐々に向上させる」という、いわば国民統合的側面と、「民族教育を民族の特徴に合うものにし、少数民族住民の要求を適切な範囲で満足させる」という、いわば民族性への配慮の両面を挙げている。これら一連の方針は、一九六六年の文化大革命勃発まで一貫した指針であった(31)。文革後の一九七九年末、国務院の承認を経て民族教育司が復活し、一九八一年二月の第三回全国民族教育工作会議で、一九五二年の「民族教育行政機構設置に関する決定」が復唱されていることから、現在も有効な方針とみられる。

今度は、民族事務委員会系列の機関をみてみよう。

2　国家民族事務委員会の系統

一九四九年一〇月二二日、中央民族事務委員会が成立し、文教司（局）の教育組（グループ）が民族教育を担当した。文教司は一九六五年、文化司と教育司に分かれる。翌一九六六年に勃発した文化大革命によって中央民族事務委員会は廃止されたが、一九七八年二月二六日の全国人民代表大会第五期第一回会議における決定で、国家民族事務委員会として復活した。同委員会の中で民族教育事業を担う部所は当初は四司と呼ばれたが、後に教育司と改称する(32)。また文化宣伝司の下には、少数民族語文工作室（少数民族語事業室）が置かれている。

一九八三年三月の「国家民族事務委員会の主要な任務と職責」では、一六項目の職責を挙げているが、その中に「所属の民族学院を管理する」（一〇条）、「関連部門と協力し、少数民族の文化、教育、衛生事業の発展を促進する」（一一条）ことが含まれている。[33] また一九八八年一〇月の国家民族事務委員会「三定」方案は、同委員会の主要な任務と職責として、「民族教育の政策、計画の検討と制定に参与し、所属の民族学院の教育事業計画を管理し、授業、教科書の編さん、教員の訓練、科学研究、大学院生の募集と修了後の配属などについて指導し、国際組織が国家民族事務委員会に与えた教育援助プロジェクトを管理し、研修のため留学させる教師の選定、送り出し事業を行う」（教育司）、「全国の少数民族言語・文字分野の事業を管理する」（文化宣伝司）と記している。[34]

現在、二四の省・自治区・市の民族事務委員会（あるいは民族宗教司）には、国家民族事務委員会教育司に相応する部局として、文教処が設けられている。他の六つの省・自治区・市では、民族処や民族教育処がこれに相応する機関となっている。

以上の点をまとめると、国家教育委員会の民族地区教育司系列の任務は、全国統一教科書の民族語翻訳版作成など、国家が定めた学校教育制度を各民族の状況に応じて変更補充しつつ実施することで、国家民族事務委員会の教育司系列のそれは、所属の民族学院の管理、民族教師の育成など民族政策の需要に教育内容を適合させることといえよう。民族教育は両者が分担して行うのだが、双方の認識にはズレもあり、現場の混乱を招くこともある。

例えば一九八〇年代半ば、黔東南ミャオ族トン族自治州のある民族小学校が、特定クラスで試験的に行っていたミャオ文の授業が成果を挙げたため、全教員にミャオ文を学習させた後、これを全クラスに導入したところ、途端に教育庁から停止命令がきたことがあった。ミャオ文の試行は民族事務委員会が管理し、実験クラスのある学校にミャオ文教師を派遣してその給料を支給することになっていたため、教育庁から給与を受けている一般の教師までが民族語の授業をすべきではないとする認識が背後にあったらしい。また一九九〇年前後、広西チワン族自治区等の民族地域で民族学校の管理機関が民族事務委員会から教育委員会に移行したが、その後民族教育が重視されなくなったとの不満の声があがっている。

四　二言語教育の目的と類型

中華人民共和国が成立した直後は、北方少数民族の間では初等中等教育のみならず、高等教育の一部の専門科目も民族語で教えていた。漢語の授業を設けていた学校もあったが、国家教育部が一九五〇年八月、中学暫定教科課程（草案）の中で少数民族の初級中学で「国語と民族語を同時に教える」よう定め、漢語の授業時数を初級中学一年生から週三時間と指示し(35)、ここから同国における少数民族二言語教育が公式に始められたといえる。

北方少数民族の漢語教育の流れを大まかに見ると、五〇年代はじめに初級中学一年生から学習し始めるようになり、五〇年代後半から六〇年代初頭、小学校高学年からとなり、八〇年代以降現在のところ、二～三年生から始めるのが一般的になっている。南方では文字を持たない民族も多く、五〇年代文字を創ったがそれほど普及せず、少数民族は主に漢語・漢文で教育を行っていた。現在、西南地方の少数民族の二言語教育は小学校一年生では主に民族語の読み書きを習い、二～三年生から漢語を学習し始めるものもあれば、逆に小学校一年生から漢語を学習し始め、二～三年生になってから民族語の読み書きを教える所もある(36)。

一九八〇年代以降、中国では二言語教育が学術研究の対象となり、研究者や実務者による論文や報告が盛んに出ている。各少数民族地域では、二言語教育の質を高めるため、二言語の学習比率や開始時期、教授方法などに関する様々な実験等も行われるようになった。以下、ポスト文革期における二言語教育の目的とその類型について述べてみよう。

中国における二言語教育（双語教育）とは、一般に少数民族に対して行われる、民族語と漢語の二言語教育、あるいは二言語を用いた教育をさす。通常、漢族などが英語、ロシア語を学ぶのは外国語教育と呼ばれ区別されている。だが二言語教育の目的や、この言葉が意味する内容も、「民族教育」と同様、一致していないのが現状である。

例えば、少数民族に対し第二言語である漢語を教えることのみをもって二言語教育とする次のような意見がある。「少数民族の学校教育において二言語教育を提唱するのは、少数民族の児童や生徒が漢語・漢文をより効果的に学ぶために他ならない。母語による教育で民族語・民族文字を学んだ後、それを用いて漢語拼音《ピンイン》（ローマ字式表音文字）を説明し学習させ、理解と記憶を助けることが漢語・漢文を学ぶ上で効果的だからだ」(37)。

筆者は雲南省へ行った折、二言語教育を行っていると聞いて、路南イ族自治県の石林民族小学校を訪れた。同校児童の八～九割はイ族系サニ人だが、民族語教育、民族語による教育は全く行われていなかった。教員の話によれば、子ども達は家庭や日常生活の中で民族語を使うので学校でそれを教える必要はないという。この学校で二言語教育という名で行われていたのは、小学校の第一学年から漢語を使い、子どもが分からない部分をイ語（サニ語）で説明するというものだった。イ文字の教育も行われておらず、イ文字の書ける子どもの数は路南県では減っているという。

こうした傾向に対して、張貢新《ジャンコンシン》は「民族語教育を漢語教育に移行するための『杖』とみなし、実際は二言語教育の名と形式で民族語教育を否定し、漢語のモノリンガル教育に回帰する誤った憂慮すべき傾向」だと批判する。(38) 張はさらに次のように述べる。「少数民族は漢語を学ばなければ、教育を普及させ、科学や文化的な知識を向上させ、現代化を実現できず、まして前途がないなどという漢語至上主義、漢語によってのみ物事が決まるといった論調は、民族教育において民族語教育がはたす代替すべからざる中心的地位や、第一言語を学習し習熟してはじめて第二、第三の言語を学ぶことができるという科学的な実証にも反している。初等教育を普及させることなしに民族の文化的資質の向上は図れず、それは母語によってのみ実現できる。少数民族もそうであるし、漢族もまたそうである。漢語より使用範囲が広く先進的な知識をもつ西欧諸国の言語だからといって、英語やフランス語で漢族の教育、文化を普及させようと考えるものなどいない」。

だが実際は前述した石林民族小学校のような形式を二言語教育と呼ぶ人も多い。

また同じ「二言語教育」問題といっても、その意味するところが違う場合がある。雲南、貴州省では民族語（母語）や民族文字を使った授業を学校教育へ取り入れる問題ととられ、新疆では、漢語との縁が薄いウイグル族をはじめとするトルコ系ムスリムなどに、いかに漢語を教えるかという問題と捉えられる。また民族語と漢語のうち、一方を主言語とするのか、同等の比重を置くのかというバランスが異なる。南方、新疆、チベットが前者に属し、モンゴル、朝鮮族が後者に属するといえよう。そして二言語教育の目的をめぐって、それぞれの地域の状況を反映して、①民族語の伝承・保持と漢語の習得（延辺、内モンゴル）、②漢語教育（新疆、チベット――民族語喪失への危機感小）、③漢語モノリンガル教育への過渡的手段＝「漢語学習の杖」（雲南、貴州――民族語継承へのこだわり小）の大きく分けて三つの観点が存在するのである。

これを整理すると、中国少数民族の二言語教育は、（一）モンゴル、朝鮮族型、（二）ウイグル、カザフ、チベット族型と（三）南方少数民族型の三種類に分けられる。（一）は、主に学校教育を通して民族語を保持しつつ、漢語を学習することを目的とする。二言語教育の重点は、民族語と漢語の両方に置かれており、圧倒的多数の漢族人口に囲まれる中で、あるいは反右派闘争・大躍進、文化大革命の民族語排斥という政治運動の結果として、民族語を喪失した子ども達に民族語を取り戻させるための教育も行われている。（二）は二言語教育＝漢語教育という意識で行われている。二言語教育問題を語る時、民族語をいかに学習するかという点は出てこない。新疆ウイグル自治区のウイグル、カザフ族やチベット自治区のチベット族などは、民族語を喪失する心配は当面ほとんどなく、漢語のできないこれら民族の子ども達にいかに漢語を教えるかが問題とされる。（三）は民族語・文字を媒体として、第二言語たる漢語を学習させることを目的とする。民族語は漢語学習の補助的手段であり、民族語の授業は多くの場合、小学校低学年に限られている。

民族語による教育が中等~高等教育でも行われている点で、(一)と(二)は共通している。二言語教育の目的が漢語教育であるという点で(二)と(三)は共通している。四川省イ族は(三)と(一)の中間、新疆シボ族は(一)に近い。中国人研究者は、北方型と南方型の二つに大別することが多いが、筆者は前述の観点から、三つに分類したいと思う。

[注]

(1)『教育大辞典第4巻(民族教育、華僑華文教育、港澳教育)』上海教育出版社、一九九二年、七七頁。

(2)丁文楼「関於〝双語〟教学的思考」『新疆社会科学』一九九〇年第六期、七二頁。葉志貞の言説の引用は、中央民族学院『教育通訊』一九八六年第四期によるとある。

(3)宝玉柱「論民族学院改革的宏観指導思想」『民族教育研究』一九九四年第三期、二二~二三頁。

(4)中島勝住「中華人民共和国における少数民族教育問題」(小林哲也・江渕一公編『多文化教育の比較研究――教育における文化的同化と多様化――』九州大学出版会、一九八五年)二九〇~二九一頁。

(5)朴勝一主編『中国少数民族教育発展与展望』内蒙古教育出版社、一九九〇年、六四頁。

(6)拙稿「四川省涼山イ族自治州を訪れて(下)」『ヒューマンライツ』第八七号、一九九五年六月、五〇頁。

(7)民族教育的特徴のある学科として、中央民族大学には少数民族言語文学、歴史、民族、音楽舞踏、美術学部の中にモンゴル、チベット、朝鮮、ウイグル、カザフ、チワン、イの各言語文学、民族言語学、中国民族史、満洲文・清朝史、民族学、民族理論と民族政策、民族工芸美術などの学科がある。西南民族学院にはチベット、イの各言語文学学科が、西北民族学院と青海民族学院にはモンゴル、チベットの各言語文学学科がある。雲南民族学院にはタウホーン・タイ語、シプソンパンナ・タイ語、ジンポー語、リス語、イ語、ワ語、ラフ語学科があり、貴州民族学院にはミャオ語、プイ語、トン語、イ語学科がある。広西民族学院にはチワン語、ヤオ語学科がある。国家民族事務委員会・中共中央文献研究室『新時期民族工作文献選編』中央文献出版社、一九九〇年、二八九~三〇八頁。中央民族学院教務処『中央民族学院教学一覧』(一九九一年)。「中央民族学院簡介」『民族教育研究』一九九〇年第二期、九六頁。「西南民族学院簡介」同一九九〇年第四期、九四頁。「西北民族学院簡介」同一九九一年第一期、九六頁。「西北第二民族学院簡介」同一九九一年第二期、九八頁。「雲南民族学院概況」同一九九一年第四期、九六頁。「貴州民族学院簡介」同一九九二年第一期、九四頁。「広西民族学院簡介」同一九九二年第二期、九六頁。「西藏民族学院簡況」同一九九二年第三期、九六頁。「青海民族学院簡介」同一九九六年第一期、九六頁。「東北民族学院簡介」同一九九六年第二期、九六頁。

(8)沙瑪・加甲、羅永華『発展中的民族語文教学』四川民族出版社、一九九〇年、五〇~五一頁。

(9)同前書、七四頁。

(10)中共中央辦公庁・国務院辦公庁轉発教育部《関於正確処理少数民族地区宗教干擾学校教育問題的意見》(一九八三年二月一七

日）。楊候第主編『中華人民共和国民族法規選編』中国政法大学出版社、一九九〇年、一九二～一九八頁。
(11) 例えば、一九八五年に設立された寧夏回族自治区の中等専業学校、同心アラビア語学校は、「中東のイスラム諸国との経済技術や文化交流を促進するためのアラビア語の通訳・翻訳者を養成する」ことを目的としながら、アラビア語学科を置き、アラビア簡史やイスラーム教知識などの授業を設けている〔注（1）『教育大辞典第4巻』三五九頁〕。
(12) 以下、注（5）朴勝一主編『中国少数民族教育発展与展望』一八八～二〇四頁の記述に基づく。
(13) 長虹「正確地編譯出版少数民族文字課本教材」『民族研究』一九五九年第六期、五～六頁。
(14) 方与厳「進一歩做好少数民族教育工作、来迎接国慶十周年」『民族研究』一九五九年第六期、四頁。
(15) 教育部「関於試行《全日制学校民族中小学漢語文教学大綱（試行草案）》的通知」（八二）教民字〇〇二号、一九八二年三月二日。中華人民共和国国家教育委員会民族地区教育司『少数民族教育工作文件選編』内蒙古教育出版社、一九九一年、四三六頁。なお同要綱は、少数民族学校における漢語学習の意義を次のように記す。「長い歴史の発展を経て、漢語は事実上各民族間の共通の言語文字となっている。少数民族が漢語を学習することは少数民族の科学文化の発展と繁栄、祖国の四つの近代化にむけた少数民族人材の育成、民族間の往来の強化にとって重要な意義がある」。そして「自民族の言語と文字で授業を行う民族小中学校では、児童・生徒はまず自民族の言語をきちんと学習し、条件があるものは漢語も学習しなければならない。漢語の授業を何年生から始めるかについては、実情に応じて、柔軟に決めて構わない」と指示している〔注（8）沙瑪・加甲他『発展中的民族語文教学』七二頁〕。
(16) 中共中央印発《関於我国社会主義時期宗教問題的基本観点和基本政策》的通知（一九八二年三月三〇日）。注（7）『新時期民族工作文献選編』一五四～一七四頁。
(17) 注（10）中共中央辦公庁他《関於正確処理少数民族地区宗教干擾学校教育問題的意見》。『中華人民共和国民族法規選編』一九四頁。
(18) 同前「意見」一九六頁。
(19) 国家教育委員会「関於九省区教育体制改革進歩情況的通報」（一九八七年二月二三日）。注（7）『新時期民族教育工作手冊』一一五頁。
(20) 国家教育部「関於放寛少数民族学生報考年齢的問題給広西省教育庁的函」。注（15）『少数民族教育工作文件選編』二一七～二一八頁。
(21) この指針は一九五三年に「同等の成績であれば優先的に採用する」と改められた。同措置は反右派闘争・大躍進の中で廃止されたが、一九六二年八月二日、国家教育部と中央民族事務委員会は「高等学校における少数民族学生の優先採用に関する通知」を発し、（一）少数民族が全国の重点高等学校やその他一般の高等学校を受験する場合、試験の成績が他の受験生と同等の時は優先的に採用できるという方式を復活させる。（二）少数民族が出身自治区に属する高等学校を受験する際は、その試験の成績が教育部が定める一般高等学校の合格最低基準を超えている場合は、優先的に受け入れても構わない、と指示した〔注（7）『新時期民族教育工作手冊』二五二～二五三頁)。

(22) 国家教育委員会「普通高等学校新入生募集暫定条例」(一九八七年) 第三七条。同条は以下のように規定する。「辺境、山区、牧区及び少数民族が多く住む地域の少数民族については、当地における実情に基づき、適当に合格最低点を引き下げ、優秀なものを選んで採用できる。漢族地域に分散して住む少数民族については、漢族と同等の成績ならば、優先的に採用する。少数民族班の新入生は、当年の高等学校入学試験を受験した辺境、山区、牧区など少数民族集居地域の少数民族の中から、適当に合格最低点を引き下げ、優秀なものを選んで採用する」(同前書二五三頁)。

(23) 模範校、一流校となるべく指定された大学で、教職員、設備、財政等の面で優遇されている。重点小学、重点中学も各地域で指定されている。

(24) 一九八〇年六月二一日の国家教育部の通達――全国重点高等学校における少数民族班の試験的設置に関する通知――によって、北京大学、清華大学など五つの重点大学に民族班(クラス)が設けられ、同年から大学入試を受けた少数民族の中から、新疆ウイグル、広西チワン族、内モンゴル自治区と雲南、貴州、四川省を対象として、一地域二〇～三〇名、計一五〇名が選ばれ、各大学で三〇名づつ受け入れるようになった(注(15)『少数民族教育工作文件選編』三七七～三七九頁)。合格最低点をわずかに割っている程度の者は直接本科に入学させ、大きく下回る者は予科に入れる。指定された大学は規定の分配枠を満たさなければならず、合格最低点を一〇〇～二〇〇点下回っていても採用するケースがあると聞く。

(25) 注(19)『新時期民族教育工作手冊』二五二～二五四頁。一九五五年高等教育部は「少数民族学生の優先採用に関する通知」において「学科成績が合格最低点を超えており、漢語能力が授業を聞き取るに足ると判断されれば、優先的に採用する。入学後、できるだけこれらの少数民族学生を同じクラスにまとめ、補習を強化する」ことを指示した。一九五七年の「新入生募集規定」第一条は「少数民族の言語・文字で授業を行う高等学校(班)はそれぞれの言語・文字で単独に入学試験を実施してかまわない」と規定している。

　教育部は一九六二年の「高等学校における少数民族学生の優先採用に関する通知」の第三条で「少数民族言語で授業を行う民族中学の卒業生が高等学校の文学歴史類を受験する場合は、従来通り、古代漢語の試験を免除する」と規定し、一九六三、六四年の「高等学校入学試験規定」では「少数民族が多く住む地域の少数民族受験生が(全国重点)高等学校を受験する際は(外国語学科の受験生を除き)外国語の試験の免除を申請できる」と規定した。

(26) 国家教育部「高等学校新入生募集事業規定」(一九八〇年)は、「少数民族が多く住む地域の少数民族学生は自民族の文字で答案を行なうことができる。ただし漢語で授業を行う高等学校を受験するものは語文の試験を漢語で答案しなければならない(試験問題は翻訳しない)。民族自治区の自民族の言語文字で授業を行う高等学校及び学科は、自治区が問題をつくり、試験を行い、合否を決定し、全国統一試験には参加しない」と指示している。

　国家教育委員会「普通高等学校新入生募集暫定条例」(一九八七年)の第二四条は次のように定める。「民族自治地方の民族語で授業を行う高等学校あるいは学部・学科の入学者選抜は、自治区または省の新入生募集委員会が別に出題し、試験を行う。民族語で授業を行う民族中学の卒業生が、漢語で授業を行う普通高等学校を受験する場合は、全国統一試験に参加しなければならない。漢語文は国家教育委員会が（これらの少数民族用の問題を）別に出題し、少数民族文字に翻訳はせず、漢文で答案する。その他の各科目（外国語試験問題の漢語部分を含む）は民族語に翻訳し、民族語で答案して構わない。関連する省、自治区の決定によって、漢語を受験すると同時に、少数民族語を受験することもできる。出題は当該省、自治区が責任を負い、試験問題、参考答案、点数評価の基準を国家教育委員会に報告する。漢語と少数民族語の試験成績は両者五〇％の計算で総点数に入れる。ただし漢語文の成績が合格レベルに達していなければ採用することはできない」。

(27) 一九四九年一〇月一日、毛沢東を主席とする中央人民政府の樹立に伴い、設立された暫定的な行政機構。一九五四年九月の全国人民代表大会（第一期第一回）で、国務院（総理・周恩来）となる。

(28) 中央人民政府政務院「関於建立民族教育行政機構的決定」（一九五二年四月一六日）。注（15）『少数民族教育工作文件選編』三九～四〇頁。

(29) 謝啓晃編著『中国民族教育史綱』広西教育出版社、一九八九年、九二～九三頁。

(30) 同前書、九三～九六頁。

(31) 一九五八年二月一一日、第一期全国人民代表大会第五回会議の「国務院所属の組織機構の調整に関する決定」により高等教育部と教育部が合併したのに伴い、教育部の民族教育司が廃止され、代わりに民族教育委員会が設置された（『中国教育大事典』二一〇四九頁）。

(32) 注（7）『新時期民族教育工作手冊』四八九頁。

(33) 国家民委政策研究室『国家民委政策文件選編』中央民族学院出版社、一九八八年、六一～六二頁。

(34) 注（7）『新時期民族工作文献選編』三九六～四〇一頁。

(35) 姜永徳「延辺的双語教学」（東北朝鮮民族教育出版社漢語文編輯室編『朝鮮族中小学漢語文教学四十年経験論文集』東北朝鮮民族教育出版社）一九九二年、二一頁。

(36) 注（8）沙瑪・加甲他『発展中的民族語文教学』七三頁。

(37) 注（2）丁文楼「関於〝双語〟教学的思考」七四頁。

(38) 張貢新『民族語文・民族関係』雲南民族出版社、一九九二年、一七八～一八〇頁。

第四章　現代中国の少数民族語政策

一　五五少数民族の言語と文字

　中国の少数民族の間では、ひとつの民族＝一種類の話し言葉＝一種類の書き言葉という関係は必ずしも成り立たない。例えば、ヤオ族の言語はミィエン語（ヤオ語群）、プヌ語（ミャオ語群）、ラジャ語（チワン・トン語群）に分けられ、ユーグル族の言語はチュルク語派のヤオフル語とモンゴル語派のアンゴル語に分けられ、ジンポー族の言語は、ジンポー語とツァイワ語に分けられている。タイ族の間では、地域によってそれぞれタイ・ルー文字、タイ・ロ文字、タイ・ホン文字、金平タイ文字という異なる書き言葉が使われ、イ族の文字も涼山規範イ文、雲南規範イ文、貴州イ文に分かれ、統一されていない。

　では一体、少数民族の間で何種類の言語と文字が使われているのか。現在、民族語政策の指針となっている一九九一年の国務院の三二号文書[1]は、「五五の少数民族のうち、五三の民族が自己の言語を持ち（回族と満洲族は漢語文を使う）、解放前には二一の民族が自己の文字を持っていた。一九五〇年代、国家は一〇の少数民族を援助して文字をつくり、いくつかの民族の文字を改革あるいは改良した」と記すだけで、現在使われている言語と文字の数を明らかにしていない。「言語学者達がいまだに正確な数字を挙げることができない[2]」からだろう。

　中国少数民族の間で使われている言語は、中国内では今のところ、民族言語学の大家、馬学良《マーシュエリャン》の『語言学概論』や『中国大百科全書・民族巻』が記した八〇種類以上という数字が定説となっている。数を確定できないのは、独立した言語であるか、方言であるか決められないものがあったり、言語学者がいまだ入り込んでいないチベットの一部地域や、非常に多くの言語が話されている「民族の回廊」、四川省ガパ地方などで未調査の言語があるためだという。例えばジンポー語には、独立した言語と認められているジンポー語、ツァイワ語の他に、ラツィ語などいくつかの言語が確認されている。また一九八〇年代の調査で臨高語（海南島、チワン語の一部か独立した言語か未定）など新たに発見された言語もあるという[3]。

いっぽう班弨『中国の言語と文字』（一九九五年）は、約八〇種類というのも推計にすぎず、現在までに言語学の論著の中で体系的に紹介された言語はそんなに多くはなく、八〇数種の中には、一つの独立した言語ではなく、ある言語の方言だとの指摘を受けているものもあるとして、きちんと研究がなされ、言語学者の間の見解もかなり一致している言語として、五九の言語を挙げている[4]。

次に文字だが、『当代中国の民族工作』は、中華人民共和国成立前、すでに伝承されていた民族文字として、以下に記す二一民族の二八種類の文字を挙げている。チベット文、ウイグル文、モンゴル文、タイ文（タイ・ルー、タイ・ロ、タイ・ホン、金平タイ文の四種類）、ハングル、満洲文、イ文（涼山と雲南、貴州の三種類）、カザフ文、シボ文、ジンポー文、ミャオ族のポラード・ミャオ文、ナシ族のトムバ文とコバ文、旧リス文、ラフ文、クルグズ文、タタール文、ウズベク文、ロシア文、方塊チワン文、方塊ペー文、スイ族の水書。同書は、この中で今に至るまで使われているものは一二民族の一七種類の文字――チベット文、モンゴル文、ウイグル文、カザフ文、キルギス文、朝鮮文、シボ文、イ文（二種類）、タイ文（四種類）、ジンポー文、ラフ文、ロシア文――だとする[5]。

いっぽう戴慶厦《タイチンシャー》『社会言語学教程』（一九九三年）は、少数民族の間では二四の民族の三二種類の文字が使われているとする。ここでは、ナシ族のトムバ文字などを歴史上の文字とし、水書や方塊チワン文字などを、少数の者の間で使われているだけで普及していない文字として数に入れていない。その反面、一九五〇年代につくられたが、現在推進されていないリー文字を数に入れている。

別の文献ではこれらの文字を数に入れたり、入れなかったり、またローマ字式の新イ文、新ウイグル文、新カザフ文など一九五〇年代から六〇年代につくられ、今は使われなくなった文字を数えているものもある。言語同様、明確な数字は挙げにくいというのが実状だろう[6]。そこで筆者なりに二〇世紀に使われた文字に絞って表Hを作ってみた。ここで使用期間の欄を「〜現在」とした約五〇の文字が、使用人口の多少、政府の公認・非公認、試用段階にかかわらず、現在使われている少数民族文字といえる。しかし、ここに挙げた文字のすべてが、学校教育に導入されているわけではない。

さて以上簡単に中国少数民族の言語と文字について紹介したが、中国で民族語と学校教育の関係を考える上で、一つ注意しておかねばならないことがある。

特に南方少数民族の場合は、従来文字を持たなかった民族が多く、Aの民族が必ずしもAの話し言葉、Aの書き言葉を使っているとは限らない。話し言葉として漢語やB語を使ったり、話し言葉としてはA語を使いながら、書き言葉としては漢文やB文を使っている場合もある。そして第一章でみたように、何種類かの言語を話す民族が一つの民族にまとめられたりしているので、一つの民族の中で、方言というには余りに違いすぎる何種類かの言語を話す集団があり、一つの言語が数種類の民族あるいはその下位集団の間で共有されていたり、A民族の下位集団①の話す①語は、同じA民族の下位集団②の話す②語とは会話できない一方で、B民族の下位集団③の話す③語と極めてよく似ているといった状況もある。A民族はA語とA文を使うという安直な定式は、往々にして当てはまらない。そうした場合、A民族であるから、言語ではA語とA文を教え、一般教科をA語を教授用口語とし、A文を教授用文語として教えるのが、子ども達のためだというわけにはいかない。民族教育といえば、自民族の言語を教え、自民族の言語と文字で教えるのが望ましいと考えがちだが、中国ではそう一筋縄ではいかないケースも多々あるのだ。

二　少数民族文字の創作と改革

中華民国期の少数民族語政策の具体例はあまり伝えられていない。ただ第二章で述べたように、国民政府はモンゴル語やチベット語による教科書をつくっていたし、また蒙蔵委員会の委託を受けた中央ラジオ局が一九三二年、南京でモンゴル語とチベット語の放送を始め、その後新疆や内モンゴル、チベット、吉林などでウイグル語やモンゴル語、チベット語、朝鮮語による放送を、短期間ながら行ったりしている[7]。

いっぽう中国共産党は、これまで随所で触れてきたように、中華人民共和国成立以前から、各民族が自己の言語と文字を使用し発展させる権利を度々唱え、法文化してきた。ラジオなどメディア面での施策もあるが[8]、本章では現代中国の民族語政策を、その特徴といえる民族文字の創作と改革をめぐる動きに着目して紹介しよう。

毛沢東《マオザートン》は一九五一年、「文字は必ず改革しなければならない。世界の文字と同様に表音文字の道を歩まねばならない」との号令を発した[9]。一九五四年には、羅常培《ルオチャンペイ》（中国社会科学院言語研究所所長）が次のように述べている[10]。「国内の少数民族の大多数が文字のない民族である。モンゴル、チベット、ウイグル、カザフ等の他は、伝統的な旧文字があっても、形が煩雑で難しく、少数の特殊階級が使用できるだけで、多数の人民大衆の役には立たない。各少数民族を援助し、彼らの文化を高めようと思えば、まず文字のない民族に文字を創り、煩雑で難しい文字を簡単な文字に改造しなければならない」。

こうした方針に従って中国政府は一九五九年までにイ、ミャオ、チワン、プイ、トン、ハニ、リー、リス、ワ、ナシ、ウイ

表H　中国少数民族文字（20 世紀）

民族名	文字名	使用期間	承認レベル	承認年	中国内の主な普及地域
朝鮮族	ハングル	1446年～現在	○		吉林、遼寧、黒龍江省、内モンゴル自治区
満洲族	満洲文字	1599年～20世紀半ば			最盛期は清朝全土
シボ族	シボ文字	1947年～現在	○		イリ・カザフ自治州のチャプチャル自治県ほか
モンゴル族	モンゴル文字	1204年？～現在	○		内モンゴル自治区、東北３省、西北３省
	トド文字	1648年～現在	○		新疆ウイグル自治区のモンゴル族地域
トゥ族	トゥ文字(L)	1979年～現在	青海省	1986	青海省互助トゥ族自治県
ウイグル族	ウイグル文字	10世紀～現在	○		新疆ウイグル自治区
	新ウイグル文字(L)	1965年～1982年	国務院	1964	同上
ウズベク族	ウズベク文字	？～現在			新疆ウイグル自治区
カザフ族	カザフ文字	10世紀～現在	○		イリ自治州、ムルイ、バルクル自治県ほか
	新カザフ文字(L)	1965年～1985年	国務院	1964	同上
タタール族	タタール文字	16世紀～現在			新疆イリカザフ自治州イリ、アルタイ地区など
クルグズ族	クルグズ文字	1954年～現在			新疆キズルス・クルグズ自治州
タジク族	タジク文字	？～現在			新疆タシュクルガン・タジク自治県
ロシア族	ロシア文字	9世紀～現在	○		新疆ウイグル自治区
チベット族	チベット文字	7世紀～現在	○		チベット自治区、青海、四川、甘粛、雲南省
チャン族	チャン文字	1991年～現在	四川省	1991	四川省ガパ・チベット族チャン族自治州
イ族	旧イ文字	唐朝時代？～現在			四川、雲南、貴州、広西のイ族地域
	ポラード・イ文字	1910年代？～1950年代？			雲南省禄勧イ族ミャオ族自治県
	新イ文(L)	1951年～60年	中央民委	1957	四川省涼山イ族自治州
	規範イ文字	1975年～現在	国務院	1980	四川省大小涼山地域、雲南省寧濱自治県
	雲南規範イ文	1987年～現在	雲南省	1987	雲南省武定、禄勧
リス族	旧リス文字	1912年～現在	○		雲南省怒江リス族自治州、維西リス族自治県
	ポラード・リス文字	1913年～現在			雲南省武定県、禄勧県
	汪忍波リス文字	1920年代～現在			雲南省維西リス族自治県城北４郷
	新リス文字(L)	1955年～現在	中央民委	1955	怒江リス族、大理ペー族自治州の一部
ナシ族	トムバ文字	11世紀～現在			雲南省麗江ナシ族自治県ほか全ナシ族地域
	コバ文字	13世紀～現在			雲南省麗江ナシ族、維西リス族自治県ほか
	ミリ・モソ文字	18世紀～現在			雲南省維西ナシ族自治県拉普郷
	旧ナシ文字(L)	1932年～1950年代			雲南省ナシ族地域
	ナシ文字(L)	1957～58年、81年～現在			雲南省麗江ナシ族自治県
ハニ族	ハニ文字	1957～61年、83年～現在	中央民委	1957	雲南省紅河ハニ族イ族自治州
ラフ族	旧ラフ文字(L)	1920年代～50年代			雲南省瀾滄県
	ラフ文字(L)	1957～66年、80年～現在	中央民委		瀾滄ラフ族自治県ほか

ペー族	方塊ペー文字	唐代～現在			雲南省大理ペー族自治州ほか
	ペー文字	1986年～現在	雲南省民委	1993	雲南省大理ペー族自治州剣川県
ジンポー族	ジンポー文字(L)	1895年～現在	○		雲南省タウホーン・タイ族ジンポー族自治州ほか
	ツァイワ文字(L)	1957～58年、83年～現在	中央民委	1957	雲南省タウホーン自治州ほか
	旧ツァイワ文字(L)	1887年～現在			雲南省タウホーン自治州
トールン族	トールン文字(L)	1984年～現在	雲南民語委	1983	雲南省貢山トールン族ヌー族自治県
トゥチャ族	トゥチャ文字(L)	1986年～現在			湖南省湘西トゥチャ族ミャオ族自治州龍山県
ミャオ族	ポラード・ミャオ文字	1905年～現在			貴州省西北部(威寧ほか)、雲南省東北部
	旁海(注音字母)ミャオ文字	1920年代～現在？			貴州省凱里市
	黔東ミャオ文字(L)	1956～60年、81年～現在	中央民委	1957	貴州省黔東、黔南、黔西南自治州ほか
	湘西ミャオ文字(L)	1956～61年、83年～現在	中央民委	1957	湖南省湘西土家族ミャオ族自治州ほか
	川黔滇ミャオ文字(L)	1956年～？、文革後～現在	中央民委	1957	貴州省畢節地区、雲南省文山、紅河自治州、四川省東南部
	滇東北ミャオ文字(L)	1956年～？、文革後～現在	中央民委	1957	雲南省東北部
ヤオ族	ヤオ文字(L)	1982年～現在			広西、広東、湖南、雲南のミェン語地域
チワン族	方塊チワン文字	7世紀～現在			広西チワン族自治区ほか
	チワン文字(L)	1955年～現在	国務院	1957	広西チワン族自治区ほか
タイ族	タイ・ホン文字	13世紀～現在			雲南省耿馬タイ族ワ族自治県ほか
	タイ・ルー(シプソンパンナ旧)文字	13世紀～現在	シプソンパンナ	1985	雲南省シプソンパンナ自治州ほか
	金平タイ文字	13世紀～現在			雲南省金平ミャオ族ヤオ族タイ族自治県
	タウホン・タイ(タイ・ロ)文字	13世紀～現在	中央民委	1954	雲南省タウホーン自治州ほか
	シプソンパンナ新タイ文字	1955年～現在	中央民委	1955	雲南省シプソンパンナ自治州ほか
プイ族	プイ文字(L)	1957～59年、82年～現在	中央民委	1957	貴州省黔南自治州、黔西南自治州
トン族	トン文字(L)	1958～60年代初、81～現在	中央民委	1958	貴州省黔東南ミャオ族トン族自治州
スイ族	水書	？～現在			シャマンの中に使う者あり
	スイ文字(L)	1986年～現在	黔南自治州	1986	貴州省黔南自治州三都スイ族自治県
リー族	リー文字(L)	1957年～現在	海南自治州	1957	海南リー族ミャオ族自治州(当時)
キン族	字喃(チューノム)	13世紀～20世紀前半			現広西チワン族自治区防城港市
ワ族	ワ文字(L)	1957～60年、80年～現在	中央民委	1957	雲南省滄源、西盟、耿馬、瀾滄自治県ほか
	サラ文字(L)	1912年～現在			雲南省阿佤山地域(滄源、西盟自治県)

注：○は国務院「各少数民族文字方案の創作と改革の承認順序と、実験推進の分業に関する通知」（1956年3月10日）を経ることなく、公用文字として教科書、新聞などに使われているもの。Lはラテン文字を表す。民委は民族事務委員会、民語委は民族語文工作指導委員会の略。

1986年頃、雲南省のアチャン族、プーラン族、ヌー族の有志が、アチャン語ピンイン方案、プーラン族文字方案、ヌー語ピンイン方案をつくったというが詳細は不明。

方塊文字には、方塊ミャオ文字、方塊プイ文字、方塊ヤオ文字などがある。

出所：筆者作成。

グル、カザフの一二民族にローマ字（ラテン文字）綴りの文字を創り（ミャオ文は四種、ハニ文は二種）、タイ、ジンポー、ラフ族の文字を改修し、それぞれ試行した。これら文字のうち国務院が承認したのはチワン文字、ウイグル文字、カザフ文字だけで（その他は国家民族事務委員会あるいは省・自治区の政府が認可して試行している）、しかも後二者は現在使われておらず、チワン文字の普及状況も捗々しくない。イ、タイ、ウイグル、カザフ、モンゴル族などの「旧」文字を廃止して「新」文字を普及させる運動はいずれも失敗し、文化大革命の終了後、従来の文字に戻っている。最近では一九八六年、シプソンパンナのタイ族が伝統文字を復活させ、一九九一年新タイ文を廃止した。

新しく創られた文字はほとんど識字・学校教育に取り入れられた。学校における教授用文語が変わる大変さを考えただけでも、少数民族の文字創作・改革が教育に与えた影響が小さくないことは想像できるだろう。以下その経緯をみてみたい。

1　一九五〇年代の方針と実践

少数民族の文字を改革しようという動きは、いつごろ、どのようにして生じたのだろう。その背景には、漢語の文字改革運動があった。中国では一九世紀末（特に日清戦争に敗れて）から、漢字の難しさが教育の普及を妨げているとして漢字改革の声が急速に高まり、一八九二年から辛亥革命（一九一一年）までの約二〇年間に計二八種の表音文字が発表されている。この漢字改革運動の中では、「奴隷的な思想を取り除くためには、これまで罪悪を流してきた漢字を追放しなければならない」、漢字では「西洋文化、即ち現代世界文化と交流する術がない」（銭玄同）、といった主張が展開されていた。(11)

漢字に代わるものとしてローマ字採用の方針が固まっていくのは、一九二〇～三〇年代にかけて起こった二つの漢語ローマ字化運動による。そこで出されたのが一九二六年に銭玄同《チェンシュエントン》、黎錦煕《リージンシー》らが発表した「国語ローマ字」。もう一つが、ソ連へ渡った中国共産党員、瞿秋白《チューチウバイ》、呉玉章《ウーユージャン》、蕭三《シャオサン》らが考案した「中国ラテン化字母」である。(12)「中国ラテン化運動」(13)の考案は、ソ連十月革命以降の「文字ラテン化運動」の一部だった。この「文字ラテン化運動」は一九五〇年代において「ソ連が各民族の文化を発展させた先進的な経験」(14)と称され、中国の少数民族文字ローマ字化政策のモデルとなる。

こうした流れの中で中華人民共和国成立直後から中国の文字改革が少数民族に拡大される。一九四九年一〇月一〇日、「中国文字改革協会」の成立大会（北京）では、呉玉章が当面の主要な任務として、少数民族の言語と文字を研究し、その文字改革と文字創作の課題を検討することを謳い、黎錦煕が「少数民族の各種の文語は、まずすべてローマ字化しなければならない」と提起した。(15)翌一九五〇年五月四日には、呉玉章が『光明日報』の紙上で「中国の文字は必ず改革しなければならない。…

…国内の少数民族もローマ字化された表音文字で各民族の文語を綴ることができるし、文字のない少数民族には、ローマ字式の文字方案をつくることもできる」との指針を出している[16]。黎錦熙、呉玉章、そして前述した羅常培はいずれも中国文字改革協会の常務理事であり、文字改革における影響力は大きかった[17]。

翌一九五一年二月五日、中央人民政府政務院は「民族事務に関する決定」を発し、その第五項で「中央人民政府政務院の文化教育委員会の中に民族言語文字研究指導委員会を設置し、少数民族の言語と文字の研究を指導し、今なお文字のない民族を援助して文字をつくり、文字の完備していない民族を援助して次第にその文字を充実させる」よう指示する[18]。

これを実施すべく一九五四年五月、民族言語文字研究指導委員会と、中央民族事務委員会が「文字のない民族を援助して文字を創作する問題に関する報告」[19]を出した。同報告は、文字のない少数民族を七つのカテゴリーに分類し、少数民族文字創作に関する二つの方針を打ち出している。

七つのカテゴリーとは次のようなものである。(一)同一の民族がかなり集まり住んでおり、方言の違いはあるが、マジョリティといえる方言地域がある、(二)同一民族が異なる地域に分散し、方言の違いがかなり大きい、(三)民族の名称は同じだが、異なる地域に分散し、方言が大きく違い、言語関係をなお研究すべき、(四)民族名称が異なるが、言語はほぼ同じで、同じ文字を使うことができる、(五)当該民族の言語に近い別の民族がすでに文字を有しており、それを使える、(六)自己の言語があるが、多数の者が当該民族の言語とは異なる別の民族の言語に習熟している。(七)自己の言語はあるが、民族の人口が少なく、別の言語と文字を使うことを望んでいる。

二つの方針とは、第一に、文字のない、あるいは広く使われている文字のない民族が、自らの自由な意思と選択により、表音文字を一種類つくるか、当該民族が使うのに適した現行の文字を一種類選ぶよう、援助する。第二に、各民族が新しくつくる表音文字の字母形式は、現行の漢語注音字母との関係からローマ字を使うのが便利である点に鑑み、漢語拼音《ピンイン》(ローマ字)文字方案公布の前は、当面、基本的にローマ字を用いる(ただし将来、再度考慮して変更しても構わない)。ソ連とモンゴル人民共和国に隣接する民族は、自由意思に基づきキリル文字を使用しても構わない、というものであった。

政務院はこの報告を、一九五四年五月の第二七一回会議で承認した。同時に、民族言語文字研究指導委員会を廃止し、今後は、言語調査や文字作成など少数民族の文字創作の任務は中国科学院言語研究所が、少数民族文字方案の確定と事業遂行に伴って生じる諸問題は中央人民政府民族事務委員会が、確定した文字を各民族の学校教育で実験、推進する件については中央人民政府教育部が、その責務を負うよう指示する[20]。

こうして一九五〇年代半ばには、少数民族文字の創作・改革

21 zuò fēijī

xīngqītiān, māma dài wǒ qù gōngyuán zuò fēijī, wǒ duō gāoxìng a! wǒ hé māma zuò de fēijī, shì lǜ jīshēn huáng chìbǎng, kě piàoliang le! fēijī kāidòng le, xiàng zài tiān shang fēi yíyàng. zhè ge xīngqītiān, wǒguò

• 36 •

de fēicháng kuàilè!

cí yǔ

zuò 타다, 앉다	kě 참
xīngqītiān 일요일	piàoliang 멋지다, 아름답다
dài 데리고	kāidòng (비행기가) 움직이다, 발동하다
lǜ 록색	fēicháng 아주
jīshēn 비행기의 몸체	
chìbǎng 날개	

22 kǒngquè de yīfu

yǒu yì zhī xiǎo huāmāo láidào shùlín li, kànjiàn kǒngquè zài tiào wǔ. xiǎo huāmāo zǒushàng qián, shuō: "kǒngquè jiějie, nǐ de yīfu zhēn piào-

• 37 •

漢語ピンイン（『漢語文閲読文選』東北朝鮮民族教育出版社、1992年より）

に関する中央の方針が固まり、事業実施の体制が整えられていく。国務院（旧政務院）が一九五六年三月一〇日に発した「各少数民族文字方案の創作と改革の承認順序と、実験推進の分業に関する通知」[21]によって、少数民族文字の承認手続きも以下のように決められた。

まず①中国科学院少数民族言語研究所が文字の創作、改革方案の原案を作る。②省・自治区の人民委員会が審査し、決定後民族事務委員会に報告する。③同委員会が承認したら、省、自治区の人民委員会が試行する文字として公布する。④文字方案を一定期間試行したら、試行を担当する各関連部門が結果をまとめて文字をつくった機関に報告し、必要なら再び改修する。⑤民族事務委員会の審査を受け、同委員会が国務院に認可申請を行う。⑥国務院が国家の正式文字として承認する。民族地域で独自に設計した文字方案を試行する時も、前述の順序に従って処理する。

同通知は、国務院が承認した後は、実験推進の取りまとめを国務院第二辧公室が、教科書の編さんや実験学校の選定と授業の実施など学校での試行を教育部が、一般社会における文化事業や出版方面の事業を文化部が担うよう指示している。しかし前述したように、一九五〇年代に中国で創られた少数民族文字のうち、⑥までいったのはチワン文字、新ウイグル文字、新カザフ文字だけである。この手続き規則は今でも生きているが、多くは④の段階に止まっており、八〇年代以降に創られた文字は②の段階のものが多い。

続いて国務院は一九五七年一二月一〇日、「少数民族文字方案中の字母作成の原則」として「少数民族の文字創作はローマ字を基にし、もともとあった文字を改革し、新しい字母を採用する時も、できる限りローマ字を基にする」こと、「少数民族の言葉で漢語と音が同じか似ているものは、できる限り漢語ピンイン方案中の相当する字母を用いて表示する」こと、さらには「各民族の文字、特に言語関係が密接な文字は、字母形式と表記規則に関してできる限り一致させる」ことを指示した(22)。

一九五八年一月一〇日には、周恩来《ジョウエンライ》が中国人民政治協商会議全国委員会で「当面の文字改革の任務」と題して行った報告の中で、以下の指針を打ち出す(23)。「漢語ピンイン方案は各少数民族が文字を創作、改革する上での共通の基礎とすることができる。……現在漢語が表音字母としてローマ字の採用を決めたのだから、次のような原則を確定すべきである――今後各民族が文字を創作、改革する時は、原則としてローマ字を基にし、字母の読みや用法に関してできる限り漢語表音方案と一致させなければならない」。

一九五七、八年頃は、「各民族の人民が漢語漢文を学習するのに便利であり、各民族の間で互いの言語文字を学習するのにも便利である(24)」との観点から、様々な少数民族文字と漢語ピンイン方案を一致させることが考えられていたようである。当時は言語事業に関わる者達は、漢字も表音文字化の路を歩み、漢語ピンイン方案が完成したら漢字はすぐこれに取って代わられると信じて、少数民族の言語上の諸問題を考慮する際にも常にこの点から考えたという(25)。世界が公認する表音文字は先進文字であり、言文一致で学び易く、憶えやすい――一九五〇年代、中国南方少数民族の文字創作事業に携わった周慶生《ジョウチンション》は、字母のローマ字表記は少数民族の文字創作・改革理論の基本原則であり、当時この原則が固まり執行される間、さしたる論争もなく、専門家の共通の認識だったと述べている(26)。もちろん「もし数十の民族がそれぞれ一そろいの字母をつくったら、……印刷、タイプ、電報の設備をそれぞれの文字ごとにつくらねばならない(27)」という行政官の実務的かつ客観的な判断があったことも否めない。前述した指針は、そうした物理的限界と民族文字平等の矛盾を、覆い隠す作用を果たしたとも見受けられる。

ところで、第一章でみた民族承認と同様、中国の少数民族文字のローマ字化にもソ連が大きな影響を与えている。馬学良は「漢語ピンイン方案の公布が少数民族の文化発展に与える意義」(『光明日報』一九五八年一月一三日)で、「ソ連では最初各民族のロシア民族に対する不信感が完全に消えておらず、ロシア文字(キリル文字)ではなくラテン文字運動を展開したが、社会主義の優越性によりこの相互不信は瞬く間に消失し、皆がロシア人民と密接に交わり、ロシア文字に慣れ、ロシア文字の字母に親近感を覚えるようになり、一九三六年ソ連ではラテン文字に替えてロシア文字を用いる運動が起こった。これにより各民族はロシア民族の先進文化を学ぶのに一層便利になった」と紹介している。[28] こうしたソ連の「先進的事例」の紹介に「中国でも」という思いが含まれていることは想像に難くない。周《ジョウ》耀文《ヤオウェン》は「少数民族の文字をつくったり、改革するというのは初めてのことで、私達は経験がなかったので、五〇年代初め、国家は言語学の専門家を何度もソ連に派遣し、ソ連の経験を学ばせた」[29] とも述べている。以下その様子を、当時中国科学院言語研究所の顧問として招聘されたソ連教育科学院の言語学者、セルジチェンコの活動を追いながら見てみたい。

2 チワン・プイ文字連盟にみるソ連の影響

中国は一九五四年から五七年、セルジチェンコを招聘して、中国科学院と中央民族学院の言語学の顧問とし、民族文字の創作、改革事業における協力を仰いだ。[30] セルジチェンコは中国に滞在中、中国科学院言語研究所の研究員と中央民族学院、北京大学の教員、大学院生に対する講演を多数行っている。一九五五年には北京で開かれた「全国民族言語科学討論会」「全国文字改革委員会」「現代漢語規範問題学術会」に参加し、一九五五年から五六年にかけては広西、雲南、貴州省に赴いて、少数民族文字の創作、改革と民族語の標準語の設定に関する会議にも参加している。

当時セルジチェンコは各地で行った講演で「社会主義という条件の下で、一つの民族あるいは複数の親戚関係にある部族や民族を援助して統一の文字をつくり、標準語を確立し、これらをもって、同一言語の中の異なる方言や近親関係にある言語の統一を促し、近親関係にある部族や民族を融合し一つの社会主義民族となす」ことを重ねて提唱した。このセルジチェンコの論説に、当時の中国の民族言語学者、民族語事業に携わる者、民族教育部門の指導者達は、ほとんど賛同したという。そんな中でチワン文字とプイ文字を一致させようという「チワン・プイ文字連盟」案が持ち上がった。そこには当時の中国の民族語事業をリードした考えが垣間見られる。

プイ・チワン文字連盟構想に基づくプイ族文字方案（草案）が打ち出されたのは、一九五六年一一月、貴州省の貴陽市で開かれたプイ族言語文字科学討論会である。この文字は、プイ語の中にもともとあった単語でチワン語と同じものはすべて取り入れ、固有の単語でチワン語と異なるものは、プイ族の間で幅広く使われているなら使っても構わないが、書く時はチワン文字の中の相応する字母を使うという方針でつくられた。この科学討論会で「プイ族文字と標準語問題」と題して報告したセルジチェンコは「チワン、プイ、儂、沙各民族の言語は可能な限り統一の字母、統一の正字法、ほぼ統一した標準音、統一の文法、大部分一致した標準の語彙を用いるべきで……数年後にはこれら民族の統一した文字と標準語を確立しなければならない」と述べている。プイ文字方案は、中央民族事務委員会の承認を得ると、一九五七年から五八年にかけて実験ポイントに指定した一部の地域で試行された。

セルジチェンコが持ち込んだ、近親関係にある部族あるいは民族は必ず溶け合って一つの社会主義民族になり、一つの民族は統一された標準語を形成するのであり、必ず統一された文字を使わなければならない、という理論は、当時プイ・チワン文字連盟構想の柱になっただけでなく、その他の民族の文字創作、標準語の設定にも大きく影響したという。同氏は「ソ連の文字創作と標準語確立の経験」と題する報告で「統一の文字と統一の標準語は、民族の団結をこの上なく促進するものであり、諸民族を統一された社会主義民族に変える」とも述べている。

しかし、チワン・プイ文字連盟は、実現しなかった。第一章で触れたように、貴州省西南部のプイ族（同省プイ族総人口の半数）が話す言語は、現広西チワン族自治区西北部のチワン族が話す言葉とほとんど同じで会話も支障がない。だがそれはチワン語の標準音とされた広西中部の武鳴《ウーミン》の言葉とはかなり違うものだった。両者は地理的には数百キロ離れており、行政レベルでもダイレクトなつながりはないし、日常的に住民レベルの往来もなく、武鳴の言葉と貴州のプイ語は接触する機会もなく、影響し合いようがなかったからである。

今からみれば当たり前のこんなことに、当時誰一人思い至らなかったということはなかろう。だが共産主義社会への夢や理想が、また抗日戦争、国共内戦で奇跡的な勝利を収めた中国共産党の指導が、その目を曇らせ、声を押しとどめたのではなかろうか。結果的にみると、当時の中国の言語学者たちは、セルジチェンコとその背後にあるソ連に無批判的に追従したといえる。

3　第二回民族語科学討論会と新文字事業の停止

一九五八年三月二八日～四月一六日、中国科学院と中央民族事務委員会が北京で開いた第二回全国民族語文科学討論会は、少数民族語事業の躍進計画として、（一）一九五八年内に、文字を創る必要がある民族を援助して文字方案の制定作業を完成させる、（二）一九五九年内に、独自の文字を創る必要のない民族を援助して、当該民族の使用に適した文字を現存する文字の中から選択する事業を完成させる、（三）一九六〇年までに、文字改革の必要な民族を助けて文字改革方案を提出する、の三点を打ち出した(31)。

傅懋勣《フーマオジー》は文革後、この会議は一九五六年以来の事業総括という名目で「少数民族語事業における資産階級個人主義と民族主義思想」を批判し、「当時の状況から著しくかけ離れた事業計画を制定」したものだったと評している(32)。三つの躍進計画のうち、（一）は大躍進の性急路線であろう。（三）はウイグル、カザフ文字のローマ字化をもたらした。そして一九五〇年代後半につくった新文字の試行中止につながったのが、おそらく（二）の方針だろう。『民族研究』一九五九年第三期に掲載された楊正旺《ヤンジョンワン》「少数民族の文字選択問題を語る」は「独自の文字を創る必要のない民族もあり、現存する使用に適した文字を選択しさえずれば、(文字創作が必要な民族に文字を創るのと)同じように、いやそれ以上に彼らの文字の問題をよりよく解決できる」「日進月歩の発展を見ると、古臭い、前代の単語は淘汰され、新生の生命力に富んだ新鮮な用語が絶え間なく増えつつある。各民族は日増しに接近し、自然融合の趨勢が出現し、各民族の言語の共同成分も絶え間なく増えつつある」と述べている。(33)

こうしたやり方に、当時少数民族文字の創作に取り組んでいた人々はどう反応したのか。それを示す資料はないが、前述の方針が打ち出されると同時に、これらの人々はたたかれた。第二回全国民族語文科学討論会の紀要とみられる、民族事務委員会文教司「党の民族語事業の方針を正しく貫徹執行するために奮闘する」(『民族研究』一九五八年第三期に掲載)は、それまで民族語事業に関わってきた多くの者を批判している。少し長くなるが、関連部分を引用してみよう。(34)

「言語事業に携わる者の中には、業務だけに関わり、政治に関わらないという考えをもつ者がいる。彼らは今各民族が共同で社会主義を建設しつつあるという革命大躍進の発展形勢が見えておらず、異なる民族どうしが互いに近づき、文化交流が進んでいるという客観的な事実が見えておらず、各民族の労働する人民が生産を発展させ、文化を向上させたいという切実な要求が見えない。そのため、こうした社会現象を反映して民族語事体が発展し変化していることが見えず、ただ単純に言語の科学研究だけを行っている。少数民族を助けて文字を創る問題では違いを強調し、異なる言語どうしの、あるいは同じ言語の方言どうしの違いを誇張し、その共通性を隠ぺいし、言語は違いが大きければ大きいほど、言語の種類や創作する文字の種類は多ければ多いほどいいと考えている。文字が一つの民族の内部や各民族の間に団結をもたらす作用が見えず、一つの民族の異なる方言の話者どうしが同じ文字を使うことや、言語がほぼ同じである民族どうしが文字連盟をはかることの難しさを強調する。こうした思想はすべて、民族団結と各民族が共同で行う祖国の社会主義事業にとって不利である。この他、民族語の発展と新語の問題で、民族語の純化を強調し、漢語の単語を取り入れて使うことを拒み、民衆がとっくに捨て去り使わなくなった古い単語を掘り起こして、民衆が理解できず、原意を正しく表せないような新語を創りだしたり、外国語を大量に取り入れたりする行為は、民衆から離脱し、相互の交流に影響を与える」。

このように文字の創作に関わってきた人々に釘をさしながら「言語と文字は人々が思想を交流する道具であり、自己の民族の進歩と発展に直接影響するのみならず、祖国の統一と各民族の共同の繁栄にも非常に大きく関係していることに気がつかねばならない。そのため文字の創作、改革、選択にあたっては、当該民族の発展と繁栄に有利であること、言い換えれば、社会主義の祖国大家庭の団結、統一と各民族の共同の発展と繁栄に有利であることを堅持していかなければならない」というイデオロギーが喧伝された。

国家民族事務委員会文教司はこの時、具体的措置として「少数民族の初級小学校で、漢語漢文の学習を即刻始める（どの学年から始めるかは各省と民族自治地方に決めさせる）」「まだ文字を創作しておらず、あるいは特別文字をつくる必要のない民族については、漢語漢文を用いて識字教育と学習を進めても構わないし、別の民族の文字で識字教育と学習を進めても構わない」「自民族の文字がある民族は自己の意思に基づき、漢文や別の民族の文字で識字教育を行っても構わない」ことなどを打ち出している。

こうして一九五七年の反右派闘争に端を発し中国全土を覆った左傾路線の台頭によって、一九五〇年代後半に始まったばかりの民族文字の創作・推進事業は中止となり、民族文字の代わりに漢文を使うことが唱えられるようになる。自らの手でローマ字式新イ文を創った陳士林《チェンシーリン》さえ、大躍進期に書いた文章では次のように述べている(35)。

「一九五八年以来、党の社会主義総路線建設の輝きが各少数民族地域を普く照らし、全国の工業と農業の生産はあらゆる面で大きく躍進し、人民公社化運動や技術革命、文化革命運動の中で、各民族間の交流や連携は以前に比べて一層頻繁になり、少数民族人民の漢語・漢文を習得して文化や科学技術を向上させたいという要求や需要は、以前にまして切迫したものになっている」。「十年来、党と国家の指導者の援助や各少数民族人民による共同の努力によって、わが国の各少数民族地域の経済や文化の様相は大きく変わり、少数民族人民の生活は物質面、生活面で大きく改善された。生産の迅速な発展と文化への要求は、少数民族が短期間で漢語漢文を学習する物質的ベースである。人民公社が軍事化や行動闘争化、生活の集団化を行うのは、少数民族が短期間で漢語漢文を学習する社会的ベースである。漢語ピンイン方案は、これをベースとする民族文字によって、少数民族に科学的な補助道具を持たせるものであり……少数民族が漢語・漢文を学習する上でとても便利である。こうした一連の状況は少数民族が短期間で漢語・漢文を学習し得る有利な条件である」。

民族の融合が叫ばれた文化大革命期には、すでに述べたように民族語事業に関わる機関は廃止され、職員は転職か下放され、ほぼ停止状態だった。一九七五年一月二五日に公布された中華人民共和国憲法は、その前の五四年憲法にあった、各民族が自己の言語と文字を発展させる権利（第三条）、民族自治地方の自治機関が職務を執行する際は当地の民族の間で使われている言語文字を使用する（第七一条）といった条文さえ削除している。こうして一九五〇年代後半に創られた文字は文化大革命が終わるまで、推進されることはなかったのである。

三　ポスト文革期の民族語政策

文革が終わると一九八〇年一月、第三回全国民族語文科学討論会が開かれた。第二回全国民族語文科学討論会（一九五八年三月）から実に二二年ぶりである。この会議は左傾路線の転換をはかり、基調報告で「民族文字は党の方針政策の宣伝、理論の学習、民族言語文字教育の実施、識字活動、科学技術レベルの向上、民族語のラジオ放送や民族口頭文学の記録などの方面で非常に必要なものである」という方針を示した(36)。

こうした方針転換を受けて、一九五〇年代に中止された新文字の試行が（リー文、ハニ文の碧卡方言文字と新イ文を除いて）再開された。前述したプイ文も政治的イデオロギーを排して創り直されることになった。一九八一年一一月のプイ文座談会（貴州省民族事務委員会と同省民族研究所の主催）で、五〇年代のプイ・チワン文字連盟の方針を取り消し、望謨県復興鎮のプイ語を標準音にして改めて文字方案をつくることが決まった。こうしてできたプイ文方案改修草案を、国家民族事務委員会が承認すると、一九八二年から貴州省のプイ族地域で推進された。その後三年の推進を経て、同省民族事務委員会は一九八五年三月二一～二三日、プイ文座談会を開き、プイ文方案草案を一部修正してプイ文方案（修訂案）をつくり、同年八月二日、貴州省人民政府はその使用を認可したのである(37)。この他一九八〇年代にトゥ文字やトールン文字、トゥチャ文字、九一年にチャン文字の試行が始められ、一九五〇年代につくられながら試行されなかったペー文字も学校教育に取り入れられた。

民族文字による出版も復活し、一九八〇年代末の段階では、一七種類の民族文字で八四の新聞が出され、一一種類の民族文字で一五三の定期刊行物が発行されるまでになった(38)。また一九八九年までに、中央人民放送局がモンゴル、ウイグル、カザフ、朝鮮の五種類の民族語でラジオ放送を行い、全国三〇の地方でモンゴル、チベット、ウイグル、カザフ、朝鮮、チワン、イ、タイ、リス、ジンポー、ラフ、ハニ、ミャオ、ヤオ、クルグズの一五の民族語による放送番組が流されるまでになっている(39)。

以上、一九五〇年代に始まった中国の少数民族文字の創作・改革事業をみてきたが、ここで若干の総括をしてみよう。中国の文字改革は、漢語をローマ字表記する漢語ピンイン方案を生み出しはしたが、漢族の文字を表意文字から表音文字に変えるには至らなかった。その一方で少数民族に対してはローマ字式文字が民族の唯一の文字としてつくられたり、伝統文字がローマ字式文字と置き換えられたりしたのである。中国南方少数民族のほとんどは、自身によって統一された「民族」（Nation）ではない。自他ともに認める民族の政治的・経済的・文化的中心といったものもなく、互いに意思疎通ができないほど異なる複数の「方言」を話す集団が内在している。五〇年代、中国の言語学者は各民族の中の一方言を「基準語」に選んでローマ字式文字をつくった。その基準語は標準語でも共通語でもなく、基準語に選ばれた地域では一定使用されつつも、それ以外の地域で一向に普及しないのは無理もない。

こうした五〇年代中国の民族語事業の手法は、ソ連に習う所が大きかった。一九五五年に行った新疆各民族とモンゴル語族調査の調査大綱は、ソ連の専門家の指導の下で作られ[40]、また**陳士林**も五〇年代のイ語・イ文調査の際「ある者がソ連に二度行って、またソ連から顧問を招聘して西洋のやり方を模倣させた[41]」と述べている。その学ぶべき「ソ連の先進的な経験」は、一九三〇年代末にはあらゆる分野でのロシア化へ収束するものだった[42]。中国における少数民族文字の創作・改革は、真に少数民族の側に立った「援助」ではなかったという点で、ソ連のやり方を忠実に倣ったといえよう。

1　三二号文書――一九九〇年代の指針

一九九〇年代以降、少数民族語事業の指針となっているのは、国家民族事務委員会の「少数民族言語文字事業をさらによく実施する件に関する報告」（一九九一年四月三〇日）である。同報告は一九九一年六月一九日、国務院の国発［一九九一］三二号文書として発せられ、民族語事業の関係者の間では三二号文書と呼ばれている。三二号文書は「民族語事業の現状」と今後の「民族語事業の方針、任務、措置」の大きく分けて二つのパートからなる。

まず民族語事業の現状としては、中共一一期三中全会以降の民族語事業を、復興の上に新たな進展があったと評価する一方で、主な問題として、指導方針が十分明確に認識されておらず、その方針が生かされず、民族語事業を無視する現象がみられること、事業の管理がうまくいっておらず、文字の創作や使用に関するやり方が一致していないこと、人材と経費の不足から、この事業が順調に発展していないという点を挙げている。

今後の民族語事業の方針、任務、措置としては「民族語事業をうまく実施することは、民族問題を処理し、民族平等を維持・促進し、民族団結と各民族の共同の繁栄や民族地域の安定を維持する上で重要な意義がある」とした上で、（一）新時期の民族語事業の指導思想と基本方針、（二）新時期の民族語事業の主要な任務、（三）民族語事業の方針と任務を徹底して実施するための主要な措置、を示している。

（一）については、マルクス主義の言語平等原則を堅持し、少数民族が自己の言語文字を使用し発展させる自由を保障し、各民族の団結、進歩と共同の発展に利するという観点から、積極的、慎重かつ穏当に民族語事業を行い、少数民族地域の政治、経済、文化事業の発展を推し進め、国家の社会主義現代化建設を促進することに資するようにする。この部分が一九九〇年代、三二号文書の精神として様々な文章に引用された。

（二）については、民族語の標準化、情報処理をうまく行い、民族語の翻訳、出版、教育、新聞、放送、古典の整理事業を促進することをあげている。

そして（三）が、三二号文書を具体的に実施する上で最も重要なパートであろう。ここでは大きく四つのポイントをあげている。

第一点では、少数民族文字の使用と推進事業に関する以下の六つの指針を示している。

①従来使われ普及している民族文字については、引き続きそれらを学習し、使用し発展させるための事業を真摯に行い、民族文字が民族自治地方の政治、経済、文化の各分野で使われるよう真に保障し、文字の規範化と標準化を促し、完全なものにしていかなければならない。

②一九五〇年代に創作、改修した民族文字は、試行の結果がよく、多数の住民に受け入れられているものは、規定の手続きに従って上級機関に報告し、その認可を得て推進する。結果が十分ではないものは、状況を総括して改良、改善する。よい結果が得られず、多数の住民が受け入れられない文字は、住民の意思を尊重し、強引に推進してはならない。

③文字がないか広く使われている文字がない民族は、現存する文字のいずれか使える文字を選択するよう提唱し、すでに漢文あるいはその他の民族の文字を使っている民族は、その意思を尊重し、肯定する。

④一九八〇年以降各地で独自につくったいくつかの民族文字方案は、さらに調査研究と科学的論証を行い、「国務院少数民族の文字方案創作・改革の承認手続きと実験推進の分業に関する通知」の規定に従って処理する。

⑤文字のない民族に文字をつくるべきか否かの問題については、各民族が自己の言語文字を使い発展させる自由を尊重するとともに、民族間の交流や当該民族の政治、経済、文化的な繁栄・発展に鑑みて、慎重かつ適切に処理しなければならない。

⑥少数民族文字の改革と改良は、言語自身の発展の法則と、当該民族の多数の住民の意思に基づき、慎重かつ適切に行わねばならない。

第二点は、少数民族地域の漢族幹部は、現地の少数民族の言語文字を積極的に学び、少数民族幹部は当該民族の言語文字を学習し使用するとともに、全国で普及している普通話と漢文を積極的に学ばねばならない、という以前からよく言われてきたスローガンのくり返しである。

第三点は二言語教育に関する指針であり、少数民族が主に通う学校では、条件が備わっていれば民族文字の教科書を使い、民族語で授業を行う一方、適切な学年から漢語の授業を設けて二言語教育を行い、普通話（北京官話をもとにつくった漢語の標準語）を広めなければならないとする。民族語と二言語の教師や翻訳・編集者、研究員の養成、民族文字の教科書と各種の読みものの量、質ともの向上も掲げられている。

第四点は、指導の強化であり、あまり具体的ではないが、国家民族事務委員会は国家教育委員会、放送・映像部、新聞出版部、国家語文委員会、中国社会科学院並びに地方の関連する部門と密に協力、調整し合い、共同で少数民族語政策を行うことが掲げられている。

（三）の中で、第二、第四点は言い古された感があり、三二号文書がダイレクトに効果を発するとも思われない。より具体性があり、実施可能性があったのは第一点と第三点だったろう。

筆者が各地で現地調査を行った一九九二年は、中国の民族語事業関係者の間で、この三二号文書が大きく取り上げられ、各地で同文書の学習のための会議が開かれるといった情報が伝わる時期であった。また、その中から第三二号文書は、南方少数民族にとって、より意味のある文書であることも感じられた。内モンゴル自治区や延辺朝鮮族自治州では全くといっていいほど話に上らなかったが、雲南での反響は大きく、どこへ行っても三二号文書の話が出た。中央民族学院に在籍中も三二号文書の話をするのは南方少数民族言語の研究者達だった。後で気づいたことだが、同文書の記述は、雲南省教育庁が一九八九年三月に発した「民族語教育事業に関する意見」によく似ている箇所がある。第三二号文書の背後には、雲南省あたりの民族語事業関係者の働きかけがあったのではないかとも推察される。南方少数民族言語事業の関係者は、この第三二号文書に基づき、民族文字推進事業を促進しようとした。ただその後多くの会議が開かれたこと以外、目にみえる顕著な成果は見られないようである。

［注］

（1）国家民族事務委員会「関於進一歩做好少数民族語言文字工作的報告」（一九九一年四月三〇日）。国務院批轉国家民族事務委員会関於進一歩做好少数民族語言文字工作報告的通知（国発［一九九一］三二号文件、一九九一年六月一九日）。雲南省少数民族語文指導工作委員会編『民族語文理論政策講座』雲南民族出版社、一九九二年、一八三～一八九頁。

（2）班弨『中国的語言和文字』広西教育出版社、一九九五年、三～四頁。

（3）一九九二年一〇月一四日、中央民族学院民族語言三系の戴慶厦教授によるご教示。

（4）注（2）班弨『中国的語言和文字』四頁。

（5）『当代中国的民族工作（下）』当代中国出版社、一九九三年、二九四～二九八頁。同書は、満洲文、ナシ族のトムバ文、コバ文、スイ族の水書、方塊ペー文はもう使われておらず、ウズベク族、タタール族は現在ウイグル文を使用し、旧リス文、ポラード・ミャオ文、方塊チワン文は依然限られた地区で使われていると記す。

（6）沙瑪・加甲、羅永華『発展中的民族語文教学』（四川民族出版社、一九九〇年、一頁）は、二四の民族が三〇余種の文字、注（2）班弨『中国的語言和文字』は二七種の文字と記している。

（7）中央人民広播電台民族部編『民族広播文集』民族出版社、一九九〇年、一六頁。

（8）一九四六年七月一日、吉林省延吉で新華ラジオ局が朝鮮語の放送を始めたのが、中国共産党が興した民族語によるラジオ放送の始まりだという。一九五〇年五月二二日、中央人民ラジオ局が北京でチベット語のラジオ放送を始めた（同前書一六頁）。

（9）少数民族語文系民族語文研究室「我国少数民族語言文字概況和党的民族語文政策」『中央民族学院学報』一九七六年第三、四期、八〇頁。

（10）四川省涼山彝族自治州編譯局『彝族語言文字論文選』四川民族出版社、一九八八年、四頁。

（11）輿水優「中国の文字改革」『言語』一九七三年三月号、一〇～一三頁。周慶生「規範彝文理論実践価値譯估」『民族語文』一九九三年第四期、二九頁。

（12）瞿らは一九三一年ウラジオストックで「中国新文字第一次代表大会」を開催して「中国ラテン化新文字の原則と規則」を決定、当時極東地区にいた一〇万人の中国人労働者の識字教育に使用した。これが一九三三年頃から中国国内に紹介され、一三種類の方言毎にそれぞれの表記法がつくられるほど普及した（輿水優、同前論文一三頁）。

（13）十月革命の後一九二一～三七年にかけて、ソ連は「全く文字を持たない」あるいは「文字はあるが不完全で極めて学びにくい」民族に対し、ラテン文字で文字を創作・改革し、一五年間に七〇の民族が「文字のラテン文字化を実現」し、二五〇〇万人が学習したという（倪海曙『拉丁化新文字運動的始末和編年紀事』知識出版社、一九八七年、三頁）。

（14）馬学良「漢語拼音方案的公布対於発展少数民族文化的意義」『光明日報』一九五八年一月一三日。馬学良『民族語言教学文集』四川民族出版社、一九八八年、二四七頁。

（15）『当代中国的文字改革』当代中国出版社、一九九五年、五七頁。

注（11）周慶生「規範彝文理論実践価値譯估」二九頁。呉玉章は中国文字改革協会成立大会の一月ちょっと前、一九四九年八月末、毛沢東に文字改革の指導方針を仰ぐ書簡を送っている。その中には、各地方や各民族は表音文字で、方言あるいは民族語を表記して構わないが、同時に普遍性があり、幅広く使われている北方言を標準として、全国の言語を統一的に発展させる方向に持っていく必要がある、との意見が含まれていた。毛沢東はこの書簡への返答を郭抹若、茅盾、馬叙倫に委ね、この三人は、少数民族文字のローマ字化には賛成だが、漢民族の方言のローマ字化には反対である、との意見を返している（『当代中国的文字改革』五五～五六頁）。

（16）注（13）倪海曙『拉丁化新文字運動的始末和編年紀事』二六一頁。

（17）黎錦熙は中国文字改革協会の理事会副主席、羅常培は地方語文研究会主任。呉玉章は文字改革委員会（一九五四年一二月成立）の主任委員となる。

（18）中央人民政府政務院「関於民族事務的幾項決定」（一九五一年二月五日）。『民族政策文件彙編　第一編』人民出版社、一九五八年）一八～一九頁。

（19）中央人民政府政務院文教委員会・民族語言文字研究指導委員会・中央人民政府民族事務委員会「関於幇助尚無文字的民族創立文字問題的報告」（一九五四年五月）。国家教育委員会民族地区教育司『少数民族教育文献選編』内蒙古教育出版社、一九九一年、四一四～四一五頁。

（20）「政務院批復」（一九五四年五月）。同前書四一三頁。

（21）国務院「関於各少数民族創立和改革文字方案的批准程序和実験

推行分工的通知」（一九五六年三月一〇日、国総族毅字第一〇号）。同前書四二五～四二六頁。

（22）「国務院対〝中国文字改革委員会関於討論僮文方案和少数民族文字方案中設計字母的幾個原則的報告〟批復」（一九五七年一二月一〇日）。同前書四二六～四二七頁。

（23）周恩来「当前文字改革的任務」（一九五八年一月一〇日）。『当代中国的文字改革』当代中国出版社、一九九五年、五六三～五六四頁。

（24）注（14）馬学良『民族語言教学文集』二四七頁。

（25）戴慶厦・賈捷華「対民族文字〝創、改、選〟経験教訓的一些認識」『民族研究』一九九三年第六期、一六頁。

（26）注（11）周慶生「規範彝文理論実践価値譯估」二九頁。

（27）注（23）周恩来「当前文字改革的任務」。

（28）注（14）馬学良『民族語言教学文集』二四七頁。

（29）周耀文「壮・布〝文字連盟〟反思」『民族研究』一九九〇年第二期、一六頁。

（30）以下、特に注釈がなければ、セルジチェンコの活動と、チワン・プイ文字連盟に関する記述は、周耀文、同前論文一六～二六頁に基づく。

（31）楊正旺「談談少数民族選択文字的問題」『民族研究』一九五九年第三期、三六～三八頁。

（32）傅懋勣『傅懋勣先生民族語文論集』中国社会科学出版社、一九九五年、五二六～五二七頁。

（33）注（31）楊正旺論文。

（34）以下、中華人民共和国国家民族事務委員会文教司「為正確貫徹執行党的民族語文工作方針而奮闘」『民族研究』一九五八年第三期、一～八頁。

（35）陳士林「利用拼音字母幇助少数民族学習漢語文」『文字改革』一九六〇年第五期。陳朝達・胡再英編『万里彝郷即故郷――陳士林先生著述及紀念文選集』西北工業大学出版社、一九九三年、一二～一六頁。

（36）国家民族事務委員会・中国社会科学院「関於召開第三次全国民族語文科学討論会的報告」（一九七九年九月一日）。国家民族事務委員会政策研究室『国家民族事務委員会民族政策文件選編　一九七九―一九八四』中央民族学院出版社、一九八八年、二七四～二七六頁。

（37）『黔南布依族苗族自治州・民族誌』貴州民族出版社、一九九三年、四一～四二頁。

（38）白潤生主編『中国少数民族文字報刊史綱』中央民族大学出版社、一九九四年、二頁。

（39）中央人民広播電台民族部編『民族広播文集』民族出版社、一九九〇年、一六頁。

（40）注（14）馬学良『民族語言教学文集』一〇頁。

（41）注（35）陳朝達他編『万里彝郷即故郷』四八八頁。

（42）ボフダン・ナハイロ、ヴィクトル・スヴォボタ『ソ連邦民族・言語問題の全史』明石書店、一九九二年、一二二頁、一四二～一四三頁参照。

第二部　中国各地、各民族の民族教育

第一章　中国朝鮮族の民族教育——二言語教育を中心として

　現在、日本、中国、旧ソ連領域内に住む朝鮮民族は三二〇万人を超える。一九世紀後半に起きた咸鏡道《ハムギョンド》の飢餓などをきっかけとして中国、ロシア領域内に移住した数十万人を除き、これほどのコミュニティを朝鮮半島の外に形成させたのは、日本の朝鮮侵略と植民地支配に他ならない。

　一九七〇年代後半頃から、日本でも中国やソ連領域内の朝鮮民族の消息が、旅行・滞在記、現地資料の翻訳などの形で伝えられるようになり、歴史的な起点を同じくする中国朝鮮族、在ソ朝鮮人、在日韓国・朝鮮人が、第二次大戦後の数十年間、それぞれの国の政治や社会、経済の影響をうけて、かなり違った状況に至っていることが知られるようになった。

　これまで、在日韓国・朝鮮人問題に関わる者が中国朝鮮族や在ソ朝鮮人をみる時、日本の侵略と朝鮮人の抗日闘争を縦軸に、在日韓国・朝鮮人との現状比較を横軸とするものが多かった。必然的観点ではあるが、その反面、日本の戦争・戦後処理責任や在日韓国・朝鮮人政策への批判に重点が傾きやすいあまり、相対的に中国の民族政策に関する検証や分析が甘くなったり、実際以上に高く評価する向きもあったようにも思われる。

　筆者は一年半の中国暮らしの中で、北京や雲南省、内モンゴルや新疆ウイグル自治区などから延辺を見る機会を得、これらの地域の漢族や少数民族の、延辺や朝鮮族に対する見方にも触れた。本章では、これらの視点を生かしながら、朝鮮族の民族教育、中でもその特色が表れる朝漢二言語教育に焦点をあてて、次のような順序で、その経緯や現状、直面する問題などを明らかにしたい。第一節では、中国における朝鮮人(族)教育の変遷を、朝漢両言語の学習比率や学習開始年齢を中心に、一九世紀末から文革までを五つの時期に分けて追う。第二節では、筆者が現地調査で得たデータや諸資料を基に、朝鮮族の民族教育、二言語教育の現状や方式を、朝鮮族の自治地方である延辺《ヨンビョン》と、黒龍江省、遼寧省、延辺を除く吉林省など民族自治地方外の朝鮮族の集住地域、他民族の自治地方である内モンゴル自治区、さらに漢族中心の首都北京に分けて検証し、その特徴や直面する問題を明らかにする。第三節では、朝鮮語の喪失が若い世代で、また都市部でより顕著に生じている状況をとらえ、その要因を考察する。

一　中国における朝鮮人(族)教育の変遷

1　一九世紀末〜一九四五年

一八八三年、延辺で最初の朝鮮人学堂がつくられる。学堂での教育は朝鮮国内のものと変わりなく、言語教育は「史記」など漢書を朝鮮語で音読するものだった[1]。

一九〇六年、龍井で延辺初の朝鮮人学校といわれる「瑞甸書《ソジョンソ》塾《スク》」を、朴茂林ら朝鮮人の抗日運動家が建てた。日本が設けた統監府間島派出所は、翌一九〇七年に瑞甸書塾を廃校に追いやるが、その結果教員や生徒が各地に分散して私立学校を開くことになる[2]。一九一〇年の大韓帝国併合のあと、延辺は朝鮮人の人口が増え、それにつれて学校の数も増え、また抗日運動の拠点ともなった。**表1―1**に示すように、一九一六年で一五八校、一九二六年には四〇〇校以上を超える学校は、朝鮮人による私立学校のみではなく、中華民国、日本、キリスト教会によるものなどあり、各勢力の凌ぎあいを映し出している。

当時の朝鮮人学校の民族教育は、反日・抗日教育を主な目的にしていた。生徒の民族意識を培い、抗日の思想を築くために、特に朝鮮史や朝鮮地理、朝鮮語と朝鮮文学の授業を重視し、教科書は自分たちでつくった「東洋史」「ベトナム亡国史」「安重根伝」「李舜臣伝」などを使っていた[3]。この二〇世紀初頭に普及し始めた延辺の朝鮮人学校で、言語科目として中国語が開講され、また中国人学校に通う朝鮮人も出てきた[4]。中国東北部における朝鮮

表1―1　20世紀初頭の延辺における朝鮮人の通う学校と朝鮮人在学生数

年		1911	1913	1914	1926	
書堂(私塾)		--	--	116	--	
反日民族私立学校	朝鮮人民営学校	8	46	--	117	(3,675)
	朝鮮人宗教系学校	11	42	--	74	(4,180)
中華民国系学校		--	--	--	166	(5,451)
ミッション・スクール		--	--	--	19	(1,177)
日本による学校	朝鮮総督府による普通学校	--	--	--	5	(4,770)
	朝鮮総督府の補助を受ける学校	--	--	--	30	

注:括弧内は朝鮮人学生数、-- は不明
出所:『吉林省教育年鑑(1945-1985)』吉林教育出版社、1990年、574頁。
『延辺朝鮮族教育史稿』吉林教育出版社、1989年、8、13〜15頁。

人の二言語教育の始まりである。

当時の延辺は朝鮮人が総人口の八〇％以上を占めており、一九〇八年に和龍県に建てられた養正塾のように、名義上は中国人学校だが生徒はすべて朝鮮人という所もあった。こうした状況の中で、日本と中華民国政府は延辺での覇権を争って、互いに自らの管轄地域内にある朝鮮人私立学校を改編、規制するなど様々な手段を講じて、朝鮮人学校に通う生徒や学齢期の朝鮮人を自らが管理する学校に引き入れようと画策した(5)。

中華民国政府は延辺各地に県立学校をつくり、朝鮮人の子どもを入学させるよう命じた。一九一五年六月には、延吉道尹・陶彬(6)が「一律墾民教育方式」を制定し、朝鮮人学校で実施される。これは朝鮮人学校に対し①中国語を週一二時間以上教える、②中華民国政府が編さんした教科書を使う、③小学校第三、第四学年時に中国語で中国地理、中国史、理科などの科目を教える、④中国国旗を常備し、中国の祭日には国旗を掲揚し国歌を斉唱する、ことなどを求めるものだった。中華民国当局は、生徒数が二〇人、設立基金が五〇〇元を超える学校は「一律墾民教育方式」の許可証を取得するものとし、従わない場合は廃校にするとした。これに対し各朝鮮人学校の教員たちが地方官庁と交渉した結果、教科書はすべて朝鮮語に翻訳し朝鮮語で授業を行う、中国語の授業時数は週六時間とする、地方当局が漢人教師を派遣する場合は必要経費は当局が負担する、などの点が改められた。しかし朝鮮史と朝鮮地理の授業については当局は許可せず、これを黙認する姿勢を示すに止まった(7)。

一九二一年になると、中華民国教育部は八月に奉天、吉林、黒龍江、新疆省長に対し大統領教書を発して、小中学校でロシア語を教えるよう指示。一一月には教育部令を受けた吉林省教育庁が、各学校はすべて国語（中国語）で教育をするよう訓令を発している(8)。

吉林省教育庁は一九三〇年八月「延辺墾民教育変更方法五条」を制定し、朝鮮人学校は標準の教科課程と教科書に基づいて教育を行い、低学年では週四時間朝鮮語の授業を設けること、民国政府の学校に通う朝鮮人には週に四時間課外で朝鮮語を教えるものとし、朝鮮人教育への管理を強めようとした(9)。こうした背景のもと、中華民国の地方当局が建てた学校に通う朝鮮人の数は増え、一九二八年には延辺四県の一六七校に約七五〇〇人（全生徒の六五％）の朝鮮人児童・生徒が通い、一七六人（全教員の四六％）の朝鮮人教師がいたという(10)。

いっぽう日本の管轄下にあった朝鮮人学校、普通学校、補助学校（後に「国民学校」などに改名）などでは、日本語の授業が週間授業時数の五分の二以上を占めた。朝鮮語と中国語は「朝鮮語及び満洲語（中国語）」というひとつの科目にされ、その中でも中国語の方に重きが置かれた。日本はさらに一九三七年の「新学制」及び一九三八年の「朝鮮教育令」により、朝鮮人学校における朝鮮語の授業を禁止し、日本語の授業時数を増やさせた。日本語が朝鮮の国語であるとし、授業の内外を問わず朝鮮語を使った者に処罰を加えた。その傍ら日本当局は様々な口実を用いて、朝鮮人学堂・学校や朝鮮人生徒が通う中国人学校の多くを閉鎖させている。閉鎖を免れた学校でも朝鮮人のつくった教科書は使用禁止となり、朝鮮総督府のものを押しつけられた。日本語は唯一の言語科目として小学校一年生から始められ、週六〜一〇時間の授業が行われた。このような状況下にあっても、朝鮮人学校の教師の中にはこれに屈せず、日本語以外の授業や課外活動で朝鮮語を使い続けた者もあった。例えば龍井の大盛中学と東興中学では、朝鮮人教師が、日本が禁止した朝鮮の歴史と地理を朝鮮語で教えていたという(11)。

いっぽう一九二一年七月に成立した中国共産党は、一九二七年三月に中共吉林県地下党支部をつくり、一九三〇年代に入って龍井の東興、大成中学、延吉県立初等高等第一小学校（一九三二年「延吉北山小学校」と改名）などを中心に、延辺での基盤を構築していく。当時中共の指導下にあった東満抗日遊撃根拠地の工農民主政府が公布した「小学義務教育法」に基づき、一九三三年から一九三六年の間に延辺五県の抗日根拠地で、約三〇校の学校が建てられた(12)。

2　国共内戦期（一九四五〜四九年）

一九四五年、日本の降伏後、中国東北部の朝鮮人は朝鮮民族の言語や歴史教育を自らの手で再開する。八月二五日「龍井学校改編委員会」をつくり、九月九日に吉林省立龍井中学、一七日に完全小学校を改編・新設し、授業を始めた(13)。同月ハルピンでも朝鮮人北満教育委員会がつくられ、ハルピン韓人中学が開校している(14)。

当時中国東北部にいた朝鮮人のうち、中国籍を取得している者はごくわずかだった(15)。李採畛『中国朝鮮族の教育文化史』によれば、当時「延辺と北朝鮮はともにソ連の管理下に置かれ、その間には明確な国境の概念はなく」、児童・生徒たちは「朝鮮を祖国とみなした」という。朝鮮人の子どもの中には毎日豆満江を越えて通学する者がおり、住民たちは豆満江を越えて自由に親戚の家を訪ね、一九四八年、朝鮮民主主義人民共和国（北朝鮮）の最高人民会議選挙の際は、延辺の朝鮮人の間でも選挙運動が行われたという(16)。

この頃、東北地区では朝鮮人中学で中国語の授業が行われていたが、同時にロシア語、英語なども開講されており（表1―2）、朝鮮人の多くは漢語を「中国語」として、ロシア語や英語と同じ外国語と捉えていたという(17)。

いっぽう中共中央東北局は一九四五年九月の段階で、すでに東北の朝鮮民族が国内の少数民族か、あるいは在住外国人かという問題を意識し、華北抗日戦争に加わった朝鮮義勇軍を除き、東北の朝鮮人住民は中国内の少数民族とみなしていた(18)。

中共は一九四五年一一月二〇日、延辺政務委員会を設立、翌二一日の第一回政務委員会の決定でつくられた延辺行政督察専員公署は、同日「十大施政方案」を公布し、新民主主義文化運

表1－2　松江省（現黒龍江省）立朝鮮人初級中学校の週間授業時数

	1947年3月			1947年12月		
学年	1	2	3	1	2	3
国語／朝鮮語	6	6	6	5	3	3
中国語／漢語	4	4	4	2	2	2
ロシア語	3	3	2	-	-	-
英語	3	3	2	-	-	-
全教科	40	41	42	28	28	28

出所：『중국조선족교육사＜中国朝鮮族教育史＞』동북조선민족교육출판사＜東北朝鮮民族教育出版社＞1991年、225～226頁をもとに筆者作成。

動の実施と学校の復校を決め、学校整備に乗り出す。吉林省民主政府は一九四六年七月二三日「小中学校整頓方法」を定め、漢民族と朝鮮民族の混住地域では、可能な限り朝漢両民族の連合校をつくり、民族別にクラスを編成して授業を行うよう指示。また延辺行政督察専員公署は訓令を発し、一地区内に二つの学校をつくる必要がある場合は、漢族と朝鮮族の学校を一校ずつ建てるよう指示した(19)。一九四七年四月二九日になると、吉林省政府は、朝鮮人が自主的に運営してきた私塾を「整頓」する意見を出している(20)。こうした動きは、中共にとって当時東北地区が占めた戦略的位置付けとともに理解すべきであろう。

　中共中央は一九四五年九月一九日、延安の政治局会議で「北進南防」を決定し、多数の部隊を東北に送り込んだ。一一月二〇日には瀋陽の党東北局（九月一五日設立）に対し「東満、北満、西満」に強固な根拠地をつくるよう指示している。そして一九四六年夏、東北で国共両勢力の衝突が激化、七月二〇日毛《マオ》沢東《ザートン》は「蒋介石《ジャンカイシク》の攻撃を粉砕せよ」との党内指示を発し、国共内戦に突入した。ここで中共にとって延辺は「東満戦略区の基地」であり「東北人民民主運動の確固とした根拠地を建設しなければならない(22)」場所となる。「武装した韓国人の中で、国民党と反動派の影響を受けている者は少なく、中国人の方に多い(22)」という認識の下で、「中韓民族混住の地であり、韓民族が全人口の八〇%を占める」延辺地区において「民族問題を正しく解決し、如何に朝鮮民族を重視し、彼らが敵との闘争や根拠地の建設に積極的に参加するよう立ち上がらせることは、非常に重要な問題」となったのである(23)。

　だがそこには難題が横たわっていた。当時の東北地区では、朝鮮人と中国人の関係がかなり捻れたものになっていたからである。満洲事変以前、朝鮮人は一般に土地所有権を持っておらず、中国人地主に搾取され、差別されていた。満洲国時代は、日本が朝鮮人を「二等国民」、中国人を「三等国民」と位置付け、中国人から奪った土地の一部を朝鮮人に渡し、間島省と各県の官吏に朝鮮人を多く就かせるなどしたため、逆に中国人の朝鮮人に対する嫌悪が煽られた(24)。そのため中共も「以前は中国人の事をすべき時は中国人を派遣し、朝鮮人の地方は朝鮮人に行かせる他なかった(25)」という。

　したがってこの時期、「朝鮮民族人民に実体験の中で、中国共産党に対する認識と信頼を高めさせ、中国共産党が彼らの民族解放、人民解放の救いの星だと認識させる」[26]ためにも、中共は朝鮮人教育に慎重に対処しなければならなかった。朝鮮人学校で朝鮮の地理、歴史を教えるのを支持し、朝鮮民族と漢民族が混在する地域では、学校で漢族は朝鮮語を、朝鮮族は漢語を学ぶべきとの主張（吉林省教育庁の責任者が一九四六年六月二二日の『延辺日報・朝鮮語版』に書いた「教育改善に関する意見」）もなされていた。一九四六年六月、延辺行政督察公署が発布した「吉林省暫定教育方針、暫定学制、及び標準教科課程」は、漢民族中学では朝鮮語の授業を、朝鮮民族中学では漢語の授業を設け、いずれも週四〜五時間教えるよう定めている[27]。

こうした慎重な歩みの傍ら、一九四六年から四八年にかけて、東北地方で土地改革が行われる。中共は土地改革の中で、幹部養成を延辺の朝鮮民族教育の重要な任務とし、四八年段階で延辺の朝鮮人幹部は二一〇〇人余、党員は三一五〇余名に達した[28]。

この土地改革で農民の支持を得た中共は、東北地域での基盤を固め、戦局においても優位に転じる。一九四七年二月から人民解放軍と改称した中共軍は、五月から東北で反攻を開始し、一九四八年九月下旬から錦州、長春、瀋陽を国民党軍より奪取、一一月に全東北を手中に収めた。この頃から中共の課題は、民衆をひきつけて根拠地を建設し、戦争を遂行しつつ土地改革を行うことから、国家の建設へと重点が移行し始め、それにつれて東北地方の朝鮮人への対処の仕方がしだいに変わってくる。

中国共産党は自らの勝利が見え始めた頃から、「朝鮮民族人民中、『国民』と『僑民』の区別が明確でなく、ひとつの身でふたつの国があり、いつでも北朝鮮に帰れると考え、政府による制約を不当と思い不満を抱く者さえおり……小さな問題で党に対する懐疑の念を抱くことがある」[29]と留意するようになる。一九四八年一二月九日の劉俊秀「民族政策中の幾つかの問題について」（草案）は、「今後の任務及び政策」として「延辺内に居住する朝鮮人民を確定し、中国内の少数民族、即ち中華民主共和国の一部分と承認する……以前から延辺地区に居住し、かつ土地改革中に当地の民主政府のもとで正式に戸籍に入った者は中国公民とし、いまだ戸籍に正式に入っていなかったり、新たに朝鮮から来て臨時に住む者は朝鮮の在外国民とする」ことを提起している[30]。

こうした方針の線上で、朝鮮人教育が進路、教科書、授業内容などの各方面で整備・確定されていく。一九四八年当時、初級中学を卒業した朝鮮人の進路は、延吉市第二中学、龍井中学など四校の高級中学クラス（年四〇〇人）、民族事務庁による北朝鮮留学（五〇人）に限られていた。このように東北地方では高級中学が上限だが、北朝鮮では大学や専門職に就く機会も豊富にあったため、生徒の多くは北朝鮮での就学を望んでいたという[31]。一九四八年一二月、中共吉林省委員会は朝鮮民族大学をつくることを決め、一九四九年二月、中共中央東北局の承認を経て、三月には早くも延辺大学が開校するが、その背景には「国家に代わり各種人材を養成するとともに、中学生の進学問題を解決し、一部の生徒の間にある朝鮮に行って進学したいという不安を克服する」[32]という急務の課題があったのである。

国共内戦期、朝鮮人学校の教科書は各校で自主的につくったものだったが、一九四七年三月二四日、中国初の民族出版社として延辺教育出版社が設立される。同年七月、吉林省政府は、吉林解放区の朝鮮民族小中学校では、新学期からすべてこの出版社が出す教科書を使うようにし、その他の教科書は使わないよう指示した。一九四八年、ハングルで書かれた朝鮮民族小中学校の教科書と「中国語」の教科書がつくられ始める[33]。

言語教育をみると、前述した朝鮮族が漢語を、漢族が朝鮮語を学習するという方針のうち、前者のみが実現していく。一九四七年二月に延吉市で開かれた「吉林解放区中韓中等学校教育会議」で、中国人学校に朝鮮語の授業を設けるべきとの意見が重ねて述べられたが、最終的には朝鮮人中学の教科課程に中国語の授業を取り入れることのみが決められた。同年九月七日の東北解放区第四回教育事業会議を経て、吉林省政府は朝鮮人中学に対してのみ、朝鮮語と漢語の二言語教育を義務づけたのである。この吉林省政府の規定は、朝鮮人の初級中学で朝鮮語を週六時間、漢語を週三時間、高級中学で朝鮮語を週四時間、漢語を週三時間学習するとしており、一九四八年六月二〇日に延辺行政督察専員公署が発した規定もこれを踏襲した[34]。また中国語の授業を朝鮮人小学校で行うことも提案されるようになる[35]。

ただし、こうした動きは中華人民共和国成立前はまだ強いものではなく、朝鮮人学校の教育は朝鮮人教育の色彩をかなり残していた。教科書は「政治常識」や「中国革命運動簡史」以外は、北朝鮮の小中学校用の教科書や参考書をかなり使っていたし、朝鮮民族中学では、一年生で朝鮮史を学習していた（表1―3）。一九四八年にも「高等小学校以上の学校では、教科課程で中国学生が朝鮮語を、朝鮮学生が中国語を学習することを正式に定める」ことが、再び提唱されている[36]。延辺大学は設立当初、東北三省の朝鮮人学生を募集し、授業はすべて朝鮮語で行う大学だった。

3　中華人民共和国成立初期（一九四九年～五七年）

一九四九年一月三一日、人民解放軍が北京に入城し、一〇月一日、中華人民共和国が成立した。これ以降東北地区の朝鮮人教育は「朝鮮族教育」として、中国少数民族教育の中に位置付けられるようになる。

一九五〇年八月、中華人民共和国国家教育部は「中学暫定教科課程」（草案）の中で、少数民族の初級中学では「国語と民族語を同時に教える」よう定めた[37]。これが中華人民共和国における少数民族二言語教育の公式的な始まりだといえる。翌一九五一年九月、国家教育部は北京で第一回全国民族教育会議を開き、「各少数民族学校の教科課程は、中央教育部の規定に基づきながら、各民族の具体的な状況と照らし合わせ、適宜柔軟

表1－3　延辺の朝鮮族中学週間授業時数（1948年12月）

	初級中学校			高級中学校		
学年	1	2	3	1	2	3
ハングル	6	6	6	4	4	4
中国語	3	3	3	3	3	3
ロシア語	-	-	-	4	4	4
歴史	3（朝鮮）	3（中国）	3（世界）	3	3	3
地理	2	2	2	2	2	2
全教科	33	33	33	34	34	34

出所：前掲『중국조선족교육사』342頁をもとに筆者作成。

に運用し、補う」「一定範囲で使われている文字があるモンゴル、朝鮮、チベット、ウイグル、カザフなどの民族は、小中学校の各教科の授業は必ず当該民族の言語と文字を使って行う」「各少数民族の各級学校は当地の少数民族の需要と自発的意思に基づき、漢語の授業を設ける(38)」ことなどが決められた。

　こうした中央の方針を受けて、東北教育部は「一九五一年後期の小中学校教育事業の補助的指示」において、朝鮮族学校の漢語学習を強化するよう指示し、延辺専署教育科は漢語の授業を始める学年を初級中学一年生から小学五年生に引き下げ、授業時数も週三時間から週四時間に変更した。「中国語」が「漢語」と呼び改められる(39)いっぽう、朝鮮族の使う朝鮮語は中国内諸民族の言語「中国語」のひとつと位置付けられ、その使用と発展の権利が保障された。同時に朝鮮族にとっての漢語学習にも明確な位置付けがなされた。一九五二年、延辺教育出版社が出版した『漢語』の教科書は、その編集大意として「朝鮮族は祖国大家庭の一成員であり、朝鮮族が漢語を学習するのは、祖国の各民族間の共通語を学習することである」と記している(40)。

　漢語学習の強化には目前の需要もあった。一九五〇年六月朝鮮戦争が勃発し、一〇月から中国は義勇軍を送り「抗米援朝運動」を起こす。そのなかで、朝鮮語と漢語のバイリンガルの需要が高まった。朝鮮戦争には延辺だけで二八〇〇人の朝鮮族中学生が参軍・参戦したといわれるが、「国語の学習を強化した後に、国語ができる学生が通訳・翻訳の仕事や軍の学校に入るなど有益な貢献を行った」ともいわれている(41)。

　また「延辺の朝鮮族初級中学の卒業生は中国語ができず、中国の高級中学に進学したり、政府機関や企業に就業する可能性は極めて低い(42)」という進路の問題も、延辺大学の設立だけでは解決されていなかった。そこで漢語の教育を強化するため、一九五〇年につくられた延吉県語文専修学校（五三年「延辺漢語師範学校」と改名）で小学校の漢語教師を養成する他に、一九五四年には吉林省教育庁が、延辺朝鮮族師範学校に漢語クラスを設け、高等小学校の漢語教師の養成と現行教師の漢語教師としての再養成を図ることを決めた(43)。一九五五年、延辺大学は漢語学部をつくる。

　ただこの時期、中共は朝鮮族に対する漢語学習の強化に、まだ慎重な姿勢を残している。延辺専署文教科の一九五〇年の事業の初歩的総括（一九五〇年一二月二五日）では「国語（漢語）ができれば朝鮮人中学生の進学、就職問題が解決でき……長期的展望に立てば、中国人民の文化的財産を摂取し豊かな中華民族の文化精神を吸収し、自己の文化内容を豊かにできる」との理由から「朝鮮族学校では国語の授業を強化すべき」と述べるいっぽう、次のようにいう(44)。

「ただ実施にあたっては注意が必要で、民衆を徹底的に教育し、過去日本が朝鮮人民に日本語の使用、創氏改名を強制したのと、私たちのいう国語（漢語）学習は性質が違うものであることを認識させる必要がある。中央教育部は初級中学で言語科目は週七時間、うち四時間が国語で三時間が民族語、また高級中学では言語科目はすべて国語にするよう指示した。これは今後の需要と要求に完全に合ったものであるが、この規定に即して直ちに実行するのは時期尚早である。住民の国語に対する認識はまだ成熟しておらず、国語教員も足りない。生徒の国語レベルは低く、無理に執行すれば効果が小さいばかりか、誤解を生みやすいし、生徒の言語レベルを下げてしまう恐れもある。やはり高級小学校と初級中学からしだいに国語学習を強化していき、一歩一歩向上させていくのがよい」。

こうした慎重路線が性急路線に転化するのは、「社会主義基本的完成」が宣言された一九五六年ごろからである。同年、延辺自治州教育処は朝鮮族に対する漢語教育が、卒業後漢族の大学を受験したり、就業の際に必要な漢語力を養うのに不十分であるとして、一九五六〜五七年度から、漢語の授業の開始学年をさらに小学校三年まで引き下げるよう指示した(45)。一九五七年には東北行政委員会教育局の「成績審査方法の二つの問題に関する指示」にしたがって、漢語が朝鮮族児童・生徒の学期、学年と卒業時の各成績審査の科目に取り入れられることになった。延辺での決定は遼寧省や黒龍江省にも影響を与え、例えば遼寧省では朝鮮族学校における漢語学習の開始時期は、一九五一年に小学校五年、一九五七年に三年からと、延辺での決定の一年後に、同じように早められていく(46)。

次に歴史教育の変化をみたい。一九五三年一〇月二三日、国家教育部は吉林省がつくった「朝鮮族中学五三年〜五四年教科課程（草案）」に対して、初級中学の『朝鮮地理』は独立の教科として開講すべきでなく、『世界地理』の授業に含ませるべきであり、『朝鮮史』については、国内朝鮮族の歴史は中国史の中に入れ、朝鮮民主主義人民共和国の歴史は世界史の授業で扱うべきである、と指示した。この指示は、朝鮮族生徒の祖国観念を培い、僑民思想を生み出したり助長したりするのを防ぐためであったといわれる(47)。

中共は建国後も「朝鮮族児童・生徒・学生の中には祖国に対する認識が十分に明確でなく、朝鮮を自分の祖国と考える者がいる」ことを再三指摘し、「朝鮮民族の学校において愛国主義教育、国際主義教育を行うことは、思想教育の中で最も重要な問題」であるとしていた(48)。朝鮮戦争を経て中共は、抗米援朝教育の結果、朝鮮族が「帝国主義を敵視、蔑視する見方を確立し、国際主義（北朝鮮に対する支援を指す）と愛国主義（中国に対する）の思想を向上させ、祖国を愛し、祖国を守る愛国主義（中国に対する）を発揮した」〔括弧内筆者〕(49)との認識に至る。前述した一九五三年一〇月の国家教育部の指示が、同年七月の朝鮮戦争の休戦協定締結後間もなく出されたことは、偶然の一致ではなかろう。

一九五四年一一月九日、国家教育部は吉林省がつくった朝鮮族中等学校教科課程に対し、今度は「中国近代史」の授業について、次のように指示している。——高級中学の第二学年第二学期における『中国近代史』の授業時数を週三回から四回に増やし、第三学年では『中国近代史』をもとどおり週三回ずつ教える。このように修正した上で、朝鮮民族の歴史を補充しても構わないが、中国近代史の教科書の内容や授業の進度に影響を与えてはいけない。補充する内容は全体の授業の中に含ませてもよいが、本来の教科書を学習する量を減らしてはいけない——。このように指示したのは『中国近代史』は学校教育における最も重要な教科であり、とりわけ民族学校においては愛国主義の精神を養成し、祖国観念を強化するという直接的・現実的意義があり、特に重視しなければならないからだったという(50)。

こうして一九五〇年代前半のうちに、東北地方の朝鮮人を少数民族として中国へ統合するための教育路線が確立されていったのである。

4　反右派闘争・大躍進期（一九五七〜六〇年）

一九五六年四月、毛沢東は中共政治局会議で「様々な学術思想は正否にかかわらず述べさせ、干渉しない」とする百花斉放・百家争鳴を提唱し、一九五七年二月には「人民内部の矛盾を正しく処理する問題について」とする講話などを通じ「言者無罪」を強調した。これに呼応し朝鮮族の知識人や民主党派の間から、中国共産党は「漢人の党」との批判、「複数祖国」論、分散する朝鮮族を集めた「東北朝鮮族の統一自治」実施や「民族言語の純粋化」(51)を求める声があがったという。だが各地で共産党や社会主義に対する批判が続出すると、毛東沢は六月八日、人民日報に「これはどうしたことか」と題する社説を出し、反右派闘争を開始する。

前述した批判や主張はすべて「祖国の分裂や、党の共産主義統一団結の原則を破壊しようと企む反逆行為」とされ、発言者は地方民族主義分子のレッテルを貼られた。例えば「民族言語の純粋化」の主張は、「漢族を中心とする民族団結の強化は帝国主義の侵略に抗し、社会主義の建設を保証する」「どの民族も漢族や他の民族による助力の下ではじめて繁栄、発展が可能となる」との認識の下で「人民の現実的需要を顧みず、歴史の車輪を逆回転させようと企み、朝鮮族人民を各民族との共同発展・共同繁栄の道から離脱させる」ものとして、闘争の対象とされた。「地方民族主義分子は実質上、民族の外套をまとった右派分子であり、これに対する闘争は朝鮮族人民の反右派闘争の主要内容である」との号令のもとに、大勢が大字報や漫画、各種会議を通して、右派分子を見つけ出しては批判したという[52]。

反右派闘争は全国で五五万人を解雇、投獄、労働改造に追い込んだ。こうして所謂「地方民族主義分子」が排除された後、一九五八年に始められた大躍進で「民族間の差異を減らし、共同性を増進することによってのみ共産主義を発展させることができ、少数民族は漢族に融合されるべきだ」という民族融合論が台頭する[53]。

延辺では八月二四日〜二八日にかけて延辺大学、延辺医学院、延辺工学院などが共同で「漢語大躍進補習訓練クラス」を、九月一七日には延辺市の一九の中小学校の教職員七〇〇人以上が集まって「漢語学習大躍進会」を開き、民族学校の教授用言語を漢語にする運動が展開された[54]。大躍進では結局、朝鮮族学校の漢語授業の開始時期が小学校一年生後期にまで早められ、その授業時数は一九五〇年の八七〇時間から、五七年には二〇〇〇時間に、六〇年になると二六八八時間へと激増する[55]。

いっぽう朝鮮語の授業は、延辺では高級中学では週六時間であったものが週二時間に減らされ、漢語の授業時数を四八八時間も下回った。朝鮮族高級中学の卒業生が大学を受験する際、延辺の三大学を除いてすべて漢語で答案を行うこととされ、朝鮮語は試験科目にすら入れられなくなった。延辺大学、延辺医学院、延辺農学院は開校時には朝鮮族のみを受け入れる民族学校だったが、一九五九年から漢族や他の少数民族を受け入れ、教授用言語も漢語兼用へ移っていった[56]。遼寧省では「漢語大躍進」がさらに進み、中学の各学年で漢族学校の教科書が使われ、さらに「条件のある」科目は教授用言語が漢語に切り替えられ、一九六〇年には高級中学の朝鮮語の授業が廃止された[57]。

朝鮮族の間で漢語大躍進がなぜ進められたのか。『朝鮮族簡誌』(一九六三年)は次のようにいう。「社会主義建設事業の発展に伴い、漢語の使用範囲はしだいに拡大していき、日増しに我が国の各民族が共同で使う言語になる。朝鮮族人民が漢語を学ぶのは、朝鮮族と各民族間の交流にとって有益であり、朝鮮族が漢族に学んで朝鮮族の発展と繁栄を促進するためにも有益である」[58]。また劉鴻文《リュウホンウェン》(一九六〇年)は「社会主義が全世界の範囲内で勝利する時期は、社会主義が既に確固としたものになって日常生活に深く入りこむ時であり、各民族の言語は必然的に融合し一つの共同言語となる」[59]と述べた。こうした言葉に先導されて、民族語の融合を促進することで、社会主義の発展を立証しようとする倒錯した運動が展開されたのである。

民族融合論によって、民族学校の民族語と漢語の首位が逆転させられたのみならず、いくつかの地域で、民族学校と漢族学校を合併し民族連合学校とする状況が出てきた。一九五九年六月一一日、吉林省教育庁が「民族連合学校に関する通知」を発布し、「こうした合併は少数民族が分散居住する地域の教育事業を発展させ、朝鮮族やモンゴル族の児童や生徒が漢語を学習するのには積極的な作用があるが、党の民族政策に基づき、普通教育段階ではやはり民族語で授業を行うことを主とすべきであり、単独の民族学校を運営しなければならない。各地の教育行政部門はこれを慎重に処理しなければならず、単に漢語を学習するのに便利だということで、軽率に学校を合併してはならない」(60)との指示を出さざるを得ないほど、それは度を越したものだったようだ。

延辺朝鮮族自治州の民族教育改革辦公室の姜永徳《カンヨンドク》主任は、当時の情況を「子どもの知力発達の過程に則した教授方法を無視し、運動的なやり方で躍進の成果を得ようと企て、多くの学校で漢語の授業が突出し、その他の教科の学習に影響を及ぼし、とりわけ朝鮮語の教育レベルを低下させた」と回顧している(61)。「一五年でイギリスを追い抜く」と豪語して始められた大躍進は、一五〇〇万人以上といわれる餓死者(五九～六一年)を出して終わる。一九六一年、国民経済の「調整、安定、充実、向上」方針が提示されると、三月下旬、吉林省教育庁は長春で第九回教育行政会議を開催し、一九五八年の大躍進以来、教育事業の推進面で「単純に数量のみを追求し、力量を集中させることも重点を置くこともできず、教育の質の向上に影響を及ぼした」ことなど、少なからぬ問題と欠点があったことを認めた(62)。その結果、漢語教育の偏りは修正され、一九六三年に漢語の授業の開始時期は小学校二年生まで引き戻されたのである。

だが大躍進は朝鮮族に対する漢語教育を大きく推進した。一九六三年、延辺朝鮮族自治州小中学校漢語教育研究会の席上、中共延辺自治州委員会書記処の金文宝《キムムンボ》書記は次のように語っている。「漢語教育の目的はますます明確になってきている。漢語をしっかりと学びたいという生徒の要求はしだいに強くなっており、漢語の知識と水準も年々上昇し、特に低学年で顕著である……高級中学卒業生が朝鮮語、漢語のバイリンガルになる――これが中共延辺自治州委員会の奮闘目標である。しだいに朝鮮族高級中学の卒業生の漢語レベルを、漢族初級中学の卒業生の漢語レベルに匹敵するものにしなければならない」(63)。

5 文化大革命期(一九六六年～七六年)

一九六六年、中共中央は「五・一六通知」を発し文化大革命が勃発する。文革では教育全体が荒廃したが、民族教育が被った打撃は特に大きかった。「社会主義時期は民族融合の時期」だとして民族問題の存在が否定され、一九五〇年代につくられた民族教育司などの機関や民族学校に対する特別措置が廃止された。翻訳機関も廃止され、各種の会議は朝鮮語の翻訳なしで行われ、公文書は漢文のみで発行された。朝鮮語の雑誌もほぼすべて発行停止となり、朝鮮語に漢語の語彙が無秩序かつ大量に取り入れられた(64)。

また「民族融合の革命形式」として再び民族連合学校が増やされ、敦化県では朝鮮族小学校の二三％が廃止、四五％が漢族学校に合併され、琿春県の民族連合学校は文革前の六校から一七校に増えた。朝鮮族学校では漢族学校の教育大綱をそのまま用い、教科書も漢語で書かれたものか、それらを直に訳しただけのものが使われた。児童や生徒に対して「朝鮮語は十数年すれば用途がなくなるから学ぶ必要はない」と「朝鮮語無用論」が説かれ、小学校一年生から一〇年間の朝鮮語の授業時数は、文革前より一〇〇〇時間以上減らされた[65]。「漢語が分からぬ者に進路はない」とする社会的風潮で、少なからぬ朝鮮族の父母が子どもを漢族学校へ入学させる傾向が強まった[66]。黒龍江省では文革前の一九六五年、朝鮮族中学生のうち漢族学校へ通う者は一％にも満たなかったが（表1—4）、文革中はハルピン、牡丹江などの都市で七～八割が漢族学校へ通い、こうした生徒は延吉市でも一時は五割に達した[67]。その結果、朝鮮語の読み書きができない朝鮮族が大量に生じたのである。

延辺以外の朝鮮族居住地域での被害はより深刻だった。例えば、長春市朝鮮族中学では一九七〇年から一九七四年の間、朝鮮語の授業が廃止され[68]、黒龍江省ではチチハル市朝鮮族中学が強制解散、湯原県朝鮮族中学など七校が都市から農村に強制移動させられ、教授用言語は漢語に切り替えられた[69]。遼寧省でも朝鮮中学の朝鮮語の授業は廃止され、大部分の教科が漢語による授業に切り替えられた[70]という。

また朝鮮族学校の頂点である延辺大学は「民族分裂主義を実行する反動の拠点」であるとして、「延辺大学を叩き壊せ」というスローガンが叫ばれ、教員や教育内容が「改造」される。歴史学部の講義からは「中国朝鮮族史」「朝鮮古代史」などが排除された。文革前には同大学の幹部や教師、学生は朝鮮族が八割を占めていたが、文革によって前者が五割、後者が二～三割に押さえられる。延辺以外の地から多数の漢族の幹部や教師が入れられるいっぽうで、朝鮮族の幹部や教師は農村に下放され「改造」を受けた。本来、朝鮮族中学の朝鮮語教師を養成する朝鮮語学科でさえ、一九七〇年の新入生二八人中一七人を漢族が占める状態で、「現代朝鮮語」の授業までもが漢語で行われたという[71]。

文革は一九七六年九月の毛沢東死去、一〇月の四人組追放によって終了する。この間、全国で四〇万人以上の死者と一億人といわれる犠牲者を出し、延辺でも冤罪で殺害された者を含め

表1—4　朝鮮族小中学生のうち漢族学校へ通う者の比率

	年	小学校	中学校
黒龍江省	1965	0.8%	0.68%
	1977	19.9%	47.9%
	1980	22.0%	31.9%
	1982	23.9%	33.4%
ハルピン市阿城区	1981	29.2%	39.2%
	1982	40.3%	38.3%
	1983	46.3%	42.3%
	1984	33.3%	38.3%
吉林省延辺朝鮮族自治州	1976	12.5%	25.0%
	1982	4.7%	16.2%

出所：「이중언어교육」『민족단결』1994年第3期、41～43頁をもとに筆者作成。

三〇〇〇人以上の幹部（ほとんどが朝鮮族）が迫害を受け(72)、また骨幹の民族教師が失われた。

文革が終わると、朝鮮族学校では民族語の授業が復活し、漢語で行われていた授業も元どおり民族語で教えられるようになった。一九七七年、国家教育部・高等教育部は、朝鮮族が大学や専科学校の入学試験を受ける時、民族文字で答案することを許可した。一九八〇年一一月、延辺朝鮮族自治州は第二回朝鮮語文工作会議を開き、朝鮮語が延辺自治州の第一言語であることを改めて明示した。

民族連合学校も単独の民族学校に戻された。中共延辺自治州委員会は一九七七年一二月、「市街地や民族人口が比較的集中している地方では、単独の民族学校を設立すべきである。農村の人民公社にある学校で、同一民族が分散して住み、各民族が混在している地区で単独の民族学校をつくるのが困難な場合は、民族連合学校としてもよい」ことを再度確認し、「民族連合学校には朝鮮族、漢族の両方の幹部を配置し、各種会議、文章はすべて朝漢二つの言語と文字を使用する」よう指示している(73)。

以上、一九世紀末から文革までの中国における朝鮮人（族）教育の推移をみてきた。ここから次のことがいえるだろう。

中国東北部に移住した朝鮮人の教育は、反日教育として始まり、抗日戦争、国共内戦、朝鮮戦争という動乱を経て、中国の少数民族教育へと変質した。それが当人達の主体的選択の結果だったとは言い難い。日本降伏後、中国東北部の朝鮮人が朝鮮語・歴史教育を再開した頃、中国共産党はすでに彼らを中国内の少数民族と見なしていたが、朝鮮人の多くは朝鮮を自国と意識しており、両者の間にズレがあった。朝鮮族の中には、いまだ自分がいつ中国籍を取得したのか分からない者も少なくないといわれる(74)。一般の人々についていえば、いつの間にか中国の少数民族になっていた、という方が実態に近いのかもしれない。中共は、国共内戦中は、延辺人口の八割を占める朝鮮人の学校における朝鮮地理・歴史教育を支持し、朝漢両民族が学校で互いの言語を学ぶことを唱えていたが、戦局が優位に転じると、一九四七年、朝鮮人に対する漢語教育のみを初級中学一年から義務づける。

こうした流れの中で定着した朝鮮人（族）学校の朝漢二言語教育と実施方式は、一一期三中全会（一九七八年）以前は言語学的観点によるのではなく、ほとんど政治のうねりによって決定、変更されてきた。漢語の授業の開始学年は、第一回全国民族教育会議が開かれた一九五一年に小学五年、「社会主義の基本的完成」が宣言された一九五六年に小学校三年、大躍進期には小学校一年生後期まで引き下げられる。左傾路線が台頭すると、民族語の融合を促進することで社会主義の発展を立証しようとする倒錯した論理が政策を規定し、文革中は、朝鮮語の授業廃止、朝鮮族学校の強制解散、教授用言語の漢語への切り替えなどが行われた。この紆余曲折の中で、軽視、廃止、減少の対象とされたのは常に民族語の方であり、漢語教育はその強化という目的において一貫性を持ってきたのである。

では今度は文革以降の朝鮮族教育の状況を、地域ごとにみていくことにしよう。

二　朝鮮族の民族教育、二言語教育の現状

1　東北三省の朝鮮族の民族教育

一九九〇年の全国第四回人口調査によれば、中国の朝鮮族の総人口は一九二万五九七人である。そのうち吉林省に一一八万一九六四人（六一・五％）、黒龍江省に四五万二三九八人（二三・六％）、遼寧省に二三万三七八人（一二％）、合わせて九七・一％が東北三省に集中している（表1―5、6、7）。その核心といえる吉林省延辺朝鮮族自治州は八二万一四七九人と全国朝鮮族総人口の四二・八％を占める。いっぽう、民族人口の構成比を見ると、各省の総人口の中で朝鮮族の占める比率は吉林省で四・八％、黒龍江省で一・三％、遼寧省で〇・六％と高くはない。東北三省には朝鮮族の他にモンゴル族、満洲族、シボ族、回族、ホジェン族などが住んでいるが、マジョリティは漢族である。前三省に占める漢族人口比をみるとそれぞれ八九・八％、九四・三％、八四・四％となる。黒龍江省富裕県以外の満洲族、回族、東北地方のシボ族は現在漢語が母語になっており、朝鮮族もその影響を受けている。

一九八八年の統計によれば、東北三省にある朝鮮族学校は小学校が一二九〇校以上、初級・高級中学校が二四六校以上ある（表1―8）。これら小中学校では一般科目の授業を朝鮮語で行い、言語科目として朝鮮語と漢語の二言語（中学では外国語が加わり三言語）を学習する。しかし東北三省の朝鮮族がすべて朝鮮語で教育を受けているわけではなく、一九八五年の統計では、朝鮮族の小学生の一二・一％、中学生の二二・九％が漢族学校に通っている（表1―9）。こうした傾向は文化大革命が終わって一旦減ったものの、近年また増えつつある。また東北三省の朝鮮族学校の教科書、教科課程は一九七五年につくられた東北三省朝鮮語教材協力グループ（東北三省朝鮮語文教材協作小組）が主に協議、調整して決めているのであまり地域差はないが、子ども達の朝鮮語レベルは地域によってかなり違いが生じている。

(1)　延辺朝鮮族自治州

一九九〇年現在、延辺朝鮮族自治州では総人口の三九・五％が朝鮮族であり、五市三県のうち延吉市、図們市、龍井市、琿春市、和龍県では、朝鮮族の人口が漢族の人口を上回っている（表1―10、11）。また幼稚園から大学まで朝鮮族の教育体系が整っている所でもある。延辺にある幼稚園一〇七一ヵ所のうち、

地図1−1　中国東北地方の民族自治地方（1990年）

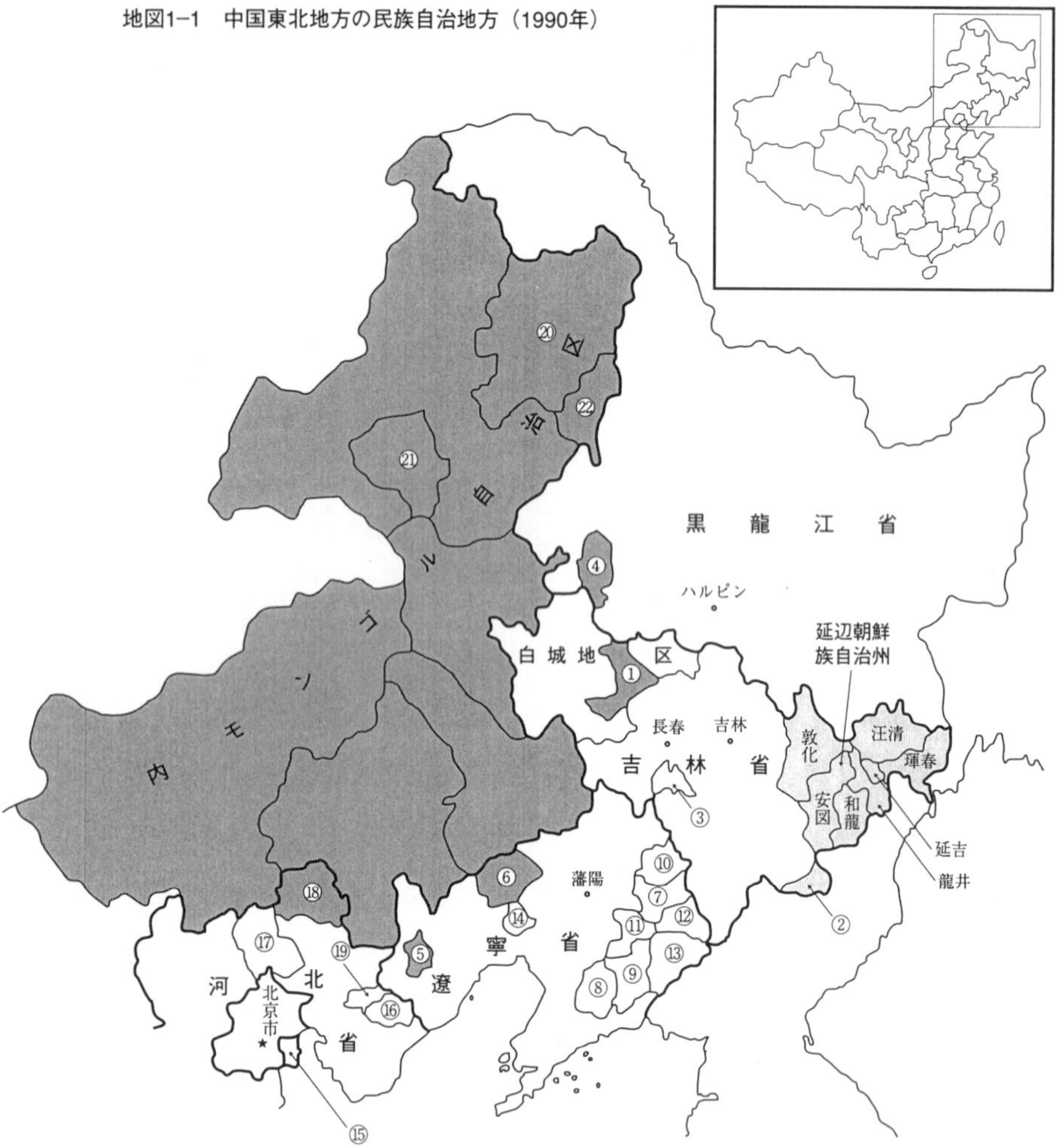

①前ゴルロス・モンゴル族自治県
②長白朝鮮族自治県
③伊通満洲族自治県
④ドゥルベット・モンゴル族自治県
⑤ハラチン左翼モンゴル族自治県
⑥阜新モンゴル族自治県
⑦新賓満洲族自治県
⑧岫岩満洲族自治県
⑨鳳城満洲族自治県
⑩清原満洲族自治県
⑪本渓満洲族自治県
⑫桓仁満洲族自治県
⑬寛甸満洲族自治県
⑭北鎮満洲族自治県
⑮大厰回族自治県
⑯青龍満洲族自治県
⑰豊寧満洲族自治県
⑱圍場満洲族モンゴル族自治県
⑲寛城満洲族自治県
⑳オロチョン自治旗
㉑エヴェンキ族自治旗
㉒モリダワー・ダウル族自治旗

省・自治区境
朝鮮族自治地方
モンゴル族自治地方

出所：地図A注『中華人民共和国行政区画簡冊』8〜12、16〜26頁他をもとに筆者作成。

表1－5　吉林省民族別人口（1990年、1000人以上）

民族名	1953年	1964年	1982年	1990年			
	人　口	人　口	人　口	人　口	A	B	C
吉林省総人口	11,180,073	15,668,663	22,560,024	24,658,721			2.2
少数民族総人口	1,193,270	1,342,170	1,829,577	2,517,467	10.2		2.8
漢族	9,986,793	14,326,326	20,730,291	22,141,097	89.8		2.1
朝鮮族	756,026	866,627	1,104,071	1,181,964	4.8	47.0	61.5
満洲族	333,448	338,043	519,094	1,048,112	4.3	41.6	10.7
モンゴル族	47,445	58,286	93,083	156,557	0.6	6.2	3.3
回族	55,900	77,712	110,283	122,777	0.5	4.9	1.4
シボ族	360	685	1,541	3,476	0.0	0.1	2.0
チワン族	13	400	582	1,293	0.0	0.1	0.0
未識別民族	0	54	0	37	0.0		0.0
外国人中国籍加入者	10	113	156	120	0.0		3.5

A ＝対省総人口比(%)、B ＝対省少数民族総人口比(%)、C ＝対各民族全国総人口比(%)
出所：『吉林省社会経済統計年鑑 1991』中国統計出版社、1991 年、172 頁、国家統計局人口統計司・公安部三局『中華人民共和国人口統計資料彙編 1949-1985』中国財政経済出版社、1988 年、928 〜 929 頁他をもとに筆者作成。

表1－6　黒龍江省民族別人口（1990年、1000人以上）

民族名	1953年	1964年	1982年	1990年			
	人　口	人　口	人　口	人　口	A	B	C
黒龍江省総人口	11,827,309	20,118,271	32,665,512	35,214,873			3.1
少数民族総人口	967,876	1,087,047	1,613,143	1,990,070	5.7		2.2
漢族	10,859,423	19,030,401	31,051,486	33,224,103	94.3		3.2
満洲族	630,317	617,232	913,496	1,184,490	3.4	59.5	12.1
朝鮮族	231,510	307,562	431,644	452,398	1.3	22.7	23.6
回族	42,307	79,976	127,068	139,078	0.4	7.0	1.6
モンゴル族	37,697	49,697	96,033	140,148	0.4	7.0	2.9
ダウル族	0	25,829	30,246	42,300	0.1	2.1	34.9
シボ族	41	229	2,646	9,181	0.0	0.5	5.3
ホジェン族	0	698	1,397	3,747	0.0	0.2	88.3
オロチョン族	1,303	1,488	2,002	3,588	0.0	0.2	51.5
チワン族	26	1,368	2,313	3,301	0.0	0.2	0.0
エヴェンキ族	627	589	1,114	2,571	0.0	0.1	9.8
ミャオ族	46	964	1,651	2,488	0.0	0.1	0.0
クルグズ族	0	524	874	1,451	0.0	0.1	1.0
トゥチャ族	0	52	259	1,358	0.0	0.1	0.0
未識別民族	0	228	0	91	0.0		0.0
外国人中国籍加入者	10	595	883	609	0.0		17.8

A ＝対省総人口比(%)、B ＝対省少数民族総人口比(%)、C ＝対各民族全国総人口比(%)
出所：『黒龍江経済統計年鑑 1991』中国統計出版社、1991 年、194 〜 195 頁、『中華人民共和国人口統計資料彙編 1949 － 1985』930 〜 931 頁他をもとに筆者作成。

表1－7　遼寧省民族別人口（1990年、1000人以上）

民族名	1953年	1964年	1982年	1990年			
	人　口	人　口	人　口	人　口	A	B	C
遼寧省総人口	18,365,147	26,946,200	35,721,694	39,459,697			3.5
少数民族総人口	1,482,637	1,858,900	2,909,657	6,164,258	15.6		6.8
漢族	16,882,473	25,086,137	32,811,480	33,295,036	84.4		3.2
満洲族	1,098,747	1,232,975	1,990,931	4,952,859	12.6	80.3	50.4
モンゴル族	145,617	284,827	428,155	587,495	1.5	9.5	12.2
回族	116,648	178,054	239,449	263,422	0.7	4.3	3.1
朝鮮族	115,719	146,513	198,252	230,378	0.6	3.7	12.0
シボ族	5,785	15,126	49,398	120,101	0.3	1.9	69.5
チワン族	0	49	149	2,775	0.0	0.0	0.0
ミャオ族	14	154	388	1,240	0.0	0.0	0.0
トゥチャ族	0	23	82	1,077	0.0	0.0	0.0
未識別民族	0	562	0	67	0.0		0.0
外国人中国籍加入者	37	601	557	336	0.0		9.8

A＝対省総人口比（%）、B＝対省少数民族総人口比（%）、C＝対各民族全国総人口比（%）
出所：『中国第四次人口普査調査的主要数据』中国統計出版社、1991年、6、17～25頁、『遼寧経済統計年鑑 1991』中国統計出版社、1991年、439頁、国家統計局人口統計司・公安部三局『中華人民共和国人口統計資料彙編 1949－1985』中国財政経済出版社、1988年、926～927頁をもとに筆者作成。

漢族学級が九八二あるのに対し朝鮮族学級が一一六二あり（一九八五年現在）、高等教育機関として延辺大学、延辺医学院、延辺農学院、延辺師範専科学校がある。延辺の中だけで進学するならば、朝鮮語を第一言語として大人になれる環境と条件が基本的に備わっているといえよう。

そうした朝鮮族教育で最大の問題といえば、漢族学校の児童や生徒に比べて言語学習の負担が大きいことである。朝鮮語と漢語の二言語（中学では外国語が加わり三言語）を学習するためだ。**表1―12**と**表1―13**で、朝鮮族学校の言語科目の授業時数をみると、漢族学校に比べて小学校で七二六時間、中学では五〇二（理系五一四）時間多いことが分かる。小中学校を通して計算すると一二二八～一二四〇時間も上回る。これは授業時数にして一年以上に相当する量だ。

すでにみたように、延辺の朝鮮族学校では、一九五〇年の国家教育部「中学暫定教科課程」にしたがって、初級中学一年生から漢語を週三時間学ぶことになった。その後漢語学習の開始時期は早められていき、文革後は小学校二年生からになっている。一九八二年には国家教育部が、少数民族中学の漢語を高等学校の受験科目に取り入れることを決め、漢語の比重はしだいに大きくなってきたのである。

また、朝鮮族中学の外国語の授業は一九五〇年代後半に一部の学校で始められ、一九七八年からすべての学校に広げられた。一九八二年九月、延辺自治州教育局は「第一に朝鮮語を十分に

表1－8　東北三省の朝鮮族小中学校と在籍者数（1988年）

		朝鮮族小学校数（児童数）		朝鮮族初級・高級中学校数（生徒数）	
		単独の朝鮮族小学校	朝鮮族学級を付設する小学校	単独の朝鮮族中学校	朝鮮族学級を付設する中学校
		学校数（児童数）	学校数（児童数）	学校数（児童数）	学校数（児童数）
吉林省	吉林省全体	542（85,612）	不明（17,002）	98（52,590）	不明（10,524）
	延辺朝鮮族自治州	255（57,717）	180（15,535）	61（37,114）	51（10,065）
黒龍江省		405（36,440）		65（20,748）	
遼寧省		163（18,209）		32（11,018）	

出所：前掲『중국조선족교육사』470～473頁の遼寧省、1988年度黒龍江省、吉林省、延辺の各朝鮮族小中学校状況表をもとに筆者作成。

注：1994年、黒龍江省の朝鮮族学校は、小学校414校、初級中学38校、完全中学25校、高級中学2校、職業中学1校である（権寧朝「黒龍江省朝鮮民族45年」『黒龍江民族叢刊』1994年第4期、13頁）。

表1－9　東北三省：朝鮮族学校と漢族学校に通う朝鮮族小中学生の数と比率（1985年）

		朝鮮族小学生数（人）		朝鮮族中学生数（人）	
		朝鮮族学校に通う者	漢族学校に通う者	朝鮮族学校に通う者	漢族学校に通う者
吉林省	延辺朝鮮族自治州	78,367	2,412（ 3.0%）	56,934	6,471（10.2%）
	延辺以外の地域	46,177	8,524（15.6%）	26,418	12,940（32.9%）
黒龍江省		38,386	11,810（23.6%）	19,895	11,216（36.1%）
遼寧省		19,911	2,444（10.9%）	10,630	3,263（23.5%）
合計		182,841	25,190（12.1%）	113,877	33,890（22.9%）

出所：前掲『중국조선족교육사』494頁の1985年東北三省朝鮮族小中学生状況表をもとに筆者作成。

表1－10　延辺朝鮮族自治州の民族別人口

	1953年	1964年	1982年	1990年
総人口	763,763	1,294,629	1,871,508	2,079,902
朝鮮族	538,243（70.5%）	623,136（48.1%）	754,706（40.3%）	821,479（39.5%）
漢族	207,560（27.2%）	643,855（49.7%）	1,073,985（57.4%）	1,187,262（57.1%）
満洲族	16,606	23,211	36,187	62,101
回族	1,309	4,072	5,886	6,945
モンゴル族	41	260	617	1,702
チワン族	---	50	40	127
シボ族	3	5	---	125

出所：『延辺人口研究』延辺大学出版社、1992年をもとに筆者作成。
注：1957年(『延辺朝鮮族自治州概況』によれば1958年10月）に漢族人口の多い敦化県が延辺朝鮮族自治州行政区に入る。上の表で1953年の統計はこれを加えていない。同県を現在の行政区に入れて計算すると同年の朝鮮族人口比は56.91%となる。

表1－11　延辺朝鮮族自治州各市県の朝鮮族と漢族の人口比

	1953年		1964年		1982年		1990年	
	朝	漢	朝	漢	朝	漢	朝	漢
延吉市	46,577 (63.9)	25,659 (35.2)	66,070 (60.9)	41,337 (38.1)	100,337 (57.4)	73,205 (41.6)	177,547 (60.6)	109,633 (37.4)
図們市					54,848 (58.9)	37,337 (40.1)	69,166 (56.4)	51,301 (41.9)
敦化市			19,429 (7.0)	254,421 (91.0)	23,680 (5.3)	415,089 (92.4)	24,745 (5.2)	433,683 (90.9)
延吉県	207,809 (76.5)	62,043 (22.8)	208,173 (67.3)	98,773 (31.9)	204,773 (65.1)	107,090 (34.0)		
龍井市							183,994 (65.8)	91,864 (32.9)
琿春市	67,740 (66.3)	23,345 (22.8)	72,967 (62.4)	31,888 (27.3)	82,989 (56.6)	48,861 (33.3)	92,100 (50.1)	72,367 (39.4)
和龍県	112,082 (82.3)	23,621 (17.4)	119,480 (66.8)	58,349 (32.6)	145,870 (60.4)	93,757 (38.8)	136,894 (48.2)	98,849 (34.8)
汪清県	72,314 (56.8)	52,099 (40.9)	88,255 (44.8)	104,702 (53.2)	90,014 (34.0)	168,456 (63.7)	85,049 (31.7)	172,084 (64.1)
安図県	31,721 (59.1)	20,793 (38.7)	48,762 (46.7)	54,385 (52.0)	52,195 (28.1)	130,190 (70.0)	51,984 (24.0)	157,481 (72.8)

出所：前掲『延辺人口研究』110、117、121、400頁をもとに筆者作成。
注：(）内の数字は各県市総人口に占める比率（%）
延吉県は1983年に龍井県と名称を改め、さらに1988年に龍井県は龍井市となった。龍井県となった時、延吉県の依蘭郷が図們市の行政区に組み入れられた。統計上で1982年から1990年の人口変動が延吉市でかなり増加し、延吉県→龍井市で減少しているのはこのためである。図們市は延吉県の一部であったが1965年に汪清県の石峴鎮と合併し、州の直轄市となった。1969年には延吉県の月晴公社、汪清県の新農公社が同市に帰属した。

表1―12　延辺朝鮮族自治州の朝鮮族小中学校の週間授業時数（試行草案）

学年＼教科目	小学校						計	初級中学			高級中学			計
	1	2	3	4	5	6		1	2	3	1	2	3	
朝鮮語	12	8	8	7	7	7	1,764	4	4	4	3	5/3	5/3	824/696
漢語		5	5	5	5	5	900	5	5	5	5	5/4	5/4	990/926
外国語								4	4	4	5	5/4	5/4	856/824
全教科	25	26	26	27	27	28	5,754							
同上（課外活動込）	33	34	34	35	36	36		32	33	33	32	26/33	28/32	6,084/643
											（文化系 / 理数系）			

出所：『吉林省教育年鑑（1945-1985）』吉林教育出版社、1990年、600〜601頁に基づき筆者作成。
注：小学校は1983年、中学は1981年の試行草案。

表1―13　漢族小中学校の週間授業時数

学年＼教科目	小学校						計	初級中学			高級中学			計
	1	2	3	4	5	6		1	2	3	1	2	3	
漢語	10	10	10	9	9	9	1,938	6	6	6	5	7/4	8/4	1,208/1,000
外国語								5	5	5	5	5/5	5/4	960/932
全教科	23	23	25	25	25	26	4,946							
同上（課外活動込）	31	31	34	34	34	34		30	31	31	29	26/29	26/29	5,554/5,734
											（文化系 / 理数系）			

出所：『教育学』吉林教育出版社、1986年、119及び112頁、1984年全日制6年制都市小学校及び1981年全日制重点中学教科課程に基づき筆者作成。

学び、同時に漢語の学習を強化し、さらに外国語も十分に学ばなければならない」との指示を出している。ただ付言すれば、朝鮮族中学で学習する外国語は日本語の場合が多い（一九八二年の統計で八三％）。モンゴル族学校を訪れた際、文法的な近似からモンゴル族は日本語なら英語の三分の二ぐらいの時間で学べると聞いた。中学段階で三言語教育が普及しているのは朝鮮族とモンゴル族だけだが、これは日本語という比較的短時間で学べる外国語の存在と無関係ではあるまい。

再び表1―12と表1―13で、言語科目の週間授業時数（課外活動を除く）に占める比率を計算すると、漢族小学校で二八・八％に対し朝鮮族小学校で四六・四％、漢族中学文系で三九％に対し朝鮮族中学文系では四四％となる。朝鮮族学校では漢族学校に比べ、言語科目が一般科目の学習を圧迫していることが分かる。朝鮮族の場合、理数系科目の成績が文系科目に比べ、また漢族に比べて悪かったり、朝鮮族の生徒の中に飛び抜けた成績を示す者が現われないといった問題[1]の主な原因が、この言語科目の負担にあるとみられている。

この問題に関しては活発に議論がなされてきた。朝鮮族学校は学習時間にして一年数ヵ月に相当する漢語を一科目多く学習するのだから、修学年数を一年延長すればいいという意見や、小学校入学一年前から朝鮮語と漢語の教育、あるいは一般科目を教え始めるといった意見なども出されている。これまで①中央統一規定の言語科目の授業時数の枠内で、朝鮮語と漢語の授

朝鮮族学校用教科書（上は『朝鮮語文』、下は『漢語文』）

業時数を配分する（一九五〇年代初期）、②音楽、美術などの時間を減らし、言語科目の時間に当てる、③授業の回数を増やす、④高級中学では外国語か、朝鮮語の授業をしないようにする（一九六〇年代初期から中期）などの試みが行われてきた(2)。

次に問題とされるのは朝鮮語の使用範囲が漢語に比べて狭いため、進学や就職の面で不利な点があることだ。延辺の朝鮮族学校を卒業する者の場合、相対的に朝鮮語のレベルが高く、漢語のレベルが低いので、進学後漢語で行われる授業を受けるのがしんどかったり、ついていけない者があり、また自然科学系の大学に進学した場合は、一から英語を学ばねばならない負担があるなどの問題が提起されている。職業学校や専科学校は専門分野の種類が多く、東北朝鮮民族教育出版社がこれらの教科書をすべて朝鮮語に翻訳することは物理的に不可能だ。その結果、漢語で書かれた教科書を使って漢語で授業をすることになる。漢族小中学校で習う理数科分野の専門用語は二万語前後といわれ、朝鮮族高級中学の卒業生が大学などに進学した後、これほど多い専門用語を短期間で学習することも大きな負担となる。そこで中学段階で一部の理数系科目を漢語で教えてはどうかという意見もある(3)。

第三の問題は情報の枠が狭いことである。新しい知識、情報伝達の速度、各種参考書の量という点で、朝鮮語でつくられる出版物は漢語によるそれに及ばない。例えば、一九八六年の調査では、漢族学校である延辺第二中学の初級部第一学年では、六九種類の課外読み物を使っているのに対し、朝鮮族学校である延辺第一中学は一九種類。朝鮮語の出版物は教科書、雑誌を除くと一年に二百種類程度しか出版できておらず、専門的な本はほとんど出版できない。こうした点から常に総体として漢族の知識量に及ばず、それが社会的・経済的な発展が漢族に比べ緩慢であると、朝鮮族自身が嘆く由来ともなってきた（ただしこの点については、一九九二年以降、韓国と中国との交流が目覚しい勢いで拡大したため、韓国がハングルで出す様々な情報を、中国の朝鮮族が使う可能性が大きくなった）。

こうした問題を解決すべく設けられた延辺民族教育改革辦公室では、一九八八年から種類の違う一五校、七〇クラスで、二つの言語科目の学習順序や開始学年、授業時数の比率、学習終了学年や修学年数、教科書や教授方法などに関する試験的授業をしている(4)。実験小学校では漢語の開始学年が一年生まで早められており、今後一般の学校もそうしていく考えらしい。

（2）延辺朝鮮族自治州以外の東北三省

吉林省には東北三省の朝鮮族小学生の六五％が集まっている。ただ表1―8を見ると、吉林省の延辺を除く地域では、単独の朝鮮族小学校数が延辺より三二校多いが、児童数では延辺の半数以下であることが分かる。また表で分けた四つの地域の小学校一校当たりの児童数を単純に計算すると、延辺は一六八人、延辺以外の吉林省は九七人（単独の朝鮮族学校で計算）、黒龍江省は九〇人、遼寧省は一一二人となる。この数字から、延辺は朝鮮族学校に通うための条件が飛び抜けて整っていること、同じ吉林省といっても延辺以外の地域は、黒龍江省や遼寧省に状況が近いことがうかがえる。延辺を除く吉林省、黒龍江省、遼寧省の面積がそれぞれ延辺の二倍、一〇倍強、三・五倍であることを考え合わせると、これらの地域では各朝鮮族学校にかなり広い地域から児童が通い、それでも一校当たりの児童数が少ない状況がうかがえる。

こうした状況を遼寧省の丹東市を例にとって具体的にみてみよう。同市の朝鮮族は総人口約二七〇万人の〇・五％にあたる一万三九二二人（一九八七年）である。

丹東市に住む朝鮮族が日常的に使う言葉は、今は一部の地域を除いて漢語に変わっている。一九八〇年代の調査によれば、小学校に入学したての朝鮮族の一年生のうち、朝鮮語で思考、意思伝達ができる者は五分の一であり、五分の三の者は漢語を混ぜなければ十分に意思を伝えられず、残る五分の一は漢語のモノリンガルであったという。一九八〇年代半ばには朝鮮族の児童や生徒の半数近くが漢族学校に通っており、児童・生徒数が不足して廃止された朝鮮族の学校やクラスは十数ヵ所にのぼるという。丹東朝鮮族中学の生徒数は、一九八〇年には二五三人だったが、一九八八年には七九人に減った。同校のような単独の民族学校は例外的で、ほとんどの場合、漢族学校の中につくられた朝鮮族学級に通っている。丹東市で朝鮮族の学校・学級に通う小学生一〇九〇人は、四〇校・クラスに分かれて通学しており、各クラスの児童は大抵一〇人に満たない(5)。

表1―9が示すように、延辺以外の地域では朝鮮族小学生の一～二割、中学生の二～三割が漢族学校に通っている。少数民族が子どもを漢族学校に通わせる現象は、大躍進の時に始まった。文革では各地の民族学校が廃止されたこともあり、漢族学校に転校した者はさらに多く、例えば瀋陽市鉄西区では六一・八％、延辺でも小学生の一二・五％、中学生の二五％（一九七六年）にのぼった。こうした経緯とも無関係ではないが、文革後も朝鮮族の子どもが漢族学校へ入っていくのには次のような要因がある。①家から民族学校まで遠い上、交通手段もないため、近くの漢族学校に通わざるをえない場合、②進学上有利なように漢族学校にいく場合、③朝鮮語ができないため授業に適応できず、漢族学校へいく場合などである。表1―9の中で、漢族学校に通う朝鮮族の割合がどの地域も中学生で大きいのは②の理由による。この傾向は都市に住む者の間でより顕著で、例えば長春市にある朝鮮族中学の生徒は、ほとんどが農村出身者で、市内の子どもは漢族学校へ行くという(6)。こうした中で、延辺を除く吉林省、黒龍江省、遼寧省では一九八〇年代、延辺とは違った教育形式をとる学校も現れた。吉林市昌邑区朝鮮族小学校では、新入生の七～八割は朝鮮語ができないが、入学後短期間で、漢語か、または朝鮮語による直接教授法で朝鮮語を学習した後、すべて朝鮮語で授業をしている。教科課程上は延

辺と大差ないが、漢語の教科書は延辺で出版される朝鮮族用のものではなく、漢族学校用の全国統一編さんのものを使っている。この学校は地域で成績も進学率も高く、朝鮮語も身につけるというので父母の評判はいいという。ただし、子ども達の朝鮮語レベルは延辺の朝鮮族に及ぶものではなく、同校の卒業生の多くは漢族中学校に進学している。

これとは別な形式として、通化市朝鮮族中学では一般教科を漢語で教えながら、朝鮮語の授業を設けている。つまり延辺型の朝鮮語と漢語の位置付けが逆転した形である。同校の生徒は市内と農村の両方から来ており、市内出身者の第一言語が漢語であるいっぽう、農村出身者は一般に朝鮮語を第一言語とするが、漢語の社会的用途の広さに重きを置く学校責任者の意向で、漢語を主とする教育が行われているという。

2 内モンゴル自治区における朝鮮族教育

内モンゴル自治区の朝鮮族人口は二万二六四一人である。その九割が黒龍江省、吉林省、遼寧省と接するフルンボイル盟、ヒンガン盟、ジリム盟、赤峰市に集中している。(7)

内モンゴル自治区には一九九一年現在、朝鮮族の小学校が二二校、初級中学が三校、完全中学が一校ある。この他二つの民族小学校に朝鮮族学級が一つずつあり、朝鮮族幼稚園が四ヵ所(一九八五年)ある。表1—14をみると、内モンゴル自治区では朝鮮族学校へ通っているのは朝鮮族小学生の五一・四％、初級中学生の三四・九％、高級中学生の四六・四％と、黒龍江省よりさらに比率が低いことがわかる。ロシア連邦、モンゴル国と四二〇〇キロに及ぶ国境線で接し、日本の総面積の約三・一倍という広大な面積を有する内モンゴル自治区、その中で朝鮮族は自治区の総人口二一四六万人の〇・一％(一九九〇年)を占めるにすぎない。ほとんどの朝鮮族学校は東部に集中しているが、その東部でさえ各学校は分散し、いずれも規模が小さく相互の連絡はほとんどないという。(8) 内モンゴル自治区東部の朝鮮族教育の問題は、延辺を除く東北三省の場合と類似点が多いのでここでは省略し、自治区の首都フフホト市における朝鮮族教育を取り上げたい。フフホト市の朝鮮族人口は一一五九人(一九九〇年)で、子どもの第一言語は漢語である。しかし朝鮮語を子どもに教えてほしいという父母の願いから、朝鮮語教育が続けられている。

フフホト市の朝鮮族教育は、一九六〇年、玉泉区の小召小学校に朝鮮族学級がつくられたことに始まる。(9) 文革で廃止され、一九八一年に復活したこのフフホト市朝鮮族教育の任を引き継いでいるのが、一九八七年三月から興安路《シンアンルー》民族小学校で授業を始めた朝鮮族学級である。現在、興安路民族小学校はモンゴル族と朝鮮族の連合小学校になっている。各学年とも加授漢語、加授モンゴル語、加授朝鮮語の三種類のクラスに分かれている。加授漢語クラスは、モンゴル語を第一言語とする子どものクラスで、各教科をモンゴル語で教え、一日一回漢語の授業をする。

表1－14　内モンゴル自治区の朝鮮族学校と朝鮮族小中学生の通学状況

	小学校（校）	中学（校）	朝鮮族児童・生徒（人）								
			小学生			初級中学生			高級中学生		
			総数	朝鮮族学校へ通う者	%	総数	朝鮮族学校へ通う者	%	総数	朝鮮族学校へ通う者	%
フルンボイル盟	8	2	1,008	398	39.5	603	157	26.0	85	0	0.0
ヒンガン盟	11	1*1	868	647	74.5	391	252	64.5	196	169	86.2
ジリム盟	2	1	258	118	45.7	140	30	21.4	29	0	0.0
赤峰市	1	0	36	0	0.0	33	0	0.0	21	0	0.0
シリンゴル盟	0	0	9	0	0.0	4	0	0.0	0	0	0.01
オラーンチャブ盟	0	0	5	0	0.0	6	0	0.0	2	0	0.0
フフホト市	1*2	0	65	15	23.1	35	0	0.0	22	0	0.0
包頭市	1*2	0	36	2	5.6	37	0	0.0	8	0	0.0
イフジョー盟	0	0	3	0	0.0	0	0	0.0	0	0	0.0
バヤンノール盟	0	0	3	0	0.0	4	0	0.0	0	0	0.0
烏海市	0	0	3	0	0.0	5	0	0.0	1	0	0.0
合計	24	4	2,294	1,180	51.4	1,258	439	34.9	364	169	46.4

出所：内蒙古朝鮮族研究会編『内蒙古朝鮮族』（内蒙古大学出版社、1995年）の 180～190頁の文中のデータと183頁の「自治区朝鮮族中小学生統計表（1985～1986学年初）」を基に筆者作成。
＊1　完全中学（初級中学＋高級中学）
＊2　民族小学校に附属する朝鮮族学級

いっぽう加授モンゴル語、加授朝鮮語のクラスは、漢語を第一言語とするモンゴル族と朝鮮族の子どものクラスで、各教科を漢語で教え、一日一回モンゴル語、朝鮮語の授業をする。つまり、漢語をはじめ他の教科を漢族学校と同じように学習する上に、週六時間の言語の授業が加わるので、漢族学校の子どもに比べて負担は大きい（表1―15）。

筆者が同校を訪れた一九九二年現在、興安路民族小学校の児童総数は四〇〇人弱で、うちモンゴル族は約三五〇人だった。このうち加授漢語クラスに属する者が一五〇人、残る約二〇〇人が加授モンゴル語クラスに属する。同校には朝鮮族の児童は毎年四〇人程度いるという。したがって各学年ごとの人数は少なく、朝鮮族の子どもは一般の授業を加授モンゴル語クラスの児童と一緒に受け、民族語の授業の時だけ朝鮮語クラスの教室に移って授業を受ける。

朝鮮語の授業は、一～六年生の間、週に六回ずつ行われている。また朝鮮族の学前班（就学前教育）がひとつあり、ここでも朝鮮語を教えている。教科書は延辺で出版したものを使っているが、延辺で一年に二冊、六年で計一二冊学習するところを、この学校の朝鮮族クラスは難しい文章などを除きつつ、一年一冊のペースで教えている。民族語の授業時数は同じだが、加授朝鮮語クラスの朝鮮族の朝鮮語レベルは、加授モンゴル語クラスのモンゴル族のモンゴル語レベルに及ばない。環境の違いが原因である。朝鮮族の教員は学前班が一人、小学校三人、音楽

表1－15　フフホト市興安路小学校の週間授業時数

加授モンゴル語／朝鮮語

教科目＼学年	1	2	3	4	5	6
モンゴル語／朝鮮語	6	6	6	6	6	6
漢語	6	6	6	6	6	6
全教科	34	34	34	36	36	36

加授漢語クラス

教科目＼学年	1	2	3	4	5	6
モンゴル語／朝鮮語	10	10	10	10	10	10
漢語			6	6	6	6
全教科	36	36	36	36	36	36

出所：1992年筆者の調査に基づき作成。

教師が一人で自治区東部から招聘している。だが加授朝鮮語クラスの主任は「自分自身家の中で朝鮮語で話をすることはない」と語っていたし、中学に進学した後、子ども達は全く朝鮮語を学ばないという。だが朝鮮族の集住地から遥かに離れ、人口も極めて少ない中で行われている民族語教育は、他の民族の中にも朝鮮族の中でも他に例を見ないものであり、その意義は大きい。

内モンゴル自治区のマジョリティは、人口の八割を占める漢族（一九九〇年）だが、ここはモンゴル族を自治民族とする民族自治地方である。一九八五年の統計によると、モンゴル族小学生のうち、モンゴル語で授業を受けている者が六八％、加授モンゴル語教育を受けている者が五％と、民族語教育を維持している（しかしこの比率は一九九三年にはそれぞれ五三％、四％に下がっている）。文革後は、一九世紀後半にはすでにモンゴル語を喪失していたといわれるトゥメッド左旗で寄宿制小学校をつくり、牧畜地域から教師を集め、モンゴル族の言語と文化の復興をかけた教育が始められたりしている。一九八六年に起草された「内モンゴル自治区民族教育工作条例」には、各種民族学校で民族語の授業を設けること、民族語ができる少数民族の児童・生徒には民族語で授業をし、そうでない者には民族語の授業を設けることなどが定められている。自治区の公用語はモンゴル語と漢語であり、フフホト市でも街の看板などは両方の文字で表示してあるし、バスの車内アナウンスは（圧倒的に漢語が多いが）、モンゴル語のアナウンスが流れる路線もあった。またフフホト市の新城区満洲族小学校では一九八六年、満洲文字学習のための初級クラスが作られたこともあった。教師には社会科学院のパダロンガ氏（ダウル族）があたり、手作りの教科書で約三〇人の子どもと九人の教師が、週六回の授業を半年間受けたという。内モンゴル自治区では民族語の維持や復興を求めて、こうした様々な民族教育の形態が試行錯誤の中で実践されてきた。その土壌がフフホト市朝鮮族の民族語教育を可能にしている、大きな要素だと思われる。ただし第二章で詳述するように、内モンゴル自治区の民族教育にも問題は少なくない。

3 北京市における朝鮮族民族教育の試み

一九九〇年の第四回人口調査によれば、北京市（一〇市轄区、八県）の朝鮮族人口は七六八九人となっている。これは戸口が北京市であるものの数であり、戸口《フーコウ》が北京でない者を含めると、その人口は二万人を超えると推定される。[10]

北京市の少数民族の中で、朝鮮族は回族、満洲族、モンゴル族についで四番目に人口の多い民族であるが、一九九〇年現在、北京市にある民族小学校三八校、民族中学九校の中に朝鮮族学校も朝鮮族学級もない。[11]全国に一二ある民族学院の中央校、中央民族大学（九三年一一月「中央民族学院」から改名）には少数民族語言文学一系朝鮮語言文学科があり、朝鮮族学生もかなり在籍しているが、これは北京在住の朝鮮族を対象にした民族教育ではない。

こうした状況の中、北京在住の朝鮮族は一九八九年に、民間の朝鮮語学校を設立した。[12]この北京朝鮮語学校は、同校校長を務める中央民族大学の黄有福《ファンユボク》教授が一九八七年から一九八八年の間、ハーバード大学で客員講師を務める中で得た収入を基につくったという。海淀区学校の他、中央放送局、民族出版社、中央民族大学という少数民族の集まっている職場におかれた三つの分校で構成されている。生徒の年齢層は小学一年生から六五歳と幅広いが、中央民族大学にあるものは教職員の子どもを対象としており、海淀区の生徒は二〇歳前後の青年が多数を占めている。学校では三年コースのクラスを三年に一度募集する。一九八九年〜一九九一年の第一期は四八〇名が登録し、うち八〇名が卒業試験に合格した。自発的な学習なので、出席率は人によってまちまちのようだ。授業は毎週日曜日（中央民族学院校は土曜日）二時間行われ、言葉の他、民族舞踊・歌謡なども学ぶ。設立後、学校の経費は北京在住の朝鮮族などの賛助・寄付金でまかない、学習者は無料、教員はボランティアという形で運営されるようになった。

学校設立の目的は、①北京育ちの第二、第三世代など、民族語のできない朝鮮族に民族語と民族文化を教えること、②韓国との経済交流が増すにつれ高まってきたソウル語の需要に応えること、の二つである。②の目的のため、教科書を手作りのものから、韓国で留学生用に使っている語学教科書（説明・単語が漢字、英語表記のもの）に変えたという。戸口が北京市である朝鮮族が主な対象と聞いていたが、筆者が一九九二年一二月に海淀区学校を訪れた時は、日本人留学生が一人通っていたし、彼の話によると同校生徒の約三分の一が漢族だということだった。吉林省長春市でも一九八九年、朝鮮族婦女協会によって成人教育の一環として設けられた朝鮮語講座があるというが、[13]この北京朝鮮語学校のように、民族学校がない代わりに民間で民族語学校をつくった例は他にない。それにしても統計上だけでもフフホト市の七倍の人口がある北京の朝鮮族が、朝鮮族学校や朝鮮族学級を持てないのはなぜか。

まず北京が中国の首都であり、また少数民族地域でないことが関係している。現在北京市には中国五五の少数民族すべてがいるといわれるが、その中で一九四九年以前から住んでいるのは、かつてこの地で元朝を建てたモンゴル族と清朝を起こした満洲族、そして元、明の時代に定住した回族のみといってよい。北京の朝鮮族は、一九五〇年代の国家建設時期に、国家民族事務委員会など中央機関や中央放送局などの企業で働くため赴任してきた者、また北京の大学などを卒業した後に当地で就職した者などによって形成された。他の少数民族もほぼ同じだが、これらの人々は少数民族である前に国家のエリートであり、漢語を媒体として国家建設に参与し地位を確立してきたといえる。また民族の数が多いいっぽうで、各民族の人口は多いとはいえず、単独の、または二、三の民族が一緒になった民族学校をつくるのが難しいという物理的要因もあろう。

ではそんな中で北京朝鮮語学校が一九八〇年代末にできたのはなぜか。まず国内的要素として、一九八〇年代、それまでとは違った層の朝鮮族の人口が、それまでにない規模で流入したことが挙げられよう。北京の朝鮮族人口は一九八二年には一九九〇年の半分、三九〇九人だった。それを八年間で約二倍に急増させたのは、一九八〇年代に始まった経済の改革開放政策で国内移動の規制が緩和されたのを受けて、東北三省から主に商売を目的に移り住んできた人達である。現在朝鮮族は九五%が市轄区に住んでおり、三四%が商業・飲食業に従事している。数世紀にわたって北京に住んできた漢族、満洲族、回族、モンゴル族の場合、いずれも工業従事者が三二~三八%と最も多く、商業従事者が九~一五%であるのと明らかに違う(14)。

また同校の設立目的のひとつに示されているように、韓中両国の経済交流の増大がソウル語の需要を高めたことが指摘できる。先に海淀区学校の生徒の三分の一が漢族青年だったといったが、漢族のみならず、北京で育ちそれまで朝鮮語を全く学ぼうとしなかった朝鮮族青年の中に、急にソウル語を学び始める者がでてきたという話も聞いた。

一九九二年、東北朝鮮民族教育出版社が漢語で書かれた『初級朝鮮語』を出版し、長い間出版されていなかった『朝中辞典』も民族出版社から出された(一九九二年夏、延吉市を訪れた時、この厚くて大きくて重い本が、本屋の店頭で見る間に売れていくので、思わず焦って買ってしまった)。外国語としての朝鮮語の需要は確実に高まっている。一九九三年には中央民族学院に韓国文化研究所ができ、ここが高麗大学民族文化研究所『韓国語』を、説明部分だけ漢語に翻訳した本を出版し、同年「北京韓国語学校」に改称した朝鮮語学校の教科書となる。ただそれに伴って中国における少数民族言語としての朝鮮語の地位も上昇するのではと希望的観測を述べると、朝鮮族の知人、友人達は決まって首を横に振る。漢族との長年の接触と、大躍進、文革で頂点に達した民族融合論、民族語無用論の蓚酸は彼らを楽観的観測に導かない。

以上みてきたように、朝鮮族学校の二言語教育の方式、子ども達の朝鮮語や漢語のレベルは、地域で差が出ている。延辺朝鮮族自治州は、朝鮮族人口が多く、かつ朝鮮族の民族自治地方であり、その他の地域に比べて朝鮮族教育を維持するのに有利な条件が備わっている。例えば、延辺自治州は、一九八四年の「中華人民共和国民族区域自治法」施行後、同法一九条が規定する自治条例制定権に基づいて、一九八五年「延辺朝鮮族自治州自治条例」を、一九八八年には同自治州「朝鮮語文工作条例」を制定・公布し、自治州の第一言語が朝鮮語であることを明示し、遠隔地、山間地域の者も含めて朝鮮族の子どもが民族学校に入学し、朝鮮語で教育を受けられるよう保障することなどを具体的に定めた。中国の少数民族政策は個人ではなく民族集団を単位とし、かつ民族自治地方内で実施されるため、その違いは大きい。この点はフフホト市の何倍もの人口がありながら、北京に朝鮮族学校・クラスがないことにも関連している。

いっぽう、こうした条件のない延辺以外の地域では、朝鮮族児童・生徒の減少や、朝鮮語喪失の問題が徐々に広がっており、漢族学校に通う朝鮮族の割合も多い。改革開放政策以来、朝鮮族の国内移動、分散が加速し、本章でとりあげた北京やフフホト市のみならず、以前はなかった広東省など沿海開放地区への移住も始まった。分散居住している地域における民族教育は、朝鮮族教育の中で今後ますます大きな問題となるだろう。

三　朝鮮語の喪失と民族語教育の地位

表1―16は、黒龍江省海林県海林鎮で一九八八年に行われた、朝鮮族の言語使用状況に関する調査結果である。朝鮮語で会話と読み書きができると答えた者が、三〇歳代（一九四九年〜一九五八年生まれ）の九三％に対し、二〇歳（一九六九年生まれ）未満の世代では四三％しかいない。海林県は同省で朝鮮族人口が最も多い牡丹江市（全省朝鮮族の三五・三％、全市総人口の四・九％）に属し、朝鮮族の幼稚園や小中学校があり、省内では朝鮮語を習得する上での環境が比較的よい方の地域といえる。そこで市街地における状況を、一九八五年ハルピン市在住の朝鮮族に対して行われた、家庭で日常的に使う言語に関する調査（表1―17）を例にみると、四〇歳以上（一九四五年以前生まれ）の八〇％が朝鮮語を使うと答えたのに対し、二〇歳以下（一九六五年以降生まれ）の六五％は漢語と答えている。この二つの調査から、朝鮮語の喪失が若い世代で、また都市部でより顕著に生じていることがうかがえる。

朴泰秀《パクテス》は、黒龍江省に住む朝鮮族の朝鮮語の使用状況を、年齢と地域の面から次のように分類している[1]。

まず年齢でみると、一九四〇年以前に生まれた世代は、一般的に朝鮮語ができる。文化大革命以前に小学校又は中学校を卒業した者は、朝鮮語の会話も読み書きもでき、漢語もできる。文革時代に学齢期を迎えた、主に一九五〇年代後半～一九六〇年代前半生まれの場合は、朝鮮語ができない者が多い。

次に地域別にみた場合、朝鮮族が比較的多い郷や村に住む者

表1－16　黒龍江省海林県海林鎮における朝鮮族の朝鮮語使用状況（1988年）

年齢	3～19歳	20～29歳	30～39歳	40歳以上
調査人数	58	88	44	175
会話○　読み書き○	25(43.1%)	52(59.1%)	41(93.2%)	150(85.7%)
会話○　読み書き×	14(24.1%)	28(31.8%)	3(6.8%)	25(14.3%)
聞き取り○　会話読み書き×	17(29.4%)	8(9.1%)	0	0
漢語のみ	2(3.4%)	0	0	0

出所：朴泰秀「対談黒龍江省朝鮮語使用現状及一些想法」『黒龍江省民族叢刊』1990年第1期、81頁。

表1－17　ハルピン市の朝鮮族家庭の日常用言語（1985年）　（単位：人）

年齢	20歳以下	20～29歳	30～39歳	40歳以上
調査人数	230	300	111	393
朝鮮語	81(35.2%)	152(50.6%)	85(76.5%)	346(80.6%)
漢語	149(64.8%)	148(49.4%)	26(23.5%)	47(19.4%)

注：1985年、黒龍江省電台朝鮮語部朴鐘鎬らによる調査、対象は比較的朝鮮族が集まっている機関、工場の職員及びその家族。
出所：朴泰秀「対談黒龍江省朝鮮語使用現状及一些想法」『黒龍江省民族叢刊』1990年第1期、82頁。

（黒龍江省の朝鮮族人口の六六％）は一般に朝鮮語を第一言語とし、市街地（市郊外の朝鮮族郷、村を除く）に住む者（一九％）の場合、日常的に使う言語は、一部の人を除いて漢語になっている。朝鮮族村がないか、一つある程度の大興安嶺地区や富裕県など二五の県に居住する者（一二・五％）は、一九四〇年以前生まれの世代を除き、ほとんどの場合、日常的に使う言語は漢語になっている。

学校教育についても、文革以降、朝鮮族学校は民族語教育を再開したにもかかわらず、朝鮮語を学ばない者の比率は低下せず、近年再び増える傾向にあるとも聞く。一九八八～八九年度の統計でも、黒龍江省朝鮮族学生のうち小学生の二一％、初級中学生の三四％、高級中学生の三五％が依然として漢族学校に通っている。

朝鮮語喪失がなぜ生じ、進行しているのか。以下その要因を、文化大革命の後遺症、居住地域の民族構成、指導部の意思の問題などの点から考えてみたい。

1　文化大革命の後遺症

文革時代の「民族融合」「朝鮮語無用」論の蔓延が、漢族学校に通う朝鮮族の子どもを故意に、かつ大量に生じさせた経緯はすでに紹介した。文革後の一九八〇年七月の調査では、延吉市の漢族学校である延辺二中、延吉市一中、延吉市第二中学の三校六クラス三五〇人中、朝鮮族が半数を占め、その朝鮮語レ

ベルはハングルの読み書きができない者が四割、小学校卒業程度に及ばない者が三割だった。同じ頃、朝鮮族高級中学四校の卒業生九二〇人を対象に行った調査では、朝鮮語で手紙を書くのが難しいと感じる者が三割にのぼっている。(2) 文革の被害が延辺以外の朝鮮族居住地域でより大きかったことも指摘したが、吉林省朝鮮語文工作領導小組辦公室（朝鮮語事業指導グループ事務所）が一九八三年に行った抽出調査では、吉林市の朝鮮族の小中学生約三四〇〇人中、朝鮮語が話せない者が二七〇〇人（八〇・四％）に達していた。(3) 文革の結果、漢語が第一言語となった子どもにとって、朝鮮語を改めて身につけるのは難しく、文革後も漢族学校へ通い続けたと考えられる。現在、朝鮮族の若年層で朝鮮語ができない者が多い最大の要因だろう。

2 居住地域の民族構成

第二節では、朝鮮族の集住度という観点から東北三省を延辺と延辺以外の二つに大別したが、延辺以外の地域でも、細部をみると朝鮮族人口が密な地域がある。黒龍江省の場合、朝鮮族の六割は五〇一を数える朝鮮族村（一九九〇年現在）に住んでいる。このうち二九八の村は全住民が、一七二の村は住民の九〇％以上が朝鮮族である。(4) また朝鮮族の民族郷（鎮）が黒龍江省に二一、吉林省に一二、遼寧省に一七、内モンゴル自治区（フルンボイル盟アロン旗）に一つあるが、(5) 民族郷となるのは一般に少数民族の人口が三〇％以上の郷であり、黒龍江省の星火、東明、鶏林、興和、吉林省の延和など朝鮮族人口が九五％以上の郷もある。(6)

こうしたかなりの集住度をもった閉鎖的な農村社会が、中国朝鮮族の民族語維持率の高さを支えてきた第一の理由だと思われる。実際、長白朝鮮族自治県の金華郷梨田村（朝鮮族が九五％）や十二道溝背陰亭（九〇％）など、朝鮮族がマジョリティで交通が比較的に不便な地域では、一九八〇年代も朝鮮語が主に用いられ、同地に住む漢族の中に朝鮮語の話せる者もいると報告されている。

いっぽう都市に住む朝鮮族は、マジョリティ言語である漢語に囲まれて生活している。一九八〇年、遼寧省民族事務委員会の朝鮮語文辦公室（事務所）が朝鮮族小学校の新入生を対象に行った調査では、市郊外、農村地域である撫順地区、鉄嶺地区では朝鮮語による会話ができない者がそれぞれ調査人数の二三・四％、二〇・四％だったのに対し、市街地である撫順市ではその比率は六三・三％と、朝鮮族が集住する農村と分散居住する都市では、朝鮮語の使用率が随分違うことが示された。(7)

都市では漢族学校へ通う朝鮮族の児童や生徒の比率が高い。**表1―4**でみると、一九八二年、黒龍江省全体では朝鮮族小学生の二三・九％、中学生の三三・四％だが、市街地のハルピン市の阿城ではそれぞれ四〇・三％、三八・三％と省の平均を上回っている。また都市では朝鮮族学校へ通う子どもの中に、朝鮮語を十分にマスターできていない者も出てきている。ハルピン市の朝鮮族学校では、授業中に教師が朝鮮語でした質問に、児童や生徒が漢語で答えるケースが多く見られるという[8]。

このように地域の民族構成が民族語の維持や喪失に大きく影響しているが、それをみる上で看過できないのが、建国初期に始まった計画的人口移動と、改革開放政策、市場経済化の中の流動人口の増大である。以下、この両者が朝鮮族地域と言語、民族教育環境に与えた影響をみてみよう。

(1) 少数民族地域の民族構成の「改造」

一九四九年以降、各少数民族地域の民族構成は大きく変わった。中華人民共和国成立当初、「民族自治」と聞いた朝鮮族の中には、自分たちの地域から漢族がいなくなるのかと思った人もいたそうだが、結果は逆だった。延辺では、朝鮮族人口比が解放初期の八割から一九五三年に七〇%、一九八二年には四〇%に低下する(表1―10)。これは一九六〇年代に「辺境防衛の強化」「辺疆の建設」を理由に行われた組織的移住「支辺戸」(辺境開発支援)や林業作業員の募集、山東などからの「盲流」(国家の計画した組織的な移住枠の外での移住)によって、漢族が増え(九八万人)てマジョリティに転じたからである。長白朝鮮族自治県でも、朝鮮族人口の比率は中華人民共和国成立前の八割から、一九四九年に三八%、一九五八年に三〇%、一九九〇年には一七%に減少し、漢族が八二%に増えた。一九五八年の「大煉鋼鉄(大量に製鉄製鋼する)」「千場県(千の工場をもつ県)」運動の際、長白山(白頭山)開発の名目で転入した四一〇〇余人、一九六〇年山東省濰坊市から移住してきた約五〇〇〇人の「支辺」人員など、漢族主体の組織的な移住が行われた結果である[9]。

漢族が転入するいっぽう、朝鮮族の転出が起こった。遼寧省丹東地区では、一九五二年中共と人民政府の呼び掛けに応じて、寛甸県だけで三〇〇〇人の朝鮮族が黒龍江省などの地に転居し、一九五九年には約六五〇人が北朝鮮の建設に参加すべく丹東を離れている。大躍進の最中一九六〇年に省外に転出した者、北朝鮮に行って定住した者も多く、文革中も省外への転出が起こっている。そのため一九五三年で約一万八三〇〇人だった丹東地区の朝鮮族人口は、一九六四年に約一万四七〇〇人、一九七八年には約一万一二〇〇人へと減っていった[10]。

少数民族地域における民族構成は、特に大躍進の際、かなり計画的に「改造」されたといえる。劉鴻文(一九六〇年)は、少数民族はこうした漢族移民を熱烈に歓迎し、協力しなければならず、漢族の助けを不要とするのは、即ち社会主義を不要とし、民族の発展と繁栄を不要とすることであり、漢族の先進性を一切認めず、漢族に学ぼうとせず、漢族の助けを歓迎しない思想はすべて、少数民族の根本的利益に反する誤った思想だと述べている。「社会主義事業が発展すればするほど、民族間の融合現象がはっきり現われてくる」との認識の下「内地の青壮年の労働力がしだいに辺境少数民族地域に行って、建設事業を支援し助けるようになり、我が国の各民族が交じり合う情況はしだいに多くなり、民族と民族が隔絶していた状態はしだいに減少している。……そこで各民族の共通点はしだいに多くなり、違いは減り、互いに融合する現象が生じる」[11]。こうした思想の下で、少数民族地域の民族構成比の改造は、共産主義社会の到達へ向けた着実な前進だとして、奨励されたのである。

このように民族構成の変化は、学校教育や言語環境を大きく変えた。長白朝鮮族自治県には一九八五年現在で、朝漢連合幼稚園が一八ヵ所、朝鮮族小学校が一校（鴨緑江小学校）、朝漢連合小学校が三三校、朝鮮族中学が一校（長白朝鮮族自治県第二中学）、朝漢連合中学が五校ある。しかし、同県の十一道溝、宝泉、新房子、八道溝など四つの郷鎮（町村）では朝鮮族学校がないために、二〇〇人をこえる朝鮮族児童・生徒が民族語教育を受けられないでいるという[12]。朝鮮族児童数は年々減っており、漢族との連合学校の場合、朝鮮族児童が全校で一〇人以下という所も多く、複式学級制がとられている。そのため教育の質や学校の設備がよくなく、朝鮮族学校から漢族学校へ転校する児童が増えている[13]。

また他の民族との混住が進んだ結果、黒龍江省では一九八二年の統計によると、朝鮮族と他の民族との結婚による家庭が全朝鮮族家庭の八・一％を占めるに至った。文革以降は、漢族と少数民族の結婚の場合、各種特別措置のため、一般的に子どもを少数民族と登記する場合が多く、こうした家庭が黒龍江省の朝鮮族人口を約一万人増えさせたといわれる[14]。だが、子どものほとんどは漢族学校に通っていると思われる。

（2）改革開放下における人口移動

数十年来東北三省に集住してきた朝鮮族は、改革開放政策、農村における土地請負責任制の実施以来、農村から都市へ、三省内から沿海都市部へと移動を始めた。朝鮮族のうち東北三省外に住む者の比率は、一九八二年の一・七七％から一九九〇年には二・九％に増えた。他方、**表1—11**で延辺の一九八二年から一九九〇年の間の人口変化をみると、和龍県と汪清県で朝鮮族人口がそれぞれ約九〇〇〇人、約五〇〇〇人減っていることがわかる。移動先の北京、天津、上海など大中都市部では、少数民族人口がすでに七〇〇万人に達し、これら分散居住する少数民族の権利を保障する問題が様々な場で議論されているが、朝鮮語教育が行われているのは第二節であげた事例だけだ[15]。

また同時期の吉林市における朝鮮族人口の変化を**表1—18**でみると、市轄県と県クラスの市で約九二〇〇人減少するいっぽう、市区（所轄県と県クラスの市を除く）で約六八〇〇人増え、全体で二三〇〇人減少している。東北三省外など遠距離の移動も多いが、それ以上に農村地域から近隣市街地への人口移動が著しいことが分かる。こうした比較的に近い距離の移動も含めて考えれば、朝鮮族の都市人口は急速に増えているとみられる。都市への最近の移住は、都市では住居が不足し、物価が高く、

表1－18　1982年と1990年の吉林市朝鮮族人口

	1982年	1990年	人口増減
永吉県	42,646	41,270	-1,376
舒蘭県	29,609	27,053	-2,556
艫石県	29,380	27,022	-2,358
蛟河市	27,690	24,819	-2,871
樺甸市	8,811	8,785	-26
小計	138,136	128,949	-9,187
昌邑区	6,428	8,605	+2,177
船営区	4,910	7,892	+2,982
龍壜区	6,129	8,003	+1,874
郊区	13,224	13,025	-199
小計	30,691	37,525	+6,834
合計	168,827	166,474	-2,353

出所：金炳鎬「中国朝鮮族人口発展和分布変化趨勢」『民族研究』1992年第2期、17頁。

仕事が忙しいなどの原因から、青壮年層が中心で、朝鮮族の核家族化を生じさせている(16)。家庭における使用言語は老人がいる場合、朝鮮語となる場合が多いが、核家族になると朝漢混合になったり、漢語のみといった傾向に向かいやすくなる(17)。筆者の知る範囲でも、例えば延吉市に住むある友人は、祖父母と子どもが二人いる三世代同居の家庭で、幼児には常に朝鮮語で話しかけ、テレビは朝鮮語放送を中心に見ていた。漢語は小学校にあがってから学ばせる考えだという。いっぽう長春市内に住む友人は夫婦と子ども一人の核家族で、子どもには常に漢語で話し掛ける。朝鮮語は後で延辺の実家にあずけて覚えさせるつもりだという。

また第二節で北京の事例を見たように、都市へ移住した朝鮮族は主に商業に従事している。内モンゴル自治区でも、一九八〇年代の転入者によって、自治区の朝鮮族のうち商業に従事する者の比率が一九八二年の三・六％から一九九〇年には八・九％へと大きく上がった(18)。閉鎖的な農村社会で暮らしてきた朝鮮族も、都市で商業に従事する中「族際語」漢語の使用に傾斜していかざるを得なくなる。

いっぽう改革開放政策の下、延辺も一九九二年三月、国務院の決定で琿春市が国境開放都市に認定され「東北アジア経済圏」の旗手として浮上してきた。認定後の一年間で省内外、外国を含む三一〇余の企業が琿春市に事務所を開き、六五〇〇団体、四万人が視察に訪れたという(19)。長白県も朝鮮人参の生産に力を入れ、栽培場は国営が四つ、グループ経営が九九、個人経営が三〇〇〇余に増え、生産量は一九八八年には一九八〇年の九倍に膨れあがった。水力発電所を増設するため国内九つの省、市から技術者を引き入れたりもしている(20)。今後延辺自治州や長白自治県で漢族の人口比が高まり、朝鮮族の人口比が下がる傾向がさらに進むことが予想される。

またこうした経済重視の中、近年共働きの家庭が増え、家事に従事する老人も相対的に減り、子どもの養育が家庭から保育園、幼稚園へと移行してきたが、朝鮮族の保育園・幼稚園は少なく、子どもを漢族幼稚園に送らざるを得ない場合が多い。漢族主体の幼稚園に通った子どもは、親が家庭で意識的に民族語を使わない限り、第一言語が朝鮮語から漢語に転化する場合も多く、卒園後漢族学校に入学するといったパターンが見られる。(21)

以前ある少数民族出身の研究者が「中国の民族政策は正しい、ただ漢族が多すぎる」と語ってくれたことがあった。民族自治地方であるか否かは民族語の地位を左右する重要な要素であるが、それ以上に民族構成が与える影響は大きいのである。それどころか、民族構成が民族自治の度合い、民族語の地位に影響を与えているとみられるケースもある。長白朝鮮族自治県は延辺と同様、朝鮮族の自治地方であり、一九九一年五月、長白朝鮮族自治県自治条例を発布した。だがこれを延辺朝鮮族自治州自治条例と比べてみると、例えば自治機関の職務執行にあたって延辺州の条例が「朝鮮語、朝鮮文字を主とする」(第十八条)と規定する部分が、長白県の場合「情況に応じて、朝鮮語・朝鮮文字、漢語・漢字のいずれか一種を使用することができる」(第十六条)という規定になっているなど、朝鮮語や朝鮮族学校をめぐる規定が弱いことに気づく。中華人民共和国成立以前、延辺と長白地区はともに朝鮮人人口が八割強を占める地域であったが、現在両者の違いは小さくない。いっぽう民族自治地方ではないが朝鮮族が集住する民族郷の多い黒龍江省では、一九九三年九月に発布された全国レベルの民族郷行政工作条例に先立ち、一九八八年一月、黒龍江省民族郷条例を制定した。ここには「民族中小学校の教育内容と教授方法は、民族の特徴を体現したものでなければならない」(第二十五条)などの規定が盛り込まれている。

3　民族学校の不振

農村から都市への朝鮮族の移住は、都市で生活する若年層の民族語喪失を生じさせると同時に、移住元における朝鮮族教育の不振を招いている。琿春市の揚泡郷では烟筒砬子村の人口が一九八〇年の二四〇〇人から現在一二〇〇余名に減り、この村と金溝村、廟嶺村、大紅旗河村などの小学校が校舎を移転し、新入生募集を隔年に切り替えざるを得なくなった。龍井市の開山屯鎮大蒜村では、人口が一九五二年の一二〇〇余人から現在一〇〇余人に減り、同村の三つの自然屯の子どもが九人のみとなり、学校は開けなくなった。(22)

黒龍江省では朝鮮族の学校教育レベルは一九五〇年代は漢族を上回っていたが、一九七〇年代から一九八〇年代は全省の水準以下になり、一九九〇年前後には、一般的に朝鮮族小中学校の教育の質は、同じ地域の比較的レベルの高い漢族学校に比べて劣るという。これは、教師の質や設備の問題、民族語と漢語の二言語教育の負担、教育改革をめぐる情報の閉塞性、そして何よりも文化大革命で民族学校が閉鎖され、民族語の教育が取りやめられ、民族教育を支える朝鮮族教師が迫害され、死亡したり障害を負ったりしたことなどが原因といわれる。(23)

こうした民族教育の不振に対し、分散居住している朝鮮族のため寄宿制の学校を設立したり、小学校入学前の民族語教育を強化するため、朝鮮族幼稚園を増やすなどの方策が講じられている。長春市の寛城区朝鮮族小学校は、文革前は児童数八〇〇〜九〇〇人規模の学校だったが、文革を経て一九八二年には児童数一二九人にまで減った。同校は教育庁にスクールバスを走らせるよう求め、一九八四年からこれが実施されると、一九八八年には児童数二一三人まで回復したという(24)。こうした試行錯誤の実情と成果、問題点を、民族語教育という面に注意しながら、内モンゴル東北部を例に少し詳しくみてみよう。

(1) 民族学校の吸収合併と寄宿制学校

現在、内モンゴル自治区にある朝鮮族完全中学(初級中学から高級中学まで一貫した学校)は、ヒンガン盟にあるウランホト朝鮮族中学一校のみである。同校は一九五六年、ウランホト第一中学校の朝鮮族学級と、フルンボイル盟アロン旗のナジ(那吉)屯漢族朝鮮族連合中学の朝鮮族学級を合併してつくられた。文化大革命による一九六八年の廃校、一九七三年の復活を経て、一九八一年からはジリム盟の民族中学にある朝鮮族高級中学クラス、ヒンガン盟にある朝鮮族初級中学クラスを次々と吸収合併していった。

内モンゴルの朝鮮族はもともと人口が少ない上、朝鮮族の出生率は中国五六民族中最も低く、学齢期の子どもの数は減少の一途である。児童や生徒数の不足から廃校となった学校もあり、学校を存続できても、生徒が少ないため入学試験を行って学力別に選別することができず、学力の開きの大きい子ども達を一緒に教えなければならない。子どもが競争心や学習意欲に欠け、教育方法をめぐる情報交換もできないなど、教師側の不満は多かった。そこで学校関係者は、自治区内に分散し、規模が小さく設備も不足な朝鮮族中学校やクラスをひとつにまとめ、教育の質を充実させようと試みたのである。

ウランホト朝鮮族中学は吸収合併の結果、設立当時の初級・高級中学クラス四クラス、教職員三〇人、生徒数約一六〇人から、一九八六年には初級・高級中学クラス一二クラス、教職員七四人、生徒数五〇二人へと規模を拡大した。生徒の半数以上が進学し、また自治区の朝鮮族学校の在職教師、無資格の教師の研修を担う学校ともなり、授業以外の全校集会や学級会、その他のグループ活動でも朝鮮語を使うよう徹底させている。

しかし生徒の多くが家を遠く離れており、食費などの他にも休みの時の帰省費用などかかって家庭の経済的負担が大きいこと、米の食事が出ないなど生活習慣の違いから、一九六三年度の報告では、学年はじめに三七四人だった生徒数が、後期には二六三人に減るという事態も生じた(25)。

いっぽうウランホト朝鮮族中学と合併され、廃止されたナジ屯中学朝鮮族学級のあったフルンボイル盟アロン旗では、当時生活に困窮していた朝鮮族農民の多くが、子どもを直線距離にして二五〇キロも離れているウランホト市に送って通学させる経済的余裕はなかった。子どもの中には小学校を卒業後進学できなかったり、中途退学して家に帰り農業をするものや、漢族学校に転入する者も多く出た。その結果、ナジ屯中学朝鮮族学級があった当時は、全旗朝鮮族の九割に達していた初級中学教育の普及率が、一九六五年には三三%にまで下降したという。こうした状況に憂慮する声に応え、自治区教育庁は一九六六年にナジ屯中学の朝鮮族学級を復活させるが、それも束の間、同年に勃発した文化第革命によって再度廃止された。一九八二年一一月になって現在の那吉屯朝鮮族中学が設立されたが、廃校、文革という経緯や通学の不便さから、約三五%の朝鮮族が漢族学校に通っているという(26)。

地域に朝鮮族中学がなくなると、朝鮮語ができない子どもや若者が一気に増えていく。通遼市では、朝鮮族初級中学クラスがあった頃は青年の間で朝鮮語ができる者が随分多かったが、一九八一年にこのクラスがウランホト中学に吸収合併されてから、若い世代で朝鮮語ができない者がかなり多くなったという(27)。

一九八〇年代、ウランホト朝鮮族中学でも、都市の漢族中学校から転入してくる、朝鮮語がほとんどできない生徒が増え、朝鮮語の補習クラスを設けざるを得なくなった。また教授用言語は高級中学一年生までは朝鮮語と漢語を併用するが、授業の内容が難しくなるにつれ、理数系の科目は漢語による授業にしだいに切り替えていくようになった(28)。

こうした朝鮮族生徒の減少や民族語の喪失、レベル低下に憂慮してか、自治区教育庁が一九八四年六月にウランホト市で開いた、内モンゴル自治区朝鮮族教育工作会議では、より質の高い朝鮮族教師を養成するために、黒龍江省や吉林省の朝鮮族師範学校に、今後一五人から二〇人の初級中学卒業生を送ることなどが決められた(29)。

子どもやその父母にとって、家の近くに民族学校があるほうが望ましいことに異論のある者はいまい。だが分散し、規模も小さく、設備が不十分で正規の教員がいないような状態では、漢族との教育レベルの開きを縮めることは難しい。朝鮮族学校離れを促す所以である。朝鮮族学校の吸収合併は、経済的に立ち後れた農村部を中心に今後も続き、その過程で朝鮮語教育を受けられなくなる者は出続けるだろう。家庭の経済的負担がかからない形での寄宿制学校の増設が急がれる。

4　指導部の意思

延辺朝鮮族自治州自治条例は「自治州の自治機関が職務を執行する際、朝鮮語と漢語の二つの言語・文字を使用し、朝鮮語、朝鮮文字を主とする」と規定している。一九八八年に承認された「延辺朝鮮族自治州朝鮮語文工作条例」には、自治州地方の国家機関が発する公文書、布告などは朝漢両文字で同時に出すべきこと、自治州内の企業などの公章や看板、公告あるいは商品の説明書などは、朝漢両文字を使用すること、会議でも朝漢両言語を使うことなどが具体的に定められている。

しかし実際は、延辺自治州の地方国家機関や企業の中で漢語のみを使い、朝鮮語をほとんど、あるいは全く使っていない状況もみられるという。龍井県白金郷は総人口（二七四六人）の九三%、郷幹部二四人すべてが朝鮮族だが、一九八七年度、県政府が出した七〇の公文書のうち朝鮮語のものは四つだけで、県委員会が出した一三の公文書はすべて漢語によるものだったという。また研究者の実地調査で、延吉市のある郷では郷人口の七六%が朝鮮族であるが、会議の時は聞き取れるか否かにかかわらず漢語のみを使っていたことが報告されている。郷の指導者はこれについて「日常的な習慣になっているし、どのみち将来の趨勢は漢語一種だ」と語ったという。将来、時間の推移と経済文化の発展とともに、少数民族の言語は漢語に取って代わられるとの考えは、文革以降も少なからぬ幹部の頭の中に依然としてあるようだ(30)。

以上、中国朝鮮族の民族語喪失の要因を四つの側面から探ってみた。少数民族地域の民族構成は大躍進の時に計画的に改造され、朝鮮族の子どもが漢族学校に通う現象はこの時から始まり、文革で拡大した。一九八〇年代からの改革開放政策も、朝鮮族の国内移動や分散化を加速し、農村から都市への移住を促している。朝鮮族地域の民族構成が変わると、言語環境や学校教育は大きな影響を受け、朝鮮語のできない者が増える。朝鮮族の民族語維持率の高さを支えてきたのは、第一に、民族政策ではなく、かなりの集中度をもった閉鎖的農村社会だったとみるべきだろう。実際、従来の民族自治地方を単位とした政策は、改革開放政策の下で増大した都市に分散居住する少数民族に対応できていない。延辺では自治条例、朝鮮語文工作条例が朝鮮語の首位を定めているが、中国では実質的には各級の指導者の個々の意向が行政上の具体的強制力として作用しており、彼らの中に大躍進以来の民族語無用・消失論が依然として根強く残っていることが、民族語政策の不徹底につながっている。

[付記] 一九九〇年代に入って、朝鮮族の言語使用状況をめぐる環境は、延辺や北京を中心に大きく変わってきている。

市場経済化が推し進められる中、朝鮮族地域でも漢語の優位がますます高まった。ごく日常的な例を挙げれば、延辺には朝鮮語のテレビもラジオ放送もあるが、全国ニュースは漢語から朝鮮語に翻訳する時間がかかって放送が遅れるので、商売をする者などは、いち早く情報をキャッチできる漢語の放送を聞く傾向が強くなっていると聞いた。

ただし朝鮮族の場合、他の少数民族と違って、改革開放や市場経済が必ずしも朝鮮語教育を衰退させているとはいえない状況が出てきた。韓国の存在である。一九九二年八月に韓国と中国が国交を結んでから、両国の交流はめざましく拡大し、多くの韓国企業が中国へ進出してもいる。これまで中国では、漢語を学ばなければ、少数民族は高等教育を受けられず、少数民族語では、先進技術や世界の情報へアクセスすることもできないと言ってきた。しかし朝鮮族は、今や経済的にも技術的にも中国の先を行く韓国の情報や、中国より進んだ自然科学の知識も民族語で得ることができる。中国の公的機関では漢語が使われるので、国内で地位を得るためには漢語ができなければならない状況に変わりはないが、これは朝鮮語や朝鮮語による教育に少なからぬ影響を与えると思われる。実際、朝鮮族学校の関係者の間では、韓国企業の進出によって、漢族学校に通っている朝鮮族の子ども達が朝鮮族学校に帰ってくるとの見込みも生まれている。(31) こうした動向については今後の課題としたい。

〔注〕

第一節

(1) 金炳善「延辺朝鮮族的双語教育」『民族語文』一九九二年第二期、七五～八〇頁。

(2)《朝鮮族簡史》編写組『朝鮮族簡史』延辺人民出版社、一九八六年、一九二～一九三頁。

(3) 朴奎燦他『延辺朝鮮族教育史稿』吉林教育出版社、一九八九年、三三八～三三九頁。

(4) 注(1)金炳善「延辺朝鮮族的双語教育」。

(5) 金炳善、同前論文。

(6) 一九一四年六月、吉林省東南監察署に代わって延吉道尹公署が設置され、一九二九年二月延吉交渉署の設置にともない取り消されるまで、延吉、和龍等八県を管轄した(『延辺朝鮮族自治州概況』延辺人民出版社、一九八四年、三四頁)。注(2)『朝鮮族簡史』(一七頁)は、延吉道尹・陶彬は「役所の権威に依り民衆の財産をゆする朝鮮族の悪辣なボス」で、一般の朝鮮人による抗議行動を何度か受けたと記している。

(7) 注(2)朴奎燦他『延辺朝鮮族教育史稿』二四～二五頁。

(8) 吉林省教育誌編纂委員会教育大事記編写組『吉林省教育大事記第一巻』吉林教育出版社、一九八九年、三四頁。

(9) 注(1)金炳善「延辺朝鮮族的双語教育」。

(10) 注(2)朴奎燦他『延辺朝鮮族教育史稿』三九頁。

(11) 注(1)金炳善「延辺朝鮮族的双語教育」七六～七七頁。

(12)《吉林省教育年鑑編纂委員会》『吉林省教育年鑑一九四九―一九八五』吉林教育出版社、一九九〇年、五七四～五七五頁。

(13) 注(2)朴奎燦他『延辺朝鮮族教育史稿』八一頁。

(14) 徐基述主編『黒龍江朝鮮民族』黒龍江朝鮮民族出版社、一九八八年、一七四頁。

(15) 徐基述「関於建国前黒龍江省朝鮮族国籍問題初探」『黒龍江民族叢刊』一九八七年第四期、一六～一九頁。

(16) 李埰畛『中国朝鮮族の教育文化史』コリア評論社、一九八八年、五〇～五一頁。

(17) 崔吉元「朝鮮族学校漢語文教学問題」『中国少数民族語言文字使用和発展問題』中国藏学出版社、一九九三年、二三七頁。

(18) 周保中「延辺朝鮮民族問題(一九四六年一二月)」〔延辺朝鮮族自治州档案局(館)編『中共延辺吉東敦地委延辺専署重要文件彙編(第一集)一九四五・一一―一九四九・一二』一九八五年五月〕三二七頁。周保中は当時吉林省民主政府首席、吉東軍区司令員、吉東軍政大学校長などを兼任している〔注(2)朴奎燦他『延辺朝鮮族教育史稿』八四～八五頁〕。

(19) 注（2）朴奎燦他『延辺朝鮮族教育史稿』七八～八三頁。
(20) 注（8）『吉林省教育大事記　第一巻』一一三頁。
(21) 注（18）周保中「延辺朝鮮民族問題」三二八頁。
(22) 「在延辺地委第一次拡大会議上雍文涛同志的報告及結論（一九四六年一月八日）」注（18）『中共延辺吉東敦地委延辺専署重要文件彙編（第一集）』一一頁。
(23) 「延辺軍事建設計画」一九四七年六月六日、同前書三六二頁。
(24) 延辺地委「関於延辺民族問題（一九八四年八月一五日）」同前書三八四頁。
(25) 注（22）「在延辺地委第一次拡大会議上雍文涛同志的報告及結論」一三頁。
(26) 注（24）延辺地委「関於延辺民族問題」三八六頁。
(27) 注（1）金炳善「延辺朝鮮族的双語教育」七七頁。
(28) 中国科学院民族研究所・吉林少数民族社会歴史調査組編『朝鮮族簡誌（初稿）』一九六三年、三八頁。
(29) 注（24）延辺地委「関於延辺民族問題」三八五頁。
(30) 劉俊秀「関於民族政策中的幾個問題（草案）（一九四八年一二月九日）」注（18）『中共延辺吉東敦地委延辺専署重要文件彙編（第一集）』三九二頁。
(31) 「延辺教育文化人座談会記録（一九四八年三月一三日）」同前書三八七頁。
(32) 注（30）劉俊秀「関於民族政策中的幾個問題」三九四頁。
(33) 注（2）朴奎燦他『延辺朝鮮族教育史稿』一一二頁。
(34) 注（1）金炳善「延辺朝鮮族的双語教育」七七頁。
(35) 注（24）延辺地委「関於延辺民族問題」三九〇頁。
(36) 注（30）劉俊秀「関於民族政策中的幾個問題」三九四頁。
(37) 姜永徳「延辺的漢語教学」（東北朝鮮民族教育出版社漢語文編輯室編『朝鮮族中小学漢語文教学四十年経験論文集』東北朝鮮民族教育出版社、一九九二年）二頁。
(38) 馬叙倫「関於第一次全国民族教育会議的報告（一九五一年一一月一三日）」（国家教育委員会民族地区教育司選編『少数民族教育工作文献選編』内蒙古教育出版社、一九九一年）三七～三八頁。
(39) 吉林省政府文教庁「朝鮮族高小課程配備改正に関する通知」一九五一年一二月。
(40) 注（37）姜永徳「延辺的漢語文教学」三頁。
(41) 延辺専署文教科「一九五〇年工作初歩総括（一九五〇年一二月二五日）」（延辺朝鮮族自治州档案局（館）編『中共延辺地委延辺専署重要文件彙編（第二集）一九四九・六―一九五二・八』一九八六年一二月）三五一頁。
(42) 「延辺地区朝鮮民族教育情況（一九五一年）」同前書三七五頁。
(43) 注（2）朴奎燦他『延辺朝鮮族教育史稿』一四四～一四五頁。
(44) 注（41）延辺専署文教科「一九五〇年工作初歩総括」三五七～三五八頁。
(45) 注（37）姜永徳「延辺的漢語文教学」三頁。
(46) 瀋陽市民委民族誌編纂辦公室『瀋陽朝鮮族誌』遼寧民族出版社、一九八九年、二〇三頁。
(47) 吉林省教育誌編纂委員会教育大事記編写組『吉林省教育大事記　第二巻』吉林省教育出版社、一九八九年、四九頁。
(48) 注（42）「延辺地区朝鮮民族教育情況（一九五一年）」三七五頁。
(49) 中共延辺地委「延辺民族地区情況及今後工作的幾個意見的草案（一九五〇年一〇月）」注（41）『中共延辺地委延辺専署重要文件彙編（第二集）』四一二頁。

(50) 国家教育委員会民族地区教育司選編『少数民族教育工作文献選編』内蒙古教育出版社、一九九一年、四一六～四一七頁。注（47）『吉林省教育大事記　第二巻』五八頁。

(51) 劉鴻文『論国内民族問題』（河南人民出版社、一九六〇年）は、これを批判して「度々民族言語の〝純粋化〟を口実に、新語をつくる時に漢語からの借用語を採用することに断固反対し、民衆がすでに使用している漢語からの借用語までも排斥する者がいる」と述べている（同書四三頁）。

(52) 注（28）『朝鮮族簡誌（初稿）』五一～五五頁。

(53) 注（1）金炳善「延辺朝鮮族的双語教育」七八頁。

(54) 注（28）『朝鮮族簡誌（初稿）』は、こうした動きを「朝鮮族居住地域の学校では、反右派闘争と全民整風・社会主義教育運動の基盤の上に……社会主義、民族政策、民族理論教育課程を設け、適切に時事政治学習の時間を増やし、次第に社会主義、共産主義、愛国主義の覚悟を向上させた。これを基盤として朝鮮族の教師と学生の間で漢族の先進文化と経験、漢語を学習する高潮が生じた」（同書二二〇～二二一頁）ものと説明している。

(55) 注（37）姜永徳「延辺的漢語文教学」六頁。

(56) 注（1）金炳善「延辺朝鮮族的双語教育」七八頁。

(57) 注（46）『瀋陽朝鮮族誌』二〇三頁。

(58) 注（28）『朝鮮族簡誌（初稿）』（一九六三年）二八～二九頁。

(59) 注（51）劉鴻文『論国内民族問題』四六、七三頁。

(60) 注（47）『吉林省教育大事記　第二巻』一三八頁。

(61) 注（37）姜永徳「延辺的漢語文教学」六頁。

(62) 注（47）『吉林省教育大事記　第二巻』一七〇頁。

(63) 注（37）姜永徳「延辺的漢語文教学」七頁。

(64) 注（2）朴奎燦他『延辺朝鮮族教育史稿』一七五～一七七頁。

(65) 一九七六年の延辺十年一貫性朝鮮族学校教科課程で小学校一〇六〇時間、中学五四〇時間、計一六〇〇時間。

(66) 注（3）朴奎燦他『延辺朝鮮族教育史稿』一七六～一八一頁。

(67) 오상순「이중언어교육 ── 조선족중소학교교육에서 중시를 돌려야 할 문제〈二重言語教育 ── 朝鮮族小中学校教育における重視すべき問題〉」『민족단결〈民族団結〉』一九九四年第三期、四一～四三頁。

(68)『教育大辞典第4巻（民族教育）』上海教育出版社、一九九二年、二二四五頁。

(69) 注（14）徐基述主編『黒龍江朝鮮民族』一七九頁。

(70) 注（46）『瀋陽朝鮮族誌』二〇三頁。

(71) 注（3）朴奎燦他『延辺朝鮮族教育史稿』一七八～一八〇頁。

(72) 崔鶴南・金龍植「関於延辺地区民族結構的発展変化和少数民族人口政策問題」『民族理論研究通儷』一九八三年第二号、六一頁。

(73) 注（3）朴奎燦他『延辺朝鮮族教育史稿』二〇四頁。

(74) 注（15）徐基述「関於建国前黒龍江省朝鮮族国籍問題初探」。

第二節

(1) 尹哲羽「長白朝鮮族自治県教育現状与発展設想」（王錫宏主編『中国辺境民族教育』中央民族学院出版社、一九九〇年）六五二頁。

(2)《吉林省教育年鑑》編纂委員会『吉林省教育年鑑　一九四九―一九八五』吉林教育出版社、一九九〇年、五九九～六〇〇頁。

(3) 崔吉元「朝鮮族学校双、三語教育形態」『漢朝双語対比研究』延辺大学出版社、一九八八年、一～一三頁。

（4）延辺朝鮮族自治州人民政府「搞好双語教学提高民族教育質量」『民族教育研究』一九九二年第三期、六八～六九頁。

（5）金成天・文鐘哲「丹東地区辺境民族教育述論」注（1）『中国辺境民族教育』六五八～六六八頁。

（6）金成天・文鐘哲、同前論文。

（7）現在この三盟一市となっている地域は一九六九年七月五日黒龍江、遼寧、吉林省に組み入れられたが、一九七九年五月三〇日、中央国務院の決定により、内モンゴル自治区に再編入された。

（8）玄哲豪「以改革精神発展我区朝鮮族教育事業」（内蒙古自治区民族教育研究学会編『民族教育論文集』内蒙古教育出版社、一九八七年）一四二～一四八頁。

（9）《呼和浩特市教育志》編輯委員会『呼和浩特市教育志』内蒙古人民出版社、一九八九年、七七頁。

（10）日本に照らしていえば、戸籍と住民票の役割を果すようなものである。詳しくは前田比呂子「中華人民共和国における『戸口』管理制度と人口移動」（『アジア経済』一九九三年二月号、二二一～四一頁）他を参照。

（11）北京市教育誌編纂委員会編『北京市普通教育年鑑（一九四九―一九九一）』北京出版社、一九九二年、一四三頁。内訳は、小学校が回族二六校、満洲族九校、モンゴル族満洲族合同校一校、回族満洲族合同校一校、中央民族学院附属小学校が一校。中学は回族四校、満洲族三校、中央民族学院附属中学とチベット中学。

（12）関辛秋「訪北京朝鮮語学校」『民族』一九九三年第八期、一八～二〇頁。

（13）李雪松「朝鮮語学習班辦的好」『民族団結』一九九一年一一月号、九頁。

（14）趙書「北京少数民族人口状況分析」『中央民族学院学報』一九九三年第四期、一八～二七頁。

第三節

（1）朴泰秀「試談黒龍江省朝鮮語使用現状及一些想法」『黒龍江民族叢刊』一九九〇年第一期、八〇～八四頁。

（2）《吉林省教育年鑑》編纂委員会『吉林省教育年鑑一九四九―一九八五』吉林教育出版社、一九九〇年、二〇五頁。

（3）宣徳五「我国朝鮮族双語使用情況浅析」『民族語文』一九八五年第五期、四五～四八頁。

（4）金炳鎬『中国朝鮮族人口簡論』中央民族大学出版社、一九九三年、七九、八〇、九八頁、一〇三～一四一頁の「黒龍江省朝鮮族村人口及比例発展変化統計」。

（5）朝鮮族満洲族郷、朝鮮族シボ族郷など、他の少数民族と連合のものも含めた数。朝鮮族単独のものに限れば、黒龍江省一七、吉林省八、遼寧省五、内モンゴル自治区一となる。一九五四年の中華人民共和国憲法は第五三条で県以下の行政単位のひとつとして民族郷の設立を規定した。民族郷は自治区、自治州、自治県のような民族自治地方ではないが、民族郷の人民代表大会は法律の定める権限に基づき、民族の特徴にかなった具体的な措置をとることができるとされている。

（6）金炳鎬「中国朝鮮族民族郷社会状況簡析」『満族研究』一九九三年第四期、八〇～九〇頁。

（7）注（3）宣徳五「我国朝鮮族双語使用情況浅析」。

（8）注（1）朴泰秀「試談黒龍江省朝鮮語使用現状及一些想法」。

（9）孫運来・沙允中主編『吉林省辺彊民族地区穏定和発展的主要問

題与対策』中央民族大学出版社、一九九四年、三〇〇〜三〇四頁。
(10) 文鐘哲「丹東地区朝鮮族歴史及現状調査」『満族研究』一九九三年第二期、八九頁。
(11) 劉鴻文『論国内民族問題』河南人民出版社、一九六〇年、六五〜六九、七三頁。
(12) 注(9)『吉林省辺彊民族地区穏定和発展的主要問題与対策』二七二頁。
(13) 尹哲羽「長白朝鮮族自治県民族教育現状与発展設想」(王錫宏主編『中国辺境民族教育』中央民族学院出版社、一九九〇年)六四七〜六五七頁。
(14) 金炳鎬「中国朝鮮族人口発展和分布変化的趨勢」『民族研究』一九九二年第二期、一四〜一八頁。
(15) その後一九九〇年代末までに、北京市の私立韓国語学校(黄有福校長)の分校が瀋陽、長春、ハルピン、牡丹江、吉林、石家庄、威海の八都市にできたという。また一九九三年、天津市で私立朝鮮語学校が開校し、一九九四年には、北京で私立全日制寄宿朝鮮族学校(金正国校長)が創立されている。李得春「朝鮮語教育面臨的問題及解決途径」『民族語文』一九九八年第四期、五七頁。
(16) 注(4)金炳鎬『中国朝鮮族人口簡論』七三頁。
(17) 注(1)朴泰秀「試談黒龍江省朝鮮語使用現状及一些想法」。
(18) 張天路主編『中国民族人口的演進』海洋出版社、一九九四年、一六九頁の表「内蒙古各民族人口職業構成状況」。
(19)「中国北方将要掘起的〝香港城〟——琿春開発区見聞録」『留学生新聞』一九九三年一一月。
(20) 車哲九「評介延辺朝鮮族自治州和長白朝鮮族自治県改革開放十多年来的経済発展」『民族理論研究』一九九二年第四期、六頁。
(21) 注(3)宣徳五「我国朝鮮族双語使用情況浅析」。
(22) 注(9)『吉林省辺彊民族地区穏定和発展的主要問題与対策』二〇九〜二一〇頁。
(23) 注(1)朴泰秀「試談黒龍江省朝鮮語使用現状及一些想法」。
(24) 윤혁교「특수조치의 하나 — 장춘시관성구조선족소학교의 통학뻐스를 두고(特殊な措置のひとつ — 長春市寛城区朝鮮族小学校の通学バスについて)」『중국조선족어문(中国朝鮮族語文)』一九八九年第四期、二一〜二二頁。
(25)「烏蘭浩特第三中学(朝鮮族中学)的調査報告」(内蒙古自治区教育局『内蒙古自治区民族教育文件彙編』第三集、一九七九年)一七頁。
(26) 那吉屯朝鮮族中学「呼倫貝爾盟阿栄旗朝鮮族中学教育的歴史和現状」(劉世海主編『内蒙古民族教育研究』内蒙古大学出版社、一九八九年)二一〇〜二一七頁。
(27) 内蒙古朝鮮族研究会『内蒙古朝鮮族』内蒙古大学出版社、一九九五年、一九六頁。
(28)『内蒙古自治区校史選編 普通中学職業中学部分』内蒙古教育出版社、一九八七年、一二五頁。
(29)「内蒙古自治区朝鮮族教育工作紀要」(烏蘭図克・斉桂芝主編『内蒙古自治区民族教育文集(一九六六—一九九〇)』内蒙古大学出版社、一九九〇年)二四二頁。
(30) 崔京善「論社会主義初級階段朝鮮語文的地位」『中国少数民族語文文字使用和発展問題』中国藏学出版社、一九九三年、二四〜二五頁。
(31) 高崎宗司『中国朝鮮族 歴史・文化・生活・民族教育』明石書店、一九九六年、二一七頁。

第二章　中国モンゴル族の民族教育

中国のモンゴル族は一九九〇年現在、約四八七万七千人で、そのうち七〇・二％（三三七万五千人）が内モンゴル自治区に住んでいる。モンゴル族はこの他、遼寧省（五八万七千人、一二・二％）、吉林省（一五万七千人、三・三％）、河北省（一四万三千人、三・〇％）、黒龍江省（一四万人、二・九％）、新疆ウイグル自治区（一三万八千人、二・九％）、青海省（七万一千人、一・五％）などに住んでいる。これら七つの自治区・省と甘粛省に、モンゴル族の自治地方として一自治区、三自治州、八自治県がある（表2―1）。

一九八六年から八九年にかけて行われた抽出調査に基づく推算によれば、モンゴル族のうち、第一言語としてモンゴル語を使う者が約八一％（約二七五万人）、漢語を使う者が約一八％（六二万人）であり、モンゴル語のモノリンガルは約五六％（一五四万人）だという。四川省のモンゴル族（約一万五千人）は、ナシ語に近い言葉を話し、青海省河南モンゴル族自治県のモンゴル族（約一万八千人）はチベット語を使い（ただし同県の二つの郷のモンゴル族牧畜民はモンゴル語の日常語を少し話す）、雲南省のモンゴル族（約六千余人）は、イ語に近い言葉を話す。新疆自治区のモンゴル族は、ウイグル、カザフ語が聞き取れる者が多く、会話ができる者もいる。いっぽう漢族のうち約六万人、エヴェンキ族、ダウル族、オロチョン族のうち約二万人がモンゴル語を兼用しているという[1]。

中国では国内のモンゴル語を三方言に分けているが[2]、モンゴル語はかなり統一性が高く、南方少数民族の「方言」のように意思疎通ができないほど違うというものではない[3]。一九八〇年三月三一日、内モンゴル自治区人民政府は、八省区モンゴル語事業協力グループの「モンゴル語の基礎方言、標準音の確定とモンゴル語音標の試行に関する請示報告」に基づいて、中部方言のチャハル方言を標準語にすることを決めた[4]。

内モンゴル、新疆ウイグル自治区、青海、甘粛省にあるモン

1982年			1990年			1953～1990年	
人数	%	増加数（64～82）	人数	%	増加数（82～90）	増加数（人）	増加比（倍）
19,274,281		6,925,643	21,456,798		2,182,517	15,356,694	3.52
2,489,378	12.9	1,104,843	3,375,230	19.4	885,852	2,486,995	3.80
16,277,616	84.5	5,534,160	17,298,722	80.6	1,021,106	12,178,794	3.38
540,991		210,509	625,149		84,158	435,049	3.29
30,762	5.7	10,642	45,892	7.3	15,130	30,531	2.99
500,443	92.5	194,634	561,251	89.8	60,808	389,398	3.27
218,734			235,680		16,946	157,057	3.00
32,429	14.8		42,676	18.1	10,247	29,373	3.21
183,398	83.8		188,254	79.9	4,856	123,520	2.91
372,393			399,230		26,837	191,192	1.92
43,928	11.8		68,397	17.1	24,469	45,944	3.05
326,276	87.6		328,193	82.2	1,917	143,856	1.78
675,700		200,300	705,145		29,445		
128,500	19.0	39,100	138,763	19.7	10,263		
541,900	80.2	158,400	558,413	79.2	16,513		
464,568			493,321		28,753		
3,084	0.7		57,117	11.6	54,033		
442,568	95.3		189,835	38.5	-252733		
17,260	3.7		243,823	49.4	226,563		
755,399		420,353	839,162		83,763		
37,225	4.9	13,234	41,157	4.9	3,932		
264592	35.0	110,875	309,489	36.9	44,897		
40,036	5.3	19,603	47,213	5.6	7,177		
409,617	54.2	274,424	436,277	52.0	26,660		
287,017		168,317	328,005		40,988	287,504	8.10
21,334	7.4	7,856	23,467	7.2	2,133	13,283	2.30
30,303	10.6	12,733	35,709	10.9	5,406	16,615	1.87
38,445	13.4	20,013	46,073	14.0	7,628	37,350	5.28
186,562	65.0	120,427	208,240	63.5	21,678	206,644	130.48
35,384		12,999	41,841		6,457	31,999	4.25
13,029	36.8	4,881	14,296	34.2	1,267	8,691	2.55
10,106	28.6	4,390	11,799	28.2	1,693	7,943	3.06
10,616	30.0	2,889	14,067	33.6	3,451	13,982	165.49
269,651		151,658	312,327		42,676	276,399	8.69
18,664	6.9	7,507	21,603	6.9	2,939	13,422	2.64
23,684	8.8	11,390	30,997	9.9	7,313	22,998	3.88
212,626	78.9	124,457	237,116	75.9	24,490	234,398	87.24
20,581		9,208	25,074		4,493	13,175	2.11
18,076	87.8	10,833	22,694	90.5	4,618	11,086	1.96
893	4.3	-2536	679	2.7	-214	660	35.74
1,237	6.0	622	1,254	5.0	17	1,003	5.00
9,516		5,193	10,933		1,417	8,629	4.75
3,834	40.3	1,618	4,151	38.0	317	2,182	2.11
5,584	58.7	3,552	6,637	60.7	1,053	6,365	24.40

1991年、４、17～25頁、『内蒙古自治区第四次人口普査手工彙総資料彙編』
国財政経済出版社、1988年、330頁。『新疆統計年鑑1991』中国統計出版社、
編』1984年、208～210頁、中国社会科学院民族研究所・国家民族事務委員
44、51、83、187、194、219、233、259、311、329頁。

表2－1　モンゴル族自治地方の民族別人口

			1953年		1964年		
			人数	%	人数	%	増加数（53～64）
内モンゴル自治区		総人口	6,100,104		12,348,638		6,248,534
		モンゴル族	888,235	14.6	1,384,535	11.2	496,300
		漢族	5,119,928	83.9	10,743,456	87.0	5,623,528
吉林省	前ゴルロス・モンゴル自治県	総人口	190,100		330,482		140,382
		モンゴル族	15,361	8.1	20,120	6.1	4,759
		漢族	171,853	90.4	305,809	92.5	133,956
黒龍江省	ドゥルベット・モンゴル族自治旗	総人口	78,623				
		モンゴル族	13,303	16.9			
		漢族	64,734	82.3			
遼寧省	ハラチン左翼モンゴル族自治県	総人口	208,038				
		モンゴル族	22,453	10.8			
		漢族	184,337	88.6			
	阜新モンゴル族自治県	総人口			475,400		
		モンゴル族			89,400	18.8	
		漢族			383,500	80.7	
河北省	圍場満洲族モンゴル族自治県	総人口					
		モンゴル族					
		漢族					
		満洲族					
新疆ウイグル自治区	バヤンゴル・モンゴル自治州	総人口			335,046		
		モンゴル族			23,991	7.2	
		ウイグル族			153,717	45.9	
		回族			20,433	6.1	
		漢族			135,193	40.4	
	ボルタラ・モンゴル自治州	総人口	40,501		118,700		78,199
		モンゴル族	10,184	25.1	13,478	11.4	3,294
		カザフ族	19,094	47.1	17,570	14.8	-1524
		ウイグル族	8,723	21.5	18,432	15.5	9,709
		漢族	1,596	3.9	66,135	55.7	64,539
	ホボクサイル・モンゴル自治県	総人口	9,842		22,385		12,543
		モンゴル族	5,605	56.9	8,148	36.4	2,543
		カザフ族	3,856	39.2	5,716	25.5	1,860
		漢族	85	0.9	7,727	34.5	7,642
青海省	海西モンゴル族チベット族自治州	総人口	35,928		117,993		82,065
		モンゴル族	8,181	22.8	11,157	9.5	2,976
		チベット族	7,999	22.3	12,294	10.4	4,295
		漢族	2,718	7.6	88,169	74.7	85,451
	河南モンゴル族自治県	総人口	11,899		11,373		-526
		モンゴル族	11,608	97.6	7,243	63.7	-4365
		チベット族	19	0.2	3,429	30.2	3,410
		漢族	251	2.1	615	5.4	364
甘粛省	粛北モンゴル族自治県	総人口	2,304		4,323		2,019
		モンゴル族	1,969	85.5	2,216	51.3	247
		漢族	272	11.8	2,032	47.0	1,760

出所：国務院人口普査辦公室『中国第四次人口普査的主要数据』中国統計出版社、
中国統計出版社、1991年、118～119頁、曹明国『中国人口・吉林分冊』中
1991年、84～90頁、河北省人口普査辦公室『河北省第三次人口普査資料彙
会文化宣伝司主編『中国少数民族語言使用状況』中国藏学出版社、1994年、
注：空白はデータなし。河南モンゴル族の最初の統計は1954年のものである。

ゴル族小中学校の多くは、全教科をモンゴル語で教え、小学校三年生から漢語の授業を加える形の二言語教育をしている。黒龍江、吉林、遼寧省及びこの三省に隣接する内モンゴル自治区東部、河北省などでは、モンゴル語がよく使われる地域の学校ではモンゴル語で授業をしているが、一般に漢語の影響が大きく、モンゴル族の小中学校でも漢語で授業をし、モンゴル語は一教科として教える形の二言語教育をしている所が多い(5)。

中国の少数民族教育の中で、民族語、漢語、外国語の三言語教育を普及させ、民族語を取り戻す教育をしているのは、延辺の朝鮮族と内モンゴルのモンゴル族だけである。両者の民族教育は、少なくとも筆者が現地調査に訪れた新疆や雲南の民族教育関係者からは、先進的な例とみられていた。こうした意味で、延辺を心とする朝鮮族と内モンゴルを中心とするモンゴル族の教育は、一つの範疇に分類できると思う。ただし、モンゴル族は中世から近現代まで中国内地との関わりが、朝鮮族に比べて深く、そのことにより中国のモンゴル族教育は、朝鮮族教育とは違う特質を持っている。

まず第一に、清朝末期から中華人民共和国成立までの経緯からみて、モンゴル族教育は中国少数民族教育のひな形になった(これは少数民族政策、区域自治政策全般についてもいえる)。朝鮮族が東北三省に集住しているのに対し、モンゴル族は、かつて広大な土地を支配した歴史的な経緯から、現在も居住範囲が非常に広く、東北、内モンゴル、西北地方の八つの省・自治区に自治地方をもつ他、南方にもある程度住んでいる。この二点から、モンゴル族教育の経緯と現状を検証することで、中国少数民族教育がどう形成されてきたか、またそれが全国各地でいかに機能しているか(東部、西部、南部の違い、自民族の自治地方、他民族の自治地方、非民族自治地方などの違い)を、かなりの部分網羅することができると思われる。

そこで本章では、二〇世紀前半におけるモンゴル族の教育を内モンゴルを中心にとらえ、続いて中華人民共和国におけるモンゴル族の言語使用状況や民族教育を、内モンゴル自治区、中国東北地方(遼寧、黒龍江、吉林省)、中国西北地方(新疆ウイグル自治区、青海、甘粛省)それぞれの実状を明らかにすることから、捉えてみたい。

一　二〇世紀前半のモンゴル族教育
——内モンゴル地方を中心に

一六世紀後半頃のモンゴルは大きくみて、チャハルを中心とする東モンゴル、ハルハを中心とする北モンゴル、オイラートの西モンゴルに三分されていた。このうち東モンゴル一六部は清朝が成立する一六三六年以前にヌルハチ、ホンタイジに降り、ハルハはガルダンの侵入を契機として一六九一年に清朝に服従し、オイラートはジューンガルが一七五五年乾隆帝の清軍に滅ぼされ、清朝に降った。こうして、ロシア帝国の支配下に入ったブリヤートとカルムィクを除くモンゴルを統治するに至った清朝は、自らに早くから降った、首都の北京にも近いモンゴル南部を内モンゴル、後から降り、北京からも遠い北部を外モンゴルと名づけ、内モンゴルを六盟四九旗に、外モンゴルのハルハ四部（アイマグ）を四盟八六旗に編成したのである。[1]

清朝は内モンゴルでは早くから厳格に盟旗制を実施していたが、ハルハについては乾隆帝がジューンガルを滅ぼした後、一七八〇年代から盟の境界を定めるようになる。外モンゴル、青海及び新疆のトルグートなどは、もともとあった部と新しくつくった盟とが人的にも地域的にもほぼ同じだったが、内モンゴルでは旧来の部と盟の間にこうした関連がほとんどなく、清朝の内モンゴルへの支配が他のモンゴル地域より強かったことを物語る。また内モンゴルではチャハル親王家が清朝に滅ぼされたが、ハルハには宗教的権威、地域統合の要としてジェブツンダムバ・ホトクトが存在し続けた。[2]中国本土と直接隣り合わせる内モンゴルは、あらゆるレベルで外モンゴルよりも清朝の統制を強く受け、その変化の波を被りやすかったといわれる。[3]

こうした違いが、清朝崩壊後の内モンゴルと外モンゴルの命運を分けたといえよう。一九一一年七月一一日、清朝が辛亥革命で崩壊すると、ハルハ地方のモンゴル人はジェブツンダムバ・ホトクトをたてて、独立を宣言した。[4]いっぽう内モンゴルは、一九一二年に成立した中華民国に組み込まれたのである。

中華民国は、清朝末期から出ていた内モンゴルの内地化という案を実行に移し、[5]内モンゴルとチャハル八旗、イフミンガンウーレト旗、シレートフレー・ラマ旗を、綏遠《スイユエン》（一九一三年一一月設立）、熱河《ルーハー》（一九一四年一月設立）、チャハル（一九一四年六月設立）の三つの特別行政区に分け、さらに一九二八年八月二九日の国民党中央政治会議第一五二会議によって、それぞれ特別行政区から省に変えた。こうして清朝時代、藩部であった内モンゴルは内地となり、モンゴル地域への漢人の移住と開墾が一層増大したのである。これに対し、モンゴル族の間では不満が高まり、その反発が後にデムチュクドンロブらの高度自治を求める運動を引き起こす伏線ともなる。

こうした情勢を見つめながら、毛沢東《マオザートン》は一九三五年一二月二〇日の「内モンゴル人民に対する宣言」の中で「熱河、チャハル、綏遠省を廃止し、もともとの内モンゴル六盟、二四部、四九旗、チャハルとトゥメッドの二部、寧夏三特旗の全域を内モンゴル人民に返し、内モンゴル民族の領土とする」と宣告する。[6]中華人民共和国はこの公約を実行し、一九五六年までに熱河、チャハル、綏遠省を廃止して、内モンゴルをほぼ清朝時代の領域に戻した。[7]これが現在の内モンゴル自治区である。

本節では、二〇世紀前半の中国のモンゴル族教育を、この内モンゴル地方[8]を中心に、清朝末期（一九〇〇年代）、中華民国の単独統治期（一九一〇年代から三〇年代初め）、満洲事変から日中戦争期（一九三〇年代初め～四五年）の三つの時期に分けて、紹介したい。

1　清朝末期（一九〇〇年代）

一九〇二年一〇月、ジョスト盟ハラチン右旗で、グンセンノロブ（ジョスト盟盟長、ハラチン右旗のジャサグ親王）[9]が、モンゴル社会ではじめての近代式学校とされる崇正学堂を開いた。グンセンノロブは崇正学堂に続き、モンゴル初の女子学校――毓正女学堂と、軍事学校――守正武学堂をつくっている[10]。

一九〇〇年に義和団の事件が起こり、北京が八カ国連合軍に蹂躙されると、清朝政府は本格的な教育改革に乗り出し、一九〇二年八月一五日に「欽定学堂章程」、一九〇四年一月一三日に「奏定学堂章程」を発し、科挙制度と官学を廃止し、大日本帝国をモデルにした新式の学校制度の導入を図った。グンセンノロブの教育事業は、この清朝末期の教育改革に呼応したものだったといわれる[11]。モンゴル人の近代教育が、中国の中央政権とのつながりの中で始まっている点は、朝鮮人やウイグル人と異なる特徴だ。だが同時にこれらの学校は、グンセンノロブが中国内地や日本を見てまわって教育の重要さを痛感し、王府の財を費やしてつくり、運営したものであり、その意味で紛れもなくモンゴル人の手によるモンゴル民族の近代教育の始まりだった。そのことは教育の中味からもうかがえる。

授業内容をみると、崇正学堂では、言語としてモンゴル語、漢語、後には日本語などの外国語も教えていた。地理と歴史は、グンセンノロブが編さんさせた「ハラチン源流要略便蒙」（モンゴル語、漢語対訳）を教科書として、モンゴル諸旗の地理や歴史を教えていた[12]。教師は、最初モンゴル人と漢人を、後には日本人の教師も雇っている。崇正学堂は宿舎、食堂、図書館も備え、モンゴル語の新聞も発行し[13]、またグンセンノロブは、モンゴル文字で書かれた教材を作るため、モンゴル語の印刷館も建てた[14]。

毓正女学堂は、グンセンノロブが訪日を契機として、女子教育の重要さを知り、設立したものといわれる[15]。日本から河原操子を招き、日本語、音楽、図画、裁縫などを教え、漢文の教師は北京から招いた。こうして毓正学堂は日本人とモンゴル人一人、漢人二人を教師として始まり、日本語、モンゴル語、漢語を使って授業をし、読書（日本語、モンゴル語、漢語）、日本語、算術、地理、歴史、唱歌（日本、モンゴル）などを教えるようになった。日本との関係が深いのもグンセンノロブの教育事業の特徴で、一九〇四年冬、軍事教練を行うためにつくった守正武学堂では、陸軍歩兵大尉の伊藤柳太郎と元陸軍中尉の吉原四郎を教員として招き、軍事教育をしたという[16]。

グンセンノロブの学校は子どもを貧富の差なく受け入れ、食費、宿舎費、服装、教科書、文具などはすべて無料にした。民国元年（一九一二年）までに、崇正、毓正、守正武学堂の卒業生は六〇〇人にのぼり、グンセンノロブは卒業生のうち優秀な者を北京や天津、上海、日本などの学校に進学・留学させた。

モンゴル文字の活字をつくった蒙文書社の社長、テムゲトなどの人材がその中から輩出することになる[17]。グンセンノロブは、教育改革のみならず、文字改革にも着手し、ローマ字を応用したモンゴル文字をつくって軍隊や旗の住民の間で普及させたともいわれる[18]。

　ハラチン旗にならって、ジリム盟ホルチン左翼前旗でも、同旗のジャサグ・ビント郡王グンチュグスレンが、日本人教師を招聘した新式学堂――蒙漢小学堂を建てた。この他ジリム盟では、ホルチン左翼後旗に旗王府の官吏によって蒙古学堂が、昌図府城外にホルチン左翼三旗蒙漢両等小学堂が開かれている[19]。

　モンゴル人教育の発端は、日露戦争の前後にわたる時期に重なっている。前述したグンセンノロブの訪日は、日本が若手のモンゴル人や満洲人の王公数名を第五回内国勧業博覧会（大阪）へ招待したもので、グンセンノロブにとっては「近代的」改革と組織の重要性、軍事力の必要性、そしてこれらの基礎となるのが「新式」教育であると認識する契機になったというが、その背後には、義和団事件のあと、中国東北地方でのロシアとの対立に備え、現地勢力との接近を図るという日本側の戦略的狙いがあった[20]。清朝は、こうした情勢の中で、日露戦争終結後、ロシアと日本の内モンゴル地域への侵略に危機感を抱き、一九〇五年頃から、中央の立憲改革、軍事体制の改編に取り掛かるとともに、モンゴル地域に対する政策を急変させた[21]。その中で「移民実辺」と呼ばれる漢人移住の奨励や草原の大規模な開墾を行ったり、新式学堂をつくり、それまで禁止していたモンゴル人の漢文学習・使用を積極的に推進したり、またモンゴル人と漢人の結婚を報奨付きで奨励するようにもなる[22]。

　そのため一九〇〇年代、内モンゴル地域で開かれた新式の学校は、前述したモンゴル王公が自ら興した学校の他に、清朝の駐防将軍らがモンゴル八旗[23]の子ども達を教育するために建てた学校があり、各地の府、庁、州、県（その中にはモンゴルの草原開墾後、設けられた庁、県もある）が設立した学校もあった。一九〇二年、清朝が新しい軍隊の士官を養成するために建てた、綏遠城武備学堂（陸軍小学堂）などが前者[24]、一九〇三年、帰化城の古豊書院をもとに開かれた帰綏中学堂や、一九〇六年に帰化城トゥメッド旗で啓運書院をもとに開かれた高等小学堂は後者にあたる。また奉天省が建てた蒙文学堂（一九〇六年設立、後に蒙文高等小学堂）、黒龍江が建てた満蒙師範学堂（一九〇八年、チチハル）など、内モンゴルに隣接する省が建てたモンゴル人を受け入れる学校もあった[25]。

　こうして二〇世紀初頭は、内モンゴル東部のハラチン、トゥメッド、ナイマン、オンニュード、オーハンなどがモンゴル文化の中心になったという[26]。

2　中華民国政府の単独統治期（一九一一年～三〇年代初め）

この時期は、北洋軍閥統治期と、蔣介石《ジャンカイシク》が南京に国民政府を樹立した一九二七年以降に分けて見てみる。

(1) 北京(北洋軍閥)政府期(一九一一〜一九二七年)

北洋軍閥政府期は内戦が頻発し、教育事業は十分に顧みられていたとはいえない。民国初期、モンゴル族の新式学校は少なく、その数は一九一九年(民国八年)段階で、内モンゴルの五〇旗のうち、二八旗に合計三〇校だったという。それが国民政府成立後の一九三二年(民国二〇年)には、三〇旗に小学校が一五八校できていた[27]というから、モンゴル族学校の建設が本格的に進んだのは、国民政府期になってからだといえよう。

北洋軍閥政府期は、蒙藏(モンゴル・チベット)事務局(一九一四年から蒙藏院)の中にモンゴル、チベットの教育問題を扱う機関として民治科があったが、モンゴル族教育事業は全国で統一されておらず、それぞれの地域でケース・バイ・ケースで行われていたようだ。内モンゴル地方(熱河、綏遠、チャハル特別地区)と中国東北地方の状況を概観してみよう。

中華民国が成立し、五族共和が提唱されると、熱河特別行政区はモンゴル族地域で新式の学堂や学校をつくった。一九一三年(民国二年)七月に、赤峰《チーフォン》(オラーンハダ)県が建てたモンゴル族小学校、一九一五年にヘシグテン旗にできた萃英小学校は、いずれもモンゴル語で授業を行い、漢語を一教科として教えていたという[28]。

綏遠特別行政区では一九一五年、トゥメッド旗にトゥメッド高等小学校(前身はトゥメッド高等小学堂)が建てられ、一九一七年には、帰化城(現在のフフホト市)にトゥメッド特旗第一小学校ができ、漢文やモンゴル文などを教えるようになった[29]。オラーンチャブ盟では、一九一九年頃までに、各盟旗に小学校か中学が建てられ、当初は漢族の教師が、漢語で四書や五経などを教えていたが、一九二〇年代になると教育内容の改革を行い、学校によっては満洲語やモンゴル語を教えるようになる。一九二七年に建てられた満達学堂は、主にモンゴル、満洲、チベット語を教えていた[30]。また一九二五年にはオラッド三公旗(西公旗、中公旗、東公旗)が、包頭《バオトウ》(ボゴト)で初めてのモンゴル語を教える学校——三公旗小学校を建てている。同校の在校生は漢族が多かったが、みなモンゴル文を学んでいたという[31]。

チャハル特別区では、その設置後、チャハル八旗の各々に公立学校をつくることにし、一九一六年から一九一七年の間に、チャハル一二旗・群でモンゴル族公立学校を一二校設立している。ただしこれらの学校は全て漢語で授業を行ったという[32]。

いっぽう中国東北のモンゴル地域では一九一五年、ホルチン左翼に公立のモンゴル・漢小学校が、チチハル市に黒龍江省立モンゴル旗中学が建てられ、語文(漢語)、モンゴル語や一般教科を教え始めた[33]。一九二八年(民国一七年)には、ゴルロス後旗、ドゥルベット、イフミンガン、チチハル・モンゴル旗辦事処が共同で拠出し、かつ黒龍江省教育庁の援助を受けて、チチハル・モンゴル旗師範学校がつくられている。また一九二九年（民国一八年）七月には、瀋陽に東北モンゴル旗師範学校がつくられ、張学良《ジャンシュエリャン》が理事長となった（同校は一九三六年、チチハル・モンゴル旗師範学校と併合され、興安師範学校に改名[34]）。

こうしてみると、北洋軍閥政府期は、各モンゴル地域の教育は内容からして統一されておらず、各地域ごとに統治者（軍閥）とモンゴル族との交渉の中で、ばらばらに行われていたとみられる。ただし、中央ではいち早く、中華民国成立後、蒙藏事務局の総裁となったグンセンノロブが、清朝時代の威安宮学、タングート学（チベット語翻訳官養成所）、トド学（オイラート・モンゴル文翻訳官養成所）と理藩院が建てた蒙古学堂をもとに、一九一三年、国立蒙藏専門学校（のち、北平蒙藏学校と改称）を設立している[35]。

（2）国民政府期

一九二七年（民国一六年）四月、蔣介石が南京に国民政府を樹立し、一九二八年に蒙藏委員会が設立された。国民政府は、一九二九年六月一七日の国民党中央執行委員会の「モンゴル・チベットに関する決議案（関於蒙藏之決議案）」に基づき、一九三〇年、教育部に蒙藏教育司を設け、国立蒙藏専門学校を北平蒙藏学校に改組した[36]。また蒙藏委員会は、一九二九年七月の蒙藏委員会施政綱領の第七項「教育の振興」で、各種モンゴル、チベット書籍の翻訳や、モンゴル、チベット地域で各級学校や職業学校をつくる方針を定めた。こうして、国民政府は成立当初の比較的早い時期からモンゴル族教育事業に着手しているが、それは一九二〇年代のモンゴル族の民族運動がもたらした成果だったのではないかと思われる。その経緯を少し紹介しよう。

一九二〇年代のモンゴル族運動といえば、まず内モンゴル人民党の誕生が挙げられる。これは一九二三年、フルンボイルで郭道甫《クォタオフー》（メルセー）らを中心に結成されたフルンボイル青年党と、熱河特別地区のハラチンで、白雲梯《バイユンティ》を中心に結成された内モンゴル国民党が、一九二五年一〇月に連合してできた党である（本部はチャハル特別区の張家口）。内モンゴル人民革命党は、教育に関する綱領として、国費でモンゴルの大中小の平民学校を設立し、貧民の子どもは学費を免除することなどを掲げていたが、郭道甫ら左派と白雲梯ら右派の路線対立で党自体が内部分裂したため、スローガンに終わってしまった。左派（フルンボイル青年党）は一九二七年独立を宣言するが、郭道甫ら漸進主義派と富明泰ら急進派でさらに内部分裂し、右派（内モンゴル国民党）は一九二八年、改組されて国民党内モンゴル特別党部となり、白雲梯、李丹山、伊徳欽（イ・デチン）が蒙藏委員会の委員となる[37]。こうしてモンゴル族の主体的組織は一旦なくなり、中国国民党の内部に入ってモンゴル族の権益をはかるグループが生まれ、運動の方式も国民党のモンゴル族政策の改善をはかる方向に変っていく。

一九二〇年代末のモンゴル族運動は、内モンゴルの内地化の撤回と、これ以上の開墾や漢人移住を防ぐことを中心に展開された[38]。前述したように、中華民国は一九二三年、内モンゴルを綏遠、熱河、チャハルの三つの特別行政区に分割し、さらに一九二八年九月にこれら特別行政区を省に変え、内地化を図った。モンゴル族側はこれに対し、一九二八年七月、一一月、一九二九年一月、南京に代表を送って国民政府首脳部に会い、新設した熱河、チャハル、綏遠、青海省に各々モンゴル旗自治委員会を設けることなどを求める活動をしている。一九二九年六月一四日には、内モンゴル各盟旗が国民政府に対し、「内モンゴルの盟旗制度はすべて旧来の通りとし、県を設立してはならない」「内モンゴルの未開墾地域は何者の名義によっても、これ以上開墾してはならず、すでに開墾したものは、その土地所有権は依然としてモンゴル人に帰する」ことなど六項目の要求を打ち出した。国民党中央常務委員会が「訓政時期約法（暫定憲法）」の起草を始めた一九三一年三月には、モンゴル各盟旗駐京聯合辦事処は、暫定憲法起草委員会に対し、（一）国内の弱小民族の扶助に注意し、自決自治を行わしめる、（二）モンゴル地方は旗を自治単位とし、盟を旗と中央をつなぐ機関とする、（三）モンゴルの土地や各種資源を開発する際は、まずモンゴル人の生計と安全を保障する、（四）中央がモンゴルの教育文化事業の振興を援助するための資金を拠出することなどを求めている。

これら再三の要求を受けて、国民党政府は一九三〇年五月下旬から六月上旬にモンゴル会議を開き、モンゴル地域の盟旗制度、自治、文化、教育問題などを討議し、一九三一年一〇月一二日、熱河、チャハル、綏遠にしいた省、県制を維持したまま、モンゴル族の牧草地を保護し、盟旗の地方自治を行うこと等を盛り込んだ「モンゴル盟部旗組織法」を公布した。同法は従来の盟旗制度が有効であり、モンゴル各盟と特別旗は行政院に属し、省と盟旗の間には従属関係はないとした。そのため同じ内モンゴル地域にモンゴル人を治めるモンゴル盟旗と、漢人を治める熱河、チャハル、綏遠省及び各県政府の二種類の行政区画が併存することになったのである[39]（**地図2—1**）。

以上のような経過の中で、一九三〇年二月、蒙藏委員会のモンゴル会議は「モンゴル教育に関する決議案」を採択した。ここには①民国二〇年（一九三一年）までに、モンゴル各旗で、学齢児童の数に応じて小学校を一校以上は建てるようにし、しだいに普及させる、②モンゴル各盟に六年以内に中学を一校ずつ建てる、③（同様に）当地の需要に照らして職業学校を一校ずつ建てることなどが盛り込まれている。またモンゴル、チベット族を優待措置をとって内地の大学に進学させる、大学に蒙藏クラスをつくるなどの方針を定めたが、日本の侵略で実現しなかったという[40]。

蒙藏委員会では、モンゴル事務処の第二科がモンゴル族教育

地図２−１　中華民国のモンゴル地域の行政区画

盟、部、特別旗	相応する省
プトハ部 フルンボイル盟	ヒンガン盟
ジリム盟	遼北省 吉林省 嫩江省
ジョーオダ盟 ジョスト盟	熱河省
シリンゴル盟 チャハル盟	チャハル省 綏遠省東部
オラーンチャブ盟 イフジョー盟	綏遠省
イフミンガン特別旗	黒龍江省
トゥメッド特別旗	綏遠省
エジネー旧トルグート特別旗 アラシャン・ホショート特別旗	寧夏省
チンサイチルト盟 バトサイチルト盟 ウヌンスルジュクト東、南、西、北四路盟	新疆省
青海左翼盟 青海左翼盟	青海省

＊モンゴル盟部旗組織法（民国二〇年、一九三一年）による。盟と部は省、特別旗は直轄市、旗は県に相当する行政単位。

出所：薛人仰主編『蒙藏概況』台湾中華書局、1984年、28～29頁及び「蒙藏同胞聚居区略図」他をもとに筆者作成。地名の片仮名表記はフフバートル氏のご教示による。

事業を担当していたが、具体的な活動は、今一つ明らかではない。一例を挙げると、一九三〇年秋、河套地区に属するイフジョー盟でこの地域初の国立の新式学校[41]——ジューンガル旗同仁小学校が設立されたが、蒙藏委員会は同校設立のため辺疆教育経費二〇〇〇元を拠出し、開校後は毎年一五〇〇元を支給することを約束していたという。同仁小学校の教科課程は、全て国民党教育部の統一規定に基づいていた[42]。

民国期にはモンゴル族教育に関わる団体として、蒙蔵教育委員会、蒙古教育研究会、瀋陽蒙古文化促進会、チャハル省教育庁モンゴル旗教育促進委員会、フルンボイル盟教育行政委員会などがあった[43]というが、これらがどんな活動をしていたのかは、不明である。ただ後述するように、青海省や新疆省では蒙藏文化促進会や蒙古文化促進会が実質的に学校の振興を担っていたことは、資料から窺い知ることができる。

3 満洲事変から日中戦争期（一九三〇年代初め～四五年）

満洲事変から日中戦争期、内モンゴル地域には三つの政権が存在した。中華民国政府、満洲国政府、モンゴル自治政府である。それぞれの統治領域で、モンゴル族（人）教育がどのように行われていたか、みてみよう。

（1）中華民国政府が実質的に統治していた地域

日本の侵略によって、満洲国とモンゴル自治政府ができたために、中華民国が実質的に統治する内モンゴル地域は、イフジョー盟（一部は日本に占領された）と寧夏省に組み込まれたアラシャン盟、エジネー盟の一部ぐらいになってしまった[44]。

劉世海主編『内蒙古民族教育発展戦略概論』は、チャハル盟（省）では一九三〇年代以降、モンゴル族からの強い要求を受けて、モンゴル語の授業が設けられ、チャハル地区統一のモンゴル文教科書も作られ、学校では国文（漢語）、モンゴル文、算術、歴史、地理などを教え、右翼四旗では満洲文も教えていたと記す。チャハル地域の五校の小学校では民国期五〇〇人の生徒を養成し、卒業生の一部は張家口チャハル師範学校、綏遠五族学院、恵文中学、北平蒙藏学校へ進学したという[45]。ただし、一九三〇年代後半、チャハル盟はモンゴル自治政府の勢力下に入っているので、これは三〇年代半ばまでの状況だと思われる。

これに対し、国民政府の行政能力が一定程度機能していたイフジョー盟（綏遠省）では、一九三六年から一九三七年の間に、ジューンガル、ハンギン（杭錦）、ダラド、オトグ、ジャサグ、ウーシン（烏審）、郡王の七旗すべてに新式のモンゴル小学堂が建てられ、中華民国の統一教科書を使って、漢族が通う学校の教科の他にモンゴル語の授業を設け、一般にモンゴル語で教えていた。一九三九年に設立された国立イフジョー盟中学（モンゴル族・漢族合同校）は、漢語、モンゴル語、数学などを教えていた(46)。

寧夏省のアラシャン盟では、一九三〇年代、モンゴル族小学校では、モンゴル文教科書は旧式のものを使い、漢文教科書は教育部が発行した統一教科書を使っていた。一九三七年四月には女子小学校が設立され、国語、モンゴル語、英語などの言語や一般教科を教えていたという。また一九四〇年、教育部の指示でつくられたアラシャン旗立実験小学校では、国語、公民、三民主義、算術などすべてモンゴル語に翻訳した教科書を使っていた（一九四二年にアラシャン旗モンゴル族小学校と改名(47)）。

こうした状況からすると、一九三〇年代から四〇年代半ば、国民政府は満洲国やモンゴル自治政府ができる中、実効統治している地域のモンゴル族が中華民国からの分離を指向しないように、モンゴル族の要求に配慮し、モンゴル語で書かれた教科書を編さんしたり、モンゴル語で授業を行う学校をつくるなど、対モンゴル族政策の改善に努めていたとも思われる。

中華民国期のモンゴル族教育をみる上で、もう一つ忘れてはならないのが、仏教寺院における教育である。モンゴル人の間では一六世紀のアルタン・ハーンの頃からゲルク派のチベット仏教が広まり、清朝時代、同派は清朝の庇護を受けて一層浸透した(48)。そのチベット仏教は民国期、内モンゴルでなお相当な影響力を持っていた。例えばイフジョー盟には一九三九年段階で、チベット寺院が二七四ヵ所あり、モンゴル人人口が九万一一〇〇人中、僧侶が一万八一五三人（総人口の二〇％）。アラシャン旗では一九四五年、モンゴル人人口は四万人足らずだったが、寺院は三二ヵ所あり、僧侶は一万人と総人口の二五％を占めていた。オラーントグ主編『内蒙古民族教育概況』は、バヤンノール盟のモンゴル族は数世紀にわたり、寺院でモンゴル語の読み書きを習う形でモンゴル文語を伝承してきたので、民国になってモンゴル族小学校や識字クラスができても、モンゴル人の間で寺院における教育は依然として一定の役割を果していたと記す。また新式の学校は旗府所在地にあり、地方では交通が不便だったこともあり、子どもを寺院に送って伝統的な教育を受けさせる人々が依然として多かった(49)。

（2）満洲国領域内

一九三一年九月一日、日本が満洲事変を起こし、一九三二年三月一日、傀儡国家「満洲国」（一九三二〜四五年）をつくる(50)。この満洲国の五分の二がモンゴル地域であった。満洲国政府は、それまで中華民国が実効支配していたモンゴル地域であるプトハ部とフルンボイル部（興安省）、ジリム盟（遼北、嫩江省と吉林省の西部）、ジョーオダ盟とジョスト盟（熱河省）、イフミンガン特別旗（黒龍江省の南西部）を、興安東省、興安西省、興安南省、興安北省（四省で二四旗）と熱河省に分け（現在の内モンゴル自治区のフルンボイル盟、ヒンガン盟、ジリム盟、赤峰市と東北三省西部のモンゴル地域にあたる地域）、統轄した（地図2―2）。関東軍は一九三二年三月、満洲国内のモンゴル人を統治するため、ジョスト盟に興安局（同年八月に興安総署、一九三四年一二月に蒙政部と改称）を置く。

満洲国は、一九三二年七月の全国教育庁会議で、中学で週三時間日本語を教えることを決め、一九三四年からは初等小学校の三年生から日本語を週二時間課すとした[51]。一九三七年五月には新学制を定め、初等教育機関として、国民学校（四年）、国民優級学校（二年）などを設ける。そこでは、国民科[52]の授業時数が全教科の半分を占めており、この授業のほぼ半分を日本語で、残る半分を「満洲語」（実際は漢語、以下同じ）またはモンゴル語で行うよう指示していた[53]。一九三八年から実施された「新学制」では、日本語と満洲語（実際は漢語）とモンゴル語の三言語を教科目の「国語」と定め、三言語のうち二言語を選んで教えるよう指示したが、実際は日本語を排除した「満洲語とモンゴル語」という選択はできなかったという。国民学校と国民優級学校では、「国語」のうち日本語の授業時数と、「満洲語」またはモンゴル語のそれがだいたい同じ（二つ合わせて八～一〇時間）で、中等教育機関である国民高等学校（四年）では日本語が週六時間、「満洲語」またはモンゴル語が週三時間と、日本語の方が二倍となり、大学ではほとんど日本語で授業をしていた。一九四三年の「学制改正」で「我が国及び日本の国柄、国土、国運の発展等国勢の大要を知らしめ以って我が国の地位使命を自覚せしむ」とする「建国精神」の授業が設けられ、同時に、一切の例外規定なしに、初等教育から日本語を「国語」科で教えなければならなくなる[54]。

日本は、モンゴル人の反漢意識を煽るとともに、満洲国やモンゴル自治政府内のモンゴル人に対して懐柔政策をとったとみられる。

その一端が教育のハード面での普及に現われている。満洲国内のモンゴル地域では初等教育機関が増えた。満洲国は一九三二年以降、モンゴル各盟旗で次々にモンゴル人の学校を建て、その結果、内モンゴル東部ではすべての盟旗にモンゴル人の国民学校ができ、村単位の学校もかなり建った。ホルチン右翼後旗、バーリン左旗、オンニュード旗やイフジョー盟などには、満洲国ができるまでモンゴル族の学校はなかったが、バーリン左旗では一九三五年までに小学校五校（うちモンゴル人小学校が三校）、ホルチン右翼後旗でも一九三三年から一九三七年の間に学校が四校（うち二校がモンゴル人学校）建てられている[55]。こうして満洲国時期、旗やソムごとに学校ができ、現在の内モンゴル自治区東部にあたる各盟旗の小学校は八〇〇校に増えた[56]。

また一九三〇年代初めまで内モンゴルにはモンゴル族の中等、高等学校はなかったが、興安省蒙政部ができた（一九三四年）翌年の一九三五年に同省ではじめての中等学校として、五年制の興安学院が、一九三七年にはハイラル興安学院（翌年ハイラル第一国民高等学校に改称）がつくられた。一九四一年段

地図2–2　満洲国とモンゴル連合自治政府（1940年代初頭）

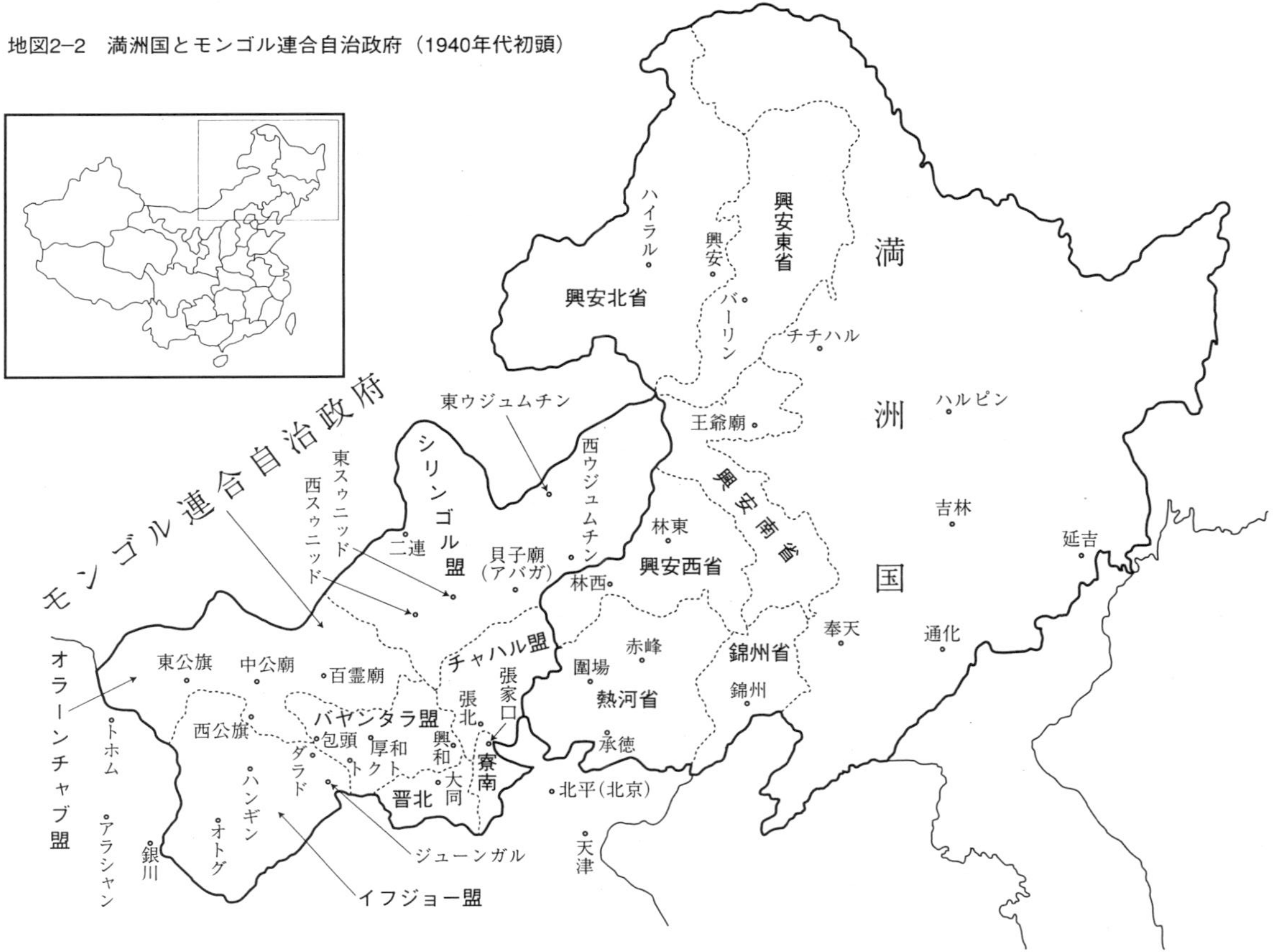

出所：ドムチュクドンロプ・森久男『徳王自伝』（岩波書店、1994年）の「蒙疆政権期の西部内蒙古地図」、『大満洲帝国地図（1937年）』（国会図書館復刻版）他をもとに筆者作成。

階で、満洲国のモンゴル人中学は二〇校——興安東省四校、興安南省八校、興安西省三校、興安北省二校、熱河省二校、錦州省一校で、一九三五年設立が一校、一九三八年設立が五校、一九四〇年設立が八校、一九四一年設立が六校——に増えている(57)。

日本がモンゴル人に対して懐柔政策をとっていたことは、満洲国内における朝鮮人学校とモンゴル人学校の処遇の差からもうかがえる。一九三八年、興安西省のバーリン左旗の林東に建てられた朝鮮人の育英学校は、当初、校長は朝鮮人で授業も朝鮮語で行っていたが、満洲国当局は一九四〇年から同校に日本語を教えるよう命じ、同校を国民学校に変え、校長も日本人に入れ替えた。一九四三年の「学制改正」を経て一九四四年になると、同校を山前村の朝鮮人学校と合併させ、学校で朝鮮語を使うことを禁じた(58)。いっぽう同じ興安西省や熱河省内の各モンゴル旗では、一九三〇年代後半、各旗の公署が経費を出して次々にモンゴル人の学校が建てられており、これらの学校では日本語と漢語も学習させたが、授業はモンゴル語で行っていた。また満洲国内のモンゴル人の学校には、教諭主任(副校長)または教諭顧問として日本人が入り、学校の運営、施設や職員の配置などを実質的に取り仕切っていたものの、校長にはモンゴル人がなり、教員もほとんどがモンゴル人だった(59)。

このような違いが生じたのは、朝鮮人はすでに大日本帝国の「臣民」であったことや、一九三八年三月の朝鮮総督附「第三次朝鮮教育令」など、朝鮮本土での政策の満洲国への浸透もあったろう。ただもう一つ言えるのは、満洲国内の朝鮮人は当時すでに日本が通ってきた(侵略し終え、植民地化した)地域をバックにもつ人々であるのに対し、モンゴル人はこれから進もう(侵略しよう)とする地域をバックにもつ人々だったからだと思われる。満洲国内のモンゴル人が反日感情を強めれば、「建国」間もない満洲国内の統治が揺らぐばかりか、隣接する内モンゴル中部以西にもそれが伝わり、西へ勢力を広げようとする日本にとって不利である。満洲国の設立で世界の非難を浴びていた日本にとって、内モンゴル中部以西を、強引に力で抑えて占領することは得策ではなく、「モンゴルの解放」を唱え、懐柔策をとって親日派を増やし、傀儡政権をつくるのが賢明な策だったろう。モンゴル人に対し抑圧的な態度をとっても、モンゴル人に「中華民国よりはまし」と思わせるラインにとどめておく必要があったはずだ(60)。

日本の対モンゴル人政策が便宜的なものだったことは、統治が安定するにつれ、懐柔策は後退し、抑圧的な政策が前面に出てくることにも表れている。満洲国(日本)はごく初期の頃、モンゴル人が多く住む地域への漢人の入植を禁止し、モンゴル人に一定の自治を認めていたが、一九三四年三月一日の満洲帝国成立前後になると、モンゴル人による民族自決の主張などを禁止している。

なお、満洲国内でもチベット仏教の僧院学校は依然として存続していた。一九三九年にナイマン旗に、一九三九年ハラチン左翼後旗に、一九四一年にフレー（庫倫）旗に僧院学校が建てられ、日本語、国語、モンゴル語、読経、算術、音楽、美術などを教えていた[61]。

（3）モンゴル軍政府、モンゴル（連合・連盟）自治政府の領域内

一九三二年春頃から、チャハル省で、シリンゴル盟西スゥニッド旗ジャサグ郡王、デムチュクドンロブ（徳王）を中心とする民族運動が高まった。デムチュクドンロブらは一九三三年八月一九日、内モンゴル自治宣言を出し、一九三三年一〇月二四日、綏遠省百霊廟でシリンゴル、オラーンチャブ、チャハル一二旗群とエジネー、トゥメッド旗の一部の王公貴族と上層階級の代表を集め、内モンゴル自治政府を樹立し、国民党政府に対し、「高度な自治」[62]を要求した。これが百霊廟自治運動と呼ばれる。国民政府は慌てて「蒙政改革方案」をつくり、内政部長と蒙藏委員会副委員長を内モンゴルに派遣し、デムチュクドンロブと協議させた。この協議の結果、一九三三年一一月一七日、内モンゴル自治解決大綱が結ばれ、一九三四年二月二八日、国民政府は「モンゴル自治問題の解決方法の原則」を公布した。この中には「モンゴル地方自治政務委員会（蒙政会）を設け、蒙政会は行政院に従属し、中央主管機関の指導を受けて、各盟旗の政務を管理する」こと、「各盟旗の現有する牧草地における開墾は停止する」ことなどが盛り込まれた。こうして同年四月二三日、百霊廟で、内モンゴル全域を統轄するモンゴル地方自治政務委員会が成立した。このモンゴル地方自治政務委員会ができた一九三四年、綏遠省トゥメッド左旗のモンゴル族小学校は五校に増え、シリンゴル盟でも四校から一〇校に増えている。しかし熱河、チャハル、綏遠省はそもそも蒙政会の設立に不満で、蒙政会は綏遠省の政府主席と衝突したり、モンゴル王公の利害対立、中央が経費補助金を支給しないなどの問題が重なり、立ち行かなくなっていった[63]。

日本の関東軍は、デムチュクドンロブらの民族運動に注目して一九三二年頃から接近を図り、一九三五年一月の大連会議で内モンゴル工作を積極的に推進する方針を決めた。こうした情勢の中で、デムチュクドンロブ側は日本の軍事力を利用して、内モンゴルの自立を図ろうとし、一九三六年五月一二日、関東軍の支援を受けてモンゴル軍政府を成立させ（同政府の閣僚には日本人が多数いた）、満洲国と協定を結んだ。さらに一九三七年七月二八日、関東軍の支持の下、モンゴル連盟自治政府が成立し、二年後の一九三九年九月一日、このモンゴル連盟自治政府と、やはり日本の軍事力をバックにつくられた「察南（チャハル省南部）自治政府」（一九三七年九月四日、張家口《ジャンジャーコウ》で成立）、「晋北（山西省北部）自治政府」（一九三七年九月二八日、大同で成立）が合体した、モンゴル連合自治政府（蒙疆政府）が張家口に成立する（主席はデムチュクドンロブ、金井章次が当初最高顧問に就任）。モンゴル連合自治政府は、シリン

ゴル盟、チャハル盟、バヤンタラ盟、オラーンチャブ盟、イフジョー盟、厚和（フフホト）市、包頭（ボゴト）市など、現在の内モンゴル自治区中西部と山西省、河北省の北部を含む地域を統轄領域とした(64)（地図2―2）。ただし前述したように、イフジョー盟の大部分は実際は中華民国の勢力下にあり、関東軍とモンゴル自治政府軍は張家口（一九三七年八月二七日）、帰綏（同年一〇月一四日）、包頭（同月一七日）を占領したものの、モンゴル自治政府の行政能力はジューンガル、ダラト旗の河東（包頭市南方の黄河南岸）の一部地域にしか及ばなかった(65)。

モンゴル自治政府の教育事業の特徴を集約すれば、（一）初等教育から高等教育に至る学校の設立と教育体系の整備、（二）教授用言語の漢語からモンゴル語への切り替え、（三）女子教育の普及、（四）満洲国との類似、などが挙げられる。これらを順をおってみていこう。

デムチュクドンロブは一九三六年、モンゴル軍政府を成立させた頃から「モンゴル振興」のスローガンを揚げ、学校の設立に乗り出している。モンゴル軍政府の実質的な支配地域はチャハル盟だったので(66)、教育事業もまずチャハル盟を中心に始まった。一九三六年、早速チャハル盟長のジョドブジャブが現地初のモンゴル人中学「チャハル盟興蒙牧業中学(67)」を建てている。

学校の設立状況をみてみよう。モンゴル連合自治政府が所轄する五盟二市には、一九三二年以前は学校がほとんどなかったが、自治政府成立後、各旗ごとに小学校が、各盟ごとに中学がつくられ、その数は一九四〇年末の段階で、モンゴル人初級小学校が四三校（バヤンノール盟一二校、チャハル盟一一校、シリンゴル盟一〇校、オラーンチャブ盟八校、イフジョー盟二校）、高級小学校が一校（バヤンノール盟）、一九四四年段階でモンゴル人中等学校が四校――張北興蒙中学校（一九三六年設立）、厚和興蒙中学校（一九三七年設立）、包頭興蒙中学校（一九三八年設立）、貝子廟（アバガ）興蒙中学校（一九三九年設立）――に達していた(68)。

また高等教育機関としては、まずモンゴル軍政府が帰綏（厚和）に蒙古学院をつくり、師範、電報などのクラスを設けて、モンゴル人幹部の養成を図った（あとで厚和モンゴル中学に格下げされる）。翌一九三九年には九月一日の「蒙疆学院官制」に基づき、張家口（チャハル盟）に蒙疆学院がつくられる。蒙疆学院は、官吏の養成を図り、現職官吏や教員を学生として日本人、モンゴル人、漢人、回民の各クラスに分かれていた。ただ教師はほとんどが日本人で、日本語で教えていたという(69)。また同じく一九三九年秋、フフホト（厚和豪特）に蒙旗学校が開校している。この学校は漢文教科書を翻訳したガリ版刷りの教科書を使ってモンゴル語で授業をしたという（蒙旗学校は一九四一年興蒙学院と改称し、デムチュクドンロブが院長となり、主に日本人や日本に留学したことのあるモンゴル人が教えていた(70)。

中国では、モンゴル自治政府は日本の傀儡政権として当然批判されているが、モンゴル族教育の発展を図った点については好意的、肯定的な評価がみられる。例えば、オラーントグ主編『内蒙古民族教育概況』（一九九四年）や『オラーンチャブ・モンゴル族教育史』（一九九三年）は次のように記している。

「蒙疆時期には、チャハル、シリンゴルのモンゴル人教育は大いに発展し、統一のモンゴル語教科書が作られ、学校に通う者の数が急増した。……以前は漢語のみ学習していたのを、主にモンゴル語と日本語を学習する形式に改め、またチャハル、シリンゴル盟での男子だけを入学させるという伝統も改めた」[71]。『モンゴル振興』政策の推進に伴って、チャハル地区の各級学校は、漢語による授業をモンゴル語による授業に切り替え、児童・生徒数は急増した。……蒙疆時期は、オラーンチャブにおける学校建設の高潮期だった。……モンゴル自治政府の頃、オラーンチャブのモンゴル人の小中学生は、卒業後、バヤンタラ盟師範学校、チャハル盟師範学校、イフジョー盟中学、フフホト軍官学校などの全公費の中等学校へ進学の道が開かれていた。高等教育機関として、張家口の興蒙学院、蒙古医学院、蒙古文化学院などがあった。このようにモンゴル族の小学校から高等教育までの教育体系がつくられ、総合的にみて、蒙疆時期、オラーンチャブのモンゴル族の文化教育は大きく発展した」[72]。

モンゴル連合自治政府は一九三九年、トゥメッド小学校の中に、トゥメッド旗モンゴル文専修学校を設立してもいる[73]。

モンゴル自治政府は、女子教育の普及を図り、チャハル盟やオラーンチャブ盟のモンゴル族学校は、男子のみ入学させるという従来の慣習を廃し、女子分校や女子部を設立した。チャハル盟興蒙牧業中学の女子部、シリンゴル盟スゥニッド右旗の女子家政実験学校などに続いて、両盟で女子学校を次々に設立した[74]。

しかしながらデムチュクドンロブは、日本を利用しようとして結局日本に利用された面の方が強く、彼が目指した高度な自治も内モンゴルの統一も達成できなかった[75]。実権は日本人が掌握し、モンゴル連合自治政府は「満洲国」と酷似したスローガンを揚げた。教育の分野でも、日本はモンゴル連合自治政府に、「日蒙親善、民族共和、親日防共、東亜の道義精神の発揚」などを教育主旨として掲げさせ、また「工業の日本、農業と牧畜の蒙疆」と称し、農業中学や牧畜業中学の設立しか認めなかったという[76]。小学校として国民学校（四年）、国民優級学校（二年）、中学として国民高等学校（四年）を設けた点も、満洲国と同じで、満洲国が出版した教科書を使っていた時期もあった。

言語教育をみると、一九四〇年一月、民政部訓令で、小学校では週六時間、中学では週七時間以上の日本語学習を義務づけた（モンゴル語は週五時間）。小学校では教員不足のため規定どおりにはいかなかったが、中学では規定通り日本語学習が行われた。こうして、モンゴル語ができないトゥメッド・モンゴルの学校だけ漢語の授業を例外的に認めていた他は、モンゴル人の小中学校や興蒙学院などではすべて日本語を教えたのである。(77) また漢人の子どもが通う学校では、日本語と漢語のみ学習させたという。(78) モンゴル自治政府でありながら、第一に学ばねばならない言語は、モンゴル語ではなく日本語だったのである。

4 中国共産党のモンゴル族幹部教育

中国共産党は長征の過程で、一九三五年、本章冒頭で述べた「内モンゴル人民に対する宣言」を出したりしていたが、内モンゴル工作に本格的に乗り出すのは延安に辿り着いた後である。一九三八年、毛沢東はモンゴル地域の大青山に抗日遊撃根拠地をつくることを決め、中共綏遠省（山西、陝西両省の北側）委員会の下にモンゴル民族部をつくった。また内モンゴルの状況を把握するために、一九三九年五月と、一九四〇年冬から四一年春にかけて、イフジョー盟で社会歴史調査を行っている。(79) 一九四〇年七月の中共中央「抗日戦争中のモンゴル民族問題要綱」には、「モンゴル民族が中国抗日戦争の側に立つか、日本の側に立つか。これが現在のモンゴル民族問題の中心であり、同時に抗日戦争中の大きな問題の一つである」「モンゴル民族の解放運動の勝利は、中国革命と結合することによって初めて可能となる」などとする二六項目の政策を掲げた。翌一九四一年五月一日の「陝甘寧《シャンカンニン》辺区施政綱領」(80) では「モンゴル、回民族の自治区設立」を打ち出している。

一九四〇年代半ばまでの中国共産党のモンゴル族に対する教育は、基本的に、党、政府、軍の幹部を養成するための幹部教育に限られていたといえる。『内蒙古自治区校史選編（小学・幼児園部分）』は、一九四〇年代になると、当時中共の政治部科長だったオラーンフーが、イフジョー盟オトグ旗のチャガントイロム（桃力民）小学校にたびたび来て、教師や子ども達に「重要な報告」をし、同校は「抗日戦争の間、我が党（中国共産党）が掌握した数少ない学校の一つであった」と記している。(81) 普通教育の分野では、中国共産党の影響力はイフジョー盟のわずかな学校に及んだだけだったとみるべきだろう。

それを踏まえた上で、中共が主導するモンゴル族教育の源流として、中共根拠地で行われた教育をみてみよう。中共中央は一九三九年の「陝甘寧辺区抗日戦争時期施政綱領」で「モンゴル、回民族の信仰、宗教、文化、風俗、習慣を尊重し、その文化的発展を補助する」として、陝甘寧辺区に蒙回民族学院、抗日回蒙学校、延安に蒙古文化促進会をつくった。抗日戦争中、中共は、青山抗日遊撃根拠地からモンゴル族青年を延安（中共の抗日戦争拠点）に呼んで、陝北公学で学ばせた。この時の生徒の大部分はトゥメッド出身のモンゴル族だったという。トゥメッド出身のモンゴル族はトゥメッド小学校へ通ったことのある者以外は全くモンゴル語ができなかったので、一九三九年につくった陝北公学のモンゴル青年隊では、モンゴル語の授業をしたという。王鐸《ワンドゥオ》はこのモンゴル青年隊の指導員を務めていた時、生徒達は始めはモンゴル語を積極的に学ばず、ある日モンゴル語は難しいし学んでも役に立たないから、その授業に出たくないと言ってきたのを、自分がモンゴル族の革命幹部たる者はトゥメッドだけでなく、内モンゴル全体を解放する責務があり、その際モンゴル語ができなくてどうすると諭して、勉強するようになったと回顧している。[82] 中共に早くから加わったモンゴル族の中にトゥメッド出身者が多く、中華人民共和国成立以降、モンゴル族の幹部となっていった彼らがモンゴル語があまりできなかったことは、同国のモンゴル語政策に影響したようにも思える。

以上、二〇世紀前半における中国モンゴル族教育の推移を見てきたが、日本降伏の二年後であり、中華人民共和国成立の二年前の一九四七年に、現在の内モンゴル自治区が成立し、それ以降は中共がモンゴル族教育の主導権を握ることになる。自治区成立に至る経緯を概観しておこう。

5 内モンゴル自治区の成立

日本の敗戦で満洲国とモンゴル自治政府が崩壊すると、内モンゴルでは二つのモンゴル人政権が現れた。一つは一九四五年九月、シリンゴル盟スゥニッド右旗で成立した、内モンゴル人民共和国臨時政府。同政府の主なメンバーはもとモンゴル連合自治政府の幹部と、逆に反日的なモンゴル青年党で、デムチュクドンロブの側近だったボヤンダライが臨時政府主席に就いた。もう一つは内モンゴル人民革命党。これは一九四五年八月、満洲陸軍興安軍官学校の反日感情の強いモンゴル人教官と学生らが王爺廟（現在のオラーンホト市）で蜂起して結成したものだ。[83]

しかし当時すでに中国東北地方では、中国共産党がこの二つの政権をのみこむ大きな力になりつつあった。中共はソ連との連合作戦で旧満洲国地域をほぼ掌握し、九月一五日に東北局を設立し、前二者の政権のうち、まず内モンゴル人民共和国臨時政府への介入を図った。中共中央は一九四五年一〇月、オラーンフーを同政府に送り、彼はソ連軍と中共軍の軍事的圧力を背景にボヤンダライを追放して、政府主席に就任する。オラーンフーはここで、独立を指向しない「民族自治運動」を展開し始めた。一〇月二三日、中共中央書記処は「内モンゴル工作についての意見」を発し、内モンゴル地域では自治政府を樹立し、民族区域自治を行うとの方針を示し、一一月一〇日、オラーンフーに内モンゴル自治運動聯合会をつくるよう指示した。一一月下旬、オラーンフーは張家口で同聯合会を成立させ、これを臨時政権とし、内モンゴル人民共和国臨時政府を解散させる。

次に中共は、内モンゴル東部地域に大量の幹部を送り込み、内モンゴル人民革命党に圧力をかけた。同党は一九四六年一月一六日、東モンゴル人民自治政府を樹立し、ボヤンマンドホを政府主席、ハーフンガを秘書長として、南北モンゴルの統一、内モンゴルの「独立自治」を目指したが、ソ連、モンゴル人民共和国の双方から拒否され、苦境にあった。こうした中、一九四六年四月三日、内モンゴル自治運動聯合会と東モンゴル人民自治政府の代表を集めて内モンゴル自治運動統一会議が開かれ、ここで中共側は、東モンゴル人民自治政府代表に、内モンゴル独立の否定、中国内部での自治、中共の指導を認めさせる。その結果、一九四六年五月二五日、東モンゴル人民自治政府は、中国共産党が内モンゴル自治運動の指導組織であるとの見解を表明して解散した。その後内モンゴル人民革命党は一九五一年、周恩来《ジョウエンライ》の命により解散させられ、内モンゴル自治軍は粛清を経て、人民解放軍に編入されることになる。

こうして二つのモンゴル人政権を排除した後、一九四七年三月二三日、中共中央は「内モンゴル自治の諸問題に関する意見」を発し、「内モンゴル自治政府は独立政権ではなく、内モンゴル民族自治区は依然として中国の版図に属し、中国の真の民主連合政府の一部となることを願うものである」という位置づけの下で、速やかに同自治政府を成立させるよう指示した。これを受けて一九四七年四月二三日、ヒンガン盟の王爺廟（同年一一月二六日、オラーンホト市に改称）で内モンゴル人民代表会議が開かれ、内モンゴル自治政府の「施政綱領」と「暫定組織大綱」及び「内モンゴル人民代表会議宣言」を採択し、王爺廟にオラーンフーを主席とする内モンゴル自治政府が成立した。この時の施政綱領は「内モンゴル自治政府は、内モンゴルのモンゴル民族各階層が内モンゴルの区域内の各民族と連合して、高度な自治を実行する区域性の民主政府である」と定めている(84)。こうして翌五月一日、内モンゴル自治区が、現存する中国の民族自治地方の中で最も早く成立したのである。

6　漢人（族）移住の増大とモンゴル語喪失の始まり

現在の中国の領域内で、一九世紀以降人口が急速に増えた地域は第一が黒龍江、第二が内モンゴルだといわれる。いずれもモンゴル族の住む地域だ。また内モンゴルの一部の地域――イフジョー盟のジューンガル、ダラド旗、フフホト市のトゥメッド旗、ジョーオダ盟のオーハン旗、ハラチン旗などでは、共和国成立以前にかなりの者がモンゴル語を喪失していたといわれる(85)。それはこれらの地域で漢人（族）人口が増大し、言語環境において漢語が圧倒的マジョリティに転じたためだ。第二節では内モンゴル自治区におけるモンゴル族教育の経緯と現状をみるが、その前にここで、モンゴル語の喪失の主な原因となる内モンゴル地域への漢人（族）移住の経緯をおさえておきたい。

（1）一九世紀末～二〇世紀前半

清朝末期、一八八〇年頃から山西巡撫、黒龍江将軍などが、財政収入を増やし、辺疆の防衛を充実させるため、内モンゴルの各盟旗の土地を開墾するという意見を出すようになった。清朝はこうした意見に当初は慎重だったが、辛丑条約（義和団事変最終議定書、一九〇一年九月）で、元利合計九億八〇〇〇万両の賠償金（当時の清朝歳入一〇年分に相当）を課せられると、西太后と光緒帝が一九〇二年一月五日、岑春煊（山西巡撫）

の内モンゴル西部の開墾を求める上奏を許可した。こうして一九〇〇年代、開墾に反対するモンゴル人の盟長や住民を罷免したり武力で制圧しながら、内モンゴルのチャハル、イフジョー、オラーンチャブで開墾が行われたのである。いっぽう、熱河都統、黒龍江、吉林、盛京三将軍の統轄下にあった内モンゴルの東部各盟とフルンボイルの各旗では、モンゴル旗の王公やジャサグの中に、それ以前から私有地を漢人に開墾させて収入を得ていた者がいたこともあり、西部モンゴルのように上層下層一団となった反対運動はなく、一九〇〇年代、それぞれの都統、将軍の指揮の下で開墾が行われた[86]。

中華民国期に入ると、内モンゴルへの漢人移住は大幅に増えた。辛亥革命の後、モンゴル諸旗の土地を自由に売り買いできるようになったこと、それまで開墾されたことのない内モンゴルの土地は肥えていて開墾当初は収穫もよく、面積も広く、税も内地より軽かったことなどが呼び水となり、一九一二年に一五五万人を数えた漢人の人口（チャハル地域などの人口を含まない数字なので、実数はもっと多い）は、一九三七年には約三七二万人を超えた。また東北鉄道網ができ、京綏（現在の北京―フフホト間）線が開通すると、移住がより容易になり、農業の他に、鉄道の建設、森林の伐採、鉱山開発などの事業が漢人の移住を促し、これら内地から来た移住者（東部四盟には山東、河北、河南から、西部には山西、陝西、甘粛からの移住者が多い）によって内モンゴルに新しい町がいくつもできたという[87]。

こうした漢人（族）の移住がモンゴル人（族）の言語、文化に及ぼした影響を、内モンゴルで最も早く漢人移住が始まったトゥメッド（現在のフフホト市トゥメッド左旗、包頭市トゥメッド右旗）を例にみてみよう[88]。

清代、トゥメッドに移住・開墾する漢人は次第に多くなった。康熙五一年（一七一二年）に山東から一〇万人余りの漢人が移住したり、雍正末年から乾隆初年に行われた大規模な開墾で漢人が四〇～五〇万人移住したりし（その多くは山西からの移住者）、一七四三年頃には、帰化城トゥメッド旗のモンゴル人の持つ土地のうち遊牧地は五分の一になったという。清朝は乾隆年間（一七三六～一七九六年）から道光年間（一八二一～一八五一年）の約一〇〇年は、漢人農民がトゥメッドに入植するのを禁じていたが、清末になると、一九〇一年から「移民実辺」政策をとり、真っ先にトゥメッドで開墾させたので、この地は山河など耕作に適さない地域を除いて、すべて開墾され農地となり、トゥメッド・モンゴル人で遊牧生活を維持していた者も、ことごとく定住の農耕生活に変更せざるを得なくなった。

このように清朝がトゥメッド地域の遊牧地を大規模な移民によって開墾したため、トゥメッド・モンゴル人は遊牧から農耕へ生産手段を変えざるをえず、遊牧文化から農耕文化へ変容した。清朝はモンゴル人と漢人の婚姻も制限していたが、漢人が大量に入植してくると、漢人と結婚するモンゴル人が増え始め、民国以降は一層多くなった。それにつれて、トゥメッド・モンゴル人の風俗習慣も漢人と同じようになっていき、一九二〇年頃にはモンゴル語を話せる者もいなくなっていたという。民国時代、トゥメッド旗の学校の授業は漢語で行われ、モンゴル語が一教科としてあったが、字母や単語を習う程度のものだった。中華人民共和国成立後は、フフホト市と包頭（ボゴト）市の工業地域の開発で、トゥメッドのモンゴル族は急速な工業化、都市化の影響を受けることになる。

（2）一九五〇年代以降

中華人民共和国成立以降、内モンゴルはモンゴル族の自治区となったが、漢族の移住は減るどころかいっそうエスカレートした。その結果、例えば西スゥニッド旗ではモンゴル族人口の比率は、一九五〇年前後の七七％から一九八〇年代初めは三〇％に下がり、漢族は三〇％未満から七〇％に上がった。バーリン左旗のオラーンダワー牧業社には一九四九年頃はモンゴル族しかおらず、みなモンゴル語を話していたが、一九七九年段階ではモンゴル族人口は五三％に低下し、モンゴル語ができない者が出始めたという(89)。

一九五二年初頭、周恩来は内モンゴル自治区と綏遠省の合併に反対する幹部達に対し、毛沢東の方針として次のように伝えた。「内モンゴル自治区と綏遠省の合併問題は二つの扉を開かねばならない。一方では、漢族が内モンゴルに入って白雲鄂博鉄鋼を開発したり、包頭（ボゴト）鉄鋼企業を建設するのをモンゴル人が歓迎し、一方では綏遠省を内モンゴル自治区に合併することを漢人が支持し、内モンゴルの統一自治を実現することである。内モンゴルに漢族が入ることは、モンゴル・漢民族の団結や辺疆の建設に有利である」(90)。毛沢東の構想は現実となり、内モンゴルは綏遠省の領域を加えて広大な自治区になる一方で、大量の漢族移住者を受け入れることになった。

こうして一九五〇年代、「内地」から多数の幹部、軍人、労働者、教師や国家行政機関の職員などが内モンゴル自治区に移住する。農業の分野では、一九五五年に中央政府が開墾のため山東、河北、山西省から農民二万二〇三〇人を計画的に内モンゴル自治区へ移住させたりし、大躍進前後は、工業投資の増大に伴って大型の鉱工業企業が生産を始め、労働者達が大量に転入してきた(91)。例えば包頭（ボゴト）の鉄鋼会社には、一九五三年から五四年の二年間で、全国各地から一万三二〇人の職員が入り、一九五八年から六〇年の三年間で、自治区外から七四三二人の技術者が新たに配属されている。また一九五九年から六九年の一〇年間に、北京、天津、上海などから一五の工場がフフホト市、包頭市に入り、それに伴って一万五一八四人の職員が赴任してきた。これは職員の数であり、家族を合わせればその数倍になるだろう。一九四九年末の統計で八万六千人だった包頭市の人口は、一九五三年には一四万九千人になり、その後七年間で約六九万四千人が自治区の外から同市に転入したため、一九六〇年には九八万二千人に至った。

こうした国家による計画的移住の他に、一九五七年から六〇年の間だけで自治区外から約一〇〇万人が自力で移住し、このうち約二〇万人は故郷へ帰ったが、約八〇万人は自治区で暮らし続けているという。一九六〇年代に入っても、内モンゴル自治区へ国家計画の枠外で移住する者が多く、特に文革の時は、無計画な漢族人口の流入や牧草地の開墾が大々的に行われた。一九八一年三月三〇日から四月六日、フフホトで開かれた内蒙古第一期民族理論科学討論会では、会議に参加した代表達が、牧草地の開墾と無計画な移住者の流入による被害を、次々に挙げて、農地を元の牧草地に戻し、外から来た者を適切に処理し、少数民族が従来の集居地域で伝統的な生産生活様式に基づいて、安心して暮らしていけるようにすることを訴えていることから、当時の事態の深刻さがうかがえる[92]。

一九七〇年代までの内モンゴル自治区への移住者は農村の余剰労働力で、子どもや老人を連れてくるケースが主流だったが、文革が終ってからは、青壮年が給料のよい都市へ移住するパターンに変わり、一九八〇年代にはこうした計画外の流入人口が毎年二〇万人程度いたといわれる。

こうして内モンゴル自治区では、一九五三年から一九九〇年にかけて、モンゴル族人口が二五〇万人増える間に漢族人口が一二二〇万人増えた。その結果一九五三年には四二三万二千人だった漢族とモンゴル族の人口差は、一九六四年には九三五万九千人、一九八二年には一三七八万八千人に拡大したのである。

二　中華人民共和国下の内モンゴル自治区におけるモンゴル族教育

内モンゴル自治区のモンゴル族人口は、一九九〇年現在三三七万五千人で、モンゴル国の総人口二二五万人（一九九一年）より遥かに多いが、**表2―2**が示すように、同自治区の総人口から見ると、漢族八〇・六%に対し、一五・七%を占めるにすぎない。こうした民族人口比は、延辺の朝鮮族、新疆のウイグル族、チベット自治区のチベット族などとはかなり違う言語環境をもたらしている。

一九八〇年代の調査によれば、内モンゴル自治区のモンゴル族約二四九万人（一九八二年統計）のうち、二二〇万人（八八%）がモンゴル語ができるのに対し、約二九万人（一二%）はモンゴル語ができず、漢語を使っている[1]。前者のうち、モンゴル語のモノリンガルは五八%というから、この数字をもとに計算し直せば、一九八二年頃、内モンゴル自治区のモンゴル族のうち、モンゴル語のモノリンガルは一二七万六千人（五一%）、モンゴル語と漢語の双方ができる者は九二万四千人（三七%）、漢語のモノリンガルが二九万人（一二%）で、四割近くが二言語（あるいはそれ以上の）話者だったことになる。

この他、一九八〇年前後の地域を単位とした分類があるので、**表2―3**にまとめておいた。分類1と分類2をみると、「モンゴル語を使わなくなった地域」のモンゴル族人口比はほぼ同じだが、「モンゴル語を使う地域」と「モンゴル語と漢語の併用地域」の割合はかなり違う。これは中華人民共和国成立後、「モンゴル語と漢語の併用地域」が広がってきており、それと「モンゴル語を使う地域」の線引きが難しくなっていることがもたらしたことだろう。

一九九三年現在、内モンゴル自治区にはモンゴル族の幼稚園が八〇ヵ所、小学校が二三五九校、中学が二四四校、モンゴル族と漢族合同の幼稚園が一五ヵ所、小学校が五〇三校、中学が一二一校ある。同自治区の民族学校数の推移をまとめた表2―4をみると、モンゴル族の小中学校は、自治区が成立した一九四七年から一九六〇年代半ばまでに随分増えていることが分かる。いっぽう民族幼稚園は、文革後になってはじめて増え始め、一九九〇年代に至っても、小学校に比べ、まだまだ足りない。モンゴル族幼稚園は数が不足している上、三歳までの子どもをあずける託児所は漢族のものしかなく、子どもの言語環境に大きな影響があると聞いたことを思い出す。[2] この表からいえるもう一つのことは、前章でみた延辺朝鮮族自治州と比べて、内モンゴル自治区の場合は、漢族との合同学校の比率がかなり高いことである。ただし、モンゴル族学校とモンゴル・漢合同校の比率をみると、一九七九年には幼稚園が三対四、小学校がほぼ三対一、中学が四対五だったのが、一九九三年には幼稚園がほぼ六対一、小学校がほぼ五対一、中学がほぼ一対一と、一九八〇年代以降確実に後者が減ってはいる。

内モンゴル自治区のモンゴル族の教育は、教授用言語によって、モンゴル語で各教科を教えつつ、一科目多く漢語を学ぶ「加授《ジャーショウ》漢語」形式と、漢語で各教科を教えつつ、一科目多くモンゴル語を学ぶ「加授モンゴル語」形式の二種類に大別される。いずれも言語（日本の学校でいえば「国語」）を含む一般教科を漢族学校の児童・生徒と同じだけ学ぶ上に、言語をまるまる一つ多く学ぶことになる。主要教科の言語が二つあるので、全体の授業時数は漢族学校より大幅に増える。「加授」という言葉には通常の教科課程に、言語という主要教科をもう一つ多く（余分に）加えるというニュアンスが含まれている。それを日本語で説明すると長くなるので、本書でも以下たびたび「加授」という言葉を使わせていただく。

1　内モンゴル自治区成立当初

内モンゴル自治区成立当初のモンゴル族の言語教育状況をみてみよう。

一九四七年四月二七日の「内モンゴル自治政府施政綱要」は、第一二条で「国民教育を普及させ、学校を増やし……モンゴル語の新聞、刊行物、書籍を行きわたらせ、モンゴルの歴史を研究し、モンゴル学校ではモンゴル語でつくった教科書を普及させ、モンゴル文化を発展させる」と記している。[3] 翌一九四八年、自治区の文教部が初級小学校の各学年各教科の教科書をモ

表2－2　内モンゴル自治区民族別人口（1990年、1000人以上）

民族名	1953年	1964年	1982年	1990年			
	人　口	人　口	人　口	人　口	A	B	C
総人口	6,100,104	12,348,638	19,274,281	21,456,798			1.89
少数民族総人口	980,161	1,604,756	2,996,514	4,157,816	19.38		4.60
漢族	5,119,928	10,743,456	16,277,616	17,298,722	80.62		1.66
モンゴル族	888,235	1,384,535	2,489,378	3,375,230	15.73	81.18	70.22
満洲族	18,354	50,960	237,149	456,352	2.13	10.98	4.65
回族	40,318	111,587	168,997	192,808	0.90	4.64	2.24
ダウル族	0	34,642	58,628	71,396	0.33	1.72	58.83
エヴェンキ族	4,326	9,058	18,177	23,367	0.11	0.56	88.80
朝鮮族	6,705	11,280	17,580	22,641	0.11	0.54	1.18
ロシア族	24	48	53	4,374	0.02	0.11	32.39
オロチョン族	953	1,203	2,039	3,102	0.01	0.07	44.54
シボ族	15	112	1,470	2,848	0.01	0.07	1.65
チワン族	2	404	913	1,445	0.01	0.03	0.01
未識別民族	0	311	0	95			0.01
外国人中国籍加入者	15	115	151	165			4.82

A ＝対自治区総人口比(%)、B ＝対自治区少数民族総人口比(%)、C ＝対各民族全国総人口比(%)
出所：『内蒙古自治区第四次人口普査手工彙総資料彙編』中国統計出版社、1991年、118～119頁、国家統計局人口統計司・公安部三局『中華人民共和国人口統計資料彙編 1949 － 1985』(中国財政経済出版社、1988年、924～925頁をもとに筆者作成。

表2－3　内モンゴル自治区モンゴル族の言語使用情況

分類1（1980年頃）

地　域	モンゴル族人口	
内モンゴル自治区全体	202万人	
モンゴル語地域（牧区、半農半牧畜地域とモンゴル族が多く住む農村）	130万人弱	64.3%
モンゴル語と漢語の両方が使われる地域(モンゴル族と漢族が混在する郷村・町)	60万人弱	29.3%
モンゴル語を使わなくなった地域	15万人弱	7.3%

分類2（1980年頃）

地域	モンゴル族人口	
内モンゴル自治区全体	209万人	
モンゴル語を使う地域	180万人	81.3%
モンゴル語と漢語を併用する地域	27万人	13.0%
モンゴル語を使わなくなった地域	12万人	5.7%

出所：分類1は、額爾敦陶克陶「執行党的政策　発展蒙古語文事業―関於落実民族語文政策的調査報告」『内蒙古社会科学』1981年第2期、70頁をもとに、分類2は、「八省区蒙古語文工作正在恢復和発展」、八省区蒙語辦『八省自治区蒙古語文協作工作文件選編』1985年6月、235～247頁をもとに筆者作成。

表2－4　内モンゴル自治区の民族学校数

	幼稚園				小学校				普通中学			
	A	B	C	計	A	B	C	計	A	B	C	計
1947	0	0	0	0	282	54	41	377	1	3	0	4
1948			0		452	86	60	598	1	4	0	5
1949			0		572	109	76	757	2	7	1	10
1950			0		672	128	85	885	1	6	1	8
1951			0		915	174	107	1,196	2	8	0	10
1952			0		992	189	110	1,291	2	10	0	12
1953	0		0		934	178	96	1,208	6	11	1	18
1954	1	5	0	6	1,008	192	98	1,298	7	12	1	20
1955					1,041	198	97	1,336	9	11	2	22
1956					1,346	259	103	1,708				
1957	3				1,337	247	111	1,695				
1958					2,078	308	119	2,505				
1959					2,009	398	118	2,525				
1960					2,014	416	124	2,554				
1961					2,025	420	126	2,571				
1962	4				2,029	458	121	2,608	24	39	4	67
1963					2,122	414	129	2,665	33	31	3	67
1964					2,389	469	137	2,995	33	33	5	71
1965	2	0	1	3	2,978	651	166	3,795	35	32	5	72
1966～1971　統計なし												
1972					2,850	607	103	3,560				
1973					2,615	767	95	3,477				
1974					2,964	573	128	3,665				
1975					3,029	784	126	3,939				
1976					3,008	784	121	3,913				
1977					3,041	899	146	4,086				
1978					3,074	1014	170	4,258				
1979	18	24	2	44	3,167	1045	175	4,387	203	259	39	501
1980	25	34	2	61	2,889	757	162	3,808	253	183	23	459
1981					2,829	809	169	3,807	258	146	24	428
1982					2,732	726	161	3,619	267	142	22	431
1983	34	21	5	60	2,732	714	149	3,595	268	103	25	396
1984	50	25	7	82	2,509	688	140	3,337	270	99	22	391
1985	54	37	10	101	2,415	651	141	3,207	264	89	25	378
1986	69	29	12	110	2,406	710	161	3,277	263	85	27	375
1988				122	2,404	664	148	3,261	251	108	24	383
1989	79	22	7	108				3,184	266	117	25	408
1990	96	43	14	153	2,267	611	149	3,027	272	124	26	422
1991	83	8	8	99	2,478	576	156	3,210	250	133	25	408
1992	88	14	9	111	2,455	575	167	3,197	251	132	25	408
1993	80	15	11	106	2,359	503	164	3,026	244	121	25	390

A ＝モンゴル族学校、B ＝モンゴル・漢合同校、C ＝他の少数民族学校

出所：以下の資料に基づき、筆者作成。『内蒙古自治区教育成就（1947 － 1986 年統計資料』内蒙古教育出版社、1990 年、28 ～ 30 頁。劉世海主編『内蒙古民族教育発展戦略概論』内蒙古教育出版社、1993 年、41、42、53、55、62 頁。

注：1987 年と空白は統計なし。

ンゴル語で発行した[4]。一九四九年三月に開かれた内モンゴル自治区の第一回教育事業会議でも「少数民族の言語と文字を発展させ、少数民族学校では、自民族の言語と文字で授業をする」という方針が確認されている[5]。一九五一年の「内モンゴル自治区小学校教育暫定実施方法」は「モンゴル小学校は原則としてモンゴル語で書かれた教科書を使い、初級小学校では一般に二種類の文字は学習しない」よう指示している[6]。

このように内モンゴル自治区が成立した当初は、民族語を使うことがかなり尊重されていたといえよう。当時は、モンゴル族のみの小中学校や、モンゴル・漢合同校のモンゴル族クラスでは、一般に各教科をモンゴル語で教えていた。各教科を漢語で教え、モンゴル語を一教科として教えるクラスは、農業地域の小中学校の中にわずかにあるだけだった。さらにこの時期は、漢語で授業を受けているモンゴル族児童・生徒にモンゴル語を教えるよう再三指示してもいた[7]。

漢語教育についてみると、モンゴル語で授業を行う小学校では一九四七年の自治区成立当時、漢語の授業は行われていなかった[8]。この種の小学校で漢語を教える方針を正式に打ち出したのは、一九五三年八月の内モンゴル自治区第一期牧畜地域小学校教育会議である。ここで条件のある高級小学校では一年生から漢語の授業を加える（授業時数の比率はモンゴル語七に対し漢語三）ことが決められる[9]。この年、モンゴル族中学とモンゴル・漢合同中学のモンゴル族クラスについてモンゴル語と漢語の比率が決められ、初級中学で七対四、高級中学で五対四とされた[10]。この時点ではまだ、中学レベルでもモンゴル語の授業時数が漢語のそれを上回っていたことが注目されよう。一九五四年一一月の第一期全（内モンゴル自治）区民族教育会議では「モンゴル族小学校では小学五年生から、農業地域、牧畜地域に関わらず、すべての学校で漢語の授業を設ける」ことが打ち出され、漢語教育が一部の学校からすべての学校に広げられた[11]。その後三年間はこのラインで教科課程が決められたが、一九五七年になると高級中学のモンゴル語と漢語の授業時数が逆転する（表2—5—1）。

当時、内モンゴル自治区教育庁は、漢語の授業の導入についてこう述べている。「民族学校の中で、愛国主義教育を徹底し、先進民族の文化を吸収し、民族の言語を豊かにするために、自治区の民族学校はすべて漢語の授業を加える。漢語の学習を通し、内モンゴル自治区は中華人民共和国の分離しえない一部分であり、モンゴル民族は中華人民共和国の各民族が友愛をもって協力しあう大家庭の一員であること、モンゴル民族が先進レベルに到達しようと思えば、漢族の援助なしではなし得ないという重大な意義を、児童・生徒にはっきりと認識させることができる」[12]。「民族政策の黄金期」といわれる一九五〇年代半ばながら、漢語教育の主要な目的が国家統合にあることが露骨に表れ、漢族・漢文化＝先進、モンゴル族・モンゴル文化＝後進であり、モンゴル族は自力で先進レベルに達し得ないという

表2－5　内モンゴル自治区：モンゴル族小中学校の週間授業時数

1. 1957－1958学年度

教科目＼学年	小学校						初級中学			高級中学		
	1	2	3	4	5	6	1	2	3	1	2	3
モンゴル語	13	13	13	13	8	8	7	6	5	5	5	5
漢語	0	0	0	0	4	4	4	4	4	6	6	6
全教科	24	24	24	24	29	29	31	32	31	31	31	31

2. 1958－1959学年度

教科目＼学年	小学校						初級中学			高級中学		
	1	2	3	4	5	6	1	2	3	1	2	3
モンゴル語	13	13	13	13	8	8	6	6	6	5	5	5
漢語	0	0	4	4	4	4	4	4	4	6	6	6
全教科	24	24	24	24	29	29	29	31	31	30	31	30

3. 1959－1960学年度

モンゴル語で授業を行うクラス

教科目＼学年	小学校						初級中学			高級中学		
	1	2	3	4	5	6	1	2	3	1	2	3
モンゴル語	13	13	9	9	8	8	6	6	6	4	4	4
漢語	0	0	6	6	5	5	5	5	5	6	6	6
全教科	24	24	26	26	29	29	29	30	30	28	27	28

漢語で授業を行うクラス

小学校						初級中学			高級中学		
1	2	3	4	5	6	1	2	3	1	2	3
0	0	0	0	4	4	4	4	4	5	5	4
12	12	12	12	9	9	7	6	6	5	5	5
24	24	24	24	29	29	32	32	33	33	33	32

4. 1962－1963学年度

モンゴル語で授業を行うクラス

教科目＼学年	小学校						初級中学			高級中学		
	1	2	3	4	5	6	1	2	3	1	2	3
モンゴル語	13	13	9	9	7	7	5	5	5	4	4	4
漢語	0	0	6	6	6	6	6	6	6	7	7	7
全教科	25	25	26	26	28	28	28	28	28	26	28	25

漢語で授業を行うクラス

小学校						初級中学			高級中学		
1	2	3	4	5	6	1	2	3	1	2	3
0	0	5	5	5	5	5	5	5	3	3	3
13	13	11	11	8	8	5	5	5	4	4	4
25	25	27	27	28	28	28	28	28	28	26	23

出所：内蒙古自治区教育局編印『内蒙古自治区民族教育文件彙編』（1979年）第一輯（1947－1957）90～91、93頁、第二輯（1958－1962）45～46、51～53頁、55、56、58、59頁、76、81頁をもとに筆者作成。

「大漢族主義」が滲み出ている。

　さて、ともかくもこうしてモンゴル族学校の中で、モンゴル語と漢語の二言語教育が始められると、民族教育に関わる当事者達は次のような問題に直面した。中央政府が定めた教科課程に基づいて民族学校のそれをつくる際、(一)モンゴル族の生徒は、漢族の生徒と同じ時間で言語を一科目多く学ばなければならないが、授業時数はどう解決するか、(二)民族語と漢語は何時間ずつ学習するのがよいか、(三)少数民族生徒の文語のレベルが違い、各学校のクラス編成の仕方も違う中で、言語の授業時数はどう配置すればよいか、等々。

　これらの問題には以下のように対処することになった。(一)民族語の一週間当りの授業時数は、中央が定める言語のそれと同じか近いものにする、(二)高級小学校一年生から高等学校まで漢語を教える、各学年の漢語の授業時数は、一般に一週間三～六時間、低学年で少なく、高学年で多くする、(三)その他の各教科の一週間当りの授業時数は中央の規定にしたがい、変更しない、(四)漢語の授業を加えた後、一週間当りの授業時数が中央の規定を超えたら、(a)高級中学の外国語や製図などの授業をやめたり、民族語の授業時数を中央が規定する言語のそれより少し減らして、漢語を教える、(b)一週間当りの授業時数を全体で一、二時間増やす。(c)各教科を漢語で教えるクラスについては、言語以外の教科は、全て中央の教科課程に基づいて行い、漢語の授業時数を少し減らして、モンゴル語を教える。[13]当時考えられたこうした方法は、現在の内モンゴル自治区の二言語教育のやり方とほぼ同じで、今の二言語教育の基本は一九五〇年代初めにつくられたものであることが分かる。

こうして一九五〇年代半ばまでに、中華人民共和国におけるモンゴル族教育の基礎が固められていった。では、次に反右派闘争、文化大革命当時の言語教育の状況を捉えてみたい。

2 反右派闘争と文化大革命

一九五七年以降の左傾路線の中で、内モンゴル自治区では「蒙漢兼通」(モンゴル語・漢語の両方に通じる)なるスローガンが打ち出され、モンゴル族が漢語を身につけることを求める運動が行われた。[14]当時の状況を振り返り、あるモンゴル族はこう述べている。

「客観的にみれば、モンゴル語は漢語が絶対優勢を占める社会環境の中に置かれており、一刻一刻自然同化していくのを免れがたい状態にある。しかるにこうした状況下で、積極的に『蒙漢兼通』と称して、モンゴル族の子どもにのみ漢語を学ばせ、漢族の子どもにはモンゴル語を学ばせない措置をとり、行政命令という強制的なやり方でモンゴル語の使用を制約・束縛すれば、モンゴル語が漢語に同化される過程を必然的に加速させることになる。『蒙漢兼通』方針の結果、漢語を習得したモンゴル族は多かったが、モンゴル語を習得した漢族はほとんどいなかった。民族平等と言語平等の原則の下で、漢族がモンゴル語を学ばなくてもいいなら、なぜモンゴル族が絶対漢語を学ばなければならないのか?」[15]。

「蒙漢兼通」は、「先進民族」の「先進階級」の言語が、他の遅れた民族に自らの言語を放棄させ、最後には前者が後者に取って代るのだとする「祖国の言語統一論」に由来するものだったといわれる。[16]「蒙漢兼通」論のために、モンゴル語事業は大きく後退し、モンゴル族幹部や住民達の反感を招いた。

モンゴル族学校における漢語学習の開始時期は、一九五八年の「教育大躍進」で急に早められることになる。まず自治区教育庁は一九五八年、モンゴル語で授業を行う全日制の小学校は、三年生から漢語の授業を週四時間行うよう定めた(表2—5—2)。翌一九五九年には、漢語の学習時間を小学校三、四年生で週六時間、五、六年生で週五時間に増やし(表2—5—3)、今後はモンゴル語で授業を受けた小中学生に対する卒業、進学試験に漢語を加えるよう指示している。この時、漢語で授業を行う小学校のモンゴル語の授業時数は、五年生から週四時間と前年のまま据え置かれた。[17]教育庁はこのように定めたが、当時大躍進の中で現場ではさらにエスカレートし、モンゴル族児童・生徒の漢語学習レベルを漢族学校の言語(漢語)と同等にすることを目指したり、牧畜地域や半農・半牧畜地域の小学校の中に漢語を一年生から教えはじめる所が出たり、初級中学の中に教授用言語をモンゴル語から漢語に変える所が出たりし、子ども達を困惑させたという[18]。

一九六二年一月の全区民族語及び民族教育会議では、こうした「行き過ぎ」を批判するとともに「モンゴル族小学校と初級中学では一般にモンゴル語で授業をし、小学校三年生から漢語の授業を設け、初級中学では一部の教科（数学、理科、化学など）を漢語で教えても構わない。牧畜地域では、小学校の漢語授業の開始学年は農業地域より遅くし、一般に四年生から始めればよく、初級中学では漢語以外の授業はしばらく漢語では行わない」よう指示した[19]。同年通達された教科課程では、表2—5—4が示すように、漢語で授業を行う学校のモンゴル語も小学校三年生から始めるという形で、漢語への偏重が調整されている[20]。ただしこの時点でモンゴル語軽視の姿勢は完全に払拭されたわけではなく、中等教育レベルは、初級中学三年生から教授用言語をモンゴル語から漢語へ変えていき、数年後には高級中学ではすべての教科を漢語で教えられるよう指示している[21]。このモンゴル族中学で一部の教科を漢語で教えるというやり方は、一九八〇年に内モンゴル自治区教育局が「民族教育の回復と発展に関する意見報告」を出し、左傾路線の転換を図るまで続くことになる[22]。

文革が勃発すると、内モンゴル自治区（東の三盟と西の三旗を除く）では、「内モンゴル人民党」事件が起こり、三四万六〇〇〇人以上のモンゴル族が冤罪を被って迫害され、一万六二〇〇人が死亡し、一万人近くが障害を負ったという[23]。また後述するように、内モンゴル自治区が一〇年間分割される。こうした状況の中で、モンゴル語事業やモンゴル族教育も大きな被害を受けた。モンゴル語事業については、「少数者は多数者を取り仕切る主人にはなれない」として、少数民族が民族語を使うのを制限し、「中国」「中華」「共産党」を意味するモンゴル語を漢語の単語に切り替えるなど、モンゴル語に漢語の単語が大量に取り入れられ、党や政府機関は、二種類の文字で文書をつくるという制度もほぼ取り消した[24]。モンゴル族教育については、民族語の授業や民族学校そのものが廃止され、少数民族教師の多くが迫害を受け、死亡したり障害を負ったりした。フフホト市には、文革前モンゴル族小中学校が一〇校あったが、文革中すべてが廃校に追い込まれ、モンゴル語の教師九三人のうち、迫害を受け三人が死亡、五五人が学校を追われ、二九人が転勤させられた。モンゴル族児童・生徒のうちモンゴル語を学ぶ者の比率は、文革前の八割程度（加授モンゴル語を含む）から、一・七％にまで低下したという[25]。

3　モンゴル語の社会的使用状況

文革直後のモンゴル語事業をみると、ハード面では急速に復旧し、状況が一変したかに見えるが、ソフト面ではなかなか転換できず、後遺症が根強く残っていたようである。例えば、シヨローン・フフ（正藍）旗、ヘシグテン、バーリン左旗では、指導部のうちモンゴル族幹部が大多数を占めていたが、中央が民族語政策を転換してからも、それに則って実施しない状況があちこちで見られた。それはモンゴル族の幹部の多くが文革中迫害を受け、内心怯えており、自分の気持ちや考えを実直に表せないためで、各旗のモンゴル族指導者の中には、モンゴル語事業委員会の主任を引き受けたがらず、漢族の幹部を推薦する者もいたという[26]。同委員会には文革直後の頃まで、歳をとったり、他の仕事にふさわしくない者を配属するといった傾向があったと指摘する声もある[27]。

　文革後に行われたある調査は、旗や公社の中には、モンゴル語の学習には力を入れているが、使われる範囲が狭く、形だけになっている所もあると報告している。公章や機関の看板や大きな集会ではモンゴル語を使うが、経済分野では、日常業務でほとんど使われず、モンゴル語のできるスタッフを置いてもいない。モンゴル語事業は翻訳事業だと誤解し、党や政府の機関に翻訳スタッフを置くのみで、現場の日常業務でモンゴル語を使うことには全く配慮しない幹部もいるという[28]。

　文革が終わって数年経った一九八〇年代初めの段階で、チョローンバガナはこう述べている。「内モンゴル自治区では、モンゴル語が漢語の下の第二言語になっており、漢語のために使われる道具、付属品になっている。内モンゴル自治区でモンゴル語新聞、モンゴル語放送、モンゴル語図書の出版に関わる部門は、ことごとく翻訳機関になっており、いわゆる『モンゴル語文工作者（モンゴル語事業の関係者）』は、大多数が翻訳スタッフで、漢語と関係なく純粋にモンゴル語の研究や行政の仕事をしているといえる者は、全体の二割にも満たない。現実を直視すれば、モンゴル語はコミュニケーションの手段としての社会的機能を失い、独立した存在意義と価値を失い、同化の危機に晒されている。……少数民族地域の少数民族幹部の多くが、少数民族の言語と文字を使わなければ、それがどうして民族自治区の第一言語になれるだろうか」[29]。文革後、民族政策が好転したにもかかわらず、それがなかなか実施されないギャップに対する歯ぎしりが聞こえてくるようである。

　モンゴル語を尊重しようという政策は、一九八〇年代後半になっても、あまり浸透しているとはいえない。布赫《プーハー》が一九八八年三月九日の内モンゴル自治区盟市言語事業委員会主任拡大会議で行った発言の中の、次のくだりにその内実が垣間見られる。

「私達の地区（内モンゴル自治区）は漢族が多い。今はシリンゴル盟でさえそうだ。会議を開いたり公文書を発する時、ちょっと注意を怠れば、すぐモンゴル語を使わなくなってしまう。今回の会議にしても、政府部門、特に自治区の直属機関、盟や市、旗や県の局や処、科や局が、二種類の文字を使って行政処理をするという制度をきちんと守っておらず、モンゴル語に翻訳されていない書類が多い。各庁、局、盟、市の責任者が目を通す文書は必ずしもすべて翻訳する必要はないが、旗、県以下の末端機関に発する文書は、すべてモンゴル・漢の両文字でつくらねばならない」[30]。

地図2–3　内モンゴル自治区（1990年）

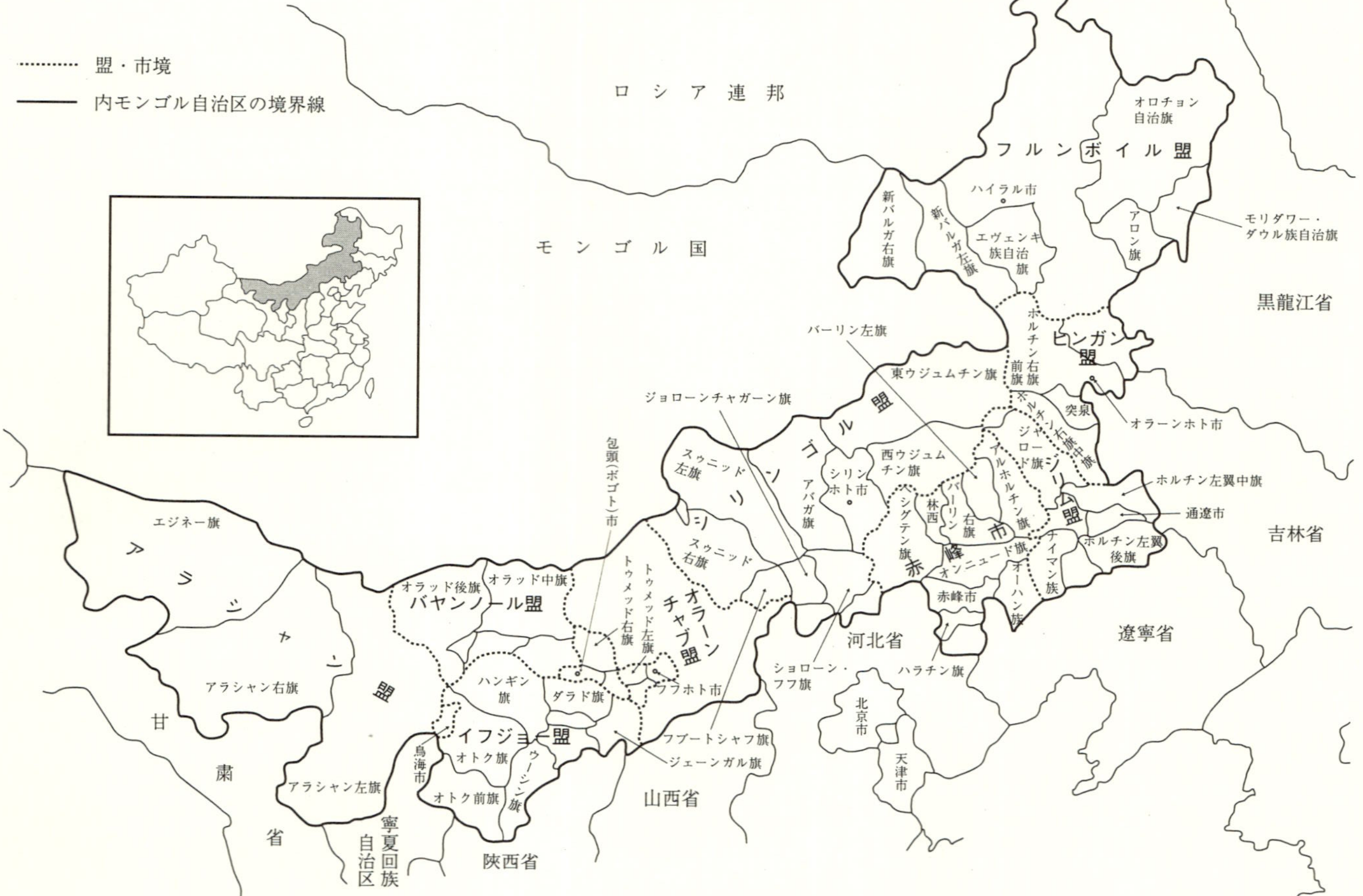

出所：地図A注『中華人民共和国行政区画簡冊』16～19頁他をもとに筆者作成。地名の片仮名表記はフフバートル氏のご教示による。

4　ポスト文革期の内モンゴル自治区の二言語教育

中共一一期三中全会以降、民族政策の復興が図られ、文革中、強制的に漢族学校に合併されたモンゴル族小中学校は、一九八〇年までに大部分がそこから分離し、オラーンチャブ盟武川県、包頭（ボゴト）市の固陽県などモンゴル族の人口が数千人足らずの地域でも、モンゴル族学校がつくられた。文革中は、町に住む子ども達が、母語であるモンゴル語を忘れていく現象が急速に広まったが、文革後フフホト・モンゴル族学校やオラーンチャブ盟児童学校、トゥメッド旗八西小学校、エヴェンキ族自治旗モンゴル族幼稚園などが、母語＝モンゴル語を取り戻させる教育を始めた。またトゥメッド左旗、トゥメッド右旗、トフトホ（托克托）県など長い間モンゴル語を使わなくなっていたモンゴル族の間では、モンゴル語を取り戻そうという動きが起こり、後述するようにフフホト市トゥメッド左旗は、民族語回復のための閉鎖式教育を始め、包頭市の武当昭モンゴル族小学校は、小学校一年生からモンゴル語の授業を始めている(31)。

文革後のモンゴル族小中学校の教科課程の中の言語の授業時数を表2―6に示した。加授漢語型の学校では、内モンゴル教育出版社が出した漢語教科書を使って、小学校三年生から漢語の授業を始める。加授モンゴル語型では、同出版社のモンゴル語教科書を使って、小学校三年生からモンゴル語の授業を始める。後者の学校は、フフホト市や包頭市など都市部に多い。ま

表2―6　内モンゴル自治区：全日制モンゴル族小中学校教科課程（1981年制定）言語教科の授業時数

加授漢語クラス

学年	小学校					（二言語型）初級中学			高級中学		（三言語型）初級中学			高級中学	
教科目	1	2	3	4	5	1	2	3	1	2	1	2	3	1	2
モンゴル語	13	13	10	10	7	6	6	5	5	4	5	5	4	4	4
漢語	0	0	5	5	5	5	4	4	4	4	4	4	4	4	4
外国語											4	4	4	4	4
週間授業時数計	26	26	26	26	26	28	29	27	29	29	30	32	31	32	33

加授モンゴル語クラス

学年	小学校					初級中学			高級中学		初級中学			高級中学	
教科目	1	2	3	4	5	1	2	3	1	2	1	2	3	1	2
モンゴル語	0	0	5	5	5	5	4	4	4	4	4	4	4	4	4
漢語	13	13	10	10	7	6	6	5	5	4	5	5	4	4	4
外国語											4	4	4	4	4
週間授業時数計	26	26	26	26	26	28	29	29	29	29	30	32	31	32	33

出所：『内蒙古自治区民族教育文集（1966 － 1990）』内蒙古大学出版社、1990 年

たこの種の学校に入るのは、モンゴル語が使われない環境の中で育ったり、付近にモンゴル族学校がなかったりする子ども達などだという[32]。

ところでこの「加授漢語」「加授モンゴル語」という表現は、内モンゴル自治区では頻繁に出てくるが、延辺、新疆、雲南、涼山など他の少数民族地域ではあまり聞かない。内モンゴル自治区では「加授モンゴル語」形式が「加授漢語」形式と二分され、並び称せられるほど多いこと、同自治区成立以降、二言語教育のあり方について長年議論と実践が重ねられる中で、この二つの形式が定着したことが原因だと思われる。前章でみた朝鮮族学校の場合、漢語で授業を行う所は極めて少ないので、「加授漢語」に対する「加授朝鮮語」という概念は生まれてこない。これがモンゴル族と朝鮮族の二言語教育の大きな違いといえるだろう。ただし、民族語による教育が主流であること、二言語教育が比較的うまく機能し、外国語を含む三言語教育も普及させている（これには、前章で述べたようにモンゴル族と朝鮮族の場合、文法的に似ており、英語などより短期間で学べる外国語、日本語の存在が作用している）こと、民族語を取り戻す教育をしていること、大学レベルまで民族語で教育をする所があること、歴史的に漢文化に接触し漢語・漢文ができる者も多いことなど朝鮮族と共通する点も多い。筆者が朝鮮、モンゴル族とウイグル、チベット族は、長期二言語教育の中でも二つの異なる範疇に分けられると考える所以である。

内モンゴル自治区の二言語教育における漢語の比重は、文革以降もじわじわと高められている。今のところ、民族小学校からの進学試験の中には漢語は含まれていないが、民族初級中学以上の進学試験には漢語のテストがある。モンゴル語で授業を行う中等専業学校の入学試験には、従来漢語は課されていなかったが、一九九五年から総得点数の中に「参考」として加えられるようになった[33]。モンゴル族学校の中には、母語と第二言語の地位を倒錯させ、授業用言語を漢語に切り替え、モンゴル語の加授を行う所も出ているという。

またこれは朝鮮族と同じだが、モンゴル族の二言語教育も、言語教育の比重が高いことからくる問題を抱えている。内モンゴル自治区では、一万人中に占める大学生の比率は全国平均を超えてるが、それはほとんどが教師など文系の人材で、理工系や経済、金融分野の人材は極めて少ないという[34]。

筆者は一九九二年の夏と冬、二回にわたって、フフホト市を中心に現地調査を行った。中国の少数民族教育のうち、狭義の民族教育、マイノリティ教育としての真価は、都市部における状況の中で、より問われるものだろう。前章で指摘したように、これまで外部との往来が少なかった農村や、漢族の入り込まなかった遊牧地域で、モンゴル語の維持率が高いのは狭義の民族教育の故ではない。中国の都市の民族教育は、日本で行われている民族教育が町でのものが多いため、比較しやすく、興味深い対象だった。以下、筆者が訪れた中から、言語教育の面でユニークなモンゴル族幼稚園や民族語復興のための寄宿制学校などを、紹介してみたい。

（1）フフホト市モンゴル族幼稚園

フフホト市には、モンゴル族幼稚園、新城区モンゴル族幼稚園、民族幼稚園の三つの民族幼稚園がある。三番目の民族幼稚園には漢族も通うが、前二者には少数民族だけが通っている。ここではモンゴル族幼稚園を紹介しよう。

フフホト市モンゴル族幼稚園は、一九八二年に開園した、モンゴル語で教育を行う、自治区・市の重点幼稚園だ。一九五六年に開園した新城区モンゴル族幼稚園に比べて新しいが、現在自治区の民族幼稚園の中で最も規模が大きい。一九九二年七月現在、モンゴル族の他、ダウル族、オロチョン族、満洲族、朝鮮族など合わせて約三五〇人の子どもが通っていた。三～六歳の子どもが小、中、大で各四班、総数一二の班に分けられ、小、中、大の各班に、すべての授業をモンゴル語で行う「実点班」が一班ずつあり（小班四〇人、中班三〇人、大班二〇人）、その他の子どもは、言語以外は漢語で授業を受ける「普通班」に編入されていた。

授業は午前中の二時間で、午後は遊戯の時間。一週間の授業時数は一二時間で、毎日一時間めをモンゴル語にあてている（週六時間）。漢族幼稚園の場合、授業は毎日一時間、一週間で計六時間、うち言語の授業は小班で週一時間、中、大班になると週二時間だから、モンゴル族幼稚園の授業時数は、全体で漢族幼稚園の二倍、言語の授業時数は小班で六倍、中、大班で三倍になる。さらに一九九一年から設けられた学前班（就学前教育）では、小学校のモンゴル語による授業に備えて、加授モンゴル語教育を行っている。

都市で育つ少数民族の子どもにとって、家庭や学校内で使われる民族語を除けば、周囲の言語環境は圧倒的に漢語だ。モンゴル族幼稚園に入る園児の大多数が、入園前にはモンゴル語の環境に置かれていなかった子どもであり、また半数の子どもは父親か母親が漢族だという。この幼稚園では、入園前すでにモンゴル語の環境の中にいた子どもは実点班に入れ、その他は普通班に入れている。実点班の子どもは、馬頭琴など民族楽器の演奏なども習っている。園長は子ども達は卒園時、バイリンガルになっていると語ってくれたが、実点班を受け持つ教員の話では、普通班の子どものモンゴル語にはやはり問題があるという。

（2）トゥメッド左旗モンゴル族学校
——民族語を取り戻す教育

モンゴル族の児童を加授漢語と加授モンゴル語のクラスに分けている興安路小学校のケースは第一章で紹介した。ここではモンゴル語を取り戻す教育に取り組んでいるフフホト市トゥメッド左旗モンゴル族学校を紹介しよう(35)。

フフホト市モンゴル族幼稚園

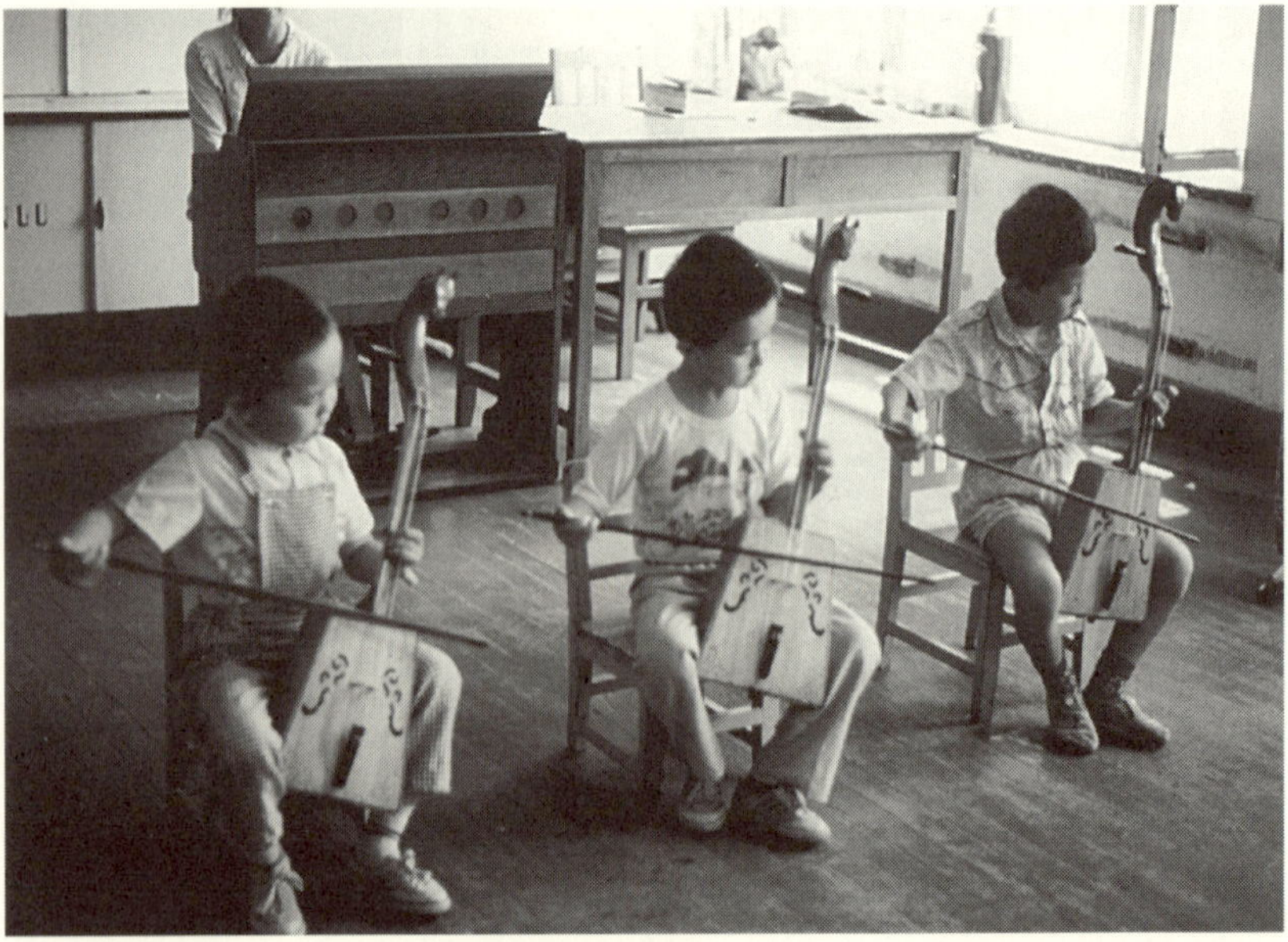

馬頭琴を練習するモンゴル族幼稚園実点班の園児

トゥメッド左旗のモンゴル族は一九九〇年ごろ、すでにモンゴル語を喪失して一〇〇年以上になるといわれていた。これは前述した一八世紀以来の漢人の大量移住の結果である。一九九〇年現在、トゥメッド左旗は総人口約三二万三〇〇〇人のうち漢族が二九万一〇〇〇人（九〇％）で、モンゴル族は二万九七〇〇人（九・二％）。旗内にある三三〇の自然村のうち、漢族のみの村が四七ある一方でモンゴル族のみの村はない(36)。

トゥメッド左旗では中華人民共和国成立以降、加授モンゴル語形式の授業が始められたが、文革で取り止めになった。文革後、同旗の把什（バグシ）小学校は、これを復活させる傍ら、モンゴル語で授業を行うモンゴル語クラスと幼稚園をつくり、一九七九年からモンゴル語を取り戻すための「封鎖教育」を始めた。一九八二年秋、このクラスと幼稚園が独立したのが、トゥメッド左旗モンゴル族学校である。この学校は教育庁ではなく、自治区の民族事務委員会が管理している。

同校は、筆者が訪ねた一九九二年一二月現在、園児が一五三人、小学生が一四七人おり、教職員六〇数人のうち、漢族四人（一人はモンゴル語が多少できる）以外はすべてモンゴル族だった。

学校では、授業はもとより、生活全般にわたって子ども達をモンゴル語の環境に置くよう努めている。幼稚園に入ってくる子どもはみなモンゴル語ができないが、そこから小学校六年まですべてのクラスがモンゴル語で授業を行う。教科書も加授モンゴル語用のものではなく、すべてモンゴル語で書かれたものを使っている。幼稚園では一日七時間（中クラスの一時間は二五分、大クラスでは三〇分）の授業のうち、三時間をモンゴル語（口語）と算数の時間にあて、絵を使ったり、モンゴル語で分からない時は漢語で説明しながら教えている。こうして小学校に上がる段階では、モンゴル語だけで授業が受けられるようにし、小学校一年からモンゴル文字の読み書きを習い始める。

こうした教育の仕方は日本にある朝鮮学校と似た所があるが、違うのは完全寄宿制をとっている点だ。児童は全員校内の宿舎に住み、月曜から次週の木曜日まで一一日間授業を行った後、金、土、日の三日休みをとり、自宅へ帰る。家に戻れば、親は漢語しか話せないので、子どもがモンゴル語を使う機会がなくなるからだという。宿舎の生活はすべてモンゴル語で行う。教員には、モンゴル語を母語とし、草原でのモンゴル族の生活を心得た牧畜地域出身のモンゴル族を配属している。学校では授業以外の時もモンゴル語を使うことが義務づけられている。こうして、幼稚園から小学校にかけて、子ども達は学校内につくられたモンゴル語の環境の中で育つ。

ただ小学校低学年時、子どもにとってモンゴル語を使うのはかなり難しく、教職員のいない所で子ども同士話す時は漢語を使っているそうだ。また高学年になり、モンゴル語での生活、授業に不自由がなくなっても、使いやすさの点で漢語にかなわないという。同校の卒業生はフフホト市モンゴル族学校の初級

トゥメッド左旗モンゴル族学校（校門）

トゥメッド左旗モンゴル族学校（子どもたち）

中学部に入る。

モンゴル語のできない子どもに対し、モンゴル語を主に用いて授業をする学校は、他に包頭のトゥメッド右旗モンゴル族小学校（幼稚園）があり、この学校も一九八二年に開校している。

(3) 内モンゴル師範大学附属中学

内モンゴル師範大学附属中学は、初級中学部三年、高級中学部三年の完全中学である。一九九二年一二月現在、教授用言語が漢語のクラスが三二、モンゴル語のクラスが一二あった。全校生徒約二五〇〇人のうち少数民族が六〇〇人余で、大部分がモンゴル族。教職員と幹部が二一〇人で、その三分の一がモンゴル族であった。この学校では、モンゴル族生徒を出身地やモンゴル語能力に応じて、都市モンゴル語、加授モンゴル語、牧畜地域、実験の四種類のクラスに分けている。

初級中等部にある都市モンゴル語クラスには、フフホト市内の小学校でモンゴル語で授業を受けてきた子ども達が入ってくる。一九九二年現在、各学年に一クラスずつあり、卒業生は高級中学部にある牧畜地域クラス（各学年に三クラスずつ）に入る。牧畜地域クラスには、フフホト市以外の五盟から募集した、漢語の授業がない小学校を出て、初級中学から漢語を習い始めた子ども達が多く入っている。これら生徒の中には、高級中学一年生では漢語がほとんどできない者もいるが、半年もするとかなり上達するという。牧畜地域で育った優秀な子どもが漢語で教育を受けられるようにするのが狙いのようだ。実験クラスは、英語ができるモンゴル族の人材養成を願って、一九九二年度から牧畜地域クラスの中に一つ設けたもので、モンゴル語の授業を週四時間から二時間に減らし、英語を週四時間から六時間に増やしている（いずれも漢語は週四時間）。

初級中学の都市モンゴル語クラス、高級中学の牧畜地域クラスが加授漢語の授業を行う間、漢族クラスは書道など研修の授業を受けている。

5　民族語学習をめぐる環境と学習率

学校に通うモンゴル族の間で、どのくらい民族語教育が行われているのだろうか。表2―7は、内モンゴル自治区が成立してから一九九三年までの、モンゴル族児童・生徒数とモンゴル語学習者数の推移を分かる範囲でまとめ、両者から各年のモンゴル語学習率を割り出してみたものだ。

この表で、まず一九五七年から一九六五年の間を一つの区切りとして見てみよう。この間、モンゴル族の児童・生徒数が二倍に増えている中、モンゴル語学習者もまた二倍に増えている。文革前はモンゴル族小学生の八割がモンゴル語で教育を受け、初級、高級中学レベルでは加授モンゴル語の比率が小学校より高いものの、これを含めるとやはり八割がモンゴル語を学習していたことになる。モンゴル族の就学者数が増えるにつれ、ほぼ同じ比率でモンゴル語学習者も順調に増えているといえよ

表2－7　内モンゴル自治区小中学校のモンゴル語学習者

年度	小学校					初級中学					高級中学				
	A	モンゴル語	%	加モ	%	A	モンゴル語	%	加モ	%	A	モンゴル語	%	加モ	%
1947	21,299	16,565	77.8	315	1.5	462					6				
1948	30,046					513					7				
1949	46,821	36,414	77.8	686	1.5	777					8				
1950	54,264					759					3				
1951	78,964					1,236					5				
1952	103,421					2,348					87				
1953	102,483					3,167					171				
1954	91,864					5,653					270				
1955	79,500					7,355					541				
1956	108,414					8,942	4,824	53.9	1,658	18.5	952	388	40.8	124	13.0
1957	103,629	86,645	83.6	1,896	1.8	9,345	6,193	66.3	2,129	22.8	1,359	843	62.0	336	24.7
1958	148,520	119,844	80.7	2,681	1.8	9,800	7,404	75.6	452	4.6	1,994	1,244	62.4	369	18.5
1959	166,252	133,359	80.2	2,978	1.8	11,600	8,825	76.1	699	6.0	2,523	1,662	65.9	331	13.1
1960	182,628	146,475	80.2	3,271	1.8	15,248					2,985				
1961	152,106	121,994	80.2	2,724	1.8	14,683	11,060	75.3	1,043	7.1	2,586				
1962	135,629	106,579	78.6	6,560	4.8	11,960	9,196	76.9	976	8.2	2,651	1,575	59.4	553	20.9
1963	139,658	107,444	76.9	6,608	4.7	11,967	9,086	75.9	1,177	9.8	2,970	1,705	57.4	656	22.1
1964	174,392	133,404	76.5	8,205	4.7	14,236	10,569	74.2	1,303	9.2	3,253	2,185	67.2	447	13.7
1965	220,331	168,546	76.5	10,375	4.7	16,710	12,067	72.2	1,403	8.4	3,551	2,070	58.3	747	21.0
1972	258,308					33,796					7,576				
1973	269,495					37,981					12,140				
1974	317,432					49,273					15,697				
1975	333,474					73,408					19,392				
1976	374,087					104,584					31,127				
1977	328,626					119,764					42,130				
1978	342,503					122,921					41,550	15,518	37.3	8,384	20.2
1979	336,374	245,803	73.1	29,277	8.7	121,480	73,594	60.6	25,336	20.9	32,845	15,322	46.6	8,415	25.6
1980	339,860	252,446	74.3	31,279	9.2	119,030	67,358	56.6	27,610	23.2	28,608	12,499	43.7	9,206	32.2
1981	343,834	261,160	76.0	33,487	9.7	113,842	65,283	57.3	26,082	22.9	27,118	13,380	49.3	8,031	29.6
1982	369,475	256,106	69.3	30,538	8.3	117,787	63,395	53.8	22,147	18.8	27,398	14,145	51.6	7,573	27.6
1983	362,441	242,672	67.0	26,304	7.3	118,700	61,741	52.0	19,458	16.4	30,754	15,802	51.4	7,945	25.8
1984	368,403	249,291	67.7	21,149	5.7	127,581	68,282	53.5	17,299	13.6	31,761	16,398	51.6	7,967	25.1
1985	365,336	249,309	68.2	18,429	5.0	135,468	74,715	55.2	15,640	11.5	33,602	18,005	53.6	7,192	21.4
1986	366,058	246,175	67.3	17,080	4.7	142,364	80,160	56.3	13,587	9.5	35,409	18,806	53.1	7,732	21.8
1987	370,074	239,645	64.8	15,294	4.1	147,195	83,014	56.4	12,020	8.2	37,075	20,178	54.4	6,026	16.3
1988	369,316	232,621	63.0	15,483	4.2	145,214	82,984	57.1	10,479	7.2	39,104	22,306	57.0	5,133	13.1
1989	380,622	227,384	59.7	14,716	3.9	140,830	82,506	58.6	8,244	5.9	39,554	23,545	59.5	3,663	9.3
1990	394,934	225,385	57.1	16,650	4.2	142,584	78,692	55.2	8,550	6.0	38,919	23,317	59.9	4,118	10.6
1991	423,792	235,832	55.6	18,148	4.3	145,453	69,241	47.6	9,917	6.8	41,048	23,021	56.1	3,759	9.2
1992	425,977	234,656	55.1	17,524	4.1	149,805	81,669	54.5	11,855	7.9	38,643	23,438	60.7	5,121	13.3
1993	444,809	237,338	53.4	18,559	4.2	144,596	73,838	51.1	7,559	5.2	38,619	19,968	51.7	3,008	7.8

注：A ＝モンゴル族在校生数、加モ＝加授モンゴル語。1966 ～ 71 年は統計なし。表の統計数字には、モンゴル語で、又はモンゴル語の授業を受けているダウル族なども含まれているので、モンゴル族児童・生徒の中でモンゴル語を学ぶ者の実際の比率は、この表中で計算した数字より若干（おそらく 2 ～ 3 %以内の幅で）低くなるはずである。

出所：以下の資料に基づき、筆者作成。『内蒙古自治区教育成就（1947 － 1986 年統計資料）』内蒙古教育出版社、1990 年、31 ～ 37、50 ～ 55 頁。烏蘭図克主編『内蒙古民族教育概況』内蒙古文化出版社、1994 年、巻末「専題資料統計」15 ～ 19 頁。

う。

　それに対して、一九七九年から一九九三年の間を見ると、モンゴル族児童・生徒が一〇万人以上増えている中、モンゴル語で授業を受ける者の数は、高級中学生で増えているものの、初級中学生で横ばい、小学生では減っている。加授モンゴル語の場合はいずれも大幅に減っており、これを含めるとモンゴル語学習者数は、小学生と初級中学生で減少、高級中学生で横ばいという結果になる。つまり、モンゴル族人口が増える中、モンゴル語学習者数は横ばいか減っており、モンゴル族小中学生の中でモンゴル語を学ぶ者の比率は、文革から復興した一九八〇年頃は八〇%程度に回復したが、一九九〇年代には六〇%を切る場合もみられるほどに下がっている。バトバガナは一九九五年「内モンゴル自治区では、民族小中学校の生徒、特に自民族の言語と文字を学ぶ生徒の数が次第に減少し……モンゴル語で授業を受ける小中学生の割合は、一部の都市部では一〇%にまで下がり、閉校の危機に面している学校も多い」と述べている[37]ので、一九九四、九五年は比率がさらに下がったとみられる。オラーントグも一九九七年、一九八〇年以来、モンゴル語で授業を受ける児童・生徒の数が激減しており、これが内モンゴル自治区の民族教育の中で、最も深刻な問題であると述べている[38]。

　ただし**表2—7**の統計数字をもとにモンゴル語の学習率の変化をみる場合、差し引いて考えねばならない点がある。それは一九八〇年代の民族的出自の変更事業が、モンゴル語を学ばないモンゴル族の比率を高めた点である。**表2—1**をみると、一九八二年から一九九〇年の間に、内モンゴル自治区のモンゴル族人口の比率が六・五%上昇しているが、これは一九八〇年代、民族的出自を漢族からモンゴル族に変える者が多く、モンゴル族の人口が急増したためだ。内モンゴル自治区では、一九八二年の上半期だけで、三〇万九〇〇〇人（人口調査時のモンゴル族人口の一二・五%）が民族的出自をモンゴル族に変更している[39]。また、一九八七年の一〇%人口抽出調査によれば、同自治区のモンゴル族既婚者のうち、約一四・四%が漢族と結婚している[40]。一九八〇年代以降は、こうした家庭の子どもの多くがモンゴル族と登記されていると思われる。こうした民族的出自の変更は一九八〇年代半ばも行われていたようで、**表2—8**をみると、遼寧省のハラチン左翼モンゴル族自治県では一九八六年から一九九〇年の間に漢族が減っている。

　単偉《タンウェイ》勛《シュン》によれば、これら一九八〇年代にモンゴル族と登録するようになった人々の中には、モンゴル族と血縁関係がある者もいれば、全くない人々もいるという。前者の中には家庭環境によってモンゴル語で会話ができる者が少しいるが、モンゴル語の会話や読み書きができない者が多く、子どものほとんどは漢族学校に通っている。後者はモンゴル族に対する特別措置を目当てにモンゴル族に変更したもので、子ども達は漢族学校に通っているという。単はモンゴル族児童・生徒のモンゴル語学習率が一九八〇年代、統計の上で下がったのは、ここに一因

表2―8　ハラチン左翼モンゴル族自治県の民族別人口の変化

	1986年		1990年		増加数
	人数	(%)	人数	(%)	(86-90)
総人口	384,918		399,230		14,312
モンゴル族	51,006	(13.3)	68,397	(17.1)	17,391
漢族	331,657	(86.2)	328,193	(82.2)	-3,464

出所：以下の資料をもとに筆者作成。国務院人口普查辦公室『中国第四次人口普查的主要数据』中国統計出版社、1991年、4、17頁。中国社会科学院民族研究所・国家民族事務委員会文化宣伝司主編『中国少数民族語言使用状況』中国藏学出版社、1994年、187頁。

があるとしている(41)。前述した筆者の分析で、学習率よりも、学習者数の推移により注目したのは、後者の方が民族的出自の変更による影響を排して、推移をとらえることができるからである。

大学、専科学校など高等教育レベルでみると、一九八四年には自治区全体で普通高等学校の在籍者数二万一四七二人中、モンゴル語で授業を受ける者が二七六〇人（一二・八六%）だったが、一九九三年の場合は三万七二九〇人中三〇五一人（一〇・二九%）、一九九四年には三万八六〇六人中二四八九人（六・四五%）へと、比率が下がっている。一九八〇年代後半から、新入生募集の際、従来の国家配分枠の他に委託生と自費生という枠が加わり、自治区全体の入学定員の枠が広がった。しかし、モンゴル語で教育を受けてきた者に定員を設けているのは依然として国家配分だけで、後二者の比例が大きくなるにつれ、モンゴル語で授業を受ける学生の入学枠が相対的に狭まったのである。また以前、北京大学や北京医科大学、上海医科大学が毎年、内モンゴルからモンゴル語で学習してきた予科生を採用してきた制度も、一九九〇年代半ばには、ほとんど停止状態になっている。中央民族大学（モンゴル語学科以外）、大連民族学院さえも、モンゴル語で学習してきた学生を受け入れたがらないそうだ(42)。

以上、内モンゴル自治区全体の状況を概観したが、モンゴル語学習率は自治区内でかなり地域差がある。**表2―7**でみた内モンゴル自治区全体の平均値は一九九二年、モンゴル語で授業を受けている者が小学生と初級中学生のそれぞれ五五%、高級中学生の六〇%、加授モンゴル語形式で授業を受けている者が小学生の四%、初級中学生の八%、高級中学生の一三%である。前者の割合は、シリンゴル盟や赤峰市ではこれより高く、フフホト市や包頭（ボゴト）市、烏海市では低い(43)。

モンゴル語で授業を受けるモンゴル族は、赤峰市では一九九二年、小学生の七一・三%（八万五九三人中五万七四三三人）、シリンゴル盟では同じ頃、小学生の九四・六%（二万六〇七八人中二万四六六二人）、またジリム盟のハラチン左翼後旗では小学生の七六・三%、初級中学生の九三・七%、高級中学生の八五・三%（ジリム盟全体では小学生の五五・四%、初級中学生の六一・六%、高級中学生の六七・三%）にのぼる。バヤンノール盟では一九九三年現在、モンゴル族のうち漢族学校に通い、漢語で授業を受けている者が小学生の二二・九％（一四五〇人）、初級中学生の一七・四％（四六〇人）、高級中学生の二〇・二％（一五八人）だというので、逆に約八割は民族学校に通っていることになる。

いっぽう、フフホト市では一九八五年、モンゴル族中学生のうちモンゴル語で授業を受ける者は一三・三％（八〇九七人中一〇七三人）に対し、加授モンゴル語型の授業を受ける者が五〇・一％（四〇五三人）と多い。包頭市内には一九九三年で民族小中学校が一三校あるが、そこに通うのは、モンゴル族小中学生の三四・四％（一九二四人）にすぎない。烏海市の場合、この比率はもっと低く、一九九一年現在、モンゴル族小中学生のうち八七・三％（一〇八九人）が漢族学校に通い、モンゴル族学校に通っているのは一二・七％（一五八人）だという。こうした地域差は、それぞれの民族構成比と関わりがあろう（表2—9）。

モンゴル語の学習率がなぜ下がったか、その原因は、バダラホの次の言葉に端的に示されている。「内モンゴルの都市部では、モンゴル語の用途は小さく、使用範囲も狭いし、特に現在の改革開放、市場経済の中でモンゴル語は使われず、漢語が主となっているので、少数民族の中には直接漢語を学習した方が、労力も省けてよいと考える者達がいる」[44]。

モンゴル語の用途は小さく、使用範囲も狭いとは、具体的に

表2―9　内モンゴル自治区各盟市のモンゴル族、漢族人口比

地域		総人口	モンゴル族			漢　族	
			人　口	A(%)	B(%)	人　口	A(%)
内モンゴル自治区		21,456,798	3,375,230	15.7		17,298,722	80.6
東部	フルンボイル盟	2,551,763	185,400	7.3	5.5	2,128,279	83.4
	ヒンガン盟	1,524,064	587,929	38.6	17.4	857,371	56.3
	ジリム盟	2,753,727	1,160,851	42.2	34.4	1,493,974	54.3
	赤峰(オラーンハダ)市	4,105,758	677,012	16.5	20.1	3,281,328	79.9
中部	シリンゴル盟	888,047	254,797	28.7	7.5	595,799	67.1
	オラーンチャブ盟	3,171,294	84,344	2.7	2.5	3,060,145	96.5
	フフホト市	1,441,641	132,659	9.2	3.9	1,253,935	87.0
	包頭(ボゴト)市	1,779,314	35,098	2.0	1.0	1,691,073	95.0
西部	イフジョー盟	1,198,912	141,020	11.8	4.2	1,054,594	88.0
	バヤンノール盟	1,562,560	65,592	4.2	1.9	1,473,495	94.3
	アラシャン盟	165,570	41,974	25.4	1.2	114,319	69.0
	烏海市	314,148	8,554	2.7	0.3	294,410	93.7

A＝対区、各盟、市総人口比。B＝対自治区モンゴル族総人口比。
出所：内蒙古自治区人口普査辦公室編『内蒙古自治区第四次人口普査手工彙総資料彙編』中国統計出版社、1991年、118～129頁をもとに筆者作成。

はどういうことか。例えばエルデニトフトホ（一九八一年）は、文革後の西スゥニッド旗の状況を、こう紹介している。[45] 旗の直属機関の公文書や社会では主に漢語漢文が使われ、同旗のサインボラグ（桑宝力格）公社はモンゴル語を主に使って漢語をサブ的に使い、同公社のバヤンオール（白音敖拉）生産隊では、モンゴル語のみを使っている――即ち逆さに見ると、末端の生産隊レベルではモンゴル語が広く使われ、その上の公社レベルでもモンゴル語を主に使っているが、その上の旗や盟レベルでは、公文書や公共生活分野で漢語ばかり使っているという構図になっている、と。そこで、漢語のできないモンゴル族が町に出ると、食、住面や病気をした時など言葉の壁にぶつかって不便な思いや不愉快な思いをする。フフホトで話を聞いた教師が「モンゴル自治区なのに、手紙を出すとき封筒の宛名をモンゴル文字で書くこともできない」と嘆いていたことを思い出す。

モンゴル語を学んだり、使ったりする者が減っている問題についてエルデニトフトホ（一九八一年）、チョローンバガナ（一九八一年）、バトバガナ（一九九五年）、オラーントグ（一九九七年）らが分析している。これらを相互に照らし合わせて整理すると、以下のように集約できるだろう。[46]

（一）モンゴル語を一生懸命学んでも、大隊や公社の外へ出ると、言語環境は圧倒的に漢語で、モンゴル語はコミュニケーションの手段たり得ない。文革後、小中学校の民族教育は再開されたが、社会でモンゴル語を使う範囲はどんどん狭まっている。特に市場経済の導入によって、この傾向がますます強まると人々が感じている。

（二）モンゴル語で教育を受けてきた者は進学先が限られ、またモンゴル語だけで高等教育を受けることなど不可能になっている。自治区の大学、中等専業学校でさえ、モンゴル語で授業を行う教科は少なく、自治区の大学や専科学校一九校のうち、モンゴル語で授業を行う学科があるのは一〇校のみであり、それもすべて文系科目で、理工系はない。

（三）モンゴル語で教育を受けた者は就職先を探すのが難しい。就職試験では彼・彼女らのことは全く考慮されておらず、食べていくためには漢語漢文を学ばねばならない。

（四）自治区に民族語・文字の使用を保障する法規がなく、それらの学習・使用を奨励する実効性のある政策措置もない。少数民族の子どもは、民族語の他に漢語や外国語を学ぶため、学習の負担が大きく、その他の教科の成績に影響するのに、三言語を学習する者への奨励策もない。

こうして、もともとモンゴル語ができるモンゴル族でも、都市で生活するようになるとモンゴル語を放棄せざるを得なくなり、またモンゴル語ができない若者や子どもが一念発起してそれを一から学ぶというのは、よほどのことがなければないといえう。前章では、韓中の経済交流が深まる中、北京の朝鮮族の若者が韓国企業への就職を考えて、朝鮮語（ソウル語）を学び始める事例を紹介したが、今のモンゴル国の経済力からすると、当面はモンゴル族の間でこうした動機が生じるとも考えにくい。

次に、モンゴル語学習者の中でも、加授漢語型で学ぶ者が目立って減っている理由を考えたい。まず現場の動きをみよう。

内モンゴル師範大学附属中学では、漢語で授業を行う初級中学、高級中学に進学するモンゴル族生徒の中から、入学時に希望者を集めて加授モンゴル語クラスをつくってきた。一学年一クラス、学年全体からの合同クラスで、外国語の時間にモンゴル語を学習していたが、一九九二年度からこのクラスを募集しなくなった。原因は一九八九年、初級中学部に都市モンゴル語クラスが再び作られたことの他に、加授モンゴル語クラスは生徒が少なく、それほど重視されず、教員の配置もよくなく、管理も厳格でないなどの問題が重なり、それが生徒にも悪い影響を与えて、進学率も高くなかったためだという。このクラスがなくなったため、興安路小学校の加授モンゴル語クラスの卒業生は、第一四中学、第一五中学へ進学することになった。トゥメッド左旗モンゴル族学校でも、同旗には同校以外に民族小学校が五校、民族中学が二校あり、すべて加授モンゴル語教育を行っているが、効果は上がっていないと聞いた。

またバヤンノール盟では、一九八四年までは、小中学校の中に漢語で授業を行い、モンゴル語を一教科として教えるクラスがあったが、漢語で授業のできる教師が人数、質双方で足りず、生徒の進学率も極端に低かったので、方針を変えて、漢語で授業を受けることを希望する生徒は漢族学校に入り、モンゴル族学校に入る者は全部モンゴル語で授業を行い、漢語を加授することにしたという(47)。

呉《ウー》ブレン(一九九六年)は、これまでのモンゴル族の言語教育の中で「戒めとすべき二つの教訓」として、「七〇年代初め、極左路線の影響でモンゴル語による授業を止めたため、短期間でモンゴル族教育の質が大きく低下した」ことともに、加授モンゴル語教育の問題を挙げて、次のようにいう。「以前熱心さのあまり、都市部でモンゴル語を教えたが、もに対し、小学校二年生や初級中学からモンゴル語を教えたが、この十数年を振り返ると、生徒の中には高級中学卒業段階に至っても名前さえ書けなかったり、多少おぼえても卒業後は全く使わない者が少なくない」(48)。

バダラホ(自治区教育科学研究所)は、加授モンゴル語形式はよい成果をあげられないとして、(一)小学三年生からモンゴル語を学習するが、子どもの成績は相対的に悪く、高級中学に入っても教科書が読めなかったり、読めても意味が分からない者がいる、(二)その他の教科の成績も悪い、(三)高等学校へ入学するものが少ない、などの問題を挙げている。

このように、加授モンゴル語教育は近年あまり評判がよくない。だが問題とされている点は、原因というより結果であり、進学校とそうでない学校に通う生徒の違いだと思われる点もあり(漢語ができる者が進学率が高い)、問題の本質は別な所に

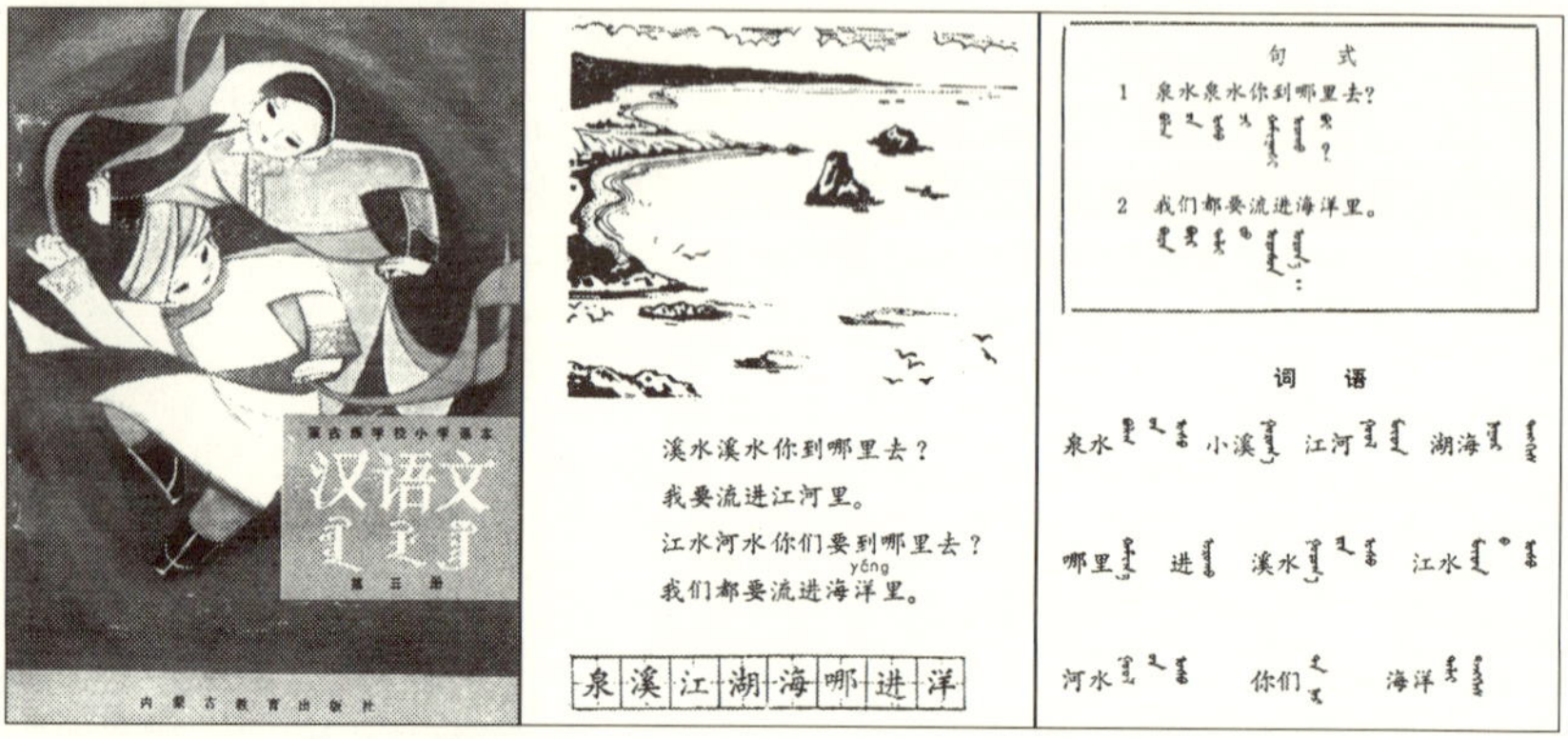

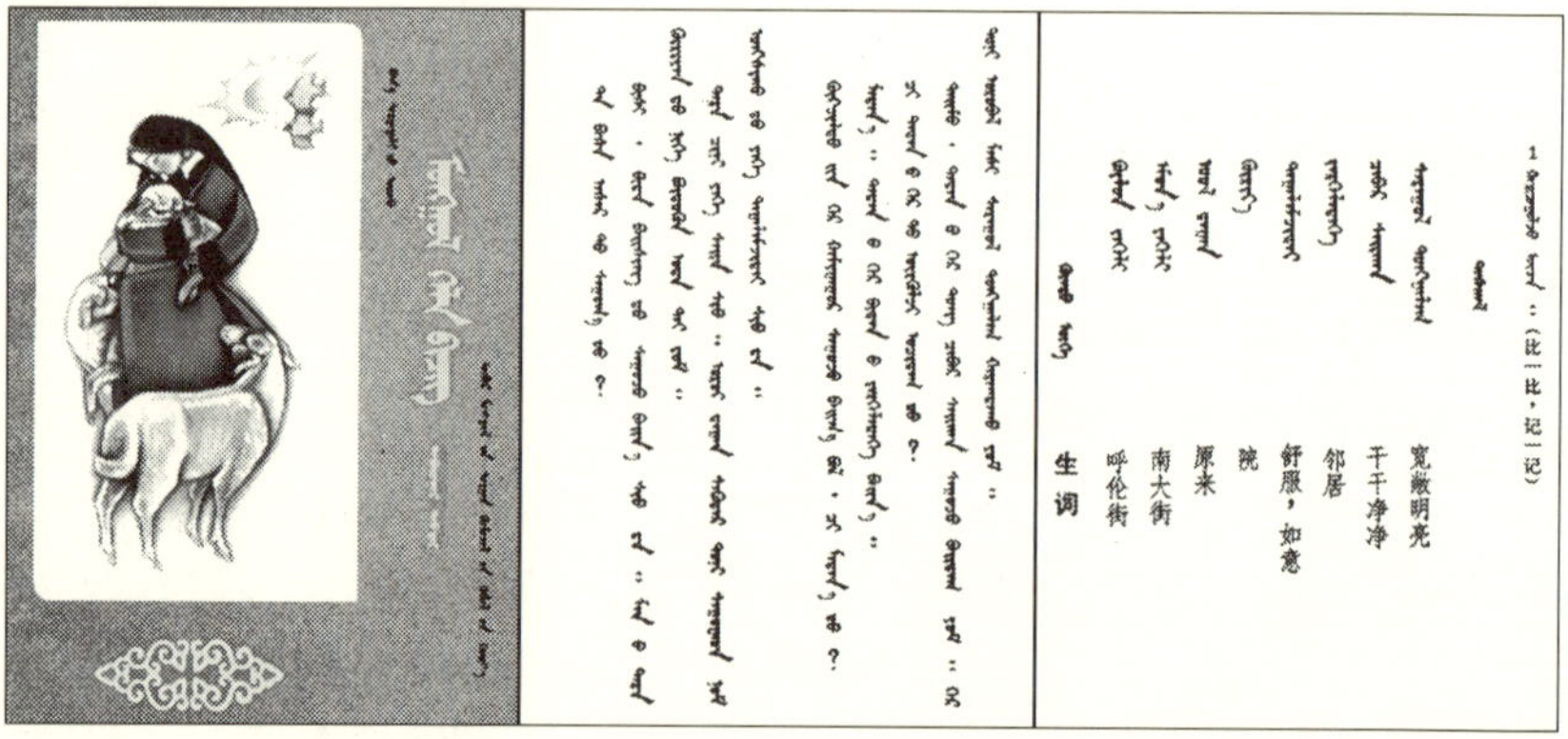

モンゴル族学校用教科書（上段は語文、中段は加授漢語用、下段は加授モンゴル語用）

あるように思う。加授モンゴル語教育を行う学校が減るということは、漢語を第一言語とするモンゴル族が学校教育でモンゴル語を習う機会を失う、切り捨てられていくことを意味する。加授モンゴル語教育に責任を押し付けて取り止めるのではなく、加授モンゴル語クラスの子ども達にモンゴル語や他の教科の学習への興味を起こさせないものは何かを問題にして、それへの対策を講じなければ、モンゴル語学習者は今後も減少の一途をたどるのではなかろうか。

6　教育をめぐるその他の問題

一九九五年一一月、筆者は三年ぶりにフフホト市を訪れたが、その時、内モンゴル人民出版社や自治区社会科学院、自治区教育庁までが、金策のため建物の一、二階部分を企業に間貸ししたり、社会科学院では職員の出勤手当てを削減するために多くの研究員が自宅待機の状態だったことに驚いた。急激な物価上昇と「市場経済」を名目とした「自力」路線の中で、フフホト市にある八省区モンゴル語辦公室は、独自に服務大楼や民族ホテルなどをつくり、事業経費の欠如を補なっているという[49]し、これまで政府資金で出版されてきた民族文字による出版物などは、据え置きの公的予算の中で出版が困難になり、「商業価値の低い」学術雑誌は廃刊になったものもあると聞いた。GNPの上昇と反比例的に、民族教育の分野で経費不足が深刻化している。その一見奇妙な現象をはじめとして、ここ数年市場経済化の波が、着実に民族教育に影響を及ぼし始めている。

具体的にどんな問題が起こっているのか、バトバガナ（一九九五年）の報告を借りて、一九九〇年代前半に浮き上がってきた問題を筆者なりにまとめて列挙してみよう[50]。

（a）一九九〇年以降、物価はどんどん上昇するいっぽう、民族教育の経費は年々減少し、学校を運営する資金が足りなくなっている。経費不足のため、民族文字による教材を授業開始前に供給したり、一人一冊供給することができない。学習し始めてから二年目に、やっと教科書が子どもの手に届くケースもある。教師の参考書や児童・生徒の課外読み物は特に不足し、大学や中等専業学校、職業学校の民族文字による教科書は、活版刷りのものは多くなく、大部分が教師が自分で作ったか翻訳したガリ版刷りのものを使っている。

（b）少数民族地域の教師の中で転職する者が年々増え、無資格の教師の割合が大きくなり、教師のレベルが落ちている。フルンボイル盟では一九九一年から一九九三年の間に、全教員の約一〇％に当たる一九七六人が転職した。

（c）「辺境」牧畜地域の民族小中学校では、少数民族に対する奨学金が、民族区域自治法の規定どおりに支給されていない。奨学金制度を取り消した地方も少なくなく、奨学金を多少支給している地方もあるが、一九六〇、七〇年代の低い水準で、奨学金たり得ていない。牧畜地域で一年間の就学に要する一人当たりの経費は、中学生で約一五〇〇元、小学生で一〇〇〇元以上だが、牧畜業の収入は低く、一人当たりの平均年収が三〇〇～四〇〇元に満たない貧困地域の住民には負担できない。その結果、アルホルチン旗では、一九九〇年に入学した初級中学生五五二人のうち、一九九三年までに二〇四人が退学し、同期間、バーリン左旗では初級中学生三二〇人のうち一八〇人が退学するという状況をもたらした。

(d)中央政府は各種の法規や通達で、(一)少数民族地方の各級政府が民族教育専門の経費をつくる、(二)辺境建設費、未発達地域補助費と五%の民族機動金の中から、一定枠を民族教育に使う、(三)国家が少数民族貧困地域に与える「扶貧資金」の一部を民族教育にあてる、(四)牧畜地域の児童・生徒・学生には奨学金を多めに出す、といったことを再三指示してきたが、下級機関では実施されていない。国家財政から毎年二〇〇〇万元が少数民族教育専門項目補助費として拠出されるが、この金額は何年間も変わらないばかりか、内モンゴル自治区に分配される金額は年々減少し、一年間で一〇〇万元余りとなり、これでは同自治区の少数民族学校三五〇〇校の問題を解決できない。内モンゴルは近年、この一〇〇万元以外に民族教育専門の資金はない。特に都市から離れた「辺境」の民族学校の運営経費が欠乏している。

ここで挙げた事象は、もともと国家による積極的措置が必要である少数民族教育の分野に、弱肉強食の市場経済の競争原理が、部分的にしろ持ち込まれたことによって生じたもののように思われる。中国では、市場経済化以降、民族地域の発展が遅いのは、優遇措置のために競争意欲がわかないためであり、これを取り止めるべきだと主張する者が出てきた。さらには区域自治は地方自治であり、民族自治ではないといった主張をするものまで出始めているという(51)。マイノリティの教育は本来、自己の文化や言語を維持することを認める自由権と、それが公によって物的に保障される社会権的措置がともに保障されて、より理想的な形で実施される。中国の人権は自由権よりも第一に社会権を保障することだと言ってきた中国が、市場経済の競争原理で、これまで社会主義国としての建前上保障してきた特別措置(社会権)を切り捨てれば、何が残るだろう。

三　内モンゴル自治区の分割と八省・自治区モンゴル語事業協力グループの設立

現在中国では、八省・自治区モンゴル語協力事業グループがモンゴル族共通の教科書を編さんしたり、各省・自治区の間で学生の進学や教員の派遣などの調整をしている。

中華人民共和国では長い間、少数民族用の教科書は各省・自治区の教育出版社がそれぞれ出版する体制になっており(1)、その結果、複数の省・自治区に分散している民族は、同じ民族で使う教科書が省ごとに違うという状況が続いていた。こうした構造は、もともと人口が少ない少数民族が、省・自治区の境で分けられた、さらに小さなコミュニティの中で、民族教育に必要な教科書や教員を整えねばならない状況をもたらし、特に自分の住む省・自治区内に同じ民族が少ない場合、人材が足りず独力で質の高い教科書をつくって供給するのは難しかった。

その点モンゴル族の間では、八省・自治区協力グループができたために、モンゴル族人口が少ない地域でも、この機構でつくられた、しっかりした教科書が供給されるようになり、教師が足りなければ内モンゴルから招いたり、省内のモンゴル族学校の教師を内モンゴルで養成することもできるようになった。この点は省・自治区間の協力機構のない民族に比べ、かなりのアドバンテージになっていると思う。

前述したように、中国の少数民族の中でこの類の協力グループをもつのはモンゴル、朝鮮、チベット族だけだが、その中でモンゴル語事業の協力機構が最も早くでき、最も範囲が広い。ではなぜこの八省・自治区間のモンゴル語協力事業グループが生まれたかをみていくと、それは実は文化大革命時の内モンゴル自治区分割の産物だったことがみえてくる。以下、その成立過程と事業内容、直面する問題などを紹介しよう。

1　内モンゴル自治区の分割・縮小

文革の最中、一九六九年七月五日、中共中央は「戦争準備を口実」[2]に、内モンゴル自治区のうち、フルンボイル盟の突泉県とホルチン右翼前旗を除く全域を黒龍江省に、ジリム盟とフルンボイル盟の突泉県とホルチン右翼前旗を吉林省に、ジョーオダ盟を遼寧省に、バヤンノール盟のアラシャン左旗全体とアラシャン右旗のバヤンノール、ウルジー、タムサグボラグ、アルタンオボー、スゥムブル公社を寧夏回族自治区に、アラシャン右旗とエジネー旗を甘粛省に組み入れることを決めた。[3] このの決定がどういう経緯で、誰のイニシアティブでなぜ行われたのか、内実は一切分からない。

ただその結果、一九五九年には約一四〇万平方キロメートルだった内モンゴル自治区の面積[4]は、約四五万平方キロメートルに縮小し（**地図2―4**）[5]、同自治区のモンゴル族は一三八万人（一九六四年）から四〇万人に減った。そのいっぽうで吉林省に八〇万人余、遼寧省に六〇万人余、黒龍江省に三〇万人余のモンゴル族が住む形になったのである。[6] こうして内モンゴル自治区のモンゴル族の人口比率は、一九六四年の一一・二%（一九五三年には一四・六%）から五%（八〇〇万人中、四〇万人、一九七七年頃）まで低下する。中央政府が内モンゴル自治区の行政区画を元に戻すのは、一〇年後の一九七九年のことである。[7]

この一〇年間、これほど多くのモンゴル族が民族自治地方でない地域に組み入れられていたことは、モンゴル語事業やモンゴル族教育に大きな影響を与えたと思われる。郝維民主編『内蒙古自治区史』（一九九一年）や王譯『五十春秋』（一九九九

地図2-4　文化大革命期に分割された内モンゴル自治区

—— 省・自治区境
文革期の内モンゴル自治区
隣接する省・自治区に組み入れられた地域
………… もとの内モンゴル自治区の境界

出所：『内蒙古自治区三十年（1947—1977）』（内蒙古人民出版社、1977年）の「内蒙古自治区行政区画図」他をもとに著筆者成。

二年）は、自治区の分割は「内モンゴル自治区を台無しにし……内モンゴルで一層の混乱を招いた主要な原因の一つ」であり、「四人組が党の民族政策を台無しにした中で最大の罪」であると記している。中共内モンゴル自治区委員会は、文革後、中央と国務院に出した報告書の中で、同自治区の行政区画を元どおりにすることが、民族政策を実施する上で最も重要な問題だとも述べている(8)。それなのに、文革中、同自治区が分割されたことによる被害は、具体的には何も伝えられていない。

毛沢東は前述した一九三五年の「内モンゴル人民に対する宣言」の中で、国民党の内モンゴル分割を批判し、「内モンゴル民族は私達と共に闘うことによってのみ、チンギス・ハーン時代の栄光を保ち、民族の滅亡を免れ、民族復興の道を歩むことができる」(9)と呼びかけた。その中国共産党がいったん「内モンゴル人民に返し、内モンゴル民族の領土」とした内モンゴルの東部三盟と西部三旗を、再びモンゴル民族からとりあげたことは、自らが批判した国民党の所業と大同小異と言わざるを得ない。中共にとって、内モンゴル自治区の分割は明らかな汚点であり、そのため、その原因や被害状況を追及するのは、今もタブーなのかもしれない。

2　八省・自治区モンゴル語事業協力グループの誕生と事業内容

内モンゴル自治区から切り離された東部三盟と西部三旗では、モンゴル族が学校でモンゴル語を学習したり、それを社会で使うのが以前に増していっそう難しくなり、モンゴル族の間で不満が高まったという。こうした声を受けて一九七三年七月、八省・自治区小中学校モンゴル文教材出版事業座談会議がフフホト市で開かれ、八省・自治区小中学校モンゴル語教材協力グループ（八省区中小学蒙古文教材協作組）をつくることになった(10)。

いっぽう内モンゴル自治区でも、モンゴル語事業の取り止めに対し、モンゴル族の間で不満が高まっていた。王鐸は、一九七三年に内モンゴル自治区革命委員会の副主任に復帰した後、モンゴル族の幹部や住民の多くから、モンゴル語の使用、学習が尊重されておらず、モンゴル語の名詞や述語が混乱し、新しくモンゴル語に取り入れた単語が統一されておらず、モンゴル語事業を担当する者がいないなどの苦情を聞いたという。そこで王鐸は、自治区の指導者の何人かとグループをつくって、モンゴル語の学習、使用に関わる問題と住民の声をまとめ、一九七三年末、内モンゴル自治区革命委員会の名で、モンゴル語事業の重視を求める報告を国務院に提出した(11)。この報告は当時副総理だった李先念《リーシェンニェン》の目にとまり、国務院は一九七四年一月九日、国発〔一九七四〕三号文書(12)を発する。同文書は「内モンゴル自治区の行政区画変更の後、モンゴル語に関する事業は内モンゴル、新疆ウイグル自治区、黒龍江、吉林、遼寧、甘粛、寧夏、青海省にも及ぶようになった」との状況認識を示し、モンゴル語事業の展開に有利なよう、内モンゴル自治区革命委員会が関連する省や自治区の責任者を集め、モンゴル語事業協力事業会議を開くよう指示するものだった。これに基づいて一九七五年五月、フフホト市で八省・自治区モンゴル語事業協力会議が開かれ、八省・自治区モンゴル語事業協力グループ（八省区蒙古語文工作協作小組）が成立したのである。(13) 八省・自治区間の協力事業はその後四人組の妨害を受け、正式に動き出すのは一九七七年のことだった。(14)

一九七九年、新疆で開かれた八省・自治区協力グループの臨時会議は、内モンゴル自治区の行政区画はもと通りになったものの、寧夏回族自治区を除く六省・自治区に、なお七〇余万人のモンゴル族が住んでおり、協力事業を続けていくことを合意した。国務院は一九八〇年、この会議の報告を承認している。(15)

それでは次に、この八省・自治区間協力グループが設立後どんな仕事をしてきたかをみてみよう。八省・自治区協力グループ成立当初の一九七五年と一九七七年に出した事業計画をみると、いずれも「モンゴル族集住地域におけるモンゴル語の幅広い活用」「モンゴル語学習の強化」「新語の査定と統一」「文字改革の準備」「モンゴル語による図書・教科書の出版」「モンゴル語研究」「翻訳」「モンゴル語事業に関わる人材の養成」を重点としている。(16) その後の事業は、例えばモンゴル語の授業については、教科書づくりから学生募集、教員の養成へと事業内容が拡大していった。また一九七五年五月の第一回協力会議から、一九七九年、内モンゴル自治区の行政区画が元通りになるまでの四年間は、八省・自治区の協力関係はモンゴル語の図書や教科書の出版等の面でほぼ対等だったが、一九七九年以降は、内モンゴル自治区が関連する省・自治区のモンゴル語事業を援助する形に変わった。一九八一年九月の第三回協力会議で、内モンゴル自治区が他の省・自治区に代わって教師、学生を養成することなどが決まり、内モンゴル自治区の大学、専科学校などは、会議での取り決めに従って、一九八二年秋、モンゴル語で授業を受ける学生を、東北三省から二三人、西部三省・自治区から三五人採用している。内モンゴル自治区が、他の七省・自治区に対して小中学校のモンゴル語で書かれた教科書を供給するようになり、一九八三年春季には遼寧省に五八種類、黒龍江省に四四種類、新疆自治区に六四種類、青海省に六六種類、甘粛省に四九種類の教科書を送っている。(17)

こうして八省・自治区間のモンゴル語協力事業は内モンゴル自治区を核として拡充されてきたが、その中で悩みも出てきた。まず第一に、内モンゴル自治区の経済的負担がどんどん膨れ上がったこと。同自治区が協力事業に費やした経費は、一九八四年当時で年一〇〇万元にのぼり、青海、甘粛省、新疆自治区から毎年四〇人の学生を内モンゴル自治区の高等学校に進学させる場合も、その経費を内モンゴル自治区が負担し続けている。(18) 第二に、モンゴル語で学べる高等教育機関がない省のモンゴル族が内モンゴル自治区の高等学校へ進学できるといっても、同自治区の高等学校や中等専業学校自体が需要に対して少ない。一九八四年にはモンゴル語で授業を受けた高級中学の卒業生四九三七人のうち大学、専業学校などに進学できた者は七二六人で、モンゴル族の中には入学試験で合格ラインである四〇〇点前後の成績をとりながら、進学できない者がかなり出たという。また協力グループがいくら「モンゴル語の幅広い活用」や「モンゴル語学習の強化」を呼びかけても、地域や機関によってはモンゴル語を使う地域で職員を募集する時にモンゴル語で試験をしなかったり、幹部に対する審査でもモンゴル語の読み書き能力を問題にしない所などがあって、事業が思うように進まない、といった悩みもある(19)。

3　八省・自治区間のモンゴル語事業協力機構のプラス面と制約

尕《ガ》ボヤン（一九九二年）は、青海省のモンゴル族教育を発展させた有利な要因を分析する中で五つの点を挙げているが、そのうち二つが八省・自治区協力事業に関わるものである。一つは、この協力事業があるために「青海省のモンゴル族は初等教育から高等教育まで一通り揃った共通の教科書を手にすることができ、モンゴル語に翻訳した様々な専門書も内モンゴルから取り入れることができ、質の高い教師や専門家を養成できる。これは省内の他の兄弟民族と比べ、看過すべからざる明らかに有利な要素である」こと。もう一つは「八省・自治区間のモンゴル語事業協力機構ができてから、内モンゴル自治区が青海省のモンゴル族の大学生、中等専業学校生約三〇〇人を養成し、また一九八四年から同自治区から青海省へ三〇数人の教師を招聘している」こと、である(20)。

いっぽう八省・自治区グループの存在が制約となる場合もある。中国の学校教育では、今は六・三・三制をとるケースが多いが、内モンゴル自治区のモンゴル族学校は一般に五・三・三制をとっている。一九九〇年、青海省教育庁はチベット語で授業を行う学校の就学年数を六・三・三制に統一したが、モンゴル族は依然として五・三・三制をとっている。チベット語の教科書は青海省を中心に編さんしているが、モンゴル語のそれは内モンゴルに依拠しなければならず、変更できないからだ(21)。また
こうした教育手段を独自に調整できない不自由さがある。また八省・自治区間の教科書の統一が図られたため、後述するように新疆自治区で使われてきたトド文字が、内モンゴルのモンゴル文字に置き換えられたことも挙げるべきだろう。

そこで、八省・自治区間の協力事業に全面的に依拠するのではなく、事業の一部についてはその枠組みから抜けるケースも出てきた。例えば黒龍江、吉林、遼寧の東北三省は、五・三・三制をとる内モンゴル自治区の教科書を使うことから生じる不具合や、一部の教科書が授業開始に間に合わないという問題を考えて、三省が協力してモンゴル族小学校の教科書を編さんすることにし、そのうちモンゴル語の教科書は、一九八九年から

徐々に遼寧省が出したものを使うようになっている(22)。

四　モンゴル文字の改革と統一

モンゴル人の間では、自民族の文字として、伝統モンゴル文字、パスパ文字、トド文字、キリル式モンゴル文字、ラテン式モンゴル文字などが使われてきた(1)。伝統的なモンゴル文字はもともと一二、三世紀に回鶻文字を借り入れたものである(2)。回鶻式モンゴル文字は一七世紀頃に字体が変り、口語に合わせて若干改良され、現在のモンゴル文字になった(3)。中華人民共和国では、伝統モンゴル文字とトド文字が使われ、キリル式モンゴル文字の普及も図られたが、一九八一年、内モンゴルのモンゴル文字を、中国モンゴル族の共通文字として普及させることが確定した(4)。その経緯をキリル式文字とトド文字に焦点をあてて、紹介しよう。

1　キリル式新モンゴル文字の推進と廃止

一九四五年、モンゴル人民共和国はロシアのキリル文字をもとにモンゴル文字をつくり、国内で普及させた。中国ではこれを一般に新モンゴル文字（以下、新文字またはキリル式文字）という(5)。一九五〇年代後半、モンゴル族の伝統文字をこの新文字に変える「文字改革」が図られた。内モンゴル自治区人民委員会は、一九五五年七月一二日の第三回会議で、新モンゴル文字の普及を決め、モンゴル文字改革委員会をつくり、七月二二日、その推進事業の開始を命じた(6)。これに合わせて、準備期間三年（教師の養成）、普及期間三年の計画も立てられた(7)。

なぜこの時期にこうした決定が出されたか、その経緯は明らかではないが、新モンゴル文字の導入も全国的な少数民族文字改革の一環であったと思われる。一九五六年五月下旬にフフホト市で、中国科学院少数民族語言研究所準備処と内モンゴル自治区モンゴル文字改革委員会が主催して、モンゴル文字の改革をテーマとして、モンゴル族言語科学討論会が開かれたが、ここには中国文字改革委員会の呉玉章《ウーユージャン》と、中国南方の少数民族のローマ字式新文字づくりを指揮した、ソ連の言語学者セルジチェンコが招かれている(8)。

この討論会の一月ほど前の一九五六年四月二三日、国家教育部は黒龍江省教育庁に宛てた通達の中で「内モンゴル自治区はすでに新モンゴル文字普及のための計画をつくっており、貴省も新モンゴル文字の普及事業に合わせて、教員や教科書などの面で配慮すべきである」と指示している(9)。キリル式文字の普及が、内モンゴルからそれ以外のモンゴル族地域へ広げられたことが分かる。

吉林省では一九五六年七月二〇日から九月一〇日まで、同省の教育庁と民族事務委員会が共同で新モンゴル語文教師訓練クラスをつくり、省内のモンゴル族小中学校の教師に新文字やその教授法を学ばせた[10]。黒龍江省ではこれに遅れて一九五七―五八年度から、新文字の普及が図られることになり、モンゴル族の小中学校では新文字を教え、幹部や住民の間では新文字で識字教育を行うことにした[11]。

しかしこのモンゴル文字の改革運動は、長くは続かなかった。一九五七年七月下旬から八月上旬に青島で開かれた民族工作会議で、新モンゴル文字の学習を中止し、引き続き旧モンゴル文字を使うことが決められたのである。黒龍江省ではこれを受けて直ちにモンゴル族小中学校における新文字の学習を中止し、再び伝統文字を使うようになった[12]。吉林省教育庁は、一九五七年一一月半ばにはモンゴル族教育座談会を開いて、新文字の教育を止めて、旧文字の教育へ戻る措置を検討している[13]。そして一九五八年三月一九日には、内モンゴル人民委員会が正式に「新モンゴル文字の普及を取り止め、旧モンゴル文字を続けて学習・使用することに関する決定」を出し、新文字の普及事業は三年足らずで中止されることになった[14]。

キリル式モンゴル文字の普及事業はなぜ中止されたのか。当時その決定は「中共内モンゴル委員会が国内情勢の発展、漢語ピンイン方案のラテン字母形式の採用、この形式が将来各民族の文字創作・改革の基礎となるという趨勢に従って、行った」ものと説明された。国務院が少数民族文字のローマ字化、漢語ピンイン方案との一致を図る方針を明示したのは一九五七年一二月一〇日であり、青海民族工作会議で主導的な役割を果した周恩来が「当面の文字改革の任務」でこの方針を再度強調したのは一九五八年一月一〇日である。キリル式文字普及事業の中止には、こうした中央の方針が影響していることは確かだろう。またその背後には反右派闘争の中で、中国のモンゴル族がモンゴル人民共和国の人々と同じ文字を使うことで、両者の交流が緊密になり、内外モンゴル統一の動きがでることへの警戒があったとの指摘もある[15]。

この一九五〇年代末、国務院の「各民族が文字を創作、改革する時は、原則としてローマ字を基にし、漢語ピンイン字母と一致させる」との方針に基づいて、今度はローマ字式モンゴル文字をつくろうとする動きがあったが、慎重に検討した上で再度決めることになり、結果的にはその後も伝統文字を使い続けることになったという。一九九〇年代に入って、中国少数民族語言文学学院の戴慶厦《タイチンシャー》院長は「今から見るとこの決定は正しかった」と述べている[16]。一九七〇年代後半には、八省区モンゴル語文協力グループの事業計画の中に、文字改革事業として、モンゴル語のラテン字母方案＝新モンゴル文字の作成が挙げられていたが[17]、一九八〇年代以降は姿を消している。

逆に、一九九一年六月、モンゴル国が伝統文字の復活を決め、内モンゴル自治区からそれを教える教師が派遣されたりしている[18]。

2　トド文字

新疆ウイグル自治区のモンゴル族の間では、トド文字と呼ばれる、一六四八年にオイラート・モンゴルの僧侶が創った文字が使われてきた[19]。トドはモンゴル語で「明瞭な」という意味で、トド文字は形状が似たものが多い従来のモンゴル文字を改良し、オイラート方言を表記しやすくした文字である。文字が見分けやすく、より口語に近い形になっており、従来のモンゴル文字より優れているという評価がある。ちなみに、オイラート・モンゴルはトド文字と区別する上で、元の時代につくられ、内モンゴルを中心に使われてきたモンゴル文字をホトム文字と呼んできたので、本書も便宜上この呼称を使うことにする。

トド文字を考案したザヤ・バンディタ・ナムハイジャムツ（一五九九〜一六六二年）は、オイラートのホショート部出身の僧侶で、一六五〇年から一六六二年の間に、一七〇種類以上の仏典をチベット文からトド文に翻訳した。トド文字は歴史、文学、宗教の分野でかなりの文献を残しており、西部モンゴルの文化発展に大きく貢献したが、オイラート方言の表記に適する反面、他の方言を考慮してつくられたものではなかったので、モンゴル全土には普及しなかったという。清朝はトド文の翻訳官を養成するために、トド学と呼ばれる教習所を設けていた。一九八〇年代に入るまでは、新疆自治区で出版されるモンゴル文字の書籍、新聞や雑誌は、ほぼトド文字を使っている。

このトド文字が一九八〇年代、公の文字としての資格を失うことになった。一九八一年一〇月、新疆自治区人民政府が、全区第三回モンゴル語文事業会議を開き、八省区協力グループ第三回会議（同年九月）の指針を伝え、「伝統モンゴル文とトド・モンゴル文の関係を重点的に検討し、伝統モンゴル文を新疆モンゴル族の通用（公用）文字とすることを合意」したのである。翌年、同自治区人民政府は、新政発〔一九八二〕七九号文書を発し「一九八二年から一九九〇年までに、全面的に伝統モンゴル文を普及させる」ことを決めている[20]。同文書に従って、ホトム文字普及のための八年計画（草案）がつくられた[21]。

新疆自治区政府が、オイラート・モンゴルの間で長い間定着していたトド文字を、ホトム文字に変える決定をしたのはなぜだろう。この点に関し、楊秉一『新疆民族語言文字工作四十年』（一九九一年）は「トド文字は新疆以外では使われていないため、モンゴル族内部での文字の統一を図るべく、新疆自治区は、同自治区でホトム・モンゴル文の推進を指示した[22]」と記している。また『中国少数民族語言使用情況』（一九九四年）には、トド文字は「すでに三五〇年近い歴史があり、オイラート・モンゴルの文化発展に貢献したが、方言間の違いが大きくない同一民族の間で異なる表音文字を使うのは、民族内部の文化交流に不便であるだけでなく、国家の文化教育経費の負担を増すので、新疆のモンゴル族幹部と住民の多くが、全国三百数十万人のモンゴル族同胞が使うモンゴル文字との統一を一致して求め

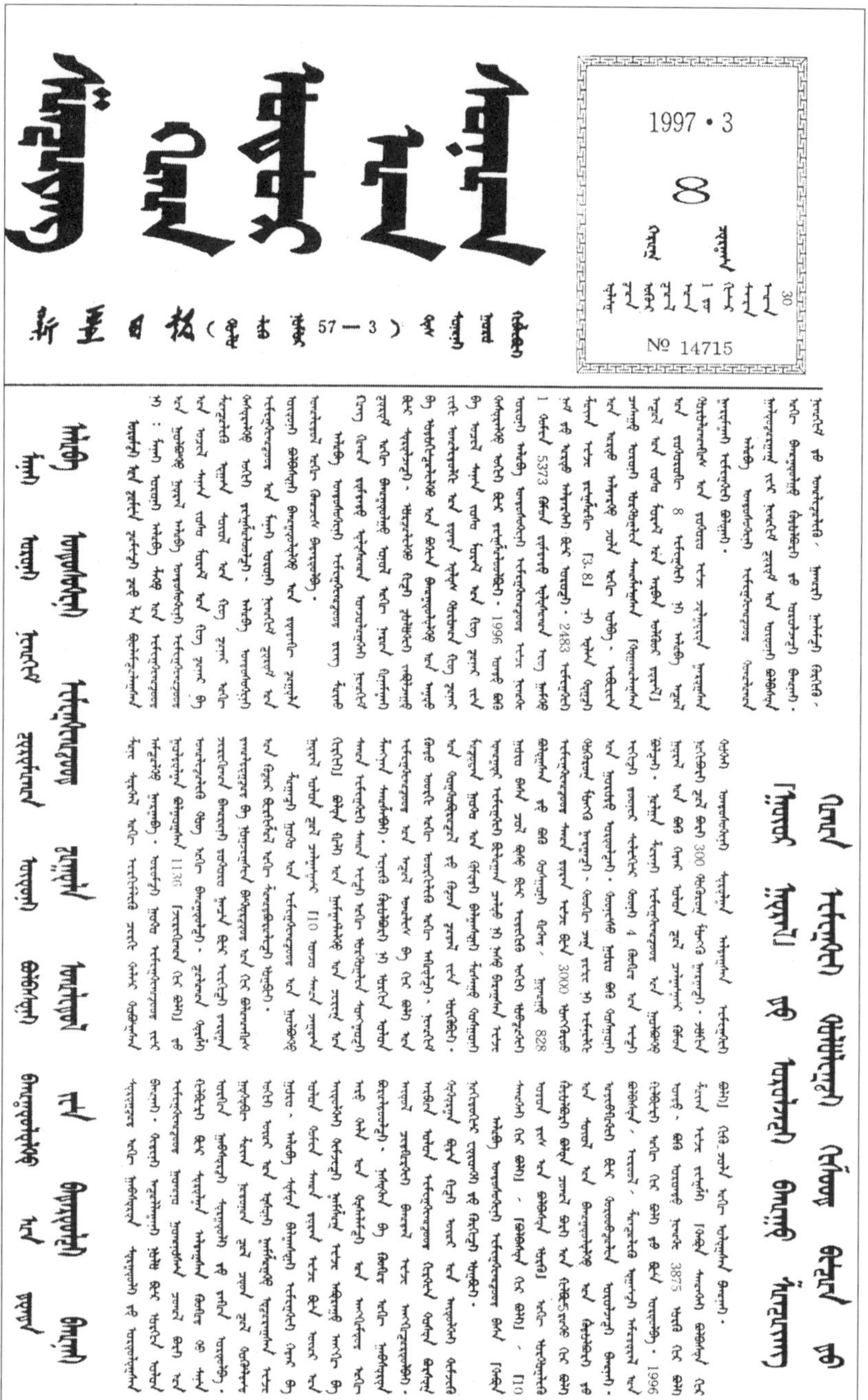

新疆日報モンゴル語版（トド文字）

た」[23]と記されている。前述したように、新疆自治区政府がホトム文字の推進を決めたのは、八省区協力グループ第三回会議の翌月である。その前年一九八〇年三月三一日、同グループの「モンゴル語の基礎方言、標準音の確定とモンゴル語音標の試行に関する請示報告」に基づき、内モンゴル自治区人民政府がチャハル方言を標準語とすることを決めている[24]。モンゴル語に関する八省区間協力事業の実施に伴い、モンゴル語と文字の統一が図られたこと、八省区間でモンゴル族の教科書を統一する上での便宜上の要因がその背景にあったと思われる。

新疆のモンゴル族自治地方の中で、ホトム文字推進に積極的だったのがバヤンゴル・モンゴル自治州である。同自治州では、一九七七年にモンゴル語文工作委員会を設立し、同年からホトム文字の学習を推進し、小学校一年生からこの文字で授業を行うようにし、内モンゴル自治区から招聘した教師が、ホトム文字や他の教科を教えている[25]。新疆自治区がホトム文字の推進を決めた一九八二年になると、ボルタラ・モンゴル自治州もホボクサイル・モンゴル自治県も、モンゴル文推進指導グループをつくり、学校では内モンゴル自治区が編さんした教科書を使うようになった[26]。

一九八六年までに、新疆自治区のモンゴル族小学校は、すべてホトム文字で授業をするようになり、モンゴル族の成人、中学生の六〇％がホトム文字を習得した[27]という。同年の調査では、バヤンゴル自治州の直属機関のモンゴル族の幹部や職員三八〇人のうち、三〇六人がトド文字を読み書きできる一方、ホトム文字の習得者数は三二五人（八六％）に達している（ちなみに漢文ができる者は七四人で二〇％）。また同自治州の和静県では、五五三二人（五四％）がトド文字を読み書きできる一方で、ホトム文字の習得者数は三四六〇人（三四％）に達していたという。だが幹部を除けば一般に、一九八二年以降に学校に入った者はホトム文字しかできず、以前トド文字のみで教育を受けた者はトド文字しかできない[28]。

一九九二年三月二五日の新疆ウイグル自治区第二期民族言語文字事業会議（ウルムチ）では、次のような報告がなされている[29]。「一九八六年から、ホトム文字の推進事業は学校を中心とした第一段階から、それを一般社会に広げる第二段階に移行した。新疆自治区の各モンゴル族自治州、県、郷の推進普及率は六〇％以上、各クラスのモンゴル族学校はすべてホトム文字で授業をしており、モンゴル文版の青少年読み物は七〇％以上がホトム文字で出版されている」。また今後の任務として「一九九一年から、各モンゴル自治州、県、郷の看板、公印はホトム文字を使い始めており、一九九三年には公文書、書状、布告、商標などもホトム文字を使い始める。自治区の新聞雑誌、書籍は積極的にホトム文字に移行すべきであり、一九九五年までには一定のトド文字の印刷設備をとどめる以外は、全面的にホトム文字の普及任務を完成させる」ことが打ち出された。

しかし、三世紀半にわたって受け継がれてきたトド文字はオイラート・モンゴルの間で定着しており、ホトム文字への移行は政府がいうようにうまくいってはいないようだ。

ウルムチの『新疆日報』などの刊行物は、一九九七年現在も依然としてトド文字で出されている。こうしたトド文字の刊行物は、一九八〇年代に小学校に入った若年層は学校でホトム文字しか習っていないので、難しかったり読めない者もいる。バヤンゴル自治州では、機関の印章、看板、標語や公立学校の教科書は、一九八〇年代半ばにはすべてホトム文字を使うようになったが、『バヤンゴル・モンゴル自治州報』[30]は依然としてトド、ウイグル、漢の三種類の文字で発行されている。ボルタラ自治州でも、モンゴル族小中学校はホトム文字で授業をし、農村や牧畜地域の識字教育もホトム文字で行われているが、一般住民の間で広く使われているのは、漢文とウイグル文、そしてトド文字だという[31]。

このように一九八〇年代からホトム文字の学習・使用を推進し、小中学校ではホトム文字を教えているが、一般住民の多くはホトム文字の読み書きができないので、新疆の主要な出版物は依然としてトド文字を使っており、子ども達はそれを読めないという状況が、一九九〇年代に入っても続いている。知識人の中には、ホトム文字の推進に反対意見を持つ者もいるという[32]。

五　中国東北地方のモンゴル族教育

1　黒龍江省のモンゴル族教育

黒龍江《ヘイロンジャン》省のモンゴル族は約一四万人、同省総人口の〇・四％、少数民族人口の七％を占め（**表1―6**）、主にドゥルベット・モンゴル族自治県、泰来県、富裕県（以上、チチハル市所属）、大慶市、肇源県など、内モンゴル自治区のフルンボイル盟、ヒンガン盟、吉林省の白城（バヤンチャガーン）地区に隣接する地域に住んでいる（**地図1―1**）。同省には肇源県に三つ、泰来県に二つ、計五つのモンゴル族郷（鎮）があり、六六のモンゴル族村がある[1]。

黒龍江省では、モンゴル族は少数民族中の人口は三番目だが、**表2―10**を見ると、民族学校数では朝鮮族に次いで二番目に多く、中華人民共和国成立以降、同省の民族教育事業の主な対象だったことが察せられる。同省にある単独のモンゴル族学校は一九七九年には七五校だったが、一九八九年現在、小学校八五校（在校生五七三四人）、中学一二校（在校生二八二三人）、計九七校に増えている[2]。これらの学校は、ドゥルベット県、肇源県、泰来県、富裕県に集まっており、九七校のモンゴル族小中学校のうち、モンゴル語で授業をしているのは九校。八八校は漢語で授業をし、一教科としてモンゴル語を教える教育をしている[3]。この他、黒龍江省には民族師範学校が一校あり、各

表2－10　黒龍江省民族小中学校概況（1988年）

民族	民族小学校		民族中学				
	学校数	児童数	学校数	初級中学		高級中学	
				学級数	生徒数	学級数	生徒数
朝鮮族	359	32, 116	54	345	14, 408	130	5, 444
モンゴル族	85	5, 734	12	57	2, 204	19	599
満洲族	57	5, 297	9	53	2, 093	17	592
ダウル族	36	3, 489	7	30	766		117
回族	9	904		2	88		1
オロチョン族	5	219	4	12	73		16
ホジェン族	3	403	2	6	136		5
エヴェンキ族	2	140		3	58		11
クルグズ族	1	135			20		8
その他の少数民族		2			11		7
合計	557	48, 485	88	508	19, 557	166	6, 800

出所：穆林「黒龍江省民族教育現状及近期発展設想」『民族教育』1989年第5期、12頁。

学年にモンゴル族クラスが一つずつある。

なお、一九九〇年現在、モンゴル族小中学生のうち、単独のモンゴル族学校に通っていない者が小学校で四八三〇人、初級中学で二五一三人、高級中学で五九二人いるという[4]。同年の統計がないので、前述の一九八九年のモンゴル族小中学校の在校生数を使って計算すれば、これはモンゴル族小学生の四六%、中学生の五二%にあたる[5]。

（1）文化大革命までの推移

現在黒龍江省にあるドゥルベット旗をはじめとするモンゴル地域は、清朝の頃は藩部たる内モンゴルのジリム盟に属していたが、中華民国三年、黒龍江省の管轄下に置かれた。その後軍閥による草原の開墾で、牧草地は大いに減少したという[6]。ドゥルベット旗には中華民国が一九三〇年、初級小学校と高級小学校をつくり、一九四二年、満洲国の「蒙民連合会」が国民優級学校を建てている[7]。共和国成立前、黒龍江省内のモンゴル族小学校はこの二校だけだったという[8]。日本の敗戦後、一九四六年、中共嫩江省工作委員会はドゥルベット旗の旗長、ワンドルジを説得して同旗に民族民主連合政府をつくり、学校の設立に乗り出した。しかし小学校でモンゴル語の授業を始めたのは一九四九年だという。中等教育レベルでは、一九五三年にできたドゥルベット県第一中学のモンゴル語学級や一九五四年にゴリンショボー（敖林西伯）郷小学校に附設されたモンゴル族初級中学クラスなど、はじめは既存の学校の中にモンゴル族学級を設ける形で対処したが[9]、一九五〇年代後半には、一九五六年のドゥルベット県、一九五八年の肇源県のモンゴル族初級中学など、モンゴル族単独の民族中学がつくられる。一九五八年～五九年度には、全省でモンゴル族小学校及びモンゴル族・漢族合同校が五〇校、モンゴル族小学生が四一九六人、中学生が六〇四人まで拡大している[10]。

中国科学院民族研究所（一九五八年）は、黒龍江省のモンゴル族小学校でモンゴル語の授業が始まったのは一九五一年だと報告している。前述した一九四九年とは二年の差があるが、どちらが正しいかは分からない。当時はモンゴル語の授業は、初級小学校の三年生から始め、三、四年生で週三時間、高級小学校の一、二年生で週四時間、初級中学の各学年で週五時間だった。その他の科目も漢族学校と同様に学ぶので、モンゴル族生徒の負担は大きかったという[11]。

また、何年からか特定できないが、一九五〇年代半ばには、モンゴル語で授業を行う学校もできていたようだ。一九五六年四月二三日、国家教育部が黒龍江省教育庁に宛てた指示――モンゴル族学校において自民族語文を用いた授業を開始・推進する問題について[12]――から、当時の方針がうかがえる。同文書は「民族教育の方針として、民族学校の各教科を自民族の言語と文字で教えることがすでに決まっているが、実施にあたっては注意深く実状と照らし合わせながら行う必要がある」として、次のように指示している。（一）住民が日常生活で一般にモンゴル語を使っている地域では、学校の各教科はモンゴル語・モンゴル文字で教えるべきである。同時に、一般的に小学校五年生から漢語の授業を加える。この種の学校で、もし児童・生徒の中に漢語が常用語となりモンゴル語ができない者がおり、居住地域内で漢語で授業を行う学校に転校させられない場合に限って、これらの児童・生徒を特別クラスに分けて授業を行っても構わない。もしこうした児童・生徒の人数がクラスを編成できないほど少なく、モンゴル語の聞き取りが困難な場合は、漢語で復習授業を行い、課外の補習を強化することによって、学習の質を保証する。（二）住民が日常生活でモンゴル語ができず、すでに長い間漢語を常用している場合は、漢語で授業をして構わないが、モンゴル語の授業を設けるものとする。この種の学校で、もし漢語による学習が難しい児童・生徒が少数いる時は、第（一）種の中で示した方法に基づいて、モンゴル語による補助的な教育と課外の補習を行う[13]。

この指示が実際どの程度徹底されたかは分からないが、こうして一九五〇年代にはモンゴル語で授業を行う小学校が増えた。ところが、中学では漢語で教育をしており、教授用言語のシフトがうまくいかないという理由から、この種の教授方法はその後廃止されてしまったという[14]。この決定をいつ、どの機関が下したのかは分からないが、一九五〇年代後半の反右派闘争、大躍進との関連とみて、間違いあるまい。

一九五〇年代末になると、左傾路線が台頭した一九五八年の第二回全国少数民族語事業会議の指針を受けて、一九五八年七月上旬に黒龍江省民族語事業会議が開かれ、黒龍江省は「生徒の進学問題に配慮」する等の理由を挙げて、漢語の学習を強化する方針を打ち出した。一九五八年～五九年度から、モンゴル族のみのクラスの二年生に毎週七時間の漢語の授業を加え、相対的にモンゴル語の授業時数を減らしたのである。当時は「モンゴル族人民が一日も早く先進民族に追いつき、事実上の不平等を消し去るためには、必ず漢語を学習・習得しなければならない。漢語の学習を抜きにして、モンゴル族が生産技術力を高めることはできない」と主張された。モンゴル族に対する識字教育は、ごく少数の漢語のできない高齢者についてはモンゴル文字で行う他は、大部分が漢字で行われた[15]。

大躍進時期に書かれた報告は、「解放以来、特に農業の合作化が実現し、モンゴル・漢連合社ができたことにより、漢族が言語文字、風俗習慣、文化などの面でモンゴル族に大きな影響を与え、すでに融合一歩手前の状態が見受けられ、かつ日増しに進んでおり、すでに社会主義の民族関係が形成されている」と記している[16]。

大躍進後、一九六〇年代初めにはモンゴル語の授業は続けられていたが、教科書も授業時数も統一されたものがなく、ばらばらで混乱が生じ、十分な効果をあげられなかったようである。文革時期は、黒龍江省のモンゴル語事業機関とモンゴル族初級中学がすべて廃止され、小中学校のモンゴル語の授業も全部取り止めとなり、学校では漢語だけを教え、省内で唯一のモンゴル族中学も農村に強制的に移転させられた。政治や経済用語はすべて漢語を使い、モンゴル語を使ってはならないと指示する文書が出され、日常生活でモンゴル語を使うことも制限されたという。民族学校が再建されるのは、中共一一期三中全会以降のことである[17]。

現在、黒龍江省モンゴル族の中で、モンゴル語を比較的よく保持している県は、ドゥルベット・モンゴル族自治県である。同県でモンゴル族が多く住む村やフジトゥム（胡吉吐莫）郷、ゴリンショボー郷、バヤンチャガーン（巴彦査干）郷のモンゴル族は、日常生活でモンゴル語を使っており、モンゴル語で流暢に会話ができる。その次が肇源、泰来のモンゴル族で、その他の分散居住しているモンゴル族の中では高齢者が話せる、あるいは聞き取れる程度だという[18]。モンゴル語の環境で育った子どもに対しても、長い間漢語で教育が行われていたので、その学習に大きく影響したといわれる。

（2）文革後の状況

文革後、黒龍江省がモンゴル語の授業を復活させたのは一九八〇年である。同年、省教育局は、（八〇）七七号文書を発し、小学校三年からモンゴル語の授業を設け、小学校では毎週五時間、中学では四時間学習するよう指示した[19]。その後ドゥルベット自治県が一九八四年九月から九校のモンゴル族小学校でモンゴル語で授業を行う教育を試験的に始めた。黒龍江省教育委員会は一九八七年、モンゴル語で授業を行う小学校の学前班(就学前教育)は、教授用言語を小学校と統一するため、必ずモンゴル語で教育を行うようにした。

モンゴル語の授業を復活するにあたって、まずはモンゴル語の教師が必要だったが、文革直後は教師が揃わず、一九八〇年、ドゥルベット県だけでも三五人の社会人をモンゴル語教師に任用している。一九八四年にモンゴル語による授業を始めた時も、初めは教員が足りず、モンゴル語の教師を転用しなければならなかった。その一方で、中長期的にモンゴル語の教師やモンゴル語で一般教科を教えられる教師を養成する取り組みが、内モンゴル自治区の協力を得て、又は自力で講じられた。例えば一九八〇年から内モンゴル自治区と学生を交換して、黒龍江省モンゴル族を内モンゴル側で、中学のモンゴル語の教員として養成してもらうようにした。一九八三年からはフルンボイル盟のハイラル師範学校と毎年一〇人ずつ学生を交換し、ハイラル側でモンゴル語で授業を行う教師を養成してもらっている。

省内では、各地の教師研修学校が毎年夏、冬休みに短期訓練クラスをつくって、教師がモンゴル語で授業ができるよう研修している。チチハル民族師範学校のモンゴル語のクラスは、小学校のモンゴル語教師を養成し、またその卒業生を内モンゴル大学と内モンゴル師範大学に送り、中学のモンゴル語教師の養成を図っている。これらモンゴル語で授業を行う師範クラスでは、入学試験でモンゴル語を一〇〇点中一〇〇点で総合得点に入れ、モンゴル語の口頭試験と面接を行うようにした。

では次に、黒龍江省の唯一のモンゴル族自治県、ドゥルベット自治県の状況をみてみることにする。

(3) ドゥルベット・モンゴル族自治県

一九九〇年現在、ドゥルベット・モンゴル族自治県には、黒龍江省モンゴル族の三〇・五%(四万三〇〇〇人)が住んでいる。これは県総人口の一八・一%であり、漢族(七九・九%)がマジョリティである。

文革後のドゥルベット自治県におけるモンゴル語の普及事業は、かなり積極的なものだったといえよう。一九八四年、中共ドゥルベット県委員会常務委員会は自治県モンゴル語文工作辦公室をつくり(一九九〇年六月に県モンゴル語文工作委員会に昇格)、その後教育局には民族教育係ができた。モンゴル語の翻訳室や、モンゴル文字の印刷所もでき、モンゴル族歌舞団も復活した。この他、一九八四年にはフジトゥム鎮に草原文化宮を、一九八五年には城太康鎮にモンゴル語図書館とドゥルベット博物館を建て、県の新華書店にモンゴル語図書服務部を設けた。またこれらに先立ち一九八〇年、ドゥルベット県のラジオ局にモンゴル語翻訳編集室を設け、モンゴル語のラジオ放送時間を毎日一五分から六〇分に増やしてもいる。[20]

これらの事業と平行して、モンゴル語の学習と使用を保障する法律も起草されていった。一九八六年四月二〇日、県八期人民代表大会が「ドゥルベット・モンゴル族自治県自治条例」を採択（一九八八年一〇月一六日の黒龍江省七期人民代表大会常務委員会第五回会議で承認後、実施）したのに続いて、一九九一年二月には、県一〇期人民代表大会が「ドゥルベット・モンゴル族自治県モンゴル語文工作条例」を採択（同年四月二七日の黒龍江省七期人民代表大会二〇回会議で承認後、実施）している。自治条例は民族自治地方のほとんどがつくっているが、民族語文条例は延辺朝鮮族自治州や涼山イ族自治州のものなど、指折り数えるほどしかなく、ここからもドゥルベット自治県のモンゴル語事業に対する積極性がうかがえる。中国では一般に、自治条例をつくったことによる具体的な効果はあまり聞かれないが、ドゥルベット自治県では、両条例の制定によって次のような効果が報告されている。(21)

例えば、県直属機関の少数民族幹部は、一九八一年には六五人（機関の幹部総数の八・四％）だったが、一九九〇年には二三九人（一九・五％）になり、行政機関が職員を募集する際は、少数民族を最低二〇％は採用することがガイドラインとなった。自治県内で進学、就職試験を受けるモンゴル族はモンゴル語で回答できるようにし、モンゴル族が多く住む地域では、識字＝漢文という従来の方式が改められ、モンゴル文による識字規定を採用し、ゴリンショボー郷糖営子村では、村民の六〇％がモンゴル文で識字者となったという。また一九九一年六月の県人民代表大会例会は、当年の技術学校、技術工業学校の入試は、自治条例第四四条の「自治県の中等専業学校の生徒募集にあたっては、モンゴル族及びその他の少数民族受験生を二五％以上採用する」との規定を遵守するよう決議し、その結果、少数民族受験生の採用率が、八％から二五％に増えた。

しかしこうした努力の一方で、民族語事業ではスローガンは多く唱えられるが、実践的な指導や具体的な措置が伴わない、形だけのものに終わることが多いともいう。(22)一部の幹部の間に「モンゴル語を学習しても役に立たない」という考えがあり、様々な事業の推進にもかかわらず、モンゴル族の中でモンゴル語ができない者の割合は、年々増えているそうだ。(23)

（4）モンゴル語の喪失

一九八七年、黒龍江省民族事務委員会語文処が、省内五市県の二二の郷鎮、九八村のモンゴル族三万三一一二人（全省モンゴル族人口の三四・五％）を対象に、モンゴル語の使用状況を調査した。(24)その結果が表2―11である。(25)これによると調査対象の二七％、すなわち四分の一がモンゴル語が話せないことになる。

清朝後期、モンゴル地域に漢族が移住するようになり、現在黒龍江省内にある地域のモンゴル族は、一九世紀末頃には農業に従事し始め、牧畜業の専業から農業と牧畜業の兼業へと生産

表2－11　黒龍江省モンゴル族のモンゴル語使用状況調査（1987年）結果

調査対象の市・県	調査対象			聞く○　話す○	聞く○　話す×	聞く×　話す×
	郷	村	人数	人数　(%)	人数　(%)	人数　(%)
ドゥルベット自治県	7	62	21,182	16,505 (78)	2,420 (11)	2,257 (11)
肇源県	5	12	5,076	2,239 (44)	1,491 (29)	1,346 (27)
泰来県	7	14	4,600	3,764 (82)	566 (12)	270 (6)
富裕県	1	4	453	274 (60)	65 (14)	114 (25)
大慶市	1	1	340	195 (57)	59 (17)	86 (25)
和平牧場	1	5	1,461	1,321 (90)	49 (3)	91 (6)
合計	22	98	33,112	24,298 (73)	4,650 (14)	4,164 (13)

出所：張亜光、波・少布「黒龍江省蒙古族失掉母語的状況及其原因」『民族理論研究』1990年第2期、52頁。

手段が変わり、生活習慣も大きく変わった。民国時代になると農業が主な生産手段となり、一九五〇年代には、ほとんど農業か農業と牧畜業の兼業で、牧畜業のみの者はいなくなっていたという[26]。

ただし中華人民共和国成立前は、黒龍江省モンゴル族の中には、漢語のできる者はごく僅かしかおらず、ほとんどの者にとって日常生活の第一言語はモンゴル語だったともいう。すると、モンゴル語の喪失が進んだのは、同国成立以降ということになる。ではなぜ四〇年ほどの間に黒龍江省のモンゴル族がモンゴル語を話せなくなっていったのか。

第一に、中華人民共和国成立以降、漢族が大量に移入し、民族人口比が大きく変化したことが挙げられる。黒龍江省は、同国成立以降、省外から移住者が最も多かった省で、一九四九年から一九六一年までの一三年間に五一〇万一〇〇〇人が省外から移住してきた。同国は黒龍江省を国家重点建設地区に指定し、大慶油田の開発を始めとする大規模な投資を行い、農業移民として一九五〇年以降、山東省から多数の農民を移住させた。その結果、黒龍江省の人口密度は一九四九年の二二人／平方キロメートルから、一九八九年には六九人／平方キロメートルになった[27]。こうして政府が山東省、河北省などから漢族をモンゴル族地域に移住させたため、モンゴル族村に漢族が混在するようになった。その後数年のうちに、先に移住した者の親族、友人関係を通じて自発的に移住してくる漢族が増え、モンゴル族村のモンゴル族人口比は急激に下降する。また国家がモンゴル族地域に国営の牧場、漁場をつくったことが、多数の「盲流」者（国家が計画した移住枠外で勝手に移住する者）を呼び寄せ、さらにモンゴル族人口比が下がった。

その結果、例えばドゥルベット県では、一九三五年に七二％だったモンゴル族人口比が、一九八二年には一四・二％に下がった。それに伴って村で使われる言葉がモンゴル語のモノリンガルから、モンゴル語と漢語の併用に変わり、最後には漢語のモノリンガルへと変化していったのである。一九八七年の調査では、同県のモンゴル族の八割がモンゴル語の読み書きができず、話せない者もかなりいることが分かった。同県のモンゴル族の指導者は危機感をもったのだろう。翌一九八八年には農閑期を使って民間教師を養成し、民間学校をつくってモンゴル文の識字教育を行っている(28)。

第二に、前述した反右派闘争、大躍進、文革時代のモンゴル語教育の軽視や廃止が挙げられる。モンゴル語ができない者のほとんどは、一九六〇年代に義務教育段階にあった人々である。一九八七年の調査対象の中で、年齢で分けると、モンゴル語が話せない者が、一九四七年から一九六六年生まれの者の間では二三％（一万一六五六人のうち二六二九人）、一九六七年から一九七六年生まれの者の間では三二％（九四四九人のうち三〇三〇人）、一九六〇年から一九七五年の間に生まれた者の間で最も多かったという。

第三は、先に指摘した要因に伴って言語環境が変化し、社会生活の中でモンゴル語を使う範囲がだんだん狭くなっていることが挙げられる。一九八九年には、黒龍江省にはモンゴル語のラジオ局はなくなっており、テレビ局もなく、モンゴル語の新聞もモンゴル文字による出版機関もないという。ドゥルベット県の自治機関でさえ、各種の会議を開く時、モンゴル語を使っていない状態である。

一九九〇年代に入っても、黒龍江省では、モンゴル族の青少年、特に都市に住むモンゴル族の小中学生の間で、モンゴル語ができない者の数が増え続けている。一九九〇年代の初めには、都市に住むモンゴル族小中学生の半数がモンゴル語の聞き取りや読みができないという状態になった。モンゴル族の子ども達は圧倒的に漢語が使われる環境の中で暮らし、漢語が思考言語になり、モンゴル語を使う時も頭の中で漢語で考えたことをモンゴル語に訳して話している者が多く、教師の中にはモンゴル語で話しても子ども達が理解できないと端から思っている者もいる。そのためモンゴル語の授業が漢語をモンゴル語に訳す「翻訳」の授業になってしまっている所もあるそうだ。改革開放、市場経済は、モンゴル語を使う範囲を、反右派闘争や文革とは違う、ことによるとそれよりもっと厄介な力で狭めており、モンゴル族の間でも、「モンゴル語を学習しても役に立たない」「モンゴル語を学習するより、外国語を一つ勉強した方がいい」と考える者が増えているという(29)。

2　吉林省のモンゴル族教育

一九九〇年現在、吉林《チイリン》省のモンゴル族は約一五万六五〇〇人（同省総人口の〇・六％）である。吉林省内の少数民族の中では、朝鮮族（四七％）と満洲族（四一・六％）の人口が多く、モンゴル族は三番目で六・二％を占める。一九八五年現在、同省の民族小学校六一五校のうち、朝鮮族小学校が五五四校、モンゴル族小学校は三八校、民族中学一一三校のうち、朝鮮族中学が一〇〇校、モンゴル中学は九校(30)という数字から、同省の少数民族教育事業の主な対象は第一に朝鮮族、第二にモンゴル族であることがうかがえる。

吉林省のモンゴル族人口の八一%(一二万六六三〇人)は、内モンゴル自治区のジリム盟、ヒンガン盟に接する白城《バイチョン》(バヤンチャガーン)地区に集まっており、同地区には吉林省唯一のモンゴル族自治県、前ゴルロス・モンゴル族自治県がある(**地図1—1**)。一九八五年現在、白城地区にはモンゴル族学校が幼稚園一箇所、小学校三八校、中学八校、師範学校一校があるというから、省内のモンゴル族学校のほとんどが、白城地区にあることになる。また吉林省のモンゴル族小中学校の半数(一九八五年現在、五一・一%)が、前ゴルロス自治県に集中しているともいう。[31] そこで以下、白城地区、前ゴルロス自治県を中心にみていこう。

(1) 中華人民共和国成立〜一九五〇年代半ば

現在吉林省となっている地域で、初めてモンゴル人小学校がつくられたのは、前ゴルロス王府所在地であったという。一九四五年には、吉林省のモンゴル族小学校は八校(在校生七七〇人)になり、一九四六年、前ゴルロス県と鎮賚県でモンゴル族小学校とモンゴル・漢合同小学校が二六校つくられた。中華人民共和国が成立した一九四九年段階では、前ゴルロス県のモンゴル族小学校は一〇校(在校生三〇〇人、教員四〇人)とある。[32]

一九五一年八月三〇日、東北教育部は「一九五一年後学期の小中学校教育事業の補助的指示」を発し、モンゴル族学校では徐々にモンゴル語で教育をするようにし、朝鮮族学校では漢語の学習を強化するよう指示している。[33] ここから、共和国成立当初の吉林省では、朝鮮族学校が朝鮮語で授業を行っていたのに対し、モンゴル族学校は漢語で授業を行っていたことがうかがえる。また一九五二年七月一五日、吉林省文教庁が公表した省内のモンゴル族教育の調査は、居住地域が分散し、教師が不足していることから、モンゴル族の小学生はすべて漢族との合同校、合同クラスで漢語で教育を受けていると記している。同調査によると、モンゴル族小学校の在校生は一一七四人で、うち一〇七八人が前ゴルロス旗に集中(同旗の学齢期児童総数の四九%)しており、同旗にはモンゴル族教師が三二人いるが、モンゴル語のレベルが低い者がほとんどで、一般的にモンゴル語は話せるが書けない状態だった。[34] この報告から、当時は吉林省内のモンゴル族小学校に通う者の九割が前ゴルロス旗に集中しており、同旗の人口の半数がモンゴル族だったこと、吉林省で共和国成立当初、モンゴル語による教育が行われていなかったのは、モンゴル族の教師はいたものの、モンゴル語で授業ができる教師が不足していたためだったことが分かる。

右の報告にあるように、一九五二年以前のモンゴル族小学校は、大部分が漢族との合同校や合同クラスだったが、一九五二年、吉林省で初めてモンゴル語で授業を行う小学校がつくられる。同年秋から、前ゴルロス県のチャガーンホワル、楊家圍子、五井子などの地域で、モンゴル族の子どもを漢族との合同学校から分けだして、単独の民族小学校をつくったり、漢族との合同学校に通うモンゴル族を一つのクラスに編成するなどして、新一年生からモンゴル語で授業を行うようになった。この種の小学校はモンゴル語の授業を一年生から、漢語の授業を三年生から設け、漢語で授業を行う小学校は三年生からモンゴル語を学習し始めたという。一九五四年の教科課程では、モンゴル語の授業時数は、一年間で、前者の場合一五八四時間、後者の場合四〇四時間となっている。[35]

一九五六年、前ゴルロス県が白城専区の所轄に移り、同年九月、前ゴルロス・モンゴル族自治県が成立すると、ここが白城地区のモンゴル族教育の中心となった。この年、白城地区で最初のモンゴル族中学がつくられる。当初は初級中学クラスが四つで生徒数二〇〇人程度だったが、一九五九年秋から高級中学クラスをつくり、完全中学となった。一九五八年から一九六六年の間、ダライ、安広、鎮賚県、通楡県、洮安県など各県のモンゴル族が高級中学へ進学する場合は、同校に進学していたという。[36] こうして吉林省のモンゴル族学校の間では、一九五〇年代半ばにかけて、モンゴル語による教育の普及が図られつつあったのである。

(2) 反右派闘争、大躍進、文化大革命期

一九五八年三月一〇日〜一三日、吉林省教育庁は長春で全省教育工作躍進誓師大会を開いて、「最大速度で全省の非識字者をなくし、一年以内に非識字者ゼロの省にする」「一年以内に小学校教育を普及させ、簡易中学を一〇〇〇校つくり、どの郷にも中学があるようにする」などを主な内容とする「吉林省教育『大躍進』誓師大会決議」を採択した。それから約三週間後の三月三〇日、同省教育庁の指示で、前ゴルロス・モンゴル族自治県のモンゴル族中学で、モンゴル族小学校教師訓練クラスが授業を始めている。訓練クラスでは各県モンゴル族小学校教師のうち、モンゴル文字の読み書きができなかったり、よくできない教師を五〇人集めて、この学習（期間は五ヵ月）に参加させた。[37] このことから、吉林省では大躍進のごく始めの時期には、モンゴル語は必ずしも排斥されておらず、モンゴル文字で識字率を高めることも考えられていたとみられる。しかしそれは一時的なもので、すぐに民族語軽視、漢語重視の政策が台頭してきた。

一九五八年四月二二日、吉林省教育庁は「速やかに漢語ピンイン（中国式ローマ字）方案を普及させ、普通話を広める任務についての通知」を出し、同年秋の新学期から、一部の少数民族学校で漢語ピンイン文字を試験的に教えるよう指示する。同年六月九日には、同省人民委員会が、省内すべての朝鮮族、モンゴル族小学校で三年生から漢語の授業を設け、毎週四時間教えるよう通達した。さらに、一九五八年七月に吉林省教育庁が発した「一九五八—一九五九学年度朝鮮族中学及びモンゴル族

中学教科課程」は、当年度から朝鮮族の高級中学の全学年に外国語の授業を加え、毎週三時間教えること、漢語で授業をし、モンゴル語も学習するモンゴル族中学の高級中学クラスは、外国語の授業を設け、週四時間教えるよう定めた(38)。

こうして一九五八年半ば頃から、民族学校の民族語の授業時数が減らされ、漢語学習の重要性が過度に強調されるようになる。民族学校の教授用言語を漢語に変えることを改革事項にしたり、単独の民族学校を民族連合学校に改編することも実行された。一九六〇年末になると、前ゴルロス自治県では小中学校のモンゴル語による授業は強制的に廃止され、すべて漢語で授業を行うようになった(39)。一九五九年六月一一日、教育庁が「民族連合学校に関する通知」を発布し、「普通教育段階〔小中学校、筆者〕ではやはり当該民族言語で授業をすることを主とすべきであり……軽率に学校の合併を行ってはならない」と指示(40)し、左傾路線の行き過ぎに一定のブレーキをかけたことは、前章で触れた通りである。

反右派闘争、大躍進を経て、吉林省のモンゴル族教育における漢語重視の姿勢は固まってしまったといえよう。同省教育庁が一九六三年八月二七日に承認した前ゴルロス・モンゴル自治県文教局の「一九六三—一九六四学年度全日制一二年制モンゴル族小中学校教科課程」(表2—12)をみると、当時の漢語偏重、モンゴル語軽視の様子が如実に表れている。モンゴル語の授業の開始時期が三年生から四年生に遅らされ、学習時間も大幅に減らされ、漢語との差は歴然としている。しかも、この教科課程では、高級中学ではモンゴル語の授業をしないことを明記する一方で、外国語を毎週一五時間学習するよう定めており、モンゴル語の地位がいかに下げられたかがうかがえる。

表2—12　前ゴルロス・モンゴル自治県文教局：1963—1964学年度モンゴル族小中学校の言語教科週間授業時数

教科目	小学校						初級中学			高級中学		
	1	2	3	4	5	6	1	2	3	1	2	3
漢語	15	15	15	15	11	11	10	8	8	8	8	8
モンゴル語				3	3	3	2	2	2			
外国語										15	15	15

出所：吉林省教育誌編纂委員会教育大事記編写組『吉林省教育大事記 第二巻』吉林教育出版社、1989年、210頁をもとに筆者作成。

文革中は、吉林省全域で、モンゴル族学校の指導者と教師が多数迫害を受け、民族学校は取り消され、モンゴル・漢合同の小学校では、ほとんどがモンゴル語の授業を廃止した。吉林省全体で民族教育に関わる幹部と教師のうち一一九〇人が迫害を受け（少数民族教師の九％近く）、そのうち五六人は迫害致死、二七六人は身体に障害を負ったという。民族中学校のうち二九校が廃止、二六校が解体分散、六一校が漢族学校に合併された（合計一一六校、当時の民族小中学校の約一〇％）。前ゴルロス県では、文革中二〇人の教師が迫害を受け、一九六八年にはモンゴル族中学が一般の中学に変えられ、全校生徒五〇〇余人のうちモンゴル族が五〇人という有様になり、モンゴル族の子どもも民族中学に入れなくなった。文革中、モンゴル族学校の民族語の授業は全部取り消されたので、この頃に就学した子どもの多くがモンゴル語の読み書きや、会話ができない世代となる(41)。

(3) 文化大革命後

文革が終わると、吉林省モンゴル族の民族教育はしだいに復活した。一九七六年五月二一日、同省革命委員会は「吉林省モンゴル語文事業指導グループ」を設立するとの通達を発し、当時同省に組み込まれていたジリム盟に事務所を置いた。一九七八年二月二八日、省教育局は「教育部〈全日制十年制中小学校教科課程試行草案〉を配布するについての通知」の中で、省内のモンゴル族小学校の教科課程は、ジリム盟教育局が国家教育部の教科課程を参考にしてつくり、省教育局が認可し、全省に下達することにした(42)。

このように、文革直後は、文革によって吉林省に組み入れられたジリム盟が同省のモンゴル族教育事業の中心となっていたが、一九七九年五月三〇日、国務院がジリム盟(通遼市、通遼県、開魯県、ホルチン右翼中旗、ジャロード旗、ホルチン左翼中旗、ナイマン旗、フレー〔庫倫〕旗、ホルチン左翼后旗)と白城専区に組み込まれた突泉県、ホルチン右翼前旗を内モンゴル自治区に戻すことを決めると(43)、吉林省のモンゴル族教育の中心は、再び白城地区になる。

白城地区のモンゴル族人口は、一九九〇年現在で同地区総人口の二・九%、その中の前ゴルロス自治県のモンゴル族人口は四万五八九二人(同県総人口六二万五一四九人の七・三%)(44)で、モンゴル族が多く住む地域とはいえ、比率はあまり高くない。しかし同県西部の四郷鎮にある一九のモンゴル村では、子ども達のほとんどは入学前はモンゴル語で生活し、漢語ができない子どももおり、文革が終わるまで小学校ではすべて漢語で授業をしてきたので、授業が聞き取れなかったという(45)から、文革後もモンゴル語が一定程度、維持されている地域といえよう。

一九八〇年以降、白城地区などのモンゴル族小中学校は、モンゴル語の授業を再開し、モンゴル語で授業を行う学校も出てきた。前ゴルロス自治県は一九八〇年から、前述した同県西部の四郷にある一九の小学校では、モンゴル語で授業をし、漢語の授業を二年生から始め、その他の地域のモンゴル族小学校は、漢語で授業をし、モンゴル語を一教科として学習する(第一、第二学年ではモンゴル語会話、三年生からモンゴル語)よう指示した(46)。前者の場合、教科書は漢語も含め、内モンゴル自治区が編さんしたものを使い、後者の場合は、全国統一編さんの語文(漢語)教科書を使い、漢語の授業時数も漢族学校と同じにしている(47)。

前者の形式が実施されると、前ゴルロス自治県西部の四郷にある一九の小学校の入学率は九五～一〇〇%、合格率は以前の五〇%から八〇%以上に上がり、中退率は二%までに減少したという(48)。一九八二年から執行された吉林省モンゴル族小学校の教科課程を表2―13に示した。表2―12と比べると、一九八〇年代に入ってモンゴル語の地位がかなり是正されたことがうかがえる。

文革後、モンゴル族と漢族の合同学校も、民族別の学校に戻され、一九七八年から八〇年代前半にかけて、単独のモンゴル族小学校が二五校、中学が三校新設された。また前ゴルロス県は、一九八〇年にモンゴル族師範学校をつくり、吉林省内のモンゴル族小学校の教師の養成をうけ負い、一九八二年～八三年度にはモンゴル族幼稚園もつくり、幼児教育から高等教育まで幅のある民族教育の体系づくりも、ある程度実現させている(49)。

同時に吉林省は、一九八二年から、毎年初級中学の卒業生のうち七人を内モンゴル自治区通遼市のジリム盟師範学校に送り、モンゴル語で授業ができる教師の養成を依頼した。また一九八三年、前ゴルロス県が内モンゴルのジリム盟から五七人の高級中学新卒者をモンゴル族小学校の教師として招いたりしている(50)。

文革以降の白城地区におけるモンゴル語教育の形式は次の三つに分けられる。(一)モンゴル族が多く住む地域では、モンゴル族学校をつくり、モンゴル語で授業を行う。(二)モンゴル族と漢族の混在する地域では、モンゴル・漢合同校をつくり、その中でモンゴル族学級をつくって、加授モンゴル語スタイルの授業をする。(三)モンゴル族の児童・生徒が少ない地域では、複式学級をつくったり、モンゴル語の授業を行う時だけ集めて授業をする(51)。

一九八三年の統計では、吉林全省で小学校二一校(一一七クラス、一九三〇人)がモンゴル語で授業を行い、一九八五年の前ゴルロス県の統計では、モンゴル族小中学校はすべてモンゴル語の授業を設け、そのうち五六クラス(生徒数一〇一〇人)がモンゴル語で授業を行っている。吉林省のモンゴル族小中学校に通うモンゴル族は、一九八五年で七二一六人というので、仮にこれを使って計算すれば、その二六・八%がモンゴル語で授業を受けていることになる。一九八〇年代後半には、中学でもモンゴル語で授業を行う所が

表2―13　吉林省：モンゴル族小学校の言語教科週間授業時数（1982年）

学年		1	2	3	4	5	6	合計
モンゴル語で授業を行う学校	モンゴル語	12	7	7	7	6	6	1,620
	漢語		1	7	7	7	7	1,260
漢語で授業を行う学校	モンゴル語	2	2	5	5	5		684
	漢語	11	11	11	9	9		1,872

出所：『吉林省教育年鑑（1949 － 1985）』吉林教育出版社、1990 年、205 頁。

でた[52]。

吉林省には、東北三省唯一の民族自治州である延辺朝鮮族自治州があり、その民族語事業の牽引力が、同省内のモンゴル族にも有利な影響を与えてきたと思われる。また吉林省のモンゴル族人口の八割が白城地区に、三割が前ゴルロス自治県に集まっていることも、文革後のモンゴル語事業の回復に有利な環境になっているのではないだろうか。

3 遼寧省のモンゴル族教育

遼寧《リャオニン》省のモンゴル族は一九九〇年現在、五八万七五〇〇人で同省総人口の一・五%、少数民族人口の九・五%（満洲族に次いで二番目）を占め（表1—7）、その三五%が内モンゴル自治区のジリム盟、赤峰（オラーンハダ）市に隣接するハラチン左翼モンゴル族自治県と阜新モンゴル族自治県に住んでいる（地図1—1）。遼寧省の主な少数民族のうち、満洲族、シボ族、回族の学校では一般に漢語で教育し、教科課程、教科書も漢族学校と同じなので、同省の民族語教育の主な対象は、モンゴル族と朝鮮族であるといってよい。現在、モンゴル族が多く住む地域には単独のモンゴル族学校がつくられているが、漢族と混在する地域では、漢族との合同学校で民族別にクラスを分けている所が多い[53]。

遼寧省のモンゴル語使用・学習率は、黒龍江、吉林省に比べても低い。同省のモンゴル族は、ほとんどの者が漢語ができる反面、阜新モンゴル族自治県以外では、高齢者の他はモンゴル語のレベルは低く、特に若い世代の大部分が話せなくなっている[54]。一九八〇年代初めの頃には、遼寧省のモンゴル族約三八万人のうち、約八万人はモンゴル語ができなくなっていた。文革が終わっても、モンゴル語の喪失は進行している。朝陽県と阜新自治県に挟まれた北票県（今は市）では一九五〇年代初めには、モンゴル族住民の八〇%以上がモンゴル語ができたが、一九八二年には三〇%に下がっていた[55]。こうした状況をもたらした主因の一つは、学校教育の中でモンゴル語教育が長い間行われなかったことであろう。

遼寧省では、モンゴル語で授業を行っていた学校は、一九五七年からすべて教授用言語が漢語に切り替えられ、その後モンゴル語の教師もほとんどが転職した。それから二〇年余りの間、モンゴル語による教育は途絶えていたので、文革が終わってからモンゴル語で教える授業を再開した時には教員が足りず、自分自身モンゴル語があまりよくできない教師もいた[56]。

文革後、遼寧省人民政府は一九八一年一一月、民族教育・民族語事業会議を開き、この会議の紀要として一九八二年二月二〇日に発した寧政発〔一九八二〕五三号文書で「民族小中学校は、単独の学校、単独のクラスとして設ける（漢族との合同校、合同クラスにしない）との原則を堅持する。以前、廃止或いは合併された民族小中学校は、少数民族の住民が再建を求める場合はすべて、積極的に条件を整えて再建する。学校の一クラス

表2－14　遼寧省民族小中学校概況

民族	小学校			初級中学				高級中学			
	1978年	1989年		1978年		1989年		1978年		1989年	
	校数	校数	児童数	校数	生徒数	校数	生徒数	校数	生徒数	校数	生徒数
モンゴル族	130	467	85,590	15	8,853	73	59,171	8	2,282	9	6,719
朝鮮族	130	163		40		21	7,928	19		10	
満洲族		1,400	277,348			256	112,769				
シボ族		8	1,503			2	1,209				
回族		9	3,677			1	1,250				

注：空白部分は統計なし。
出所：遼寧省教育委員会「遼寧省民族教育在改革中前進」『民族教育』1990年第1、2期合刊、12～15頁をもとに筆者作成。

当りの人数枠の制限を緩和し、生徒が非常に少ない所ではモンゴル族小学校は一五人、朝鮮族小学校は一〇人いれば単独のクラスをつくって差し支えない」と指示した。これに基づき、文革中廃止された民族小中学校が次々に復活し、民族学級も設置されていった(57)。表2—14をみると、一九七八年から一九八九年の間にモンゴル族学校がかなり増えていることが分かる。

遼寧省は一九八〇年代初め、モンゴル族学校では小学校一年生からモンゴル語と漢語の両方を学習することにした。一九八一年には阜新モンゴル族自治県にモンゴル族師範学校をつくった。また漢族との混在地域に住むモンゴル族や朝鮮族の子どもが、民族学校に入って自分達の民族語を学べるよう、一九八二年秋からこれらの民族小学校で準備クラスをつくって、民族語のできない子どもを集めて、民族語を教えるよう指示し、民族語の授業を設けた民族小中学校には、経費の支給額を増やすことも決めた。こうして遼寧省では、単独のモンゴル族学校やクラスの多くが一九八〇年代末までにモンゴル語の授業を再開したのである。モンゴル族・漢族合同学校の中にはモンゴル族の生徒を臨時クラスという形で集めて、モンゴル語を教えている所もある。いっぽう阜新自治県は一九八二年からモンゴル族が多く住む二つの郷の小学校で、試験的にモンゴル語による授業を始め、一九八八年からこれを七つの郷の小学校二二校、中学校一校に広げた(58)。遼寧省ではこれらの学校だけがモンゴル語で授業をし、二年生から漢語を一教科として教える教育をしている。ほとんどのモンゴル族学校は漢語で授業をし、モンゴル語を一教科として教えており、教師がいないなどの理由から、モンゴル語の授業をしていない学校もある(59)。

（1）阜新モンゴル族自治県

一九九〇年現在、阜新モンゴル族自治県に住むモンゴル族は約一三万八八〇〇人（県総人口の一九・七%、省内モンゴル族の二三・六%）である。

一九八〇年代後半の調査では、同県のモンゴル族のうち、六〇％（七万人余）はモンゴル語ができ、一五％（二万人余）はできず、漢語を使っている。この約二万人の中には、文革後に民族的出自を漢族からモンゴル族に変えた数千人が含まれているという。残る二五％（三万人余）はだいたいモンゴル語ができるというレベルで、漢語との混合語を使ったりする。その反面、県内モンゴル族の九八％は漢語ができる。(60) それでも同県は遼寧省の中では最もモンゴル語がよく使われている地域である。

阜新自治県では一九八二年から、モンゴル族が多く住む地域の佛寺、シャル、王府、泡子、ダワー郷などの小学校で、モンゴル語で授業を行う教育を再開した。子ども達の成績はよいという。しかし、モンゴル語で一般教科の授業を受けている小学生は、一九八六、七年頃と思われる統計で一二〇〇人（二〇校の六六クラス）。一九八四年現在で阜新自治県にはモンゴル族小学校が三一〇校、中学が一二校あるというから、モンゴル語で学習する者の比率は低い。同県では人民代表大会の民族事業やモンゴル語の専門会議の文書はモンゴル語でも出しているが、その他は漢語のみである。漢語で授業を行う小学校では、遼寧省教育学院が編さんした教科書を使っている。

(2) ハラチン左翼モンゴル族自治県

一九九〇年現在、ハラチン左翼モンゴル族自治県に住むモンゴル族は約六万八四〇〇人（県総人口の一七・一％、省内モンゴル族の一一・六％）である。

同県のモンゴル語の維持率や使用率は、阜新自治県や他のモンゴル族地域より低い。一九八〇年代後半の調査によれば、同県モンゴル族のうち、モンゴル語ができる者が三〇％（約一万五〇〇〇人）に対し、できない者が三九％（約二万人）。この中には、やはり文革のあと民族的出自を漢族からモンゴル族に変えた人々がかなり含まれているという。残る三一％（一万六〇〇〇人）は、ある程度モンゴル語ができる人々とされている。これは平均値であって、若い世代ではモンゴル語のできない者の比率はもっと高い。(61)

一九八一年の統計では三〇歳以下（一九五二年以降の生まれ）のモンゴル族八五二四人のうち七二四五人（八五％）、四〇歳以上（一九四二年以降生まれ）のうち半数以上は、モンゴル語ができなかった。(62)

モンゴル語ができても実生活では使っていない者が少なくない。若年層の多くがモンゴル語ができないため、それに合わせて漢語を使う場合が多いためだ。ハラチン自治県のモンゴル族学校の多くが、文革後、モンゴル語を教え始めたが、モンゴル語で各教科を教える学校はない。

中華人民共和国成立以前、ハラチンにはモンゴル語のできる者がかなりおり、社会や家庭でみなモンゴル語を使っていたという。しかし一九八〇年代には生活用語がモンゴル語から漢語に変わっている村もあり、前述したように四割がモンゴル語ができない一方、みな漢語はできるという状態になっていた。同県には、文革前は全教科をモンゴル語で教える学校もあったというから、モンゴル語喪失はわずか一世代の間に起こったことになる。一九八一年現在、全県で学校に通うモンゴル族四〇〇〇余人のうち、モンゴル語を学習しているのは八五一人（二〇％）だけである。[63]一九八〇年代も、モンゴル語ができる者はだんだん少なくなったという。モンゴル語がわずかにできるという程度の中年や高齢者、特に幹部や就業者の中には、モンゴル語が上手に話せないのを恐れて、漢語だけを使っている者が多い。現在は、モンゴル語が社会的にもある程度使われている地域で、モンゴル語の授業の時にはモンゴル語を使うという程度だ。またハラチンのモンゴル族の中には、現在はモンゴル文字の読み書きができる人は少ない。自治県の公文書はほぼみな漢文で、モンゴル文字を学ぶ者も使う者も減っている。

こうした言語状況を反映してか、ハラチン自治県では漢族との合同学校の比率が文革後も高く、一九八七年現在、全県にはモンゴル族小中学校が四二校に対し、漢・モンゴル合同の小中学校が四〇校ある。文革後、モンゴル語教育を再開したとはいえ、それをめぐる環境は依然として厳しいようだ。教師は少なく、レベルも低い。一九八〇年代には数ヵ月のモンゴル語短期クラスに参加しただけで、モンゴル語教師として教壇に立つ者もいた。モンゴル語の授業はあまり重視されておらず、同県の小学校では漢語が授業時数の三四％を占めるのに対し、モンゴル語は一七％にすぎない。漢語の授業はすべて頭のさえている午前中に、モンゴル語はすべて午後に配置されているともいう。

東北三省の中でモンゴル族人口が最も多い遼寧省で、モンゴル語の使用・学習率が吉林省や黒龍江省より低いのはなぜか。残念ながら、その原因は今筆者の手元にあるデータの中からは見出せない。ただし、遼寧省は民族語教育をめぐる政策が吉林省や黒龍江省より消極的であるように思われる。確かに遼寧省では一定のモンゴル語事業を行ってきたし、前述した他にも二つのモンゴル族自治県では、『阜新自治県報』モンゴル文版（一九五八年発刊、週二回発行）、『ハラチン自治県県報』モンゴル文版（一九六八年発刊、週刊）を発行している。阜新自治県は一九五七年にラジオ局をつくり、モンゴル語の放送を始め、一九八〇年代には阜新市、阜新県、ハラチン左翼県のラジオ局が毎日一時間から一時間半程度のモンゴル語の放送を行っている。しかし省内には、民族語で撮影した映画や民族語に訳した映画、また民族語によるテレビ局もない。[64]また遼寧省では、高等学校の入学試験で、モンゴル語の点数が全く承認されず、モンゴル語学習への意欲に影響を与えてきたと指摘する声もある。一九八〇年代、いろいろな交渉を経て、やっとモンゴル語の試験の点数を五〇％（他の科目が一〇〇点満点なら、五〇点満点で総合点数に加える）で計算することになったという。[65]こうした民族語政策の消極性が何に由来しているのかは、やはり資料不足のため分からない。

4 河北省のモンゴル族教育

河北省《ハァベイ》はモンゴル族人口が多く、圍場満洲族モンゴル族自治県もあるが、本書では資料がないため詳しく扱わない。圍場満洲族モンゴル族自治県がある承徳市には、一九九三年現在でモンゴル族の小学校が一八一校、中学が九校ある。モンゴル語の授業をしている学校は平泉県に少しあるだけで、これらの学校でも、他の地域へ生徒を送ってモンゴル語の教師を養成したり他の地域からモンゴル語の教師を招聘する経費もなく、モンゴル語の教師が非常に不足し、モンゴル語の授業が学期の途中で中断したりすることもあるという(66)。

六 中国西北地方のモンゴル族教育

1 新疆ウイグル自治区のモンゴル族教育

新疆《シンジャン》ウイグル自治区のモンゴル族は、一九九〇年現在人口約一三万八千人（自治区の総人口の〇・九％、少数民族人口の一・五％）で、バヤンゴル・モンゴル自治州、ボルタラ・モンゴル自治州、ホボクサイル・モンゴル自治県の三つの自治地方を持つ（地図6―1）。この二州一県は、ウイグル族やカザフ族が多く住んでおり、他のモンゴル族自治地方と言語環境が違い、例えば、バヤンゴル自治州のモンゴル族は、漢語よりウイグル語ができる者の方が多いという。新疆自治区のモンゴル族は、農村・牧畜地域や都市部に関わらず、モンゴル語ができ、民族語喪失の現象はほとんど見られない(1)。

同自治区には一九八六年現在で、モンゴル語で授業を行う小学校が七一校（在校生一万八一五二人）、初級中学が一五校（同六八一〇人）、高級中学が一〇校（同三〇三五人）ある(2)。各地域の内訳は統一したデータがないが、一九八五年現在でホボクサイル自治県には、小中学校四五校のうちモンゴル族とカザフ族の学校が三七校あり、バヤンゴル自治州には、民族小学校（混合学校を含む）が二四一校（全州小学総数三三八校の七一％）、民族中学（混合学校を含む）が五九校（全州中学総数一二二校の四八％）ある。またボルタラ自治州には一九八六年現在で、モンゴル族学校が小学校一五三校のうち七校（この他、ウイグル族学校が一五校、カザフ族学校が一五校）、中学四四校中四校（ウイグル族学校が七校、カザフ族学校が五校）ある。モンゴル族学校やモンゴル族と他の民族との合同学校に通うモンゴル族は、みなモンゴル語で授業を受けており、小学校三年生から漢語を学習し始める(3)。

なお新疆のモンゴル族は一七世紀半ばに創られたトド文字を伝承し、中華人民共和国が成立してからも学校の教科書や新聞、雑誌はすべてこの文字を使ってきたが、一九八〇年代、内モンゴルのホトム文字への統一が図られ、学校教育に影響し、社会でも波紋を呼んだ。この点は前述した通りである。

2　青海省のモンゴル族教育

現在、青海省《チンハイ》のモンゴル族は、主に海西モンゴル族チベット族自治州のドラーン県、オラーン県、デルヒー市と、黄南チベット族自治州の河南モンゴル族自治県に住んでいる（二つの自治地方で六二％）。海西自治州では、モンゴル語・文字が一般社会で使われているが、その他の地域のモンゴル族は、モンゴル語がほぼできなくなっており、学校でモンゴル語を教えていない所が多い(4)。

青海省のモンゴル族の教育は、教授用言語によって、モンゴル語型、チベット語型、漢語型の三種類に分けられる。一九九二年現在、青海省にはモンゴル語で授業を行う小学校が二〇数校、民族完全中学が四校ある。この種の学校は、海西自治州のドラーン県、オラーン県、デルヒー市、ゴルムド市（主にメーレン郷とガス郷）に集中している。その外では、海北チベット族自治州の海晏県にあるハルジン郷、トラ郷の民族小学校や海晏県民族中学のモンゴル語学級がモンゴル語で教育を行っている。河南モンゴル族自治県は、一九八五年から一九九〇年にかけて、小学校二校と中学一校でモンゴル語による教育を始めた。海西民族師範学校と青海民族学院には少数民族語文学部モンゴル文学科があり、文革後、青海民族学院はモンゴル語クラスをつくった(5)。

黄南チベット族自治州（主として河南モンゴル族自治県）、海北チベット族自治州、海南チベット族自治州のモンゴル族は、第一言語としてチベット語を使い、第二言語として漢語を学んでいるケースが多い。河南モンゴル族自治県のモンゴル族は、長い間チベット語を使ってきたので、民族小中学校の多くはチベット語で授業をし、漢語を一教科として学ぶ二言語教育をしてきたが(6)、後述するように文革が終わってから、一部でモンゴル語を取り戻す教育を始めた。

青海省東部の農業地域と市街地のモンゴル族は、ほとんどが漢語が第一言語となっており、学校教育も漢語で行われている。

表2―15を見ると、青海省のモンゴル族の場合、民族語教育を受けている者の比率が小学生で低く、中学生で高い。これはチベット族とは逆の傾向だ。モンゴル語で教育を受けている者が小学生段階で四割足らずなのは、青海省のモンゴル族には漢語やチベット語で教育を受けている者も多いためであり、中学生で七割近くというのは、このうち、前者の中学への進学率が高いためだと思われる。ただ高等教育レベルへの進学となると、中等専業学校以上ではモンゴル語で授業を行う学校は少なく、後述するように漢語の制約を受けて芳しいとはいえない。

（1）　海西モンゴル族チベット族自治州

一九八七年九月現在、海西自治州には小学校一六九校中、モ

表2－15　青海省：民族語で授業を受けている小中学生の比率（1983年）

チベット族			モンゴル族		カザフ族		
小学生	初級中学生	高級中学生	小学生	初級・高級中学生	小学生	初級中学生	高級中学生
69%	56%	25%	37%	67%	54%	50%	88%

注：河南モンゴル族自治県のモンゴル族は、ほぼチベット語で授業を行っている。
出所：盧松天主編『中国人口・青海分冊』中国財政経済出版社、1989年、367頁をもとに筆者作成。

ンゴル族小学校が二〇校、チベット族小学校が二〇校あり、普通中学六二校中、モンゴル族中学が二校、チベット族中学が一校、モンゴル・チベット合班中学が二校ある。モンゴル族の小中学校と民族師範学校では、各教科とも内モンゴル自治区が編さんしたモンゴル語による統一教科書を用い、漢語以外はモンゴル族の教師がモンゴル語で教えている(7)。漢語は一般に小学校の三年生から高級中学卒業まで教えている。同自治州のモンゴル族小中学生のうち、モンゴル語で授業を受けている者の比率は、一九八二年の統計では、五七％（四〇〇〇余人中、二二九三人）である(8)。

　海西モンゴル族が住む地域は、青海省の中で経済、文化面で比較的はやく発達し、平均収入も高いといわれる。その牧草地は、青海省南部のチベット族に比べれば海抜が低く、公道や町に近く、学区がそれほど広くないので、入学率や在学率も割に高いという。海西モンゴル族地域の民族小学校、中学、民族師範学校、青海民族学院のモンゴル文学科などは、左傾路線や民族語無用論の影響は受けたが、モンゴル語の学習や使用が取り止めになったことはなく、被害は他のモンゴル族地域に比べて少なかった。一九五〇年代末に建てられた全日制の寄宿学校も、文革中廃止されることはなかった(9)。海西自治州のモンゴル族教育が一九八〇年代以降、比較的順調に推進できた一因であろう。

　ただし、卒業生の進路が十分に保障されていないことが頭の痛い問題である。

　一九七七年に高等学校入試が復活した後のモンゴル族の進学先を見ると、ほとんどが中央、西北、青海民族学院と内モンゴル大学、内モンゴル師範大学であり、学科はモンゴル語文がほとんどで、政治と歴史が多少といったところ。中等専科学校の卒業生も、ほとんどが海西自治州の民族師範学校と内モンゴル自治区の師範学校へ進学している。モンゴル語で教育を受けた者は、前述した学校や限られた学科以外には、なかなか進学できない。また、町の機関などの就職試験は一般に普通中学の授業内容に基づき、漢語でつくった問題で行われているので、民族中学の卒業生は就職先を見つけるのも容易ではない。

　漢語ができなければ、海西自治州でも就職先を探しづらいという状況は、この地域の漢族人口の増大がもたらしたものである。海西の漢族人口は一九四九年、一九五九人（総人口一万六〇二三人の一二・二％）であったが、一九九〇年にはその一二一倍の二三万七〇〇〇人（総人口の七五・九％）に増えている。これは中華人民共和国成立以降、政府が海西の各種「国家建設事業」に参加させるため、各地の漢族を海西に配属、移住させたためだ(10)。

青海省では、モンゴル族の初等教育の教師は数の面でも、学歴の面でも問題は少ないが、文系の教師陣が充実している一方、理系の教師陣が弱いという問題を抱えている。モンゴル語で授業を行う理系の学科が少ないので、新たに養成される教師も、やはり理系が少ない。海西自治州の石油化学工業、鉄道や水力発電関係の企業に、モンゴル族の専門家や技術者が少ない一因だといわれる。理科や経済、科学技術方面の職業・技術教育をモンゴル語と漢語の二言語で教えられる教師となると、もっと少ない。

(2) 河南モンゴル族自治県

河南自治県のモンゴル族は、長い間チベット族の影響を受けて、言葉や服飾などの面では、一見してチベット族とほとんど区別がつかなくなっているといわれる(11)。現在、同県のモンゴル族は、ケセン郷とサイルロン郷の一部の住民が、チベット語の単語が多く混ざったモンゴル語を使う他は、モンゴル語ができない。この地域では清朝の乾隆年間（一七三六年〜一七九六年）頃からチベット文字を使いはじめ、モンゴル文字は使われなくなっていったという。また中華人民共和国成立以前、この

テント式小学校：河南蒙古族自治県概況編輯委員会編『青海省河南蒙古族自治県概況（初稿）』（1963年）より

地域に漢族は住んでおらず、漢語ができる者もまずいなかった[12]。

河南モンゴル族自治県では、一九五四年八月にテント式の小学校（写真）が二つつくられてから学校教育が始まり、チベット語で書かれた教科書を使った、チベット語による授業が行われてきた[13]。同県の学校数は一九八四年末段階で、全日制の寄宿制小学校が八校（うち民族小学校が七校）、中学が二校（うち民族中学が一校）に増えたが、一九八〇年代も、モンゴル族の民族小学校の多くは、チベット語で授業をし、四年生から漢語を一教科として学習し始める形の教育をしている。学年があがるにつれ、漢語の比重を高め、民族中学では週八時間のチベット語の授業の他は、漢、チベット二種類の教科書を併用する。チベット語を主に使って授業をするが、理数系の科目は漢語とチベット語を併用し、漢語文の授業は漢語で授業を行っている[14]。これは、理系科目の教師の多くが漢族教師だということによるものと思われる。

しかし文革後、この形式に変化が生じた。県内でモンゴル語による教育が提起され、ケセン郷小学校が、一九八五年の新入生から教授用言語をチベット語からモンゴル語に切り替え、サイルロン郷小学校が一九八七年から、河南モンゴル族自治県民族中学が一九九〇年から、モンゴル語で授業をするクラスを設けたという[15]。それは周囲をチベット地域に囲まれた河南自治県の人々が、文革後の民族意識の再生に伴って、「モンゴル語が話せ、モンゴル文字の読み書きができる『本当の』モンゴル

表2－16　河南モンゴル族自治県：モンゴル語学校・学級の週間授業時数（1995年）

教科目	小学校					初級中学		
	1	2	3	4	5	1	2	3
モンゴル語	16	15	9	9	9	7	7	7
漢語	0	7	7	7	7	0	0	0
チベット語	0	0	3	3	3	0	0	0
全教科	36	36	36	36	36	30	30	30

出所：シンジルト「中国青海省河南モンゴル族自治県におけるモンゴル語教育運動」『一橋論叢』第119巻第2号、1998年2月、291～292頁の文中のデータをもとに筆者作成。

人になることを夢見て」導入したものだったという。

同県は、これらの学校・クラスのために、海西自治州や内モンゴル自治区から教師を招き、内モンゴル自治区が出した教科書を使って授業をしてきた。小学校では言語科目としてモンゴル語の他に、二年生から漢語、三年生からチベット語の三言語を学び、中学ではモンゴル語だけを学ぶ（表2－16）。漢語も含め、モンゴル語で授業を行うが、子ども達の第一言語はチベット語なので、分からない部分はチベット語で教え[16]、チベット語の授業はチベット語で教えている。一九九五年の統計では、河南自治県の小中学生のうち、モンゴル語で授業を受けている者は

小学生一四四人（同県の全就学児童数の一一・四％）、中学生六九人（同県の全就学児童数の二五％）だった。また河南自治県が、海西自治州や内モンゴル自治区から招聘したモンゴル語教師は、一九八五年から一九九五年の一〇年間で合計四七人にのぼっている。

一九八九年六月に採択された河南モンゴル族自治県自治条例には、モンゴル語を取り戻そうとする意欲が反映されている。第九条は「自治県の自治機関が職務を執行する時は、モンゴル、チベット、漢語を同時に或は別々に使う」と、モンゴル語を第一位に置き、第二六条は「自治機関は積極的に条件を整え、モンゴル族の住民の間で自民族の言語と文字を回復、普及させる。郷の寄宿制小学校のうち可能な所では、モンゴル語で授業を行うクラスを設け、モンゴル語で授業を行う中学の建設を積極的に進める」と定めている[17]。

しかし、モンゴル語による教育は、財政的な負担が大きい上、言語環境や教材不足という限界、進学や就職先の問題などが認識されるにつれ、それに対する支持は下がり、モンゴル語クラスへの入学者は一九九〇年頃から減って、サイルロン小学校では入学者ゼロの年が続いたりした。そこで一九九六年、河南自治県人民政府は、河政［一九九六］〇五二号文書を発し、一九九七年からモンゴル語で授業を行うクラスの募集はやめ、教授用言語はすべてチベット語に戻し、その代わりに県内のすべての民族小学校で二年生からモンゴル語の授業を行うよう通達したという。

3　甘粛省粛北モンゴル族自治県の教育状況

一九九〇年現在、甘粛《カンスー》省のモンゴル族は八三五四人（同省総人口の〇・〇四％、同省少数民族人口の〇・四五％）で、そのほぼ半数（四一五一人）が粛北モンゴル族自治県に住んでいる。このように人口は少ないが、モンゴル語・文字を使い続けており[18]、一九八七年の調査によれば、同県のモンゴル族の六～七割が、モンゴル語を主に使って生活している[19]。また同県では、一九七九年に有線ラジオ局にモンゴル語の番組を加えたり、一九八二年にはモンゴル語放送の中継所を設けて、北京や甘粛省のモンゴル語放送を転送し始めるなど、文革後はモンゴル語のメディア面での改善も図っている。

粛北自治県は一九五一年四月、粛北民族小学校を設立していたが、一九八〇年にモンゴル族中学を新設し、小中学校を通してほぼモンゴル語で授業を行えるようになった[20]。一九八七年現在、県内にはモンゴル族の小学校が三校、完全中学校が一校、モンゴル・漢合同小学校が三校あり、このうち四二のクラス（小学校三三クラスと中学九クラス）がモンゴル語で授業をしている。モンゴル語学級では、小学校から中学卒業まで、漢語以外の各教科をモンゴル語で教えている。漢語は小学校三年生から、初級中学や高級中学を卒業するまで学習する。漢文学級で学習するモンゴル族の子どもに対しては、できる所ではモン

中国南方に住むモンゴル族の言語と教育

雲南省には一九九〇年現在、一万三二〇〇人のモンゴル族が登記されており、通海県に興蒙モンゴル民族郷がある。同省のモンゴル族は祖先の地を離れて七〇〇年経ち、モンゴル語・文字を忘れ、漢語か現地のイ語を使ってきたが、文革後モンゴル語を学ぼうという動きが起こった。通海県人民政府が、少なくともモンゴル族が多く住む地域ではモンゴル語を習得できるよう、内モンゴル自治区のシリンゴル盟から二人の教師を招き、一九八一年から新蒙大隊小学校でモンゴル語の授業を始めたのである（余朝暉「雲南的双語及双語教学之現状」中国少数民族双語教学研究会編『中国少数民族双語研究論集』民族出版社、一九九〇年、一四二頁）。文書資料でこの事を知った筆者は、一九九二年春に昆明を訪れた際、早速その後の経過を現地の研究者に聞いてみた。すると、モンゴル族学校では一九八二年から一九八三、八四年頃まで二言語教育を試み、生徒を内モンゴル自治区の学校に行かせたりしたが、子どものモンゴル語能力は向上せず、実生活の役に立たないため、結局一、二年間で取り止めになったという。彼らは現在も一般にイ語を使う。

四川省では一九九〇年現在、二万七五〇〇人のモンゴル族が登記されており、涼山イ族自治州の塩源県に一九八四年一一月一〇日、大坡モンゴル族郷が、一九八四年一一月一日、沿海モンゴル族郷がつくられた。塩源県のモンゴル族は一九八二年現在で一万九七八人。言葉の中にモンゴル語の単語、古語やそれが変化したとみられるものが多くあるが、内モンゴルの人々とは会話できないという。六〇〇年以上前にこの地に来て、現在の漢、イ、ナシ、チベット族などの祖先と交わる中でその影響を受け、中華人民共和国成立前は文語としてチベット文を、今は漢文を主に使っている。これらの人々は一般に当地のモンゴル語、イ語と漢語あるいはチベット語という三種類の言語を使い、学校では漢語で授業をしている（栄盛「泸沽湖畔蒙古族的民族特征」『内蒙古社会科学』一九九一年第一期、四二、四三頁）。

雲南省や貴州省のモンゴル族は、一九八〇年代の民族的出自の回復・変更によって、モンゴル族と認められた者が多いようだ。湖北省の洪湖市新河郷に住む陸を姓とする住民（一九八〇年代後半で四一五〇人）は、一九六四年の第二回人口調査の際、モンゴル族と自己申告したが、人口登記担当機関が「すでに漢人化している」ことを理由に認めず、文革以降になって民族的出自の回復が図られたという（克爾倫・留金鎖・陳献国・蘇浩「関於湖北省洪湖市陸姓公民族籍問題的調査報告」『内蒙古社会科学』一九八八年第五期、三七～四〇頁）。一九八二年から一九九〇年のモンゴル族人口をみると、貴州省では七一九人から二万四〇〇〇人、雲南省でも六二一〇〇人から一万三二〇〇人に増えている。ただし中国南方に住むモンゴル族が、民族語を取り戻す教育を試みたという話は、雲南省以外では聞かない。

ゴル語文の授業を設けている。

　人口の少ない甘粛省のモンゴル族が、モンゴル語を維持してこられた要因としては、次の点が挙げられよう。まず、東北のモンゴル族が清朝末期や民国時代から漢族移民の増大に伴って漢文化、漢語の影響をかなり受けていたのと異なり、この地域のモンゴル族には中華人民共和国成立以前、漢族の影響はほとんどなかったとみられる。同国成立初期に至っても、この地域の漢族人口は少なく、一九五三年の第一回全国人口調査の時点で、粛北自治県の漢族人口は二七二人（同県総人口の一一・八％）で、モンゴル族人口が八五・五％（一九六九人）を占めていた。漢族の人口が増えるのは一九五〇年代末頃からだ。一九五七年から一九六〇年、河南、上海、武威などから漢族が二〇〇〇人移住し、一九七〇年前後にも近隣の各県から漢族農民五〇〇人余りが転入したり、粛北に赴任させられた幹部、技術者やその家族などによって漢族人口が急速に増えた。その結果、モンゴル族人口は一九八二年には同県総人口の四〇・三％（三八三四人）に下がり、逆に漢族人口が五八・七％（五五八四人）に増えている。

　第二に、漢族人口が増えたとはいえ、粛北自治県は一九八七年で総人口九三八〇人、うちモンゴル族が三九二〇人（四一・八％）で、漢族が五三七九人（五七・三％）と少なく、また同年の人口で計算すれば、同県の人口密度はわずか七人／平方キロメートル(21)となる。従って言語環境の漢語化が東北地方などに比べて、極めて緩慢であると考えられる。

＊

　以上、内モンゴル自治区、東北三省、西北三省・自治区に住むモンゴル族の民族語の使用状況や、民族教育の経緯・現状をみてきたが、中国モンゴル族の間におけるモンゴル語の維持率（学習率と使用率）は概して、中国東北地方より西北地方の方が高いことが分かる。その原因は以下のような東と西の社会環境の違いがもたらしたものだと考えられる。

　まず、東部地域では漢族の移住が早く、西部地域では遅い。再び表２―１をみると、西北三省のモンゴル族自治地方では一般に、一九五〇年代初めは漢族人口は少なく（人口比率で多くて一〇％強、少なくて一％未満）、その後急増しており、これらの地域で漢族人口が増えるのは中華人民共和国成立後のことだと分かる。いっぽう、東北三省のモンゴル族自治地方や内モンゴル自治区では、漢族人口は一九五〇年代初めの段階ですでに多く（同八〇～九〇％）、その後漢族とモンゴル族の人口比率はそれほど大きく変化していない。しかし『中国人口 内蒙古分冊』（一九八七年）によれば、一九世紀初頭は、内モンゴル地域の総人口は約二一五万人で、そのうちモンゴル人が一〇三万人、漢人が約一〇〇万人とほぼ半々だった(22)。つまり内モンゴルでは一九世紀の間に、モンゴル人と漢人の人口比率の逆転が起こったのである。

　第二に、現状をみると、西北三省・自治区（新疆、青海、甘粛）のモンゴル族は牧畜業を営む者が多く、東北三省のモンゴル族は農業に従事する者が多い。これは漢族人口が増えるにつれ、東北地方や内モンゴル自治区のモンゴル族の中で、生産手段を遊牧から農業に変える者が増えたからだ。内モンゴル自治区では、一九九〇年代前半の段階で、モンゴル族のうち一八・六％が農業地域に、五六・三％が半農・半牧畜地域に、一六・三％が牧畜地域に住み、四分の三が農業の専業か、牧畜業と農業に従事していると報告される[23]。これは内モンゴル全体の状況で、中をみると、ジリム盟とジョーオダ盟では漢人の影響を受けて、一九四九年でモンゴル族人口の三分の二が農業に従事するようになっていたという[24]から、やはり東部で農業化が進んでいる。生産手段の変化は、遊牧民族から農耕民族への変容でもあり、遊牧文化に根ざす様々な価値観にも影響を与える。農耕文化へ接近すれば、漢族との習慣や価値観の差異が減って、漢族との結婚が増えるはずで、内モンゴル自治区の中でもモンゴル族が漢族と結婚するケースは東部地域で多く、同自治区全体の七五・九％を占めるという報告（一九八七年の抽出調査）もある[25]。トゥメッド旗やジリム盟などのモンゴル人は農業化することによって、遊牧地域のモンゴル人に比べて人口が大きく増えたという[26]。こうしてモンゴル族の間で、伝統的な遊牧に従事する者＝遊牧文化に根差す者の比率は下がってきているとみられる。

第三に、西北と東北のモンゴル族地域では人口密度が違う。

表2－17　モンゴル族自治地方の人口密度

モンゴル族自治地方	面積 (Km²)	1990年		1953年又は1964年＊	
		人口 (人)	人口密度 (人/Km²)	人口 (人)	人口密度 (人/Km²)
内モンゴル自治区	1,183,000	21,456,798	18.14	6,100,104	5.16
前ゴルロス・モンゴル自治県	7,219	625,149	86.60	330,482	45.78
ドゥルベット・モンゴル族自治旗	6,176	235,680	38.16	78,623	12.73
ハラチン左旗モンゴル族自治県	2,238	399,230	178.39	208,038	92.96
阜新モンゴル族自治県	6,246	705,145	112.90	475,400	76.11
バヤンゴル・モンゴル自治州	480,000	839,162	1.75	335,046	0.70
ボルタラ・モンゴル自治州	27,000	328,005	12.15	40,501	1.50
ホボクサイル・モンゴル自治県	30,400	41,841	1.38	9,842	0.32
海西モンゴル族チベット族自治州	320,973	312,327	0.97	35,928	0.11
河南モンゴル族自治県	6,273	25,074	4.00	11,373	1.81
粛北モンゴル族自治県	66,748	10,897	0.16	2,304	0.03

＊前ゴルロス、阜新、バヤンゴル、河南は1964年の人口。
出所：表2－1及び国家民族事務委員会経済司、国家統計局綜合司編『中国民族統計　1949 － 1990』中国統計出版社、1991年、24～35頁をもとに筆者作成。

西北地方のモンゴル族自治地方は一般に東北地方のものと比べて面積が広く、人口が少ない。表2―17をみると、西北と東北のモンゴル族自治地方では、人口密度が桁違いであることが分かる。一九五三年または一九六四年と一九九〇年を比べると、漢族人口密度の増加数も桁違いだ。自治州、自治県全体の統計で漢族人口が増えても、面積が広く、モンゴル族と漢族の住む地域が分かれていれば、両者が日常的に接する機会は多くなく、モンゴル族の言葉が漢語に取って代わられるほどの影響は受けないだろう。逆に東北地方では人口密度が高い分、漢族と接する機会も多く、その影響を受け易いといえる。

第四に、東北地方にある五つのモンゴル族自治地方はすべて自治県だが、西北の場合は自治州が三つある。自治州の方が自治県より行政力があるのはいうまでもない。また上級の行政単位をみると、例えばボルタラ、バヤンゴル両自治州は新疆はウイグル自治区の下にあり、ホボクサイル自治県は同自治区のイリ・カザフ族自治州の下にある。少数民族の自治区や自治州の中では、一般に漢族地域より、少数民族に配慮した諸政策がとられる。いっぽう東北三省では漢族の影響力が強く、延辺朝鮮族自治州が唯一の自治州であり、自治区が一つと自治州が一三ある西北三省との違いは明らかだ。またモンゴル族の周囲の少数民族を比べると、東北地方では漢語を使う満洲族や回族が多い一方、西北地方ではウイグル族、チベット族など固有の民族文字を維持し、漢語があまりできない民族が多い。

以上、モンゴル語の維持率がなぜ東北地方で低く、西北地方で高いのかを、その言語・社会環境の違いとともに考えてみた。ただこうしてみると、西北地方のモンゴル族の間でも、今後漢族の人口流入が続き、民族人口比や混在率が高まれば、東北と同じような状況になっていく可能性があるという結論になってしまうのである。

[注]

(1) 中国社会科学院民族研究所・国家民族事務委員会文化宣伝司主編『中国少数民族語言使用情況』中国藏学出版社、一九九四年、八九四～八九五頁。

(2) オイラート(＝西部)方言(新疆ウイグル自治区北部、青海省北部、甘粛省北部、内モンゴル自治区アラシャン盟――人口一七、八万人)、内モンゴル(＝中部)方言(内モンゴル自治区、遼寧西部、吉林省西北部、黒龍江省中部、中国内のモンゴル族の九割)、バルガブリヤート(＝内モンゴル自治区東北部)方言(フルンボイル盟、人口三、四万人)の三つ(道布編『蒙古語簡誌』民族出版社、一九八三年、一～二、一五一頁)。注(1)『中国少数民族語言使用情況』は、内モンゴル方言が二五一万人、オイラート方言が一五万人、バルガブリヤート方言が八万人としている(同書一七頁)。

(3) S・R・ラムゼイ『中国の諸言語――歴史と現況――』大修館書店、一九九〇年、二五七頁。注(1)『中国少数民族語言使用情況』一七頁。

（4）注（2）道布編『蒙古語簡誌』二頁。中央民族学院少数民族語言研究所編『中国少数民族語言』四川出版社、一九八七年、五七六頁。チャハル方言は、モンゴル国の公用語とされるハルハ方言とほとんど同じものである〔注（3）S・R・ラムゼイ『中国の諸言語』二五七頁〕。

（5）注（1）『中国少数民族語言使用情況』八九四～八九五頁。

第一節

（1）日本・モンゴル友好協会『モンゴル入門』三省堂、一九九三年、二、五〇～五一頁。内外モンゴルという呼称は、北京を中心にみてモンゴルにつけた名前で、モンゴル人からみれば、北モンゴルと南モンゴルになる。

（2）片岡一忠『清朝新疆統治研究』雄山閣出版、一九九一年、四〇頁。注（1）『モンゴル入門』四五～五一頁。

（3）中見立夫「グンサンノルブと内モンゴルの命運」（護雅夫編『内陸アジア・西アジアの社会と文化』山川出版社、一九八三年）四一二～四一三頁。

（4）その後モンゴルは一九一五年のキャフタ条約で一旦は中華民国の宗主権を認めさせられるが、一九二一年のモンゴル人民革命を経て、一九二四年一一月に正式の国号をモンゴル人民共和国と定めた。同国を中華民国政府が正式に承認したのは、一九四六年一月である。

（5）内モンゴルの盟旗制度を廃止して、内地と同様の省制をしき、州や県を設置するという意見は、清朝内部で一九〇三年頃から出始めたもので、一九〇五年頃から内モンゴルを二省、或は三省に分けて、州や県を設置する具体案が出されるようになった（郝維民主編『内蒙古近代簡史』内蒙古大学出版社、一九九〇年、一九～三〇頁）。清朝の重臣だった袁世凱率いる北洋軍閥政府が、清朝崩壊後にこれを実行したのである。

（6）郝維民「民主革命時期毛沢東思想民族理論在内蒙古的実践」『内蒙古社会科学』一九九四年第一期、一三頁。

（7）毛沢東は一九四九年二月の中共第七期二中全会で、内モンゴルの歴史的地域を復活させ、統一の民族区域自治地方とすることを改めて提起した。同年、四月に遼北省が廃止されジリム盟が、また熱河省からジョーオダ盟が内モンゴル自治区に組み入れられる。中央人民政府政務院は一九五〇年八月、チャハル省の宝昌県、化徳県、ドロンノール（多倫）県などを、一九五四年六月一九日には綏遠省を廃止してその行政区域をまるごと内モンゴル自治区に組み入れることを決めた（チャハル省は一九五二年九月に廃止）。一九五五年七月三〇日、全国人民代表大会第一期二回大会の決議に基づき熱河省を廃止し、赤峰（オラーンハダ）、寧城、烏丹の三県と、オーハン、オンニュード、ハラチンの三旗を内モンゴル自治区のジョーオダ盟に組み入れた。一九五六年四月三日、国務院は甘粛省のバヤンホト・モンゴル族自治州とエジネー・モンゴル族自治旗を内モンゴルに組み入れることを決める。また一九六二年七月一日には、河北省の商都県がオラーンチャブ盟に組み入れられた。内蒙古自治区档案局・档案館『内蒙古自治区大事記（一九四七―一九八七）』内蒙古人民出版社、一九八八年、三九～四〇九頁、注（6）郝維民「民主革命時期毛沢東思想民族理論在内蒙古的実践」一八頁。

（8）清朝末期の開墾後、ジョスト盟のトゥメッド左、右旗、ハラチン左旗は遼寧省、ジリム盟のゴルロス前、後旗は吉林省に、ドゥルベット旗、イフミンガン旗は黒龍江省に組み入れられた。これら七旗の人口は二二万四二五〇人にのぼったという（王龍耿、瀋斌華「蒙古族歴史人口初探（一七世紀中葉～二〇世紀中葉）」『内蒙古大学学報（人文社会科学版）』一九九七年第二期、三六頁）。本節ではこれらの地域も内モンゴル地域に含めて考える。

（9）グンセンノロブ（一八七一年～一九三一年）は蒙藏事務局（蒙藏院）の総裁を歴任し、国民党理事会の理事も務めた。

（10）毓正学堂は一九一三年、グンセンノロブが北平に赴任したため、廃校となる。崇正学堂は現在の王爺府（オラーンホト）モンゴル族中学になる（楊博「貢桑諾爾布教育活動評析」『民族教育研究』一九九三年第四期、八四～八七頁）。

（11）白岩一彦「内蒙古における教育の歴史と現状（中）」『レファレンス』一九九五年五月号、六一～六二頁。

（12）注（10）楊博「貢桑諾爾布教育活動評析」。

（13）注（5）郝維民主編『内蒙古近代簡史』四四～四六頁。蔡風林「清末蒙古族教育」『民族教育研究』一九九二年第二期、七四～七六頁。

（14）刑莉「歴史上的蒙古族教育」『民族教育研究』一九九三年第四期、八一頁。

（15）毓正学堂の設立は、一九〇二年一二月二八日（注（11）白岩一彦）、一九〇三年（楊博）、一九〇四年夏（蔡風林）という三つの説がある。グンセンノロブの訪日も一九〇二年（白岩一彦）と一九〇三年（中見立夫、蔡風林）の二つの説がある。

（16）注（13）蔡風林「清末蒙古族教育」。河原操子は実践女学校の創始者、下田歌子の弟子で上海の女学校（上海務本女学堂）で中国人女生徒を教えていた。河原が一九〇五年日本への留学生三人を連れて帰国すると、後任として鳥居きみ子が一九〇六年に招聘され、毓正学堂で一年間教え、鳥居龍蔵も崇正学堂で一年間教えた。注（11）白岩一彦「内蒙古における教育の歴史と現状（中）」。

（17）注（10）楊博「貢桑諾爾布教育活動評析」。

（18）注（13）蔡風林「清末蒙古族教育」。

（19）注（5）郝維民主編『内蒙古近代簡史』四四～四六頁。烏蘭図克主編『内蒙古民族教育概況』内蒙古文化出版社、一九九四年、九八頁。注（11）白岩一彦「内蒙古における教育の歴史と現状（中）」六九～七〇頁。

（20）注（3）中見立夫「グンサンノルブと内モンゴルの命運」四一一～四三五頁。

（21）清朝はもともとモンゴルが再び強大になるのを恐れて、モンゴル人と漢人の接触が深まるのを警戒し、両者の交易を制限し、モンゴル人が漢文を学ぶ、漢人と結婚する、漢人の姓を使うことや、漢人がモンゴル旗へ入ったり開墾するのを禁じていた。注（2）片岡一忠『清朝新疆統治研究』四一頁。

（22）注（5）郝維民主編『内蒙古近代簡史』二八～三〇頁。

（23）八旗は軍事、生産、行政の三つの機能を兼ね備えた清代の満洲人社会のしくみである。八旗に組み入れられた人々は、平時には農民、戦時には兵士となった。八旗制度はヌルハチが女真各部を統一する過程でつくったもので、牀元の建州女真からその支配の拡大に伴って次第に各女真に広げていった。一六一六年にヌルハチは「大金国」を打ち建て、その息子ホンタイジは一六三五年に建州女真、海西女真を主体とし東海女真、漢、モンゴル、朝鮮などを吸収してできた人々のまとまりをマンジュ（満洲）と命名し、一六三六年「大金国」を「大清」に改めた。この過程で大金国、満洲に帰順するモンゴル人、漢人が増え、ホンタイジは天聡五年（一六三一年）、満洲八旗下に含まれていた漢人をまとめて一旗をつくり、天聡九年（一六三五年）には満洲に帰順するモンゴル人をモンゴル八旗に編成した。漢軍も次第に増大し崇徳七年（一六四二年）、漢軍八旗となり、満洲八旗、モンゴル八旗、漢軍八旗の三つからなる清代の八旗組織が形成された。馬寅主編・君島久子監訳『概説　中国の少数民族』三省堂、一九八七年、二三四〜二四〇頁。瀋陽市民委民族誌編纂辦公室編『瀋陽満族誌』遼寧民族出版社、一九九一年、一四頁。

（24）この他、清朝は一九〇一年に打ち出した新政を担う人材（モンゴル人の行政官吏や翻訳者）を養成すべく、光緒年間（一九〇八年まで）に、綏遠城（現在のフフホト）に蒙古学堂、承徳に熱河駐防八旗蒙古学堂、瀋陽に蒙文学堂、イフ・フレー（庫倫、現在のオラーンバートル）にハルハ部蒙古小学堂と蒙養学堂（一九〇八年八月、他は詳細不明）を建て、満洲、モンゴル、漢文などを教えるようになった。注（14）刑莉「歴史上的蒙古族教育」八二頁。盧明輝『清代蒙古史』天津古籍出版社、一九九〇年、四〇二〜四〇三頁。

（25）注（5）郝維民主編『内蒙古近代簡史』四四〜四六頁。注（19）烏蘭図克主編『内蒙古民族教育概況』九八頁。注（11）白岩一彦「内蒙古における教育の歴史と現状（中）」六九〜七〇頁。

（26）注（14）刑莉「歴史上的蒙古族教育」八二頁。

（27）注（19）烏蘭図克主編『内蒙古民族教育概況』二八頁。この点、胡春梅「偽満時期内蒙古蒙古族学校教育」（『民族教育』一九九四年第一期、七〇〜七五頁）は、一九三二年には内モンゴル地域の各盟旗のモンゴル人小学校は一〇〇校を超えていたと記す。

（28）注（19）烏蘭図克主編『内蒙古民族教育概況』一〇八頁。

（29）劉世海主編『内蒙古民族教育発展戦略概論』内蒙古教育出版社、一九九三年、一一頁。

（30）注（19）烏蘭図克主編『内蒙古民族教育概況』一六二頁。

（31）同前書一九五頁。

（32）同前書一三五〜一三六頁。

（33）注（29）劉世海主編『内蒙古民族教育発展戦略概論』一四〜一五頁。

（34）巴・浩図洛布爾諾「嫩江流域蒙古族述略」『黒龍江民族叢刊』一九九三年第一期、六九頁。

（35）朱解琳『藏族近現代教育史略』青海人民出版社、一九九〇年、七二〜七七頁。

（36）史筠『民族事務管理制度』吉林教育出版社、一九九一年、一四六〜一四八頁。祝啓源「中華民国時期民族政策」（田継周等著『中国歴代民族政策研究』青海省人民出版社、一九九三年）三九一〜三九二頁。朱解琳、同前書一四一〜一四二頁。

（37）寺島英明「近代内モンゴル民族運動」（『中国近現代史の諸問題』国書刊行会、一九八四年）三七一頁。郭道甫は奉天軍閥、張学良の保安総指令部秘書になり、富明泰はソ連共産党員となった。こうして内モンゴル人民革命党は一九三〇年の夏頃までには事実上消滅した。

（38）遊牧民の価値観は農耕社会の漢人とは基本的に異なり、古来より土を掘ることを固く禁じ（表土を傷つければ草原が砂漠化するため）、季節ごとに遊牧地を移っては草原を休ませてきた。そのモンゴル族の地域に、土を耕す漢人が大量に入ってくれば、摩擦が起きるのは当然だった。

(39) 注（36）史筠『民族事務管理制度』一九三〜一九四頁。

(40) 注（27）胡春梅「偽満時期内蒙古蒙古族学校教育」。

(41) ジューンガル旗同仁小学校の設立は、一九三三年〔注（29）劉世海主編『内蒙古民族教育発展戦略概論』〕、一九三四年（胡春梅、同前論文）とする言説もある。

(42) 中国人民政治協商会議内蒙古伊克昭盟委員会文史資料委員会編『伊克昭文史資料第六輯《教育史料専輯》』（一九九二年）一〇〜一二頁。同仁小学校という名称は、モンゴル・漢一視同仁を表したが、実際は最初に入学した生徒は皆モンゴル族（一六〜一七歳）で漢族は一人もいなかったという。ただしジューンガル旗は漢人がモンゴル人より多く、一般にモンゴル族の子どもは漢語漢文に慣れており、授業は漢文を主に用いて行ったという。

(43) 注（19）烏蘭図克主編『内蒙古民族教育概況』二八頁。

(44) アラシャン旗では辛亥革命勃発後、オード・ニマを中心とするモンゴル人勢力が民国政府と対立し、二年にわたる抗争の末、回族軍閥、馬福祥に敗られた。その結果一九一三年一〇月、アラシャン、オルドス、烏審、オトグ旗は寧夏将軍の管理下に置かれ、回族軍閥の支配圏に入った。一九三八年一月、日本軍とモンゴル連盟自治政府の浸透を未然に防ぐため、回族軍閥、馬鴻逵は寧夏軍を派遣してアラシャンのモンゴル保安隊を包囲し、これを解散させるとともに、アラシャン旗の王、ダライ・ジャーヤを寧夏省の首都、銀川に送って軟禁した。この回族軍閥によるアラシャン地域の制圧で、日本軍の勢力は河套地域の東に制限されたという。張承治『回教から見た中国』中公新書、一九九三年、一一二〜一一三頁。注（36）史筠『民族事務管理制度』一三〇頁。

(45) 注（29）劉世海主編『内蒙古民族教育発展戦略概論』一三頁。

(46) 劉世海主編、同前書一二頁。注（19）烏蘭図克主編『内蒙古民族教育概況』一二二〜一二三頁。

(47) 劉世海主編、同前書一三〜一四頁。

(48) 注（11）白岩一彦「内蒙古における教育の歴史と現状（中）」五〇〜五三頁。

(49) 烏蘭図克主編『内蒙古民族教育概況』二一九〜二三二頁。注（29）劉世海主編『内蒙古民族教育発展戦略概論』一〇〜一六頁。ただし注（11）白岩一彦「内蒙古における教育の歴史と現状（中）」によれば、寺院で教育を受けた者はチベット語の読み書きはできるが、モンゴル語の読み書きはできないのが普通だったともいう（同論文五三頁）。

(50) 日本の満洲及び東部内モンゴルへの野心は、「日韓併合」の一九一〇年代から、かなり鮮明になってきた。辛亥革命の発端、武昌蜂起直後の一九一一年一〇月一九日、宇都宮太郎（陸軍参謀本部第二部部長）が記した「極秘対支那意見」は、中国を「いくつかの独立国に分割してこれを保存することは帝国としてはもっとも望ましき所なり」として「満漢二族の国家に分立せしめ得る」ことを主張している。実際、辛亥革命直後に「大陸浪人」川島浪速らが第一次満蒙独立運動を画策し、日本は一九一五年一月の対華二十一ヵ条要求で、南満洲及び東部内モンゴルの利権を獲得した後、それを拡充しようとして第二次満蒙独立運動を起こした。

この地域への日本の侵略は一九二〇年代末には、軍部の主導で一気に加速する。満洲事変の立役者、石原莞爾（関東軍作戦主任参謀）が一九二九年七月五日の「国運転回の根本国策たる満蒙問題解決策」でこう記している。「一、満蒙問題の解決は日本の活くる唯一の道なり……歴史的関係等により観察するも満蒙は漢民族よりも、むしろ日本民族に属すべきものなり。二、満蒙問題の解決は日本が同地域を領有することにより始めて完全達成せらる」。

松岡洋右（政友会議員、もと満鉄副総裁）は一九三一年、一月二三日の衆議院本会議で「満洲問題は……我が国の生命線である」と演説するとともに、『東亜全局の動揺』を執筆し「大和民族は満蒙に対して少なくとも漢民族と同等、而して恐らくはそれ以上の発言権を当然有すべきであるという主張に対して誰かこれを否む者があろうぞ」と満洲侵略を扇動した。石原莞爾も同年四月『現在将来における日本の国防』を著し「満蒙は漢民族の領土にあらずして、むしろその関係我が国と密接なるものあり。……満蒙は満洲および蒙古人のものにして、満洲蒙古人は漢民族よりも、むしろ大和民族に近きことを認めざるべからず」という歴史観を流布し、満洲事変への地盤を固めた（侵略史講座実行委員会『侵略・布告なき戦争――その人脈と思想の系譜』社会評論社、一九八五年、一三四～一四二、二一九、二二六～二二七頁）。
(51) 駒込武『植民地帝国日本の文化統合』岩波書店、一九九六年、三二〇～三二一頁。
(52) 国民科とは、国民道徳、国語、国史、地理、自然を統合した教科で、国民学校規程の第三条によると、国民道徳は「日満一徳一心の不可分の関係を体得させる」ことを、国史は「我が国（満洲国）と日本の史実の大要を分からせ、両国の文化の由来を明らかにする」ことを教育の目的とした。国民科は満洲国民意識を養成する基点として最も重視された教科といわれる。この他、満洲国の学校では、日本の祝祭日に、満洲国の祝祭日と同じ式典を学校行事として行うことや、君が代の斉唱、日の丸への敬礼などが義務づけられていた（鈴木健一「満洲国における初等教育の展開」多賀秋太郎編『現代アジア教育史研究』多賀出版、一九八三年、二九三～三三一頁）。
(53) 鈴木健一、同前論文。
(54) 注(51)駒込武『植民地帝国日本の文化統合』三二〇～三二一頁。注(29)劉世海主編『内蒙古民族教育発展戦略概論』一六～二一頁。安田敏明「『満洲国』の『国語』政策（上）」『しにか』一九九五年一〇月号、八七～八九頁。日本は、王道主義の看板を取り下げた一九三七年以降、満洲国の統治理念の空洞化が進んだため、「国民」意識を実質化するものとして、日本語教育に過大な期待をかけたという。一九三七年の満洲国政府「学校教育に於ける日本語普及徹底に関する件」は「日本語を通じて日本精神、風俗習慣を体得せしめ、以って日満一徳一心の真義を発揚するに務むる」よう指示している〔駒込武、同前書三一八、三四一、三四頁、注(52)鈴木健一「満洲国における初等教育の展開」三一〇頁〕。
(55) 注(27)胡春梅「偽満時期内蒙古蒙古族学校教育」。
(56) 注(29)劉世海主編『内蒙古民族教育発展戦略概論』一六～二一頁。
(57) 注(27)胡春梅「偽満時期内蒙古蒙古族学校教育」。
(58) 注(19)烏蘭図克主編『内蒙古民族教育概況』一〇九頁。
(59) 注(27)胡春梅「偽満時期内蒙古蒙古族学校教育」。
(60) 一九三三年一〇月、承徳特務機関長、松室孝良らは、ドロンノール（多倫）で蒙古王公会議を開き、松室は次のように呼びかけた。「満洲にはすでに新国家が樹立されており、前清皇帝を皇帝として推戴して、旧版図を回復し、東部の各盟旗はすでに満蒙一体の関係に基づいて満洲国に参加しています。今や西部の各盟旗も満蒙連合の精神に基づいて満洲国に参加し、ともに一人の皇帝を推戴して、一致協力して新国家を建設しましょう。……我が大日本帝国は、あなた方が長城以北の旧版図を回復し、さらに西部の各盟旗と連合して満洲国に参加するか、或は連合政府を組織して満洲国と協力するのを大いに援助したい」。翌一九三四年夏、デムチュクドンロブとバトマラブタン（当時、満洲国興安南警備軍司令官）が会った時、お互いに東部内モンゴルと西部内モンゴルの状況を尋ね合い、バトマラブタンは「日本は我々が興安警備軍を組織し、興安軍官学校を設立するのを援助してくれました。状況はわりと良好です」と答えている（ドムチョクドンロプ著・森久男訳『徳王自伝』岩波書店、一九九四年、九一～九五頁）。こうした情報が、デムチュクドンロブに日本との協力が最善の策だと考えさせるようになったと思われる。

（61）注（29）劉世海主編『内蒙古民族教育発展戦略概論』一六～二一頁。

（62）「高度な自治」とは、モンゴル人居住地域における漢族支配を意味する省県の撤廃、中国からの自立を意味した。「国際軍事と外交事項を中央が処理する以外」は、自治政府は内モンゴルの行政を総攬し、自決自治を行い、自治政府は最高行政機関として政務庁を、最高立法機関として法制委員会を、最高諮問機関として参議庁を設け、内モンゴルの一切の行政は自治政府の法律、命令に従って執行する、ことを求めた。

（63）注（37）寺島英明「近代内モンゴル民族運動」三六七～三七六頁。注（36）史筠『民族事務管理制度』二〇二頁。注（27）胡春梅「偽満時期内蒙古蒙古族学校教育」七〇～七五頁。

（64）注（29）劉世海主編『内蒙古民族教育発展戦略概論』二一頁。

（65）注（60）『徳王自伝』二〇二、四六八頁。

（66）同前書、四六三頁。

（67）俗称「張北青年学校」。この学校は一九三七年、普通中学になり、官立徳化モンゴル中学と改称し、女子部を設けた。

（68）注（27）胡春梅「偽満時期内蒙古蒙古族学校教育」。別の資料では、オラーンチャブ盟モンゴル青年学校、シリンゴル盟モンゴル青年学校、包頭（ボゴト）モンゴル青年学校、チャハル盟師範学校とあるが、同じものと思われる。

（69）注（29）劉世海主編『内蒙古民族教育発展戦略概論』一六～二一頁。注（60）『徳王自伝』四七五頁。

（70）注（27）胡春梅「偽満時期内蒙古蒙古族学校教育」。

（71）注（19）烏蘭図克主編『内蒙古民族教育概況』一三六頁。

（72）烏蘭図克主編、同前書一六三～一六四頁。烏蘭察布盟蒙古族教育史編纂委員会・烏蘭察布盟教育処『烏蘭察布盟蒙古族教育史』一九九三年、九～一六頁。

（73）注（19）烏蘭図克主編『内蒙古民族教育概況』一七六頁。

（74）烏蘭図克主編、同前書一三六、一六三～一六四頁。注（72）『烏蘭察布盟蒙古族教育史』。

（75）デムチュクドンロブは、モンゴル語を喪失したトゥメッド旗の若者を純モンゴル旗地帯に送ってモンゴル語を習わせることや、平綏線（鉄道）以南のモンゴル人を線路の北へ、以北の漢人を南へ移住させ、両者の住みわけを図ることまでも提案したが、実現しなかった。ただし蒙疆政府の文教事業を扱う行政機関は、教育署、総務部の教育処、民政部などへ所轄が移り、一九四一年以降は、盟旗のモンゴル人教育は興蒙委員会の教育処が扱い、漢人の教育は内政部の文教科が扱うという、違いを設けた。デムチュクドンロブは、日本の敗戦後、アラシャン旗で西モンゴル自治運動を展開。人民解放軍の進駐で一九四九年一二月、モンゴル人民共和国へ逃れるが、政治犯として逮捕され、一九五〇年九月一八日、中国へ送還され、北京で収監される。注（60）『徳王自伝』二九七頁他。

（76）注（60）『徳王自伝』二九二～二九三頁。

（77）注（29）劉世海主編『内蒙古民族教育発展戦略概論』二〇頁。

（78）注（60）『徳王自伝』四七五頁。

（79）郝維民「研究内蒙古革命史的珍貴文献——読王鐸同志的《五十春秋》」『内蒙古社会科学』一九九三年第二期、七～九頁。

（80）注（6）郝維民「民主革命時期毛沢東思想民族理論在内蒙古的実践」『内蒙古社会科学』一九九四年第一期、一一五～一一六頁。

（81）『内蒙古自治区校史選編（小学、幼児園部分）』内蒙古教育出版社、一九八七年、二三三頁。

（82）王鐸『五十春秋——我做民族工作的経歴』内蒙古人民出版社、一九九二年、一〇九～一一六頁。

（83）以下、特に注釈がなければ、内モンゴル自治区成立に至る経緯は、加々美光行『知られざる祈り　中国の民族問題』新評論、一九九二年、二〇四～二一一、二九五～二九七頁、『世界民族問題事典』平凡社、一九九五年、一九七～一九八頁に基づく。

（84）注（6）郝維民「民主革命時期毛沢東思想民族理論在内蒙古的実践」一七～一八頁。内モンゴル自治政府の所在地は、一九四九年一一月下旬にチャハル省の張家口市へ、一九五二年六月下旬に綏遠省の帰綏市へ移される。帰綏市は一九五四年四月二五日、フフホト市に改称した（『内蒙古自治区大事記（一九四七—一九八七）』内蒙古人民出版社、一九八八年、四〇〇～四〇二頁）。

（85）額爾敦陶克陶「執行党的政策　発展蒙古語文事業——関於落実民族語文政策的調査報告」『内蒙古社会科学』一九八一年第二期、七二頁。

（86）郝維民主編『内蒙古近代簡史』内蒙古大学出版社、一九九〇年、二一一～二一六頁。

（87）『中国人口　内蒙古分冊』中国財政出版社、一九八七年、五〇～五九頁。

（88）以下トゥメッドに関する記述は、麻国慶「論影響土黙特蒙古族文化変遷的因素」（『内蒙古社会科学』一九九一年第一期、六八～七二頁）に基づく。

（89）注（85）額爾敦陶克陶「執行党的政策　発展蒙古語文事業」七一頁。

（90）注（6）郝維民「民主革命時期毛沢東思想民族理論在内蒙古的実践」一八頁。

（91）以下特に注釈がなければ、賀学礼「自治区人口遷移問題的探討」（斯平『内蒙古社会発展与変遷』内蒙古大学出版社、一九九一年）一〇一～一〇七頁。

（92）曽憲東「内蒙古首届民族理論科学討論会側記」『内蒙古社会科学』一九八一年第三期、五二頁。

第二節

（1）中国社会科学院民族研究所・国家民族事務委員会文化宣伝司主編『中国少数民族語言使用情況』中国藏学出版社、一九九四年、一六～二四頁。同書では、モンゴル語を喪失し、漢語を使っている者約二九万人を二〇％と記しているが、計算違いと思われる。

(2) 一九九二年一二月、内モンゴル師範大学附属中学教員のご教示。
(3) 内蒙古自治区档案館編『内蒙古自治運動聯合会档案史料選編』档案出版社、一九八九年、 二三三頁。
(4) 白双山・胡春梅「蒙漢双語教育五〇年——記念内蒙古自治区成立五〇周年」『中国少数民族教育』一九九七年第三期、三三～三五頁。
(5) 胡春梅・娜仁・南花「試析内蒙古蒙漢双語教育発展趨勢」『内蒙古教育科研』一九九五年第二期、一一～一五頁。
(6) 内蒙古自治区教育庁「内蒙古自治区蒙古語文教学的情況和経験」(内蒙古自治区教育局編印『内蒙古自治区民族教育文件彙編 第一輯(一九四七—一九五七)』一九七九年七月)一一一～一一五頁。
(7) 内蒙古自治区教育庁、同文書。注(5)胡春梅他「試析内蒙古蒙漢双語教育発展趨勢」。ただし高級中学では当時まだモンゴル族教師が足りなかったため、それが十分そろうまでは一部の教科はしばらく漢語で授業をするよう指示している。
(8) 注(5)胡春梅他「試析内蒙古蒙漢双語教育発展趨勢」。
(9) 内蒙古自治区人民政府「内蒙古自治区第一届牧区小学教育会議総結報告」注(6)『内蒙古自治区民族教育文件彙編 第一輯』一八頁。
(10) 「内蒙古自治区一九五三年民族教育基本情況」同前書、三頁。
(11) 注(4)白双山・胡春梅「蒙漢双語教育五〇年」。
(12) 注(6)「内蒙古自治区蒙古語文教学的情況和経験」。
(13) 注(6)「内蒙古自治区蒙古語文教学的情況和経験」一一三頁。
(14) 曽憲東「内蒙古首届民族理論科学討論会側記」『内蒙古社会科学』一九八一年第三期、五一頁。
(15) 楚倫巴根「堅持民族語言文字的平等地位」『内蒙古社会科学』一九八一年第三期、三六頁。
(16) 楚倫巴根、同論文三七頁。
(17) 内蒙古教育庁「関於一九五九—一九六〇学年度小学教学計画的通知」、同「関於一九五九—一九六〇学年度中学教学計画問題的通知」(内蒙古自治区教育局編印『内蒙古自治区民族教育文件彙編 第二輯(一九五八—一九六二)』)五四、五六頁。
(18) 内蒙古自治区教育庁「関於〝内蒙古自治区民族語文及民族教育会議〟有関民族教育的報告(一九六二年六月四日)」同前書、二頁。
(19) 同報告、三頁。
(20) この教科課程の補充通知では、モンゴル語で授業を行うクラスの漢語の授業は、一般に農村の小学校では三年生から、牧畜地域では三年生あるいは五年生から始め、条件がない所では暫時設けなくてもよく、漢語で授業を行うクラスのモンゴル語も小学校三年生あるいは五年生から始めると記し、運用に柔軟性を持たせている。内蒙古自治区教育庁「関於一九六二—一九六三学年度蒙族中小学教学計画的補充通知(一九六二年八月一六日)」注(17)『内蒙古自治区民族教育文件彙編 第二輯』八四頁。
(21) 内蒙古自治区教育庁「発送一九六二—一九六三学年度蒙族全日制城市中学和農村完全中学教学計画(初稿)的説明(一九六二年三月一〇日)」同前書七七頁。教授用語のモンゴル語から漢語へのシフトは、理数系から文系へ、また初級中学三年生の前期はモンゴル語を主、漢語を従とし、後期はその逆にする形で図るよう記している。
(22) 注(4)白双山・胡春梅「蒙漢双語教育五〇年」三五頁。

（23）浩帆「研究新情況解決新問題」『内蒙古社会科学』一九八一年第三期、六頁。これは内モンゴル自治区革命委員会が中央文革小組に対し、内モンゴル人民革命党による分裂主義がみられると報告し、一九六八年二月八日、これを同小組が承認したため起こった事件である。自治区革命委員会は同年七月の第三回会議で、内モンゴル人民革命党摘発運動を行うことを決めた。
（24）「八省区蒙古語文工作正在恢復和発展」『蒙古語文工作』一九八一年第二三期、八省区蒙語辦『八省自治区蒙古語文協作工作文件選編』（一九八五年六月）二三五〜二四七頁。
（25）烏蘭図克・斉桂芝主編『内蒙古自治区民族教育文集（一九六六—一九九〇）』内蒙古大学出版社、一九九〇年、一八頁。
（26）額爾敦陶克陶「執行党的政策　発展蒙古語文事業——関於落実民族語文政策的調査報告」『内蒙古社会科学』一九八一年第二期、七〇頁。
（27）石玉祥『布赫談民族工作』内蒙古人民出版社、一九九三年、三五〇頁。
（28）注（26）エルデニトフトホ（額爾敦陶克陶）論文、七一頁。
（29）注（15）チョローンバガナ（楚倫巴根）論文、三八頁。
（30）注（27）石玉祥『布赫談民族工作』三四八〜三四九頁。
（31）注（26）エルデニトフトホ（額爾敦陶克陶）論文、七二頁。注（24）「八省区蒙古語文工作正在志復和発展」二三五〜二四七頁。
（32）宝・巴達日夫「内蒙古地区双語教育初探」『中国民族教育』一九九五年第六期、三〇〜三二頁。
（33）呉布仁「試談蒙古族教育中的〝三語〞教学」『中国民族教育』一九九六年第四期、二九〜三〇頁。
（34）巴図巴根「大力発展民族教育促進民族地区経済発展」『内蒙古社会科学』一九九五年第三期、三六〜三九頁。
（35）以下、トゥメッド左旗モンゴル族学校に関する記述は、一九九二年一二月八日、ソブド副校長、趙子清総務主任のご教示、及び一九九二年七月の調査（フフホト市）時のトグトム氏（内モンゴル師範大学教授）のご教示に基づく。
（36）麻国慶「論影響土黙特蒙古族文化変遷的因素」『内蒙古社会科学』一九九一年第一期、七〇頁。
（37）注（34）バトバガナ（巴図巴根）論文三六〜三九頁。
（38）烏蘭図克「内蒙古自治区民族教育最突出的問題、其産生原因及対策」『民族教育研究』一九九七年第二期、一一〜一五頁。
（39）『中国人口　内蒙古分冊』中国財政出版社、一九八七年、三四二頁。この時さらに約一二万五五〇〇人が満洲族に変更するなど計約四五万人が民族的出自を変更し、漢族が二三万七六〇〇人減ったという。
（40）同前書三七二頁。
（41）単偉勛「少数民族教育応跟上教育的整体発展歩伐——通遼市蒙生蒙語文喪失状況的調査及解決辦法」『民族教育通訊』第四期（一九八九年）二六頁。
（42）注（34）バドバガナ（巴図巴根）論文、三六〜三九頁。注（38）オラーントグ（烏蘭図克）論文、一三頁。
（43）以下の統計数字は、烏蘭図克主編『内蒙古民族教育概況』（内蒙古文化出版社、一九九四年）一〇〇、一一四、一二四、一三四、一八一、二〇〇、二二七、二三〇、二三三頁に基づく。ジリム盟以外の%は筆者の計算による。
（44）宝・巴達日夫「内蒙古地区双語教育初探」『中国民族教育』一九九五年第六期、三〇〜三二頁。

(45) 注(26)エルデニトフトホ(額爾敦陶克陶)論文。
(46) 以下、特に注釈がなければ、内モンゴル自治区でモンゴル語の学習、使用率が低下している原因についての記述は、以下の文献に基づく。注(26)エルデニトフトホ(額爾敦陶克陶)論文。注(15)チョローンバガナ(楚倫巴根)論文。注(34)バトバガナ(巴図巴根)論文。注(38)オラーントグ(烏蘭図克)論文。
(47) 注(43)烏蘭図克主編『内蒙古民族教育概況』二二九〜二三〇頁。
(48) 注(33)呉布仁「試談蒙古族教育中的〝三語〟教学」。
(49) 孫竹「充分発揮民族語文的作用促進改革開放和各民族共同発展」『民族語文』一九九五年第一期、一頁。
(50) 以下、特に注釈がなければ、市場経済化が内モンゴル自治区の民族教育事業にもたらす問題についての記述は、注(34)バトバガナ(巴図巴根)論文に基づく。なお、フレルバートル「内モンゴル自治区の民族教育をめぐる諸問題」(『相関社会科学第四号 言語・国家そして権力』新世社、一九九七年)が、このバトバガナ論文他をもとに、一九九〇年代のモンゴル族教育が直面している諸問題を詳しく述べているので、合わせてご覧いただきたい。
(51) 茂敖海「関於民族区域自治的幾個問題」『黒龍江民族叢刊』一九九六年第一期、一九〜二二頁。

第三節

(1) これは中国では、出版と流通が各省・自治区内にとどまるケースが多いことや、教科課程も、各省・自治区がそれぞれ中央の承認を得ながら実施するという縦のラインがあるだけで、省・自治区間の横のラインはほとんどなかったことなどが原因だろう。
(2) 王鐸『五十春秋――我做民族工作的経歴』内蒙古人民出版社、一九九二年、五六二頁。
(3) 内蒙古自治区档案局・档案館編『内蒙古自治区大事記(一九四七―一九八七)』内蒙古人民出版社、一九八八年、一〇九、四〇七頁。郝維民主編『内蒙古自治区史』内蒙古大学出版社、一九九一年、三二〇頁。
(4) 『内蒙古自治区概況』内蒙古人民出版社、一九五九年、二頁。
(5) 『内蒙古自治区三十年』内蒙古人民出版社、一九七七年、一頁。
(6) 巴図巴根「在内蒙古自治区直属機関有関部門伝達貫徹八協小組四次会議精神的会議開始時的講話(協一字〔一九八三〕一一号)」(八省区蒙語辦『八省自治区蒙古語文協作工作文件選編』一九八五年六月)三〇八〜三〇九頁。
(7) 一九七九年五月三〇日、中共中央、国務院は、内モンゴル自治区を一九六九年七月以前の行政区画に戻すことを決め、遼寧省に組み入れられていたジョーオダ盟、吉林省に組み入れられていたジリム盟と白城(バヤンチャガーン)地区の突泉県、ホルチン右翼前旗、黒龍江省に組み入れられていたフルンボイル盟とオロチョン族自治旗、モリダワー・ダウル(ダグール)族自治旗、甘粛省に組み入れられていたアラシャン右旗とエジネー旗、寧夏回族自治区に組み入れられていたアラシャン左旗を、一九七九年七月一日、内モンゴル自治区に戻した。この後、内モンゴル自治区は、国務院の承認を得て、一九七九年一二月一二日アラシャン盟(アラシャン左旗、アラシャン右旗、エジネー旗)を新設し、一九八〇年七月二六日、ヒンガン盟を復活させた〔注(3)『内蒙古自治区大事記』一〇九、一二二、三九九〜四〇九頁。同『内蒙古自治区史』三二〇、三七〇〜三七二頁〕。オロチョン自治旗内にあった加格達奇、松峰地区（一万平方キロメートル）などその後も未返還の地域があり〔注（2）王鐸『五十春秋』五六四頁〕、文革後の内モンゴル自治区の面積は一一八万平方キロメートルである（『内蒙古自治区概況』内蒙古人民出版社、一九八三年、一、一六頁）。

（8）注（3）『内蒙古自治区史』三二〇頁。注（2）王譯『五十春秋』五六二頁。

（9）郝維民「民主革命時期毛沢東思想民族理論在内蒙古的実践」『内蒙古社会科学』一九九四年第一期、一三頁。

（10）朴勝一『中国少数民族教育発展与展開』内蒙古教育出版社、一九九〇年、一九六頁。

（11）注（2）王鐸『五十春秋』五六六～五六八頁。

（12）国務院「関於内蒙古自治区蒙古語文工作問題報告的批復」注（6）『八省自治区蒙古語文協作工作文件選編』一～二頁。

（13）王鐸「進一歩貫徹党的民族語文政策使八省区蒙古語文工作更好地開展起来」（一九八一年九月一二日、八省区モンゴル語文協力小組第三回会議における講話）同前書二二三頁。

（14）内モンゴル自治区革命委員会は、一九七五年の会議で決めた文書を国務院に提出したが、李先念に代わった張春橋はこの報告を握り潰し、逆に姚文元が、新しい名詞や述語にモンゴル語の語彙を使い漢語の語彙を使おうとしないのは反動派の復活だとする文章を出し、内モンゴル自治区を攻撃した。国務院が内モンゴル自治区の報告を承認し、八省区間の協力事業が正式に始まるのは、四人組が追放された後の一九七七年一一月の国発〔一九七七〕一三八号文書を待たねばならなかった。

（15）八省蒙古語文工作協作辦公室「関於八省自治区蒙古語文協作工作情況彙報（協作〔一九八五〕一号）」注（6）『八省自治区蒙古語文協作工作文件選編』三七二～三七三頁。

（16）内蒙古・黒龍江・吉林・遼寧・甘粛・寧夏・新疆・青海八省自治区「近期蒙古語文工作協作計画要点」（一九七五年五月一三日）、同（一九七七年一一月七日）、同前書一〇～一七、八八～九四頁。

（17）巴図巴根「在内蒙古自治区直属機関有関部門伝達貫徹八協小組四次会議精神的会議開始時的講話（協一字〔一九八三〕一一号）」同前書三〇八～三〇九頁。王鐸「在党的十二大精神指引下進一歩加強協作努力開創蒙古語文工作的新局面」（一九八三年八月六日、八省区モンゴル語文協力小組第四回会議における講話）同前書二六三～二六四頁。

（18）八協小組内蒙古自治区成員第二次会議紀要（一九八三年十月三十一日）同書三一四頁。

（19）八省蒙古語文工作協作辦公室「関於八省自治区蒙古語文協作工作情況彙報（協作〔一九八五〕一号）」同前書三七四～三七六頁。

（20）尕宝英「青海蒙古族教育的回顧与思考」『青海民族研究』一九九二年第四期、三五頁。

（21）尕宝英、同論文三七頁。

（22）牧童「黒龍江蒙古族教育十年」『黒龍江民族叢刊』一九九一年第二期、一一八頁。

第四節

（1）パスパ文字はフビライ・ハーンがチベット僧パスパに命じてつくらせた文字で、一二六九年に国字と定められたが、一三六七年元朝滅亡とともに使われなくなった。詳しくは、ジョーナスト「パスパ文字について」（『早稲田大学語学教育研究所紀要』四二号、一九九一年）他を参照。

（2）『元史』は、一二〇四年、チンギス・ハーンがナイマン部を征服した後、同部に仕えていたウイグル人のタタトンガを掌印官に任じ、モンゴルの諸王の子弟にウイグル文字でモンゴル語を書写することを教えるよう命じたと記しており、これがモンゴル文字の起源だと言われてきた。しかし近年の研究では、西方のモンゴル人の間にはそれよりかなり早い時期にウイグル文字が伝えられていたとの説が出ている（橋本勝「モンゴル語のすすめ」『言語』一九八九年一一月号、一一〇頁）。

（3）白岩一彦「内蒙古における教育の歴史と現状（上）」『レファレンス』一九九五年四月号、三九～四〇頁。日本・モンゴル友好協会『モンゴル入門』三省堂選書、一九九三年、一五四～一五五頁。

（4）班詔『中国的語言和文字』広西教育出版社、一九九五年、一六七頁。

（5）『中国大百科全書　語言文字』中国大百科全書出版社、一九八八年、二八三頁。

（6）内蒙古自治区档案局・档案館編『内蒙古自治区大事記（一九四七―一九八七）』内蒙古人民出版社、一九八八年、二八一頁。

（7）坂本是忠「中ソ間におけるモンゴルの地位」（アジア・アフリカ国際関係史叢書『中国をめぐる国境紛争』巌南堂書店、一九六七年）一二三頁。

（8）注（6）『内蒙古自治区大事記』一八一、一八六頁。

（9）教育部給黒龍江省教育庁的複文「関於在蒙古族学校中開始用本民族語文教学的問題」（朴勝一主編『中国少数民族教育発展与展望』内蒙古教育出版社、一九九〇年）一七八～一七九頁。

（10）吉林省教育誌編纂委員会教育大事記編写組『吉林省教育大事記第二巻』吉林教育出版社、一九八九年、八四頁。

（11）中国科学院民族研究所黒龍江少数民族社会歴史調査組「黒龍江省蒙古族社会歴史調査報告（一九五八年九月）」『黒龍江民族叢刊』一九八五年第一期、一七七、一七九頁。それに基づき、学校教育の分野では一九五七年にモンゴル族だけのクラスを十以上つくって新モンゴル文字が教えられている。

（12）同調査報告。

（13）注（10）『吉林省教育大事記　第二巻』一〇八頁。

（14）注（6）『内蒙古自治区大事記』一八六頁。

（15）注（7）坂本是忠「中ソ間におけるモンゴルの地位」一二四頁。

（16）戴慶厦・賈捷華「対民族文字〝創、改、選〟経験教訓的一些認識」『民族研究』一九九三年第六期、一七頁。

（17）例えば一九七七年の「短期間のモンゴル語文事業の協力要点」の「文字改革の準備」は、モンゴル語ラテン字母方案の提出を、また一九七八年の「八省自治区一九七八年～一九八五年のモンゴル語文事業計画要点」の「モンゴル文字改革事業」は一九八五年以前に新文字方案をつくることを挙げている（八省区蒙語辦『八省自治区蒙古語文協作工作文件選編』一九八五年六月、九一、一三三頁）。

（18）モンゴル国では民主化の中で伝統文字復活の運動が高まり、国会は一九九四年から伝統文字を公用文字にすると決議したが、その後「二〇〇〇年をめど」に延期された。一九九八年までに二〇万人以上の小中学生が基礎的な学習を終えるいっぽうで、経済危機と使い慣れたキリル文字の方が便利との抵抗感も強く、運動が冷めてきたからだといわれる（「民族文字の復活次代に託す」『朝日新聞』一九九八年六月一三日夕刊）。

(19) 以下、トド文字の起源と歴史的使用に関する記述は、以下の文献に基づく。白岩一彦「内蒙古における教育の歴史と現状（中）」『レファレンス』一九九五年六月号、四七頁。中国社会科学院民族研究所・国家民族事務委員会文化宣伝司主編『中国少数民族語言使用情況』中国藏学出版社、一九九四年、八九六頁。日本・モンゴル友好協会『モンゴル入門』三省堂選書、一九九三年、一六五〜一六六頁。

(20) 王鐸「在党的十二大精神指引下進一歩加強協作努力開創蒙古語文工作的新局面」（一九八三年八月六日）注（17）『八省自治区蒙古語文協作工作文件選編』二五九〜二七八頁。

(21) 楊秉一『新疆民族語言文字工作四十年』新疆人民出版社、一九九一年、一一一〜一一二頁。

(22) 楊秉一、同前書一二頁。

(23) 注（19）『中国少数民族語言使用情況』五一〜五四頁。

(24) 道布編『蒙古語簡誌』民族出版社、一九八三年、二頁。

(25) 王鐸「進一歩貫徹党的民族語文政策使八省区蒙古語文工作更好地開展起来（一九八一年九月一二日）」注（17）『八省自治区蒙古語文協作工作文件選編』二三二〜二三六頁。注（19）『中国少数民族語言使用情況』四七頁。

(26) 注（19）『中国少数民族語言使用情況』五二、八五頁。

(27) 注（22）楊秉一『新疆民族語言文字工作四十年』一一〜一二頁。

(28) 注（19）『中国少数民族語言使用情況』四七頁。

(29) 阿米娜・阿帕爾「認真貫徹党的民族語文政策進一歩做好我区民族語文工作」『語言与翻譯』一九九二年第二期、四二、四六頁。

(30) 『ボルタラ報』モンゴル語版は一九六〇年七月一日、『バヤンゴル報』モンゴル語版は一九六一年一月に創刊された。文革期は停刊、一九八五年に復刊し、発行量は一九八五年現在、前者が八五〇部、後者が一五〇〇部（馬樹勛『中国少数民族文字報紙概略』内蒙古大学出版社、一九九〇年、二七〜二九頁）。

(31) 注（19）『中国少数民族語言使用情況』四七、五一〜五四、八五頁。

(32) 同前書五〇頁。

第五節

(1) 張亜光、波・少布「黒龍江省蒙古族失掉母語的状況及其原因」『民族理論研究』一九九〇年第二期、五二頁。

(2) 常宝軍「認真貫徹実施自治条例発展繁栄蒙古語文事業」『黒龍江民族叢刊』一九九一年第三期、二九頁。一九八八年の統計では、ドゥルベット自治県にモンゴル族の学前班（就学前教育）が四一クラス、幼稚園が一ヵ所、小学校が五四、初級中学が七、高級中学が一校ある。

(3) 牧童「黒龍江蒙古族教育十年」『黒龍江民族叢刊』一九九一年第二期、一一七頁。

(4) 牧童、同前論文一一六頁。於風賢「黒龍江省蒙古語文工作情況与有関機構」（『民族語文』一九九二年第六期、七五〜七七頁）は、全省のモンゴル族小学校は七八校（在校生五二四一人）、モンゴル族中学は一一校（在校生は二〇七〇人）で、現在九校（小学一年〜六年生まで四二のクラス、六一一人、初級中学一〜二年、四つのクラス、一五四人の生徒）が、モンゴル語で授業を行っていると記している。

(5) 以下のように計算した。小学生は四八三〇人÷（四八三〇人＋五七三四人）×一〇〇＝四六％。単独のモンゴル族学校に通っていないモンゴル族中学生は二五一三人＋高級中学五九二人＝三一〇五人となるから、そのモンゴル族中学生に占める割合は、三一〇五人÷（三一〇五人＋二八二三人）×一〇〇＝五二％。

（6）杜爾伯特蒙古族自治県概況編写組『杜爾伯特蒙古族自治県概況』黒龍江朝鮮民族出版社、一九八七年、八、一一、一四～一五頁。

（7）中国科学院民族研究所黒龍江少数民族社会歴史調査組「黒龍江省蒙古族社会歴史調査報告（一九五八年九月）」『黒龍江民族叢刊』一九八五年第一期、一七七～一七八頁。

（8）徐基述「黒龍江省少数民族」『黒龍江民族叢刊』一九八五年第一期、四二頁。

（9）注（6）『杜爾伯特蒙古族自治県概況』五四～五五頁。

（10）注（7）「黒龍江省蒙古族社会歴史調査報告」一七八頁。

（11）同前「報告」一七八～一七九頁。

（12）教育部給黒龍江省教育庁的複文「関於在蒙古族学校中開始用本民族語文教学的問題」。朴勝一主編『中国少数民族教育発展与展望』内蒙古教育出版社、一九九〇年、一七八～一七九頁。

（13）朴勝一、同前書一七八～一七九頁。

（14）注（1）張亜光、波・少布論文、五三頁。

（15）注（7）「黒龍江省蒙古族社会歴史調査報告」一七七、一七九頁。

（16）同前「報告」一二〇、一七五～一七九頁。

（17）注（1）張亜光、波・少布論文。於風賢「黒龍江省蒙古語文工作情況与有関機構」『民族語文』一九九二年第六期、七五頁。

（18）於風賢、同前記事。

（19）「文革後の状況」に関する記述は、以下の文献に基づく。注（4）牧童「黒龍江蒙古族教育十年」一一六～一一九頁。注（2）常宝軍「認真貫徹実施自治条例発展繁栄蒙古語文事業」二七～三〇頁。注（8）徐基述「黒龍江省少数民族」四二頁。

（20）注（17）於風賢「黒龍江省蒙古語文工作情況与有関機構」。

（21）包冠喜「加強地方立法実施地方法規推動民族工作」『黒龍江民族叢刊』一九九二年第二期、一七～二〇頁。

（22）包祥林「認真学習党的十三大精神開創蒙古語文工作新局面」『黒龍江民族叢刊』一九八八年第二期、九九～一〇二頁。

（23）注（21）包冠喜「加強地方立法実施地方法規推動民族工作」。

（24）以下特に注釈がなければ、「モンゴル語の喪失」に関する記述は、注（1）張亜光、波・少布「黒龍江省蒙古族失掉母語的状況及其原因」五二～五四頁に基づく。

（25）この調査表からは調査した村、郷の民族人口比が分からず、また各市、県の中で調査対象となった村、郷が各市、県で典型といえるかどうかが分からないなど問題も多い。調査対象者はドゥルベット県では同県モンゴル族の六六％、肇源県では同県モンゴル族人口の四一％であったという。また調査した地域は主に、モンゴル族人口比が比較的大きいモンゴル族集居地域（ドゥルベット県など）、モンゴル族人口が約半数を占める地域（富裕県など）、漢族人口が圧倒的に多く、日常生活でほぼ漢語が使われている地域（肇源県など）に分けられるとしている。

（26）注（8）徐基述「黒龍江省少数民族」四二頁。注（7）「黒龍江省蒙古族社会歴史調査報告」一二〇頁。

（27）李徳濱・石方・高淩『近代中国移民史要』哈爾濱出版社、一九九四年、三五二～三五三頁。

（28）注（22）包祥林「認真学習党的十三大精神開創蒙古語文工作新局面」。

(29)宝玉「関於蒙漢雑居区蒙生的母語教学問題」『黒龍江民族叢刊』一九九四年第一期、六九～七〇頁。
(30)《吉林省教育年鑑》編纂委員会『吉林省教育年鑑一九四九―一九八五』吉林教育出版社、一九九〇年、二〇二頁。一九七九年の統計では、吉林省のモンゴル族学校は小学校六六校(三八二〇人)中学四校(生徒九九二人)とある(同書五六四頁)ので、小学校が整理され、中学が増やされたものとみられる。
(31)同前書二〇二、五六四頁。
(32)同前書は、一九二〇年代半ば、前ゴルロス王府所在地に初等高等モンゴル族小学校が一校設立され、同校は中華民国の教科課程にそって教育を行い、漢族小学校の教材を用い、モンゴル語文を一科目として設けていた(二〇二頁)、一九三二年から、前ゴルロス県のモンゴル王府で最初のモンゴル族小学校が設立された(五六四頁)と記している。
(33)吉林省教育誌編纂委員会教育大事記編写組『吉林省教育大事記第二巻』吉林教育出版社、一九八九年、二三頁。
(34)同前書三三頁。
(35)注(30)『吉林省教育年鑑一九四九―一九八五』二〇五、二〇六、二〇七、五六四頁。一九五四年、白城子専署がつくられた当初、白城地区のモンゴル族小学校では、黒龍江省のモンゴル族小学校教科課程に基づいて授業を行っていた。白城専署文教科は、漢文を主とし、小学校三年生からモンゴル語文を学習するよう規定した(同書五六五～五六六頁)。
(36)同前書五六四、五六六頁。
(37)注(33)『吉林省教育大事記　第二巻』一一三、一一四頁。
(38)同前書一一五、一一八、一二二頁。
(39)注(30)『吉林省教育年鑑一九四九―一九八五』二〇三頁。
(40)注(33)『吉林省教育大事記　第二巻』一三八頁。
(41)中国社会科学院民族研究所・国家民族事務委員会文化宣伝司主編『中国少数民族語言使用情況』中国藏学出版社、一九九四年、二二〇頁。注(30)『吉林省教育年鑑一九四九―一九八五』二〇三～二〇五、五六四頁。
(42)注(33)『吉林省教育大事記　第二巻』二九七、三〇九頁。
(43)同前書三二一～三二二頁。
(44)一九八二年の統計では吉林省白城地区のモンゴル族人口は八〇二〇五人、同地区総人口の二・一%。モンゴル族は白城地区(四市五県)の中でも前ゴルロス県、大安市、鎮賚県、通楡県、洮南市の五市県に多く居住している。この五市県のモンゴル族人口は七四一七七人、白城地区モンゴル族人口の九三%を占める。注(30)『吉林省教育年鑑一九四九―一九八五』五六四～五六七頁。
(45)注(41)『中国少数民族語言使用情況』二二〇頁。
(46)同前書二二〇頁。
(47)注(30)『吉林省教育年鑑一九四九―一九八五』二〇六頁。
(48)注(41)『中国少数民族語言使用情況』二二〇、八九七頁。
(49)注(30)『吉林省教育年鑑一九四九―一九八五』二〇八、二〇九頁。一九八三年の統計では吉林省の民族小中学校の中で単独の民族学校は七四八校、民族学校(連合学校を含む)総数の七六・六%になった。
(50)同前書二一二頁。
(51)同前書五六六頁。
(52)同前書二〇四～二〇五、二〇六、六一七頁。注(41)『中国少数民族語言使用情況』二二〇、八九七頁。

（53）遼寧省教育委員会「遼寧省民族教育在改革中前進」『民族教育』一九九〇年一、二期合刊、一二頁。
（54）注（41）『中国少数民族語言使用情況』一八二頁。
（55）八省区蒙語辦赴遼寧省考察組「関於遼寧省蒙古語文工作的考察報告」（八省区蒙語辦『八省自治区蒙古語文協作工作文件選編』一九八五年六月）二五二、二五五頁。
（56）八省区蒙語辦赴遼寧省考察組、同「報告」二五五頁。
（57）遼寧省教育委員会「遼寧省民族教育在改革中前進」『民族教育』一九九〇年一、二期合刊、一四頁。王鐸「在党的十二大精神指引下進一歩加強協作努力開創蒙古語文工作的新局面（一九八三年八月六日）」注（55）『八省自治区蒙古語文協作工作文件選編』二六一頁。
（58）遼寧省教育委員会、前同記事一四～一五頁。王鐸、同前報告、二六一頁。舎那木吉拉「関於八協小組第四次会議情況的伝達報告」注（55）『八省自治区蒙古語文協作工作文件選編』三二二頁。それ以前は中学では、モンゴル語で授業をする所はなく、モンゴル語を一科目として教える学校があるだけだった〔注（41）『中国少数民族語言使用情況』一八四頁〕。
（59）注（41）『中国少数民族語言使用情況』一八四頁。
（60）以下、阜新モンゴル族自治県に関する記述は、注（41）『中国少数民族語言使用情況』一九四～一九九頁に基づく。
（61）以下特に注がなければ、ハラチン左旗モンゴル族自治県に関する記述は、注（41）『中国少数民族語言使用情況』一八七～一九三頁に基づく。
（62）注（55）八省区蒙語辦赴遼寧省考察組「関於遼寧省蒙古語文工作的考察報告」二五五頁。
（63）八省区蒙語辦赴遼寧省考察組、同「報告」二五五頁。
（64）注（41）『中国少数民族語言使用情況』一八四～一八五、一九七頁。阜新県では一九八四年一〇月一日、ラジオ局のモンゴル語部が正式に放送を開始し、一九八七年には放送時間を一九八六年の四五分から七五分に増やした。
（65）同前書一九九頁。
（66）鉄男「承徳民族教育発展史及現状」『民族教育研究』一九九四年第三期、四八～四九頁。

第六節

（1）中国社会科学院民族研究所・国家民族事務委員会文化宣伝司主編『中国少数民族語言使用情況』中国藏学出版社、一九九四年、四六頁。
（2）新疆教育科学研究所編『新疆教育年鑑一九四九—一九八九』新疆教育出版社、一九九一年、三三三頁。
（3）注（1）『中国少数民族語言使用情況』四五、四八頁、五四、八五、八六頁。
（4）以下特に注釈がなければ、青海省のモンゴル族教育全般に関する記述は、尕宝英「青海蒙古族教育的回顧与思考」『青海民族研究』一九九二年第四期、三三～四四頁に基づく。
（5）王鐸「進一歩貫徹党的民族語文政策使八省区蒙古語文工作更好地開展起来」（一九八一年九月一二日）、八省区蒙語辦『八省自治区蒙古語文協作工作文件選編』（一九八五年六月）一二六頁。王振峰・劉永成・他札西「青海省民族教育概況」（『民族教育研究』一九九三年第三期）は、一九九一年末現在、青海省にはモンゴル語で授業をしている小学校は一九校（在校生一七七七人）、中学

三校（在校生八七七人）と記している（二〇頁）。

（6）注（5）王振峰他「青海省民族教育概況」一八～一九頁。

（7）注（1）『中国少数民族語言使用情況』三二一～三二四頁。

（8）注（1）『中国少数民族語言使用情況』二八五、二八三頁。

（9）以下、特に注釈がなければ、海西モンゴル族チベット族自治州のモンゴル族教育に関する記述は、注（4）尕宝英「青海蒙古族教育的回顧与思考」に基づく。

（10）注（1）『中国少数民族語言使用情況』三二一頁。

（11）翟松天主編『中国人口・青海分冊』中国財政経済出版社、一九八九年、三四三頁。

（12）注（1）『中国少数民族語言使用情況』三二九～三三〇頁。『河南県蒙古族自治県概況』青海人民出版社、一九八五年、三〇頁。河南蒙古族自治県概況編輯委員会編『青海省河南蒙古族自治県概況（初稿）』（一九六三年）六頁。

（13）注（12）『青海省河南蒙古族自治県概況』一〇一～一〇二頁。

（14）注（1）『中国少数民族語言使用情況』三二九～三三二頁。

（15）以下、特に注釈がなければ、河南モンゴル族自治県のモンゴル語教育に関する記述は、シンジルト「中国青海省河南モンゴル族自治県におけるモンゴル語教育運動」『一橋論叢』第一一九巻第二号、一九九八年二月、二八四～三〇二頁に基づく。

（16）注（1）『中国少数民族語言使用情況』三二九～三三二頁。

（17）全国人民代表大会民族委員会法案室・調査研究室編『中華人民共和国民族自治地方自治条例彙編（一九八九～一九九一）』海洋出版社、一九九二年、二七三、二七六頁。

（18）「八省区蒙古語文工作正在志復和発展」注（5）『八省自治区蒙古語文協作工作文件選編』二四三頁。

（19）以下特に注釈がなければ、第六節第3項の記述は、査幹哈達「粛北蒙古自治県」注（1）『中国少数民族語言使用情況』二五九～二六二頁に基づく。

（20）注（5）王鐸「進一歩貫徹党的民族語文政策使八省区蒙古語文工作更好地開展起来」二二五頁。

（21）同県の面積は六六七四八平方キロメートルである。国家民族事務委員会経済司・国家統計局綜合司編『中国民族統計 一九四九―一九九〇』中国統計出版社、一九九一年、三四頁。

（22）『中国人口　内蒙古分冊』中国財政出版社、一九八七年、五〇～五九頁。

（23）王龍耿・瀋斌華「蒙古族歴史人口初探（一七世紀中葉～二〇世紀中葉）」『内蒙古大学学報（人文社会科学版）』一九九七年第二期、四一頁。

（24）注（22）『中国人口　内蒙古分冊』五九頁。

（25）同前書三七二頁。

（26）同前書五八～五九頁。

第三章　伝統イ文の復権——中国イ族の識字・民族教育

イ族は中国西南地方の少数民族である。イ族の間では、古くから、「韙書」「爨文」「ロロ文字」などと呼ばれる「表音文字と音節文字の中間」[1]の固有の文字が伝承されてきた。この文字（以下「伝統イ文」または「旧イ文」）は、歴史、哲学、天文、医薬、宗教などを記録した多くの史書を残しているが、中華人民共和国政府がそれを公的文字として承認したのは、文化大革命後、一九八〇年のことである。

毛沢東が「文字は必ず改革しなければならない、世界の文字と同様に表音文字の道を歩まねばならない」との号令を発した[2]一九五一年、伝統イ文は否定され、中国政府は現在の四川省涼山イ族地域でローマ字式「新イ文」を使った識字、学校教育を始める。だが新イ文は普及せず結局廃止となり、その後「民族語無用論」が台頭し、イ族の識字教育、学校教育は漢語漢文で行われる。こうした中、漢語漢文では生活できないイ族の一般住民達は伝統イ文を自発的に学習し始め、伝統イ文の識字率は上昇して新イ文、漢文のそれを遥かに凌駕した。この自発的識字学習が政府をつき動かし、伝統イ文は「規範（標準）イ文」として整えられ、一九八〇年に国務院の承認を勝ち取って復権を果たしたのである。

新イ文は、中華人民共和国における少数民族文字のローマ字化第一号だった。中国政府は一九五八年までにイ族を含む一〇の少数民族にローマ字式文字を導入したが、このうち現在までに国務院が承認したのはチワン文字だけで、普及状況も捗々しくない。いっぽう規範イ文は、文革後国務院がはじめて承認した民族文字である。伝統イ文の復権＝規範イ文の誕生は、ウイグル、カザフ、タイ族の伝統文字復権を促したともいわれる。その点でイ族の経験は、中国の文字改革が少数民族に与えた影響や、少数民族の識字・学校教育がどの文字で行われるべきかを考える上で、貴重な示唆を与えてくれる。

そこで本章では、中華人民共和国成立初頭、なぜ伝統イ文が

地図3−1　イ族の自治地方（1900年）

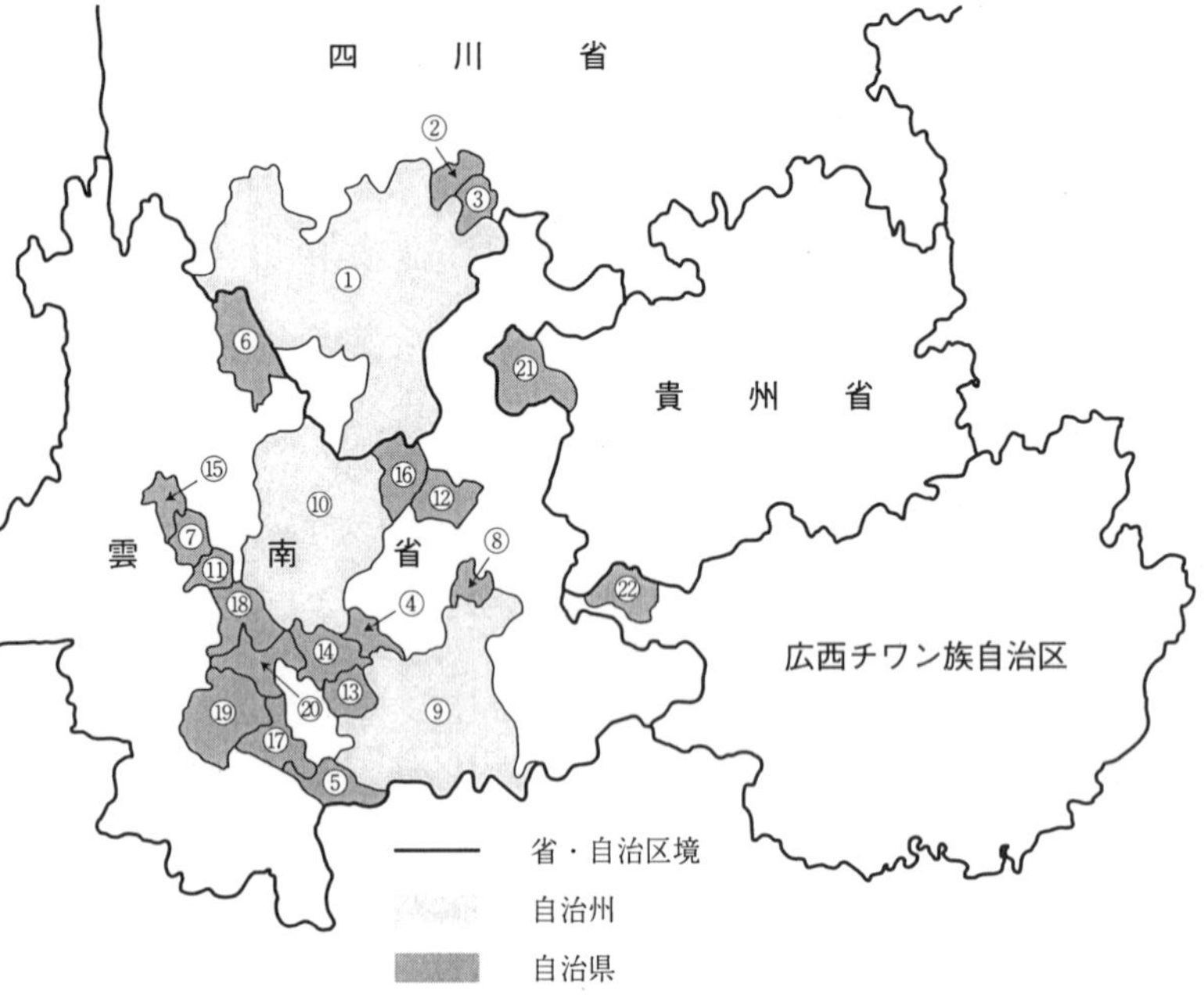

出所：地図A注『中華人民共和国行政区画簡冊』55〜57、59〜71頁他をもとに筆者作成。

否定され新イ文が導入されたのか、なぜ新イ文は普及せず伝統イ文が復権を果たしたのか、その経緯をまとめ、要因を考察してみたい。また一九八〇年以降の規範イ文の普及状況や伝統イ文興隆の雲南省、貴州省への広がり、全国イ文統一への動きを紹介し、その中で浮かび上がってくる問題を指摘したい。

一　イ族とその言語・文字

1　イ族——複雑多岐な下位集団

イ族という民族は、一九五〇年代初頭の民族識別によって、西南地方のノス、ロロ、ニ、アシなど数十種類の自称、他称を有していた諸集団がまとめられたものである。漢人は漢代、現在の中国西南地方を支配していた集団を「西南夷」と呼び、イ族という名称は、この卑称「夷」に由来する（現在は「夷」と同音の「彝」が当てられている）が、「夷」の対象は、現在のイ族の祖先に限られない。そのため、イ族と近隣諸民族との民族の境界は曖昧なところがあり、イ族内部でも言語、風俗、習慣が随分異なる。

イ族は黒イと白イと呼ばれた人々の子孫に大別され

表3−1　イ族自治地方（省区別）

	名称	総人口	イ族人口		漢族人口	他の民族人口比
			四川省			
1	涼山イ族自治州	3,656,559	1,546,329	42.3%	54.3%	3.4%
2	峨辺イ族自治県	130,013	32,380	24.9%	75.0%	0.1%
3	馬辺イ族自治県	161,946	56,691	35.0%	64.3%	0.7%
			雲南省			
4	峨山イ族自治県	135,432	71,072	52.5%	37.3%	10.2%（ハニ族　6.4%）
5	江城ハニ族イ族自治県	89,365	12,907	14.4%	20.1%	65.4%（ハニ族　51.1%）
6	寧蒗イ族自治県	201,229	117,861	58.6%	22.6%	18.9%（ナシ族　9.0%）
7	巍山イ族回族自治県	271,759	91,513	33.7%	56.7%	9.6%（回族　6.7%）
8	路南イ族自治県	201,215	64,915	32.3%	67.1%	0.6%
9	紅河ハニ族イ族自治州	3,655,506	853,958	23.4%	45.1%	31.5%（ハニ族　16.5%）
10	楚雄イ族自治州	2,328,858	563,271	24.2%	69.9%	5.9%
11	南澗イ族自治県	199,762	92,112	46.1%	50.6%	3.2%
12	尋甸回族イ族自治県	431,769	37,770	8.7%	78.7%	12.5%（回族　11.3%）
13	元江ハニ族イ族タイ族自治県	179,237	39,178	21.9%	23.2%	54.9%（ハニ族　38.7%）
14	新平イ族タイ族自治県	248,968	112,868	45.3%	32.2%	22.5%（タイ族　15.7%）
15	漾濞イ族自治県	92,804	42,586	45.9%	34.8%	19.3%（ペー族　12.3%）
16	禄勧イ族ミャオ族自治県	414,015	91,215	22.0%	70.1%	7.9%（ミャオ族 2.9%）
17	普洱ハニ族イ族自治県	177,373	32,964	18.6%	50.9%	30.5%（ハニ族　22.9%）
18	景東イ族自治県	337,190	132,216	39.2%	54.4%	6.4%
19	景谷タイ族イ族自治県	278,492	57,770	20.7%	54.0%	25.2%（タイ族　18.7%）
20	鎮源イ族ハニ族ラフ族自治県	201,119	50,608	25.2%	50.5%	24.4%（ハニ族　11.4%）
			貴州省			
21	威寧イ族回族ミャオ族自治県	883,242	84,503	9.6%	75.2%	15.2%（回族　7.7%）
			広西チワン族自治区			
22	隆林各族自治県	333,548	3,422	1.0%	22.3%	76.7%（チワン族 52.4%）

出所：上記の表の人口は第四回人口センサス（1990 年 7 月）による。以下の資料をもとに筆者作成。『雲南省第四次人口普査手工彙総資料』雲南人民出版社、1991 年、『四川省 1990 年人口普査資料（上）』中国統計出版社、1993 年、「貴州省第四次人口普査民族自治地方各民族人口統計表」『貴州民族』1991 年第 5 期、『中国民族統計 1949 − 1990』中国統計出版社、1991 年、『中国民族人口統計（1990 年人口普査数据）』中国統計出版社、1994 年。

注：隆林各族自治県自治条例（1990 年）は第 2 条で、同県は「ミャオ族、イ族、コーラオ族が民族区域自治を実行する地方」であると定めている。

る。黒イは古代羌人の流れをくみ、四川西端を経て雲南山地に南下し、現地の農耕住民を支配して奴隷制度をもつ南詔王国（唐代）をうち立てた騎馬牧畜民「烏蛮」の一部、白イは華南先住農耕民が烏蛮の支配下で言語、習慣が烏蛮化していったものとみられている。涼山《リャンシャン》イ族は黒イの系統であり、雲南イ族は白イの系統である。南詔が滅んだ後、分立状態となった奴隷主達は統一政権を作らず、それぞれの領域を支配。周囲の農耕住民や他の奴隷主を攻撃して人々を奪い奴隷とし、宋代頃から貴州—雲南にまたがる烏蒙山一体で勢力を振るった。この黒イ集団は一七二七年、雍正帝の清軍に破れ、北方の涼山に移動してその天険によって清軍を撃退、独立的地位を保ち続けた。こうして清代、涼山以外のイ族社会では黒イ支配層は消滅、あるいは力を失い、清朝官吏と一体となった地主層による封建社会に移行した。一方、涼山の黒イは一九五六年の中国共産党による「民主改革」まで奴隷制社会を維持したのである(3)。

一九九〇年現在でイ族人口は六五七万二千人、中国が公認する五五少数民族の中で六番目に人口の多い民族である。雲南省に四〇五万四千人、四川省に一七八万四千人、貴州省に七〇万七千人と九九・六%が西南三省に集住し、民族自治地方として三つの自治州と一九の自治県をもつ（**地図3―1、表3―1**参照）。

2　イ語とその使用状況

イ語は漢・チベット語族―チベット・ビルマ語派―イ語群に分類されている。イ族には統一された言語、文字はない。中国内の分類によれば、「イ語」は六大「方言」二五土語に分かれ（**表3―2**）、方言間のみならず、同じ方言の土語の間でも会話できないものがある。

イ語の使用程度も地域ごとに異なる。大涼山（四川省）、小涼山（雲南省北部）のイ族の間では、イ語が主要なコミュニケーションの手段であり、大多数の者がイ語のみを話し、漢語やその他の民族の言葉はできない。大涼山の周辺地域やイ、漢、チベット族混在地域のイ族は多少漢語ができる。これに対して雲南、貴州、広西のイ族は漢語ができる者が比較的多く、自分の地域以外の人と交流する時、一般に漢語を使っている。『彝語簡誌』は、雲南、貴州、四川のイ族のうち、イ語を使う者は四〇〇万人余、イ語ができないか多少できる程度の者が一〇〇万人余としている(4)。

3　地域ごとに異なる伝統イ文字

イ文字の起源については、唐、漢、戦国時代、それ以前と、いまだ諸説が分かれている。貴州省の成化二一年（一四八五年）の鐘に刻まれた文、雲南省の嘉靖四五年（一五六六年）の医薬書など明代のものは現存しており、明代にはかなり伝播していたことは確認されている。現代のイ文字は音節文字に分類されるが、本来は表意文字だったとする説もある。

イ文は、北部、東部、南部、東南部の方言地域では比較的普及していたが、中部と西部方言地域の大部分の地域では伝承されていない。各地のイ文は本源は同一のものと見られているが、伝承の過程で違いが大きくなり、現在、異なる地域のイ文間ではコミュニケーションができない。文字の数（四川、貴州のイ文字の数は異体字を含めると八千～九千字、雲南のイ文字の数は比較的少ない）、文字の形（同じ字でも四川と貴州では九〇度文字の向きが違う）、書く方向（涼山では横列で左方向へ書く、雲南、貴州では直列で右方向へ書く）、借字、符号などが各地で異なり、同源異体字（「読経」を表す文字には、一二〇の異体字が確認されている）が多い(5)。張廷献は、現在のイ文を、①涼山規範イ文、②貴州イ文、③雲南北部イ文、④雲南南部イ文（アジャ・イ文を含む）、⑤路南イ文、⑥羅平・盤県・

表3－2　イ族の方言、次方言、土語

方言	主な自称	人口（万人）	次方言	土語	主要分布地域	分布県数	イ文の有無	備　考
北部	ノス	160	北部	3	四川省：涼山州、峨辺県、馬辺県	40数県	有	漢語を解する者少。方言内部は比較的一致。
			南部	2	雲南省北部：麗江専区（寧蒗県）			
東部	ニス、ナス	80	滇黔	4	貴州省：畢節地区（威寧県）、安順地区	40数県	有：イ文遺跡、古書、古碑、銅版、石版などが最多	方言内で一種類のイ語で会話するのは困難。
			盤県		貴州省：盤県			
			滇東北	5	雲南省：昭通地区、曲靖地区、楚雄州、広西自治区：百色地区（隆林県）			
南部	ニス	80		3	雲南省南部：玉溪地区（巍山県）、紅河州、思芽地区（江城県）		有	青年の半数は漢語が分かる。方言内部の発音比較的一致。
西部	ラロパ	30		2	雲南省西部：大理州（巍山県、南澗県）、臨滄地区、徳宏州	20数県	大部分の地区：無	青年は皆漢語が分かる。
東南部	アシ、ニ、アヴ、アジャポ	24		4	雲南省東南部：曲靖地区（路南県、陸良県）、文山州、紅河州、昆明市	10数県	サニ、アジャポ：有	土語間の会話困難。
中部	リポ、ロポ	46		2	雲南省中部：楚雄州、大理州（景谷県、鎮源県、景東県）	10数県	無	

出所：以下の資料を基に筆者作成。陳士林・辺仕明・李秀清編著『彝語簡志』民族出版社、1985年、172～216頁。村松一弥『中国の少数民族』毎日新聞社、1973年、166～168頁。中央民族学院少数民族語言研究所編『中国少数民族語言』四川民族出版社、1987年、71～73頁。

注：本表の人口数は『彝語簡志』に依拠する。同書によれば、この人口はイ語のできる者のみを示し、イ語ができない者と多少できる程度の者は含んでいない（同書179頁注）。また1980年前半の数字なので人口は現在より少ない。漢語ができる者の割合も10年以上経った今では相対的に増えているだろう。

広西イ文の六種類に大別している(6)。

雲南と貴州では、民間で多くのイ文経書が所蔵されているというが、中華人民共和国成立当時のイ文識字率を示すデータはない。涼山では、従来イ文を読み書きできたのは統治階級、ピモ（シャマン）や文芸創作者に限られ、識字率は低く、中国科学院の少数民族語言調査第四工作隊が涼山六県二十余の郷で調査した結果では、一九五六年の「民主改革」以前、イ族農村における伝統イ文識字率は二・七五％（七〇万人中二万人）だったという(7)。

大小涼山と他の地域のイ族とでは、源流、風俗・習慣、「解放」前の社会状態が異なり、さらに言語、文字とその使用状況は地域ごとに随分違うことがお分かりいただけたと思う。この複雑多岐な構成をもつイ族の中で、中華人民共和国政府は、涼山イ族に対して、現地のイ語をもとにしたローマ字式文字を創作・導入した。以下、その経緯をみよう。

二　新イ文導入の経緯と背景

1　伝統イ文の否定

一九五〇年、中央西南民族訪問団[8]が西昌《シーチャン》専区[9]を訪問する。この時訪問団に同行した中国科学院第一分団の言語学者、陳士林[10]が、一九五一年一月、イ語をローマ字で綴る新文字を考案し、翌二月二日、西昌専署が開いたイ族語文[11]発展座談会において、この新文字の採用、試行が決定された[12]。陳士林《チェンシーリン》は一九五一年「西康イ族語文事業の報告」[13]で次のように記している。

「中央西南民族訪問団が西昌に着いてから、地方人民政府と協力し、より広範に宣伝教育を行ったので、多くのイ族同胞の意識は向上し、イ族の上層階級に属する王済民、羅正洪、李仕安《リーシーアン》らや西昌少数民族幹部訓練クラスのイ族の青年知識人は、揃って国際化をめざす表音文字の創作を求めた。彼らの需要・要求に応えて、私がローマ字式のイ文方案をつくり、一九五一年二月に試行できるようになった」。

陳士林はイ族側が「揃って国際化をめざす表音文字の創作を求めた」というが、彼の報告に出てくる李仕安（当時西昌民族幹部学校の副教育長）は、後年回顧録「私とイ文」[14]の中で、二月二日の座談会についてこう記している。「当時イ族の知識人は、もともとあった文字を整理・規範化することを主張する者と、完全に革新してローマ字表記の新文字をつくることを主張する者との二派に分かれていた。この時私は旧イ文を捨て表音文字の積極的支持者になったのである。その後、この一派が論争に勝ち、陳士林氏が私達のために〝新イ文方案〟をつくり、西昌民族幹部学校で新イ文学習クラスを開いた」。当時イ族の間では伝統イ文字の使用を主張する声があったのである。

これに対し、中華人民共和国政府側は当初から伝統イ文を否定的に見ていた。陳士林は前記一九五一年の報告で「もともとあったイ文は、ピモが霊を呪い人を騙すために用いる極めて発展段階の低い乱雑な符号であり、実用の『文字』としての資格には欠けている」と述べている。また中国科学院語言研究所の羅常培《ルオチャンペイ》所長は一九五〇年一一月一七日付けの書簡で、陳に対し「伝統イ文は本来経典文字であり、日常生活に適するものではなく、当地の人の感情に配慮しつつ、別に表音文字をつくるべきだ」との意向を伝えていた[15]。その結果、伝統イ文の調査は「目的が先行し、後には青写真が用意され、特徴を常に無視し、軽蔑さえする」浅く、局部的なものになった[16]。イ文ローマ字化も極めて少数の者の間で行った「決定」ではなかったかと思われる。イ族の研究者、グジ・ニハによれば、当時は「貴州、四川、雲南省のイ族の間で一種類の文字を普及させるのは不可能だ」と断言する専門家もおり、固有のイ文字は「遅れた文字」「祈祷師の文字」「奴隷主の文字」とのレッテルを貼られ、党と人民政府のイ族文字事業は全面的に「新イ文」に傾斜したという(17)。

では、イ族の李仕安らがローマ字式イ文の導入を選択したのはなぜだろう。彼の回顧録には次のようなくだりがある。「抗日戦争勝利の後、合州国への留学から帰ってきた曹寿昌氏が西昌に来て、私の机の上にあった漢イ文対照のイ文カードを見てこう言った。——こんなに労力をかけて遅れたものをやるよりは、英語を学んで合州国へ行ってモルガンを研究したほうがいい——と。彼の言葉に私のイ文に対する考えは動揺し、私はイ文を捨てて英語を学習するようになった」。李仕安の経験を一般化することはできないが、ローマ字=先進的なものという思いは、当時ローマ字化を支持した人の共通認識だったと思われる。

かくして新イ文が涼山イ族の文字となり、羅常培は次のように賞賛した。「一九五〇年の中央西南、西北訪問団に参加した中国科学院の第一分団（西康）、第二分団（雲南）、第三分団（貴州）、西北分団（新疆）の中で、いち早く西康イ族の表音文字を創り上げた第一分団の成果が最も突出している」(18)。

それにしても、彼らは当時なぜそれほどまでにイ文のローマ字化に熱を上げていたのか。羅はいう。「国内の少数民族の大多数が文字のない民族である。モンゴル、チベット、ウイグル、カザフ等の他は、伝統的な旧文字があっても、形が煩雑で難しく、少数の特殊階級が使えるだけで、多数の人民大衆の役には立たない。各少数民族を援助し、彼らの文化を高めようと思えば、まず文字のない民族に文字をつくり、煩雑で難しい文字を簡単な文字に改造しなければならない。科学院語言研究所西康工作隊の陳士林らが、党政府の指導の下で新イ文を実験しているのは、まさにこの種の事業の先端を切り開くものである」(19)。文字のない民族に文字を造り、煩雑で難しい文字を簡単な文字に改造する——それが当時の中央の方針だった。その方針の背

涼山で新イ文を教える陳士林（1950年代）：陳朝達・胡再英編『万里彝郷即故郷——陳士林先生著述及記念文選集』西北工業大学出版社、1993年より

後には、文字改革という長く大きなうねりが見え隠れする。すでに本書の第一部第四章で述べた通り、一九五一年二月五日、中央人民政府政務院は「民族事務に関する決定」を発し「今なお文字のない民族を援助して文字をつくり、文字の完備していない民族を援助して次第にその文字を充実させる」ことを公式に指示している[20]。またこの決定を実施すべく、一九五四年五月には「文字のない、あるいは広く使われている文字のない民族」に対して表音文字をつくること、またその字母形式は、漢語注音字母、漢語ピンイン（ローマ字）文字方案との関連に鑑み、「当面基本的にローマ字を用いる」方針を明確に打ち出した[21]。先にみた新イ文創作の時間的経過と照合すると、新イ文は少数民族文字の創作・改革をめぐる中央レベルでの意思醸成の先行実験として進められたようにも思われる。

2　新イ文の挫折

一九五一年、新イ文の採用が決まると、西昌専区民族幹部学校のイ族語文研究グループが核となり、同校と西昌専区民族幹部学校、省立西昌師範学校、昭覚県の末端幹部訓練団を中心に、イ語イ文の学習を推進した。一九五一年五月からイ語文教科書や新イ文で書かれた各教科の教科書が編さん・出版され、七月にはイ族が多く住む地域でイ族小学校が四校開校し、新イ文による教育を始めた。イ族教師の養成、イ族幹部の識字教育、漢族幹部に対するイ語・イ文教育なども行われ、その結果、一九五一～五二年にかけて、新イ文を学習した人は、西昌専区から川西、川南、北京の各級民族教育機関の講習生、民族幹部など約四千人にのぼったという。一九五二年九月二三日から、イ文新聞『西昌群衆報副刊』も出版された[22]。

こうして第一の新イ文は一九五一年から五五年にかけて試行された。しかし一九五六年、少数民族語言調査第四工作隊が全国イ族の言語調査を終えると、五一年方案は「科学的でない、通用しない」との理由で新たに「涼山イ族ピンイン文字方案」をつくる。この第二の新イ文は、同年一二月のイ族語言文字科学討論会で採択され、翌一九五七年に中央民族事務委員会の承認も得て正式に試行された。ところがこの文字も「字母の構成上、漢語ピンイン方案と合致しないところがある」ため、一九五八年一二月には「漢語ピンイン方案」を基にした第三の新イ文「涼山イ族ピンイン文字修訂方案」がつくられ、一九五八年から六〇年にかけて試行されたが、いずれも普及しなかった。その後一九六〇年、涼山イ族自治州人民代表大会は新イ文の推進を取りやめ、イ族の識字、学校教育を漢語漢文で行うという決定を下した[23]。

新イ文が二度も改訂されるのは、少数民族文字の創作・改革に関する中央の方針が固まる五〇年代半ば、それに合わせようとしためだったと思われる。第一部第四章でみたように、一九五七年一二月一〇日、国務院は「少数民族文字方案における字母作成に関する原則」を提示し[24]、ローマ字化、漢語ピンイン方案との一致性、近親言語間の文字の一致性、という方針を打ち出し、一九五八年一月一〇日には、周恩来《ジョウエンライ》が「当面の文字改革の任務」で「今後各民族が文字を創作、改革する時は、原則としてローマ字を基礎とし、字母の読みや用法に関してできる限り漢語表音方案と一致させなければならない」との方針を示している。

一九五七、八年頃は、「各民族の人民が漢語漢文を学習するのに便利であり、各民族の間で互いの言語文字を学習するのにも便利である」(25)との観点から、様々な少数民族文字と漢語ピンイン方案の一致性が考えられていたようである。当時は漢字も表音文字化の路を歩み、漢語ピンイン方案が完成したら漢字はすぐこれに取って代わられると思い、色々な問題を考慮する際、常にこの点から考えていたという(26)。

陳士林と羅家修《ルオジャーシウ》は、当時をそれぞれ次のように回顧している。

「川康工作隊時期（一九五一～五五年）は、全国のイ語イ文の調査研究が足りず、固有のイ文という貴重な民族的遺産の意義を十分に認識せず、それが持つ潜在力と作用を重視しなかった。第四工作隊時期（一九五六～六一年）は、イ族の多くのもと奴隷や労働者達が民主改革の真っ只中にあり、我々は調査に忙しく、大衆路線や、解放された奴隷が文字問題について自由な意思で、自由に選択するということをあまり考慮せず、科学的道具として表音文字化の方向のみを考えていた。新イ文をつくるにあたって、字母に関して最初『漢語ピンイン方案』と一致させるという予見がなく、後には、これのみを考慮して、民衆の学習、習得の便を無視してしまった」（陳(27)）。

「新イ文はイ族が従来からもつ文字を無視し、多くのイ族民衆の民族感情を傷つけ、民衆から離れてしまった。また三度も改修し、民衆の中で威信をなくした。……幅広い民衆の意見を聞かずに『新イ文字』を作ったため、民衆は学習、使用したがらず、八年の推進の間に一万九千人余が学習しただけであった」（羅(28)）。

こうして新イ文の推進は挫折したのである。

三　規範イ文の誕生

一九五七年の反右派闘争で左傾路線が台頭し、翌一九五八年に「大躍進」が始まると、民族語もすぐに漢語に移行できるという言説が全面に出てきた。イ族の学校教育と農村識字を漢語文で行うという政策が唱えられ、実施されたのである。「奴隷制度さえ撤廃できたイ族人民が、漢語文の学習を恐れるのか」「イ族は文字を読めないから、漢文を学ぶのもイ文を学ぶのも同じことだ」と唱え、イ文の使用を主張する者は「民族主義者」として批判された。イ族幹部や民衆の中にはこうしたやり方に不満をもった人が多かったという(29)。

当時陳士林は「各（イ族の漢語文教育）試験ポイントの状況

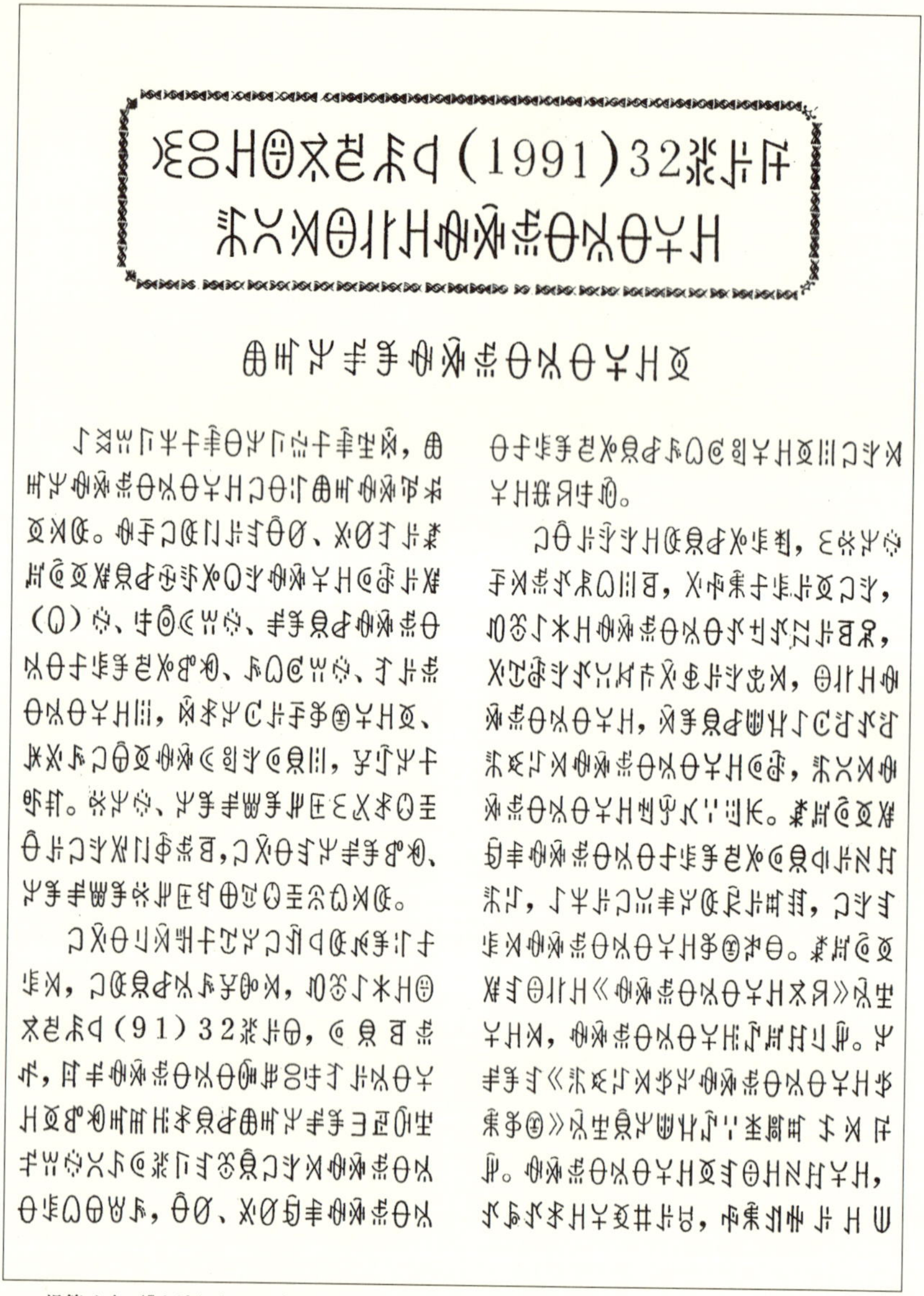

規範イ文（『大渡河』1993年第1期より）

と成果からみて、少数民族は短期間で漢語文を学べる」[30]と報告したが、涼山イ族が漢語で仕事や生活を行うことなど無理だった。イ族の子ども達は漢語で授業をされても意味が分からないため、成績は悪く、中学に入れる者は少なかった。イ族の農村で行われた漢文による識字教育の成果も低く、涼山自治州の布拖県では、一九七四年までの一七年間で漢文で識字者となったのは全県識字対象の八・九%、美姑県維其溝社では、一〇年間の推進で漢文を読めるようになったのは全公社一〇〇九人中八人だったという。漢語漢文はできず、新イ文は普及しない――自分達の書き言葉がない中で、イ族の末端幹部や農民は、自分の公社や隊の人名、地名、食料名、畜産品名などをイ文字で読み書きするようになった。こうしてイ族の一般住民は、仕事や生活の必要上から伝統イ文を自発的に学習し、伝統イ文が農村で普及し始めたのである。

大躍進が収束すると、一九六四年初頭、四川省の関連指導機関と中共涼山自治州委員会は、イ族の言語文字を漢語漢文に変えようとする政策の誤りを認識し、将来は漢文を使うとの方針の下で、漢文とイ文を同時に使うことを決めた。同年涼山自治州語言文字工作委員会は、一九六二年以降収集した八千五百字の「イ文単字彙集」から、常用し、美しく、画数が少ないなどの基準で八百字を選び、字形、配列方向、音、符号などを整えて「イ文常用字表」を作成。翌一九六五年、涼山報に「イ文専欄」を設けて、イ文識字用の教材を掲載し始めた。「イ文専欄」は百課で八百の常用文字を学習するよう企画されていたが、第四三課に至った時に文革が勃発。イ文専欄は廃止となり、イ文常用文字の推進も取りやめられた。イ文研究機関は廃止、職員は転職させられ、大量のイ文史籍が灰と化し、イ文推進事業に従事した幹部は批判の的となった。しかし文革の間もイ文を学習、使用する人は増え、全涼山で規範イ文が推進される前に、成人農民の一三・二%（昭覚、美姑、喜徳、峨辺の四県では二六%）、農村末端幹部の五〇%が常用イ文を習得していたという。イ族の人々は党に対し、伝統イ文の学習と使用を求める手紙を書き続け、文革後期には政府を突き動かすに至る。

一九七四年五月、四川省民族事務委員会は中共四川省委員会の委託で「イ族文字問題調査グループ」をつくり、昭覚、美姑、喜徳、越西、布拖五県で調査を行って、各方面人士の意見・要求を聞いた。この調査に基づいて調査グループは「イ族文字問題に関する調査報告」をまとめ、①多数の幹部や住民が漢語文の使用は不合理であるとし、政府が旧イ文の復権と使用を明文化することを求めている、②イ族の集住地域では生産隊の会計員、仕事の採点員、保管員らが旧イ文を使って仕事をこなしている、③旧イ文字はイ族自身の文字であり、イ族住民はイ文字に親しみを持っており、学習しやすい、ことなどを明らかにした。同年七月、四川省民族事務委員会は調査グループの報告に基づいて「イ族文字問題に関する指示要請のための報告」を作成、中共四川省委員会に対し「四川省のイ族地域では、漢語文の推進を続けるとともに、イ族がもともと使っていた文字を整理し、これを完成させた上でその文字を採用し、漢文とイ文を同時に使う」との意見を提出した。これを受けて中共四川省委員会は「四川省イ族文字工作会議」を開き、同年九月、［一九七四］五九号文書を発して、前記の意見に同意した。ここに、伝統イ文字普及に向けた標準化作業が公的に始まるのである。

同年一一月、四川省民族事務委員会は、中央民族学院や省内のイ語文の研究者を集めて、四川省民族事務委員会イ語文工作グループをつくり、涼山自治州語言文字指導委員会と協同で、「イ文常用字表」をもとに固有のイ文字を整理し、「イ文規範試行方案」をつくった。一九七五年一月に昭覚県で四川省イ文工作座談会が、五月には西昌で「イ文規範方案」学術討論会が開かれ、草案を一部修正。イ語文工作グループは喜徳、昭覚、美姑、布拖、西昌、冕寧、寧南、峨辺の八つの試験ポイントで識字教育を試行した。規範イ文は八一九の文字からなる音節文字で、ションジャ語（北部方言話者の約半数が使う）を基礎方言、喜徳語を標準音にしている。一九七五年一一月、中共四川省委員会宣伝部と四川省民族事務委員会は、成都で「四川省イ文工作会議」を開いて「イ文規範方案」を採択し、中共四川省委員会に「《イ文規範方案》に関する報告」を提出。同年一二月、中共四川省委員会は［一九七五］七二号文書を発し、四川省のイ族地域における「イ文規範方案」の試行に同意し、イ族言語文字事業に関わる各級機関の復活、設立を承認した。

こうしてイ文規範方案は一九七六年より試行され、短期間で良好な成果を収めることになる。涼山イ族自治州は、一九七九年まで四年間イ文規範方案を試行し、成功との認識を固め、四川省に対し試行段階の終了と正式な実施の承認を求めた。四川省人民政府は涼山自治州の意見に同意し、国務院に対し「イ文規範方案」の報告を転送。一九八〇年一月の第三回全国民族語文科学討論会[31]が規範イ文を支持した後、国務院は同年八月一日、［一九八〇］七〇号文書を発して、「イ文規範方案」を承認。同月一五日、四川省人民政府は「川府発一八四号文書」を発し、「イ文規範方案」を公布したのである。

四　ポスト文革期にみる伝統イ文の興隆

1　規範イ文の普及

規範イ文によって涼山イ族社会の情報伝達力は大きく向上した[32]。識字、出版、学校教育での活用状況を中心にみてみよう。

一九七七年三月から、涼山日報イ文版の発行が始まる。当初は試験的発行だったが、一九七八年一月から正式発行となり、週刊から週三回発行に変更（一九八一年一月）、一九八五年一月から日刊となり、発行部数は約六千部に増えた[33]。一九七七年、西南民族学院はイ語文本科クラスを募集。中央民族学院、涼山自治州の一部の中等専業学校、中等師範学校もこれに続く。一九八〇年代に入ると、規範イ文で憲法、婚姻法など各種法規や各級行政機関が発する政策文書、農作物栽培、科学技術、故事、小説、漫画などの本、『涼山文芸』『民族』(イ文版)、『大渡河』などの雑誌や各種教材(八九年までに一〇九冊)が続々と編集・発行された。これと平行して識字率も高まり、一九八四年までに喜徳、普格、昭覚、美姑、金陽、布拖、越西、西昌などの県が全県で、涼山イ族自治州全体でもイ族青壮年の六七・九%(四五万人)が識字者となる。一九八五年、四川省は小学校の二言語教師とイ語文の翻訳、出版に携わる専門スタッフの育成を強化すべく、四川省イ文学校をつくった[34]。イ文のコンピューター・ソフトの製造(一九八六年)、『漢イ辞典』の出版(一九八九年)など、イ文を活用するための道具も整えられていく。涼山イ族自治州は、イ族言語文字事業の発展と安定を保障するために「イ語文工作条例」を起草し、一九九三年四月に採択した。

初等中等教育も規範イ文を取り入れている。涼山自治州では、一九七八年からイ族地域の一部の小中学校でイ語文を開講、一九八四年から、一部の学校で各教科をイ語で教える教育が始められた。各教科を漢語文で教え、イ語文を開講する(以下「加授イ語文」)学校では、小学校三年生からイ語文を学習し始める所が多い。各教科をイ語文で教え、漢語文を開講する(以下「加授漢語文」)学校では、一般に二年生から漢語文を学習し始める[35]。表3—3が示すように、イ語文の学校への導入は八〇年代、数の上でも、初等教育から高等教育へ向けてという点でも、拡大している。一九九六年秋には、加授漢語文形式で高級中学まで学習した第一期生が卒業した。イ族は、中国南方少数民族の中で中等高等教育における民族語文の導入率が最も高い民族となったのである。

表3—3　涼山イ族自治州二言語教育実施校

学校数／年度	加授イ語文形式の学校			加授漢語文形式の学校			A
	小学校	初級中学	高級中学	小学校	初級中学	高級中学	
1986年	161	36		55			13.85%
1987年	206	44	1	107			16.12%
1988年	238	46	2	61			17.61%
1989年	344	61	6	110			23.12%
1990年	436	59	9	123	5		26.08%
1991年	511	63	9	117	9		31.27%
1992年	523	56	8	104	8		35.57%
1993年	531	76	9	100	8	2	36.05%
1994年	538	76	10	117	7	2	38.21%

加授漢語文＝各教科をイ語・イ文で教え、漢語科目を開講する学校
加授イ語文＝各教科を漢語・漢文で教え、イ語・イ文科目を開講する学校
A＝二言語教育を受けているイ族児童・生徒の比率
出所：鄧成倫「略論涼山双語教学改革的特色及其前景」『中国民族教育』1996年第3号、28頁。

凉山日报彝文版

国内统一刊号CN51—0021
代号（61—70）

涼山日報イ文版

2　雲南規範イ文の制定

一九八〇年、国務院が「規範イ文方案」を承認すると、雲南省のイ族北部方言地域（イ族人口約二〇万人）では、これを使って識字と学校におけるイ語文教育を始めた。だが規範イ文は北部方言地域の言葉とイ文を標準化した音節文字なので、他の方言地域では通用しない。そこで雲南省少数民族語文指導工作委員会は、一九八二年六月、昆明《クンミン》でイ族幹部・ピモ座談会を開き、イ文が各地で異なる問題について検討した(36)。この会議で、北部方言地域のイ族は涼山規範イ文を続けて使用し、その他の方言地域のイ族については、従来の文字を基に、表意を主とし表意表音を結合させた超方言の「雲南規範イ文方案」をつくることを合意した。会議後省政府はこの意見に同意し、一九八三年七月に雲南イ族文字規範工作指導グループを設け、雲南規範イ文の作成作業を始める。雲南規範イ文は、涼山規範イ文、貴州（小学校教科書）イ文、禄勧イ文、南部方言（石屏、新平一帯）イ文、路南イ文を基につくったという。一九八五年に第一案として一六〇〇の表意文字をまとめ、試用教科書を編さんして楚雄、紅河の二州で実験的授業を行った。

一九八六年三月の「雲南省イ族文字方案」討論会でこの方案が支持されると、民族語言文字工作指導委員会と規範工作指導グループは、雲南省人民政府に試行承認を請求。一九八七年二月、「雲南規範イ文方案」は省政府の承認を経て全省イ族地域で試行されることになり、規範工作指導グループは、昆明、楚雄、玉渓、紅河、文山などでイ文の試行を始めた。

その後一九九二年までに、イ文教師養成クラスが省、地区、県レベルで開かれ、またイ文夜間学校四八クラスで一九〇〇人が雲南規範イ文を学習した。雲南省イ文規範辦公室は、『雲南規範イ文字本』、『イ文小学教科書』一、二、『イ文識字教科書』など学校・識字教育の教科書や読み物を編さんした。一九九五年現在、雲南省では五三の小学校（クラス）でイ語文教育を実施（紅河州一八、玉渓地区二七、楚雄州三、文山州二、昆明市二、寧蒗県一）している。寧蒗県の一校が四川の涼山規範イ文を使っている他は、雲南規範イ文を使っている。イ文科目はほぼ学前班（就学前教育）と低学年に限られている。

3　貴州省、広西チワン族自治区のイ族と伝統イ文

イ族は、四川省と雲南省では少数民族中最も人口の多い民族だが、貴州省では四番目、広西チワン族自治区では一二番目である。**地図4―1**から、貴州と広西のイ族といっても、地縁的には雲南省のイ族居住地域の東端にあることが見て取れる。威寧と隆林が雲南省に組み込まれていたら、イ文の普及・推進をめぐる状況は今とは違っていたかもしれない。

貴州省のイ族は主に畢節地区と六盤水市に住み、東部方言に分類されている。黔西北次方言（一三万人）の威寧、赫章のイ族地域では伝統文化が比較的よく継承されているが、盤県次方

言（一四万人）の大多数の地域では、他の民族の文化的影響をかなり受けている[37]。

　貴州省では、文革後再開されたイ文古籍の整理研究事業が契機となって、イ文学習者が増えたといわれる[38]。一九九二年までに、イ文識字教育ポイントが一六ヵ所設けられ、一九の学校がイ文教育を始めた[39]。小学校イ文教科書六冊、識字教科書一冊が出版され、一九八五年には貴州民族学院がイ文を含む民族語文科を開設する[40]。畢節県龍場営区左沼郷の三官小学校は、貴州省政府が民族語文教育事業をまだ再開していない一九八〇年に、教員や児童の父母の要求でイ語文の授業を始めた。小学三年生からイ文を開講し、一九八二年以降、初級中学のイ文実験クラスもつくっている。大方県中菁イ族郷の天保小学校は、一九八一年から二言語教育クラスをつくり、三年生から五年生のイ族生徒の中で希望者を集めてイ文クラスを編成し、従来の教科の他に、毎日一時間のイ文を教える形式の教育を始めた。貴州省におけるイ語文教育は、主に三官小学校型と天保小学校型の二つに大別される[41]。

　広西チワン族自治区のイ族は、主に隆林各族自治県の徳峨区に住み、「東部方言盤南次土語」を使うとされるが、漢語、ミャオ語、チワン語にも通じている者が多い。広西にはイ文の経文や石碑が残されているが、今のところ、ピモ以外のイ族はほとんどイ文を使っていない。広西のイ族は漢語漢文で教育を受けており、イ文の学校での使用は、那坡県（雲南省文山チワン

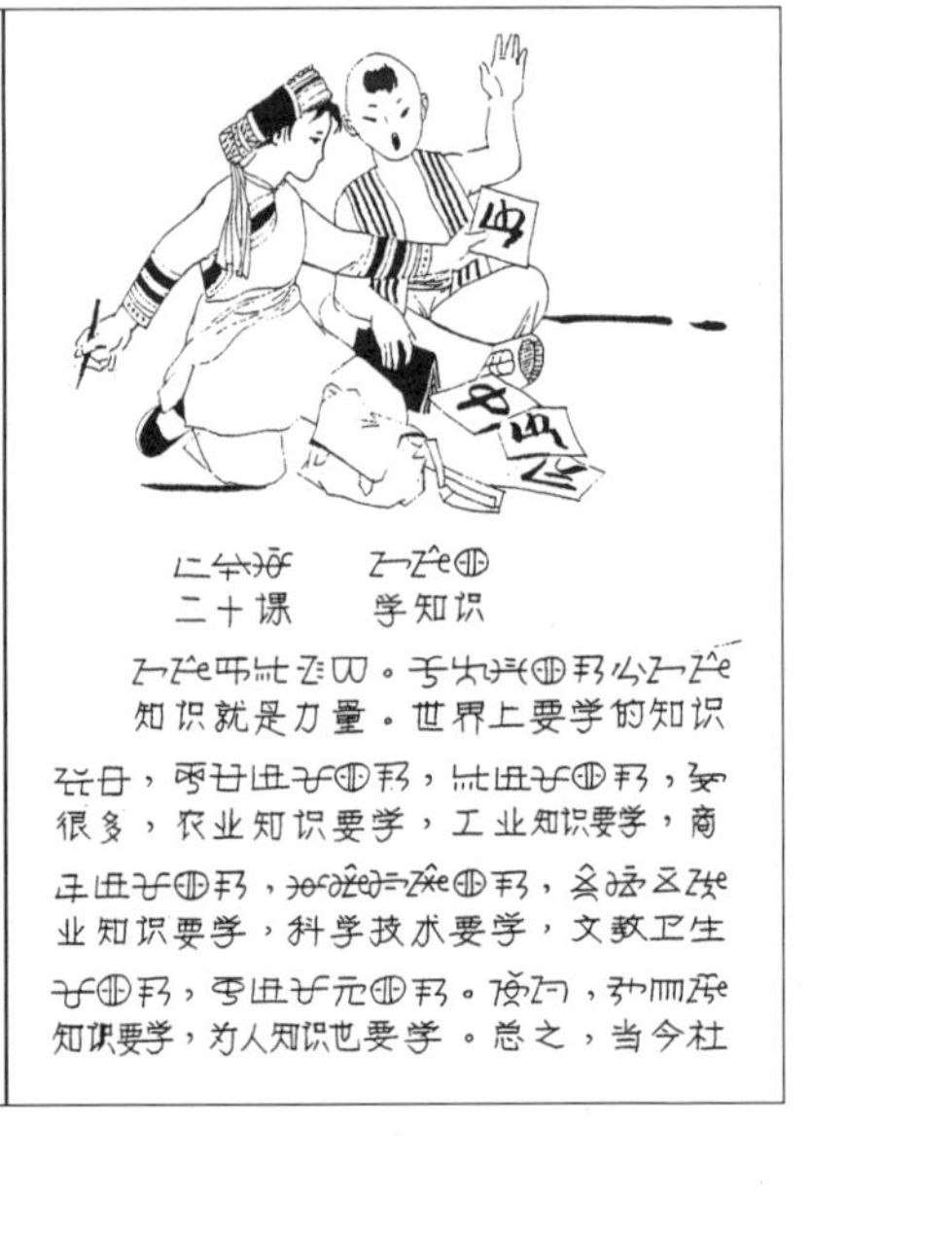

雲南規範イ文試用教科書（イ文・漢文対照）

族ミャオ族自治県の東南に隣接、イ族人口一四五四人）で、小学校一、二年生段階で試験的にイ文を用いて授業を行ったことがある程度のようだ[42]。

4　伝統イ文普及のかげり

以上、四川、雲南、貴州省の伝統イ文の普及状況を見てきたが、それは必ずしも拡大の一途を辿っているわけではない。

涼山規範イ文の試行が始まって二〇年、雲南規範イ文の試行開始から一〇年が経過したが、一〇年の違いを差し引いても、前者に比べ後者の普及率は低い。涼山規範イ文は試行後四年で国務院の承認を得たが、雲南規範イ文はいまだ試行段階にとどめ置かれたままだ。雲南省における一九九四～九五年の調査では、イ族北部方言地域の寧蒗イ族自治県では、一万七六〇〇人（全県イ族人口一二万四三七九人の約一四％）が涼山規範イ文を読み書きできるのに対し、雲南規範イ文を習得した者は、全省で約八千人[43]。寧蒗県のイ族は雲南イ族総人口の二・九％ということを考えれば、雲南イ族の間で雲南規範イ文があまり受け入れられていないことがうかがえる。雲南、貴州にはイ語文で各教科を教える形式の学校はなく、イ語文を開講している小中学校数も、涼山の七五〇校（九四年）に比べ、雲南は五三校（九五年）、貴州は一九校（九二年）と少ない。貴州省のイ族は、漢語を解する者が多いとはいえ、七割程度がイ語を主要なコミュニケーションの手段とし、イ族集住地域の小学一、二年生の場合、一般に漢語で授業を受けても理解できないという[44]。だとすれば、よく分からない漢語文で授業を受けている子ども達は、まだまだいると思われる。雲南では五三校（クラス）以外のイ族の集住地域では漢文教科書を用い、生徒が分からない部分をイ語で説明する形式の教育も行われているが、家で予習復習する時など不便であろう。

ところが伝統イ文の普及には、一部でブレーキがかかっている。貴州では経費の欠如、行政の支持不足、住民の意見が異なるなどの原因で、威寧の雪山小学校、盤県の坪地民族学校、淤泥民族学校などが、イ文の授業を取りやめた[45]。三官小学校はイ族の民間詩歌や故事の翻訳も手がけ、イ文学習の中心的役割を果たしているが、それでもイ文教師や民族文字推進経費が減らされ、イ文教師の待遇が低く、行政が初級中学のイ文教科書を作ってくれない、などの問題に頭を悩ませている[46]。前述したように、雲南、貴州のイ族は涼山イ族と性質が随分異なり、イ族としての民族意識も、涼山に比べ弱いのではないかと思われる。雲南省イ族の間では漢語の影響を強く受けているものもあり、イ語東部方言地域のイ族以外は伝統文化をあまり保持しておらず、イ文についての要求も異なるという[47]。

いっぽう涼山でも、一九九四年段階でイ文教育を受けているのはイ族小中学生の四〇％に達していないのに、ここ数年イ語文教育実施校の増加状況は頭打ちの様相を呈している。雲南、貴州のイ族にもいえることだが、この停滞は教員、教材の量・

質双方の不足の他に、イ語文教育に対する見解の不一致によるところが大きい。涼山では、現在子どもを加授漢語文形式の学校へ通わせたがらない親がかなりいるという。一九九三年五月、四川省民族地域「二言語制」問題研究課題グループが西昌市、塩源、喜徳、甘洛県で現地調査した際、調査した加授漢語文形式の民族中学に、幹部の子どもがほとんど通っていなかったと報告している。少数民族幹部や親の中には、民族語文を学習しても用途が狭く、進学や就職の役に立たないと考える者がおり、漢族や漢語文ができる少数民族の中には、民族語文の学習は不必要で余計なもの、負担とさえ考える者がいる。こうしたイ語文教育に対する否定的、消極的見方の他に、住民の間には、イ文できった伝票は決算報告できない、イ文で書いた封筒は郵便に出せない、加授漢語文形式の学校を卒業した者の進学先として、大学のイ語文学科の枠が拡大されるのか、他の大学・学部を受験できるのか、などの不満や不安もあるようだ(48)。

もう一点。現在の涼山イ族の中には、もと奴隷であった非イ人とその子孫が含まれていると思われる。一九五六年の「民主改革」以前、涼山には統治階級のズモ、ノホ、被統治階級のチュノ、ワジャ、ガシという五階級が存在していた。このうちガシとワジャのほとんどは、涼山の周辺地域からさらわれた漢人など非イ人が奴隷にされたものだった(49)。特に二〇世紀初頭から涼山でアヘン栽培が始められ、奴隷主達が財力と大量の近代武器を得たため人身掠奪が激化し、清朝前期までは人口の一割

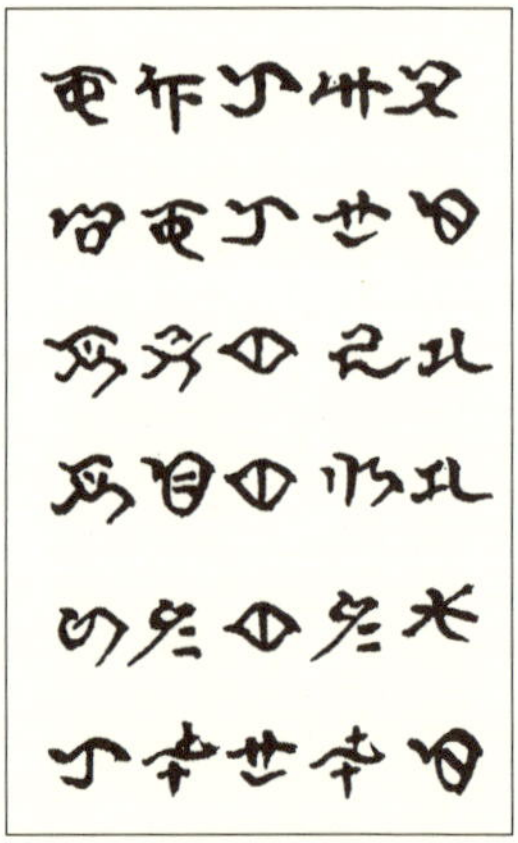

貴州イ文字：羅国義・陳英訳『宇宙人文論』民族出版社、1982年より

程度だったガシとワジャが、一九五〇年前後には四割を占めるに至った(50)。一九五一年の「涼山解放」間近に奴隷となった者の中には、自分の出自を明確に覚えている者もおり、中華人民共和国成立以降の民族識別で彼・彼女らの民族的出自がどう処理されたかは謎だが、同国ではガシやワジャもイ族とみなしており、漢人や他の民族をルーツとする者がかなりイ族に入れられたと考えられる。だとすれば、彼・彼女やその子ども達が、イ語やイ文にこだわりを持っていなかったとしても無理はない。

五　イ文統一への動き

イ族の間では一九九〇年前後から、全国のイ文を統一しようという主張が増え、九二年から全国統一イ文方案の作成作業が

始められている。しかし、イ文の統一という点では皆意見が一致するが、議論が文字や語彙の選定をめぐる具体的な話になると、出身地のイ文字を統一文字にしようとする者などがいて、一向に意見がまとまらないという[51]。涼山イ族はイ族の伝統文化をよく保持しイ族の典型といえるので、涼山規範イ文を基礎にすべきという主張[52]もあれば、六種類のイ文を基に作った雲南規範イ文こそ、統一イ文の基礎にふさわしいという主張[53]もある。だが、涼山規範イ文が雲南のイ族の間で使えないことは、雲南規範イ文を創らなければならなかったことが証明するところであり、雲南規範イ文が雲南イ族の間で広がらないのはすでに指摘した通りである。

ここで以下の問題が想起されよう。言語や文字の統一は、しばしば国の統一に伴う統合手段として行われてきたものである(例えば漢文の統一は秦の統一による)。近代以降は民族国家形成の際に、権力を掌握した「中央」が国家語、標準語を制定し、(半)強制的に学習させることによって、「標準語」「標準文字」は普及した。つまり、言語や文字の統一は「民族」を統一した中心勢力によって、非民主的に「達成」されてきたともいえるのである。翻ってイ族を見れば、イ族は自ら「民族」を形成したものではなく、統一政権を樹立したことがなく、自他ともに認める政治的、文化的、経済的中心もない。中国外に同胞の「中心」地域もなく、民族国家を希求又は獲得したこともない。そのイ族が、中国という漢民族を「主体民族」とする国家に内包された少数民族という地位のまま、文字の統一を達成できるだろうか。ここでいう文字の統一とは技術的なことではなく、それがイ族の多数の人に受け入れられるかどうかである。各イ文に大幅な変更をもたらす全イ文の統一を、民主的な方法で達成するのは容易なことではなかろう。

二つ目は、そもそもイ文統一の試みが望ましいものかという問題である。政治的に規範性を獲得した言語やその使い方が「規範的なもの」として個々人やコミュニティを規定していけば、様々な個性、多様性が否定される。イ文統一の動きの背景には、全国レベルの場でどのイ文が全イ族を代表する文字かをめぐる確執もあり、まず文字を統一して次第に言語を統一するという展望もある[54]。そうした意識の下でのイ文、イ語の統一は、現在使われている多種多様なイ文、方言を「規範的でないもの」として排除し喪失させる試みとなる可能性がある。ならば規範的なイ文を作り上げようとする試みは抗すべきものなのだろうか。それとも既存の規範に抗するために、規範を持たないマイノリティが自らの規範をつくることは肯定されるべきだろうか。標準化、統一された言語、文字がない世界が、政治的に規範を獲得したものに包み込まれれば、前者は後者に太刀打ちできない。現在イ族を含む南方の少数民族の間では、同じ民族の異なる方言話者の間で、漢語漢文をコミュニケーションの手段として使うケースが増えている。漢語漢文が政治的な規範を獲得している中国社会に包まれたイ族の場合、より応用範囲の広い自己の言語、文字を持たねば、ばらばらと漢族文化に吸収されてしまうだろう。

ポスト文革の八〇年代、民族語文事業は復興の勢いにのっていた。涼山規範イ文はその先端を切った。それに触発されて動き出した雲南との数年の違いが、現在の普及状態の差をもたらした主な原因だとしたら、伝統イ文の広がりをめぐる今後の展望は必ずしも明るいとはいえない。ここ数年、特に市場経済化の下で、少数民族に対する漢語教育を強調する論調が再び勢いづいている。今後民族言語文字政策がどのように変化していくのか、ここで容易に判断することはできないが、九〇年代初頭までの伝統イ文復権の軌跡を今まとめておくことは、今後の動向を見つめていく上でも意義のあることだと思う。

[注]

(1) 中西亮「彝族の新しい音節文字」『言語』一九八一年四月号、七六頁。

(2) 少数民族語文系民族語文研究室「我国少数民族語言文字概況和党的民族語文政策」『中央民族学院学報』一九七六年第三、四期、八〇頁。

(3) 村松一弥『中国の少数民族——その歴史と文化および現況』毎日出版社、一九七三年、一六五〜一七七頁。

(4) 陳士林・辺仕明・李秀清編著『彝語簡志』民族出版社、一九八五年、三頁。同書によれば、小涼山を除く雲南省と貴州省のイ族の言語使用状況は居住環境によって異なる。山地に集住するイ族はイ語を主要なコミュニケーションの手段とし、老人、子ども、女性の多くは漢語や他の民族の言語はできない。平地で他の民族と混在して暮らすイ族は、漢語が分かる者が多く、イ語ができない者もいる（貴州省大方県黄壩、雲南省普洱城鎮のイ族など）。山地や渓谷地帯で分散居住するイ族は、一般にイ語ができ、漢語や他の民族の言葉にも通じているが、漢語か他の民族の言葉しかできない者もいる。平地で分散居住するイ族の場合、老人と女性の中にはイ語ができ、漢語や他の民族の言葉にも通じている者がおり、成人男性や少年はほぼ漢語のモノリンガルで、他の民族の言葉ができる者も若干いる。

(5) 陳其光編著『中国語文概要』中央民族学院出版社、一九九〇年、二七五〜二七八頁。注（4）陳士林他『彝語簡志』二一七〜二二七頁。

(6) 張廷献「談統一彝文的方針和方法問題」『雲南民族語文』一九九五年第二期。武自立・紀嘉発・肖家成「雲南彝文浅論」（『民族語文』一九八〇年第四期）は、雲南、貴州一帯のイ文を、①雲南緑春県、新平県イ文、②雲南禄勧県、武定県イ文、③貴州大方県、威寧県イ文、④雲南路南イ族自治県、弥勒県イ文の四つに分類している。

(7) 注（4）陳士林他『彝語簡志』二三六頁。別の調査ではこれより低く、一・七%という結果もあった（馬黒木呷・姚昌道「彝文在涼山的普及給人們的啓示」『民族語文』一九九三年第二期、三九頁）。

(8) 中央訪問団は、中央人民政府政務院が一九五〇年〜五二年末にかけて①中国共産党の民族政策の宣伝、②各民族の代表人物との面談、③少数民族の社会調査等を目的として、西南、西北、中南、東北、内モンゴル等の地域に派遣したものである。西南訪問団は一九五〇年七月二日に北京を出発、三つの分団に分かれ、四川、西康（現在の四川省西部とチベット自治区東部）、雲南、貴州を訪問した。

（9）西昌市は現在の四川省涼山イ族自治州の州都である。西康省西昌は一九四九年後半～五〇年初頭にかけて、国民党の「大陸最後の軍事拠点」であったが、一九五〇年三月下旬、人民解放軍が侵攻して占拠、「西昌解放」を宣言した。

（10）陳士林（一九一六年～一九九二年）は、一九五〇年中央民族訪問団に加わり、当時の西康省大小涼山イ族の集居地へ入り、一九五一～六〇年まで中国科学院語言研究所川康工作隊と中国科学院少数民族語言調査第四工作隊の隊長を務めた。新イ文の考案、試行推進を行い、一九七六年には四川省イ文規範作業にも参加した。

（11）日本語と異なり、漢語では話し言葉と書き言葉を明確に区別する。「語言」は話し言葉のみを、「語文」は書き言葉、あるいは話し言葉と書き言葉の双方を含む概念である。

（12）陳士林「両年来彝族語言文字的発展」『中国語文』一九五二年一二月号。陳朝達・胡再英編『万里彝郷即故郷――陳士林先生著述及紀念文選集』西北工業大学出版社、一九九三年、六頁。

（13）陳士林「西康彝族語文工作報告」『科学通報』一九五一年第四期。注（12）『万里彝郷即故郷』一～五頁。

（14）李仕安「我与彝文」『涼山民族研究』一九九二年第一期、一三五～一三七頁。

（15）注（12）陳朝達他編『万里彝郷即故郷』三頁。

（16）陳士林「我対彝語文工作的熱愛和反思」注（12）『万里彝郷即故郷』四八八頁。

（17）果吉・寧哈「論〝漢文、彝文同時使用〟的方針与彝族地区的現代化建設」『彝語研究』第四期、一九九〇年、一八～一九頁。

（18）羅常培「研究国内少数民族語文的迫切需要」『国内少数民族語言文字的概況』中華書局、一九五四年。四川省涼山彝族自治州編譯局『彝族語言文字論文選』四川民族出版社、一九八八年、三頁。

（19）注（18）『彝族語言文字論文選』四頁。

（20）「関於民族事務的幾項決定」第五項。

（21）中央人民政府民族事務委員会・政務院文化教育委員会民族語言文字研究指導委員会「関於幇助尚無文字的民族創立文字問題的報告」。この報告は一九五四年五月に政務院第二一七次会議で承認された。

（22）注（12）陳朝達他編『万里彝郷即故郷』六～一一頁。

（23）注（17）果吉・寧哈「論〝漢文、彝文同時使用〟的方針与彝族地区的現代化建設」。注（4）『彝語簡史』二二六頁。

（24）一九五七年一二月一〇日「国務院対〝中国文字改革委員会関於討論僮文方案和少数民族文字方案中設計字母的幾個原則的報告〟批復」。

（25）馬学良『民族語言教学文集』四川民族出版社、一九八八年、二四七頁。

（26）戴慶厦・賈捷華「対民族文字〝創、改、選〟経験教訓的一些認識」『民族研究』一九九三年第六期、一六頁。

（27）陳士林「規範彝文的実践効果和有関的几个問題」『民族語文』一九七九年第四期。注（13）『万里彝郷即故郷』一〇四頁。

（28）羅家修「試論彝文及規範彝文」『彝語研究』第四期、一九九〇年、二四、三〇頁。

(29) 以下特に注がなければ、第三節の記述は、馬黒木呷「《彝文規範方案》的誕生及其実践効果」『民族語文』一九八五年第三期、注(7)馬黒木呷・姚昌道「彝文在涼山的普及給人們的啓示」及び注(28)羅家修「試論彝文及規範彝文」に基づく。
(30) 陳士林「利用拼音字母幇助少数民族学習漢語文」『文字改革』一九六〇年第五期、注(12)『万里彝郷即故郷』一三頁。
(31) 第二次全国民族語文科学討論会(一九五八年三月)から二一年を経て開かれたこの会議では、「左傾路線」を訂正し、基調報告で「民族文字は党の方針政策の宣伝、理論の学習、民族言語文字教育の実施、識字活動、科学技術レベルの向上、民族語のラジオ放送や民族口頭文学の記録等の方面で非常に必要なものである」との方針が提示された(国家民族事務委員会・中国社会科学院「関於召開第三次全国民族語文科学討論会的報告」一九七九年九月一日)。
(32) 以下特に注がなければ、第四節1の記述は、馬黒木呷「《彝文規範方案》的誕生及其作用」『彝語研究』第四期、一九九〇年。馬黒木呷「四川彝語文規範工作簡介」『民族語文』一九八九年第四期。涼山州編譯局「涼山規範彝文推行十年、成績卓然」『雲南民族語文』一九九〇年第一期に基づく。
(33) 馬占高「中国第一張彝文報」『彝語研究』一九九〇年第四期。「彝族人民歴史上的第一張本民族文字報」(馬樹勛編著『中国少数民族文字報紙概略』内蒙古大学出版社、一九九〇年)。
(34) 時長日黒「前進中的省彝文学校」『彝語研究』一九九〇年第四期、五九~六〇頁。
(35) 馬志強「浅談涼山〝双語教学〟体制」『民族教育』一九八九年第三期、九三~九四頁。
(36) 第四節2の記述は、以下の文献に基づく。普学旺・劉剣文「彝漢双語教学研究」(『雲南少数民族双語教学研究』雲南民族出版社、一九九五年)六一~六二頁。畢雲鼎「関於雲南規範彝文使用程度和範囲問題的思考」中国民族語言学会南方片会議論文、一九九二年一一月。張廷献「談雲南彝文的字詞規範」『雲南民族語文』一九八七年第二期。張廷献「談彝族文字的統一」『雲南民族語文』一九九〇年第三期。省彝文規範辦公室「雲南規範イ文試行情況」『雲南民族語文』一九九二年第二期。
(37) 阿魯品豪「統一規範彝族文字勢在必行」(張和平主編『彝語文集』貴州民族出版社、一九九三年)八九頁。
(38) 拖吐魯汝「貴州推行彝族文字開展双語文教学的回顧与前瞻」同前書一〇一頁。一九七九年、国家民族事務委員会が(七九)三四一号文書を発してイ族歴史文献の収集整理、研究を指示する。すでに文革後(一九七七年)復活していた畢節地区イ文翻訳組の他に、六盤水市、大方、赫章、威寧等の民族事務委員会と貴州民族学院が新たにイ文古籍整理機構を設け、イ文古籍の収集、整理を始めた。
(39) 陳達明「貴州彝漢双語教学的現状及前景」注(37)『彝語文集』九一~九九頁。
(40) 楊亜東「貴州省民族語文工作機構簡介」『民族語文』一九九四年第六期、七七~七八頁。
(41) 注(39)陳達明「貴州彝漢双語教学的現状及前景」。今旦・張済民「貴州地区双語問題浅探」(貴州省民族事務委員会民族語文辦公室『貴州双語教学論文集』貴州民族出版社、一九八九年)二六頁。
(42) 姚舜安主編『広西民族大全』広西民族出版社、一九九一年、四〇、三三二頁。
(43) 注(36)『雲南少数民族双語教学研究』六頁。
(44) 陳達明「貴州彝漢双語教学研究」注(41)『貴州双語教学論文集』二二二頁。
(45) 注(39)陳達明「貴州彝漢双語教学的現状及前景」九八頁。
(46) 畢節県三官小学「三官小学是怎様開展双語教学的」(孫若蘭主編『貴州民族語文調査集』貴州民族出版社、一九九二年)一七四〜一七八頁。
(47) 注(37)阿魯品豪「統一規範彝族文字勢在必行」『彝語文集』八九頁。
(48) 張余蓉・余恵邦・馬錦衛「涼山州双語教育現状及其発展前景」『涼山民族研究』第二期、一九九三年、一一五〜一一九頁。
(49) 拙稿「四川省涼山イ族自治州を訪れて(上)」部落解放研究所『ヒューマンライツ』一九九五年五月号、六二〜六七頁参照。
(50) 《涼山彝族奴隷社会》編写組『涼山彝族奴隷社会』人民出版社、一九八二年、四二〜四五、九七頁。潘蛟「試述鴉片種銷対近代涼山彝族地区社会発展的消極影響」『中央民族学院学報』一九八七年第一期、三二頁。一つの地区で一度に百人から千人単位がさらわれ、例えば一九一九年雷波が攻められた時は農民八百人、駐屯軍人三八〇人が掠奪されたという。一九五〇年美姑のある地域では、六四戸のワジャのうち六二戸は本人が自分の代に攫われてきた漢人であったという。
(51) 張廷献「談統一彝文的方針和方法問題」『雲南民族語文』一九九五年第二期、二三〜二六、七〇頁。張廷献「談彝族文字的統一」『雲南民族語文』一九九〇年第三期、三二頁。
(52) 注(37)阿魯品豪「統一規範彝族文字勢在必行」『彝語文集』九〇頁。
(53) 注(51)張廷献「談統一彝文的方針和方法問題」二三頁。
(54) 注(51)張廷献「談統一彝文的方針和方法問題」二四、七〇頁。

第四章　雲南省における少数民族語事業と教育

一九九〇年現在、雲南省《ユンナン》の少数民族人口は約一二三三万七千人、省総人口の三三・四％を占める。雲南省では省内に住む人口四千人以上の二五の少数民族を、同省の主な民族とみなしている。(1)そのため中国で最も民族の種類の多い省といわれる。実際、イ族の六割、ペー族の八割、ハニ族、タイ族、リス族、ラフ族、ワ族、ナシ族、ジンポー族、プーラン族、プミ族、アチャン族、ヌー族、チノー族、ドアン族、トールン族のほとんどが、雲南省に住んでいる（表4―1）。民族自治地方の数も多く、八自治州、二九自治県と、雲南省一省に中国の民族自治地方の四割が集まっている（地図4―1）。この外、省内には一九三の民族郷もある。(2)

雲南省人民政府が一九九一年一〇月に出した文書によれば、同省二五の少数民族のうち、回、満洲、スイ族を除く二二民族が二六種類の言語（ジンポー族、ヤオ族が各二種類、ヌー族が三種類）を使い、一四民族の二二種類の文字が公的に使用または試行されている。(3)

また雲南省教育庁の「民族語教育事業に関する意見」（一九八九年三月）によれば、同省少数民族の言語使用状況は、以下の三種類に大別される。(4)

①民族語のモノリンガル（人口約七〇〇万人）。少数民族の集住地域では、自民族の言語をコミュニケーションの手段としている者が多く、漢語はほぼ通じない。

②バイリンガルあるいはマルチリンガル（人口三〇〇万人）。複数の民族が混在する地域の郷村・町や交通沿線地域に住む民族は、自己の言語を使う一方、漢語やその他の民族の言語にも通じている。

③漢語のモノリンガル（人口約一〇〇万人）。漢族と長い間同じ地域に住み、頻繁に交わり、漢語をコミュニケーションの手段にしている。

こうした多種多様さゆえに、雲南省については、民族教育の

地図4−1　雲南省の民族自治地方（1990年）

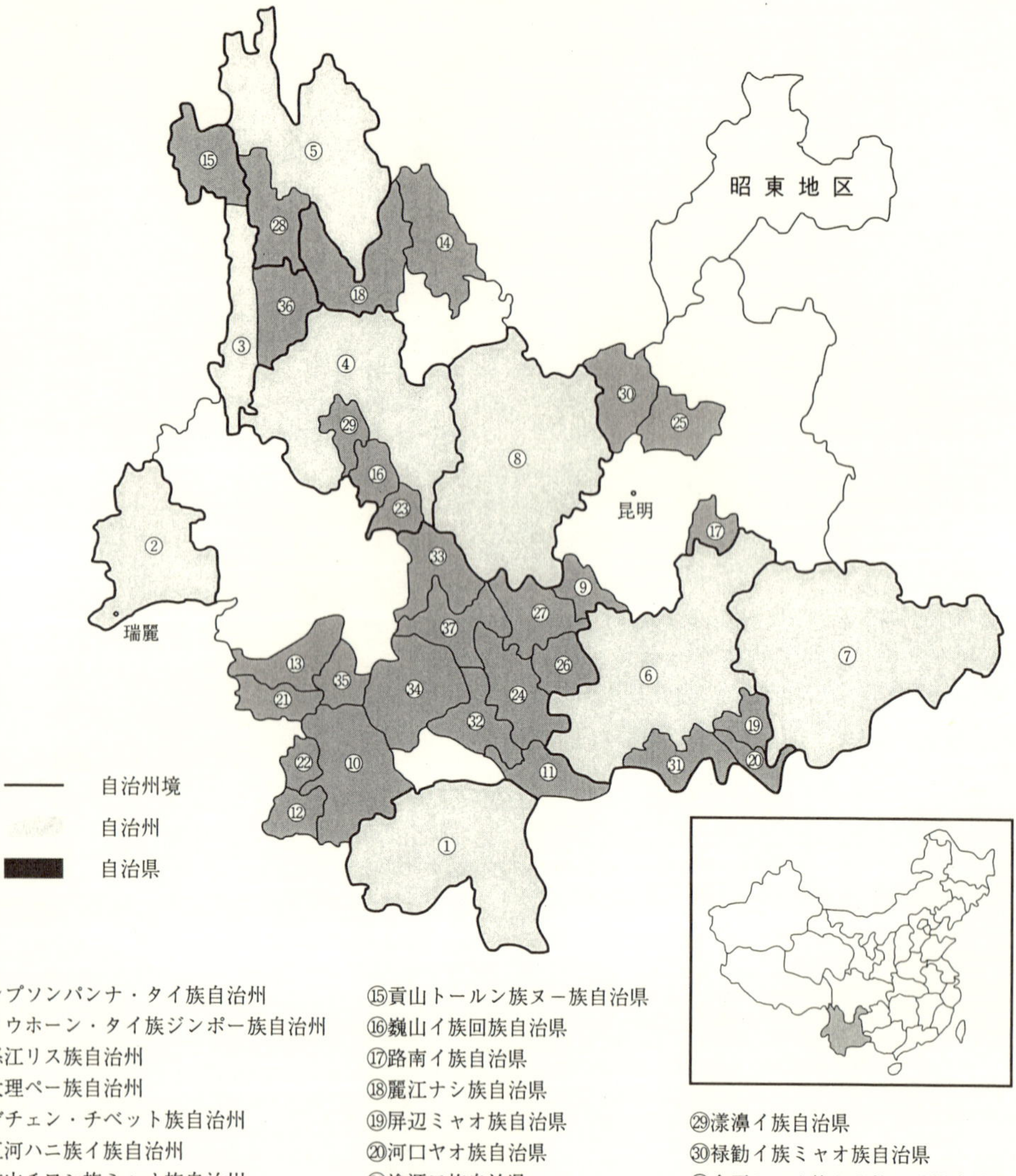

①シプソンパンナ・タイ族自治州
②タウホーン・タイ族ジンポー族自治州
③怒江リス族自治州
④大理ペー族自治州
⑤デチェン・チベット族自治州
⑥紅河ハニ族イ族自治州
⑦文山チワン族ミャオ族自治州
⑧楚雄イ族自治州
⑨峨山イ族自治県
⑩瀾滄ラフ族自治県
⑪江城ハニ族イ族自治県
⑫孟連タイ族ラフ族ワ族自治県
⑬耿馬タイ族ワ族自治県
⑭寧蒗イ族自治県
⑮貢山トールン族ヌー族自治県
⑯巍山イ族回族自治県
⑰路南イ族自治県
⑱麗江ナシ族自治県
⑲屏辺ミャオ族自治県
⑳河口ヤオ族自治県
㉑滄源ワ族自治県
㉒西盟ワ族自治県
㉓南澗イ族自治県
㉔墨江ハニ族自治県
㉕尋甸回族イ族自治県
㉖元江ハニ族イ族タイ族自治県
㉗新平イ族タイ族自治県
㉘維西リス族自治県
㉙漾濞イ族自治県
㉚禄勧イ族ミャオ族自治県
㉛金平ミャオ族ヤオ族タイ族自治県
㉜普洱ハニ族イ族自治県
㉝景東イ族自治県
㉞景谷タイ族イ族自治県
㉟双江ラフ族ワ族プーラン族タイ族自治県
㊱蘭坪ペー族プミ族自治県
㊲鎮源イ族ハニ族ラフ族自治県

出所：中国地図出版社『雲南省地図』（1990年）及び地図A注『中華人民共和国行政区画簡冊』67〜71頁他をもとに筆者作成。

表4－1　雲南省民族別人口（1990年、1000人以上）

民族名	1953 年	1964 年	1982 年	1990 年			
	人　口	人　口	人　口	人　口	A	B	C
雲南省総人口	17,132,737	20,509,525	32,553,699	36,972,610			
少数民族総人口	5,634,648	6,400,671	10,322,049	12,336,774	33.4		13.64
漢族	11,498,082	14,106,982	22,231,575	24,629,056	66.6		2.36
イ族	1,825,323	2,144,901	3,352,732	4,054,177	11.0	32.9	61.69
ペー族	566,840	704,012	1,121,299	1,339,056	3.6	10.9	83.96
ハニ族	481,205	628,638	1,058,386	1,248,106	3.4	10.1	99.53
タイ族	478,823	534,282	835,761	1,014,318	2.7	8.2	98.95
チワン族	342,961	564,697	894,408	1,003,901	2.7	8.1	6.48
ミャオ族	359,992	428,137	752,122	896,712	2.4	7.3	12.12
リス族	310,089	262,765	467,869	557,144	1.5	4.5	96.92
回族	217,091	266,695	437,933	522,046	1.4	4.2	6.07
ラフ族	139,057	191,217	304,131	408,203	1.1	3.3	99.20
ワ族	286,155	200,237	298,516	347,738	0.9	2.8	98.80
ナシ族	143,398	153,761	236,326	265,708	0.7	2.2	95.58
ヤオ族	72,332	85,864	147,147	173,114	0.5	1.4	8.11
ジンポー族	101,842	57,222	92,876	118,322	0.3	1.0	99.26
チベット族	66,893	65,258	95,925	111,414	0.3	0.9	2.43
プーラン族	0	39,407	58,328	81,768	0.2	0.7	99.38
プイ族	14,418	0	4,982	34,061	0.1	0.3	1.34
プミ族	0	14,293	24,141	29,301	0.1	0.2	98.80
アチャン族	0	14,293	24,141	27,613	0.1	0.2	99.66
ヌー族	0	15,041	22,837	26,583	0.1	0.2	98.01
チノー族	0	0	11,954	17,843	0.0	0.1	99.01
ドアン族	0	7,252	12,274	15,399	0.0	0.1	99.59
モンゴル族	3,493	3,653	6,211	13,168	0.0	0.1	0.27
スイ族	0	10	6,126	7,688	0.0	0.1	2.22
満洲族	953	1,439	3,101	7,055	0.0	0.1	0.07
トールン族	0	3,085	4,599	5,536	0.0	0.0	95.19
コーラオ族	0	0	1,446	3,234	0.0	0.0	0.74
トゥ族	0	0	2,888	2,158	0.0	0.0	1.13
トゥチャ族	0	0	797	2,026	0.0	0.0	0.04
トン族	0	27	738	1,493	0.0	0.0	0.06
未識別民族	0	1,497	0	6,726	0.0		0.90
外国人中国籍加入者	7	375	75	54	0.0		1.58

A ＝対省総人口比（%）、B ＝対省少数民族総人口比（%）、C ＝対各民族全国総人口比（%）
出所：『雲南省第四次人口普査手工彙総資料』雲南人民出版社、1991 年、8 ～ 10 頁、国家統計局人口統計司、公安部三局『中華人民共和国人口統計資料彙編 1949 ― 1985』中国財政経済出版社、1988 年、960 ～ 961 頁他をもとに筆者作成。

実態を個々の民族や民族自治地方ごとに丹念に捉えるのは容易ではない。同省では一民族＝複数の言語＝複数の文字という場合も多い。伝統文字を持つ民族、一九五〇年代につくられた文字が試行段階にあるもの、文字のない民族など、状況の異なるさまざまな民族がおり、延辺や内モンゴルのように一貫した規準（教科課程）があって二言語教育が行われているのではない。地区とはいわず、それこそ学校ごとに二言語教育の開始時期も異なっている。また雲南省のある研究者が、一九八〇年代以降の雲南省の少数民族二言語教育をめぐる状況は常に変動し、毎年のように違うと語ってくれたことがある。ある時期の細かな状況を丁寧に検証しても、それは一過性のものでもう現状ではない、ということも多いのだ。そこで本章では、よりマクロ的な視点から、中華人民共和国における雲南省の少数民族語事業の経緯をたどり、民族語の使用やその教育への取り入れ状況を明らかにしたいと思う。

一　雲南省の少数民族語施策の推移

1　一九五二年〜一九五七年

雲南省は一九五二年、中国社会科学院言語研究所と協力して、少数民族語の調査を始めた(5)。一九五六年六月には、雲南省少数民族語文指導工作委員会（雲南省少数民族語指導事業委員会）と雲南省教育庁の下に民族教材編集翻訳室が設立され、翌七月に二〇〇余人の少数民族言語調査隊を組織している。この調査隊は約半年の間に、省内各地でハニ、タイ、リス、ラフ、ナシ、ワ、ジンポー、ミャオ、イ、ペー族の言語を調査し、それぞれの基礎方言と標準音を選定し、ハニ族のハヤ方言と碧卡方言、リス語、ナシ語、ワ語、ジンポー族のツァイワ語をローマ字で綴る六種類の文字を創り、タイ族のタイ・ルー（シプソンパンナ・タイ）文字とタイ・ロ（タウホーン・タイ）文字、ラフ文字、ジンポー文字の四種類については、従来の文字を改修したとされる。この作業を指揮したのが当時、少数民族言語研究所の副所長だった傅懋勣《フーマオジー》と同研究所の顧問を務めるソ連の言語学者、セルジチェンコ（一三〇頁参照）らであった。

少数民族言語調査隊は一九五六年一〇月、貴州省貴陽市で民族文字字母形式問題討論会（一〇月一九〜二一日）を開き、ここで、ローマ字をもとにつくった少数民族文字は、字母形式上可能な限り漢語ピンイン（表音文字）方案と一致させるという原則を定める。またこの時、南方少数民族の文字創作に使う共通の字母表をつくり、表中の字母の中から必要なものを選んで各民族の文字をつくることにしたという。雲南省で前述の六種類、貴州省でミャオ文字（二種類）、広西省でチワン文字などが、一九五七年にほとんど同時にできあがっているのはそのためだ。これら新文字は、一九五七年三月（一六〜二七日）の雲南省少数民族言語文字科学討論会で採択され、そのうちのいくつかは中央民族事務委員会や雲南省人民政府の認可を得て試行されることになった。雲南省ではこれに備えて一九五七年八月、教育庁民族教材編集翻訳室と雲南人民出版社辺疆組を合わせて、雲南民族出版社をつくり、タイ（二種類）、ジンポー（二種類）、リス、ラフ、ワ、ハニの六民族、八種類の民族文字の試用教科書、識字教科書を出版し始めている。こうして同年秋からジンポー、ツァイワ、リス、ラフ、ハニ、ワ、イ文字の教科書が、一部の民族小学校で試験的に取り入れられることになった。

2　一九五八年〜文化大革命期

民族文字の創作・普及事業は、反右派闘争・大躍進で頓挫し、文化大革命の勃発で完全に停止された。その経緯を追ってみよう。

左傾路線が台頭した一九五八年春の第二回全国民族語文科学討論会（一三一頁参照）の決定が通達されると、雲南省はこれから試行・推進する予定だったナシ文字の試行を取り消し、また、一つの民族に二種類の文字をつくるのは民族内部の団結と共同の発展に不利だとして、出来立てのジンポー族ツァイワ文字とハニ族の碧卡方言文字を廃止した。その背後には——いかなる民族の言語も将来発展して統一の共通語を形成するのであり、少数民族語の発展は統一文字の発展によってのみ可能となり、方言文字を発展させるべきではない。そうでなければ、自民族の言語と文字の統一的な発展を妨げ、民族内部の団結を妨げ、自民族が統一された社会主義民族となることを妨げる——という教条主義があったという[6]。また一九五九年以降、「民族融合風」「民族文字無用論」、民族言語の「突然変化」、「（漢語への）直接移行」などの論調が強まると、雲南省は進行中の民族文字の試行事業を次々に中止し、民族語によるラジオ放送も打ち切りにした。この頃から、漢族地域から少数民族地域に来て働いていた幹部で、現地の民族語を学習する者は著しく減り、小学校の教師さえも民族語を熱心に学ばなくなったという。この大躍進と人民公社運動の中で、雲南省はシプソンパンナ・タイ族自治州、怒江リス族自治州、デチェン・チベット族自治州、路南イ族自治県、尋甸回族イ族自治県、永建回族自治県を実質的に廃止している[7]。

一九六〇年七月夏から一九六一年はじめにかけて、大躍進政策の転換が図られると、民族事業でも一時的に左傾路線が是正され、民族文字の中には普及事業が再開されたものもある。雲南省は一九六二年の民族工作会議で少数民族語事業を引き続き強化していくことを示し、翌一九六三年の全省民族会議でも、民族語教育を強化する方針を打ち出した。しかし反右派闘争・大躍進が始まる前のレベルに戻らぬうちに、今度は一九六六年、文化大革命が勃発する。

文革期、雲南省では民族自治地方は「独立王国」であり、民族区域自治は「マイノリティがマジョリティを圧迫する」ものとして攻撃され、同省はシプソンパンナ・タイ族自治州、怒江リス族自治州、デチェン・チベット族自治州、タウホーン・タイ族ジンポー族自治州を廃止し、その行政区域を一九七三年まで付近の専区に組み入れた(8)。中央では張春橋《ジャンチュンチャオ》（文革をリードした四人組の一人）が、モンゴル、チベット、ウイグル、カザフ、朝鮮族の文字は当面使っておくとして、その他の民族文字の使用についてはもう取り上げないと公言したともいう。こうした路線の中で、雲南省は六〇年代に普及事業を再開した文字も含め、民族文字の推進事業をことごとく停止した。雲南省少数民族語指導事業委員会や教育庁民族教科書編さん室、雲南民族出版社など民族語事業に関わる機関は廃止となり、民族文字による新聞雑誌は発行停止となり、民族文字で書かれた文献資料が大量に焼却され、民族語事業に携わる職員は転職あるいは下放させられた。民族学校も廃止されたり一般の学校に改編されたりし、雲南民族学院も一九六九年三月から七二年四月まで廃校となっている(9)。

　ラフ文字の推進事業が文革で取りやめになったことは、ラフ族の間に強い不満を引き起こしたという。文革終了後の一九七八年、瀾滄県のラフ族幹部、李文漢《リーウェンハン》は鄧小平《トンシャオピン》に上書し、ラフ文字の推進事業を再開するよう求めた。また同県の民政科幹部、羅亜民《ルオヤーミン》は『雲南日報』に「ラフ文の救済を請う」と題するアピール文を書いた。一九五八年、行政手段でジンポー族ツァイワ文字の試行事業を停止したのも、ジンポー族地区の実情やツァイワの人々の民意から大きく逸脱したもので、一九八三年にこの文字の試行が再開されると、太鼓を打ち鳴らし、爆竹を放って祝賀した地域もあったという。これらの文字の使用停止が頭ごなしで行われたことが伺われる。

3　ポスト文革期

文革が終わると一九七九年一一月、雲南省少数民族語指導事業委員会が復活する。中共雲南省委員会が一九八一年二月、中共中央書記処に対して行った雲南民族事業報告会の紀要は、以下の方針を明示した。「少数民族の言語・文字の使用と発展を重視し、民族語の翻訳や出版、新聞、ラジオ事業を真摯に実施しなければならない。自己の言語と文字がある民族が通う学校では、それらを使って教育を行い、自己の言語を持ち文字を持たない民族についても、民族語を補助的に使って教育を行うものとする」。

　こうした方針に支えられて、一九八〇年代の雲南省の民族語事業は回復し、大きく進展した。その発展ぶりをみてみると、まず民族語事業を担う機関が拡充し、雲南省少数民族語指導事業委員会が復活しただけでなく、楚雄、紅河、怒江、文山、大理の五自治州と麗江、寧蒗、路南の三自治県などで民族語事業を指導する専門機関が設置された。民族文字による識字教育やその学校教育への導入規模も、文革前を大きく上回っている。

政府が普及事業の対象とする民族文字は、文革前の八民族一〇種類から一四民族二二種類に増えた。学校教育では、一九八五年の時点で全省の一〇六七校が民族語の授業を設け、五万人が学ぶまでになった。第三に、民族語による図書出版事業をみると、一九五七年から六九年までの出版数が三八四冊、一一〇万部だったのに対し、一九七九年から八九年までの合計は一三種類の文字で八二三冊、九三九万部に達している。第四に、メディア面での拡充があげられる。一九八〇年代、タイ、ジンポー、リス、ナシ族の文字で出される新聞や定期刊行物は一一種類となり、また各民族自治地方でラジオ放送に使われる言語はタイ、ジンポー、リス、ラフ、ハニ、チワン、ミャオ、ヤオ、ワ、イ語の一〇種類に増えた。この他一九八九年までに一三種類の言語で映画三四六本、教育・記録映画一〇六本を製作したともいう。

二　雲南少数民族の言語文字使用状況

本節では、雲南省の主な少数民族の言語と文字の使用状況を概観し、その特徴をとらえてみたい。なお同省内のイ族については第三章四―五節、チベット族については第七章六節で述べているので、ここでは省略する。

1　タイ族の文字

雲南省内にはタイ族の自治地方として、二自治州、七自治県がある。このうちタウホーン・タイ族ジンポー族自治州に省内タイ族の二八・六％（二八万九六一九人）、シプソンパンナ・タイ族自治州に二六・七％（二七万四〇五人）が住んでいる。

中華人民共和国が成立する前の時点で、タイ族の識字率は、シプソンパンナで三分の一、タウホーンの潞西県でも文教科が五〇～八〇％と報告している。同時期の漢族の農村識字率一〇～二〇％と比べると、タイ文教育の普及率が相対的にかなり高かったことが分かる。[10] 今でもタイ族の男子は一般に寺院に二、三年間入った（この間タイ語の読み書きも習う）後還俗し、学校に通っている。

雲南省のタイ族の間では、従来タイ・ルー（シプソンパンナ・タイ）文字、タイ・ロ（タウホーン・タイ）文字、タイ・ホン（タイ・タウ）文字、金平タイ文字の主に四種類のタイ文字が使われてきた。いずれもパーリ文字を基にした文字で、一三世紀頃の創作とする説が多い。現在中国内で幅広く使われているのは前二者で、タイ・ホン文字は主に耿馬タイ族ワ族自治県のタイ族の間で、金平タイ文字は金平ミャオ族ヤオ族タイ族自治県の猛拉区に住むタイ族の間で使われている。シプソンパンナとタウホーンの言葉は違いが大きく、文字の統一は難しい。以下この二つの地域を中心にみてみよう。

（1）タウホーン・タイ文字

タイ民族はタイ王国のマジョリティである一方、ビルマ（二九〇万人）や中国（一〇三万人）、ベトナム（八〇万人）、ラオス（一八万人）にもマイノリティとして住んでいる。タウホーン・タイ族ジンポー族自治州が隣接するビルマ（ミャンマー）では、タイ語系の人々はシャンと呼ばれ（自称はタイ）、同国最大の少数民族である。[11] このうちカチン州のシャン・タヨッ、タイ・ヌー、パイ・イと呼ばれる人々がタウホーンのタイ族と同じだという。[12]

タウホーン自治州は一九五三年七月に成立し（当時は自治区）、その民族構成は一九九〇年現在、タイ族が約二九万人（三二・五％）、ジンポー族が約一一万六千人（一二・六％）、漢族が約四四万五千人（四八・三％）である。同自治州は、雲南省で二言語教育が比較的よく行われている地域だといわれ、一九八九年三月現在、タイ族小学校三七六校中二六三校、ジンポー族小学校二四五校中一一九校（ジンポー文三一校、ツァイワ文八八校）、リス族小学校四三校中五校が民族語の授業を行っている。[13]

タウホーン・タイ文字（タイ・ロ文字）は、中華人民共和国成立後、一九五三年、五五年、六三年の三度にわたって改定された。[14] 一九五二年一〇月二五日、保山専区タイ族文字改修委員会が設けられ、五三年一〇月に第一次修正案をつくり、五四年六月一〇日に中央民族事務委員会が承認し、試行が始められる。この五三年案は、もともとの文字の特徴をかなり維持していたが、専門家の意見をあまり取り入れなかったとして問題となり、五五年一二月、ソ連のセルジチェンコの意見を受けて第二次修正案がつくられた。だが今度は逆に専門家の意見を取り入れすぎて、残すべき文字も変えてしまい、もとの文字からかなりかけ離れてしまったという。国務院は五六年七月、これを実験推進文字に認定したが、タウホーン自治州は六三年に第三次修正案をつくった。[15] 六三年版は二度の失敗を踏まえて、まず一般のタイ族が実生活でどの文字を使っているか実地調査を通じて把握し、タイ族の一般住民を含む各方面の意見を偏向なく聞き、伝統文字との一致性に配慮しながらテクニカルな改修を施したので、うまくいったという。

文革後、このタウホーン・タイ文字を使ったタイ語教育は、一九八〇年から各県でバラバラに再開されたが、自治州教育局は一九八八年に民族語教育大綱にバイリンガル教育を明記し、教科書を編さん、教員を養成して一九八九年九月、全州統一の教授方法をスタートさせた。こうして現在学校教育では、小学校一年生でタイ語を重点的に教え（授業時数は週に一二時間）、二年生から六年生まではタイ語の授業を週二、三時間に減らし、漢語や一般教科を教えている。その結果一九九四年現在、民族語教育大綱が適用される学校に通うタイ族小学生の九割が、タイ文の読み書きができるようになった。

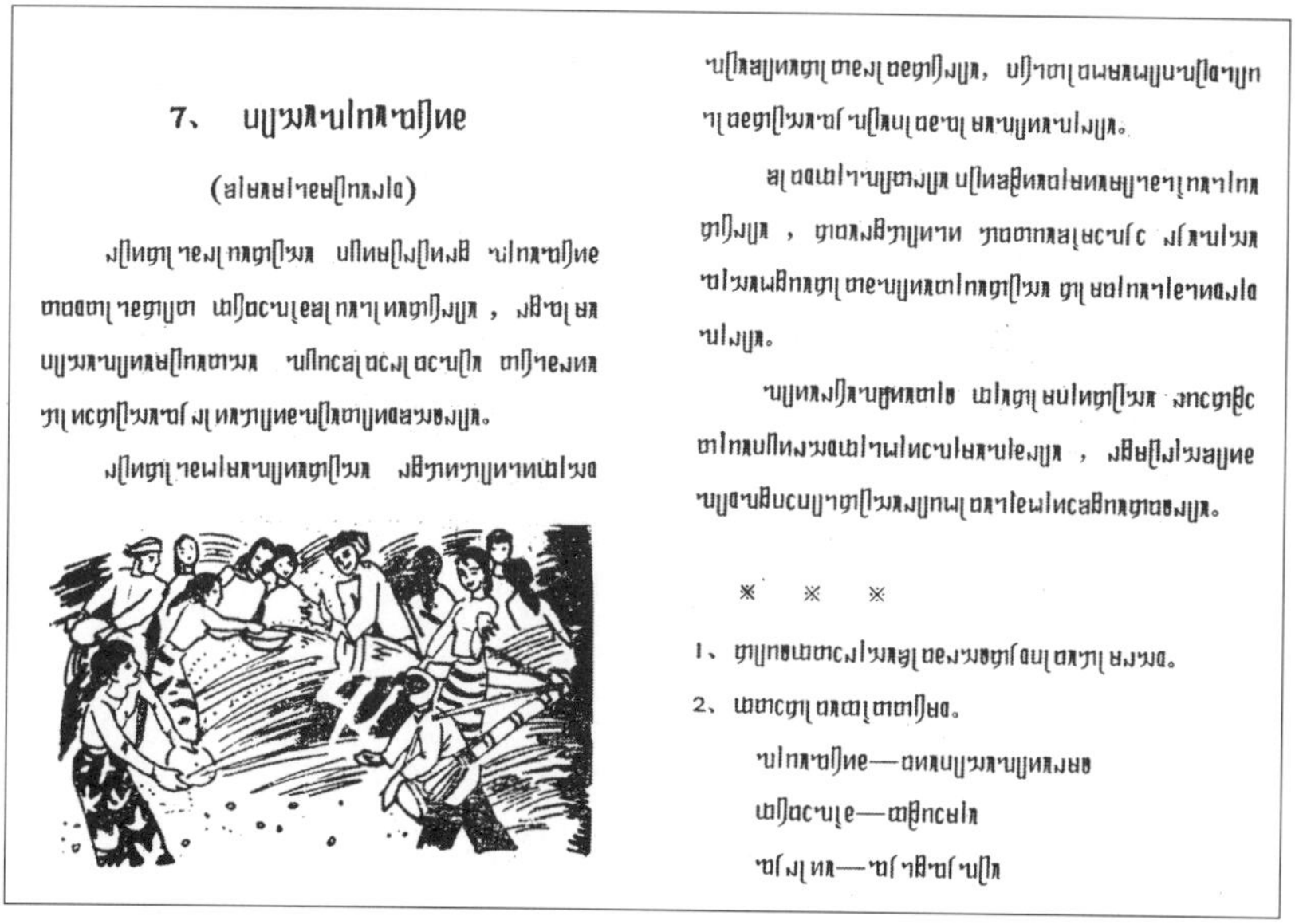

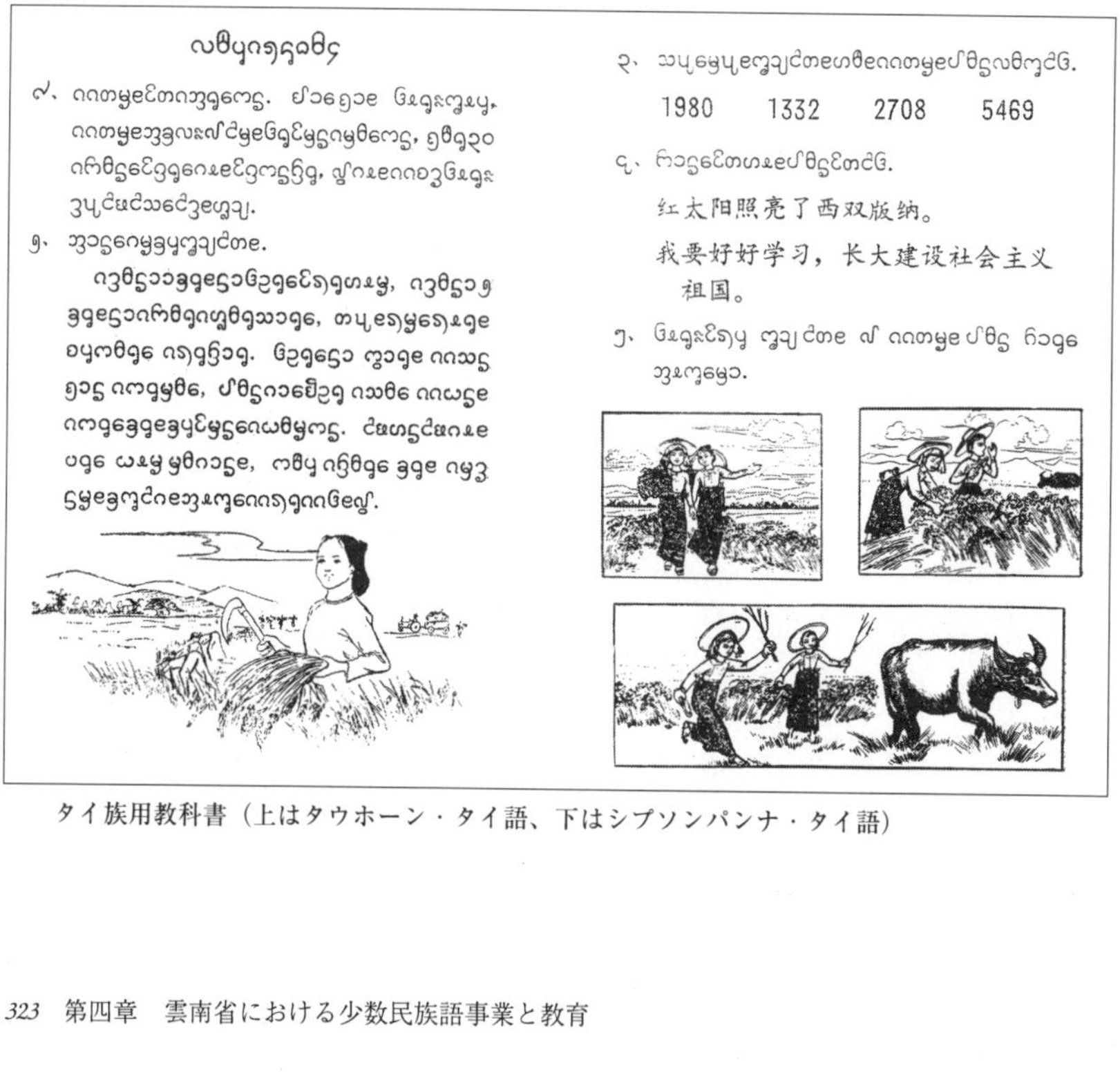

红太阳照亮了西双版纳。

我要好好学习，长大建设社会主义祖国。

1980　1332　2708　5469

タイ族用教科書（上はタウホーン・タイ語、下はシプソンパンナ・タイ語）

(2) シプソンパンナ・タイ文字

祁徳川《チーダーチョワン》(一九九四年)は雲南省における民族文字改革事業を振り返って、次のように述べている[16]。

「一九五〇年代、文字改革を行う際、いくつかの民族は伝統文字を持っており、その文字で書かれた古典や宗教経典など民族の遺産が豊富にあることや、少数民族の伝統文字に対する思いを十分考慮せず、また国境の向こうに住む同じ民族が使っている文字との関係も考慮しなかった。ただ単に旧(伝統)文字は科学的でなく、規範化されていないと一面的に強調して、ひたすら排除し、階級性を過剰に強調し、民族的特徴が濃厚で、当該民族の人々の間で親しまれ根付いている伝統文字を、新文字に『改革』してしまった」。

その典型として挙げられているのが、シプソンパンナ・タイ文字である。

シプソンパンナ・タイ族は、中国、ラオス、ビルマ、ベトナム国境一帯に住み、ラオス、タイ、ビルマではルー族あるいはタイ・ルー、ベトナムではターイ族と呼ばれている[17]。中国では一九五三年一月、シプソンパンナ・タイ族自治区(のち自治州)が成立し、その民族構成は一九九〇年現在、タイ族が約二七万人(三四%)、漢族が二〇万二千人(二五・三%)、ハニ族が一五万四千人(一九・三%)で、少数民族の中ではタイ族が四五・五%を占める。

シプソンパンナでは数世紀にわたって、人々の間で幅広く使われてきた伝統文字があったが、一九五〇年代の文字改革の中で新タイ文字がつくられた。一九五三年八月、シプソンパンナ自治区の下でタイ文字改良委員会がつくられ、一九五四年にタイ・ルー文字を改造し、一九五五年に中央民族事務委員会がこの文字を認可すると、普及事業が始まった[18]。

その後自治州政府は小学校教育や識字教育、定期刊行物、ラジオ、図書などさまざまな分野で新タイ文字の普及事業を行い、自治州内ではある程度普及した。しかし普及事業が進められる傍ら、次のような問題がクローズアップされてきた。新タイ文字は伝統タイ文字を字母の形から書き方に至るまで大幅に変えてしまったので、新タイ文字の読み書きを習った人では伝統タイ文字の書籍は読めない。いっぽうタイ族文化を伝える各種文物はすべて伝統タイ文字で書かれており、新タイ文字では、タイ族の文化的遺産を伝承したり、研究したりすることができない。一九五〇年以降に学校教育を受けたタイ族の中には新タイ文字しか知らない者が多く、伝統文化に対する知識が少なく、タイ族の間で民族文化が失われていくことへの危機感が高まった。また新タイ文字はシプソンパンナ自治州の中だけで使われるもので、ベトナムに住むタイ民族などと書き言葉による交流ができなくなった。さらに一九五〇年代後半以降に学校教育を受けた新タイ文字を習得した世代に対し、それ以前の世代がタイ文字の「非識字者」となってしまうことも社会問題となった。

そこでシプソンパンナ自治州は一九八六年五月二五日、第六期人民代表大会第五回会議で「旧（伝統）タイ文の使用に関する報告」を承認・採択し、伝統タイ文字の復活を決めたのである。この決定以降、三〇年以上にわたった新タイ文字の普及事業は縮小された。

伝統タイ文字復権の背景には、学校で伝統タイ文字を教えないと、子ども達がどんどん寺院教育へ流れてしまうという問題もあったと考えられる。文革以降、宗教政策が安定し、多くの村で仏教寺院が再建されると、伝統タイ文字を使う人が増えた。一般のタイ族の間で日常的に使われるようになると、学校でも伝統タイ文字を教えるよう求める声が強くなって、子ども達の新タイ文字に対する学習意欲は下がったという[19]。

こうして伝統タイ文字が復権を果たすと、学校教育や識字教育でも新タイ文字から伝統タイ文字への転換が図られた。しかし、その時点で在職している新タイ文教師の中には伝統タイ文字に習熟している者は多くなく、教師の研修・養成を図ったが、なかなか需要に追いつかないという。伝統タイ文を教えられる教師が足りないため、タイ語を教科目に取り入れたものの授業ができない学校も出た。一般社会の公的分野における新タイ文字から伝統タイ文字へのシフトも、一足飛びにはいかないようだ。長い間学校などで新タイ文を教え、使ってきたため、八六年以降も新タイ文を使い続ける人が少なくない。出版・教育部門では、活字や人材の問題もあってか、依然として新タイ文字を使っている所が多いという。

そうした中、一九九〇年代に入って、伝統タイ文字の復権は誤りだったと指摘する意見も出始めている。孫竹《スンジュー》（一九九五年）によれば、シプソンパンナ自治州で行った座談会で、出席した幹部らの多くが、伝統タイ文字を復権させたのは浅はかであり、当時伝統タイ文字は歴史が長く、タイやラオスなどで同様の文字を使っている点ばかり考えて、技術的な問題があることに注意しなかったと述べたという[20]。こうした意見がどのくらいの広がり、力をもつのかは分からない。少なくとも、みなが一丸となって伝統文字の復旧にあたっているわけではないようだ。

（3）タイ・ホン文字と金平タイ文字

ここで残る二つのタイ文字の使用状況に簡単にふれておこう。タイ・ホン文字が普及している耿馬タイ族ワ族自治県では、一九八〇年代後半の段階でタイ・ホン文字を使う者が一万人いるが、その他にもビルマ式タイ文字を使う者が二五〇〇人、シプソンパンナ伝統タイ文字を使う者が一千人、タウホーン・タイ文字を使う者が二千人いる[21]。タイ族の男子は七、八歳になると一、二年寺院で修行し還俗するという習慣があり、この時タイ・ホン文字を習うので、男性のほとんどがこれを習得している。タウホーン・タイ文字はタイ・ホン文字が変化したものともいわれ似ているため、同県人民政府は識字教育と学校教育

MYIT HKRUM SHI LAIKA

德宏团结报景颇文版 NO3032 (WA) SHANING

MUNGDAN GATA LAIKA MATSING CN 53——0015

ZA——DEK SHABRA NAMBAT 63——12

1995 Ning shata 2 nhtoi 22 ya
Laban hpang 3
Mung masha shata Hkru ta nhtoi 21 ya

Manau Ninghtoi Laksan Shi laika

WUNPONG HTUNGHKING MANAU POI NINGHTOI

Ka ai: *Sakhkung Lang ji*

Miwa mung suthpom pati a woi on gata hta Wunpong sha ni a jiwoi jiwa prat na;ju manau,sut manau,badang manau re ni hpe, shaning shagu na hkruta 15 ya e " Wunpong htunghking manau poi ninghtoi"hku nna ahko ahkang lu la sai ko nna,lai wa sai ten hta mungdo, myu, ginwang, ginwang do hku nna manau poi ninghtoi dai hpe masat dingsat hku manau lai wa sai. Rai yang 1995ning hta go,Shuili myu re shara nkau hta madu a ginwang myu,ginwang do re a n-gun atsam hta hkan nna gahtong ninghton hkan nauchying gadu mana manau rai madu a buga shalum, poi ninghtoi hpe shalum rai nga ai. Anhte Wunpong sha ni a manau poi ninghtoi ndai hpe anhte madu amyu ni ko nna myit mi rai madu amyu a htunghking hpe madu amyu ko nna n shagrau la yang manau poi ninghtoi chyum gindai kadai sa chye ya na nrai nga ai hpe anhte nan dum ra nga ai hte maren go, manau ninghtoi a sungchyung ai chyum gindai hpe daini anhte Miwa gumsan mungdan suthpom pati a ahko ahkang hte lu la sai Wunpong sha ni a Hkikhkam dik nga sai Manau ninghtoi dai hpe anhte madu amyu ko nna nan shagrau shaa la na hta n ga,poi ninghtoi dai hpe manau poi a ningsam rong, manau poi a sharat na rai hkra shakut hkrat wa ra nga ga ai.

Anhte a daini na hkikhkam dik nga sai manau poi ninghtoi ndai hpe, lai wa sai manau poi ninghtoi ahko ahkang garai nlu ai shaning ni hta Miwa mung e nga shanu nga ai Wunpong myusha myitsu lalang ni ko nna ADOT KATO SI NTSANG rai let sha daini na anhte a manau poi ninghtoi ndai hpe "Manau poi ninghtoi" ngu nna Mungdan asuya ahko ahkang lu sai hku nna hpyi da ya sai re, dai hpe anhte daini akyu to lachyum rong re hku nna nshamat kau ai sha jailang chye ra nga saga ai.

Manghkai MANAU

Ka ai: Maru Dau Lum

Maran No Mai

MADU DAP SHIGA Hkru ta 14 ya hte 15 ya e Lusi gingwangManghkai gatlokhta, masha 20000 jan du ai Manau poi langai hpo lai wa sai.

Manghkai go Lusi Ginwang na hpaga gahkan langai rai nga ai hta,Manau poi e myenmung Munggu gatlok hte Munggu asuya rung hpung 2 hku nna Manau sa shang ma ai. 25 ya jahpot na Nauwang hta Myenmung ni hpe Nauwang shang na hparan ma a ishaloi

徳宏団結報ジンポー文版

にはタウホーン・タイ文字を使うことにしたが、言葉にも違いがあって、あまり普及していない。

金平タイ文字は、現ベトナム領内のターイ族地域から伝えられたものだといい、主に金平ミャオ族ヤオ族タイ族自治県の猛拉区に住むタイ族の間で使われている。[22]かつて歴史や文学作品などがこの文字で記され、日常生活でも用いられていたというが、民間で伝承されてきた手書きの文書類は文化大革命でことごとく焼却されてしまった。一九八三年に金平タイ文字の識字クラスが設けられたが、それ以降は開かれておらず、現在金平県ではこの文字の読み書きができる人は少ない。

2　ジンポー族の文字

一九九〇年現在、雲南省内に住むジンポー族の九七・七％（一一万五六一三人）がタウホーン・タイ族ジンポー族自治州に住んでいる。中国のジンポー族はビルマでカチン（自称はウンポン）と呼ばれる民族と同じ民族である。カチンはビルマ北部のカチン州とシャン州に住み、中国内でリス族やトールン族とされる集団も含んで人口一〇〇万人に達する。[23]この国境のすぐ向こうに住む、中国内の一〇倍近い人口を有する同一民族の存在は、後述するように、ジンポー語事業や教育に少なからぬ影響を与えている。

中国のジンポー族はジンポー語を話す集団とツァイワ語を話す集団に大別され、六割がツァイワ語を話す人々だという。[24]文字もジンポー文字とツァイワ文字の二種類ある。

ジンポー文字は、一八九五年、アメリカ人宣教師ハンセン（Hansen）がビルマのカチン人用につくった、ローマ字綴りの表音文字である。ビルマでは一八九九年以降、この文字で讃美歌などキリスト教関係の書物が出版され、小学校一年生から五年生までの教科書もつくられた。一九一四年、この文字が中国内のジンポー族地域に伝わり、同年、瑞麗市弄島郷の等嘎村で中国内初のジンポー文学校が建てられたといわれる。一九三四年前後にも隴川県や梁河県、盈江県などでジンポー文学校ができ、中華人民共和国成立当時、ジンポー族の一割近くがこの文字で読み書きできたという。

現在使われているジンポー文字は一九五五年、六五年に改定されたものである。この文字は中華人民共和国の民族文字改革の中ではうまくいった例としてよく挙げられる。それは、一九五六年にジンポー文字を改定した時に、必要最低限の整理と補完を行うに止め、大きな変更を加えなかったからだ。第三章でもみたように、一九五〇年代の民族文字創作・改革においては漢語ピンイン方案との一致が図られ、その内容が固まるのに合わせて二度三度と創りなおされたものもある。これに対し、ジンポー文字の字母と読み方は漢語ピンイン方案と完全には一致しないが、この文字は数十年使われてきた歴史があり、人々の間に根付いており、文字自体もほぼジンポー語を表現でき、多くの人がそのまま使うことを希望し、さらにビルマに住むカチン（ジンポー族と同じ民族）は同じ文字を使っている点に鑑みて、ジンポー文字の改定にあたっては必要最低限の改修を加えるにとどめたという。ちなみに後述するツァイワ文の場合は、逆に字母の形、読み方から用法に至るまで、できる限り漢語ピンイン方案との一致が図られた。

さて前述した等嘎村には一九五八年まで教会が運営するジンポー文学校があったが、政府が一九五九年に小学校を建てている。設立当時は反右派闘争・大躍進の真っ只中で、漢語のモノリンガル教育を行ったので、ジンポー族の中には子どもをビルマに送ってジンポー（カチン）語の読み書きを習わせる人々も出たという。ジンポー族住民の強い要請を受けて、一九六〇年からジンポー語の授業が始められると、それ以降この等嘎小学校は文化大革命中もジンポー語教育を一時も取りやめることなく続けてきたことで、八〇年代一躍有名になった。

一九八八年現在、タウホーン自治州内の小学校三一校、中学三校、民族師範学校一校がジンポー語の授業を設けている。現在のジンポー族小学校の教科課程では、ジンポー語の授業時数は一年生で週一六時間（他は週四時間の漢語会話と週二時間の算数）で、二年生では週三時間、三年生から六年生までは週二時間となっている。[25]

いっぽうツァイワ語を話すジンポー族の間では、二〇世紀前半、二種類のツァイワ文字が使われていた。[26]一つは一八八七年、宣教師がビルマ領内のカチン人向けにつくったツァイワ文字で、一九三四年、フランス人宣教師ウイリアム（Wiliam）らによって中国領内のジンポー族地域に伝えられた。もう一つは一九二七年、ビルマのツァイワ人がカチン文字を応用してつくったツァイワ文字で、ビルマではこの文字で識字教育や学校教育を行ったり、小学校の教科書や参考書がつくられたりしたが、一九六四年に廃止された。現在の中国はいずれの文字も公認していないが、中国内で今でも使う人はいるという。

中華人民共和国の下では、一九五七年にツァイワ文方案がつくられて試行されたが、一九五八年に中止。文革後一九八二年タウホーン・タイ族ジンポー族自治州人民政府が「ツァイワ文の試行・普及に関する意見」を雲南省人民政府に提出し、これが承認されて一九八三年から普及事業が再開された。現在ツァイワ文は主にタウホーン自治州の潞西、瑞麗、盈江県などで使われている。一九八五年、タウホーン自治州発行の『団結報』にツァイワ文版が加わり、一九八八年現在で小学校八八校、中学三校がツァイワ文の授業を設けている。

3　ミャオ族の文字

雲南省のミャオ族は貴州省、広西チワン族自治区に接する東部に多く住んでおり、省内人口の四二％（約三七万四二〇〇人）が文山チワン族ミャオ族自治州に、二六％（二三万三五〇〇人）が屏辺ミャオ族自治県と金平ミャオ族ヤオ族タイ族自治県のある紅河ハニ族イ族自治州に、一六・八％（一五万一千人）が昭通地区に住んでいる。ミャオ語は湘西方言（湖南省西部、一一七万人）、黔東方言（貴州省東部、二二一万人）、川黔滇方言（四川、貴州、雲南、四〇〇万人）の三大方言に分けられているが、雲南省内に住むミャオ族はこのうち、川黔滇方言の次（下位）方言とされる川黔滇方言（文山、紅河自治州、昭通地区などに住む者、七五万人）と滇東北方言を話す集団（昭通、楚雄、曲靖、昆明一帯に住む者、一五万人）に大別されている。[27]

中華民国期、雲南省東北部のミャオ族の間では、イギリス人宣教師、サミュエル・ポラードがミャオ族のクリスチャンらと協同で、一九〇五年につくった表音文字が幅広く使われて

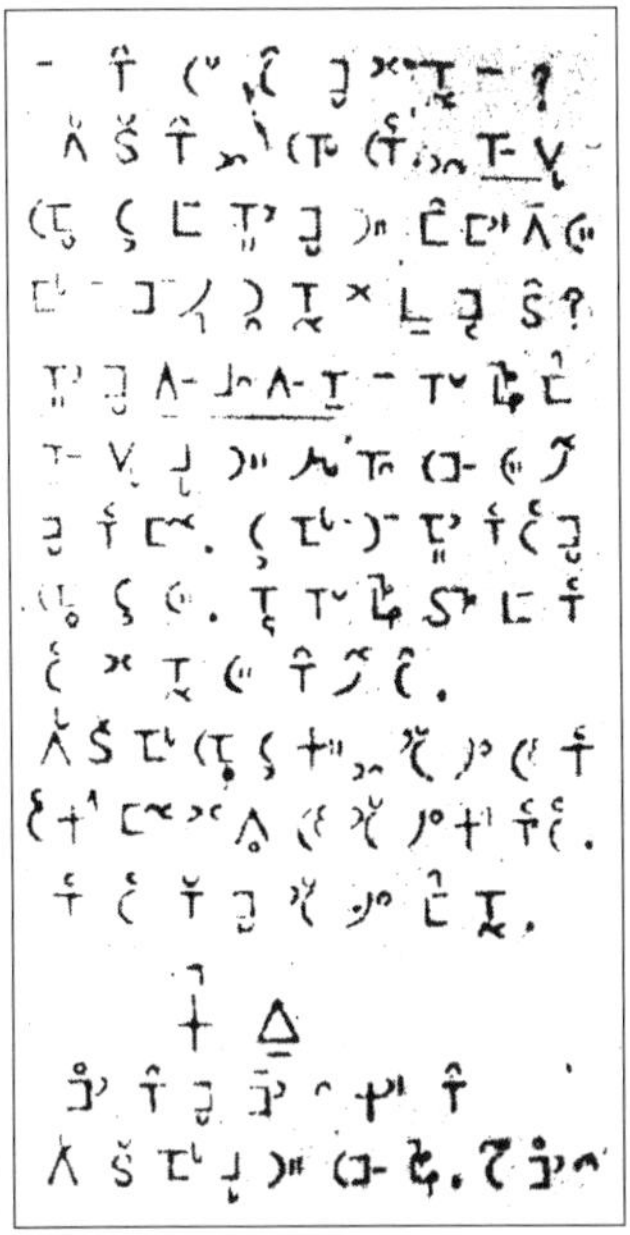

ポラード・ミャオ文字（『中国大百科全書・語言文字』中国大百科全書出版社、一九八八年、二九二頁より）

Xaot nad raot niex draik raot xaot,
Bangx deuf gik bud dreb, zid zit gik bud nkhaot.

滇東北新ミャオ文字：『中国少数民族文字』中国藏学出版社、1992年、180頁より

いた。[28] これはミャオ族が使っていた記号（ミャオ族には昔文字があったとの伝説がある）やローマ字などを応用してつくった文字である。この文字は、ポラードが拠点とした貴州省威寧県（現在、イ族回族ミャオ族自治県）の石門坎でつくられたものだが、応用範囲は広く、川黔滇方言と滇東北方言の両方の地域で幅広く使われた。さらに雲南省中北部の禄勧県と武定県のリス族、四川省南部のミャオ族、禄勧県のイ族などが、この文字でそれぞれの言語を綴り、聖書などを発行している。ポラードやその後継者たちは、石門坎を中心に学校を興し、ミャオ文字を使った授業も行ったので、石門坎は二〇世紀初頭、西南ミャオ族地域随一の文化レベルを誇る地域となったという。[29]

中華人民共和国の下では、一九五六年のミャオ族言語文字科学討論会（貴州省貴陽市、一〇月三一日〜一一月七日）で湘西方言、黔東方言、川黔滇方言の川黔滇次方言と滇東北次（雲南省東北部）方言用にそれぞれローマ字式文字をつくり、一九五七年、中央民族事務委員会が公認した。[30] そのうち、

雲南省で普及が図られているのは、滇東北ミャオ文と川黔滇ミャオ文である。滇東北ミャオ文はポラード・ミャオ文を改修したものとされるが、字母からして全く違う（前頁の写真参照）。一九五〇年代の四種類のミャオ文は、ミャオ族内部の一致性とミャオ族が漢語を学習しやすいように考えてつくられた点に特徴がある。各方言、下位方言の間で音が近いものは一致させ、声調符号も同じ字母で表し、ミャオ語と漢語で音が同じか近い単語の発音字母は同じものにしている。文革が勃発すると、四種類のミャオ文はいずれも試行停止となった。

新文字が創られても、ポラード・ミャオ文は人々の間で受け継がれ、今もこの文字を学ぶ人は絶えず、一九八〇年代後半で貴州省西部から雲南省北東部一帯で五万人が使っている。また雲南省では一九八〇年代、昆明市や楚雄イ族自治州のミャオ族がイニシアティブをとってこの文字を改修し、滇東北規範ミャオ文としての普及も図られている。

いっぽう文山チワン族ミャオ族自治州では、一九九五年で一万六六九〇人（州ミャオ族人口の四・五％）が川黔滇ミャオ文の識字者だと報告されている。[31]

4　リス族の文字

リス族は雲南省北東部に多く住み、怒江リス族自治州に省内人口の四〇％（約二二万二四〇〇人）が、維西リス族自治県に一三・五％（約七万五千人）が集まっている。

現在リス族の間では四種類の文字が使われている。[32] そのうち最も普及している（旧）リス文字は、一九一〇年代はじめにビルマ出身のカレン人伝道師がローマ字綴りのリス文字をつくり、その後イギリス人宣教師フレーザー（J. O. Frazer）によって改修されたものである。リス族地域には一九一三年から宣教師が入って布教活動を始め、現在も約三五％のリス族がキリスト教を信仰しており、クリスチャンは大部分この文字で読み書きができるという。旧リス文字はゴシック体の四〇個の大文字で構成されており、覚えやすく、すぐにリス族の間で普及した。教会がキリスト教関係の書籍を出版し、識字教育も行ったので、中華人民共和国も成立初期は、共同綱領、婚姻法や政府が発する布告など数々の広報資料や文書類を、このリス文字で出している。現在、雲南省民族出版社や民族語で発行する新聞のリス語版が使っているのもみな旧リス文字だ。さらにこの文字は、ビルマやタイに住むリス族の間でも使われており、国境を跨いだリス族共通の書き言葉としても機能している。

もう一つは、一九一三年、イギリスの宣教師が雲南省中北部の禄勧県（現在、イ族ミャオ族自治県）と武定県（現在、楚雄イ族ミャオ族自治州に所属）のリポと自称する人々の言葉をポラード・ミャオ文の字母で綴ったもので、この地域の人々（三万人）の間でのみ使われている。

三つ目は一九二〇年代に維西県叶枝郷岩瓦村のリス族農民、汪忍波《ワンレンボー》が考案した音節文字で、この文字は一九五〇年代はじめ

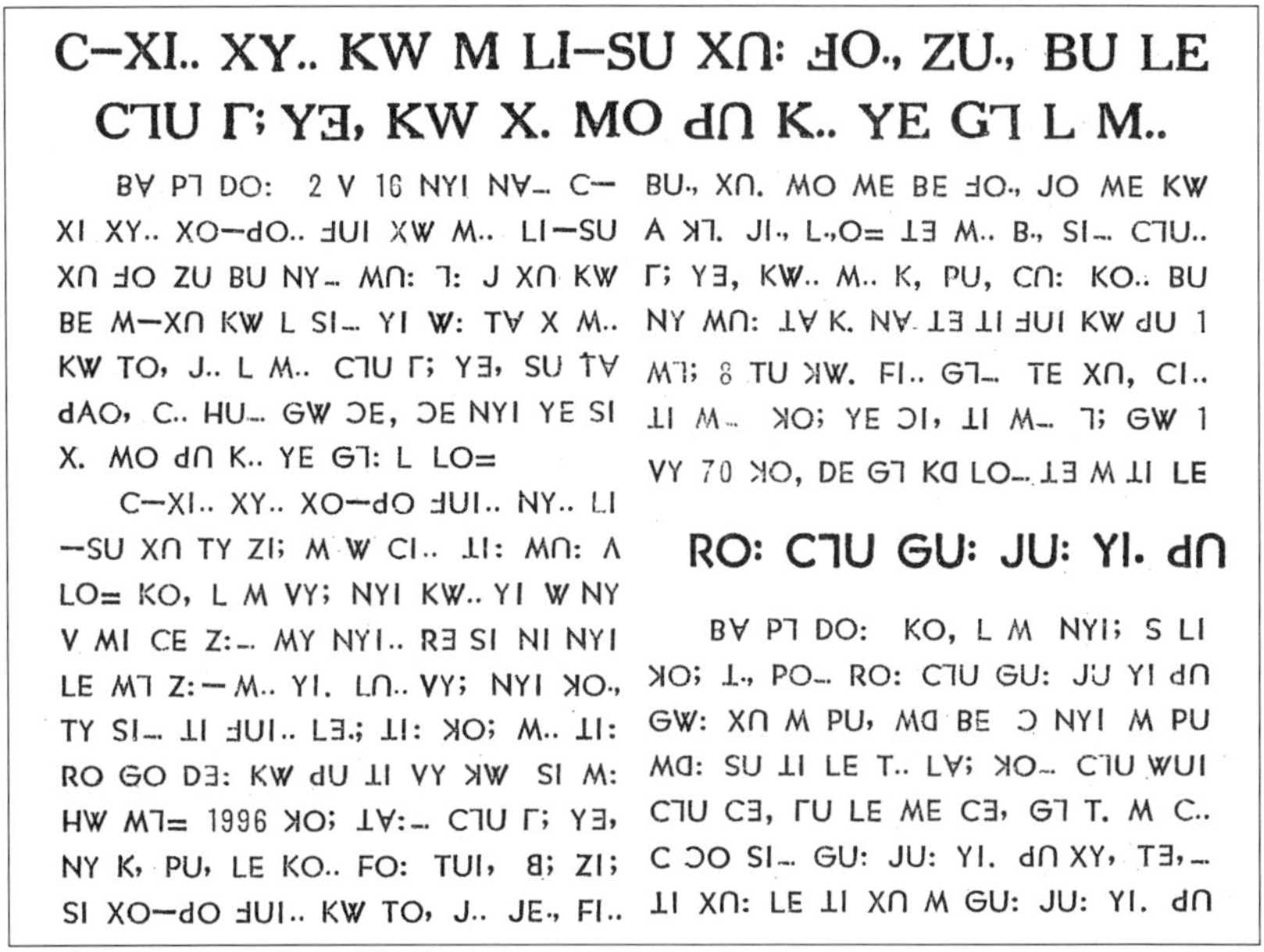

旧リス文字：徳宏団結報リス文版

千人あまりが使う程度だったが、政府の後押しなしに、一九八三年には維西県城北の四つの郷、一万六千余人のリス族に伝わっていたという(33)。

いっぽう、中華人民共和国成立後、一九五六年一月、怒江リス族自治州人民政府は「旧文字は残し、引き続き宗教分野で使うが、別に新文字を創って社会主義経済と文化建設に用いる」との方針を決め、リス文字研究拡大会議でローマ字式新リス文方案を定め、中央民族事務委員会の認可を得て試行に踏み切った。これが新リス文字と呼ばれる。一九六二年には怒江自治州人民代表大会が「新旧リス文は併用するが、新リス文を主に普及・発展させる」との方針を採択し、一九六四年一月には「今

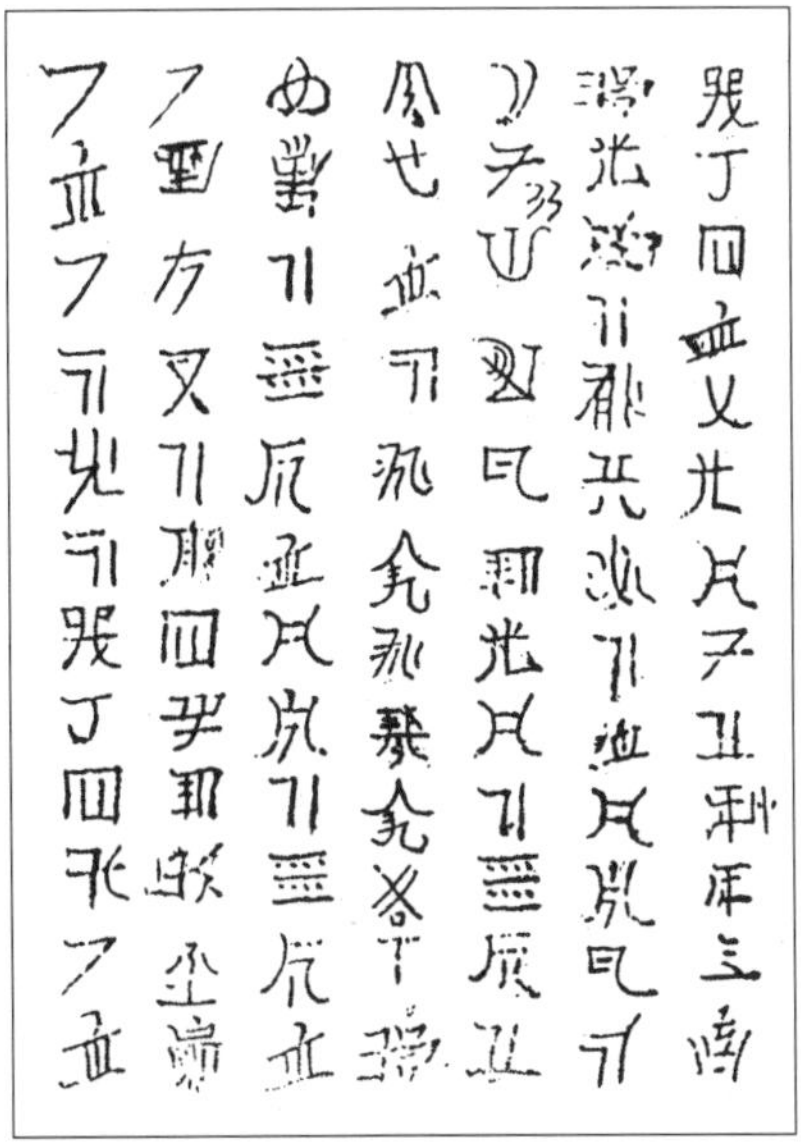

汪忍波リス文字：『中国民族古文字研究』天津古籍出版社、1991年、188頁より

後怒江自治州内の農村、機関、学校、企業などで正式に新リス文字を使用し普及させる」「今後行政機関がリス文で発する文書は、漢文で発する文書と等しく効力を持つ」と定めた。しかし今までのところ、新リス文字の普及は捗々しくない。

怒江地区では依然として旧リス文字が普及しており、約五万一千人、全州リス族人口の二三・一四％（その内、九五％強がクリスチャン）が使っている。文革後宗教政策が落ち着くと、維西リス族自治県は旧リス文字を使うことを決定し、麗江地区と四川省涼山のリス族も一九八四年からこのリス文字を学び始めた。タウホーン・タイ族ジンポー族自治州の『団結報』は一九五九年から新旧リス文字で出していたが、一九七九年に新リス文字版は廃止した。

いっぽう新リス文字は現在、リス族が多い怒江リス族自治州と大理ペー族自治州で限定的に使われるだけになっている。新リス文は旧リス文ほど簡単ではなく、一般のリス族が学ぶにはやや難しく、それが普及事業の足かせとなったともいわれる。怒江自治州は一九八四年九月から州内の小学校の二割に相当する一〇八校でリス文を教えさせたが、その後大幅に縮小し、一九八七年以降は二言語教育実験校に選定した六校のみで、学前班から小学校三年生までの範囲で行っている。

前述したシプソンパンナ・タイ文字とこの新リス文字は、雲南省の民族文字の中でも一九八〇年代以降、存続をめぐる論議が最も大きいものだという[34]。一般の人々の間に根付いている旧リス文字にかえて、あえて同じローマ字で新文字を創り出さねばならなかった理由の一つは、漢語ピンイン方案との一致であろう。また旧リス文字は宣教師がつくり、キリスト教活動とともに普及してきた文字だったために、無神論を党是とする中国共産党に疎まれ、実質的に排斥しようと図ったとも考えられる。

5　その他の民族の文字

(1)　ナシ族の文字

雲南省のナシ族は、同省北東部に位置する麗江ナシ族自治県に七〇％が住んでいる。ナシ族には、一一世紀頃に創作されたといわれるトムバ文字（象形文字）、トムバ文字の流れをくみ一三世紀頃につくられたといわれるコバ文字（音節文字）という二つの伝統文字がある[35]。コバ文字は麗江自治県、その隣の維西リス族自治県の一部で伝承されてきたもので、文献も少ないが、トムバ文字は麗江を中心とする金沙江以西のナシ族地域で幅広く伝承され、この文字で記された経書や地理、歴史、哲学、民俗、芸術など多岐にわたる文献は、国内外で所蔵が確認されているだけでも一五〇〇部、二万冊あるという。

この両者ほど有名ではないが、維西ナシ族自治県拉普郷のマリ・マサと自称する百戸余りの人々の間で伝承されてきたミリ・モソ（マリ・マサ）文字もある。マリ・マサの人々は一七

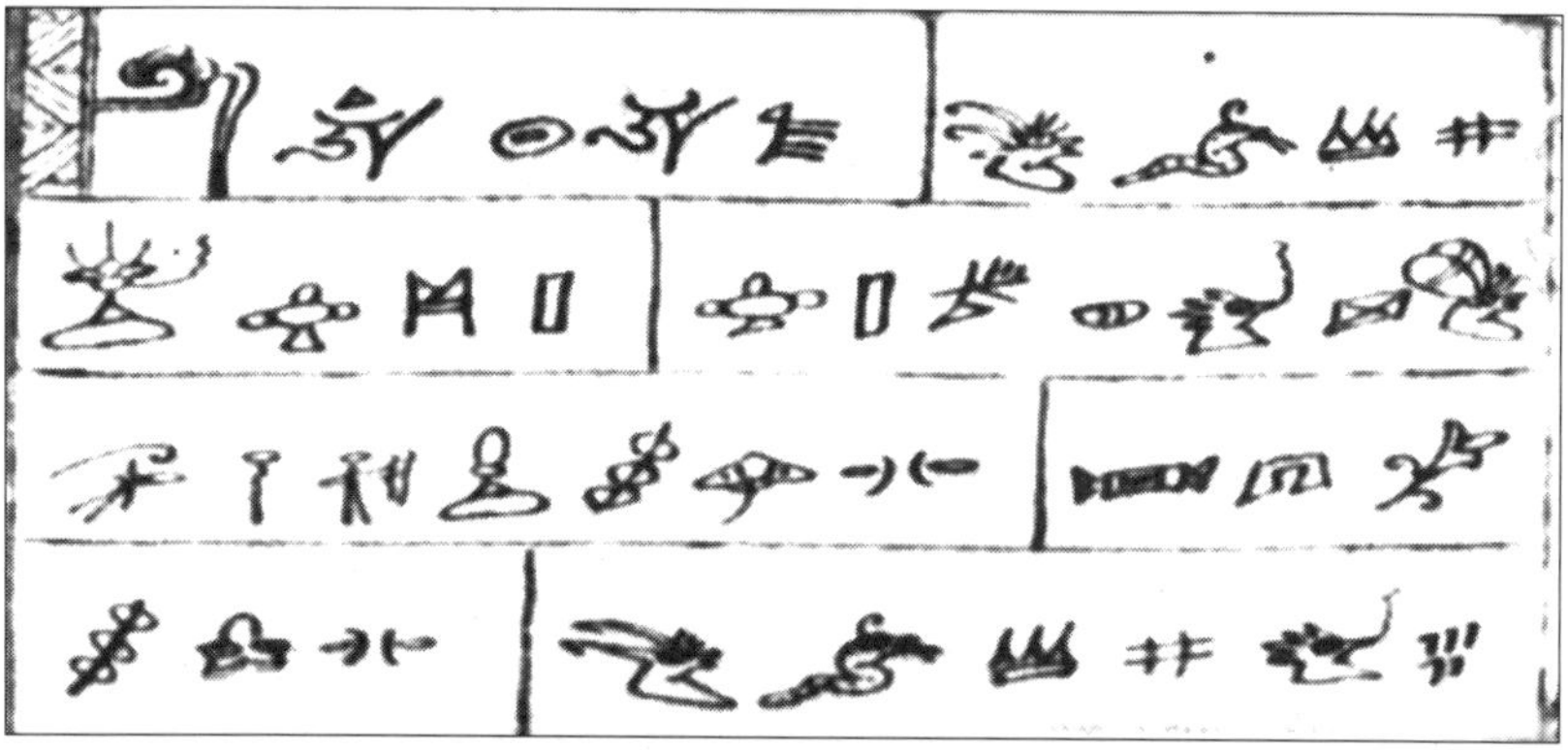

トムバ文字：『中国民族文字図録』中国社会科学出版社、1990年、215頁より

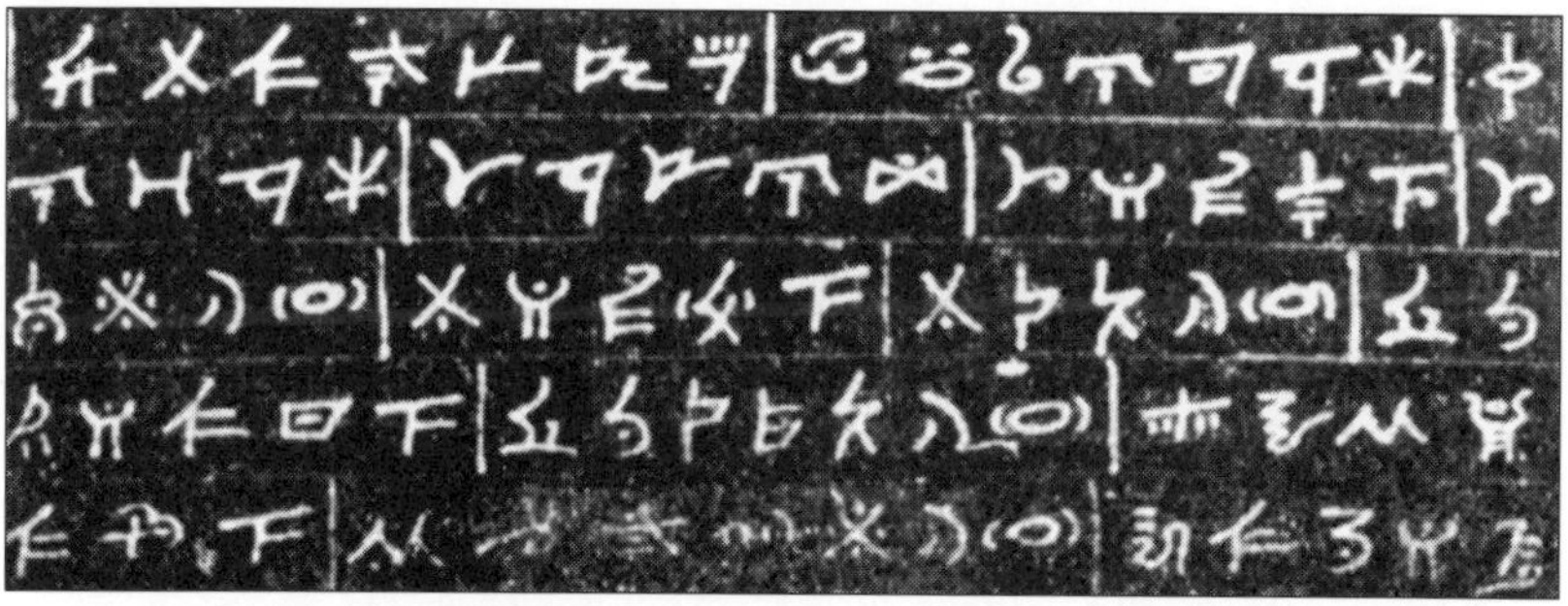

コバ文字：『中国民族文字図録』244頁より

AIQXIQ LVBASSO YEL LEI
MIL ZHERQ MENIQ

Aiqxiq jji gge xileel wafseil see seiq, lvbasso chee kuailvfzheef waq, aiq gol nee shel lvbasso chee mezzee metal, bieifgge ddeesiuq nee dailtil zzaiq metal。lvbasso tee aiqgge bvlbv loq tv pil seil, huqmeekvl ddeehal bbei lvbasso tee aiqbvlbv loq nee zhuail yil haliu tee bbiubbiuq pizherq, aiqgge siahual guneiq gol ba ba, chee tee seifsiuq yalji gge zoqyul jju。

新ナシ文字：『中国的語言和文字』広西民族出版社、1995年、101頁より世紀に現在の四川省ミリ・チベット族自治県あたりから移住してきたモソ人の子孫といわれ（マリはミリが、マサはモソの音が変化したものといわれる）、現地に移住後、トムバ文字を応用した文字を使い始めたものとみられている。トムバ文字、コバ文字はそのユニークさ故に国内外の関心は高いが、ミリ・モソ文字も含めて、現代中国の公式文字とはされていない。

この外、中華民国期になると、オランダの宣教師が一九三二年につくったローマ字式表音文字も使われるようになったが、現在使う人がいるかどうかは分からない。

中華人民共和国成立後、雲南省人民政府は一九五七年にローマ字式のナシ文字方案をつくり、同年三月、雲南省少数民族語文科学討論会で採択し、中央民族事務委員会の承認を得て、麗江県ナシ族地区で試行したが、一九五八年に中止。文革終了後、一九八一年、ナシ文字方案（草案）に修正を加え、改めて麗江県の一部の地域で普及事業が再開される。一九八四年から一九八八年の五年間で、ナシ文識字クラスを三八四カ所開き、延べ五七九九人が参加し、二二三六人がこの新ナシ文字を習得したといわれる。

（2）ハニ族の文字

ハニ族は、雲南省中南部に紅河ハニ族イ族自治州と五つの自治県を持っており、そこに省内ハニ族の八〇％（約九八万五一〇〇人）が住んでいる。一九五六年、ハニ族用にハヤ（哈雅）方言文字方案と碧卡方言文字をつくり、両方とも一九五七年の雲南省少数民族語文科学討論会で採択され、中央民族事務委員会の認可を得て試行することになった[36]。ただし碧卡方言文字は翌一九五八年、前述したように、一つの民族に二種類の文字をつくるのは民族内部の団結と共同の発展に不利だとして、試行を前に廃止された。いっぽうハヤ方言文字は、一九五八年から紅河自治州の元陽、緑春、金平、紅河四県で試行され、識字教育を行ったり、教科書や読み物などが出版されたが、一九五九年から普及事業は下火になり、一九六一年に立ち消えとなった。反右派闘争・大躍進のほとぼりが冷めて、一九六五年六月から識字教育を再開したが、文革勃発で翌六六年七月に再度中止された。文革が終わると一九八三年から再開され、紅河ハニ族イ族自治州では、ハニ文で新聞や本を出版するようになり、一九九三年現在、三万人近く（雲南省ハニ族総人口の二・四％）がこの文字を使える。

（3）ラフ族の文字

ラフ族は雲南省西南部に三つの自治県を持っているが、その一つ、瀾滄ラフ族自治県に省内ラフ族人口の四七・一％（一九万二一九二人）が住んでいる。

中華民国期、ラフ族は、一九二〇年代にビルマのカレン人がつくり、宣教師によってビルマから雲南省瀾滄のラフ族地域に伝えられたローマ字綴りの文字を使っていた[37]。この文字で讃美歌や新約聖書が発行されており、ビルマやタイ、ラオス国内では、今でもこの文字が使われている。

一九五六年につくられたラフ族文字方案は、この文字を基にしているとも言われる。翌一九五七年の雲南省少数民族語文科学討論会で採択、中央民族事務委員会の認可を得て、正式に試行することになった。瀾滄ラフ族自治県は一九五六年、五校でラフ語の授業を始めていたが、その後始まったラフ文識字教育ともども、反右派闘争・大躍進の煽りを受けて五九年に中断。六三年に再開されるが、六六年の文革勃発で再び停止となる。文革が終わると一九八〇年、瀾滄ラフ族自治県がこの文字の試行を再開したのを皮切りに、他のラフ族地域でも識字教育や学校教育に取り入れられた。文革後一九八〇年から八九年まで五一校でラフ文の授業を設け、一九八七年時点では瀾滄自治県内の小学校のうち三八校で一〇三八人がラフ文を学んでいたというが、その後実施校が縮小され、一九九〇年には七校になっている。一九九〇年代前半の調査では、このラフ文が使える者はラフ族の一〇%だという。

(4) ワ族の文字

ワ族は雲南省南東部に三つの自治県をもち、そのうち滄源ワ族自治県に四〇%(約一二万五千人)、西盟ワ族自治県に一六・三%(五万六七〇〇人)が住んでいる。中華民国期、現在ワ族とされる人々の間では、イギリス人宣教師ビンセント・ヤング(Vincent Young)が一九一二年、阿佤山地域でキリスト教を伝道するにあたってつくったローマ字綴りの文字が使われ始める。[38] この文字はサラ(牧師)文字と呼ばれ、それを使って新約聖書や讃美歌などが発行され、現在も阿佤山地域である程度使われている。いっぽう中華人民共和国成立以降、雲南省は一九五七年、この文字は欠陥が多いとしてカワ文方案(現在のワ族は当時カワ族と呼ばれた)をつくり、一九五七年の雲南省少数民族語文科学討論会で採択、同年六月、雲南省人民政府の認可を得て試行することにした。一九五八年、カワ方言地域でこの文字による識字教育を始めたが、一九六〇年、中止となる。文革後は一九八〇年、瀾滄ラフ族自治県がワ文識字教育を始めたのを皮切りに普及事業を再開し、一九九三年までに一万人以上がワ文識字者となり、雲南民族出版社ワ文編集室は百種類以上のワ文書籍を出版している。

(5) チワン族の文字

雲南省内のチワン族は、広西チワン族自治区に接する文山チワン族ミャオ族自治州に八六・八%(八七万一三〇〇人)が住んでいる。文山自治州は一九八四年からチワン文の試行を始めたが、国務院が一九五七年に公認したチワン文は、現広西チワン族自治区の区都、南寧市に隣接する武鳴県の言葉を標準音にしたもので、文山地域のチワン族の口語とは合わない。[39] そこで文山自治州民族事務委員会は独自に文山チワン語ピンイン方案をつくり、一九八五年に同自治州人民政府の認可を得て実施した。これとは別に同自治州西北部に位置する丘北県が、丘北チワン語ピンイン方案をつくって試行している。前者は州内の四県、三校で試行し、後者は丘北県内のみで試行され、両者とも現地の言葉に合った書き言葉なので、国家公認のチワン文字よりはるかにスムーズに受け入れられているが、国務院はおろか、国家民族事務委員会の認可も得られていない。文山自治州最東部に位置する富寧県では、国家公認のチワン文が何とか使えるとして一、二の郷と小学校一校（学前班）でこれを試行したが、それでも授業では広西で作られた教科書を教師が現地の言葉に置き換えながら教えないと、子ども達は理解できないという状態だった。文山自治州内だけで三種類のチワン文字の普及・試行が図られていることを問題視する声もあるが、一つに統一することは意見調整が難しくてできないという。

（6）ペー族の文字

ペー族は、ナシ族とともに雲南省に先住する少数民族の中で最も早く、そして深く漢文化を受け入れた民族で、二〇世紀前半、漢語で教育を行う学校の普及率は漢族地域と大差なかったといわれる。中華民国期、北京政府教育総長を務めた王九齢、雲南省教育司長を務めた董澤、国会衆議院委員長、北京大学法学部学長、司法総長などを歴任した張耀曽はいずれも雲南省のペー族出身である[40]。

雲南省内のペー族の七四・四％（約九九万六千人）は大理ペー族自治州に住んでいる。その昔大理国を築いたペー族の祖先は、唐代に漢字を応用した方塊ペー文字（方塊文字については第八章を参照）と呼ばれる文字を創り出した。二〇世紀半ばまで比較的よく伝承されてきたが、現在使える人は少ない。

中華人民共和国成立以降、一九五八年七月、中国科学院少数民族言語調査隊が南部（大理）方言をもとにペー族文字方案をつくり、同年春の第二回全国少数民族語文科学討論会で採択した[41]。ところがこの時すでに反右派闘争・大躍進が始まっており、ペー族の意思決定者層の中に「民族語融合論」に影響されてペー語の普及に反対する人々が出て、結局当時は試行されず、中央民族事務委員会の認可も得られなかったという。文革が終わると、一九八二年、この文字を改修し、ペー語中部方言を基礎方言とし、剣川県の発音を標準音とする新方案がつくられ、一九八六年から剣川県の西中小学校や識字教育で試用された。その後、中部方言地域（四〇万人）だけでなく、南部方言地域（八〇万人）でも使えるよう改定し、一九九三年六月、全国ペー族文字問題科学討論会でこの新方案を採択、同年末、雲南省民族事務委員会と雲南省民族語文指導工作委員会の認可を得て試行されるに至っている。

（7）トールン族、ヤオ族、ヌー族などの文字

雲南省内のトールン族は一九九〇年現在、その九割（四九七

二人）が貢山トールン族ヌー族自治県に住んでいる。文革後、雲南省少数民族語文指導工作委員会が一九八三年、トールン語ピンイン方案を創って同年一二月の第二回拡大会議で採択。一九八四年から貢山自治県で試行し、一九八六年には『漢語トールン語対照教科書』を出版した(42)。

雲南省のヤオ族は、一九八二年北京でローマ字式ヤオ文方案がつくられると（第八章五四九頁参照）、一九八三年からこの文字の識字教育を始め、文山チワン族ミャオ族自治州の富寧県で、一九八七年からヤオ文を学校で教える実験教育を始めたり、一九八九年にヤオ文教科書をつくったりしている(43)。また一九八六年頃、アチャン族、プーラン族、ヌー族の有志が、それぞれアチャン語ピンイン方案、プーラン族文字方案、ヌー語ピンイン方案をつくったというが、いずれも行政機関の公認は得ておらず、どの程度普及しているのかも分からない(44)。

以上、雲南省における主な少数民族語（文語）の創作・使用状況をみてきたが、同省の民族文字の普及率は高いとはいえない。ラフ族の間でラフ文を使える者が一〇％に対し、漢文を使える者が二八％(45)。文山自治州に住むミャオ族は人口の四・五％（一万六六九〇人）が川黔滇ミャオ文を使える一方、四・四％（一万六六五二人）は漢文を習得している。一九五〇年代以降につくったローマ字式文字の普及率はかなり低く（ハニ文は総人口の三％、ミャオ文は四・五％、ワ文識字者は一万人）、それよりはリス族のように、今でも長年使われてきた文字の方が普及している（五万一千人、怒江リス族人口の二三・一％）。また文語面でのバイリンガリズムの程度はかなり低く、怒江リス族のうち六万一千人（二七・三八％）が漢文を使えるが、リス文と漢文の両方を使える者はわずか六五〇人（同〇・二九％）、ラフ族のうちラフ文と漢文の両方を使える者は人口の五％に満たないという。

三　民族語と学校教育

雲南省には一九八八年現在、民族小学校が一六二六校、民族中学が八六校、民族師範学校が一校ある(46)。民族学校が中等教育で激減しているのは、民族語の教育がほとんど行われていないからだろう。

雲南省は民族の数が多いため、複数の少数民族がともに暮らす地域では、二、三の異なる民族、異なる言語を話す子ども達が一緒に通学している学校がたくさんある(47)。小学校レベルでは各学校の民族はほぼ一つであっても、中学では四、五民族が共に学ぶケースがざらにある。民族中学の中には、それぞれの民族ごとに民族語の授業を設けるには、教員に限界がある所も多い。いずれか一つの民族語を開講すると、別の民族出身の生徒が反感を覚え、結局漢語の授業のみ行い、民族語の授業は行わなくなるという事態も生じた。そのため中学以上になり、漢語で授業を行い、複数の民族の生徒を一緒に教えるようになると、漢語で授業を行うしかないという。小学校では民族出版社の読み物など民族語の本も使われるが、中学の教科書はすべて漢語のものを使う。

現状を見ると、雲南省の二言語教育は、ほとんどが小学校レベルに限られ、またその多くは小学校低学年で、民族語を学習する、あるいは民族語で漢語や算数などを学習するものとなっている。

雲南省の規定では、小学校六年間の言語教科の授業時数は、漢族の場合は二五〇〇時間で、少数民族の場合は民族語一〇〇〇時間と漢語二〇〇〇時間とされている。しかし教科課程をどのように組むかは各学校の指導部の判断にかかっており、実際は民族語を学ぶ時間が規定に満たない学校がかなりある。指導部が民族語をどの程度重視しているかが、その学校の児童・生徒の民族語のレベルにダイレクトに反映するのだ。タウホーン自治州では、タイ族やジンポー族の小学校では、一年生から六年生まで民族語の授業が組まれ、タイ族やジンポー族の小学生は小学校六年間を通じて合計一八〇〇時間の民族語の授業を受けるよう定めている（漢語は二年生から始め、六年生まで国家の規定どおり学ぶ）ので、民族語のレベルは比較的高い。だが雲南省の大部分の地域では、一般に民族語の授業は長くとも三年生までというのが現状で、この時期に培った民族語を基に、第二言語としての漢語を学ぶのが、同省における二言語教育の目的、というのが現地の一般的な理解のようだ。

雲南省は一九五二年、シプソンパンナ・タイ文、タウホーン・タイ文、ジンポー文、ラフ文の四種類の民族文字を小学校教育に取り入れ、この四種の文字で一二種類の教科書や識字教科書および四九種類の読み物を発行した。その後一九六六年までに、学校教育で用いられる民族文字はタイ族（二種類）、ジンポー族（二種類）、リス族、ラフ族、ハニ族、チベット族、イ族の九種類に拡大した[48]。

文革が終わると、民族語教育の再建が図られ、一九八五年の時点で省内の一〇六七校が民族語の授業を設け、小学生五万人が学ぶまでになった[49]。また一九九〇年代はじめの時点で、一一民族（チベット、タイ、リス、ハニ、ジンポー、ワ、ラフ、ナシ、イ、ミャオ、ペー族）の一四種類の文字が学校教育に取り入れられている[50]。しかしその多くは依然として試行段階にあり、二言語教育の実験ポイントに選ばれた学校以外では、二つの言語を使って教えられる教師は少ない。

1　民族学校の授業方式

ポスト文革期の雲南省における民族小学校の教授方法は、言語の使い方によって、以下の五タイプに分けられる[51]。

（一）漢語のモノリンガル教育。雲南省の民族学校では一九九〇年代に入っても、この教授方式をとっている所が最も多い。一九八〇年代後半の段階で、民族語教育が比較的よく行われて

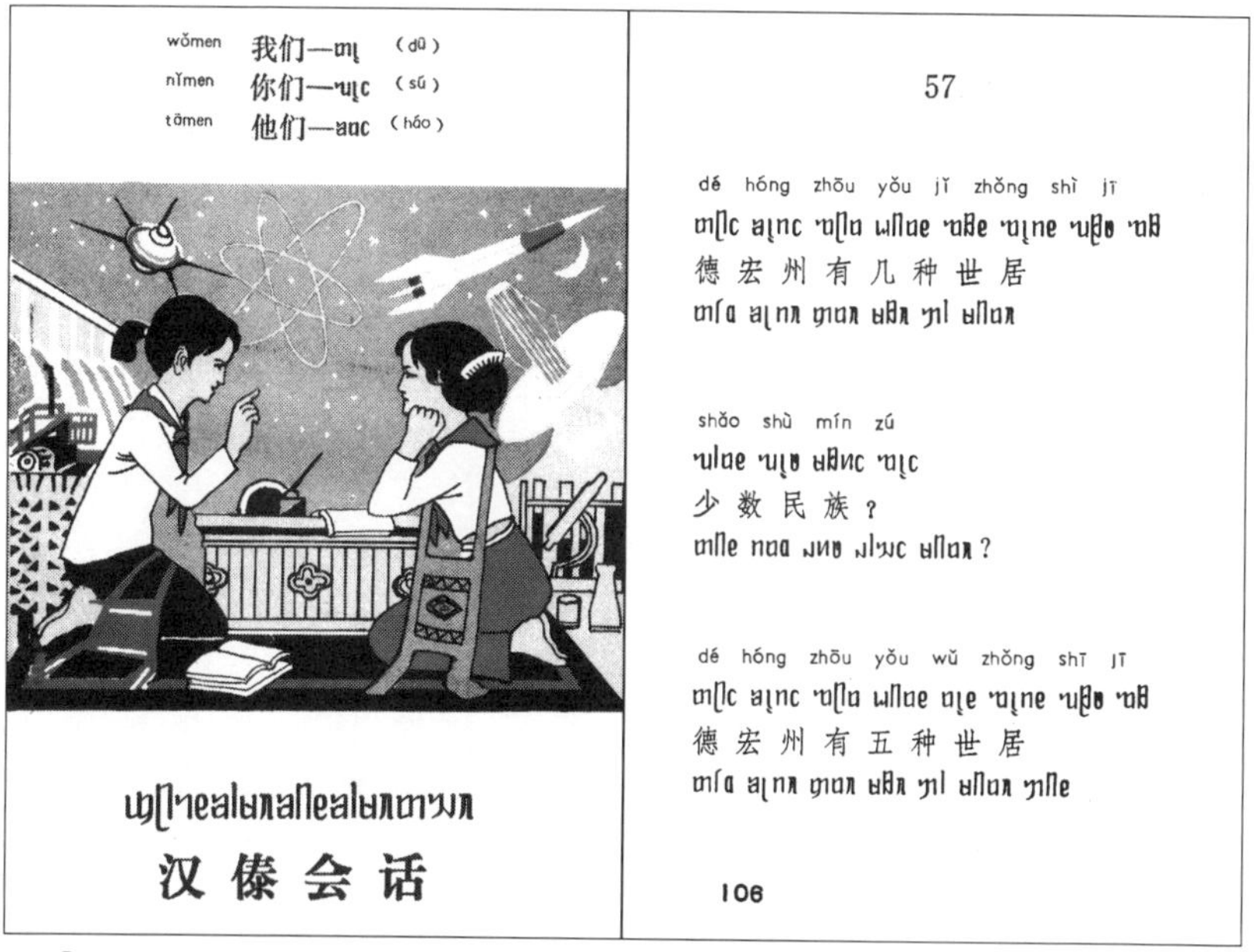

『漢・タイ会話』教科書

いるタウホーンでさえこの方式が三〇%、シプソンパンナでは六五%、その他の地域ではもっと比率が高い。漢語ができない子ども達は授業が理解できないので、授業の成果は小さく、入学しなかったり、中退する者が多い。

（二）民族語のモノリンガル教育。一九八七年段階で、シプソンパンナ自治州には伝統タイ文だけを学ぶ四年制の簡易小学校が二二クラス（同州タイ族クラス総数一〇八七の二%）あり、三八六人が在籍していた。タウホーンにもこのタイプの学校がわずかにあったという。母語で教育するので、当然漢語のモノリンガル教育より教えやすく、学びやすい。伝統文化の継承面でもプラスだが、進学や中国内（出身地以外）での就職にとっては非常に不利である。一九九〇年代に入って、この種の教授法をとる学校はなくなったと聞く。

（三）民族語と漢語を別々の科目として教える方式。一年生から民族語を、二年生から漢語を教え始め、その後は学年が上がるにつれて民族語の授業時数を減らし、漢語の授業時数を増やす。民族語の教師は民族語を、漢語の教師は漢語を、別々の教科書を使って教える。卒業時点でも、漢語の読み書きや会話がうまくできない子どもが多い。これは、南方少数民族の教育でよく言われる、民族語が漢語を学ぶための杖としての役割を十分果たせないからだろう。

（四）同じ授業の中で、民族語と漢語併記の教科書を使う方式。一年生では民族語の読み書きを教えるが、二年生からは、漢語ピンインと漢字、民族文字が三列併記してある教科書で授業を行う。民族文字で漢語の意味が分かり、漢語ピンインで漢字の読み方が分かるという自習にも便利な教科書だが、二年生以降は民族語を単独の教科目言語として教えなくなるので、民族語のレベルは向上しない。三に比べて明らかに民族語を漢語学習の杖として使う方式だといえよう。

（五）三と四の混合方式。学前班あるいは低学年で集中的に民族語を教える（民族語で書かれた教科書を使い民族語で授業を行う）。中学年では、民族語と漢語が併記された教科書を使って、二つの言語を併用して授業を行う。高学年になると、全国共通の漢語で書かれた教科書を使い、漢語で授業を行うが、民族語の授業も週に二、三時間設ける。

これらの教授法から、雲南省の二言語教育はいずれの方式も、もともと民族語しかできない少数民族の子どもが、漢語で教育を受けられるようにすることを狙っていることが分かる。そこで最大の問題は、民族語と漢語のバランスをどうとるか、前者から後者への教授用言語のシフトをどう行っていくかであろう。このシフトがうまくできなければ、教授効果の向上は望めない。それにはかなりのスキルとクラスの状況にも応じた臨機応変さが求められるとも思う。

また一九九二年一一月の中国言語学会南方会議では、雲南省少数民族語指導事業委員会の代表から、一九八〇年代の二言語教育の実践を経て、次のような問題が提起されたという(52)。バイリンガル学級の成績は、小学校低学年（三〜四年生まで）の時は、漢語のみで教育を行うモノリンガル学級に比べて明らかによいが、高学年になるとこれと差がなくなってしまう。その原因について、会議では次のような推測が出されたという。――学習に使う言語、思考言語の変換は、小学生にとってはとても大きな負担である。漢語モノリンガル学級では、この変換が小学校入学時に一気に行われるため、成績が振るわない。バイリンガル学級の場合は、低学年では民族語主体の授業が行われる。だが、中学年から高学年にかけて漢語の比重が増し、民族語は週に二時間程度の語文の授業として残るか、全く漢語のみの授業体系になってしまうと、そこで思考言語の変換を迫られ、学習効率が急に低くなってしまう。――これは過渡型バイリンガル教育が必然的に抱えている問題のように思う。こうした問題に関する調査、検証に関する文書資料は中国ではまだない。

なお一九九〇年代に入ると、中国では二言語教育には二つの種類があると言われるようになった(53)。

一つは、漢語漢文で授業を行い、子どもの分からない部分を民族語で教える、つまり書き言葉としての民族語は使わないやり方をさす。第一部第三章（一一五頁）で紹介した路南イ族自治県の石林民族小学校のようなケースが、この形式にあたる。漢語では双語単文教育と称されるので、日本語ではバイリンガル・モノリタラル教育、あるいは二言語一文語教育と訳すべきか。このスタイルの教育を行う学校では、すべて全国統一編さんの五年制小学校の語文教科書を使っている。民族語で書かれた教科書を全く使わず、民族語の授業もなく、教科課程も使う教科書も漢語モノリンガル教育と全く同じ。違いは、担任の教師が民族語で説明できるかどうかである。これをバイリンガル教育と呼べるのか、疑問を感じる。民族語で説明するといっても目安があるわけでもなく、その程度は教師によってまちまちだろう。どの程度民族語を使えばバイリンガル・モノリタラル教育になるのか。漢語モノリンガル教育との境界はきわめてあいまいだ。

後者は、二つの話し言葉（漢語と民族語）と二つの書き言葉（漢文と民族文）を使う方式をさし、漢語では双語双文教育と称されるので、日本語ではバイリンガル・バイリタラル教育、あるいは二言語二文語教育と訳すべきだろう。前述の分類でいえば、三、四、五がこれにあたる。この他に現在は、小学校に附設された学前班（就学前教育）で民族語教育を行う形式が、このカテゴリーに加えられている。これは、学前班の一年間で子どもに母語で思考能力や発話、筆記能力を培わせるべく民族文字の読み書きを教え、小学校一年生になると、全国統一編さんの教科書を使って漢語による教育を行い、民族語で意味を説明する。教授用言語は基本的に漢語で、子どもが授業内容を理解できるよう、民族語で補完し、三、四年生以降は漢語のみを使う、という教授法だ。つまり、小学校入学前に民族語を教えるだけで、一年生に上がってから受ける教育は、前述したバイリンガル・モノリタラル教育とほとんど変わらない。怒江リス族自治州のリス族小学校や紅河ハニ族イ族自治州緑春県のハニ族小学校、瀾滄ラフ族自治県のラフ族小学校などの実験学級でこの種の教育が行われているというが、はたして就学前教育の一年間だけで、民族語による十分な思考能力が培われるのか、疑問である。

これらの教授方式が一体どのくらいの割合で存在しているのか、全省レベルの統計はない。シプソンパンナ自治州でみると、一九九〇年代はじめの時点で、①漢語・漢文によるモノリンガル・モノリタラル教育を行う学校が三八一校で在校生二万七二九九人（少数民族児童の四四％）。[54] ②バイリンガル・モノリタラル教育に属する学校は五四〇校で在校生二万七〇二九人（少数民族児童の四三・五％）。③バイリンガル・バイリタラル教育を行う学校は一二一校で在校生七七二三人（少数民族児童の一二・五％）。①は担任教師が民族語ができなかったり、複数民族合同のクラスであり、②は民族文字のない民族か民族語の教師がいない学校・クラスであり、③のケースはすべてタイ族で、タイ族集住地域にあるという。つまり③の形式が相対的に少ない直接的な要因は、民族語教師の不足ということになる。一九九一年現在、シプソンパンナ自治州における民族小学校の専任教師は二七七四人で、うち少数民族出身者は一八七五人、二言語で授業が行える者は一六七〇人、タイ語教育を担える者となると三〇六人だけである。バイリンガル教師が育たないのは、主に経費不足が原因だという。

前述の内訳をタイ族に限ってみれば、バイリンガル・モノリタラル教育を行う学校が五四〇校、児童一万二八六三人（タイ族児童の四七・二％）、バイリンガル・バイリタラル教育を行う学校が一二一校（児童数七七二三人、タイ族児童の二八・三％）、残る二四・五％が漢語のモノリンガル教育ということになる。伝統文字を持ち、二〇世紀半ば漢族よりはるかに識字率が高かったタイ族でも、バイリンガル・バイリタラル教育の比率はそれほど高くないことが分かる。

四　民族語事業と民族語教育をめぐる諸問題

雲南省における少数民族二言語教育は、公的には評価されている。たとえば《雲南省少数民族二言語教育研究》課題グループは一九九四年、一年に及ぶ実態調査の後で、次のように総括している(55)。

「バイリンガル・バイリタラル教育を行う実験クラスの成績は、みな普通クラスを上回っている。子どもは入学するとすぐ自民族の文字を学び、学習すればすぐ母語を書き写せるので、学んだだけ使え、学習に対する興味や自信が高まり、言語の応用力や思考力が発達する。またそれは子どもやその父母達の民族的自尊心や民族感情を満たし、就学率を高める」。

これは別に二言語教育を特段に擁護したものではなく、公的によく聞かれる一般的な評価だといえる。それなのに、雲南省における二言語教育が、小学校レベルの試行に止まっているのはなぜだろうか。

第一に、ローマ字式文字の限界があげられる。雲南省の少数民族は、民族識別によって一つの民族にまとめられたものが多い。そのため民族内部で公認された共通語がなく、「方言」や「土語」の違いが大きい。新文字は、違いの大きい複数の「方言」の一つを選んでローマ字化したものなので、別の「方言」を使う地域の人々にとって、その文字を習うのは別の言葉を習うのに等しい。実は本当に別の言語であることも多い。発音が全く違う単語は、ローマ字式文字を読んでも意味は分からない。民族語教育の実験校に選ばれた学校の多くが、一定期間の試行後、民族語の授業を廃止してしまった一因はそこにある(56)。

民族文字をつくる上での基礎方言と標準音の選定の仕方にも問題があった(57)。一九五〇年代、民族文字の多くは、民族言語学者が一通り現地調査をして、某方言の地域が当該民族の政治的中心である、あるいは発展の前途があるとみなせば、それをその民族全体の基礎方言、標準音と決め、その言葉や発音をローマ字式文字で綴るというやり方でつくられた。血生臭い抗争の末に覇権を握った集団の言葉などでないのは、ある意味で美しいともいえるが、そのニュートラル性ゆえに、選定した基礎方言には権威がなく、基礎方言に選ばれなかった地域の人々は「なぜあの地方の言葉を標準音にするのか、私達の使う言葉は標準的でないというのか」と不平をもらすことになる。

そもそも、中華人民共和国における少数民族地域の政治的経済的中心というのは、たいてい少数民族語があまり使われていない地域である。民族自治地方の政治的、経済的中心――人民政府所在地は漢族が多い。チワン語の標準音を選定する際、桂西チワン族自治区の政治的経済的中心といえば真っ先に南寧市だが、そこではチワン語が話されていないので、苦肉の策として隣の武鳴県のチワン語が選ばれたという経緯がある（第八章四節参照）。漢族と接しながら暮らす少数民族の言葉は、漢語の影響を受けて、単語の中にも少なからず漢語からの借用語が入っているだろう。「少数民族の言葉で漢語と音が同じか似ているものは、できる限り漢語ピンイン方案中の相当する字母を用いて表示する」（国務院「少数民族文字方案中の字母作成の原則」一九五七年一二月一〇日）という方針にはマッチするだろうが、少数民族からみれば、それはセンターではなく、異民族とのボーダー地域の言葉だといえる。

また一九五〇年代につくられた新文字の中には、漢語ピンイン方案に合わせて、一旦定めたものを改定し、中には二度三度と改定した文字もある。こうしたやり方では、普及事業は混乱し、文字の威信は失墜したであろう。

一九五七年一二月一〇日の国務院通達に続き、翌五八年一月には「各民族が文字を創作、改革する時は……字母の読みや用法に関してできる限り漢語表音方案と一致させる」（周恩来）との方針が出され、翌二月に漢語ピンイン方案が正式に採択される。すると雲南省では、一九五六年につくり、五七年に中央民族事務委員会の公認を得てすでに普及事業を始めていた民族文字を再び改造することになった。それぞれの民族語を忠実に表現することより、漢語ピンイン方案との一致性が優先されたとさえいえる。漢語ピンイン方案との接近が図られた分、もともとの民族語から離れてしまった文字もあったのではないか。政府が大量の労力と経費をかけて新文字の普及事業を行っても、なかなか普及せず、一般の人々がポラード・ミャオ文や旧リス文を手放さない背景には、そうした要因もあるように感じられる。

第二に、指導部の方針。雲南省内では、滇東北方言を話すミャオ族用の書き言葉として、現在、旧ミャオ文（ポラード・ミャオ文）、新ミャオ文、規範ミャオ文の三種類が並存している。滇東北方言地域の一般のミャオ族住民はみな、長年住民の間に根付き、出版物も多くあるポラード・ミャオ文の普及を望んでいる。ところが昆明、楚雄などのミャオ族幹部は、科学的な標準化作業を経て創られたとの理由で規範ミャオ文を推し、昭通地区のミャオ族幹部は、共産党が創った文字は何があっても捨てられないとして新ミャオ文を推しているという[58]。地方幹部が普及させたい文字と、住民の間で普及している文字が一致していない。

また雲南省民族研究所が一九九三年に行った調査で、ラフ、ワ、タイ、プーラン族が多く住む臨滄県で教育局が、ある村に一〇〇元だけ経費を渡して、二年以内にバイリンガル教育の成果を出すよう求め、成果がでなければその後経費は出さない旨通知していたことが発覚したという(59)。初めから投げ出しているとしか思えない。怒江リス族自治州ではリス文教材編集翻訳室が小学校の言語と算数を一～三冊編集したところで、経費と人員がカットされ、編集・発行作業が続けられなくなった。こうしたケースは多いようで、かなりの地方で教科書づくりの作業が滞っており、二言語教育の普及を妨げているという(60)。

第三に、推進事業の進め方の未熟さが挙げられよう。例えば、紅河ハニ族イ族自治州は一九八四年にハニ文の試行を始めたが、開始早々大風呂敷を敷いた(61)。ハニ族が多く住む地域の三〇〇の全日制小学校でハニ文授業を行うことを計画し、ハニ文の教員を千人養成し、ハニ文の教科書や読み物を一四種、三二万冊発行し、州民族師範学校でもハニ文課程を開設した。州教育局は民族文字推進事業を専門に担う幹部を四名配属し、州民族語古籍研究所も設立した。だが、推進に向けて当事者間の意見調整が十分なされてもいない状況で、見切り発車的に広い範囲で執行したため、教員や教科書、措置など具体的な仕事が着いていけず、経験も乏しかったために、ハニ文の試行事業は時を経ずして低迷することになる。結局一九八四年には二四三の学校、二六五のクラスで二言語文教育の実験をしていたが、一九九〇年には一〇の学校、一二のクラスに減り、さらに調整を経て、一九九四年には四つの学校と一四のクラスで試行を続けるのみとなっている。

もう一つ。雲南省では、少数民族自身の間に自発的民族語無用論とでもいうべき考えが広がっている。民族語の授業は必要ないという声も多く、今のところ少数民族の一般的な願いは、漢語を習得し、よりよい職を得て経済的な豊かさを手にすることにあるという(62)。現在都市部で育つ少数民族の子どもの中には民族語が話せない者が多くなっているが、本人達はそのことを別に気にしていないようだ。雲南民族学院には民族文字を学ぶ講義があるが、学生達は就職上役に立たないため熱心ではないという。二言語教育にしても、母語によって言語能力を培い、第二言語としての漢語を習得することを前提に行われているという側面が強い。この傾向は一九八〇年代の改革開放路線の中で広がり、一九九〇年代の市場経済化で大きく加速しているようだ。ただしそうした社会の変化が、民族語の維持や発展にマイナスの影響ばかりを与えているわけではない。

筆者が一九九八年二月にお会いしたドシ・ヨンタン氏(タウホーン自治州民族語指導事業委員会主任、ジンポー族)は、改革開放、市場経済の導入でジンポー族の言語や文字の有用性は高まり、将来はさらに発展するだろうと明るい見通しを語ってくれた。

タウホーン自治州は雲南省の西端に位置し、その南部、西部、西北部の五〇三・八キロメートルでビルマ（ミャンマー）のシャン州、カチン州と接し（地図4―1）、自治州内に住むタイ族、ジンポー族、ドアン族、リス族、漢族などは、ビルマ領域内にも同じ民族が住んでいる。タウホーン自治州人民政府は一九八五年四月八日、同州を対外開放し、辺境貿易地域とした。その後辺境貿易は自治州の経済的支柱となり、一九九一年で一五億元、雲南省の辺境貿易総額の八〇％以上を占めるに至っている。一九九二年六月には、国務院が畹町市と瑞麗市を対外開放都市に認定し、現在タウホーン自治州とビルマは、この二つの国家レベルの口岸と、章風、盈江《コウアン》という省レベルの口岸、昆明からヤンゴンに至る滇緬道路とその他の一九の道路、二八カ所の渡し場などで結ばれている。

こうした状況がジンポー語の使用にどう影響するのか。ドシ・ヨンタン氏によれば、中国でジンポー語を使う者は四万五千人ぐらいだが、ビルマ側に一〇〇万人おり、使う文字も全く同じで相互に交流可能なので、言語の維持や情報の交換に役立っている。ビルマと中国のジンポー族は人為的な国境で隔てられているものの、自然の障害はなく、村落も近く、昔から互いに往来し、商売をしたり結婚したりしてきた。中国領内のジンポー族は民族語の授業を小学校レベルでしか受けていないが、ビルマのカチンは中学レベルまで民族語教育を行っている。このようにビルマのカチン語の使用範囲は比較的広く、ビルマとの国境を跨いだ交流が深まれば深まるほど、中国のジンポー語は情報を伝える手段として有効性を増すというわけだ。

こうした地域レベルでの希望的観測の一方で、マクロレベルでみると悲観的な予測もなされている。孫竹（一九九五年）は、南方少数民族の言語文字事業は一九八〇年代大きく発展したが、九〇年代に入ると低迷し、相応の対策を立てねば一気に下降し、再びだめになってしまう恐れがあると述べている。(63) 原因は多岐にわたるが、特に指導的立場にある幹部の考えが一致せず事業が混乱することや、法規に基づいて事業が行われず、指導者が入れ替わるたびに政策も変わること、民族語を習得しても有用性が限られ、進学や就職面でも同等の条件下で優先的に採用するどころか、当然あるべき平等措置すらとられていない、ことなどが主因として挙げられている。

［注］

（1）いっぽう克木人、空格人、拉基人、老緬人など一〇近い「未識別民族」が六七二六人存在する（董建中『雲南少数民族教育発展与改革』雲南民族出版社、一九九三年、前言）。

（2）周域主編『雲南民族工作四十年研究』雲南人民出版社、一九九一年、二四七頁。

（3）雲南省人民政府「雲南省人民政府轉発国務院関於進一歩做好少数民族語言文字工作文件的通知」（一九九一年一〇月四日）。雲南省少数民族語文指導工作委員会編『民族語文理論政策講座』雲南民族出版社、一九九二年、序文三頁。一二種類の文字の内訳は、

タウホーン・タイ文、シプソンパンナ・タイ文、旧タイ文、川黔滇ミャオ文、滇東北ミャオ文、旧（ポラード）ミャオ文、旧リス文、新リス文、ジンポー文、ツァイワ文、四川（涼山）規範イ文、雲南規範イ文、チベット文、ラフ文、ワ文、ハニ文、ナシ文、広西チワン文、文山チワン語ピンイン方案、ペー族文字方案、広西金秀ヤオ語ピンイン方案、トールン語ピンイン方案（同書一五頁）。ただし郗衛寧「論雲南省双語教学的特点」（雲南省教育委員会『雲南民族教育論文集』雲南民族出版社、一九九五年）が、雲南省では一四の少数民族が三一種類の文字を使っているという（同書七七頁）ように、その数をめぐる言説は一様ではない。

（4）雲南省教育庁「関於民族語文教学工作的意見（一九八九年三月）」注（3）『民族語文理論政策講座』一九六～二〇一頁。現在は人口も増え、この分類がそのまま適用できるとは思えないが、中国では雲南省少数民族の言語使用状況を議論する時、一九九五年になっても依然としてこの分類が使われている。

（5）以下特に注釈がなければ、第三節の記述は以下の文献に基づく。《雲南民族工作四十年》編写組編『雲南民族工作四十年』一九九四年、雲南民族出版社、上巻三八四～三九四頁。

（6）周耀文『中国少数民族語文使用研究』中国社会科学出版社、一九九五年、二二四頁。

（7）注（2）周域主編『雲南民族工作四十年研究』二四四頁。

（8）周域主編、同前書二四五頁。

（9）注（1）董建中『雲南少数民族教育発展与改革』二二二頁。

（10）董建中、同前書三九頁。

（11）ビルマは一三五の民族を公認し、シャン、カチン、カレン、カヤ、チン、モン、アラカンの七少数民族自治州がある。人口比率ではビルマが六九％、シャンが八・五％、カチンが六・二％などで、宗教人口比は仏教徒が八九・五％、クリスチャンが四・九％、イスラム教徒が三・八％である（奥平龍二「ビルマ」『世界民族問題事典』平凡社、一九九五年、九五三～九五六頁）。

（12）高谷紀夫「シャン」注（11）『世界民族問題事典』五一八～五一九頁。タウホーンは「怒江の下方、南方」を意味するタイ語で、漢語では「徳宏」という字を当てて表記する（長谷川清「徳宏」同書七八四頁）。

（13）注（6）周耀文『中国少数民族語文使用研究』二一二頁。

（14）以下タウホーン・タイ文字に関する記述は、次の文献に基づく。周耀文「徳宏傣文」（中国社会科学院民族研究所・国家民族事務委員会文化宣伝司『中国少数民族文字』中国藏学出版社、一九九二年）七五～八三頁。注（5）『雲南民族工作四十年』上巻四〇二～四〇三頁。蚌有栄「徳宏傣文和双語教学応該当加強」注（3）『雲南民族教育論文集』八八～九四頁。

（15）この間、一九五七年にタウ・ホーン自治州は『団結報』タイ文版を創刊し、同年、全州で六八校（児童三四五六人、同自治州小学生数の四五％）がタイ文で授業を行っていたという。

（16）以下特に注がなければ、シプソンパンナ・タイ文に関する記述は次の文献に基づく。祁徳川「論一個民族使用多種文字」『雲南民族語文』一九九四年第三期、二〇頁。西双版納州教育委員会・民族事務委員会「積極開展双語文教学不断提高民族教育質量」『雲南民族語文』一九九一年第三期、六〇～六四頁。羅美珍「西双版納傣文」注（14）『中国少数民族文字』六九～七二頁。

（17）吉沢南『ベトナム・現代史の中の諸民族』朝日新聞社、一九八二年、三五～三七頁。シプソンパンナは一二（シプソン）の水田

（ナ）の集落（パン）を意味するタイ・ルー語。かつてこの地に一二のムオン（領主が支配する藩）からなる小国家があったことを物語るものだという（吉沢南、同書三五頁。村松一弥『中国の少数民族――その歴史と文化および現況』毎日新聞社、一九七三年、二九七頁）。

(18) シプソンパンナ自治区の教育科は一九五四年、小学校用のタイ語教科書をつくり、小学校二校で試験的に教え、一九五六年秋から小学校のタイ族クラスで本格的に新タイ文を教えるようになった。こうして新タイ文教育は一九五五年から学校教育に取り入れられるが、文革の勃発で中止。一九七二年から一部で復活し、全面的に復活するのは一九八〇年である。

(19) 勐海県傣語教学情況調査組「勐海県小学傣語分教学情況」『雲南民族語文』一九八六年第二期、二五頁。

(20) 孫竹「再論関於使用和発展民族語言文字的問題」『民族研究』一九九五年第二期、一七頁。

(21) タイ・ホン文字に関する記述は以下の文献に基づく。祁徳川「耿馬傣族佤族自治県傣文待統一」『雲南民族語文』一九九一年第三期、五〇～五三頁。周耀文「傣綳文」注（14）『中国少数民族文字』八九～九五頁。

(22) 金平タイ文字に関する記述は羅美珍「金平傣文」注（14）『中国少数民族文字』八四～八八頁に基づく。

(23) 吉田敏浩「カチン」注（11）『世界民族問題事典』二九二頁。インド領内のアルナーチャル・プラデーシュ州にも住んでいて、現地ではシンポーと呼ばれる（人口約一千人）。

(24) 以下ジンポー文に関する記述は、次の文献に基づく。徐悉艱「景頗文」注（14）『中国少数民族文字』一二二～一二七頁。中国社会科学院民族研究所・国家民族事務委員会文化宣伝司主編『中国少数民族語言使用情況』中国藏学出版社、一九九四年、八〇三頁。祁徳川「譲景頗文更好地服務於景頗族人民」『雲南民族語文』一九九五年第二期、六〇～六三頁。注（5）『雲南民族工作四十年』上巻三八〇～四〇七頁。

(25) 《雲南少数民族双語教学研究》課題組『雲南少数民族双語教学研究』雲南民族出版社、一九九五年、一七〇～一七四頁。

(26) 以下ツァイワ文に関する記述は、次の文献に基づく。徐悉艱「載瓦文」注（14）『中国少数民族文字』一二八～一三三頁。石有才「試行載瓦文是景頗族人民的迫切願望」『雲南民族語文』一九九一年第三期、一〇頁。

(27) 注（25）『雲南少数民族双語教学研究』一二四頁。

(28) 以下特に注釈がなければ、ポラード・ミャオ文に関する記述は、以下の文献に基づく。陳其光『中国語文概要』中央民族学院出版社、一九九〇年、二八一～二八四頁。熊玉有「略談苗族文字的歴史発展」『雲南民族語文』一九九二年第四期、五頁。王徳光「滇東北老苗文」注（14）『中国少数民族文字』一八一～一八八頁。

(29) 李開栄「貴州石門坎本世紀初教会苗族教育」『民族教育研究』一九九三年第一期、八四～八五頁。サミュエル・ポラードは一九〇四年に威寧に入り、翌一九〇五年から同地で教会、学校、病院、孤児院、老人ホーム、幼稚園、聾唖学校、郵便局などを設立した。一九〇五年に学校を設立し、翌一九〇六年からミャオ族の子どもを男女の別なく受け入れた。同校は一九一二年までに高級小学校部も設けて完全小学校となる（光華小学校）。ポラードは自らミャオ族の衣装を着、ミャオ語を習得するなどミャオ族の暮らしに溶け込み、また各種の慈善事業を積極的に行ったので、ミャオ族の信頼を得て、子どもを学校に送るミャオ族は増えていった。一九〇五年、ミャオ文をつくると、学校で毎週二時間ミャオ語の授業を行った。この文字でミャオ文がつくられ、ミャオ族の歴史、伝説、詩歌、故事や近代知識を編んだ教科書がつくられ、ミャオ文の新聞も発行された。ポラードは一九一五年に流行り病で亡くなるが、この年石門坎の就学者数は四百人に達し、その後も彼の事業は受け継がれ、一九四〇年代には、ポラードが属した西南教区苗疆部が建てた小学校が五〇校、教員七〇人余りを擁するに至り、一九四一年には中学が創立されている（一九四三年より辺疆民族中学）。こうして中華民国期、石門坎の小学校卒業者は数千人に達し、中学、中等専科学校卒業レベルの者は百から二百人、また石門坎のミッション・スクールに通った者の中には華西大学、雲南大学、中央大学、蒙藏学校などに入った者（三〇人）や博士号を取得した者もいたという。

(30) 以下、一九五〇年代に創られた四種類のミャオ文に関する記述は、次の文献に基づく。注（28）熊玉有「略談苗族文字的歴史発展」六頁。王春徳「黔東苗文」向日征「湘西苗文」王徳光「川黔滇苗文」同「滇東北苗文」注（14）『中国少数民族文字』一五五～一八〇頁。

(31) 注（25）『雲南少数民族双語教学研究』一三頁。

(32) 以下特に注釈がなければ、リス族文字に関する記述は、次の文献に基づく。徐琳・木玉璋・蓋興之『傈僳語簡誌』民族出版社、一九八六年、一一四～一二九頁。木玉璋「老傈僳文」同「新傈僳文」注（14）『中国少数民族文字』一一〇～一二二頁。注（25）『雲南少数民族双語教学研究』一九一～一九四頁。

(33) 木玉璋「傈僳族音節文字造字法特点簡介」『民族語文』一九九四年第四期、六四～六七頁。

(34) 王正芳「做好民族語言文字工作促進民族団結進歩繁栄」『雲南民族語文』一九九二年第一期、三二頁。

(35) 以下、ナシ族文字に関する記述は、次の文献に基づく。和即仁・姜竹儀編著『納西語簡誌』民族出版社、一九八五年、一一七～一二九頁。注（28）陳其光『中国語文概要』二七一～二七三、二七八～二七九頁。注（1）董建中『雲南少数民族教育発展与改革』二一頁。注（3）『民族語文理論政策講座』二二七頁。姜竹儀「積極推行納西文提高納西族文化」『民族語文』一九九四年第三期、四八頁。注（25）『雲南少数民族双語教学研究』七頁。

(36) ハニ族文字に関する記述は、以下の文献に基づく。李永燧「関於哈尼族文字方案設計」『雲南民族語文』一九八六年第二期、五八頁。段貺楽「哈尼文字方案中濁声母的表達問題」『民族語文』一九九四年第三期、四五頁。李永燧「哈尼文」注（14）『中国少数民族文字』二〇八～二一三頁。注（25）『雲南少数民族双語教学研究』七頁。

(37) ラフ族文字に関する記述は、以下の文献に基づく。周耀文・張蓉蘭「拉祜語」注（24）『中国少数民族語言使用情況』七九二～七九三頁。張蓉蘭「拉祜文」注（14）『中国少数民族文字』一三四～一三九頁。蘇国文「瀾滄県双語教学問題探討」『雲南民族語文』一九九三年第一期、八頁。瀾滄県教育局・民委・民語委「瀾滄県推行使用民族文字情況調査」同一一頁。注（25）『雲南少数民族双語教学研究』一〇、一〇二頁。

(38) ワ族に関する記述は以下の文献に基づく。周植志「佤文」注（14）『中国少数民族文字』二〇〇～二〇七頁。注（3）『民族語文理論政策講座』二三四～二三五頁。注（25）『雲南少数民族双語教学研究』一五～一六頁。
(39) チワン族に関する記述は以下の文献に基づく。陸保成「文山壮文推行現状与発展問題」『雲南民族語文』一九九二年第四期、三七頁。王哈・邦・雍容「民族文字推行工作中的一個重要課題——兼談少数民族語普通話的形成」『雲南民族語文』一九九五年第二期、二八頁。
(40) 注(1)董建中『雲南少数民族教育発展与改革』二四～二五頁。
(41) ペー族に関する記述は、以下の文献に基づく。注(25)『雲南少数民族双語教学研究』二四六～二四七頁。楊応新「対少数民族要求創制民族文字問題的思考」『雲南民族語文』一九八八年第三期、四七頁。
(42) 孫宏開「独龍語」注(24)『中国少数民族語言使用情況』七六九頁。
(43) 注(25)『雲南少数民族双語教学研究』二一二頁。
(44) 注(41)楊応新「対少数民族要求創制民族文字問題的思考」四四～四五頁。一九八六年、貢山自治県がヌー語研究グループをつくり、ヌー語ピンイン方案をつくったという(李志恩「怒族語言使用情況与創制文字問題」『雲南民族語文』一九九四年第二期、三四頁)。孫宏開は、貢山に住むヌー族(一九九〇年現在、六三三九人)は従来トールン語を話すので、県内のヌー族地域でもこの文字が試行されたと記している(注(24)『中国少数民族語言使用情況』七六九頁)。両者は同じものだと思われるが、詳細は分からない。
(45) 以下のデータは注(25)『雲南少数民族双語教学研究』七、一〇、一三、一六、一九二、一九三頁に基づく。
(46) 陳紅涛「雲南民族教育在崛起」『民族教育』一九八八年第二期、一四頁。
(47) 以下特に注釈がなければ、一九九二年四月二八日、盖興之・雲南民族学院教授のご教示および注(25)『雲南少数民族双語教学研究』二〇～二一頁。
(48) 馮春林「雲南双語教学路子探討」『雲南民族語文』一九九〇年第三期、一二～一三頁。
(49) 注(5)『雲南民族工作四十年』上巻三九六頁。
(50) 注(34)王正芳「做好民族語言文字工作促進民族団結進歩繁栄」二九頁。
(51) 以下特に注釈がなければ、民族学校の授業方式に関する記述は次の文献に基づく。雲南省教育委員会教育誌辦公室編著『雲南民族教育発展概況』雲南大学出版社、一九九二年、一九七～一九九頁。注(48)馮春林「雲南双語教学路子探討」一二～一三頁。李振邦「関於雲南双語教学問題的辨析与思考」『雲南民族語文』一九九〇年第三期、三一頁。
(52) 一九九二年一一月三〇日、王会銀・中央民族学院副教授のご教示。
(53) 以下特に注釈がなければ、二種類の二言語教育に関する記述は注(25)『雲南少数民族双語教学研究』二一～二五頁に基づく。
(54) 以下、注(16)西双版納州教育委員会「積極開展双語文教学不断提高民族教育質量」六一頁。注(34)王正芳「做好民族語言文字工作促進民族団結進歩繁栄」二九頁。
(55) 注(25)『雲南少数民族双語教学研究』一二一～一二三頁。
(56) 同前書二三、三五～三六頁。
(57) 以下、民族文字の基礎方言と標準音問題に関する記述は、楊応新「民族文字的基礎方言和標準音問題」『民族語文』一九九四年第二期、九頁に基づく。
(58) 注(16)祁徳川「論一個民族使用多種文字」二一一頁。
(59) 注(20)孫竹「再論関於使用和発展民族語言文字的問題」一七頁。
(60) 注(25)『雲南少数民族双語教学研究』二五頁。
(61) 以下、注(5)『雲南民族工作四十年』上巻四〇四頁。注(25)『雲南少数民族双語教学研究』一九頁。
(62) 以下、一九九二年四月二六日、王敬騮・雲南民族学院教授のご教示。
(63) 注(20)孫竹「再論関於使用和発展民族語言文字的問題」一七、二〇~二一頁。

第五章　貴州省における民族語文教育

一九九〇年現在、貴州《クイジョー》省の少数民族人口は約一〇五〇万人、同省総人口の三二・四％を占める（表5—1）。少数民族の中ではミャオ族、プイ族、トン族、トゥチャ族、イ族、コーラオ族、スイ族が人口が多く、この七民族で貴州省少数民族人口の八九・五％を占めている。民族別にみれば、全国のミャオ族、トン族の約半数、プイ族、コーラオ族、スイ族のほとんどが貴州省に住んでおり、これらの民族が同省少数民族事業の主な対象であることが察せられる。貴州省にはミャオ族、プイ族、トン族の三つの大きな連合自治州と、トゥチャ族、コーラオ族、イ族、回族、スイ族などの一〇の自治県があり、民族自治地方の総面積は同省のほぼ半分を占める（地図5—1）。民族自治地方の分布から、広西チワン族自治区と接する南部にミャオ族、プイ族、トン族が、雲南省と接する東部にイ族が、四川省と湖北省と接する北東部にトゥチャ族、コーラオ族、ミャオ族が多く住んでいることがうかがえる。

一　貴州省少数民族の言語と文字

李小平《リーシャオピン》「貴州少数民族児童の二言語教育」（一九九二年）は、貴州省少数民族の言語使用状況を次の四つの範疇にまとめている(1)。

①民族語のモノリンガル……約五〇〇万人。ミャオ族の六五％（二〇〇万人余）、プイ族の五五％（一〇〇万人余）、トン族の四〇％（五〇～六〇万人）、イ族の四五％（三〇万人）、スイ族の五五％（一七万人）が含まれる。

②漢語のモノリンガル……約四〇〇万人。トゥチャ族、回族、ペー族、満洲族のほとんどや、他の民族の一部が含まれる。

③民族語と漢語の二言語使用者……約一〇〇万人。

④使用言語が民族語から漢語へ変わりつつある集団……約一〇〇万人。

地図5−1　貴州省の民族自治地方（1990年）

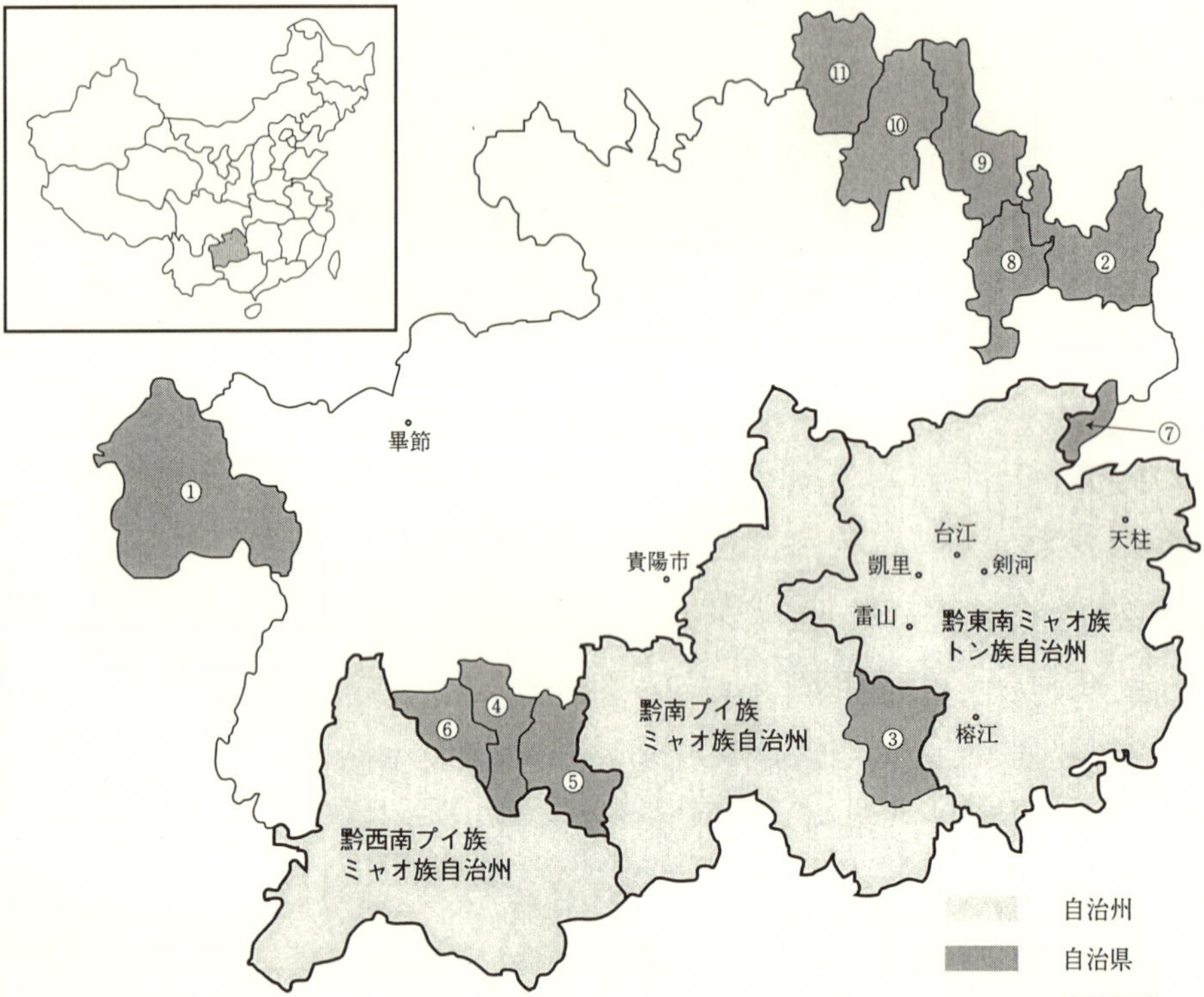

①威寧イ族回族ミャオ族自治県
②松桃ミャオ族自治県
③三都スイ族自治県
④鎮寧プイ族ミャオ族自治県
⑤紫雲ミャオ族プイ族自治県
⑥関嶺プイ族ミャオ族自治県
⑦玉屏トン族自治県
⑧印江トゥチャ族ミャオ族自治県
⑨沿河トゥチャ族自治県
⑩務川コーラオ族ミャオ族自治県
⑪道真コーラオ族ミャオ族自治県

出所：地図A注『中華人民共和国行政区画簡冊』64〜66頁他をもとに筆者作成。

表5－1　貴州省民族別人口（1990年、1000人以上）

民族名	1953 年	1964 年	1982 年	1990 年			
	人　口	人　口	人　口	人　口	A	B	C
総人口	15,037,310	17,140,521	28,552,942	32,391,066			2.86
少数民族総人口	3,562,493	4,008,751	6,675,360	10,503,141	32.4		11.61
漢族	11,098,431	13,128,918	21,129,487	21,154,520	65.3		2.03
ミャオ族	1,424,957	1,579,097	2,582,587	3,686,900	11.4	35.1	49.84
プイ族	1,222,296	1,346,532	2,098,852	2,478,107	7.7	23.6	97.37
トン族	439,369	475,870	851,119	1,400,344	4.3	13.3	55.70
トゥチャ族	0	419	1,625	1,028,189	3.2	9.8	18.03
イ族	274,486	344,889	564,556	707,413	2.2	6.7	10.76
コーラオ族	11,667	26,235	51,521	430,519	1.3	4.1	98.29
スイ族	132,547	153,090	275,680	322,562	1.0	3.1	93.23
回族	40,964	54,666	98,452	126,500	0.4	1.2	1.47
ペー族	86	706	4,858	122,166	0.4	1.2	7.66
リー族	0	27	70,018	80,252	0.2	0.8	7.22
チワン族	13,857	14,978	27,691	37,783	0.1	0.4	0.24
ヤオ族	13,697	10,915	19,398	31,240	0.1	0.3	1.46
モンゴル族	26	122	719	24,025	0.1	0.2	0.50
満洲族	186	589	10,367	16,760	0.1	0.2	0.17
トゥ族	0	18	13,509	1,968	0.0	0.0	1.03
トンシャン族	0	0	291	1,300	0.0	0.0	0.35
ムーラオ族	0	163	1,142	1,079	0.0	0.0	0.68
チャン族	0	0	12	1,024	0.0	0.0	0.52
キン族	0	0	1,424	1,022	0.0	0.0	5.40
未識別民族	376,386	2,797	748,080	733,400	2.3		97.87
外国人中国籍加入者	0	55	15	5			0.15

A＝対省総人口比(%)、B＝対省少数民族総人口比(%)、C＝対各民族全国総人口比(%)
出所：張人位・石開忠『貴州民族人口』貴州民族出版社、1992年、16～21頁、国家統計局人口統計司、公安部三局『中華人民共和国人口統計資料彙編 1949－1985』中国財政経済出版社、1988年、958～959頁他をもとに筆者作成。

ミャオ族、プイ族、トン族、イ族、スイ族など民族語を第一言語とする者が多い民族でも、相当数の者が漢語や他の民族の言語を使っている。

次に文字をみてみよう。中華人民共和国成立当時、現在イ族、スイ族、チワン族、プイ族、トン族、ミャオ族となっている人々が、固有の文字を使っていた。同国では、少数民族の間で使われてきた文字のうち、同国成立以前からある文字を老文字（旧文字）と呼んでいる。これに対し、同国成立以降、政府主導で作った文字を新文字と呼んでいる。

旧文字の中では、イ族、スイ族の祖先達が使っていた文字が歴史が古く、明代以前から、限られた範囲ではあったが、固有の文字が使われていた[2]。スイ族の間で使われてきた文字はスイ語でル・スイと称し、漢語では「水書」「水字」と呼ばれ、四〇〇種類の文字がある[3]。主にシャマンが宗教活動の中で使ってきたといわれ、一般的な「白書」と秘伝の「里書」に分かれる。その他の少数民族の祖先達は、明代に漢人移民が大量に入ってきて以降、漢字によって初めて文字と接触し、文字として漢字を使用するようになったといわれる。

いっぽう、二〇世紀初頭頃から使われ始めた旧文字は、ほとんどが宣教師がつくったローマ字式の文字である。滇東北方言を話すミャオ族の間では、二〇世紀初頭にイギリス人宣教師のサミュエル・ポラード（Samuel Pollard 一八六四〜一九一五年）がつくった表音文字が使われている（第四章二節3参照）。凱里市旁海区では、二〇世紀初頭にオーストラリアの宣教師フットン（M.H.Hutton）が漢語注音文字（中華民国時代に公布した漢字音を示すための音標記号）を応用してつくった注音字母ミャオ文が使われていた。

これら所謂「伝統文字」に対し、中華人民共和国は、一九五〇年代の中国社会科学院少数民族語言調査工作隊の調査をもとに、チワン族、プイ族、トン族、ミャオ族（東部、中部、西部方言）の言葉を表記するための、ローマ字式表音文字を作った。貴州省で現在、推進されているのは、ミャオ、プイ、トン、イ、スイの五民族、八種類の文字である。(4)

二　一九八〇年代の民族語推進事業の展開

貴州省が民族語文を学校教育に導入するのは、一九八一年に少数民族文字の推進事業を再開した後のことである。(5) 貴州省における民族語文教育は、民族文字自体の推進事業と平行して、あるいはその一環として行われてきた性格が強い。

貴州省は、一九五六年七月、貴州省少数民族語言文字工作指導委員会を設立し、一九五七年から五八年にかけて、全省でミャオ、プイ、トン、イの四民族、七種（ミャオ文四種）の文字の推進事業を行っている。(6) だが、その後左傾路線が台頭すると推進事業は停止され、民族語文事業が展開されるのは文革後のことである。それは黔東南《チェントンナン》ミャオ族トン族自治州の住民のイニシアティブで始まった。自治州の一部地域で、一般住民や教育関係者らが、自発的に民族文字を学習し始め、一九七七年には剣河県温泉公社弯根民族小学校が、一九八〇年には畢節県の三管小学校が、父母や児童の要望に応えて民族語の授業を始めたのである。(7)

これに対し、政府が動きだすのは一九八一年、つまり一九八〇年一月の第三回全国民族語文科学討論会で、文革後の民族言語文字政策の全国的方針が示された後のことである。一九八一年春、貴州省民族事務委員会の提言も受けて、黔東南ミャオ族トン族自治州の人民政府と中共委員会は、同年度から民族文字の推進事業を再開することを決めた。同州政府は同年一一月、凱里《カイリ》市で「全州第一回民族語文工作会議」を開き、「貴州省民族語文推進指導グループ」をつくり、推進計画を定めた。これに基づいて、貴州省民族事務委員会が民族文字の復活、普及に向けた試行、実験を担い、凱里市、雷山、剣河、天柱、榕江の五県で試験的授業を始める。貴州省は翌一九八二年、民族語文工作会議を開催し、民族言語文字の試行拡大を決めるとともに、民族事務委員会内に、民族語文辦公室を設けた(8)。

一九八三年八月一六日、貴州省民族事務委員会及び同省教育庁は合同で「民族学校における民族語文教育実験に関する通知」(黔教通字一五〇号、黔族［一九八三］四〇号)を発し、「関連の学校において民族語・民族文字の教授実験を行い、経験を総括し、序々に広めていく」ことを通達した(9)。この通知によって、文革後の貴州省の民族語文教育事業が本格的に動き出すことになる。同通知は、民族文字が農村の識字教育、学校の試験的授業の中で、一定の成果を収めていることを認めるとともに、関係する諸学校は民族言語文字の試験的授業を続けて行い、その後経験を総括しながら次第に拡大、推進していくよう指示している。また実験の目的として①民族語・民族文字を学校教育に導入する方途を探求する、②民族語・民族文字が漢語・漢文科目及びその他の学科に与える影響と教育普及の面での作用を理解し、③教材と教え方を研究する、の三点を挙げている。具体的には、一九八三―一九八四年度の第一学期から、各文字ごとに、それぞれの民族のうち、あまり漢語が話されない地域を選んで、一~二ヵ所の小学校、民族師範学校で毎週民族語・民族文字の授業を二、三時間加える実験を行うよう指示した。翌一九八四年には中共貴州省委員会が〈一九八四〉一三号文書を発して、「自治州内で漢語があまり使われていない少数民族の集居地域の学校では、民族言語文字を用いて二言語文教育を実施してもよい」との指示を出している(10)。

こうした方針の下で、民族語文の教科書も作られ、高等教育にも民族語文が導入されるようになった。一九八一~八二年の間は、各自治州・県の機関が教科書をつくったり、教師が個人的に編さんした教科書や読み物などを授業で使っていたが、一九八四年からは、貴州省民族事務委員会とその民族語文辦公室が主体となって『ミャオ文教科書』『ミャオ族詩歌選』『プイ文教科書』『プイ文授業参考資料』『プイ諺』『プイ歌』などの教科書を発行し始めている(11)。貴州省は一九八二年から一九九四年までに、ミャオ、プイ、トンの小学校教科書一―八冊、識字用教科書を各一冊、イ文教科書一―六冊、ミャオ語読み物（三大方言）八冊、プイ、トン、イ語の読み物を各二冊出版した。また一九八四年一一月には黔東南で『ミャオ文トン文報』の刊行が開始されるなど、民族文字による新聞も出されるようになる。高等教育では、貴州省が一九八四年、黔東民族行政管理学校に民族語文科クラス（中等科、三年制）を、貴州民族学院が一九八五年に民族語文科（ミャオ、プイ、トン、イ、三年制）を開設した(12)。

こうして一九八二年から一九九四年までに、全省の八つの地区、州（市）、五三の県でミャオ、プイ、トン、イ、チワンの五民族の八種類の文字の推進実験事業を行った。民族文字の学校への導入、二言語教育の実験は一〇〇〇ヵ所（クラス）、児童・生徒・学生数にして六万人に及んだという(13)。

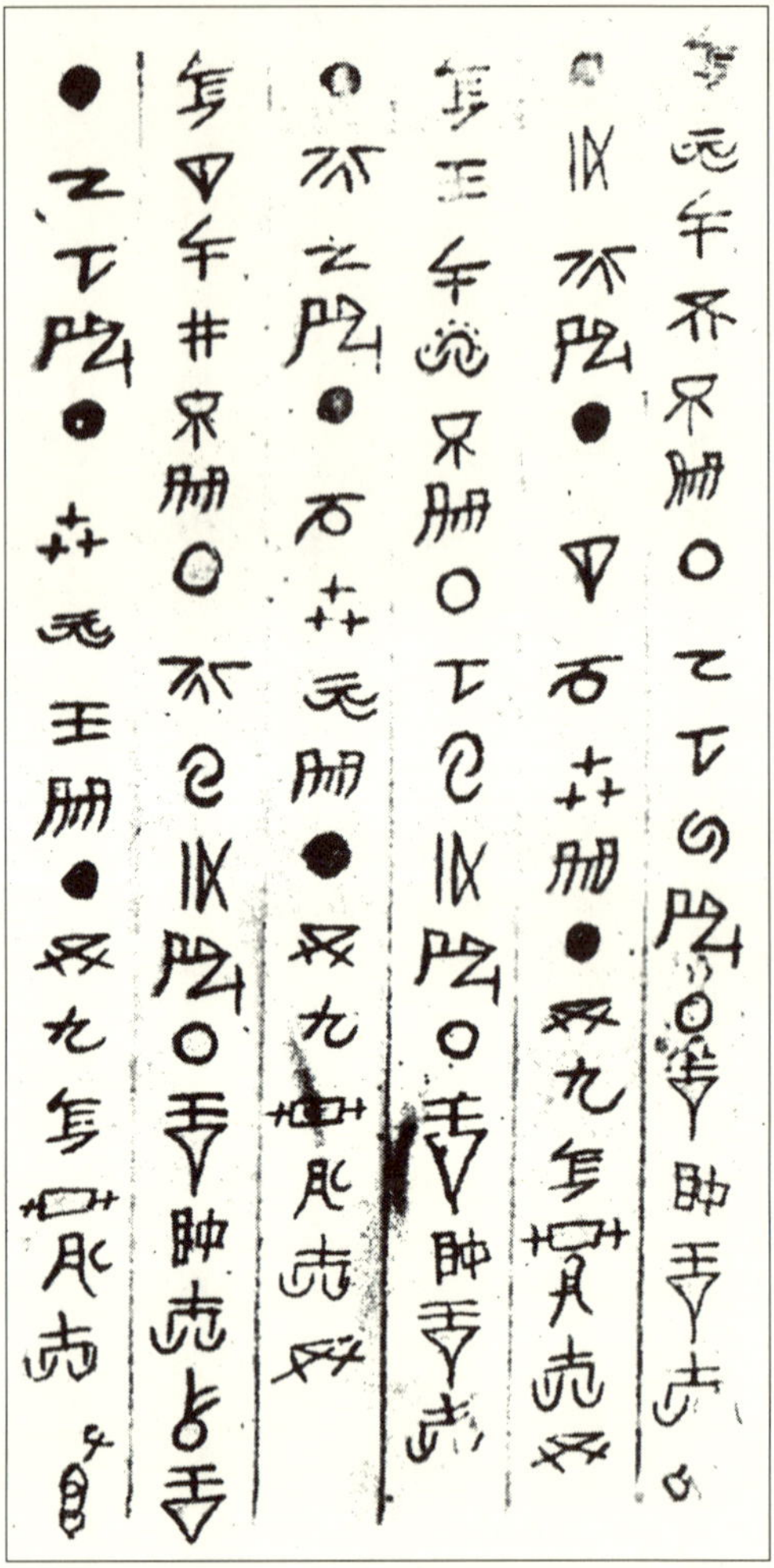

スイ書：『中国民族古文字研究』天津古籍出版社、1991年、236頁より

三　民族文字による識字教育事業の興隆と停滞

貴州省では一九八一年末、温泉郷でミャオ文識字クラスを募集したのを契機に、民・漢二種類の文字による識字が始まった。それはまず学習者に民族文字を学ばせ、その後民族文字で漢字の音を表記し漢文を学ばせるものだ。さらに一九八四年になると、中共貴州省委員会が（八四）一三号文書で「民族文字による識字の基準を満たした者については、関連部門は漢文による識字者と同様に扱うものとする」との指示を出すに至る(14)。

一九八一年以降、民族文字による農村識字教育のテスト地点及び学習人数は急速に増加した。ミャオ文、プイ文、トン文は、口語をローマ字で書き言葉にしたものなので、学習しやすく、青壮年の場合、三ヵ月一八〇時間の学習でだいたい民族文字を習得できたといわれる(15)。しかし、表5―2が示すように、ミャオ族、プイ族、トン族の民族文字学習者が八万人を超えるようになった一九八五、六年頃から、民族文字学習者は急激に減少する。この数字の背後にどんな事情があったのか。

一九八一年以降の九年間で、貴州省の五三県で、民族文字識字クラスを五〇〇〇ヵ所開き、一八万四七〇〇人が学習し、民

表5−2　貴州省民族文字学習者の推移（1981〜87年）

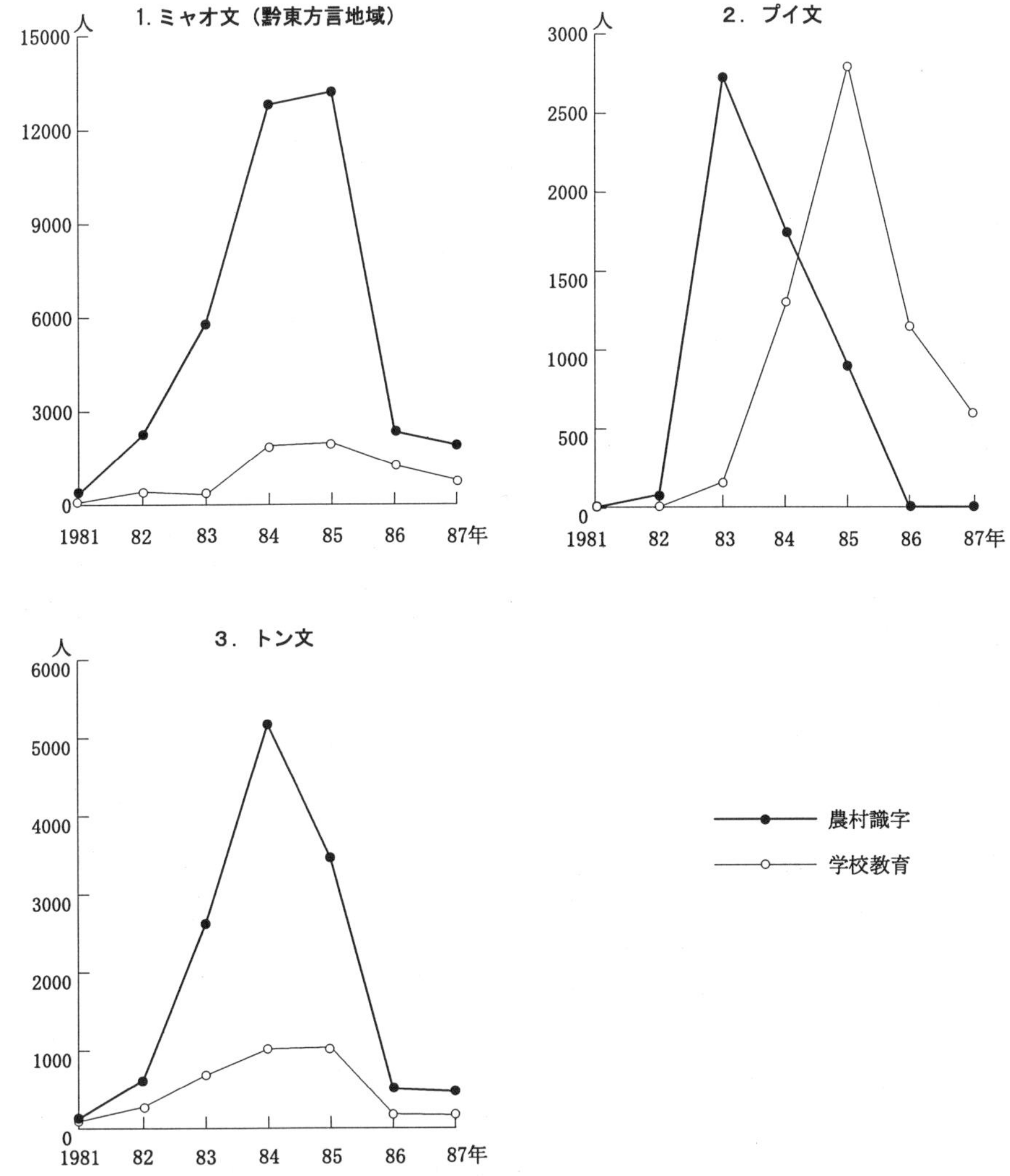

出所：貴州省民族事務委員会民族語文辦公室編『貴州双語教学論文集』貴州民族出版社、1989年。(1)は132〜133頁「1981−1987年黔東南方言苗文進展情況統計表」をもとに、表中の台江、錦屏、剣河、凱里、丹賽、施秉、黄平、麻江、雷山、鎮遠各県の学習者数を合計して作成。(2)は134〜135頁「1981−1987年布依文進展情況統計表」をもとに、表中の羅甸、龍里、平糖、恵水、長順、望謨、貞豊、都均、貴定、晴隆、各県の学習者数を合計して作成。(3)は136〜137頁「1981—1987年侗文進展情況統計表」をもとに、表中の榕江、錦屏、剣河、天柱、从江、黎平、鎮遠、三穂各県の学習者数を合計して作成。

族文字学習を取り入れた学校は八〇〇校の一二七四クラス、学習者は四万五六〇〇人に達した[16]。しかし一九九二年現在で、貴州省における非識字者の比率は三二%、少数民族地域に限れば三八%と、依然として高い。また実際の識字率は、統計上の数字よりもかなり低いとの報告もある[17]。例えば、貴州省台江県革東区のミャオ族の村が報告した公的統計資料では、一四歳以上の者二七八人のうち一五三人が識字者となっているが、一九九二年三月、貴州省民族事務委員会がこれらの人を対象に直接テストを行った結果、省の識字基準を満たす者は一〇四人だったという。同報告によると、統計上の数字と実際の状況の間に差があるのは次のような理由による。①統計調査の際、学校へ行ったことがあるかどうかだけ尋ね、学校へ行ったことがあれば今読み書きができるかは問わず、一律に識字者とする（小学校を卒業したり、初級中学へ行ったことがある者の中にも、学校を離れて数年経ち、非識字者に戻っている者もいる）。②識字達成率を高めに報告しようと、識字者として同一人物が毎年名前を変えて報告していたり、識字テストの際、読み書きのできる別の者に受けさせるなどしている地方もある。

識字教育に民族文字が使われるようになっても、非識字率が依然として高いのはなぜか？　その理由として、次のような問題が挙げられている。第一に、担当行政機関の間で少数民族識字事業をめぐる考えがずれており、調整がうまくいっていない。識字教育は本来、教育部門が担うべき仕事だが、貴州省の教育部門の中には漢文による識字しか行わない所が少なくない。漢文識字には力を入れ、例えば小学校教師にノルマを課して、それを達成できない教師から罰金をとったり賞与を差し引き、達成した教師は賞与を与えるなどしているが、民族文字による識字は行おうとしなかったりする。民族語文辦公室が一九九〇、九一年に行った調査で、あるミャオ族の小学校教師は、こうしたノルマは「到底達成できない。子どもは五、六年勉強してもだめだ。ミャオ文なら半年でノルマを達成できるが、教育局はミャオ文による識字は行わないのでだめだ」「教師も子どもも達もミャオ文ならできるというのに、教育部がそれを肯定しないとは、おかしなことではないか」と不満をもらしたという。

第二に、識字教師のレベルの問題がある。識字教員は、農村の青年の中から募集したり、識字クラスから優秀な生徒を選んで養成したが、これら即席の教師のレベルには問題があった。どこかの県で民族文字を試行することになると、民族文字のできる農村の青年を呼んできて授業をさせ、授業が終わると家に戻し農作業に従事させるというやり方をしていた。榕江県民族事務委員会主任は、全州第四回民族語文工作会議の中で次のような実情を語っている。「教師の大部分は漢語のレベルも低く、教師経験もなく、ミャオ文、トン文を習得するとすぐ教壇に立つ。彼らは文字の書き方を教えられるだけで、それを教え終わると生徒と教師は同じレベルとなり、それ以上進まない[18]」。

第三に、教材不足が挙げられよう。今のところ各種の民族文字で出されている本は、文字を習得後、数日の時間があれば読み尽くしてしまえる程度の種類しかない。民族文字による新聞を出版している地域もあるが、三ヵ月に一回程度だったりして、紙面も少なく、発行量も少ない。黔東南自治州民族事務委員会が『ミャオ文トン文報』を発行しているが、剣河県の調査で、同県には同新聞の読者が百人ほどいるのに、新聞はたった三、四部しか送られてこないので、皆先を争って読み、最後にはぼろぼろになって影も形もなくなってしまうという状況が報告されている。このように、読み物が足りないため、民族文字による識字者となった者が再び読み書きができなくなる場合が多いという。現在貴州省の民族語文教科書は、同省の教育科学研究所と民族事務委員会の民族語文辦公室が臨時で職員を出向させて編集グループをつくり、全国統一編さんの漢語文教材を翻訳しているが、専門スタッフがおらず、経費もないため、小学校三年生の教科書までしかつくれていない。民族語文教育を七、八年続けている学校では、教科書がないので教師たちが自前でつくるしかないという[19]。一九八六年に至っても、一人が一冊の本をもつのがやっとで、学習を続けることができず、また農村の識字、師範学校、職業学校、高級・初級中学、小学校への二言語教育の導入にあたっても、こうした学習段階や年齢の異なる集団の間で、ほぼ同一の識字用教科書が使われてもいた[20]。

そして第四に、実はこれが一番大きな問題のようにも思われるが、一九八五、六年頃、民族文字による識字教育の経費が削減され、試行範囲が縮小された。民族言語文字に関わるすべての費用は民族事務委員会の民族経費で賄っていたが[21]、突然の経費削減の経緯は明らかではない。おそらく行政機関の上層部の間に、民族文字による識字が中長期的な事業であるという認識がなかったのではないかと思われる。中国では、ある事業を一、二年集中して展開し、例えば識字教育の場合は、各地でどれだけの期間に何人が学習し、何人が識字者となり、識字率何%を達成した、といった「成績」報告をして、その後プッツリ事業を打ち切ってしまうようなことが結構多い。

こうした政策面での問題と、教授方法面での問題などが重なって、一九八五、六年頃から民族文字学習者が急激に減少したのである。ただし、学校での試行は一定程度続けられており、貴州省の民族事務委員会と教育科学研究所が共同で、全日制六年制小学校教科書として『語言』第一冊・第二冊（ミャオ、プイ、トン文字）を翻訳出版し、識字教育用の『ミャオ文教科書』『プイ語教科書』を改訂・出版したのも、識字事業縮小後の一九八六、七年のことだった[22]。では続いて、貴州省で一九八〇年代に始められた二言語（文）教育の類型と、民族文字の学校教育導入をめぐる賛否両論を紹介し、同省の少数民族語文教育の実状を捉えてみよう。

四　学校における二言語文教育

前述した李小平の分類のうち、漢語のモノリンガル、民族語と漢語の二言語使用者、使用言語が民族語から漢語へ変わりつつある集団に属する少数民族の子どもは、入学した時点で漢語で学校教育を受けるだけの漢語の能力があり、学校教育はすべて漢語で行われている。したがって文革以降、貴州省で行われている二言語教育は、民族語のモノリンガルに属する子どもたちを対象に行われている、といっても差し支えあるまい。

その形式は、主に民族語を補助的に使う授業形式と、少数民族文字を用いた二言語文教育に分けられている。後者は、民族語文の授業を単独で設けるものと、一つの言語科目の中で民族語と漢語を同時に教える教授方式の二種類に分けられる[23]。

民族語を補助的に使う授業形式では、学校教育で使う書き言葉は漢語のみであり（教科書、板書、宿題、テスト等）、入学した際に漢語ができないか、よくできない子どもにその子どもの母語で授業中分からない部分を説明する。児童の話す言語と漢語の両方のできる教師を低学年に配置し、漢文で書かれた教科書を母語で翻訳・解説し、授業中教師の質問に対し児童が母語で答えることを許す。一般に三年生を過ぎると、授業中児童の母語を使用する割合を大幅に減少させる。この種の教授方式は、貴州省少数民族地域では清朝時代に始まった儒学塾にその元がある、という人々もいる。

一九八〇年代、ミャオ文、プイ文、トン文、イ文が貴州省の学校にはじめて導入されると、一九八六年頃から、小中学校における少数民族語文の授業、或いは少数民族文字で漢語文の教育を補助する形式の教育を、「双語言教育」（二言語教育）と呼ぶようになった。ところが、少数民族文字の学校への導入に反対する人々が「二言語教育」は今に始まったものではなく、貴州省の漢語が使われない地域の学校で「言語の障壁」を解消するために行われてきた伝統的な方法であるといいはじめ、結局貴州では「二言語教育」は民族語を補助的に使う授業形式を示す用語となっている。これに対し「双語文教育」（二言語文教育）は、黔教通字一五〇号、黔族（一九八三）四〇号によって、はじめて導入されたものを指して用いられている。すなわち、少数民族地域の一部の学校の一部の学年、クラスで少数民族語文科目を加え、これと漢語文を別々に教える、あるいは少数民族文字を学習した後、それを使って漢語文を学習する形式である。だがこれにしても言語の授業に限られており、二種類の話し言葉、書き言葉を用いて言語以外の教科を教えるものではない。

貴州省の二言語文教育は主に二種類に分けられる。一つは同省教育庁が一九八一年一二月一四日に発布した「貴州省全日制六年制小学校教科課程」、同年の「貴州省全日制六年制中学教科課程」の他に、毎週民族語文の授業を二～三時間加える形式であり、この場合、漢語文の授業は従来通り行う。もう一つは一九八六〜八七年度からミャオ族中部方言、プイ語、トン語地区の大部分の学校で行われるようになった、一つの教科の中で、少数民族言語文字と漢語・漢字を同時に教え、少数民族の書き言葉を用いて、漢語の読みや言葉の意味を解釈する方式である。教科書は、貴州民族出版社が、全国統一編さんの六年制小学校の言語教科書を原本として翻訳・編集したミャオ（黔東方言）・漢、プイ・漢、トン・漢の二言語対照のものを使っている。今のところ、ミャオ文の教科書は各地で統一されていない。一九九一年八月、凱里市で開かれた「ミャオ族研究学会」で、各出席者が各地へ戻った後、中央に対して「西南三省ミャオ文協力センター（西南三省苗文協作中心）」の設立を求める書簡を出すことが提案されたというが、会議後各地で動きがない[24]。

民族文字が小中学校の授業に導入されると、教育関係者の間でその必要性をめぐる論争が生じた[25]。争点は、民族文字の使用が、漢語の（あまり）できない児童・生徒の学習を阻害するか、促進するか、に集中した。前者の意見の人々は、少数民族の児童が母語を使うことが教授用言語である漢語の習得に悪影響を与えており、それが貴州省で少数民族語が使われている地域の学校教育レベルが低い主因だとし、最初から漢語のみで授業を行うよう主張した（この意見のグループには、以前、入学前からの漢語教育の実験を試行したことのある人々が含まれている）。これに対して後者の意見は、入学前から大学に至る民族言語の教育体系を整備し、漢語能力の限られた児童や生徒に無理に漢語を学習させ、教育の質に悪影響を及ぼすのを避けることが必要だと主張する。雲南省のある民族教育研究者は、教育関係者の中におけるこうした論争は、隣接する雲南省と比較しても、貴州省で顕著だと語ってくれた。

前者のような意見を持つ者の中には、漢族教師が多いが、少数民族自身の中でもこれに同調する者が少なくない。貴州省では、一般に漢語を話す人々は経済的、社会的に比較的発達した、地理環境もかなり良い地域・都市に住んでいるのに対し、少数民族語を話す人々は、交通も発達していない農村に多く住んでいる。そのため貴州省で民族語を第一言語とする人の中には、経済的あるいは文化的な面から、漢語を習得することが自らの社会的地位を高め、生活を改善する上で重要な方途であると考えている人が多い。それは、これら民族語が、現代社会・経済・文化分野での語彙が少なく、民族文字が試行されている段階にあり、社会生活上、使う機会が少ないという状況と無縁ではない。現状で民族語・文字が使われているのは、農村の日常生活や識字教育、小中学校の二言語教育の試行、口頭文学、伝統資料、古籍の収集・整理といった分野に限られている。

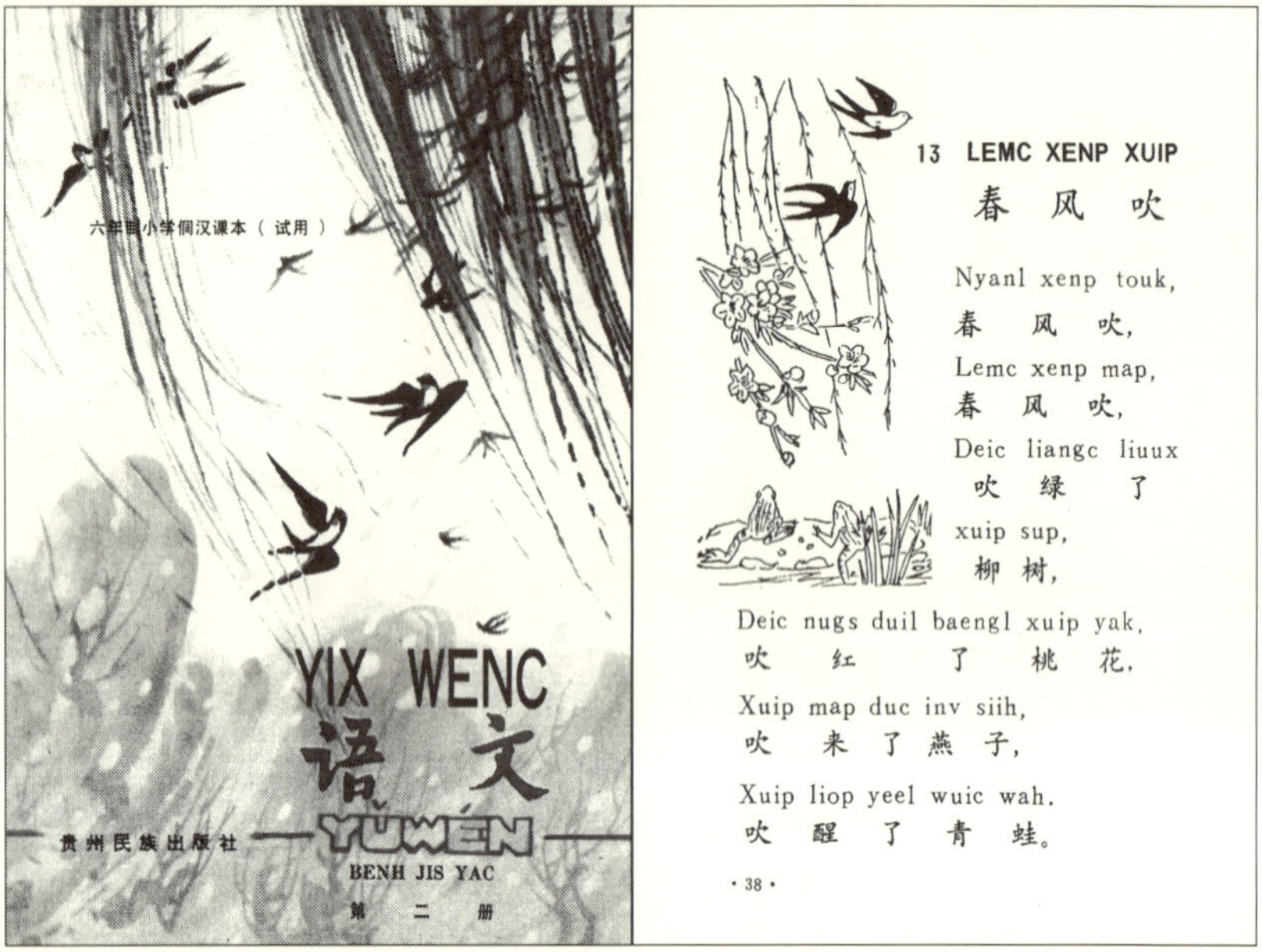
六年制小学侗汉课本（试用）
YIX WENC
语文
YUWEN
贵州民族出版社
BENH JIS YAC
第二册
13 LEMC XENP XUIP
春风吹
Nyanl xenp touk,
春风吹，
Lemc xenp map,
春风吹，
Deic liangc liuux
吹绿了
xuip sup,
柳树，
Deic nugs duil baengl xuip yak,
吹红了桃花，
Xuip map duc inv siih,
吹来了燕子，
Xuip liop yeel wuic wah.
吹醒了青蛙。
• 38 •

トン語・漢語対照『語文』教科書

KOQBENJ XIAOJXIOF DOHROGTBIL(XEHYUNGH)
SEL HAAUS
CEF DAZXADT
GUIQZOUY MINFZUF CUFBANJSEQ
4* RAUZ XIH BYAAIC DAIS JIEZ NIX BAIL
Raanzsel rauz ius dinlbol nis,
Sismianh golfaix log yeeulyeeul;
Hoongssel bozrauz gvaangs youq seeus.
Roh xaangh hoongssel wal aangsleeux.
Laail daaus suans tif laail daaus neh,
Laail baiz fufxif laail baiz haanl,
Weil haec bozrauz rox koyxioz,
Xaanghsel ai mengz aul raanzsel
• 12 •

プイ語『語文』教科書

五　民族語文教育を妨げる諸要因

以上の状況から、貴州省で行われている「二言語教育」は、延辺朝鮮族自治州や内モンゴル自治区で行われているものとは異なり、民族地域において、義務教育の最初の数年間、少数民族の母語と漢語の二言語を学校における授業その他の教育活動の媒介とする教授方式を指す、とみることができる。

また貴州省では、民族語文で一般教科を教える形の授業は、中華人民共和国成立以降行われていない。その点で、民族地域の中でも、学校教育で民族語を使う程度が最も低い省といえるだろう。その要因は何かを、貴州省の特徴とともに考えてみよう。

第一に、民族語文事業を担う行政機関の位置づけが低い。前章でみたように、雲南省は文革後直ちに少数民族語文指導工作委員会を設立したが、貴州省にはいまだ民族語文工作委員会がなく、省の民族事務委員会の下部機関として、民族語文辦公室があるにすぎない。民族文字の試行は、民族事務委員会が管理し、試行クラスのある学校に民族文字教師を派遣し、かつその経費（給料）を担うのだが、この経費は民族事務委員会の予備費から出され、額も少ない。また学校側が派遣された民族文字教師に他の教科を教えさせるケースが多いという。民族事務委員会の資金で教師を一人増やせる、というわけだ(26)。

第二に、教育行政機関や、幹部、あるいは学校の間に民族語文事業に対する消極的態度がみられる。民族語文を開講している地域でも、入学試験に民族語文の科目がない。民族語文教師のほとんどが、民辦教師（無資格教師）レベルの待遇さえ得られていない。こうした状況は、民族語文を学ぶ側、教える側双方の意欲を削いでしまう。またある県では、児童の入学募集にあたって、教室、教師が足りないので、入学希望受け付けの時に、少数民族の子どもについては漢語で一から一〇〇まで数えさせ、数えられた者のみ入学させたという例もある。ある学校では民族語文を学ばない児童には奨学金を与えるが、民族語文を学習する児童には奨学金を与えない、との方針を公にしている。教育事業計画（一九八九年～一九九〇年度）で「少数民族居住地域の学校では、教育レベルを向上させるため、入学後は校内で授業中その他の時間も教師と児童、児童間の会話はすべて当地の漢語を使うのが望ましい。第二学年からはすべて漢語で授業を行い、授業中ミャオ語と漢語を併用するやり方はやめる。算数以外は、地方の漢語ではなく、普通話で教える」と定めていた地区もあったという(27)。中国では各種法規が、少数民族が自らの言語や文字を使う権利を定めているが、このように末端レベルでは、公然とこれら法規に反した民族語軽視、漢語一辺倒の指示が出されている場合が往々に見られる。また現在、貴州省の民族学校は民族小学校から貴州民族学院まですべてが省教育庁の管轄になっているが、一九八七年、凱里市のある民族小学校に対し、教育庁が二言語教育の実施を停止させる命令を出したことがあったという[28]。民族事務委員会はすべての民族学校を同委員会が管理できるようにと主張しているが、両者の折衝がうまくいっていないようである。

すでに再三述べているように、民族語文教育の実施は、それぞれの地域の指導部の意思にかかっている部分が大きい。一九五〇年代の民族文字推進事業を担った者達は退職し、文革後養成された比較的学識のある世代はまだ上部への影響力がない。現在上層部にいる者は、文革時代に養成され、民族語文政策を重視していないし、レベルも低い者が多いという。貴州民族学院でミャオ文を習得し、ミャオ文の推進に誠意がありその原動力となるような者が、民族事務委員会などの適所へ配属されない。定員枠に空きができた時、そこへ入るのは指導部の子どもか親戚などで、民族語文事業を理解していない者が採用されたりする実態もある。市場経済が導入され、経済重視の姿勢に拍車がかかると、各地区の上層部は任期である四年のうちに成果を示すため、経済問題に精力を傾ける。教育問題は四年というタームで目にみえる成果の出にくいものであり、一般の人々もまた経済ブームに乗って、経済問題に大きな関心を示し、教育は重視されなくなる傾向が強まっていると聞く。貴州省には民族語文工作条例がないので、こうした指導層の入れ替わり、彼らの民族語文への認識度によって、政策は（他省区に比べよりいっそう）流動的なものとなる。

表5－3　貴州省民族学校数（1991年）

	民族学校		貴州省内の学校に通う少数民族在校生総数	少数民族のうち民族学校へ通う者の比率	少数民族在校生が全省在校生総数に占める比率
	学校数	在校生数			
民族小学校	165	133,983	1,485,728	9.0%	34.20%
民族中学	27	7,476	282,542	2.6%	29.30%
中等民族師範学校	12	6,758	8,417	80.3%	47.50%

出所：覃敏笑、石新栄「貴州民族教育現状及其発展対策的調査研究」『貴州民族研究』1994年第2期、147頁の文中のデータををもとに筆者作成。

住民側の意識にも問題がある。一九八〇年前後から一〇年以上の実験を経て、二言語教育クラスの成績が漢語モノリンガル・クラスに比べ上昇したことを説明する幾多の報告、論文などが出されたが、多くの人は成績が上がったのは二言語教育のためではなく、教える教師のレベルが高いからだなどといって、その効果を信じないという。黔東南自治州では、二言語教育実施の後で著しく成績が上がった学校に対して、周囲からテストの際不正行為を行ったのではないかという疑いの声が上がり、教育庁が直接その学校へ赴き、教育庁の監督の下で問題作成から採点まですべて教育庁が派遣した職員が行うという形式で、テストをやり直したこともあったという（その結果、成績の上昇は不正行為を行ったためではないことが証明された）。

学校の民族語文教師の質は、農村の民族文字識字教員よりは高いが、やはり十分ではない。例えば、ミャオ語文教師は民族師範学校で養成しているものではなく、民族事務委員会が現職の教師の中から研修者をみつけたり、教師経験はないが高級中学を卒業した者をミャオ文教師として養成する（一年、一クラス）ものだという。

また、そもそも貴州省では民族教育を実施する受け皿が小さい。**表5—3**から明らかなように、同省の民族小中学校数は、その少数民族人口からすればあまりに少なく、少数民族小中学生のうち、民族学校に通う者も小学生九％、中学生二・六％と、北方少数民族地域の場合や全国平均と比べても随分少ないのである。

六　貴州省の特徴——雲南省との比較から

民族教育の分野において、雲南省と貴州省は一つの枠組みで扱われることも多い。確かに貴州省と雲南省は、少数民族事業の面で類似する点が多いが、しかし相違点もある。前章でみた雲南省と比べると、貴州省は、民族語文政策や民族識別事業の実施の面で、その着手が常に雲南省に遅れていることに気付く。この状況は一体何に由来しているのだろうか。その要因の中に、前述した貴州省における問題をもたらす根本的な原因があるようにも思われる。そこで最後に、雲南省との比較を通して見えてくる、貴州省の特色について触れておきたい。

まず地理的、歴史的要因からくる貴州省の土地柄というべきものである。貴州は山岳、急流といった自然の要害のゆえに、漢人が本格的に入り込んだのは、明代（一三六八年〜一六四四年）以降のことであり[29]、貴州の漢化は雲南と比べて遥かに後で始まったという。近代以降も同様であり、一八六〇年のアヘン戦争以降、雲南は「インドやインドシナと中国を結ぶ西南中国の重要拠点として西欧列強の利権の渦巻く土地となった」ため、早くから注目を浴びていた[30]。貴州省が、民族語文政策や民族識別事業の実施の面で、その着手が常に雲南省に遅れているのは、こうした状況とも関係しているのではないかと思われる。

雲南省には新文字も多いが、タイ族、チベット族、イ族など伝統文字を持つ民族がおり、省内で民族語文事業の牽引力となっているとみられる。いっぽう、貴州省で試行されている民族文字の中には、国務院の承認を得た「公式文字」が一つもなく、すべて試行段階の文字である。それが貴州省の民族語文政策における消極性、受動性、後発性につながっているのではないかと思われる。

公式の民族文字がないということは、民族の枠組みや民族意識とも無関係ではない。その点で、貴州省の場合、民族的出自をめぐる問題が他の省に比べて大きいことにも注意すべきだろう。第一に、貴州省の主要な民族は、中華人民共和国成立以降、新たに公認された民族がほとんどである。第一部でみたように、これら比較的新しく公認された南方少数民族の特徴として、その民族語や方言の枠組みが民族内部でつくられたものではなく、政府主導で「科学的」に決められたという点がある。第二に、貴州省は「未識別民族」が全国で最も多い省でもある。一九九〇年の人口調査で、貴州省には未識別民族が七三万人登録されているが、これは全国の未識別民族の約九八%にあたる。ちなみに民族の種類が最も多いとされる雲南省にして、同年の未識別民族人口は約六七〇〇人に過ぎない。第三に、貴州省では、一九八〇年代に民族的出自の変更が大量に行われている。一九八二年から一九九〇年にかけての少数民族人口の増加数をみると、雲南省が約一〇三二万人から一二三四万人へと約二〇一万人(一・二倍)増えているのに対し、貴州省は約七四二万人から一一二四万人へと三〇八万人(一・四倍)も増えている。特に同期間、貴州省ではトゥチャ族が約一六〇〇人から約一〇三万人へ、コーラオ族が約五万人から四三万人へ、ミャオ族も約二五八万人から約三六九万人へと急増している。貴州省のトゥチャ族やコーラオ族は、民族語を話せるものはほとんどおらず、また少数民族に対する優遇措置を目当てに、多数の漢族が民族的出自を少数民族に変えたことが問題となっている。これらの人々の中から、新たな少数民族幹部が生まれ、少数民族の代表として発言するようになったはずである。こうした人々は、民族語文の推進、普及に積極的であるとは思えず、民族語文事業に与える影響も少なくないものと思われる。

漢語のモノリンガル教育を受けた少数民族の中には、確かに高い教育レベルに達した者達がいる。だがそれはごく少数にすぎず、多くの者は授業を受けても意味が分からないので入学しなかったり、授業についていけなくて学校を中退したりしてきた。二言語教育は多くの少数民族の子ども達が入学したり学習を続けていく上でプラスの作用を与えている。しかし、この点を認めず、以前、漢語による直接教授法で養成された一部の者を例に出して、二言語教育は不必要、邪魔なものだとする意見も強いという[31]。よく、漢語のモノリンガル教育をたとえて、泳いだことのない子どもを川にほうり込むようなものだといわれる。ある者は無我夢中で泳いで川を渡りきる。しかし、大多数の子どもは溺れてしまう。川を泳ぎきった、ごく少数の子ども――幹部達には、民族語教育は泳げない子どもに浮き輪を投げかけるようなもので、何時まで経っても、泳ぎを覚えなくする邪魔物と映るのかもしれない。

[注]

（1）李小平「貴州少数民族児童双語教育（下）」『民族教育研究』一九九二年第一期、六一頁。

（2）以下、特に注がなければ、第一節の民族文字に関する記述は、李小平「貴州省少数民族双語教育初探」（一九九一年）五～七頁に基づく。

（3）『黔南布依族苗族自治州・民族誌』貴州民族出版社、一九九三年、一七二頁。

（4）覃敏笑・石新栄「貴州民族教育現状及其発展対策的調査研究」『貴州民族研究』一九九四年第二期、一四六頁。

（5）注（1）李小平「貴州少数民族児童双語教育（下）」六二頁。

（6）楊亜東「貴州民族語文工作機構簡介」『民族語文』一九九四年第六期、七七頁。

（7）今旦・張済民「貴州地区双語問題浅探」（貴州省民族事務委員会編『貴州双語教学論文集』貴州民族出版社、一九八九年）二六頁。

（8）孫若蘭「一九八一―一九八七年貴州省苗、布依、侗民族語文発展軌跡」注（7）『貴州双語教学論文集』一二〇～一二三頁。注（6）楊亜東「貴州民族語文工作機構簡介」七七頁。

（9）貴州省民族事務委員会・貴州省教育庁「関於在民族学校進行民族語文教学実験的通知」（貴州省民族事務委員会政策研究室編『民族政策文件選編（一九七九―一九八九）』貴州民族出版社、一九九〇年）五五六～五五七頁。

（10）沙瑪加甲・羅永華『発展中的民族語文教学』四川民族出版社、一九九〇年、四三頁。

（11）注（8）孫若蘭論文、一二六頁。

（12）注（6）楊亜東「貴州省民族語文工作機構簡介」七八頁。

（13）楊亜東、同「簡介」。

（14）今旦「民族掃盲教育調査散記」（貴州省民委民族語文辦公室『貴州民族語文調査集』貴州民族出版社、一九九二年）四～五頁。

（15）注（8）孫若蘭論文、一二二頁。

（16）潘世華「貴州民族語文工作正在向縦深方面発展」注（14）『貴州民族語文調査集』一〇頁。

（17）以下特に注釈がなければ、第三節の記述は注（14）今旦「民族掃盲教育調査散記」一～九頁に基づく。

（18）注（8）孫若蘭論文、一二四頁。

（19）注（16）潘世華「貴州民族語文工作正在向縦深方面発展」一五頁。

（20）注（8）孫若蘭論文、一二六頁。

（21）孫若蘭、同論文一二七頁。

（22）注（1）李小平「貴州少数民族児童双語教育（下）」六三頁。

（23）以下特に注釈がなければ、第四節の記述は、注（1）李小平「貴州少数民族児童双語教育（下）」六一～六五頁に基づく。

（24）一九九二年一二月四日、李炳譯・中央民族学院民族語言三系講師のご教示。

（25）以下、民族文字の小中学校の授業への導入をめぐる論争に関する記述は、注（2）李小平「貴州省少数民族双語教育初探」三、六～七頁に基づく。

（26）以下特に注釈がなければ、第五節の記述は、注（24）李炳譯講師のご教示に基づく。

（27）注（16）潘世華「貴州民族語文工作正在向縦深方面発展」一六頁。

（28）龍朝武「黔東南双語教学現状及其対策」（中国少数民族語言学会南方片会議論文、一九九二年一一月、桂林）三頁。
（29）史継忠「貴州漢族移民考」『貴州文史叢刊』一九九〇年第一期、二一六～二三三頁。
（30）鈴木正崇・金丸良子『西南中国の少数民族——貴州省苗族民俗誌——』古今書院、一九八五年、一、五頁。
（31）注（24）李炳譯講師のご教示。

第六章　新疆ウイグル自治区における民族教育

新疆《シンジャン》ウイグル自治区はウイグル、漢、カザフ、回、クルグズ、モンゴル、タジク、シボ、満洲、ウズベク、ロシア、ダウル、タタールの一三民族を同自治区の主な民族としている（表6―1）。トルコ系ムスリムが人口の過半数を占め、カザフ、クルグズ、ウズベク、タタール族などは、中央アジア諸国に多くの同胞が住んでいる。同自治区には、ウイグル族以外の民族自治地方として五自治州、六自治県がある（地図6―1、表6―2）。中国の五自治区のうち、このように自治区―自治州―自治県という三層の民族自治地方があるのは新疆だけである。

筆者が新疆を訪れた一九九二年夏の段階で、新疆ウイグル自治区の民族学校では教授用言語である六つの少数民族語（ウイグル、カザフ、モンゴル、クルグズ、シボ、ロシア）と漢語による二言語教育が、小学校三年生から高級中学を卒業するまで行われていた。この調査で筆者がまず驚いたことは、新疆で二言語教育といえば、少数民族に母語でない漢語をいかに身に付けさせるか、という問題として捉えられていることだった。新疆のほとんどの地域では、少数民族は普通に暮らしていれば母語として民族語を身につけるので、民族語の維持や回復は一般に民族教育の課題にはされていない。そこには朝鮮族やモンゴル族、南方の少数民族の教育とも異なる状況がありそうだ。本章では、新疆におけるトルコ系ムスリム教育の経緯と現状を明らかにし、その特徴をとらえてみたい。

一　二〇世紀前半のトルコ系ムスリムの教育

一九五五年一〇月一日に新疆ウイグル自治区が成立する前、この地域は新疆省だった。「新疆」とは清朝が一七五五年（乾隆二〇年）にジューンガル（モンゴル）、一七五八年（乾隆二三年）にカシュガル・ホージャ（イスラーム政権）を征服し、

表6－1　新疆ウイグル自治区民族別人口（1990年、1000人以上）

民族名	1953 年	1964 年	1982 年	1990 年			
	人　口	人　口	人　口	人　口	A	B	C
新疆自治区総人口	4,783,608	7,270,067	13,081,538	15,155,778			1.34
少数民族総人口	4,450,992	4,948,641	7,797,380	9,459,897	62.42		10.46
漢族	332,126	2,321,216	5,283,971	5,695,626	37.58		0.55
ウイグル族	3,607,609	3,991,577	5,955,947	7,194,675	47.47	76.05	99.73
カザフ族	506,390	489,126	903,337	1,106,989	7.30	11.70	99.57
回族	134,215	264,017	567,689	681,527	4.50	7.20	7.92
クルグズ族	70,928	69,576	112,366	139,781	0.92	1.48	98.75
モンゴル族	58,346	70,743	117,510	137,740	0.91	1.46	3.00
トンシャン族	229	8,379	40,346	56,464	0.37	0.60	15.10
タジク族	14,460	16,231	26,573	33,512	0.22	0.35	99.92
シボ族	12,738	17,125	27,377	33,082	0.22	0.35	19.14
満洲族	1,163	2,909	9,128	18,403	0.12	0.19	0.19
ウズベク族	13,580	7,683	12,188	14,456	0.10	0.15	99.68
ロシア族	22,166	1,191	2,663	8,082	0.05	0.09	59.85
チワン族	0	1,118	4,453	5,883	0.04	0.06	0.04
ダウル族	0	2,720	4,539	5,398	0.04	0.06	4.45
トゥチャ族	0	130	513	5,125	0.03	0.05	0.09
タタール族	6,892	2,281	4,078	4,821	0.03	0.05	98.93
サラール族	240	1,434	2,993	3,660	0.02	0.04	4.17
ミャオ族	6	262	981	2,577	0.02	0.03	0.03
チベット族	37	958	1,967	2,158	0.01	0.02	0.05
朝鮮族	18	344	439	1,037	0.01	0.01	0.05
未識別民族	0	1	0	120	0.00		0.02
外国人中国籍加入者	490	209	187	135	0.00		3.95

A＝対自治区総人口比（%）、B＝対自治区少数民族総人口比（%）、C＝対各民族全国総人口比（%）
出所：『新疆統計年鑑 1991』中国統計出版社、1991 年、84 ～ 90 頁、国家統計局人口統計司・公安部三局『中華人民共和国人口統計資料彙編 1949 － 1985』中国財政経済出版社、1988 年、972 ～ 973 頁他をもとに筆者作成。

この地方に命名したもので「新しく開かれた疆域」を意味する(1)。清朝はそれ以降、新疆を藩部と位置づけて間接統治したが、ヤークーブ・ベグ政権（一八六五～一八七七年）から新疆の支配権を奪回した後、一八八四年（光緒一〇年）に新疆省を設け、中国内地と同様の省制を敷いて直接統治した(2)。

辛亥革命の後、新疆省は中華民国に帰順したが、実質的には漢人の軍閥である楊増新《ヤンズンシン》（一九一一～二八年）、金樹仁《ジンシューレン》（一九二八～三一年）、盛世才《ションシーツァイ》（一九三四～四四年）が支配し、国民政府が直接統治するのは一九四四年のことである。いっぽう当地の先住者であるトルコ系ムスリムは漢人軍閥の支配の排除と独立を目指して、一九三三年、カシュガルに東トルキスタン・イスラーム共和国（一九三三年一一月～一九三四年四月）を、一九四四年にはイリに東トルキスタン共和国（一九四四年一一月～一九四六年六月）を樹立した。前者は回民軍閥、馬仲英の攻撃を受けて短命に終わったが、後者は新疆省連合政府への合流と分離を経ながら、イリ政権として一九四九年末まで存続し、その後中華人民共和国に編入された。この一九世紀末から二〇世紀前半、新疆省のトルコ系ムスリムの教育をめぐる状況はどうであったか、明らかにしてみよう。

1　清朝末期（一九世紀末～一九一一年）

清朝の新疆支配を覆したヤークーブ・ベク政権に対し、清朝は一八七六年（光緒二年）、欽差大臣、左宗棠率いる一四〇余営の大軍を差し向け、一八七八年一月までにイリ地方を除く新疆全域を再び統治下に置いた。その後清朝は一八八四年に新疆省を設置して内地と同様に州県制を施行し、ベク（現地トルコ系ムスリムの行政官）を廃止して漢人行政官を派遣するに至る。[3]

この清朝末期になると、新疆省にはトルコ系ムスリムが通う初等教育施設として、伝統的なコーラン学校（マクタブ）の他に、清朝政府が設けた義塾と学堂、若干のミッション・スクールも存在するようになった。マクタブはコーランやアラビア語、ペルシア語の作品の暗唱を主な授業内容とし、当時新疆全域で数千ヵ所あったという。[4] これに対し義塾は、左宗棠が新疆奪回後、現地ムスリム住民に漢語を教え、新疆の内地化を促す狙いで新疆各地につくったもので、一八八三年（光緒九年）までに七七ヵ所（うち五〇ヵ所はウイグル地域）建てられた。また学堂は、一九〇三年（光緒二九年）の「奏定学堂章程」公布、一九〇五年の学部の設置に伴って、清朝が統治する各地域に建てたものである。一九〇七年に新疆提学使として杜彤が着任し、一九一〇年（宣統二年）までに新疆全域で六〇〇余りの学堂をつくり、一万五〇〇〇人余が学んだ。[5] 学堂は清朝の新政を担う人材を養成する近代的学校を目指してつくられたが、ムスリムにとっては義塾と同じく、コーランにかえて儒学書を、アラビア語・アラビア文字にかえて漢語・漢字を、アッラーにかえて孔子崇拝を強要するものだった。新疆省当局は家ごとに就学人数を割り当てたが、現地住民の反発は強く、入学を拒否したり、富裕者は貧乏な家の子どもを雇って自分の子どもの代わりに入学させたりしたので、捗捗しい成果をあげられず、辛亥革命が起こると、新疆巡撫の袁大化《イエンターフア》はそれに対抗すべく教育経費を軍事費に充当したため、学堂の大多数が閉鎖された。[6]『新疆教育年鑑』（一九九一年）は、新疆の近代学校は一九〇七年、新疆提学使の杜彤が各道の義塾を両等小学堂に改めるよう命じ、各種の実業学堂や漢語学堂、識字学塾、法政学堂、中俄学堂、初級師範学堂を建てた時に始まると記す。[7] だがそれは、新疆省の漢人や満洲人などの近代教育の始まりであって、トルコ系ムスリムによる主体的な民族教育の始まりとはいえまい。

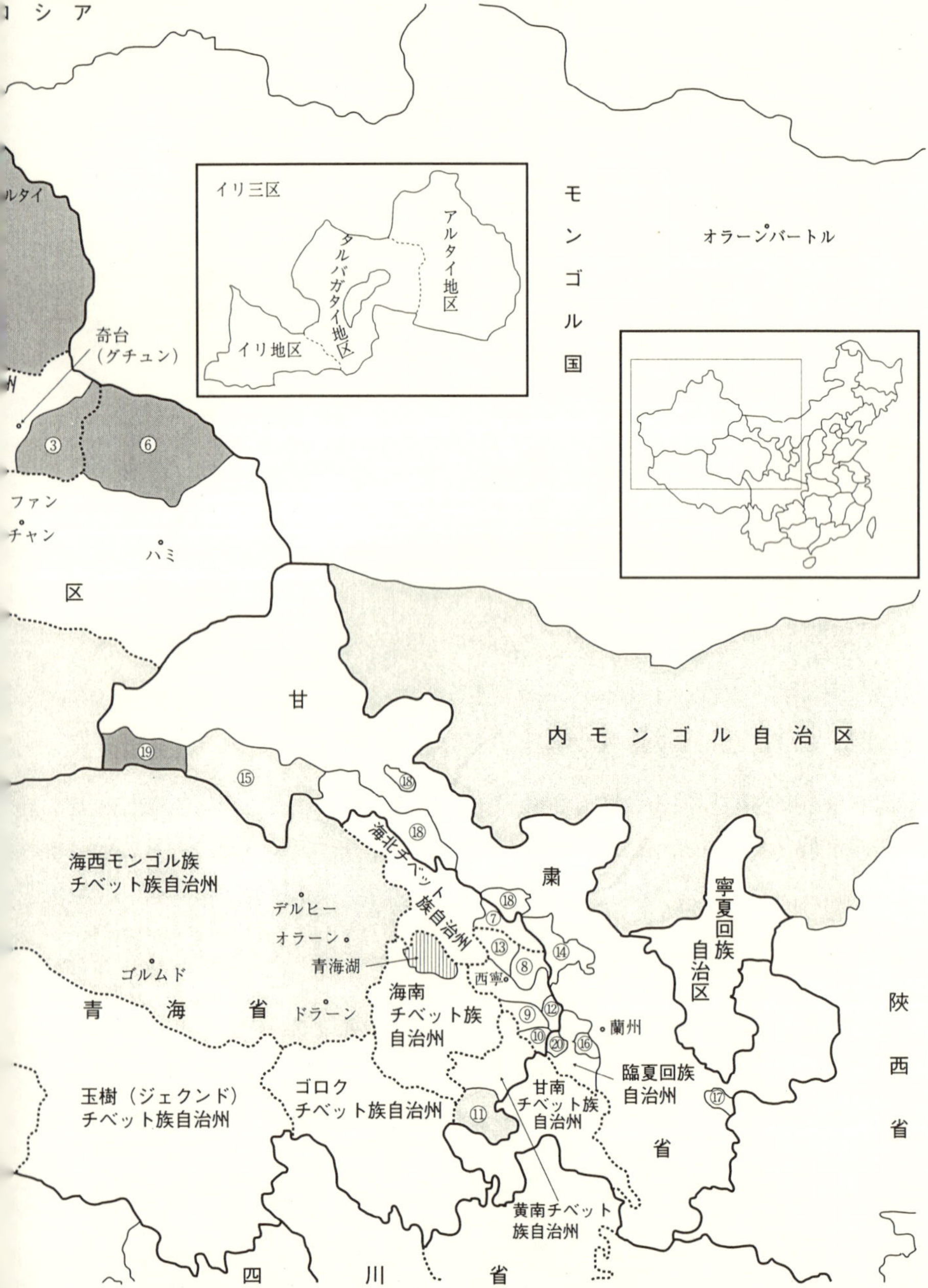

族自治県
族自治県
族自治県

⑰張家川回族自治県
⑱粛南ユーグル族自治県
⑲アクサイ・カザフ族自治県
⑳積石山保安族東郷族サラール族自治県

出所：地図A注『中華人民共和国行政区画簡冊』78～83、85～88頁他をもとに筆者作成。地名の片仮名表記は新免康氏のご教示による。

地図6-1　中国西北地域の民族自治地方（1992年）

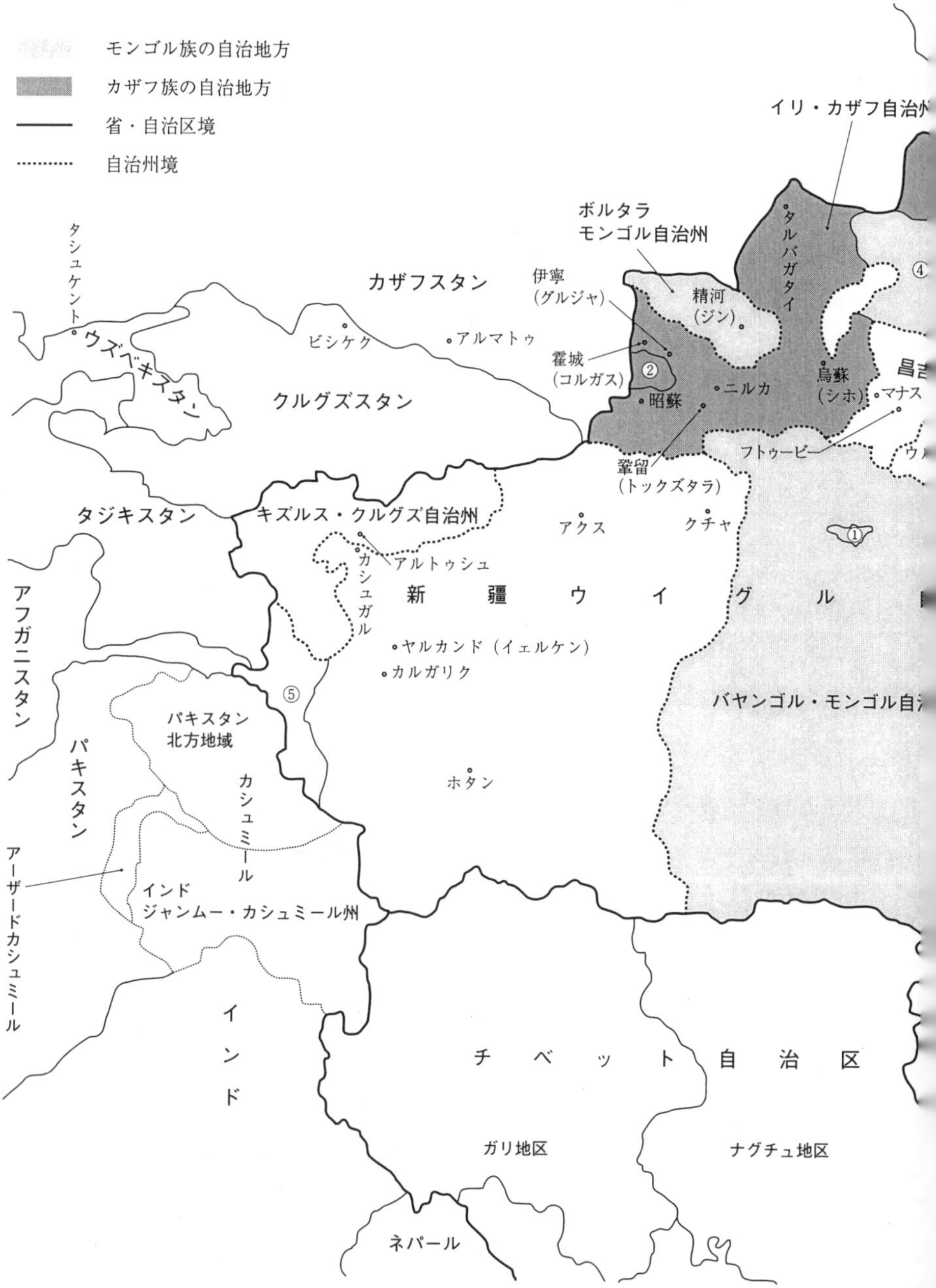

①焉耆回族自治県
②チャプチャル・シボ自治県
③ムルイ・カザフ自治県
④ボボクサイル・モンゴル自治県
⑤タシュクルガン・タジク自治県
⑥バルクル・カザフ族自治県
⑦門源回族自治県
⑧互助土族自治県
⑨化隆回族自治県
⑩循化サラール族自治県
⑪河南モンゴル族自治県
⑫民和回族土族自治県
⑬
⑭
⑮
⑯

表6－2　新疆ウイグル自治区内自治州・県民族別人口（1990年）

		新疆ウイグル自治区	ウルムチ市	バルクル・カザフ自治県	昌吉回族自治州		イリ・カザフ自治州				バヤンゴル・モンゴル自治州		キズルス・クルグズ自治州	タシュクルガン・タジク自治県
						ムルイ・カザフ自治県		チャプチャル・シボ自治県	ボボクサイル・モンゴル自治県	ボルタラ・モンゴル自治州		焉耆回族自治県		
総人口		15,155,778	1,384,195	101,556	1,270,462	86,450	3,334,777	148,151	41,841	328,005	839,162	107,431	375,771	24,626
漢族	A	5,695,626	1,015,474	71,091	944,983	61,978	1,463,790	55,058	14,067	208,240	436,277	48,222	19,540	676
	B	37.6%	73.4%	70.0%	74.4%	71.7%	43.9%	37.2%	33.6%	63.5%	52.0%	44.9%	5.2%	2.7%
	C	100.0%	17.8%	1.2%	16.6%	1.1%	25.7%	1.0%	0.2%	3.7%	7.7%	0.8%	0.3%	0.0%
モンゴル族	A	137,740	4,591	1,283	4,695	8	59,506	334	14,296	23,467	41,175	2,801	17	1
	B	0.9%	0.3%	1.3%	0.4%	0.0%	1.8%	0.2%	34.2%	7.2%	4.9%	2.6%	0.0%	0.0%
	C	100.0%	3.3%	0.9%	3.4%	0.0%	43.2%	0.2%	10.4%	17.0%	29.9%	2.0%	0.0%	0.0%
回族	A	681,527	131,540	384	146,214	738	265,851	5,132	371	10,903	47,213	24,233	359	9
	B	4.5%	9.5%	0.4%	11.5%	0.9%	8.0%	3.5%	0.9%	3.3%	5.6%	22.6%	0.1%	0.0%
	C	100.0%	19.3%	0.1%	21.5%	0.1%	39.0%	0.8%	0.1%	1.6%	6.9%	3.6%	0.1%	0.0%
ウイグル族	A	7,194,675	172,516	1,294	53,169	4,184	550,922	37,750	1,004	46,073	309,489	31,484	241,406	1,322
	B	47.5%	12.5%	1.3%	4.2%	4.8%	16.5%	25.5%	2.4%	14.0%	36.9%	29.3%	64.2%	5.4%
	C	100.0%	2.4%	0.0%	0.7%	0.1%	7.7%	0.5%	0.0%	0.6%	4.3%	0.4%	3.4%	0.0%
満洲族	A	18,403	6,687	39	2,718	75	4,029	92	25	314	698	69	39	0
	B	0.1%	0.5%	0.0%	0.2%	0.1%	0.1%	0.1%	0.1%	0.1%	0.1%	0.1%	0.0%	0.0%
	C	100.0%	36.3%	0.2%	14.8%	0.4%	21.9%	0.5%	0.1%	1.7%	3.8%	0.4%	0.2%	0.0%
カザフ族	A	1,106,989	41,305	27,473	108,810	17,955	869,551	28,627	11,799	35,709	911	24	76	1
	B	7.3%	3.0%	27.1%	8.6%	20.8%	26.1%	19.3%	28.2%	10.9%	0.1%	0.0%	0.0%	0.0%
	C	100.0%	3.7%	2.5%	9.8%	1.6%	78.6%	2.6%	1.1%	3.2%	0.1%	0.0%	0.0%	0.0%
トンシャン族	A	56,464	489	9	3,427	119	49,227	1,039	49	1,575	869	234	10	0
	B	0.4%	0.0%	0.0%	0.3%	0.1%	1.5%	0.7%	0.1%	0.5%	0.1%	0.2%	0.0%	0.0%
	C	100.0%	0.9%	0.0%	6.1%	0.2%	87.2%	1.8%	0.1%	2.8%	1.5%	0.4%	0.0%	0.0%

クルグズ族	A	139,781	921	1	127	5	15,200	336	17	127	156	73	110,160	1,436
	B	0.9%	0.1%	0.0%	0.0%	0.0%	0.5%	0.2%	0.0%	0.0%	0.0%	0.1%	29.3%	5.8%
	C	100.0%	0.7%	0.0%	0.1%	0.0%	10.9%	0.2%	0.0%	0.1%	0.1%	0.1%	78.8%	1.0%
ダウル族	A	5,398	296	0	36	0	4,937	7	17	35	1	0	0	0
	B	0.0%	0.0%	0.0%	0.0%	0.0%	0.1%	0.0%	0.0%	0.0%	0.0%	0.0%	0.0%	0.0%
	C	100.0%	5.5%	0.0%	0.7%	0.0%	91.5%	0.1%	0.3%	0.6%	0.0%	0.0%	0.0%	0.0%
シボ族	A	33,082	2,693	7	317	12	28,929	19,356	38	269	73	5	7	6
	B	0.2%	0.2%	0.0%	0.0%	0.0%	0.9%	13.1%	0.1%	0.1%	0.0%	0.0%	0.0%	0.0%
	C	100.0%	8.1%	0.0%	1.0%	0.0%	87.4%	58.5%	0.1%	0.8%	0.2%	0.0%	0.0%	0.0%
タジク族	A	33,512	101	0	0	0	100	0	0	4	0	0	3,981	21,157
	B	0.2%	0.0%	0.0%	0.0%	0.0%	0.0%	0.0%	0.0%	0.0%	0.0%	0.0%	1.1%	85.9%
	C	100.0%	0.3%	0.0%	0.0%	0.0%	0.3%	0.0%	0.0%	0.0%	0.0%	0.0%	11.9%	63.1%
ウズベク族	A	14,456	1,322	0	2,307	1,157	6,524	112	23	145	69	16	104	4
	B	0.1%	0.1%	0.0%	0.2%	1.3%	0.2%	0.1%	0.1%	0.0%	0.0%	0.0%	0.0%	0.0%
	C	100.0%	9.1%	0.0%	16.0%	8.0%	45.1%	0.8%	0.2%	1.0%	0.5%	0.1%	0.7%	0.0%
ロシア族	A	8,082	2,180	4	513	8	4,238	123	22	136	156	1	2	1
	B	0.1%	0.2%	0.0%	0.0%	0.0%	0.1%	0.1%	0.1%	0.0%	0.0%	0.0%	0.0%	0.0%
	C	100.0%	27.0%	0.0%	6.3%	0.1%	52.4%	1.5%	0.3%	1.7%	1.9%	0.0%	0.0%	0.0%
タタール族	A	4,821	739	0	1,036	95	2,916	18	77	13	2	0	6	0
	B	0.0%	0.1%	0.0%	0.1%	0.1%	0.1%	0.0%	0.2%	0.0%	0.0%	0.0%	0.0%	0.0%
	C	100.0%	15.3%	0.0%	21.5%	2.0%	60.5%	0.4%	1.6%	0.3%	0.0%	0.0%	0.1%	0.0%

出所：『新疆統計年鑑 1991』中国統計出版社、1991 年、84 ～ 90 頁をもとに筆者作成。
A＝各自治州・県内各民族総人口、B＝対自治州・県総人口比、C＝対自治区内各民族人口比

2　楊増新（一九一一年〜二八年）、金樹仁（一九二八年〜三一年）統治時代

清朝崩壊後、新疆の権力を奪取した楊増新（雲南省出身の漢人）[8]は、清朝末期の支配体制（漢人官吏によるトルコ系ムスリム住民支配）を継続させて、新疆を掌握しようとした。一九二八年、楊増新の暗殺後に新疆省の実権を握った金樹仁（甘粛省出身の漢人）も、基本的にその政策を継承し、暴政を繰り広げたといわれる[9]。

楊増新は新疆の安定を現地の伝統社会の温存によって維持しようと図り、従来の宗教的権威や旧式の教科書を支持する一方で、近代的思想や新式の学校教育に反対した。トルコ系住民の出版、言論の自由を制約し、一九一五年以降は新疆と中国中央や国外との通信を封鎖し、住民が国内外の新聞、雑誌を講読することを禁じている。学校は依然として四書五経など旧式の教科書で教育する所がほとんどで、私立学校はコーラン学校が多数を占めていた。また楊増新は袁大化と同じく教育経費を軍事費に当て、財政困難を理由に袁が閉鎖した学堂を開校させなかったので、学校の多くは閉鎖状態のままであった[10]。表6―3が示すように、楊増新、金樹仁統治期の新疆省の公立学校は、学校数と在校生数において清朝末期を大きく下回っている[11]。各県に一、二の公立小学校があったが、新疆には民族文字で書かれた教科書などなく、トルコ系ムスリム住民はこの種の学校

表6－3　新疆省学校設立状況（清朝末期～金樹仁統治期）

年	小学堂・小学校		中等学校		その他
	学校数（校）	在校生（人）	学校数（校）	在校生（人）	
1910	600	14,886	4	320	将弁学堂、巡警学堂、陸軍小学堂の生徒が475人
1916	63	1,700	1	40	漢語学校31（800人余り）、女子国民学校1（20数人）
1923	83	3,955	1	49	30（漢語学校？）
1929	122	5,477	1	150	
1930	148	6,855			
1931	153	7,162			

出所：以下の文献の文中の記述をもとに筆者作成。新疆教育科学研究所編『新疆教育年鑑　1949―1989』新疆教育出版社、1991年、2頁。『新疆事情』韓国書籍センター、1975年、784頁。白振声・鯉淵信一主編『新疆現代政治社会史略』中国社会科学出版社、1992年、158頁。

注：1910年の中等学校は法政学堂、中俄学堂、初級師範学堂、実業教員講習所。1916年、1923年の中等学校は初級師範学堂。1916年の小学校の内訳は国民学校（4年制）56校（1500人余り）、高等小学校（2年制）6校（160人余り）。1923年の小学校の内訳は国民学校（4年制）77校、高等小学校（2年制）6校。1929年～30年の小学校数は初級小学校（4年）と高級小学校（2年）の合計数。空白はデータなし。『新疆教育年鑑』によれば、1916年に師範学堂、1920年に中学堂、1924年に俄文法政学堂を再建。ブルハンは、楊政権は1920年、モンゴル、カザフ人官吏の養成を目的に蒙哈（モンゴル・カザフ）学校をつくり、1923年、ソ連との外交に対処するため俄文法政学校をつくったと記している（包爾漢『新疆五十年』文史資料出版社、1984年、97頁）。

に子どもを通わせたがらず、生徒は非常に少なかったという[12]。

一九一六、七年当時の新疆省の学校教育や省立学校へのトルコ系ムスリムの就学状況について、謝彬の『新疆遊記』(民国一二年)はこう記している。「州の役人が命令に迫られて就学を強迫するや富家は各々金を出して貧民の子弟を雇い代わりて義学に就学せしむ。故に開校二十余年なるもその成績極めて不良なり。……各県の学校はみな義校に準じてその名称を変更し以って上官を偽瞞するを以って教育の実際はすこしも進化の言うべきものなし。民国代わりて興り略々整頓を加えたるもまた五十歩百歩の間のみ……(纏回〔トルコ系ムスリム〕の)学生は時に逃亡することあり。動もすれば官庁にて捜査逮捕するを要し、強迫することあまりに甚だしければ相率いてロシア国籍に投入してその庇護を求む。……言語文字は共に漢と異なるを以って漢語学校を施教の階梯となすことはあたかも吾人の外国に留学せると同一の過程を経るなり」[13]。

こうした新疆省当局の学校教育に対して、一九一〇年前後から新疆のトルコ系住民の中に、トルコやロシア領から教師を招聘したり、帰還留学生を教師にしたりして「新方式」の学校教育を推進する者達が現れた[14]。その先駆けは、現地の富豪ムーサー・バヨフ家(フセインとバハーウッディン兄弟)が建てた学校で、一九〇〇年代末頃にはグルジャ、カシュガルに建てられていたという[15]。グルジャでは、トルコで学んだ教師たちがイスタンブルの学校プログラムで教育を行い、ロシア語や漢語も教えた他、ロシア籍のタタール人や現地ムスリムが開いた新方式学校もあり、トルコ語の新聞や雑誌も出版した。カシュガルでは一九一二年に改革派ウラマー(イスラーム知識人)のアブドゥルカーディル・ダームッラーが、カシュガル城市で最初の新方式学校を開き、一九一四年にはオスマン帝国の「統一と進歩委員会」から派遣されたトルコ人教師アフメト・ケマルがウストゥン・アルトゥシュで「統一師範学校」を開いている。アフメト・ケマルはトルコから簡易印刷機を搬入し、教科書や雑誌も刊行した。これが新疆トルコ系ムスリム自身の手による近代的学校教育の始まりといえよう。この新式の教育は、元を辿ればロシア帝国領クリミア・タタールのイスマイル・ガスプリンスキーが、ムスリム社会の改革と地位向上を目指して一八八四年に開いた近代的な小学校に端を発し、ロシア領域内のムスリム地域からオスマン帝国に広がったものだという。新方式教育は、読み書き、イスラームの知識、数学、理科、歴史、地理、ロシア語などを、イスマイル・ガスプリンスキーが考案した「共通トルコ語」による教科書(主にロシア領内やトルコで出版された教科書)や教室を使って教えた。つまり新疆トルコ系ムスリム自身の手による近代的な学校教育は、東(中国中央とのつながりではなく、西(ロシア領ムスリム地域やオスマン帝国)とのつながりの中で始まったのである。ブルハン(初代の新疆省人民政府主席)の回想によれば、中央アジアの知識人で新疆の新式学校で教師を務めた者も少なくなかった[16]。二〇世紀初頭、こうした新式学校はトルファン、ハミ、イリ、クチャ、アクス、カルガリック、アルトゥシュ、フトゥービー、グチェン、ピチャン、ホタンなどにも建てられたという[17]。

しかし楊増新は新方式教育に汎トルコ主義、汎イスラーム主義の危険性を感じて警戒し、第一次世界大戦が勃発すると、それらの新疆ムスリムへの伝播と感化を阻止するため、トルコ系住民が私設学校に外国人、特にトルコ人教師を招請するのを禁じ、その推進者や教師を逮捕し、新式学校の閉鎖を命じた。例えば一九一五年、アフメト・ケマルの教え子達を教師とする初等学校が開かれると、カシュガル当局は新方式学校反対派[18]の指導者、ウマル・バイの密告を受けて、アフメト・ケマル他この学校に関与した青年達を逮捕し、学校を閉鎖した。一九二四年八月半ばにアブドゥルカーディルが暗殺され、同年末にはアフメト・ケマルの活動に参加したアブドゥルケリーム・ハンら多数の知識人が逮捕されている。こうして新式の学校教育は閉塞状態になり、一九二〇年代になっても閉鎖を免れ、運営し続けることができた学校はわずかしかなかった[19]。

一九二〇年代、ウズベク共和国の駐在中国領事館で書記官を務めたイーサー・ユースフ・アルプテキンは、当時ウズベク共和国にいた新疆出身のトルコ系ムスリム（アフメト・ケマルの活動の支持者）の主張として、新疆では自らの言葉で教育する学校を開くことや、新聞を出し、出版物を刊行し、印刷所をたて、トルコや西トルキスタンなどから書籍、新聞を取り寄せて読むことも、教えることも禁じられている、と伝えている[20]。日本における東トルキスタン研究では、こうした中国当局の新式教育に対する弾圧が、トルコ系ムスリムを民族運動に向かわせる契機を与えたと評されている[21]。

3 第一次東トルキスタン運動時期（一九三一年三月〜三四年四月）

一九三一年三月、金樹仁率いる新疆省政府の漢人支配に抵抗して、クムル（ハミ）でトルコ系ムスリムが蜂起した。回族（トゥンガン）軍閥、馬仲英《マージョンイン》がこの反乱に加勢すべく甘粛省から進軍し、新疆南部でもトルコ系ムスリムが相次いで蜂起したため、反乱は新疆全域に拡大する[22]。こうした混乱の中で、一九三三年四月一二日に新疆省都ウルムチでは政変（四・一二政変）が起こり、金樹仁が追放され、盛世才（遼寧省出身の漢人）がウルムチの政権を手にした[23]。いっぽう新疆南部（クチャ、アクスゥ、ホタン、カシュガル）を占領したサビト・ダモッラ率いるトルコ系ムスリム勢力は、一九三三年一一月一二日に「東トルキスタン・イスラーム共和国」を樹立するに至る。

この東トルキスタン・イスラーム共和国は短命に終った（直接的には回族軍の攻撃によって一九三四年四月に崩壊[24]）が、同国の樹立を主導したサビト・ダモッラらはウイグル社会の近代化を目指し、新疆トルコ系ムスリムの文化、教育面で少なからぬ進展をもたらした。反乱の時期にはトルコ系住民による出版活動も活発になり、『東トルキスタン生活』『自由トルキスタン』など定期刊行物が相次いで出版されている。また革命後、新しい教育庁のもとで師範学校を開設するなど、共和国新政府は教育面の改革に積極的に取り組もうとしていたという[25]。さらに、一九三三年まではトルコ系ムスリムに対する学堂教育（漢語教育）が強制的に続けられていたが、第一次東トルキスタン革命によって、新疆各地の権力はほとんどムスリム指導者が掌握したため、一九三四年以降、同革命の中心地カシュガルにおいて、地方の名士を筆頭にウイグル人が再び自主的に学校づくりに乗り出した[26]ことは大きな変化といえるだろう。

4 盛世才統治時代（一九三四年〜四四年）

東トルキスタン・イスラーム共和国の崩壊、馬仲英配下の回族軍の敗走によって新疆全域を支配するに至った盛世才は、当初「六大政策」（反帝・親ソ・民族平等・清廉・和平・建設）を唱え、民族政策面ではトルコ系ムスリムの不満を収拾すべくその意向に歩み寄った施策を講じた。例えば一九三五年春に開いた第二回民衆代表大会では、民族間の問題を処理するための「新疆民衆連合会」の成立を決め、新疆の民族を一四と定め、またこの大会を期にウイグル、クルグズ、タタールに対する漢語の呼称を自称の音訳に近い現在の表記に改める（ウイグルは「纏回」「纏頭」から「維吾爾」へ、クルグズは「布魯特」から「柯爾克孜」へ、タタールは「脳蓋依」から「塔塔爾」へ[27]など民族政策の好転をイメージ付けている。ちなみに、それまで包括的な民族名称を持たなかった新疆のオアシス定住民の間で「ウイグル」という自称が定着するのはこの頃からだという[28]。

新疆省政府は一九三四年から一九三六年の間に、ウイグル、漢、カザフ、クルグズ、モンゴル、回、シボ、満洲族の青年二〇〇〜三〇〇人をソ連に留学生として派遣し[29]、一九三五年二月には新疆省翻訳編集委員会をつくり、ウイグル、カザフ、モンゴル文字による小学校教科書の編さんも始めている。これにより一九三九年には、小学校用のウイグル語（一冊、二万部）、カザフ語（二冊、一万部）、モンゴル語（二冊、五千部）の教科書が出版され（この時点ではウイグル、カザフ語による算数などの教科書は、ソ連の中央アジア地域から購入していたが）、一九四一年には小学校各教科の教科書がウイグル、カザフ、モンゴル語で出版されるに至った[30]。そのいっぽう盛政権は一九三六年春にイリ、タルバガタイ、アルタイ、アクス、カシュガルなどトルコ系ムスリムの地域に教育局をつくり、県立小学校を建てるなどして民族学校の統合にも乗り出している[31]。

こうした盛政権の民族政策の構築にあたっては、一九三五年にコミンテルンが派遣した共産党員が主要な役割を担っていた。一九三五年に盛政権の文化教育方針をまとめたのは、中共留ソ学生の責任者だった王寿成《ワンショウチョン》である[32]。また一九三七年四月に中国共産党が盛世才と抗日民族統一戦線を結ぶと、中共は延安から多数の幹部を新疆に派遣し、このうち新疆省教育庁長となった孟一鳴《モンイーミン》をはじめとして、一九三八年三月から一九四二年九月の間に合計二七人の共産党員が省や区、県の教育行政機関や学校の責任者となっている(33)。

また盛政権時代、新疆の民族教育を推進する上で大きな役割を果たしたのが文化促進会である。盛政権は各民族が文化促進会を設立して、民族学校の中で自民族の言語で授業をしたり、各種の出版・印刷物を自民族の文字でつくったりするのを援助したという(34)。

新疆省にはウイグル族文化促進会、カザフ・クルグズ族文化促進会、ウズベク・タタール文化促進会、シボ・ソロン（現在のダウル）・満洲族文化促進会（以上一九三四年設立）、モンゴル族文化促進会、回族文化促進会、帰化族（当時すでに中国籍を取得していたか無国籍のロシア人とその他のヨーロッパ人）文化促進会（一九三五年設立、後ロシア文化促進会に改称）、漢族文化促進会（一九三七年三月設立）の八つの文化促進会があった(35)。各文化促進会はそれぞれウルムチの総会と各地の分会からなり、分会を含めれば総数は二九五（一九四〇年）にのぼったという(36)。主な活動内容は学校の設立と歌舞演劇、映画、図書閲覧などの民族文化事業で、半年から一年の教員訓練クラスを実施したりもしている。役職員としては会長と事務員、政府が派遣した指導員がいた。これら文化促進会は新疆民衆反帝連合会(37)の指導を受け、設立した学校は教育行政機関が監督した。

八つの文化促進会の中で最も規模が大きかったのは、ウイグル文化促進会である。同会は一九三六、七年頃までに総会と八つの地区レベルの分会、四一の県レベルの分会、二三の郷村支部を持つようになり、新疆南部では専署、県、郷村レベルでウイグル人の小学校をかなり普及させた。一九四二年の統計では、会立学校の七〇％（一三二〇校）、会立小学校に通う児童の八五％（一五万二九六二人）をウイグル文化促進会の学校が占めている。それは同時に公立学校を含めた新疆省全体の学校教育の中でも大きな比重を占めており、別の統計では一九三八年段階で、新疆省教育当局が設立した学校が小学校二一五校、中等学校以上一〇校、民衆学校（成人に文字を教える学校）五〇校に対し、各地のウイグル文化促進会が設立・運営するウイグル学校は一九八〇校（在校生は一二万九六四九人）に上ったという(38)。また一九四〇年の統計によると、ウイグル文化促進会の学校に通う児童はウイグル族小学生一六万二三八七人の九七・五％（一五万八三三八人）に及んでおり(39)、当時のウイグル族の学校教育がほとんど文化促進会に拠っていた（公立学校の果たした役割は極めて小さい）ことが分かる。

ウイグル文化促進会は、一九三五年に総会がウイグル語の雑誌『新疆』を出し、地方の分会もカシュガル分会の『新しい声』タルバガタイ分会の『我々の声』、アクス分会の『アクス通信』、焉耆分会の『星』、尉犁県分会の『タクラマカン』、庫爾勒分会の『芽生え』など続々とウイグル語の刊行物を出版した。ウイグル語の新聞も刊行され、一九三七年段階で『イリ新疆日報』ウイグル語版（日刊、二〇〇〇部）、『タルバガタイ新疆日報』ウイグル語版（週刊二〇〇〇部）、『カシュガル新疆日報』ウイグル語版（週刊二〇〇〇部）が出されている[40]。こうしたウイグル文化促進会の活動は、財政的には主に宗教税による収入で支えられていたという[41]。

その他の文化促進会がそれぞれ具体的にどのような組織形態を持ち、運営、活動をしていたのか、詳細は明らかではない。漢族文化促進会は、迪化（ウルムチ）の寺院、会館の産業のすべてを統一的に管理し、政府が官吏を派遣し指導し、また寺院や会館の管理者を同会の職員としたというから、政府の外郭団体的な性質が強かったと思われる。また文化促進会の責任者となったのは、大部分が当該民族の財力や名声のある人物か宗教的指導者で、知識人も多少加わっていたという。ウイグル文化促進会の会長マンスル・ロズヨフは、ソ連生まれのウイグル人で、新疆省のソ連政治顧問を務めた人物で、一九四一年、盛世才がカザフ・クルグズ文化促進会の会長に任命したイスハクベク・モノノフは、後に東トルキスタン共和国民族軍の副指揮官となる人物である[42]。ただしこれら兼任の会長が文化促進会の活動においてどれだけイニシアティブをとっていたかは定かでない。文化促進会は確かに盛政権がつくったものだが、筆者には、官が民を率いて推進した、上から下へ向かって浸透した運動ではなく、当時すでにトルコ系ムスリム住民の間に広範に存在していた、民族教育を求める民衆レベルのエネルギーに、政府が乗っかって手綱とりをしたもののように思われる。少なくともウイグル族の場合は、中央（ウルムチ）より新疆南部など地方における活動の方がより活発だったのではなかろうか。そうでなければ、文化促進会の組織が極めて短期間に地域に広り、大量の会立学校が誕生することなどできなかったであろう。

こうした文化促進会の活動に盛世才自身がどれだけ積極的だったかは疑わしい。『新疆現代政治社会史略』は「盛政権は各民族の文化促進会が学校を設立し、公立学校の不足を補うよう奨励した」と記している。文化促進会に各民族の文化教育事業を肩代わりさせたともみられる。各文化促進会の活動費――学校の設立・運営費（教員の給料や校舎の修繕、事務費など）や文化事業費――は、それぞれの会が所有する土地、家畜、家屋、店舗などの資産の収入で賄っており、一九三八年から盛政権はイスラーム寺院の宗教税ウシュル、ザカートをムスリムの文化促進会の教育基金にすることにし、各地の住民や有力者、豪商に学校設立のための寄付金を呼びかけたという[43]から、文化促進会の活動に新疆省政府自体の資金を拠出してもいない。しかし文化促進会の活動は、それまで教育や文化面で抑圧されてきたトルコ系ムスリムをはじめとする非漢人のエネルギーに突き動かされて、おそらく盛世才の思惑をはるかに越えて活発化したのではなかろうか。前述したウイグル人学校の学校数とは矛盾するが、**表6―4**は、一九三四年から四二年まで学校数、在

表6−4　新疆省：盛世才政権時代の公立学校と会立学校

	1934年		1938年		1942年	
	学校数（校）	在校生（人）	学校数（校）	在校生（人）	学校数（校）	在校生（人）
公立学校	112	11,313	357	36,575	580	91,065
会立学校	1,000	19,991	1,400	99,915	1,883	180,035
合計	1,112	31,304	1,757	136,490	2,463	271,100

注：公立学校＝新疆省の教育当局が設立・運営する学校。
　　会立学校＝各民族の文化促進会が設立・運営する学校。
　　1942 年の会立学校のうち、ウイグル族文化促進会が設立・運営する学校が 1320 校、在校生 15 万 2962 人。
出所：包爾漢『新疆五十年』文史資料出版社、1984 年、124 頁。白振声、鯉淵信一主編『新疆現代政治社会史略』中国社会科学出版社、1992 年、337 頁。《維吾爾族簡史》編写組『維吾爾族簡史』新疆人民出版社、1991 年、274 頁の文中の記述をもとに筆者作成。

校生数が大幅に拡大し、その中で会立学校が公立学校に比べて圧倒的に多く、当時の新疆省の学校教育を支えていたことを示している。また一九四〇年八月現在の民族別小学生数を示した表6—5から明らかなように、この頃には多くのトルコ系ムスリムが学校教育を受けている。こうして西とのつながりで始まった新疆トルコ系ムスリムの学校教育は、盛政権時代、新疆省当局の学校教育と提携し、合流するのである。一九三五年に新疆省立師範学校がウイグル、カザフ、モンゴル族のクラスを設けたのもその表れだろう。

　一九三九年四月七日、各民族文化促進会の上に新疆文化協会がつくられた。この協会は各民族の文化促進会の取りまとめ役として、各文化促進会の事業を調整したり、各会の活動を紹介しあったり、文化事業の幹部の養成や芸術・宣伝活動を催したりしたという(44)。

　しかし一九四二年夏に盛世才が反共路線に転向する（同年九月新疆の共産党員を全員軟禁し、一九四三年に全員を逮捕して投獄した）と、各民族の文化促進会の責任者達は次々に逮捕され、活発だった会の活動も、映画や歌舞の催しを行うこと以外には、ほとんど何もできなくなった。その盛世才が国民政府の圧力を受けて一九四四年九月上旬に新疆を去ると、同年一〇月四日、中国国民政府によって任命された最初の新疆省政府主席、呉忠信《ウージョンシン》がウルムチに赴任してきた(45)。

5　第二次東トルキスタン革命時代（一九四四年〜四九年）

　一九四四年九月、イリ地区のニルカでウイグル人のアブドゥル・カリム・アバソフらを指導者とするトルコ系住民ゲリラが武装蜂起し、国民党軍を襲撃、第二次東トルキスタン革命が起こる。武装蜂起はタルバガタイ、アルタイ地区に波及し、一一月一二日、各地の代表がイリに結集し、東トルキスタン人民共和国臨時政府を樹立した。現中国ではこれを中国革命の一部として「三区革命」と称する。この東トルキスタン共和国は、総人口は約七〇万五〇〇〇人（うちカザフ人が五二・一%、ウイグル人が二五・三%）と少ないが、領域内で法律や行政体系を整え、行政も有効に機能し、軍隊と警察も持つなど国家としての機能を十分に果たしていたといわれる(46)。

　教育面に絞ってみると、同国はソ連にならった新しい教育綱領をつくり、町では七年生、農村では四年生までの義務教育制度をつくって授業料を免除し、国語（ウイグル語）、数学、物理などを教科とする近代的な学校教育を行った。戦争で閉鎖状態となった学校教育を再開していち早く軌道に乗せるため、戦争期に教職を離れて軍人や政府職員、商人になった教師の復員をくり返し命じ、教科書がなかった当初、ウイグル人、ウズベク人、カザフ人、タタール人の学校では、アラビア文字が廃止されていない頃のソ連の古い教科書を使ったりした。教育省に言語文化局を設け、民族文学作品の創作も奨励している(47)。この東トルキスタン共和国の教育経費は、宗教省が徴収したウシュル（イスラーム法が定めた宗教税）と、民間から宗教省と教育省に納められたザカード（喜捨）を主な財源とし、財務省が学校施設の整備や教科書の印刷のため特別経費を捻出したという(48)。

　こうした国家建設と平行して、同国は一九四五年四月八日、領域内各地の武装勢力を東トルキスタン共和国軍（民族軍）に編成し、統治領域を拡大するため、ソ連の支援を受けつつ九月までにイリ、タルバガタイ、アルタイ区の全域を占領し、南部ではアクスを包囲し、中部では国民政府軍の拠点であるシホ、チンを落として新疆省の首都ウルムチに向けて進攻した。しかしソ連の仲介により、民族軍は一九四五年九月、マナス川西岸（ウルムチまで一三七キロメートル）で進攻を止め、一〇月中旬から共和国政府は国民政府と和平交渉を始め、一九四六年一月二日、「中央政府代表と新疆暴動地域の民衆代表との平和的な方法で武装衝突を解決する条文」（一一ヵ条和平協定）を締結する(49)。この和平協定には第二条から第五条に文化、言語、教育問題に関する条文が盛り込まれているが、その交渉過程には、共和国政府側と国民政府側の民族教育や言語政策をめぐるギャップが現われている。

表6－5　新疆省：民族別小学生数（1940年8月）

民族	人	(%)
ウイグル族	162,378	(72.7)
カザフ族とクルグズ族	34,412	(15.4)
漢族	13,491	(6.0)
回族	4,723	(2.1)
ロシア族	2,458	(1.1)
シボ族	1,980	(0.9)
モンゴル族	1,868	(0.8)
タタール族	1,151	(0.5)
ウズベク族	721	(0.3)
満洲族	182	(0.1)
タジク族	46	(0.0)
合計	223,410	

出所：新疆教育科学研究所編『新疆教育年鑑1949－1989』新疆教育出版社、1991年、4頁の文中データをもとに筆者作成。
注：各民族文化促進会の統計によるものと思われる。

国民党政府代表の張治中《ジャンジージョン》が一九四五年一〇月二〇日に出した「中央の新疆局部事変の解決に対する提示案」（全文一一条）は、各民族の宗教、文化、風俗習慣、言語、文字の尊重を表明し、小学校では各民族の言語・文字で教育を行うことを記していた。これに対し三区側は一一月一三日に返した要求（全文一一条）で「国家機関と司法機関の公文書は回教徒の固有の文字を使う」ことと「小中学校及び大学では回文で授業を行う」ことを具体的に示した。この時全文一一条中、張治中が出した案にはない、あるいはそれと異なるものが六条あったという。そのうちの二条が言語政策と教育にかかわるものだったという点から、共和国代表側の言語政策や教育に対する関心の高さがうかがわれる。それはまた東トルキスタン共和国の現状を維持せんがための要求だったろう。張治中は同月一五日、国民党政府を代表して三区側に返答し、（一）官庁の文書は漢文、回文を併用し、人民の政府機関に対する訴えは回文のみでよい、（二）小学校の授業は回文で行い、中学では漢文を必修科目とし、大学では漢文と回文を併用する、という妥協案を示した(50)。三〇数回の会談を経て合意されたという和平協定では、これらの点は「政府は宗教に対する差別を取り締まり、人民に宗教信仰の完全なる自由を付与する」（第二条）、「国家の行政機関と司法機関の文書は、国文と回文を併用する。人民が政府機関に提出する文書は、自民族の文字だけで書くことを認める」（第三条）、「小学校と中学では、自民族の文字で授業を行うが、中学は国文を必修科目とし、大学では授業の需要に基づいて、国文と回文を併用して授業を行う」（第四条）、「政府は民族文化と芸術の自由な発展を保障する」（第五条）という表現になっている(51)。

ところで、視点をちょっとずらして、これらを一九五〇年代初頭の中華人民共和国の新疆少数民族に対する言語政策や教育事業と対照してみると、それらが一一ヵ条和平協定のラインにかなり近いことに気付く。中国共産党は、三区革命を国民党の支配と闘った中国革命の一部と位置づけているが、その言語政策や教育は、イリ政権側のラインではなく、国民党政府との妥協のレベルでスタートしていることになる。ただし宗教については異なり、無神論の立場に立つ中国共産党は一九四九年末の「新疆解放」後から新疆のコーラン学校を取り締まり、コーランの授業を廃止させ、児童・生徒に対して「宗教宣伝」を行うのを禁じている(52)。またもっと下って現状をみると、後述するように公文書では漢語が優勢で、トルコ系民族の学校では漢語が小学三年生からの必修科目になっている。そうしたギャップ（イリ政権時代のラインからの後退）が、今もウイグル人の間で不満となってくすぶり、「東トルキスタン」の名を掲げさせるのだとも感じられる。

一一ヵ条和平協定が締結されると、一九四六年三月二九日、呉忠信に代わって張治中が新疆省主席となり、六月二八日、東トルキスタン共和国政府はイリ区参議会に改組され、七月一日、アフメトジャン・カスミらイリ政権の指導者達は、ウルムチでそれぞれ新疆省連合政府の要職に就いた[53]。新疆省連合政府は、省内の各民族文化促進会が活動を再開できるよう、ウイグル文化促進会に一〇〇〇万元、カザフ・クルグズ文化促進会に六〇〇万元などの補助費を給付し、また張治中の主導で西北文化建設協会（本部は蘭州で、上海、南京に附属組織）がつくられた。同協会はウルムチで中規模のウイグル文字、カザフ文字用の印刷所を建てた他、ウルムチに編集館を建てて『天山画報』のウイグル語版やウイグル族青年向けのブックレット『少年の知識』『天山文芸』を出版したり、ウイグル語の刊行物や映画を巡回で見せてまわったりしている[54]。こうした点から連合政府は新疆省の民族文化・教育政策を、盛政権初期のレベルまで引き戻すことを図ったと評することもできよう。また連合政府はイリ政権との折衷政権だったため、三区に限られていたイリ政権の政策が、薄められながらもウルムチ、新疆省全域にある程度影響を与えた足跡もみられる。例えば連合政府は三区代表の働きかけに応じて、それまで漢族とトルコ系ムスリムが一緒に通っていたウルムチの中学四校から、それぞれトルコ系ムスリムの生徒を分けだして、単独の民族学校として迪化第二女子中学、第二女子師範学校、第三中学、第二師範学校を新設している[55]。

この新疆省連合政府も一年余りで崩壊した。政府内で国民党の一部と三区勢力側の対立がしだいに深まり、一九四七年五月一九日に張治中が新疆省主席を辞任し、後任に親国民政府のウイグル人マスウード・サブリが推薦されると、アフメトジャンら三区の代表は同年八月にウルムチからイリに帰り、再びイリ政権（三区経済委員会）を立ち上げ、その後二年半にわたって三区を統治したのである。

この第二次東トルキスタン革命（三区革命）の間、イリ、タルバガタイ、アルタイの三区の教育事業は大きく進展したといえる。学校数だけでみても、一九四四年の東トルキスタン共和国成立直前の段階で、三区にはカザフ族の小学校が七九校（在校生六二〇〇人）[56]と他の民族の学校がわずかにあるのみだったのが、イリ政権末期の一九四九年には小学校は四八九校（在校生五万九五四六人）になり、中学（在校生一六一〇人）、イリ民族専科学校（アフメドジャン専科学校）、イリ中等衛生学校も建てられていた[57]。一九四五年以降、イリとタルバガタイにはタタール人やウズベク人の七年制あるいは四年制の学校がつくられ、クルグズ人小学校は一九四九年までに一七校に増えた。またイリのスターリン中学とタルバガタイのモロトフ中学、イリのシボ人初級中学といったロシア人やシボ人の中等教育機関が初めて建てられてもいる。東トルキスタン共和国は一九四四年の九ヵ条政治綱領でウイグル語の公用語化を定めたというが、アフメドジャン専科学校ではウイグル語だけでなく、カザフ語でも授業をしていた[58]。

一九四九年半ばになると、国共内戦で圧倒的優位に立った人民解放軍が西北へ進軍し、同年八月二五日にアフメトジャンら三区のウイグル人、クルグズ人、カザフ人指導者は、中国共産党の「新政治協商会議」に出席すべく北京に向かうが、その途中で、飛行機事故で全員遭難したといわれる。同年九月一五日、新しい代表に選ばれたサイフディン・アズィズィが北京に到着し、中共中央の指示に従う態度を明らかにし、人民解放軍が一〇月二〇日にウルムチへ、一二月に三区へ入り、同地は中華人民共和国に編入されることになった(59)。

こうして同年一二月一七日、中共中央新疆分局の下で新疆省人民政府が成立し、各民族の文化促進会は廃止され、それらが設立・運営していた学校はまず新疆人民民主同盟が接収し、続いて一九五二年一月、新疆省人民政府は第六五回行政会議で、民主同盟が接収した学校八二四校（うち三区の学校が二四七校）を新疆省人民政府が接収し管理することを決めた(60)。その過程で、新疆省（東トルキスタン）のトルコ系ムスリムの教育は、中華人民共和国の少数民族教育の一部となったのである。

二　中華人民共和国における新疆トルコ系諸民族と教育、言語政策

中央アジアを「トルコ系住民の地」という意味で「トルキスタン」と称することがある。第一節では中国近現代史の視点から新疆を捉えたが、地図を西にずらしてこのトルキスタンを中心に歴史を考えるならば、当地は一八世紀後半に東半分が清朝に征服され、一九世紀後半に西半分がロシア帝国に征服され、二分されたことになる。このトルキスタン東部＝東トルキスタンには、一九世紀末まで漢人の住民は極めて少なかった(1)。

一八八四年の新疆省設置以降、中国内地から新疆への漢人移住が認められたが、内地からの漢人、回民移住者は一九一一年の時点で八万二四七六人（新疆省の総人口一八六万八七二六人の四・四％）にすぎない(2)。回族を除いた漢族のみの人口は不明だが、辛亥革命後一九二八年まで新疆省を支配した楊増新は、当時「漢人は新疆の人口の一％にすぎない」とも述べている(3)。民国時代、新疆の漢族人口は増えたが、一九四九年段階でも二九万一〇二一人（新疆総人口の六・七％）であり、二〇世紀後半に比べれば漢族の移住は限られたものだったといえる。

これに対し**表6―1**が示すように、一九五〇年代後半から新疆の漢族人口は激増する。一九四九年～八四年の間に新疆に移住した漢族とその子孫は四七八万一一〇〇人にのぼり、これは一九八四年における新疆の漢族人口の八九・四％にあたるという(4)。こうした二〇世紀後半の漢族人口の激増は、新疆の言語環境を大きく変化させ、それは直ちに学校教育に影響を及ぼした。

以下、この中華人民共和国における新疆トルコ系諸民族の教育状況を、漢語教育や宗教と教育の関係などをポイントにみてみたい。さらにウイグル、カザフ新文字の導入と伝統文字復権の経緯やその評価を紹介することを通じて、中国の少数民族文

字改革運動に内在した問題の一面を明らかにしてみたい。

1 コーラン学校の取り締まり

中華民国時期は、礼拝堂のあるイスラーム寺院にはコーラン（経文）学校がつくられ、文化促進会が建てた小学校でも公立小学校でもコーランの授業を設けていた。これに対し中華人民共和国は宗教と教育の分離を図る。一九五〇年一〇月、新疆第一回文教会議は、公立学校と会立小学校は毎週二時間のコーランの授業を残し、教えるか否かは現地の住民の判断に委ねるとの決定をした。その一九五〇年度（一九五〇年秋～一九五一年夏）から公立学校はコーランの授業を取り止め、会立小学校も新疆省人民政府に接収管理された後、コーランの授業を取りやめたが、住民の間で不満の声が上がり、再開することになったという。(5)「教えるか否かは現地の住民の判断に委ねる」とは、政府にとって飾り文句に過ぎなかったようだ。

一九五二年、新疆省第一期人民代表を務めるハービト（阿比提）アホンが、コーランの授業のない初級小学校に週一時間のコーランの授業を加え、宗教学校を設立することを提議した。焉耆専署は新疆省教育庁に対し小学校におけるコーラン授業問題に関する指示をあおぎ、教育庁は一九五二年、各地に向けて「宗教小学校及び宗教の授業の問題に関する指示」を発し、次の指針を示した。（一）コーラン小学校は宗教分野の学校であり、政府が設立したり経費を与えるべきではない、（二）公立学校と会立小学校は毎週二時間のコーランの授業を残し、教えるか否かは現地の住民の判断に委ね、コーランの授業に出たくない児童・生徒については、宗教信仰の自由（宗教を信仰する自由と信仰しない自由）に基づき、強制してはならない、（三）コーランの授業を行う教師は、校内の教員で宗教的知識のある者が兼任し、それ専門の教員を置かない。校内の教員以外の者を講師として招く場合は、学校側と相談し同意を得なければならず、またその待遇については政府が責任を負うべきではない、（四）コーランの授業は、共同綱領、民族団結、愛国主義及び国際主義の原則に反するものであってはならない、（五）コーラン学校は公立小学校の正常な発展を妨げてはならない。

この後「社会改革運動の深化と住民の政治的な思想や意識の向上に伴い」、大多数の学校がコーランの授業をしなくなったとされる。しかし、その後「地下（非合法の）コーラン学校」として盛り返し現象が起こることから、それが現地の一般住民の意思に基づくものだったとは考えがたい。一九五四年、一九五七年、一九七三年から一九七四年、新疆南部の各地で「非合法のコーラン学校」が増える現象が起こり、とくに一九七七年以降は激増した。これに対し、中共新疆ウイグル自治区委員会は、一九八二年三月、各地に向けて「〝経文（コーラン）学校に対する処理に関する意見報告〟転送の通知」を発する。

この文書は、中国憲法が規定する、公民の信教と不信教及び無神論を宣伝する自由、中共中央の一九七八年六五号文書の

「一八歳未満の青少年に宗教思想を注入してはならず、児童・少年を宗教活動に同伴してはならない」との決定を徹底するよう強調し、「未成年に宗教思想を注入するのは、ある宗教の信仰を他者から強制されるのに等しく、許されない」と指示した。また再度、宗教と教育分離の原則を示し、宗教が教育に関わってはならず、宗教を学校に持ち込んではならず、学校はコーランの授業を行ってはならず、現存するコーラン学校は、宗教人士、信徒への働きかけをうまく行った上で解散させ、今後再びコーラン学校を興さないように指示している。そして教師は四つの基本原則を堅持し、宗教活動に参加せず、参加した者は相応の処分をするよう求め、また宗教と学校教育の衝突や宗教が学校教育に与える影響を除去するために、学校は児童・生徒・学生に対するマルクス主義の世界観、科学的な無神論の教育を強め、学校が宗教・迷信の影響から脱するようにと求めた。

2　民族学校の設立状況と教授用言語、教科書

本章冒頭で挙げた新疆の一三民族のうち、現在トルコ系のウイグル、カザフ、クルグズ族はアラビア文字式の伝統文字——ウイグル文字、カザフ文字、クルグズ文字——を使っている(6)。同じくトルコ系のウズベク族とタタール族は、もともとアラビア文字式の民族文字があったが、現在はウイグル文字を使う者が多く、カザフ文字を使っている者もいる(7)。イラン系のタジク族の間では、一九五六年四月から一九八六年までの三〇年間、何度も文字創作を要求する声があがったが、タジク族内部で意見が二分して一致せず、文字創作には至っておらず、現在ウイグル文字を使っている(8)。新疆のモンゴル族は一七世紀半ばからトド文字を使ってきたが、一九八〇年代以降、内モンゴルのホトム文字への統一が図られた（第二章第四節参照）。シボ族は満洲文字を伝承したシボ文を使い、ロシア族はキリル文字を使うが、漢文を使っている者もいる。ダウル族は現在、漢文を使う人々とモンゴル文字やシボ文字を使う人々に分かれている。

こうした言語状況の中で、現在新疆ウイグル自治区の学校で教授用言語（話し言葉と書き言葉）として使われているのは、ウイグル、カザフ、モンゴル、クルグズ、シボ、ロシア、漢の七種類の言語である。この教授用言語別に分けると、一九八六年現在、同自治区では表6—6が示すような形で学校が運営されている。これは民族学校別の分類とは完全には一致せず、表中のウイグル語学校の中には民族学校を持つタジク族の学校も含まれている。タジク族はウイグル語で書かれた教科書を使うが、教師は授業中タジク語で教えている。またタタール族とウズベク族の子ども達は、学校ではウイグル語で授業をするクラスに入り、ウイグル語で書かれた教科書で学習している(9)。このウイグル、タタール、ウズベク、タジク族の小中学生数の合計（一九八九年）を、ウイグル語で授業をする学校の在校生数で割った値によれば、四民族の小中学生の九九％がウイグル語

で教育を受けていることになる（表6―7）。

これら民族学校では言語科目として民族語と漢語の二言語を教えている。一九九二年の現地調査の時点では、一般に民族語の授業を週六時間行い、漢語の授業は小学校で週四時間、初級、高級中学で週五時間行っていた。民族中学の漢語の授業は、漢族中学の外国語の授業に相当し、民族中学では一般に「外国語」の授業は設けられていない。シボ族などは中学で外国語の授業も設けており、ダウル族はシボ族の学校に通う者は第一外国語の時間にシボ語を、漢族学校に通う者は第一外国語の時間に英語を学ぶ[10]。また新疆でも高等教育はほとんど漢語で行われているため、大学に進学する少数民族は大学の予備学年（予科部）で集中的に漢語を学ばされる（新疆大学では修学年数を五年に延長して各課程の中に盛り込んでいる）[11]。

しかし一九八〇年代にこうした形に落ち着くまでには紆余曲折があった。中でも民族融合論を背景に没民族化、異なる少数民族同士の合併校の創造、少数民族と漢族学校の合併などが図られたことには言及すべきだろう。

その表れとしてまず一九五〇年代、新疆では学校名に民族名を冠するのをやめて番号で命名するとともに、単独の民族学校を合併して複数民族が通う学校に変える政策がとられ、ウズベク族やタタール族の子ども達はウイグル語かカザフ語で授業を行う学校に就学させられた[12]。一九五二年段階ですでに、ウイグル族とカザフ族の合同中学が一三校存在し、その中にはタタ

表6―6　新疆ウイグル自治区：民族語別小中学校数（1986年）

民族	小学校			初級中学			高級中学		
	校数	学級数	学生数	校数	学級数	学生数	校数	学級数	学生数
漢	3,181	28,713	828,154	657	11,403	518,411	518	3,785	182,587
ウイグル	3,507	32,230	909,778	362	4,838	188,246	170	1,270	56,777
カザフ	480	8,551	171,669	182	1,425	44,688	54	401	17,283
モンゴル	71	1,037	18,152	15	227	6,810	10	76	3,035
シボ	8	116	3,553	3	49	1,829	2	21	955
クルグズ	108	754	16,749	15	69	2,323	2	14	554

出所：新疆教育科学研究所編『新疆教育年鑑　1949―1989』新疆教育出版社、1991年、333頁。

表6―7　新疆ウイグル自治区：ウイグル語で授業を受ける小中学生（1989年）　（単位：人）

	ウイグル族	タタール族	ウズベク族	タジク族	A	B	C（%）
小学生	881,784	426	858	4,810	887,878	879,463	99.1
初級中学生	205,558	172	487	832	207,049	205,455	99.2
高級中学生	61,087	84	291	187	61,649	60,882	98.8

A＝4民族の合計　B＝ウイグル語で授業を行う学校の在校生　C＝A/B×100
出所：『教育大辞典第4巻（民族教育）』上海教育出版社、1992年、9、43、44、48頁の文中のデータをもとに筆者作成。

ール、ウズベク、クルグズ等の民族も通学していたという[13]。

また大躍進の頃から少数民族と漢民族の合同学校（民・漢合同校）がつくられ始めた。中共新疆ウイグル自治区委員会は一九六〇年、「民・漢合同校を教育改革の一つに位置づける」と指示し、少数民族学校と漢族学校を合併する「実験」を始めている。例えば一九五三年に開校したウイグル・カザフ中学（一九五六年、新疆師範学院附属中学に改称）は、一九五九年から漢族生徒を入学させるようになり、一九六〇年～六五年、少数民族クラスでは漢語教育の実験が行われた。ウルムチ第二女子中学（民族中学）も一九六〇年、ウルムチ高級中学（漢語学校）と合併され（一九八〇年漢族クラスが分離して民族中学にもどる）[14]、カシュガル地区ウイグル高級中学も、一九七一年カシュガル第六中学（漢族学校）と合併させられている（一九七九年漢族クラスが分離）[15]。民・漢合同校は一九七〇年代まで増え続け、一九八一年には一六五校を数えたが、その後民族政策が軌道修正されると、一九八四年には四四校に減った[16]。

では次に、これら民族学校で使われる教科書についてみてみよう。中華人民共和国が成立して間もない頃、新疆省の民族中学はソ連でつくられたカザフ、ウズベク文字による教科書を購入して使っていた。例えばイーニン市第一中学では一九五二年までソ連製の教科書を使い、一九五二年からようやく中国内で編さんされたカザフ語教科書を使うようになったという。新疆省政府が一九五〇年～五六年の間にソ連から購入した民族小中学校の各種教科書や参考書は二九六万冊に達する。その傍ら新疆省文教委員会は一九五〇年、新疆人民出版社と新華書店に民族文字による教科書の編さん・出版を委託し、まず文系科目の教科書を、次いで理系科目の教科書をつくり、ソ連製の教科書との入れ替えを図った[17]。一九五六年には民族小中学校の教科書や参考書の編さん・出版を専門とする新疆教育出版社を設立している。理系の科目は一九五七年までソ連の教科書を使っていたが、一九五八年二月、新疆ウイグル自治区教育庁は「民族文字で行う授業に用いる教科書と授業の参考資料の翻訳・編集に関する処理方法」を発し、今後は国家の統一の教科課程、授業要綱、教科書に基づいて授業をすること、民族語文と中央が編さんしていない教科書を自治区で編さんする他は、すべて中央の教科書を翻訳し、地方性と民族的特徴は「適切な範囲」で内容に加えるよう定めた。「ソ連の教科書は中国の国情に合わず、愛国主義教育に影響を及ぼし、教科書のレベルも自治区の民族教師、生徒のレベルを超えていた」として、排除されたのである。こうした変化の背後には、国民統合のための国民教育の構築という課題、反右派闘争の左傾路線の台頭の他に、一九五〇年代末に始まる中ソ対立が存在したと考えられる。

大躍進の最中の一九五九年、新疆自治区教育庁は、民族学校で使う教科書は郷土の教材は二～三割程度におさえ、七～八割を全国共通教科書の中から選ぶという、民族性や地域性を排除する方針を示した。文革が勃発すると一九六六年から六八年まで、教科書の出版自体が停止された。文革が終ると、中央の人民教育出版社が一九七八年秋から全国共通の小中学校教科書を発行し始めたのに合わせ、自治区はこれをウイグル、カザフなどの少数民族文字に翻訳して出版し、語文、文法、漢語、音楽などの教科書は自前で編さんするようになる。一九八一年秋からは、全日制クルグズ、シボ族学校の民族文字教科書も出版し始めた。一九八四年秋のウイグル、カザフ文の小中学校語文教科書の改編では、現地の民族作家の作品を六～七割使うようになり、共通教科書の中のものは三～四割に減らし、民族性、地域的特徴のある内容をある程度復活させることができた。こうして一九八〇年代、ウイグル、シボ、モンゴル、カザフ、クルグズ族は自治区の編さんした教科書を使うようになり、ロシア族はソ連の教科書を使っていたが、一九九〇年代に入ってイリ自治州の編さんしたものを使っている(18)。しかし教科書の多くは依然として全国共通の教科書を翻訳したもので、教科書の内容には国民教育的なものが多く、民族固有の歴史や文化を背景にしたものは少ないという(19)。

3　漢語教育の導入と拡充

新疆省人民政府は一九五〇年、「当面の新疆教育改革に関する指示」の中で、すべての中学は「他民族の言語を選択履修科目として加える。ウイグル族クラスは国語かロシア語を選択して履修し、漢族クラスはロシア語かウイグル語を選択して履修する」と定めた(20)。当時新疆省では、ウイグル族にとっての漢語は、漢族にとってのウイグル語と同じ地位にあり、それはまたロシア語と同じ地位の選択履修科目としての第二言語だったのである。

新疆の民族学校で漢語の地位が上昇し始めるのは、反右派闘争、大躍進以降のことだ。例えば一九六〇年八月二五日、新疆自治区教育庁は「民族中学における漢語教育事業の改善、向上に関する通知」を発し「漢語は民族中学の主要な教科の一つである。児童や生徒が小中学校の漢語学習を通じて、大学に進学した時には直接漢語で授業が聞き取れ、漢文で筆記できるようになり、就職後通訳・翻訳なしで聞く、読む、話す、書く能力を身につける」よう求めた。翌一九六一年、同教育庁は民族中学の教科課程制定にあたっての説明で、初級中学は政治、民族語、数学とともに漢語を重点科目とし、特に当面は民族語文と漢語授業の強化に注意すべき旨を指示している（表6―8）。選択履修科目の第二言語だった漢語は、この頃から民族語と肩を並べる重点科目になっていたのである。

一九六四年、自治区教育庁は漢族学校の中で、漢語で授業を行う少数民族クラスをつくることを決め、新疆大学付属中学、イーニン市第六中学、カシュガル第二中学が同年、ウルムチ市第六中学は翌年、初級中学でこの種のクラスを二つずつ設けた。これらのクラスに入った少数民族には人民就学助成金を多めに与えたという。その後、新疆大学付属中学とウルムチ市第五中

表6−8　新疆ウイグル自治区：民族中学の週間授業時数（1958−59学年度）

教科目	初級中学			高級中学			6年間の授業時数計
	1	2	3	1	2	3	
民族語	6	5	5	3	3	3	1,208
漢語	4	4	4	5	5	5	900
全教科	30	30	30	30	32	29	6,480

出所：新疆教育科学研究所編『新疆教育年鑑　1949—1989』新疆教育出版社、1991年、79頁をもとに筆者作成。

学が、初級中学における漢語の学習を強化し、高級中学では漢語で授業を行う実験をし、そこの卒業生には大学受験で優遇措置をとった。この頃から漢語で授業を行う学校へ進学する少数民族が年々増えていったという(21)。

ただし新疆の場合、他の少数民族地域と違って、実質的には「一九八〇年以前は漢語教育をそれほど重視せず、民族小学校における漢語文科目の開設については明確に規定していなかった」(22)といわれる。文革時期は、社会が混乱し公立学校が正常に機能していなかった分、コーラン学校がかなり復活していた。新疆の民族学校における漢語教育が、おそらく中華人民共和国成立以降最も着実に広げられるのは、一九八〇年代に入って社会が安定してからのことだといえよう。

新疆自治区教育庁は一九七八年三月一〇日、同年秋より民族小学校では三年生から漢語の授業を開講し、漢族小学校では三年生から英語、ロシア語を主とする外国語の授業を開講するよう指示した。その背景には同年一月の中央教育部「全日制十年制小中学校の教科課程試行草案」、及び同年九月の全国外国語教育工作座談会が、小学校三年生から外国語を開講するよう定めたことがある。この時点で出された方針と先程の一九五〇年「当面の新疆教育改革に関する指示」とを比べると、民族学校ではロシア語との選択科目だった漢語が唯一の必修科目となり、漢族学校では、選択履修科目だったウイグル語が消えている。漢語の地位が上がり、ウイグル語の地位が下がったといえよう。ただこの時点では、民族小学校の漢語は、漢族小学校の外国語と同じ地位にあったといえる。ところが漢族小学校における外国語教育については、一九八一年の中央教育部「全日制五年制小学校教科課程（修訂草案）」と、一九八二年の全国中学校外国語教育事業会議で、小学校三年生から外国語科目を開講するのは無理だとして、一般に小学校では外国語の授業を行わないことが決められた。いっぽう、新疆の民族学校における漢語教育は廃止されなかった(23)。こうして少数民族のみが、小学校レベルで第二言語の授業を受けることになったのである。

続いて、一九八〇年代、新疆の民族学校で漢語重視の傾向が固まっていく経緯をみていこう。文革以降、新疆の民族小学校における漢語の授業が、何年に何年生から始められるようになったかについては、資料によって記述が一致しない。最も早いものでは、一九七七年に小学校四年生から漢語の授業を開設したとある(24)。だが、「一九八〇年、民族小中学校教科課程を定めた時、小学校四年生から漢語を開講するよう定めた」[25]、あるいは「一九八〇年、民族小学校教科課程を定め、小学校三年生から漢語の授業を設けることを決めた」[26]という記述もあり、そのあたりの経緯は今一つ明確ではない。おそらく規定はしても新疆全域で一斉に実施されたのではなく、また教科課程を定めても直ちに現場に浸透しなかったのではないか。そのため、再三小学校における漢語授業の導入が指示され、そのズレが記述の違いをもたらしているのだと思われる。

　こうして一九八〇年前後に漢語教育の導入が図られると、次にそれを定着、強化させるための政策と具体的な学習目標が設定されるようになる。一九八〇年、新疆ウイグル自治区教育庁は漢語の授業要綱をつくり、新たに小学校から初級中学までの七冊の漢語教科書を編さんし、翌一九八一年に公布した新疆自治区の民族小中学校教科課程では「小学四年生から高級中学まで漢語の授業を設け、生徒に二〇〇〇字程度の漢字と三五〇〇程度の単語、熟語を習得させる」よう指示している[27]（表6—9）。

　一九八二年には「民族小中学校の漢語授業の強化に関する意見」を発布し、民族小中学校漢語授業大綱をつくるとともに、同年三月、新疆自治区教育庁が全疆民族小中学校漢語教育座談会を開く。この座談会で、自治区副主席のバダイ（巴岱、モンゴル族）が「民、漢兼通（民族語と漢語の両方に通じる）」と、「一〇年以内に漢語の難関を突破する」との目標を提起している。この会議は「小中学校漢語授業要綱」を修訂し、少数民族の小中学校では漢字二五〇〇～三〇〇〇字、単語四五〇〇～五〇〇〇個を習得し、高級中学卒業時、漢族の初級中学二年生の漢語レベルに到達するという基準を決めた[28]。前述の方針より漢字で五〇〇～一〇〇〇字、単語で一〇〇〇～一五〇〇個増やしたことになる。

表6−9　新疆ウイグル自治区11年制民族小中学校の週間授業時数（1981年8月制定）

教科目	小学校						中学校							11年間の授業時数計
	1	2	3	4	5	5年間の授業時数計	1	2	3	4	5	6	6年間の授業時数計	
民族語	12	12	11	8	8	1,836	6	6	6	4	4	4	996	2,832
漢語				4	4	288	4	4	4	4	4	4	792	1,080
全教科	26	26	27	30	30	5,004	31	32	30	30	29	31	6,058	11,062

出所：沙瑪・加甲、羅永華『発展中的民族語文教学』四川民族出版社、1990年、63～64頁をもとに筆者作成。

　さらに一九八四年一月、バダイは、中共新疆自治区委員会常務委員の名で、同常務委員会と王恩茂書記に「民族学校における漢語授業の強化に関する意見」を提出し、全日制学校では「民・漢兼通」を漢語授業の基本方針とすること、（まだ漢語の授業を設けていない学校については）時期を分け、クラス別に徐々に小中学校で漢語の授業を設けること、漢語で授業を行う学校へ入学した少数民族には、民族語の授業を加える、な

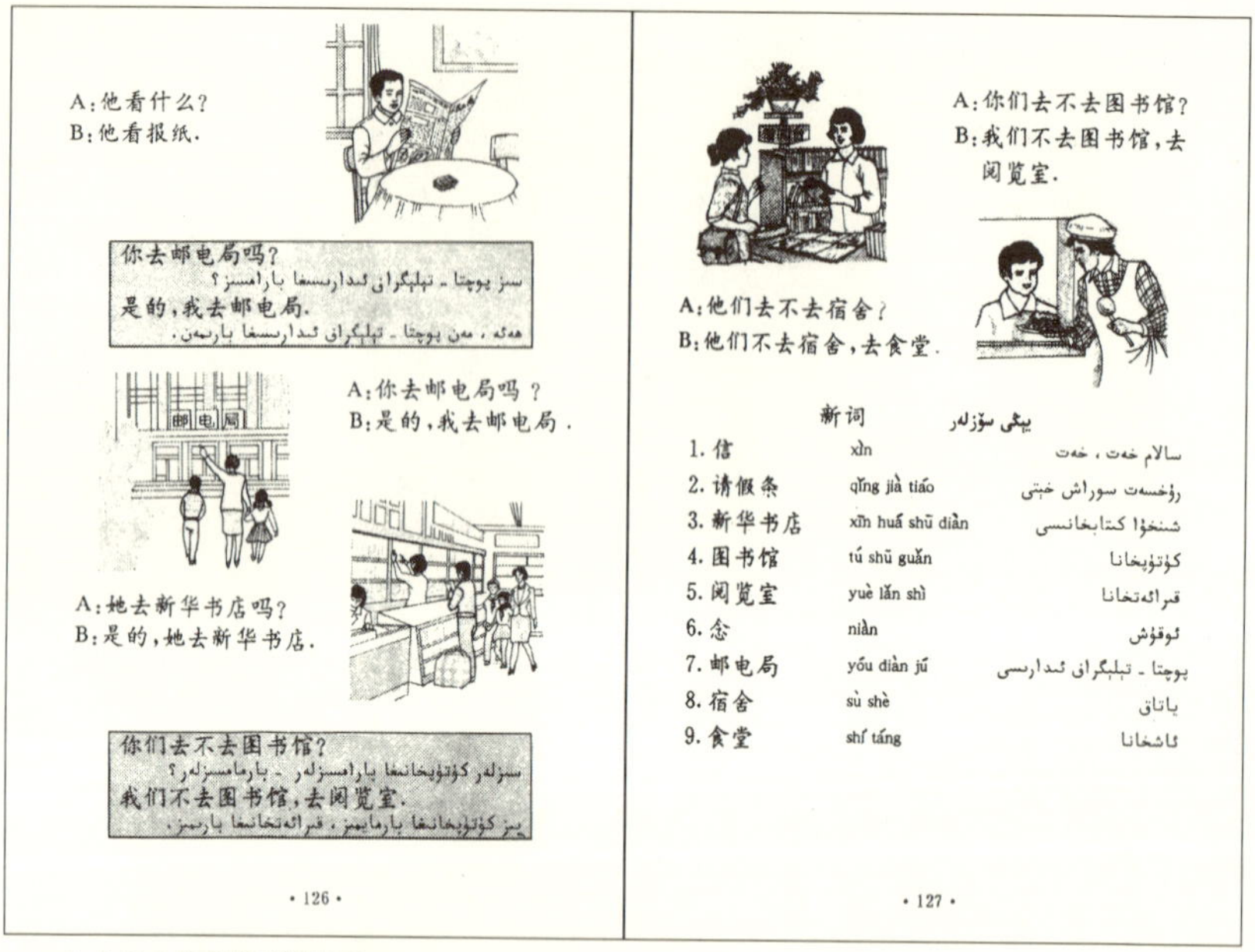
A:他看什么?
B:他看报纸.

你去邮电局吗?
سز پوچتا ـ تېلېگراف ئىدارىسىغا بارامسىز؟
是的,我去邮电局.
ھەئە، مەن پوچتا ـ تېلېگراف ئىدارىسىغا بارىمەن.

A:你去邮电局吗?
B:是的,我去邮电局.

A:她去新华书店吗?
B:是的,她去新华书店.

你们去不去图书馆?
سىلەر كۇتۇپخانىغا بارامسىلەر ـ بارمامسىلەر؟
我们不去图书馆,去阅览室.
بىز كۇتۇپخانىغا بارمايمىز، قىرائەتخانىغا بارىمىز.

• 126 •

A:你们去不去图书馆?
B:我们不去图书馆,去阅览室.

A:他们去不去宿舍?
B:他们不去宿舍,去食堂.

新词 يېڭى سۆزلەر

1. 信	xìn	سالام خەت، خەت
2. 请假条	qǐng jià tiáo	رۇخسەت سوراش خېتى
3. 新华书店	xīn huá shū diàn	شىنخۇا كىتابخانىسى
4. 图书馆	tú shū guǎn	كۇتۇپخانا
5. 阅览室	yuè lǎn shì	قىرائەتخانا
6. 念	niàn	ئوقۇش
7. 邮电局	yóu diàn jú	پوچتا ـ تېلېگراف ئىدارىسى
8. 宿舍	sù shè	ياتاق
9. 食堂	shí táng	ئاشخانا

• 127 •

ウイグル族用漢語教科書

汉语练习册
HANYU LIANXICE
新疆教育出版社

•19•

1. مىنا بۇل پئنيىمندارى وقۇعۇلا جانا الاردىن حانزۇچا قاتتارىن جازعىلا:

ۉلگۉ:
èr　jiǔ　liù　shí
(　)　(　)　(　)　(十)
liù shí　shí èr　jiǔ shí
(　)　(　)　(　)

2. تومونكۉ ساندارى حانزۇچاعا قوتوروۇپ جازعىلا:

ۉلگۉ: تورت (四)　توعۇز (　)　ەكى (　)
ون (　)　بەش (　)　ۉچ (　)
التى (　)　سەگىز (　)　جەتى (　)

3. تومونكۉ قاتتاردىن قانچا بىڭۇادان قۇرالعانىن قاشالىن ىچىنە جازعىلا:

ۉلگۉ:
(五)四　(　)田　(　)进
(　)同　(　)建　(　)买
(　)话　(　)朵　(　)我

5

クルグズ族用漢語練習帳

どの意見を示した。中共新疆自治区委員会は、同月この意見を承認し、その内容を新党発（八四）三号文書として発し、また同年末には「中共新疆自治区委員会の三号文書の徹底に関する通知」を発して、民族小中学校における漢語教育の目標、授業の達成目標、教科課程、教科書、教員などについて具体的に指示している(29)。翌一九八五年には、中共新疆自治区委員会が、少数民族は小学校三年生から漢語を学習し始め、予科部を通さず直接大学に入学できるレベルに達するよう要求(30)。一九八六年には、自治区教育委員会普通教育処に民族小中学校漢語教育研究室が設けられている。

こうした漢語重視の政策が取られる中で、もう一つ目を引くのは、漢語が入試科目として課せられるようになったことである。新疆ウイグル自治区人民政府は、一九八一年から高等学校（大学など）の入試科目に漢語を加え、その配点比率を年々上げていくことを決めた。それにつれて漢語は民族小中学校の重点科目となり、そのテストの成績は進級、留年を決める主要な基準の一つにされ、各地の中等師範学校は一九八三年から漢語クラスの募集を始めている。その後一九八四年に漢語は同自治区の高等学校入試の正式な科目となる(31)。

一九八〇年代後半になると、新疆自治区政府は漢語を学習人数、学習時間の面で拡大し、入試における比率も高めていく政策をとった。一九八七年七月一五日に開かれた新疆ウイグル自治区教育工作会議では、自治区教育委員会普通教育処が起草した「民族小中学校における漢語教育事業の一層の強化に関する幾つかの措置」を採択し、同年末、自治区教育委員会がこれを下達した。同「措置」は、師範学校の漢語科の生徒の募集枠を拡大し、一九八八年から高等師範学校は三〇〇人以上、中等師範学校は七〇〇人以上募集すること、漢語の授業時数を増やし、初級、高級中学では毎週五時間とすること、一九八八年から自治区内の民族高等学校の入試科目に漢語を一〇〇点満点計算で加え、中等専業学校と技術工業学校の入学試験にも漢語を加えること、などを指示している(32)。

こうして一九八九年までに、県立、鎮立クラス以上の民族小中学校では、ほとんど規定どおり漢語の授業を行うようになり、農業、牧畜地域の小学校の多くも漢語の授業を設けた。各大学はすべて漢語学部と、集中して漢語学習を行う予備学年（予科班）を設置した。それに伴い、一九八〇年に数百人だった小学校の漢語教師は、一九八八年には二七〇三人に増え、同年の小中学校の漢語教師は初級中学二二〇〇人、高級中学七五八人を合わせて、五六六一人となった(33)。また漢語を学び始める年齢の引き下げを図るべく、自治区教育研究所は一九八八年一月、ウルムチ紅旗幼稚園でウイグル族の年長組を二組選び、ウイグル、漢二言語教育の実験を始めた(34)。一九八九年から、小学校一年生から漢語を学習する実験も始められ、ウルムチ市の二十小学校（ウイグル族）、アルタイ地区のカザフ小学校、カラマイ地区でも二つの小学校が週四時間漢語を教えている。これらの実験は早くから漢語を学ばせ、予備学年を経ることなく、大学に入学させることを目的としたものだという。[35]

一九八〇年代、こうした漢語重視の政策を推進できたのは、一九七〇年代末までに新疆の学校教育でも社会一般でも、漢語を使う空間と時間が大きく膨れ上がって定着した環境ができあがっていたからであろう。

中華人民共和国は一九五〇年代、新疆進駐部隊のうち二七万三二七九人を定住させたり（一九五二年、家族が後から移住）、江蘇、安徽、湖北三省から新疆へ八〇万人を移住させる（一九五七～六〇年）など、漢族地域から新疆への移住計画を次々に実施した。また新疆へ「労働改造」のために送られた「犯罪者」（一九五一年から七五年までで一〇万二二三七三人）のほとんどが、「労働改造」後も新疆生産建設兵団に入って定住しているともいう。いっぽう一九六〇年に蘭州―ウルムチ間の鉄道が開通してからは、移住計画にはない勝手な移住が増え、その数は一九八四年までに合計五三七万九四〇〇人（移民総数の六〇％）に達した。[36] これに対しトルコ系ムスリムやロシア族は、一九六二年春のイリ事件でイリ、タルバガタイ地区の住民六万人以上がソ連領に脱出するなどして減少している。[37]

こうした経緯を経て、ウイグル族人口が占める比率は一九五三年の七五・四％から一九八二年には四五・五％に下がり、漢族は六・九％から四〇・四％に上がったのである。それに伴って学校の就学人口や教員の民族構成比も変化した。表6―10、11は、一九六〇年代以降、新疆の学校に通う児童・生徒・学生及び教員の中で、漢族が占める比率がどんどん高まっていく推移を表している。しかも人口では漢族は最大時でも四〇％強だが、学校では一九六〇年代初めから八〇年代初めにかけて、小中学生、教員いずれも漢族と少数民族の比率が逆転している。中学では一九七四年に漢族が生徒の七二％、教師の七五％を占めるに至り、小学校では児童は一九八一、二年、教師は一九七四年に、一時的ながら漢族が半数を超えている。その後一九八〇年代末までに、学校における漢族の比率はそれぞれ最大時より十数％下がり、小学校では人口比とほぼ同じにまで落ち着いたが、中学の場合は依然人口比より二割程度高い。

ウイグル族の子どもは、一九九〇年代に入っても約九割が小学校から高級中学までウイグル語による教育を受けているという。[38] しかし前述したように学校を取り巻く言語環境は大きく変り、漢語の比重は高まった。そのため最近ではウイグル語で教育を受けた者の就職が厳しくなり、漢語ができなければ、ウイグル語を専門に使う職種以外、一般の就職はできなくなっているという。多くの少数民族幹部を養成するという政策が強調されてきたが、漢語ができないという理由で幹部に採用されないという実態もある。進学しても就職できない構造があるため、むしろ早くから伝統技術や農業を習った方が将来性があるという考えが生まれ、特に農村部では義務教育の段階で中途退学する子どもが増えている。いっぽう漢語による教育を受けたウイ

表6－10　新疆ウイグル自治区：小学校数、在校生数、専任教師数と非漢族の比率

年度	学校数(校)	在校生 総数(人)	うち非漢族(人)	(%)	うち漢族(人)	専任教師 総数(人)	うち非漢族(人)	(%)	うち漢族(人)
1949	1,335	197,850	182,427	(92.2)	15,423	7,705	6,799	(88.2)	906
1950	1,568	271,578	249,908	(92.0)	21,670	7,644	6,738	(88.1)	906
1951	1,655	305,263	276,772	(90.7)	28,491	8,213	7,117	(86.7)	1,096
1952	1,776	333,735	299,798	(89.8)	33,937	9,052	7,779	(85.9)	1,273
1953	1,932	356,440	318,952	(89.5)	37,488	10,204	8,802	(86.3)	1,402
1954	2,006	372,607	329,057	(88.3)	43,550	10,758	9,096	(84.6)	1,662
1955	2,014	388,291	337,738	(87.0)	50,553	11,317	9,432	(83.3)	1,885
1956	2,145	456,657	395,856	(86.7)	60,801	12,994	10,691	(82.3)	2,303
1957	2,253	492,260	424,544	(86.2)	67,716	14,143	11,553	(81.7)	2,590
1958	3,851	730,485	646,172	(88.5)	84,313	18,785	15,747	(83.8)	3,038
1959	4,055	819,374	705,778	(86.1)	113,596	21,737	17,597	(81.0)	4,140
1960	4,258	897,230	746,344	(83.2)	150,886	25,924	19,653	(75.8)	6,271
1961	3,899	844,618	663,915	(78.6)	180,703	26,724	19,030	(71.2)	7,694
1962	3,784	754,768	549,747	(72.8)	205,021	26,598	17,415	(65.5)	9,183
1963	3,800	766,013	541,526	(70.7)	224,487	28,204	17,593	(62.4)	10,611
1964	4,091	882,561	608,180	(68.9)	274,381	32,158	19,383	(60.3)	12,775
1965	7,015	1,039,027	704,002	(67.8)	335,025	37,745	22,384	(59.3)	15,361
1966	6,988	1,087,554	684,034	(62.9)	403,520	39,524	23,427	(59.3)	16,097
1967	6,484	1,062,464	616,253	(58.0)	446,211	39,600	23,715	(59.9)	15,885
1968	6,729	1,071,517	605,803	(56.5)	465,714	40,952	24,359	(59.5)	16,593
1969	7,168	1,090,326	598,473	(54.9)	491,853	43,289	25,585	(59.1)	17,704
1970	7,437	1,131,440	624,397	(55.2)	507,043	45,462	24,811	(54.6)	20,651
1971	8,783	1,220,077	673,627	(55.2)	546,450	52,651	26,478	(50.3)	26,173
1972	10,330	1,369,225	752,320	(54.9)	616,905	57,019	31,078	(54.5)	25,941
1973	8,950	1,553,390	844,532	(54.4)	708,858	64,118	32,511	(50.7)	31,607
1974	9,333	1,720,000	903,619	(52.5)	816,381	72,590	35,489	(48.9)	37,101
1975	10,274	1,861,263	996,377	(53.5)	864,886	76,563	38,397	(50.2)	38,166
1976	10,311	1,899,733	1,039,627	(54.7)	860,106	76,583	40,287	(52.6)	36,296
1977	10,043	1,958,056	1,059,912	(54.1)	898,144	80,262	41,697	(52.0)	38,565
1978	9,891	2,028,771	1,065,751	(52.5)	963,020	82,616	44,023	(53.3)	38,593
1979	9,111	2,007,734	1,043,825	(52.0)	963,909	84,198	45,061	(53.5)	39,137
1980	9,006	2,055,513	1,017,250	(49.5)	1,038,263	89,027	47,675	(53.6)	41,352
1981	8,753	2,010,494	993,781	(49.4)	1,016,713	94,966	50,451	(53.1)	44,515
1982	8,533	1,985,976	1,002,511	(50.5)	983,465	105,556	54,126	(51.3)	51,430
1983	8,261	1,941,009	1,013,271	(52.2)	927,738	104,536	55,061	(52.7)	49,475
1984	8,253	1,962,981	1,097,363	(55.9)	865,618	101,025	55,268	(54.7)	45,757
1985	8,104	1,966,306	1,164,268	(59.2)	802,038	98,294	54,931	(55.9)	43,363
1986	8,178	1,948,151	1,221,460	(62.7)	726,691	95,473	55,329	(58.0)	40,144
1987	7,813	1,884,884	1,227,547	(65.1)	657,337	93,910	55,478	(59.1)	38,432
1988	7,597	1,847,160	1,213,155	(65.7)	634,005	94,342	57,175	(60.6)	37,167
1989	7,494	1,842,100	1,205,627	(65.4)	636,473	94,397	57,737	(61.2)	36,660

出所：新疆教育科学研究所編『新疆教育年鑑 1949 － 1989』新疆教育出版社、1991 年、388、389 頁をもとに筆者作成。

表6－11　新疆ウイグル自治区：中学数、在校生数、専任教師数と非漢族の比率

年度	学校数（校）	在校生				専任教師			
		総数（人）	うち非漢族（人）	（%）	うち漢族（人）	総数（人）	うち非漢族（人）	（%）	うち漢族（人）
1949	9	2,925	1,891	(64.6)	1,034	172	94	(54.7)	78
1950	10	5,733	4,605	(80.3)	1,128	255	194	(76.1)	61
1951	11	9,513	7,982	(83.9)	1,531	398	325	(81.7)	73
1952	40	14,317	12,222	(85.4)	2,095	673	540	(80.2)	133
1953	49	18,712	15,987	(85.4)	2,725	810	638	(78.8)	172
1954	53	23,953	20,138	(84.1)	3,815	992	792	(79.8)	200
1955	63	28,316	23,328	(82.4)	4,988	1,149	908	(79.0)	241
1956	95	47,619	39,892	(83.8)	7,727	1,744	1,435	(82.3)	309
1957	117	60,888	49,549	(81.4)	11,339	2,367	1,831	(77.4)	536
1958	156	79,592	66,494	(83.5)	13,098	3,034	2,346	(77.3)	688
1959	214	111,884	94,007	(84.0)	17,877	4,475	3,490	(78.0)	985
1960	272	150,538	127,605	(84.8)	22,933	5,918	4,666	(78.8)	1,252
1961	281	139,614	113,157	(81.0)	26,457	6,662	4,956	(74.4)	1,706
1962	287	105,107	74,499	(70.9)	30,608	5,777	3,709	(64.2)	2,068
1963	296	101,372	67,340	(66.4)	34,032	5,973	3,475	(58.2)	2,498
1964	302	106,925	67,503	(63.1)	39,422	6,418	3,539	(55.1)	2,879
1965	339	121,770	75,934	(62.4)	45,836	6,752	3,603	(53.4)	3,149
1966	389	136,630	77,704	(56.9)	58,926	7,228	3,859	(53.4)	3,369
1967	413	130,895	67,144	(51.3)	63,751	8,440	4,700	(55.7)	3,740
1968	442	116,469	49,852	(42.8)	66,617	9,334	4,762	(51.0)	4,572
1969	527	133,142	41,985	(31.5)	91,157	10,668	5,052	(47.4)	5,616
1970	602	173,797	61,259	(35.2)	112,538	12,041	5,266	(43.7)	6,775
1971	695	232,903	79,865	(34.3)	153,038	14,752	6,087	(41.3)	8,665
1972	826	323,342	114,105	(35.3)	209,237	19,677	7,019	(35.7)	12,658
1973	1,211	338,323	103,537	(30.6)	234,786	20,318	5,842	(28.8)	14,476
1974	1,233	392,715	109,834	(28.0)	282,881	24,715	6,076	(24.6)	18,639
1975	1,320	457,587	142,552	(31.2)	315,035	25,171	7,469	(29.7)	17,702
1976	1,595	583,554	203,449	(34.9)	380,105	29,256	9,314	(31.8)	19,942
1977	1,851	727,350	269,558	(37.1)	457,792	37,033	11,776	(31.8)	25,257
1978	1,997	806,386	300,180	(37.2)	506,206	41,661	14,314	(34.4)	27,347
1979	1,985	793,256	295,161	(37.2)	498,095	42,074	15,007	(35.7)	27,067
1980	2,032	823,161	283,844	(34.5)	539,317	45,232	15,958	(35.3)	29,274
1981	2,037	813,269	270,700	(33.3)	542,569	50,143	16,803	(33.5)	33,340
1982	2,072	842,757	268,055	(31.8)	574,702	55,819	17,842	(32.0)	37,977
1983	2,133	873,657	273,300	(31.3)	600,357	58,591	19,232	(32.8)	39,359
1984	2,143	906,862	284,089	(31.3)	622,773	58,451	19,875	(34.0)	38,576
1985	2,147	906,862	284,089	(31.3)	622,773	60,942	20,957	(34.4)	39,985
1986	2,053	1,023,533	359,640	(35.1)	663,893	63,631	22,573	(35.5)	41,058
1987	2,052	1,046,403	388,674	(37.1)	657,729	66,395	24,923	(37.5)	41,472
1988	2,054	993,674	393,155	(39.6)	600,519	67,429	26,946	(40.0)	40,483
1989	2,008	893,198	387,682	(43.4)	505,516	65,833	27,996	(42.5)	37,837

出所：新疆教育科学研究所編『新疆教育年鑑 1949-1989』新疆教育出版社、1991 年、383 ～ 387 頁をもとに筆者作成。

グルの子ども達の中には、ウイグル語ができず、民族の伝統文化や生活用式を継承せず、失う者が出始めているともいう[39]。

4 新疆ウイグル自治区の民族語事業・政策
——ウイグル、カザフ文字のローマ字化を中心に——

新疆省は一九五〇年一〇月、新疆言語文字指導委員会をつくってウイグル文字の、続いてトド・モンゴル文字の標準化に着手し、一九五五年七月から二年間は中国科学院語言研究所、中央民族学院と協同でウイグル、カザフ、モンゴル、クルグズ、シボ、タジク族の言語調査を行った。その中で新疆省人民政府は一九五五年七月一三日の三八八号訓令で「クルグズ語正字法」を、一九五九年五月の二一号決議で「ウイグル語正字法」を公布している[40]。このように新疆省は一九五〇年代前半には、省内の各民族がそれまで使ってきた伝統文字をもとに、それを改修し標準化することを図っていたのである[41]。

しかしその後新疆政府は伝統文字の廃止へ方針を変更し、一九五九年から八二年にかけて、ウイグル文字とカザフ文字のローマ字化を図った。この事業は長い時間と相当な労力を費やしながら失敗し、一九八二年に伝統文字が復権を果たしている。以下その経緯を明らかにしてみたい。

(1) ウイグル、カザフ文字のローマ字化

新疆のウイグル、カザフ人の中には一九三〇年代、キリル文字形式のウイグル、カザフ文字を作って普及させようと試みた者がいたという[42]。しかし、その影響は中華人民共和国成立後の文字改革が、中国のウイグル、カザフ族社会に与えた影響に比べれば、ごく小さなものだった。

中華人民共和国成立以降、中央政府がローマ字式の漢語ピンイン方案をつくり、各民族の文字創作・改革はローマ字で行うことを決める（一九五七年、国務院「少数民族文字方案中の字母作成に関する原則」、一九五八年の周恩来「当面の文字改革の任務」）と、新疆自治区文字改革委員会は、中国科学院少数民族語言研究所の「援助」の下で、漢語ピンイン方案を基にしたローマ字式のウイグル、カザフ文字方案をつくり（一九五九年一一月、新疆自治区第二回民族語文科学討論会で採択）、従来のアラビア文字式の文字にとって代えることにした。この時具体的に誰がどう動いたのかは明らかではない。一九五九年一二月、中共新疆自治区委員会と同自治区人民政府は、新文字を推進する三年計画をたて、一九六〇年に新文字を公布したが、実際に推進し始めたのは一九六五年からだった。その間の経過を見てみよう。

一九六〇年の三年計画によると、六〇年に試行し、六一年に普及させ、六二年にはあらゆる分野で旧文字を新文字に切り替え、旧文字を廃止・使用停止することになっている。この三年計画に基づいて、教育庁がつくった小中学校及び高等学校における新文字推進の移行計画は次のようになっている。

［学校］一九六〇年から小学一年生は新文字のみで授業を行い、小学校の高学年、初級・高級中学、大学はすべて新文字の授業を設け、高級中学、中等師範学校、中等専業学校の卒業生は必ず新文字を習得するようにする。一九六一年〜六二年には各級各種学校の各学年、各教科の授業をすべて新文字で行う。

［農村を除く一般社会］地区、州、市クラスの幹部は一九六〇年、県クラスの幹部は一九六一年前期、人民公社の幹部は一九六二年前期で新文字を習得する。一九六一年前期に企業と部隊の中で、後期に人民公社や町で普及させる。

［農村］一九六二年には農民の間で新文字を普及させる。

この計画が実施されなかった原因について記した資料はないが、大躍進期につくられたこの計画が、現実離れしたものだったことは想像に難くない。

それでもこの間、新文字の普及に向けた準備はある程度進み、一九六〇年〜六四年の間に新疆自治区全体で、新文字の教師が二万人養成され、各州、市、県と人民公社が新文字訓練クラスをつくり、カシュガル市第三小学校、イーニン市第六小学校をはじめとする小学校で試用し、合わせて小学生六〇万人、労働者、農民、牧畜民二〇万人余りが新文字を学習したという。また農民、牧畜民、幹部、教師、新聞社の職員などの座談会を百回以上行って、新文字方案に改修を加えたともいう。その後一九六四年三月一九日、新疆自治区は第三期人民代表大会第一回会議で新文字を採択し、同年一〇月二三日、国務院がこれを承認した。こうして一九六五年一月一日、自治区は新文字を公布、施行するに至る。

一九六五年の新文字方案の公布後、改めて三段階の推進計画がつくられた。第一段階（一九六一〜六六年）では、主に学校の中で新文字を推進し、職員に新文字を学習させ、農民、遊牧民の識字を新文字で行う。第二段階（一九六七〜六九年）では、機関、部隊、（工場、鉱山）企業の中で新文字を採用し、一九七〇年末までに新文字が主要な地位を占めるようにする。第三段階（一九七一〜七二年）では、全面的に旧文字を新文字に切り替える、というものである。こうして、新文字の推進はまず学校から始められ、次第に社会一般へと広げられていった。一九六〇年の三年計画に比べれば、時間的ゆとりを持たせたかに見えるこの三段階計画も、スムーズには進まず、一五年を経ても第二段階まで達成できなかった。にもかかわらず、一九七六年七月一五日、新疆自治区革命委員会は「ウイグル、カザフ旧文字の使用停止とウイグル、カザフ新文字の全面的使用に関する決定」を発し、「一九七六年八月一日から、ウイグル、カザフ旧文字の使用を停止し、全面的にウイグル、カザフ新文字を使用する」と定め、第三段階への移行を強行したのである。

このウイグル、カザフ族の伝統文字をとりやめ、新文字を使うという決定は、文革終了期に出されたが、その背後に文革期の思想的影響が色濃く反映されていたことは、当時の言説からうかがえる。少し長くなるが、一九七六年、『中央民族学院学報』に掲載された、同学院少数民族語文系民族語文研究室「我が国の少数民族言語文字の概況と党の民族語文政策」の中から、新ウイグル、カザフ文字に関する部分を取り出してみよう。

「ウイグル、カザフ族の旧文字の改革は、ウイグル、カザフ族の人民が長い間、切実に望んできたことであり、旧文字では我が国の社会主義革命や社会主義建設を飛躍的に発展させるという需要に適応できない。文字改革は文字が発展する上で必然的な法則である。しかし国内外の階級の敵は「旧文字は民族的なものであり、変えることはできない」などと言って、ウイグル、カザフ文字の改革に対し悪辣な攻撃をしかけ、これを破綻させようとし、文字改革を邪道に引き入れ、ローマ字化という正しい道から外れさせようと企てている。ソ連の修正社会帝国主義は漢語ピンイン字母を基につくったウイグル、カザフ文字を（漢語への）『同化』として非難しており、ウイグル、カザフ文字の改革の上で、激烈な階級闘争、路線闘争が存在することを証明している。各級中共委員会の指導の下、ウイグル、カザフ族の人民は党と毛沢東主席が私達のためにつくりあげた民族語文政策を確固として実施し、階級闘争、路線闘争を行って革命的な大批判を展開し、新文字の優秀性を大々的に宣伝した。特に幹部、住民の間で、新文字が自民族の発展を早め、民族団結を強め、祖国の統一を確固なものにする上で重要な作用を果していることに対する認識が高まり、新文字の推進事業は多大な成果を収め、今年八月一日から、すでに旧文字の使用を停止し、新文字をあらゆる分野で使うようになった。ウイグル、カザフ文字改革の経験は、階級闘争を勝ち抜くことを要とし、正しく党の民族語文政策を貫徹することによってはじめて、民族語文事業をよりよく実施できることを私達に教えてくれる」[43]。

こうした言説は、新疆の実状とは離れており、後に言われるように実際は「ウイグル、カザフ新文字方案は、文字自体に技術的な問題があっただけでなく、伝統や習慣の問題もあって、終始ウイグル族、カザフ族の一般の人々の間で広く受け入れられることはなかった」[44]のである。

（2）伝統ウイグル、カザフ文字の復権

では一九七六年の決定はどのように覆されたのか。

文革中、識字事業や余暇学習はほとんど行われず、新文字による出版物も少なく、学校は一九六六年～六九年まで授業をせず、授業を再開しても短期間のうちに正常な授業に戻ることはできず、教育レベルも著しく下がったという。国家機関や企業、人民公社の幹部、職員、農民の中には、新文字を習得していない者や十分に習得していない者が相当いて、新文字の識字者となった者でも、読み物がないため新文字を忘れていく始末だった。学校で新文字のみ学び、伝統文字ができない若者と、伝統文字はできるが新文字ができない中高年者との間で、あるいは親子の間で、書面でのやり取りができなくなるという事態も生じた。また一九七六年八月、伝統文字の使用を完全に取り止め

ると、新文字をまだ習得していない中高年者の学習や仕事に支障が出るとして問題となった。そのため一九七六年八月以来、伝統文字の復活を求める声が絶え間なく上がってきたという。

こうした状況を受けて、まず新疆自治区人民政府は一九七九年、一二一号文書を発して、ウイグル、カザフ新文字の普及事業を続ける一方で、ウイグル、カザフ伝統文字も使うという決定を出した。同文書は「ウイグル、カザフ新文字がいまだ普及していない状況の下で、一九七六年に伝統文字の使用を取り止めると通達したことは、いまだ新文字を習得していない幹部や住民が多い中で、これらの人々の学習や仕事に大きな支障をきたした」という認識を示し、「あらゆる方面で新文字を使うためには、さらに移行期間が必要であり、新文字を普及させるとともに、適切な範囲で伝統文字を使った新聞や書籍、公文書を発行し、まだ新文字を習得していない幹部や住民の学習や仕事の便宜を図る」との方針を示している。

その後伝統文字の復活を求める声は日増しに高まり、一九八二年九月一一日、自治区人民政府は自治区第五期人民代表大会の常務委員会に対し、「ウイグル、カザフ旧文字の全面的使用に関する報告」を提出する。同報告は以下のように述べている。「ウイグル、カザフ族の人々は長い間アラビア文字式の伝統文字を使い、この文字で豊かで多彩な歴史ある文化をつくりあげてきた。……旧文字には欠陥もあるが、これまでの歴史の中で長い間使われてきた伝統文字（であり）……人々の間に深く根づいている。……一一期三中全会以降、自治区の各界人士は……伝統文字の復活、使用を強く求めている。……一九七九年一一月、自治区人民代表大会の常務委員会第二回会議は、自治区で新文字の普及事業を続けていくとともに、旧文字を使うことを決めた。……新旧文字を同時に使うというやり方は、社会の各分野の需要に適応できないことは現状から明らかである。……旧文字が社会で使われる範囲はどんどん広がり、絶対的に優勢で、主導的な地位を占めたのであり、全面的に旧文字を復活し、使うことがすでに情勢となっており、そうすべきである」。

この報告に基づき、一九八二年九月一三日、自治区第五期人民代表大会の常務委員会第一七回会議は、新疆全域において新ウイグル、カザフ文を普及させる条件がまだ整っていないことを認め、同常務委員会の第二回会議で採択した「ウイグル、カザフ新文字の普及事業を続けるとともに、ウイグル、カザフ旧文字を使う件についての決定」を改めることを決めた。そして一〇月一三日、「ウイグル、カザフ旧文字の全面的使用に関する決議」を採択し、新人発（一九八二）四四号文書によって通達・執行した。この決議を受けて自治区教育庁は、一九八二年秋から新疆自治区全域のウイグル、カザフ族小学校一年生は、伝統文字で学習すること、小学校以外の各級各種のウイグル、カザフ族学校も、伝統文字の授業を設け、次第に伝統文字を使った授業へ移行していくことを決め、識字教育の文字も新文字から旧文字に戻されたのである。

新疆ウイグル自治区人民政府は一九八三年、前述した第一七回会議（一〇月一三日）の決議に基づいて、ウイグル文字表を公布した。この文字表は、一九五四年にウイグル族の言語事業担当者が改良したウイグル文字に修正を加えたものである。伝統ウイグル文字で公文書を印刷したり、新聞や書籍、定期刊行物を発行する部門は、一九八四年一月一日からこの文字表を基準にすることになる。なお旧文字を全面的に復活させることが決まった後、新文字は表音記号の一種として残され、必要な場合には使うことになり、新文字の研究も続けられ、完全なものに整えられたという(45)。こうしてウイグル、カザフ文字の教科書は一九八四年までに小学校用で八割、中学校用で四割が伝統文字のものに変わった(46)。

授業に使う文字が変えられたことで、ウイグル語やカザフ語の授業は大きな影響を受け(47)、新疆社会は現在もその後遺症を引きずっている。例えば、新文字が学校で使われた一九六五年～八一年の間に学校教育を受けたウイグル族に対して、十分に伝統ウイグル文字の普及事業が行われておらず、特に農村の住民の中には伝統文字の非識字者となった者もいる。イルハム・トフティの報告では、一九九三年の夏、キズルス・クルグズ自治州の州都アルトゥシュ市内の三つの村で行った調査で、一九六五年～八一年の間に学校教育を受けた人の三三％が伝統ウイグル文字ができなかったが、一九九〇年の第四回全国人口センサスはこの状況を考慮せず、識字者として計上しているという(48)。

（3）新文字をめぐる再評価

一九八二年以降、ウイグル、カザフ新文字をめぐる言説は、しばらく見られなかった。この後、新文字を少数民族政策の汚点とみて、全面的に否定する風潮があったことは、推察される。しかし一九九〇年前後から、幾つかの文章がこの問題に言及するようになっているし、その言説に徐々に変化がみられる。ここでは次の三つの言説を挙げておこう。

周有光《ジョウヨウグアン》は一九八九年、ウイグル、カザフ新文字問題について「新疆のウイグル、カザフのローマ字式新文字をめぐる経緯を現在人々は議論したがらず、一種のタブーのようである」と述べつつ、新文字に対する認識の再考を促している。「トルコのローマ字化運動は成功し、ウイグルのそれは失敗した。同じ様にチュルク語の一種であり、イスラーム教を文化的な背景とし、アラビア文字表記をローマ字表記に変えたのに、なぜ前者が成功し、後者が失敗したのか？　前者はトルコ革命の高揚の中で生じ、後者は『十年動乱』の中で生じた。この背景の相違が成否を分けた主要な原因ではなかろうか。当時『新しきを創りつつも旧きを廃しない』政策をとり、緩やかに進めていれば、結果は違っていたのではなかろうか(49)」と。

また、傅懋勣・孫竹「民族言語文字の使用と発展に関する問題」（一九九〇年）は、新文字は技術的には伝統文字に勝っていたが、民族的心理・習慣の強さの前に伝統文字に敗れたという視点を示している。「ウイグル、カザフ文の改革と新イ文の創作は、方案自身は科学的で、新しい科学技術の学習や国際交流という面からみても、明らかに旧文字に勝っていた。だが旧文字は人々の中に根づいており、民族心理や習慣の力は無視できないものだった。そのため当時は新文字をつくったものの普及せず、人々の間に根を下ろすことができず、読み物もなく生活の中で応用されず、科学的であろうとも旧文字に勝つことができなかったのである」[50]。

戴慶厦・賈捷華「民族文字の『創造、改革、選定』の経験と教訓についての若干の認識」（一九九三年）では、新文字を更に一歩評価する姿勢がとられている。「ウイグル、カザフ族の文字改革を正確に評価するのは容易ではない。新文字は、ウイグル、カザフ族自身がウイグル、カザフ文字の改革を求め、国家がそれを援助してつくったものである。新文字は優れた点もあり、欠点もあった。その欠点は、正常な状況の下ならば修正、克服可能なものだったが、文革の中で修正されることも、全面的に普及が図られることもなかった。四人組が追放された後、新文字は極左路線と大漢民族主義の産物として否定された。……近年、新文字の復活を主張する者もいる」[51]。

これらの主張は、文字の技術的な側面に立った研究者の見解としては、うなずける点も多い。しかし新文字が科学的だという点については、ウイグル語やカザフ語のできない、あるいはできたとしても日常的には使わないことの多い研究者にとってはそうであっても、実際に身になって使うウイグル人やカザフ人にとっては、かなり問題があったという指摘もある。現在も文字改革を求める人はいるが、それは漢語ピンインに基づく方式の新文字ではないという[52]。

筆者は一九九二年、ウルムチの中央郵便局の前で、ウイグル文字による手紙の代筆をする人々が、何人も忙しそうに手紙を書いている光景を見た。伝統文字が人々の生活に息づいているこうした姿が現実であり、一般の人々の無言の選択と映った。

5　高まる国民教育の比重

新疆のトルコ系ムスリムが興した近代学校教育は、東（中国中央）ではなく、西（トルコやロシア領ムスリム地域）とのつながりの中で始まり、その後盛世才統治期、東トルキスタン共和国期、新疆省連合政府期、イリ政権期へと政局が移り変わる中で、新疆省当局と合流、分離を繰り返しながら二〇世紀半ばに至った。そういう観点でみれば、中華人民共和国の半世紀は、一貫して合流状態が続いているといえよう。しかも一九三〇年代以降の新疆省当局との歩み寄りの中では、非漢民族の教育の大部分は文化促進会という非政府組織が担っていたのに対し、中華人民共和国ではすべて当局が統轄し、完全に国民教育のシステムに組み込まれている。その意味で同国は、中華民国が成し得なかった新疆のトルコ系ムスリムに対する国民統合を、教育の場でかなりの程度達成したといえる。

しかし新疆内部で二〇世紀後半も「東トルキスタン」の名を掲げたウイグル族の「暴動」が度々発生し、在外ウイグル人団体による民族自決を求める様々な運動が展開されている状況をみても、漢族をマジョリティとする中国社会とトルコ系ムスリムの社会がうまくかみ合っているとはいえない(53)。

中共政権は公立の民族学校の設立数や民族文字による書籍の発行量などにおいて、国民党統治時代を遥かに凌駕しているが(54)、現地のトルコ系ムスリムにとっては、コーラン学校に対する取り締まりなどをめぐって、逆に国民政府との間にはなかった軋轢も生じている。現在はウイグル語やカザフ語などの少数民族語が広範に学校の教授用言語となっているが、いっぽうで今ほど漢語教育が新疆トルコ系住民の隅々にまで浸透させられた時代もなかったといえよう。

ウイグル族の中で漢語ができる人材を育てることは、ウイグル族自身にとってもメリットのあることだと思う。だがウイグル族全員が義務教育の必修科目として漢語を学ぶことは、ウイグル族の教育の発展を第一に考えるならば、得策ではなく、逆に足かせとなろう。ウイグル語と漢語はあまりに違いすぎ、その学習のために非常に多くの時間と労力を割かねばならないからである。中華人民共和国は大規模な移民によって、新疆に漢語の言語環境を作り上げてきた。そのためウルムチなど都市を中心に、漢語ができなければ日常生活に支障をきたす言語環境がつくられたのは確かである(ウルムチ市では一九九〇年現在、総人口の七四・四%が漢族、ウイグル族は一二・五%)。その現状を肯定するとしても、漢族人口はいまだウルムチなど特定地域に集中し、農村では日常生活で漢語を使う必要性はない。少数民族が漢語を習得しなければならない理由として、常に「先進民族の先進的な知識や科学技術を学ぶため」に第二言語の習得が必要であるという理由が挙げられるが、それならば、ウイグル族にとっては言語的に近いトルコ語の方が効率的であろう。ウイグル族の子ども達全員に漢語の学習を必修科目として義務づけるのは、ウイグル族自身の発展を望んでのことではなく、漢族をマジョリティとする国家の都合と見ざるをえまい。

筆者は一九九二年の夏に新疆大学で新疆の少数民族二言語教育の研究者、実務者、教員らと座談会を持った。参加者の真摯で誠実な応対が心に深く残る一方で、一〇数人の参加者の中にトルコ系民族が一人もいなかったことが不自然に思えた。たとえ二言語教育=漢語教育であっても、朝鮮族やモンゴル族、南方少数民族の場合なら、その問題に携わる少数民族自身が何人か出てくる。新疆の二言語教育=少数民族の漢語教育は、漢族がトルコ系民族に施すものだという役割分担が鮮明にみえた。

中国で新疆の少数民族(トルコ系諸民族)教育について挙げられる課題は、国民教育の浸透にあまりに偏っており、民族語の維持や回復という要素がある程度含まれている朝鮮族やモンゴル族の民族教育とは随分異なる。それでもそれは朝鮮族やモンゴル族も包含されている、中国少数民族教育の一部を構成しているのである。

三　イリ・カザフ自治州のシボ族教育
――満洲語の継承者

1　イリ・カザフ自治州と民族教育

イリ（伊犁）カザフ自治州は、新疆ウイグル自治区の中でもとりわけユニークな地域だ。この地域には新疆自治区内のカザフ族の七九％、ダウル族の九二％、シボ族の八七％、タタール族の六一％、ロシア族の五二％が住んでおり、イリは新疆の一二の主な少数民族のうち、五つの民族にとっての主な居住地になっている。次に州内民族別人口比をみると、漢族が四四％、カザフ族が二六％、ウイグル族が一七％、回族が八％となっており、カザフ族がウイグル族より多く、人口比が一、二の民族に集中せず比較的に均衡している（表6―2）。そのため、例えば同自治州内にあるチャプチャル・シボ自治県のチャプチャル鎮（人民政府所在地）には、現在小学校と中学校がそれぞれ四校ずつあるが、第一小学校と第一中学はシボ族の学校、第二小学校と第二中学はカザフ族の学校、第三小学校と第三中学は漢族、第四小学校と第四中学はウイグル族の学校となっている。(1)

イリが中華人民共和国に編入された直後の一九五二年、イーニン市にカザフ、ウイグル、ウズベク、ロシア、タタール、モンゴルの七民族の民族初級中学が各一校ずつ建てられた(2)という点にも、この地域特有の民族のバランスがうかがわれる。

こうした民族構成比から、イリはバイリンガル、トリあるいはテトラリンガルが多い地域として注目され、シボ族はウイグル、カザフ、漢、モンゴル、ロシア語などに通じる「翻訳民族」と称えられている。その一方、この地域の民族教育に関する情報は、ベールに隠されている部分が多く、特にロシア族の民族教育の状況に関する報告は皆無に等しい。

一九九三年現在では、表6―12に示したような形で、各民族の学校が運営されている。イリ自治州は新疆ウイグル自治区の

表6―12　イリ・カザフ自治州：教授用言語別小中学校数（1993年）

授業用言語	小中学校数（校）	児童・生徒数（人）
カザフ語	727 （42.6%）	198,576 （33.3%）
漢語	726 （42.5%）	280,815 （46.7%）
ウイグル語	190 （11.1%）	106,482 （17.7%）
モンゴル語	43 （ 2.5%）	8,663 （ 1.4%）
シボ語	13 （ 0.8%）	5,577 （ 0.9%）
クルグズ語	8 （ 0.5%）	1,648 （ 0.3%）
ロシア語	1 （ 0.1%）	103 （ 0.0%）
合計	1,708	601,864

出所：葛豊交「伊犁哈薩克自治州40年教育発展概述」『民族教育研究』1994年第4期、72頁の文中のデータをもとに筆者作成。

イリ師範学院

下にあるカザフ族自治州であるから、特に理由がない限り、自治区が定めた方針に従って教育事業を推進する。漢語教育についても同様で、一九八〇年代前半、自治区で漢語教育強化の方針が実施されると、イリ自治州は一九八四年に「民族小中学校における漢語の授業をよく行うことについての具体的意見」を発し、各地の民族小中学校における漢語教育の強化を図った。現在、自治州内の民族学校では、一般に小学校三年生から（一部の学校では小学校一年生から）高級中学まで漢語の授業が行われている。また漢語教師を養成するため、イリ師範学院、自治州教育学院と教師研修学校に漢語クラスが設けられた[3]。したがって、この点について再度述べる必要はなかろう。ここではイリ自治州のシボ族の教育とロシア族の教育を若干紹介することにしたい。

2　チャプチャル・シボ自治県などのシボ族教育

表6―2が示すように、新疆のシボ族は一九九〇年現在、約三万三〇〇〇人（全国シボ族人口の一九％）で、その八七％を占める約二万八九〇〇人がイリ自治州に、そのうちの約一万九四〇〇人（六七％）がチャプチャル・シボ自治県に住んでいる。シボ族の人口はイリ自治州の〇・九％、チャプチャル自治県でも一三％を占めるにすぎない（漢族が三七％、ウイグル族が二六％、カザフ族が一九％）。しかしその人口比の低さにもかかわらず、イリのシボ族教育は、後述するように、新疆少数民族

教育の中で無視できない一定の地位を占めている。

シボ族の祖先は古来、大興安嶺、嫩江、松江流域（東北地方）で狩猟生活を営んでいたが、一六世紀の末ごろから満洲人に征服され始め、八旗に編入された。清朝以前はモンゴル文字を使っていたが、清朝の初年から満洲文字を使い始めたといわれる(4)。清朝はシボ人の勢力を削ぐとともに、それを首都や辺境の防衛に向けるため、まず一六九二年にシボ人をチチハル・ベドゥネ（現在の吉林省扶余県）と吉林の駐防兵とし、続いてチチハル・ベドゥネのシボを盛京（現在の遼寧省瀋陽市）とその周辺に、吉林のシボを北京に移駐させ（一六九九年）、さらにジューンガル征服後の一七六四年（乾隆二九年）、新疆の支配と防衛のために盛京とその周辺のシボ人兵士一〇〇〇人とその家族（合計三二七五人）を、イリに移住させた。現在、イリに暮らすシボ族はその子孫である(5)。満洲人が漢人地域を長期的に支配する中で満洲語を喪失していったように、東北のシボ人も漢語・漢文を使うようになったが、イリに移住したシボ人は集まって住んでいたので今もシボ語を維持し、満洲文字を若干改修したシボ文字を使っている(6)。

シボ語・シボ文字とは、満洲語・満洲文字を継承したものである。一九四七年、イリ政権の下で成立した「シボ、ソロン文化（促進）協会」が、満洲文字の中で発音が同じ一三の音節字母を廃止し、新しい字母を三つ加え、合計一二一の音節字母とし、正字法も若干簡素化することを決めた。したがって政治性を無視すれば、満洲文字だといえる。だが中国では、満洲語はすでに消滅した言語、満洲文字は再び使われることのない文字とみて、シボ族が使う言語と文字をシボ語、シボ文字とよぶ認識が広まっている(7)。

シボ族の教育は、新疆少数民族の多数を占めるトルコ系民族の教育とは一まとめにできない、ユニークな性質を持つ。第一に、シボ族の二言語教育の重点はトルコ系民族の場合とは異なり、民族語教育に置かれている。言い換えれば、それは日増しに強まる漢語の影響の中で、教育をしっかり行わねばシボ族の言語（特に書き言葉）が失われていく恐れがあるという現実に向き合いながら行われている。その意味で、朝鮮族やモンゴル族のように、民族語の維持・継承のための二言語教育をしている民族とみなすことができる。

第二に、シボ族は清朝のイリ統治のため、清代中期に東北地方から新疆に移駐させられた、いわば体制側の集団であり、近代教育の始まり方もトルコ系諸民族とは違う。後者は西（トルコ）とのつながりの中で興ったのに対し、前者は東（清朝）との親密なつながりの中で興った。現在新疆のシボ族は新疆の他の民族に比べ、飛びぬけて高学歴者の割合が高い（表6―13）が、それは、清朝の統治者に近い位置にあり新満洲とも呼ばれたシボ人の間で、早くから近代的な学校教育がスムーズに始められたという歴史的経緯や、その後も中国中央の学校システムを比較的抵抗なく取り入れることができたことに由来するもの

表6－13　新疆ウイグル自治区：平均1万人中の児童・生徒・学生数（1985年、単位：人）

	ウイグル族	カザフ族	回族	クルグズ族	モンゴル族	シボ族	タジク族	漢族
小学校	1411.0	1674.0	1401.0	1436.0	1626.0	1644.0	1408.0	1500.0
初級中学	269.0	439.6	358.9	250.0	610.0	774.2	180.6	910.5
高級中学	76.0	148.2	61.9	74.9	234.4	355.4	64.3	284.0
中等専業学校	22.9	31.6	10.7	20.5	60.1	82.9	15.2	28.7
大学	17.4	20.6	4.3	11.9	22.2	82.5	6.7	23.1

出所：郭躍邦「新疆民族教育的回顧与展望」（中国教育学会少数民族教育研究会編『民族教育論文集　第三集』新疆教育出版社、1987年）12頁をもとに筆者作成。

とも思われる。シボ族の言語教育および教授用言語の変遷をたどりながら、その民族教育像をとらえることにしよう。

（1）清朝末期

サンクト・ペテルブルグ条約（一八八一年）に基づくロシアから清朝へのイリ返還をうけて、清朝は一八八二年（光緒八年）三月に将軍、金順《ジンシュン》をイリに進駐させ、イリ各営の官吏と兵はロシア占領期間中の未払い賃金を支給されることになった。この時、シボ営総官のセブシヒエン（色布喜賢）はこれを資金にシボ営の各ニル[8]ごとに官立の義学を建て、さらにイリ将軍に願い出て、国庫から毎月シボ族の教育経費が出されるようになる。こうして一八八〇年代初頭、シボ営の八つのニルで次々に義学が開かれた。この頃の義学では第一学年で満洲文字と簡単な文法を、第二、第三学年で満洲文の詩経や八旗戒訓などを満洲語で教えていた[9]。

この清朝末期になって初めて、イリのシボ人は漢語教育を取り入れている。それを主導したのもセブシヒエンで、彼はソロン営の領隊大臣に就任後の一八八〇年代末、恵遠城営倉の漢人の役人を教師とし、シボ、ソロン二営の義学から計五〇～六〇人生徒を選んで漢語を学ばせ、その後彼らを教師として一八九〇年から各ニルの義学で漢文を教えさせた。教科書には満洲文と漢文を対照させてつくった「四書五経」などを使ったという。一九〇一年、セブシヒエンがシボ営の領隊大臣に任命されて恵遠城に進駐すると、自分の衛門で学校を建て、シボ人の子どもを集めて満洲文と漢文を学ばせ、シボ営の第四、第六ニルでも一〇〇人の生徒を集めて漢文を学ばせている。イリのシボ人がこの時期に漢文教育を取り入れたのは、一八八四年の新疆省設置に伴って、内地から漢人の官僚や移民が多数移住してきて、官吏の間で漢語・漢文を使う需要が生じたためだと思われる。

シボ人は体制側の集団であったため、清朝政府との関係は、新疆のトルコ系ムスリムとは正反対に良好かつ密接であり、清朝末期におけるイリのシボ人教育は、清朝当局の支援を受けながらスムーズに行われたといえよう。一九〇三年、セブシヒエンらはイリ将軍の承認を得てシボ、ソロン、新旧満洲営の中から一一人を選び、アルマ・アタ（現アルマトゥ——一九九七年一二月までカザフスタンの首都）に公費留学させたりもしている。

（2）辛亥革命〜第二次東トルキスタン革命前

辛亥革命後の一九一三年、シボ族のロシア留学経験者を中心とする知識人達がイーニン市で「尚学会」をつくった（会員約七〇人でシボ営の第一、第二ニルに分会を置いた）。尚学会のメンバーは古い教育制度の改革を目指し、進んで弁髪を切り、一九一四年にはセブシヒエンにちなんで命名した「色公学校」を開く。同校はそれまでの学堂教育を刷新し、黒板や教壇、椅子や机を揃え、初めて女子の入学を認めるなどした。開校当初は満洲文と漢文およびロシア文を、一年後からは内地の新しい教科書を取り入れて満洲語と漢語、数学、自然、体育、音楽などを教えた（授業は毎日六時間）という。尚学会と色公学校の影響を受けて、第四ニルでも「興学会」をつくり、ソロン営領隊大臣のシジルフン（錫済爾琿）にちなんで命名した錫公学校を建て、中央から新しい教科書を買い、満洲文と漢文でつくられた教科書を使って「満洲文字と文法」他各種教科の授業を行った。また一九一七年（民国六年）には、シボ営の領隊大臣と総官、各ニルの首領が協議して第六ニルに高等学堂を建てている。

盛世才統治期になると、初期の親ソ・民族平等路線の中で、各ニルの義学や色公、錫公両学校は公立学校となり、一九三七年、迪化（ウルムチ）にいたシボ人政治家トンボー（通宝）、伊敏政らが中心になって「新疆省シボ、ソロン、満洲文化促進会」をつくった。同会は迪化に本部を置き、イーニン市とシボ営（現チャプチャル県）[10]にその分会をつくり、また同会の要望に基づいて、一九四〇年からイリ市五族中学（一九三七年に設立）がシボ人クラスを二つ設けてシボ人学生を募集するようになった。

『チャプチャル・シボ自治県概況』（一九八六年）は、第二次東トルキスタン革命勃発までの国民党統治時代、シボ人が満洲文字を使うことや、学校で満洲語・文字を学ぶことを禁じられていたと記すが、明確な根拠はない。傅剛（一九九〇年）、葛豊交（一九九五年）、バンジス（一九九六年）はいずれも、この間シボ人の学校では一般に満洲語と漢語の二言語を使った教育が行われていたと記し、何堅韌（一九九四年）は一九三〇年代はシボ人教育が最も急速に発展し、空前の規模を誇ったと正反対の記述をしている[11]。また楠木賢道「新疆のシボ族」は、第二次東トルキスタン革命の前やその期間に教育を受けたシボ族の中にはシボ語の読み書きができる者が多いと述べている[12]。

（3）イリ政権時代

第二次東トルキスタン革命（一九四四年〜四九年）の間、シボ人の学校では満洲語（シボ語）で授業をし、漢語は一教科としても存在しなかったという点では、各資料の記述はほぼ一致している[13]。一九四四年に第二次東トルキスタン革命が起こると、シボ人は一五〇人からなるシボ独立騎兵連を結成し民族軍に加わった。戦闘のため八つのニルなどシボ族が住む地域の学校は一時期休学したが、一九四五年二月半ば頃までには授業を再開し、その後イリ政府の下でシボ人の小学校は八校から一一校に増え、在校生は二〇〇〇人に達した。東トルキスタン共和国政府は、当初シボ族に対してウイグル語による初等教育を強制したが、シボ族が民族軍に参加するなどして政権内でのシボ族の地位が確立されると、シボ語による教育が許可されるようになり、その後シボ族は同政府の民族主義の影響を受けながら民族としての自覚を高め、シボ語を使った文化、教育活動を盛んに行ったという[14]。一九四六年には、イリ政府の支持を受けてトンボーを会長、関栄来を副会長とする三区の「シボ、ソロン文化（促進）協会」がイーニン市で成立している。シボ、ソロン文化協会は教師訓練クラスをつくってシボ人地域の小学校の教師を養成したり、前述したように一九四七年、満洲文字を一部改良したりした。また同協会の提議でイリ政府の最高学府であるアフメドジャン専科学校にシボ・クラスが設けられ、一九四八年、シボ、ソロン文化協会の名義でイーニン市にシボ中学が建てられた。この学校にはシボ語の文法や文学、理数系の教科があり、漢文の教科書をシボ語に訳して教え、ロシア人の教員がロシア語を教えたという。また一九四六年七月、有史以来初めてのシボ語の新聞『自由之声（スルファン・ジルガン）』がイリ政府の機関紙として発刊されたことは特記すべきだろう[15]。

以上見てきたように、新疆の少数民族の中で、イリのシボ族は学校を興したのが比較的早く、ロシアへ留学生を送ったのも比較的早く（二〇世紀前半に七〇人余りのシボ族がアルマ・アタやタシュケント――現ウズベキスタンの首都――に留学している）、女性が学校教育を受け始めた時期も早かった。中華人民共和国になる前の段階で、初等教育の普及率や識字率、女子生徒の比率が他の民族より高く、小学校から中等教育の教育体系を整えるに至っていたのはそのためだろう[16]。ただし清朝末期から二〇世紀半ばまで、一貫して満洲語・満洲文字で学校教育を比較的順調に続けられたこと、その安定性も無視できない要因だと思われる。

二〇世紀後半はイリに多くの漢族が移住し、イリ社会の民族構成が変容した。その中でシボ族は漢語の影響を受けるようになり、第二言語がカザフ語から漢語に代わっていく。以下、中華人民共和国成立後の状況に目を移してみよう。

（4）中華人民共和国成立～一九五〇年代末

一九四九年末にイリが中華人民共和国に編入されると、シボ族の学校では漢語教育が復活させられた。ただし一九五〇年代末までは、シボ族の小学校ではシボ語で教育し、漢語の授業は全国統一の漢語教科書をシボ語に訳して本文の内容を理解させる形で教え、一九六〇年代初めまでは、小中学校を通じてシボ語を主、漢語を従とする教育をしたといわれる。一九五六年、新疆教育出版社がシボ文編集チームをつくり、一九六二年までにシボ文の各種教科書を二一種類出した。[17]教科書以外のシボ文刊行物も、新政権の下で改めて発行された。中華人民共和国の成立とともに『自由之声』は『新生活報』に改称し、その後『イリ日報』シボ文版となり、一九五四年三月にチャプチャル自治県が成立すると、同県の中共委員会の機関紙『チャプチャル報（チャプチャル・セルキン）』となった。[18]また新疆人民出版社は一九五三年にシボ文編集室を設け、一九六六年までにシボ文の書籍を約二〇〇冊出版している。[19]この時期のシボ族の教育と言語をめぐる環境は、反右派闘争以降の劇的な変化に比べれば、イリ政府時期とそれほど大きな差はなかったと評することもできよう。

（5）反右派闘争～文化大革命

シボ文教育は反右派闘争、大躍進の中で頓挫させられる。一九五八年から「教育改革」と称し、小学校と初級中学での漢語教育が強化され、高級中学では完全に漢語で授業を行うという「実験」が実施されるようになった。翌一九五九年にはシボ族初級中学（前身はイーニン市シボ中学、一九四九年にチャプチャル県に移転して改称）がチャプチャル県のカザフ族中学と合併され、チャプチャル第一中学に改称している（一九六四年、カザフ族中学は分離）。[20]一九六〇年代初頭になると、左傾路線が台頭する中で、十分な協議も経ずに小中学校のシボ文の授業を廃止し、漢語・漢文のみで教育を行うという決定が下された。シボ文の新聞『チャプチャル報』は一九六〇年に停刊となり、シボ文教科書の出版は停止、自治区人民出版社シボ文編集室も一九六六年の文革勃発で廃止された。こうして一九世紀末にシボ族学校教育が始まって以来初めて、民族語が排除されたのである。文革の間は民族学校や民族ごとに分かれていたクラスが強制的に合併され、シボ、漢、ウイグル、カザフ族の児童・生徒が一緒に授業を受けさせられ、その結果教育のレベルは大幅に下がったという。シボ族学校におけるシボ文教育が復活するのは、一九七七年四月、新疆ウイグル自治区人民政府が、民族学校では民族語の授業を再開するよう指示した後のことである。翌一九七八年のチャプチャル自治県の第一回シボ語文教育研究討論会で、シボ語教育大綱とシボ族小学校教科課程が定められ、翌一九七九年に小学校二、三年生からシボ文の授業が復活した。[21]一九八一年秋からは、全日制シボ族学校の民族文字教科書が出版され始めた。[22]ウイグル、カザフ族の学校では文革中も民族語の授業が続けられたことを思えば、シボ語の授業が早くも一九六〇年代初めに廃止された点は注目される。シボ族が新疆の他の少数民族より早く漢語教育を始めていたこと、人口が少ないことなどが原因だと思われる。

文革が終ると、シボ文教育とともにシボ語事業機関も復活する。シボ文新聞『チャプチャル報』は一九七六年に復刊(発行量は一五〇〇～二〇〇〇部)し、一九八〇年、自治区教育出版社がシボ文編集室を復活させ、語文、算数、歴史、地理、自然などシボ文の教科書の出版を再開し、同年、自治区人民出版社もシボ文編集組を復活させた。文革以降チャプチャル自治県は『シボ語通信』『シボ族文芸』の二種類のシボ文定期刊行物を発行するようになり、自治区人民出版社シボ文編集室が『シボ文化』を出している[23]。

(6) 一九八〇年代以降

一九九五年現在、イリ自治州内にシボ族の小学校が一一校、中学が六校あり(小学生約四二〇〇人、中学生約二九〇〇人)、そのうち小学校八校、中学五校がチャプチャル自治県に集中している(一九八九年現在、小学生三七九〇人、中学生二八六五人、その他は霍城県、鞏留県、タルバダガイ市にある)[24]。これらの学校の言語教育、教授用言語の現状をみてみよう。

現在シボ族の小学校では、言語科目としてシボ語と漢語を教え、その他の教科は低学年ではシボ語で教えるが、一般に三年生以降は漢語を随所で使うようになっている。イリ自治州にはシボ族学校共通の教科課程はないが、チャプチャル自治県では、教育局が一九八四年にシボ族小学校教科課程(第二次修訂)を定めた。それによると修学年数は六年、各学年とも週四時間から六時間の範囲でシボ語の授業を、シボ文で書かれた教科書を使ってシボ語で行うようになっている(漢語文は全国共通の教科書を使い、全国統一の教科課程に基づいて、シボ語で補助しつつ漢語で行う)。しかし実際は、同県にあるシボ族小学校八校のうち、一年生からシボ語の授業を始めているのは四校のみで、一校は二年生から、三校は三年生から始めるなど徹底されていない(いずれの場合も漢語は一年生から学習し始める)という。

教授方法が不統一なのは、各地域の言語環境による所もある。例えばアイシン・シェリ鎮のウジュ小学校は、一年生から六年生までシボ語の授業をしている(一、二年生では毎日一回で週六回、三年生から六年生の間は二日置きで週三回)が、同鎮は自治県の中でシボ族が最も多い地域で(自治県シボ族人口の三四%が住む)、シボ族がマジョリティで(全鎮人口の五〇%がシボ族、二四%が漢族、二三%がカザフ族)、シボ語がよく使われる地域である。いっぽうチャプチャル鎮シボ族小学校は、教員不足のためシボ語の授業は三年生から六年生までに限られているという(毎日一回で週六回)が、同鎮は自治県人民政府所在地でシボ族の人口比もそれほど高くなく(全鎮人口の三二%が漢族、二八%がシボ族、二五%がウイグル族、一四%がカザフ族)、漢語がよく使われる地域である[25]。

バンジス(一九九六年)は、イリ自治州におけるシボ族小学

シボ語教科書：楠木賢道氏（筑波大学）提供

校の言語教育の実情を（一）小学校一年生からシボ語の授業を始め、二年生から漢語の授業を始め、シボ、漢文の教科書を使い、シボ語で教える、（二）小学校一年生からシボ語、漢語両方の授業を始める、（三）小学校一年生から漢語の授業を始め、三年生からシボ語の授業を始める、の三種類に分けている。前述したように、シボ語の授業はチャプチャル県では小学校に限られているが、霍城県のイチェ・ガシャン・シボ郷（全郷人口中、シボ族が一五％、漢族が六五％）のシボ族学校では、漢族の児童・生徒が多いので小学校から授業は漢語で行う代わりに、シボ語の授業を初級中学まで行っている。またタルバガタイ地区のシボ族は、子ども達にシボ語を継承させるためシボ文授業の開設を求め、一九八六年の後期から小学校一、二年生でシボ文を教えるようになった[26]。ただし中学に至ると、イチェ・ガシャン・シボ郷を除いて、シボ族の学校ではすべて漢語の教科書を使って漢語で授業をしている（必要に応じてシボ語も使う）。

（7）シボ文教育が直面する問題

新疆のシボ族は少ない人口の中で、イリに移住した一八世紀半ば以降、満洲語（シボ語）を維持し、シボ語・シボ文字で教育を行い、シボ文字で新聞や雑誌を発行してきた。中華人民共和国成立以降、それまでの民族構成比が大きく変わったり、二〇年近く民族語教育を廃止されたりし、若年層ではシボ文の読み書きができない者や漢語交じりで話す者が増えたとはいえ、他の地域ではもう公的に使われなくなった満洲語を継承し、唯一社会的に活用している（今もほとんどの者がシボ語で交流している）ことは刮目すべきことである。しかし、現状は楽観できるものではなく、シボ文教育は様々な問題にも直面している。

例えばシボ族学校では、教科書の使い方が混乱しているといわれる。[27] シボ文で書かれた教科書を使うか漢文で書かれた教科書を使うか、シボ語で教えるか漢語で教えるか、学校あるいは教師によってバラバラで、小学校低学年から高学年にかけてシボ文で書かれた教科書から漢文で書かれた教科書へ、シボ語による教授から漢語による教授へのシフトが計画的に行われていないのであろう。近年のシボ族教師の中には、文革勃発以降に教職に就いた者（反右派闘争以降二〇年近い漢語のモノリンガル教育期間に就学した者）が多く、こうした教師はシボ語は分かるがシボ文の読み書きができず、漢語のモノリンガル教育に慣れて漢語だけで授業をする者がおり、児童は授業がよく理解できないという状況も出始めているという。[28] こうした状況が、現在のシボ族学校の二言語教育は、実際上漢語を主としシボ語も学ぶという形になっているという評価[29]を導くのだと思われる。シボ文教育を安定させ、より実りあるものにするには、授業方式を規定し、それを遵守することが必要だろう。

またイリのシボ族は今でもほとんどがシボ語を第一言語とするが、学校ではそれが必ずしも第一言語になっていないことがシボ族教育の効率に影を落としている。チャプチャル自治県のシボ族小学校八校のうち、チャプチャル鎮シボ族小学校は漢語を使う環境にあり、児童の多くが漢語を聞き取れるが、残る七校は農村にあり、児童は漢語を聞き取ることもできない。それなのに漢語重視の体制がしかれ、シボ族の子どもは小学校でシボ文を十分に学ばず、シボ語は言語教育のレベルとしてみれば小学校二、三年生程度だという。中学ではシボ文の授業はなく、中学卒業後は自治県師範研修学校のシボ文クラス、イリ師範学院民族学部が付設した満洲文クラスがシボ文で試験を行う他は、全て漢語文で試験を受けるので、シボ語は試験の役には立たず、シボ語の授業で学習したことはどんどん忘れてしまう。いっぽう初級中学、高級中学を卒業した後シボ語の言語環境に戻ると、漢語はすぐに忘れてしまい、非識字者になる。そのためシボ族の中では、反右派闘争以前に教育を受けた高齢者ほど識字率が高いという。[30]

（8）第二言語のカザフ語から漢語へのシフト

以上の検証をもとに、一九世紀末以来のシボ族の教育を言語教育、教授用言語の点から時代別に整理すると、満洲語によるモノリンガル教育（一八八〇年代）、満洲語による教育＋漢語（一八九〇年代〜一九〇〇年代）、満洲語と漢語による教育＋ロシア語（一九一〇年代〜一九四四年）、満洲語（シボ語）による教育＋ロシア語（一九四四年〜一九四九年）、シボ語と漢語による教育（一九四九～一九六〇年代初頭）、漢語による教育（一九六〇年代初頭～一九七〇年代末）、シボ語と漢語による教育＋外国語（文革以降）の時代に分けることができるだろう。

ただしこの検証は、最近のシボ・漢二言語教育に焦点を当てた中国人研究者の論述を基に構成したものだという点に留意する必要がある。近年の中国におけるシボ族教育研究は、現在のシボ・漢二言語教育の現状に合わせる形で過去を見ており、中華人民共和国成立以前のシボ族の漢語教育を誇張しているようにも思われる。特にこうした論述には、一九六〇年代までシボ族にとって日常生活の上での第二言語は漢語ではなく、カザフ語であった事実が抜け落ちているのだ。

表6―14が示すように、中華人民共和国成立初期まで当地には漢族はほとんど住んでいない。シボ人学校でカザフ語やウイグル語を教えたり使ったりしていなかったとしても（シボ族教育に関する論述にそうした記述は全くない）、日常生活を円滑に営むためにシボ人が母語以外に身につけるべき言葉は、カザフ語やウイグル語だったはずだ。実際、中華人民共和国が成立して間もない頃までは、チャプチャルのシボ族のうちかなりの者がカザフ語を第二言語（ウイグル語を第三言語）としていた。その頃までに成人に達した世代（一九三〇年頃より前の生まれ）は、ほぼカザフ語ができる一方、漢語はほとんどできないという[31]。漢語の教育は（主に漢文で書かれた教科書を使う必要から）漢文の読み書きだったと思われ、会話能力に至ってはどれほどの者が実用レベルに達していたか疑わしい。

表6―14　チャプチャル・シボ自治県の民族別人口の推移

	1953年	1964年	1982年	1990年
	人口　(%)	人口　(%)	人口　(%)	人口　(%)
総人口	35,351	62,836	134,546	148,151
シボ族	9,684 (27.4%)	11,847 (18.9%)	17,362 (12.9%)	19,356 (13.1%)
ウイグル族	12,052 (34.1%)	16,310 (26.0%)	31,797 (23.6%)	37,750 (25.5%)
カザフ族	12,193 (34.5%)	13,713 (21.8%)	24,040 (17.9%)	28,627 (19.3%)
漢族	347 (1.0%)	18,418 (29.3%)	55,670 (41.4%)	55,058 (37.2%)

出所：中国科学院民族研究所・国家民族事務委員会文化宣伝司主編『中国少数民族語言使用情況』中国藏学出版社、1994年、72頁、『新疆統計年鑑1991』中国統計出版社、1991年、84～90頁をもとに作成。

シボ族の言語環境の中で漢語が一定の位置を占めるようになるのは、中華人民共和国成立以降、特に一九六二年のイリ事件で多数のカザフ族、ウイグル族がソ連領に脱出し（イリ全域で約六万人）、その後漢族が続々と転入した頃からであろう。その一九六〇年代からシボ族の第二言語がカザフ語から漢語に代わったといわれ、一九五〇年代以降に就学した世代は、ほぼ漢語ができる一方、カザフ語ができる者はわずかしかいない[32]。

イリに移住させられたシボ人は、チャプチャルで良好な農地を得るなども清朝から旗人として優遇されたこともあり、辛亥革命後も、と旗人という誇りを持って、独自の文化を保ってきたという。[33]一九三八年まで清朝の行政組織であるシボ営を維持し、現在もニルに基づいた行政区分を保っている。イリのシボ族が民族語をこれまで維持してきた背景には、イリが複数の民族が人口構その誇りが働いているようにも感じられる。だがそれ以上に、イリが複数の民族が人口構成の上で均衡を保っている地域だったことがその大きな要因だと思われる。中華人民共和国成立時にはカザフ、ウイグル、シボ族が似たような比率で暮らしていた。このバランスが保たれていれば、シボ族にとっての第二言語がカザフ語から漢語に変ろうとも、母語であるシボ語の喪失は起こるまい。しかし表6―14を見ると、そのバランスが一九五三年から一九八二年の間に明らかに崩れている（漢族が四割、ウイグル、カザフ族が二割前後、シボ族が一割強）。今後「族際語」漢語の影響がますます大きくなる中、シボ語の維持は教育と今後の言語政策如何にかかっているといえよう。

3　ロシア族と学校教育

一九九〇年現在、中国のロシア族は人口一万三五〇四人で、その六〇％（八〇八二人）が新疆ウイグル自治区に、三一％（四二〇五人）が内モンゴル自治区フルンボイル盟に住んでいる。新疆の中ではイリ・カザフ自治州（五二％）やウルムチ市（二七％）に人口が集中している。ここでは数少ない断片的な資料をつなぎ合わせて、ロシア人が中国のロシア族となる経緯を踏まえつつ、その学校教育の状況を垣間見ることにする。

（1）帰化族からロシア族へ

新疆のロシア族の多くは、一八五一年のイリ・タルバガタイ通商条約や一八七一年のロシアによるイリ占領を契機として新疆に住みついたロシア人や、一九一七年のロシア革命後にソ連領から新疆に逃れてきた人々の子孫である。一九〇九年、新疆省全域にロシア人が二万人おり、一九一八年～三〇年の間に新疆に移住したロシア人は九万人にのぼるという。[34] ただし一九世紀後半から一九一七年のロシア革命まで、新疆北部の中ソ国境付近では住民が国境を越えて自由に往来する状態が続いていた[35]ので、そうした流動的な状態の中で、当局がイリの住民の中で定住者と一時滞在者、中国籍者とロシア国籍者を厳密に分けて掌握することなどできなかっただろう。

新疆に住むロシア人に対し、初めて中国籍加入の手続きが行われたのは一九二八年で、二七〇戸一三五〇人が中国籍に加入し、「帰化族」との呼称が付けられた。[36] とはいえこの時「帰化族」の中には、ロシア語ができるためロシア人と間違えられたポーランド人、ドイツ人、ハンガリー人などがかなり含まれていたらしい。「帰化族」という呼称は、一九三五年の新疆各民族代表大会で現在の「ロシア（俄羅斯）族」に改められたが、後述する一九五一年のロシア人国籍調査で、ロシア人の多くがこの一九三五年に中国籍に加入していたことが判明している。この頃ロシア族となった人々の中には、前述した欧州人が含まれていただけでなく、ロシア人と漢人の間に生まれた子どももかなりいたようだ。例えばソ連が一九三八年、シベリア東部に住む中国人男性とロシア人女性が結婚した家庭約六〇戸一万九〇〇〇人をタルバガタイ方面に移住させるが、これらの人々は最終的に新疆省の沙湾県の開拓村に定住し、中国のロシア族になった。

中華人民共和国成立後は、中共中央新疆分局が一九五一年に土地改革事業団を派遣してロシア人の国籍を調べ、中国籍となった者には中国公民と同様に土地と財産を与えるとしながら中国籍加入を促したので、この時中国籍を取得してロシア族となった者もいる[37]。中国籍を取得しなかった者はイリ、タルバガタイにあるソ連領事館との協議により、ソ連僑民協会の保護下に置かれることになった。

(2) 中国領内におけるロシア人学校のはじまり

こうした流動的な状況の中で、新疆に住むロシア人がいつ頃から民族学校を興したのかは定かでないが、一九世紀末から二〇世紀初頭、ロシア人が住む町や農村に自前で建てた私立学校がいくつかあったという[38]。学校名やその設立年が明らかなものとしては、一九〇八年ウルムチに建てられたロシア小学校や、一九三〇年代初めイリに建てられたロシア学校(中俄学校)などが挙げられる。これらの学校ではみなロシア語で授業をしていた。盛世才政権の初期は、新疆におけるロシア人学校教育事業は他の民族と同じく、新疆省政府と合流しながら拡充された。一九三五年に設立されたロシア文化促進会はイリ、タルバガタイ、アルタイ、ウルムチに小学校を設立し、ロシア人教師の養成クラスもつくった。一九三六年には、新疆省政府がウルムチに小中一貫(六三三制)のロシア学校——新疆省立迪化第二中学を設立している。同校には中国籍を取得したロシア族、ソ連国籍者、ソ連から帰国した華僑の子ども達が通ったが、新疆省教育庁が定めた教科課程に従って授業をし、中学では漢語の授業も設けていたという。一九四四年、新疆省教育庁が経費の拠出を取り止めた後はロシア文化促進会が接収し、一九五〇年に廃校になるまで続いた。いっぽう東トルキスタン共和国樹立後の一九四六年、イーニン市ではイリ・ソ連人協会がスターリン中学を設立している。同校にはロシア民族の子どもやロシア語の分かる他民族の子どもが通い、ソ連の七年制を採用し、ソ連の教科書を使ってロシア語で授業をした。同時期、タルバガタイにモロトフ中学も建てられている。

(3) ロシア族教育の消滅と復活

中華人民共和国成立後の一九五〇年代、新疆のロシア人の多くがソ連に越境し、ロシア族人口は一九五三年の二万二一六六人から、五六年に六八〇〇人に激減し、五八年に四一〇〇人、六四年に一一九一人、六六年には九〇〇人まで減少した[39]。これに伴って各地のロシア族小中学校は次々に廃校となり、ロシア民族の子ども達はすべて漢族学校に入って漢語で授業を受けることになった。スターリン中学は一九五八年に新疆ウイグル自治区が接収し、イーニン市第七中学に改め、現地の少数民族が通うウイグル語で授業をする学校に変わった。

　文化大革命が終ると、一九八二年以降、イーニン第六中学や新源県、鞏留県の小学校などにロシア族クラスが設けられ、ロシア語で授業をするようになった。このイーニン第六中学のロシア族クラスを拡充して一九八五年九月、小学校から初級・高級中学一貫の一〇年制ロシア族学校――イーニン市第六小学校がつくられる。二〇数年間の中断のため、当初教職を担い得たのは一九五〇年代のロシア学校で学んだ人達がほとんどで、教員不足を補うため、同校の高級中学の生徒が小学生のクラスの授業を行うケースもあったという。また児童・生徒が少ないため、ロシア族クラスでは複式学級制をとっている所が多い。だが一九八〇年代半ば頃にはロシア族教育は安定し、軌道に乗り始めたように見受けられる。例えば昭蘇県アクタラ郷のロシア小学校は、もともと一クラス（教師一人で児童は一〇人）だけだったが、一九八六年までに七クラス、教師一一人、児童一七〇人に増えている[40]。一九八九年には、新疆自治区全体でロシア族小学生が五七七人、初級中学生が三三六人、高級中学生が一六六人おり、各級学校に合計一三五人のロシア族教師がいるという状態にまでなっている。教科書も当初は北京外文書店が輸入するソ連の教科書を使っていたが、前述したように、一九九〇年代に入ってイリ自治州が編さんしたものを使うようになった。

［注］

第一節

（1）「新疆」とは「新しく開かれた疆域」という意味で、当時は雲南烏蒙地区、貴州黔東南古州一帯、貴州安順、鎮寧付近一帯、四川大渡河上流の大小金川地区をみな「新疆」と呼んでいた。古来中国歴代王朝は、現在新疆ウイグル自治区が置かれている地域を「西域」と呼び、清朝がこの地域を征服後は、西域、西疆、西陲、新疆の四つの呼称が併用されていたが、一八八四年の新疆省設置以降は、新疆に統一され、新疆は一つの省を指す名称となった（谷苞『民族研究文選』新疆人民出版社、一九九一年、一四八～一四九頁）。

（2）清朝による西域（トルキスタン東部）征服の過程については、新免康「『辺境』の民と中国――東トルキスタンから考える」（溝口雄三・浜下武・平岩直昭・宮嶋博史編『周縁からの歴史』東京大学出版会、一九九四年）一一四～一二一頁。片岡一忠『清朝新疆統治研究』雄山閣、一九九一年、一四～二三頁を参照。

（3）片岡一忠『清朝新疆統治研究』一一二、一一三、一二八頁。大石真一郎「カシュガルにおけるジャディード運動」『東洋学報』七八巻一号、一九九六年六月、一一八頁。

（4）当時のコーラン学校は、初等コーラン学校（マクタプ）の他に中等コーラン学校（カーリ・ハーナ）もあり、カシュガルとトルファンには高等コーラン学校（メドレセ）もあった。新疆教育科学研究所編『新疆教育年鑑　一九四九―一九八九』新疆教育出版社、一九九一年、二頁。包爾漢『新疆五十年』文史資料出版社、一九八四年、一二四頁。

（5）学堂の設立数は資料によって若干の違いがある。例えば『ウイグル族簡史』は、清朝末期、新疆省に各級学校六二二校、生徒一万五九六三人、毎年の経費は六六万四七〇〇両と記している。《維吾爾族簡史》編写組『維吾爾族簡史』新疆人民出版社、一九九一年、二三五頁。

（6）注（2）片岡一忠『清朝新疆統治研究』二〇二～二〇五頁、三〇九～三三二頁。注（3）大石論文一一五～一一六頁。

（7）注（4）『新疆教育年鑑　一九四九―一九八九』一二六頁。

（8）一九一一年、辛亥革命が勃発すると、これに呼応する革命派がウルムチとイリで一二月二八日、一九一二年一月七日に武装蜂起を試みた。新疆省当局はウルムチの革命勢力を二日で鎮圧したが、イリの革命派は一月一〇日にイリ臨時政府を樹立し、現地のドンガン（回族）やトルコ系ムスリムの協力を得て、省政府と対峙した。清朝が滅びると、新疆省政府は中華民国に帰順し、三月一五日、中央臨時政府は新疆巡撫の袁大化を都督に任命し、四月には省政府とイリ臨時政府は和平協議を始め、七月八日の協定締結を経て、イリ臨時政府は新疆省に併合され、和平協議中に省都督に就任した楊増新が新疆全土の政権を握ることになった（注（3）大石論文一一六～一一七頁）。

（9）新免康「新疆ムスリム反乱（一九三一～三四年）と秘密組織」『史学雑誌』九九編一二号、一九九〇年、一九七三頁。

（10）白振声・鯉淵信一主編『新疆現代政治社会史略』中国社会科学出版社、一九九二年、一一三～一一五頁。

（11）また新疆省の教育経費も、清朝末期の光緒年間には省立学堂の経費として毎年一七万二五〇〇両、四つの道の公立市立学堂の経費として毎年六六万四七〇〇両だったが、一九一五年には四、五万両しかなかったという（同前書一一四～一一五頁）。

（12）注（4）包爾漢『新疆五十年』一二四頁。

（13）『新疆事情』韓国書籍センター、一九七五年、七八三～七八五頁。謝彬は中華民国中央財政部の命を受け、民国五年一〇月から六年一二月にかけて新疆省財政調査に赴いた。『新疆事情』は『新疆遊記』を日本の外務省調査部が翻訳し、昭和九年に『新疆事情』の名で発行した資料の復刻版である。なお本書では表記を現代仮名遣いに直した。

（14）以下特に注釈がなければ、新方式教育に関する記述は、注（3）大石論文一一一～一一五、一二〇頁、注（4）『新疆教育年鑑　一九四九―一九八九』一一～一二頁、新免康「『東トルキスタン共和国』（一九三三～三四年）に関する一考察」（東京外国語大学アジア・アフリカ言語文化研究所『アジア・アフリカ言語文化研究』四六・四七合併号、一九九四年、五頁）に基づく。

（15）新式の学校教育が始められた時期について『ウイグル族簡史』は、一八八三年にアルトゥシュのイキサク郷でムーサー・バヨフ家のフセイン、バハーウッディン兄弟が建てた新式の学校が開校し（コーランや言語、算数、歴史、地理、自然、体育、音楽、美術、ロシア語、アラビア語、ペルシャ語、漢語などを教え）、一八八五年から一八九二年の間にはロシアやトルコに留学生が送られ、一八八五年に女子クラスが、一九〇七年には師範クラスができたと記している〔注（5）『維吾爾族簡史』一三五～一三六頁〕。いっぽう注（4）『新疆教育年鑑』は、一九一四、五年から、商人達や留学から帰郷した知識人などがイリ、トルファン、アルトゥシュ、カシュガル一帯で近代式の小学校をつくり始めたと記している（同書二～三、一一頁）。その間三〇年の差があるが、筆者は『新疆教育年鑑』の記述を大石論文との誤差と見て、大石論文の説に従った。

(16) 注（4）包爾漢『新疆五十年』一二四頁。

(17) 注（5）『維吾爾族簡史』一三六頁。

(18) 保守的なウラマーは新式教育をイスラーム社会の伝統的権威に対する脅威とみなし、アフメト・ケマルの活動に対して歴史、地理、数学などの教授を禁止するファトワー（イスラーム法の解釈・適用に関し、資格を認められた法学の権威者が文書で提出する意見）を発するなど、干渉、攻撃したという〔注（3）大石論文〕。

(19) 注（3）大石論文、一〇五、一〇七～一一二頁。注（4）『新疆教育年鑑　一九四九―一九八九』一一～一二頁。注（9）新免康「新疆ムスリム反乱（一九三一～三四年）と秘密組織」一九七八～一九七九頁。なおブルハンはこの点について、楊増新は新式学校を警戒し、度々各地の当局に命じて学校を調べては外国人を教師とすることを禁じ、第一次世界大戦勃発以降は、トルコ国籍の教師を国外追放したりしたが、外国籍教師を招聘する現象はなくならなかったと述べている〔注（4）包爾漢『新疆五十年』一二四頁〕。

(20) 注（3）大石論文、一〇五頁。

(21) 注（3）大石論文、一〇三頁。

(22) 王柯『東トルキスタン共和国研究――中国のイスラムと民族問題』東京大学出版会、一九九五年、一一頁。『世界民族問題事典』の新免康「東干の反乱」「ハミ事件」（同書八一〇～八一一、九〇七頁）。

(23) 四・一二政変はもともと陳中（参謀庁長）、陶明越（ウルムチ県長）、李笑天（航空学校長）らが計画して引き起こしたものだが、新疆省軍の最強部隊を持つといわれた盛世才がこれに介入し、金樹仁を追放した後、四月一九日に今度は政変を計画した陳、陶、李をも殺害してウルムチ政権を握った。

(24) 馬仲英はクムル反乱の中でしだいにトルコ系の勢力と対立するようになり、自ら新疆の政権を奪取しようと、一九三三年春から三四年一月中旬にかけて進軍しウルムチを包囲したが、三四年二月上旬、盛世才支持の方針を固めたソ連軍の介入で大敗した。その後新疆省政府は馬仲英軍を追撃し、同年四月にカシュガルのホタン地域に敗退した馬軍が、当地を占拠するため東トルキスタン・イスラーム共和国の勢力を一掃したことで、同共和国は壊滅した。その後間もなく馬仲英はソ連領に逃亡し、カシュガルからホタンへ移動した馬虎山《マーフーシャン》（馬仲英の親戚）の回族軍も一九三七年に鎮圧されて、盛世才が新疆全域を支配するに至った。『世界民族問題事典』の新免康「馬仲英」「東トルキスタン・イスラーム共和国」「東トルキスタン共和国」同書八九八、九四六～九四七頁。注（22）王柯『東トルキスタン共和国研究』四三～四八頁。

(25) 注（14）新免康「『東トルキスタン共和国』（一九三三～三四年）に関する一考察」二七、二八頁。

(26) 注（22）王柯『東トルキスタン共和国研究』一七、六二頁。

(27) 注（4）包爾漢『新疆五十年』二四四頁。一四民族の中にはタランチ（清朝の乾隆年間に新疆南部からイリに移住させられたトルコ系ムスリムで、本来ウイグル人と同じ民族）も含まれており、タランチは中華人民共和国が成立するまで一つの民族とみなされていた。

(28) 現在のウイグル族は、従来異教徒に対してはムスリム、地域外の人間に対してはイェルリク（土地者）と自称したりし、一九二〇、三〇年代に至るまで民族の統一名称を持たなかった。一九世紀末から二〇世紀初頭になって東トルキスタン人やチュルク人と自称する者が現れ、一九二一年にアルマ・アタで開かれたソ連在住の新疆出身者（主としてタランチ）の代表者会議で、九世紀後半の西ウイグル王国に由来する「ウイグル」が民族の統一名称として浮上した。その後一九三五年に新疆省がこの音訳である「維吾爾」という漢字表記を定め、公的に使うようになって「ウイグル」が定着したという（濱田正美「ウイグル」『世界民族問題事典』一七八頁）。このウイグルという民族名を中華人民共和国がそのまま採用したため、ウイグル人意識がいっそう定着することになったともいわれる（新免康「江沢民体制を揺さぶる少数民族問題――新疆は中国の一部か?・ウイグル人の国か?」『世界』一九九七年六月号、二九五頁）。

(29) 留学生の民族別比率はウイグル族が四割、漢族と回族と満洲族を合わせて四割、モンゴル族とカザフ族がそれぞれ一割で、留学先はタシュケントだったという〔注（22）王柯『東トルキスタン共和国研究』八九頁〕。『教育大辞典第4巻（民族教育、華僑華文教育、港澳教育）』（上海教育出版社、一九九二年）は、一九三五年以降、新疆からソ連に送られた留学生二九四人のうちウイグル族は三分の一を占めたと記している（同書八頁）。これら留学生の多くは、盛世才が後に親ソ政策を翻すと投獄されたり殺害されたりした〔注（10）『新疆現代政治社会史略』三三九頁〕。盛世才が新疆を支配した一二年間に合計で一〇万人余りが逮捕、投獄され、五万人以上が殺害されたという（同書三四四頁）。

(30) 注（4）『新疆教育年鑑　一九四九―一九八九』三頁。注（29）『教育大辞典第4巻』八、一九〇頁。新疆省翻訳編集委員会の委員長、副委員長、委員は教育、民政、建設各庁と新疆民衆反帝連合会、新疆文化協会の官吏や役員が兼任した。この機関は一九四二年、盛世才が反共路線に転向すると廃止されている。

(31) 注（10）『新疆現代政治社会史略』三三五頁。注（4）『新疆教育年鑑　一九四九―一九八九』二～五、一一～一二頁。

(32) 注（22）王柯『東トルキスタン共和国研究』六四頁。

(33) 注（4）『新疆教育年鑑　一九四九―一九八九』二～五、一一～一二頁。

(34) 以下特に注がなければ、文化促進会に関する記述は、注（10）『新疆現代政治社会史略』三三五～三四二頁、注（29）『教育大辞典第4巻』二〇一頁に基づく。

(35) 注（22）王柯『東トルキスタン共和国研究』はウイグル文化促進会の設立を一九三五年夏（同書八九頁）としているが、注（5）『維吾爾族簡史』は一九三四年（同書二六七頁）と記している。注（4）『新疆教育年鑑』は一九三四年、新疆全域で文化促進会が設立した学校が一〇〇〇校あると記し（同書三頁）、ブルハンは一九三五年春の第二回民衆代表大会で、都市部代表の一部は文化促進会が推薦したと述べており〔注（4）包爾漢『新疆五十年』二四四頁〕、文化促進会が一九三四年には活動していたとみて間違いなかろう。またモンゴル族と回族の文化促進会の設立年は不明だが、注（29）『教育辞典第4巻』は「一九三四年、各民族の文化促進会が次々に設立された」（同書七六、二〇一頁）と記しているので、一九三四年とも思われる。
（36）注（5）『維吾爾族簡史』二七四頁。
（37）新疆民衆反帝連合会は一九三四年七月に設立されている。会員は当初すべて新疆省政府の高官だった。一九三五年一二月の改組で盛世才が会長になり、実質的にはコミンテルンが派遣した中国人の秘書長、組織部長が運営し、各官庁、機関、社団、部隊及び各地で分会をつくって「新疆の一四の民族、四〇〇万の民衆を中国の四億人民と連帯させ、日本帝国主義を打倒し、中国人民の自由・解放を達成する」といったスローガンの下で、思想教育を担ったという〔注（22）王柯『東トルキスタン共和国研究』六四～六五頁〕。
（38）注（22）王柯『東トルキスタン共和国研究』八九頁。一九八〇校（一二万九四六九人）の内訳は『ウイグル族簡史』によると、小学校一七三六校（生徒数一二万四一七四人）、中級学校三校（四四〇人）、師範訓練クラス一〇クラス、民衆学校一一五校（生徒数四七六〇人）である。ただし同書はこれを一九三六年の統計としている〔注（5）『維吾爾族簡史』二六七～二六八頁〕。
（39）注（29）『教育大辞典第4巻』八頁。これに対しカザフ族とクルグズ族の場合は、小学生三万四四二一人の六五・六％（二万二五六五人）がカザフ・クルグズ文化促進会の学校に通い、残りは公立学校に通っていた（同書二五頁）。
（40）注（5）『維吾爾族簡史』二六七～二六八頁。
（41）注（10）『新疆現代政治社会史略』三三九頁。注（5）『維吾爾族簡史』は、新疆ウイグル文化促進会の経費はすべて寺院、墓地や人士の寄付金に拠ったと記している（同書二六七頁）。
（42）注（22）王柯『東トルキスタン共和国研究』七四頁、八二、一七五頁。
（43）注（29）『教育大辞典第4巻』二〇一頁。注（4）『新疆教育年鑑　一九四九―一九八九』二～五、一一～一二頁。
（44）注（10）『新疆現代政治社会史略』三四一～三四二頁。
（45）国民政府は盛世才の新疆支配を排するため、一九四三年初めから軍事、行政、政党の三側面から徐々に新疆へ勢力を浸透させた。盛世才はこれに対抗し、一九四四年夏に「八月政変」を起こし、国民政府が派遣してきた人物をすべて逮捕したが、国民政府は軍を新疆の東部辺境に集結させた上で、八月二九日に盛世才の国民政府農林部長任命と呉忠信の新疆省主席任命を発表したので、盛世才はやむなく九月一一日に新疆を去った〔注（22）王柯『東トルキスタン共和国研究』一〇三～一〇六頁〕。
（46）王柯、同前書二六二～二六三、二七一頁。
（47）王柯、同前書二五八～二五九頁。
（48）王柯、同前書二六二、二六八頁。その反面、同国はカザフ人の多住地域で立国したが、政府は主にウイグル人が構成し、建国時の九ヵ条政治綱領では各民族の平等を謳う一方で、ウイグル語の公用語化のみを掲げるなどウイグルへの偏向がみられ、またイスラームの慣習に従って、女性の服装を限定したり男性との映画や劇の鑑賞を禁じるなど、イスラーム教への偏向もみられた（同書一三九、二六一頁）。それらが人口の上ではマジョリティのカザフ人や、言語も信仰する宗教も全く異なるモンゴル人やシボ人などに好意的に受け入れられたかは疑問である。
（49）王柯、同前書一三七、一六七、一九七頁。民族軍が進攻を止めたのは、一九四五年五月八日のドイツ降伏によって、ソ連の対日参戦の早期実施を求める英米の圧力で、中国が外モンゴル独立と東北地方におけるソ連の様々な利権を承認する見返りとして、ソ連が東トルキスタン共和国の独立を容認せず、同国に対する援助を取り下げることを約束し（同年八月一四日、中ソ友好同盟条約に調印）、民族軍のウルムチ侵攻を認めなかったためといわれる（同書二〇三～二〇六、二一八頁）。

（50）注（10）『新疆現代政治社会史略』四二一頁。

（51）注（10）『新疆現代政治社会史略』四二三頁。

（52）注（4）『新疆教育年鑑　一九四九―一九八九』二～五、一一～一二頁。

（53）注（22）王柯『東トルキスタン共和国研究』二四〇～二四六頁。

（54）注（10）『新疆現代政治社会史略』四四一頁。

（55）注（4）『新疆教育年鑑　一九四九―一九八九』二～五、一一～一二頁。

（56）一九四四年、カザフ族学校はそのうちイリに三八校（在校生三〇〇〇人）、アルタイに二六校（二〇〇〇人）があった（注（29）『教育大辞典第4巻』二一五頁）。

（57）葛豊交「伊犁哈薩克自治州四〇年教育発展概述」『民族教育研究』一九九四年第四期、六七頁。

（58）注（29）『教育大辞典第4巻』三四、四四、四八、三六五、三七二頁。ウイグル語の公用語としての地位は一九四五年の九ヵ条綱領では削除されている（注（22）王柯『東トルキスタン共和国研究』一三九～一四一頁）。

（59）王柯、同前書二七〇頁。新免康「『辺境』の民と中国――東トルキスタンから考える」は、新疆の「解放」は中国共産党を中心とする革命運動がトルコ系住民の間で行われた結果ではなく、東トルキスタン住民の中国共産党員は事実上皆無であったとして、この間の経過を次のように分析している。「中国西北部への『人民解放軍』の軍事的進出に伴い、当時の国民党統治下の新疆省主席が共産党側に寝返り、国民党軍の大部分が帰順した結果、『解放軍』が一部のトルコ系指導者の抵抗を排除しつつ新疆を占領したというのが、新疆『解放』の実情である」（注（2）『周縁からの歴史』一三二頁）。

（60）注（4）『新疆教育年鑑　一九四九―一九八九』二～五、一一～一二頁。注（29）『教育大辞典第4巻』三六四頁。

第二節

（1）新免康「『辺境』の民と中国――東トルキスタンから考える」（溝口雄三・浜下武志・平岩直昭・宮嶋博史編『周縁からの歴史』東京大学出版会、一九九四年）一一〇～一一二頁。清朝は新疆の主なオアシスに少数の満洲人、漢人の官吏と軍隊を駐在させたが、その末期まで漢人の植民を抑え、官吏・軍隊や漢人商人とトルコ系住民との住みわけも図っていた（同書一一六頁）。

（2）片岡一忠『清朝新疆統治研究』雄山閣、一九九一年、二八三～二八五頁。

（3）白振声・鯉淵信一主編『新疆現代政治社会史略』中国社会科学出版社、一九九二年、一一九頁。

（4）李徳濱・石方・高凌『近代中国移民史要』哈爾濱出版社、一九九四年、三五六～三五八頁。

（5）以下特に注がなければ、民族教育と宗教に関する記述は新疆教育科学研究所編『新疆教育年鑑　一九四九―一九八九』新疆教育出版社、一九九一年、二七頁に基づく。

(6) 以下特に注がなければ、新疆自治区の各民族の言語使用状況に関する記述は、楊秉一『新疆民族語言文字工作四十年』新疆人民出版社、一九九一年、二三頁に基づく。

(7) 新疆のトルコ系民族のうち、カザフ、クルグズ、ウズベク、タタール族は、中央アジア諸国に多くの同胞が住んでいるが、現在使う文字が互いに違う。旧ソ連領域内のクルグズ人、ウズベク人、タタール人は、もともとアラビア文字式の文字を使っていたが、一九四〇年頃、キリル文字に変えられた（李経緯「新疆各民族語言与文字簡況」『新疆大学学報』一九八〇年第二期、一一五～一二六頁）。その中央アジアでは、ペレストロイカの中、一九八九年から一九九〇年にかけて、各共和国が各々の主要民族の言語を国家語（共和国レベルの公用語）と規定する言語法を採択し、ソ連崩壊後、カザフ語とクルグズ語は引き続きキリル文字を使ういっぽう、ウズベク語はラテン文字に、タジク語はアラビア文字を使って表記することになった（宇山智彦「言語がもたらす中央アジア社会の統合と分裂」『アジ研ワールド・トレンド』一九号、一九九七年一月、二〇～二一頁）。

(8) タジク族は、もともと中世以降使われているタジク文字があり、一九三五年までは、新疆のタジク人集居地域のコーラン学校では、中国外で出されたタジク文による著作等を教科書にしていた。だが一九三六年、タジク族集居地域のタシュクルガンに初めて公立学校が設立された時、タジク語・文字のできる教師がおらず、出版物もなく、政府の日常業務でタジク語が使われていなかったこともあり、学校ではウイグル語・文字で授業を行うことになったという。現在も、タジク族地域の学校や政府機関はウイグル文語を使っている。一九五八年、タジク族の学者、グルムルらがローマ字式タジク文字を考案し、タシュクルガン自治県人民代表大会で文字創作状況に関する報告を行った。県人民代表大会の代表は、タジク族は自身の文字がある（現在タジクスタンやアフガニスタンのタジク人が使っている文字）ので、それを使うべきで、新しく文字をつくる必要はないとして、これを受け入れなかった。一九五九年、北京で、ブルハンら指導者も出席して、タジク言語文字問題に関する座談会が開かれたが、意見が大きく分かれて一致せず、タジク文字事業は中止された。一九七九年からタシュクルガンでタジク文字の使用を求める声が高まり、人民代表の多くが住民の意見に基づき、自治県、自治区及び全国人民代表大会に提案し、タジク族の文字問題を解決するよう求めた。タシュクルガン自治県は一九八六年、タシュクルガンにおけるタジク文字復活の準備として、数人のタジク族学生を北京の大学に送り、ペルシャ語を学習させた。現在、タシュクルガンでは、ウイグル語・文字は学校と政府機関の中でのみ使われ、タジク族知識人の多くは、学術、創作活動の中で依然としてタジク文字を使っている。西仁・庫爾班、馬達力汗、段石羽『中国塔吉克』新疆大学出版社、一九九四年、八六～八七頁。

(9) 注（5）『新疆教育年鑑　一九四九―一九八九』三三三頁。クルグズ族の学校ではウイグル文字を使っていた時期もあるが、その後再びクルグズ文字を使うようになった。モンゴル族は小学校ではオイラートのトド文字を使ってきたが、一九八〇年代、内モンゴルのホトム文使用への切り替えが行われた。

(10) 一九九二年八月の現地調査で聞き取り。

(11) 文革が終って一九七七年に大学や専科学校の入学試験が再開さ

れた当初は、新疆自治区でも全国統一試験が実施されたが、それでは高級中学まで民族語で教育を受けてきた少数民族にはあまりに不利なので、その後中央政府の許可を得て、新疆自治区内の大学、専科学校の場合は、少数民族については別に問題をつくって試験をし、漢語の試験を受験した少数民族はボーダーラインを下げて採用する方法をとり、少数民族の入学比が人口比を下回らないようにしたという。

(12)『教育大辞典第4巻(民族教育、華僑華文教育、港澳教育)』上海教育出版社、一九九二年、四四、四八頁。
(13)注(5)『新疆教育年鑑 一九四九—一九八九』七八頁。
(14)注(12)『教育大辞典第4巻』三七〇、三七一頁。
(15)注(12)『教育大辞典第4巻』三七二頁。
(16)注(5)『新疆教育年鑑 一九四九—一九八九』七八頁。
(17)以下特に注がなければ、新疆の教科書に関する記述は、注(5)『新疆教育年鑑 一九四九—一九八九』一五、八五〜八六頁に基づく。新疆省は一九五〇年〜五五年の間にウイグル、カザフ、モンゴル文字による識字教科書、小学校教科書や中学の政治、歴史、地理の教科書を二四二種類出版している。
(18)一九九二年八月の現地調査で聞き取り。
(19)郭躍邦「新疆民族教育的回顧与展望」(中国教育学会少数民族教育研究会編『民族教育論文集 第三集』新疆教育出版社、一九八七年)一三頁。リズワン・アブリミティ「中国における少数民族政策とウイグルの教育——初等教育の現状を中心として——」『九州教育学会研究紀要』第二三巻、一九九五年、二二六頁。
(20)以下特に注がなければ、新疆の少数民族に対する漢語教育についての記述は注(5)『新疆教育年鑑 一九四九—一九八九』八四〜八五頁に基づく。
(21)注(5)『新疆教育年鑑 一九四九—一九八九』七八頁。
(22)新疆維吾爾自治区教委普教処「我們怎様抓民族教育工作的」『民族教育』一九九〇年第一、二期合刊、二六頁。
(23)注(5)『新疆教育年鑑 一九四九—一九八九』三二一〜三三三頁。
(24)注(5)『新疆教育年鑑 一九四九—一九八九』一五頁。
(25)注(22)「我們怎様抓民族教育工作的」。
(26)注(19)郭躍邦「新疆民族教育的回顧与展望」一四頁。
(27)注(5)『新疆教育年鑑 一九四九—一九八九』八五頁。
(28)注(5)『新疆教育年鑑 一九四九—一九八九』八五頁。
(29)注(22)「我們怎様抓民族教育工作的」。注(5)『新疆教育年鑑 一九四九—一九八九』八五、三三五頁。
(30)王振本「我区双語現状及前景」『民族教育』一九八九年第三期、二三頁。
(31)注(5)『新疆教育年鑑 一九四九—一九八九』八五、三三五頁。
(32)注(22)「我們怎様抓民族教育工作的」。注(5)『新疆教育年鑑 一九四九—一九八九』三三八、三五七頁。
(33)注(22)「我們怎様抓民族教育工作的」。
(34)注(5)『新疆教育年鑑 一九四九—一九八九』三五七頁。
(35)一九九二年八月の現地調査で聞き取り。
(36)注(4)『近代中国移民史要』三五七頁。
(37)詳しくは毛里和子「イリ事件」(『世界民族問題事典』一五一〜一五二頁)参照。
(38)注(19)リズワン・アブリミティ論文、二一八頁。
(39)リズワン・アブリミティ、同前論文二一九頁。

（40）注（6）楊秉一『新疆民族語言文字工作四十年』七～九、二一頁。

（41）ただし中華人民共和国で使われている現行のウイグル語のアラビア文字表記の方式は、アラビア文字を基にしているものの、それ以前の伝統的な表記方式とは文字の種類や数がかなり違っており、最近のウイグル人は二〇世紀前半の文献でも、特別な訓練を受けない限りまともに読めないという（一九九八年六月、東京外国語大学アジア・アフリカ言語文化研究所の新免康助教授によるご教示）。

（42）以下特に注がなければ、ウイグル、カザフ文字のローマ字化事業に関する記述は、注（5）『新疆教育年鑑　一九四九―一九八九』八七～八九頁に基づく。

（43）中央民族学院少数民族語文系民族語文研究室「我国少数民族語言文字概況和党的民族語文政策」『中央民族学院学報』一九七六年第三―四期、八一頁。この他、辰華「我が国のウイグル族文字の発展を語る」も、新文字の導入について次のように述べている。「ウイグル族人民は文字改革を行い、旧社会では到底実現不可能な望みを実現した。特に無産階級の文化大革命以来、ウイグル族の漢語ピンイン字母を基にしたローマ字式新ウイグル文は大々的に推進され、多大な成果を収めた。新疆ウイグル自治区革命委員会の決定に基づき、一九七六年八月一日から旧文字の使用を停止し、新文字を全面的に使用するようになった。これはウイグル族人民の政治文化生活の中における喜ばしい一大事件であり、毛沢東無産階級革命路線の偉大な勝利であり、党の民族政策の輝かしい勝利であり、無産階級文化大革命の豊かな成果の一つである」（辰華「略談我国維吾爾族文字的発展」『中央民族学院学報』一九七六年第三―四期、八三頁）。

（44）朴勝一『中国少数民族教育発展与展望』内蒙古教育出版社、一九九〇年、一八三頁。

（45）趙相如・朱志寧『維吾爾語簡誌』民族出版社、一九八五年、二二一九～二二〇頁。

（46）注（5）『新疆教育年鑑　一九四九―一九八九』八六頁。

（47）注（44）朴勝一『中国少数民族教育発展与展望』一八三頁。

（48）伊力哈木・託合提「影響維吾爾族人口素質的教育経済因素分析」『民族教育研究』一九九五年第三期、二五頁。

（49）周有光「〝求同存異〟和〝創新保旧〟」『民族語文』一九八九年第四期、四二～四四頁。

（50）傅懋勣・孫竹「関於使用和発展民族語言文字的問題」『民族研究』一九九〇年第二期、四頁。

（51）戴慶厦・賈捷華「対民族文字〝創、改、選〟経験教訓的一些認識」『民族研究』一九九三年第六期、一七頁。

（52）一九九八年六月、リズワン・アブリミティ氏（九州大学大学院博士過程）によるご教示。

（53）「新疆の民族分裂主義問題に関する社会学的思考」は、国外の「分裂主義勢力」が、新疆独立や東トルキスタン成立をテレビ電波を介して扇動宣伝したり、「聖戦」等の内容の刊行物を郵送、郵便物に挟み込んだり、ビデオテープを国内に持ち込んだり、留学、親族訪問、聖地参拝で出国する人々を介して誹謗、分裂活動を展開しているという（続西発「関於新疆民族分裂主義問題的社会学思考」『新疆大学学報』一九九二年第二期、一七頁）。最近では一九九七年二月上旬にイリで、ウイグル族の若者達一〇〇〇人以上が独立を求めてデモをし、漢族を含む一二五人が死亡、三一人が処刑される事件が発生したと報じられる（『朝日新聞』一九九七年二月一一、一二、二〇日）。一九八〇年代から九〇年代半ばの新疆における「暴動」事件や東トルキスタン運動については、新免康「江沢民体制を揺さぶる少数民族問題——新疆は中国の一部か?ウイグル人の国か?」（『世界』一九九七年六月号、二九二〜三〇〇頁）を参照。

（54）例えば新疆自治区では、一九五六年から八五年の間にウイグル、カザフ、モンゴル、クルグズ、シボ語による小中学校の教科書を四七六四種類出版し、ウイグル語の教科書については大学や専科学校用のものも出版した。

第三節

（1）江初「伊犁民族教育散記」『民族教育』一九八六年第五期、二二〜二四頁。

（2）葛豊交「伊犁州実施《義務教育法》的措施、問題及対策」『民族教育研究』一九九一年第一期、四二〜四九頁。

（3）葛豊交、同論文。葛豊交「伊犁哈薩克自治州四〇年教育発展概述」『民族教育研究』一九九四年第四期、六七〜七二頁。

（4）胡増益「関於錫伯語的地位問題」（『錫伯族研究』新疆人民出版社、一九九〇年）六七〜七六頁。

（5）何堅韌「新疆錫伯族教育概述」『民族教育研究』一九九四年第一期、七六〜七八頁。楠木賢道「シボ族」（『世界民族問題事典』平凡社、一九九五年）五〇七頁。

（6）張雷軍「遷徒対錫伯族歴史発展的影響」『内蒙古社会科学』一九九四年第一期、四四〜四八頁。楠木賢道「シボ族」。

（7）『中国大百科全書　語言文字』中国大百科全書出版社、一九八八年、四一九頁。『察布査爾錫伯自治県概況』新疆人民出版社、一九八六年、九三頁。蘇徳善「解放前伊犁錫伯族的教育」『錫伯族研究』新疆人民出版社、一九九〇年、二七五〜二八二頁。注（4）胡増益「関於錫伯語的地位問題」。中国内でも、シボ族と満洲族が別々の民族だからといって、シボ語と満洲語が別々の言語だとするのはおかしいという者や、シボ族は長い間満洲語、満洲文字を使ってきており、満洲族が使う満洲語、満洲文字と違いはなく、シボ語、シボ文字と言われるものは満洲語、満洲文字に他ならないという者もいる。

（8）八旗制度の最小単位。三〇〇人の男を編成した一ニル（満洲語で「矢」を意味する）が八旗の最小単位で、二五二ニル、七五〇〇人の軍団をもって一グサ（旗）を編成した。チャプチャルのシボ族は今も八ニル＝八集落に分かれて住んでいる。八旗、ニルについては、馬寅主編・君島久子監訳『概説　中国の少数民族』（三省堂、一九八七年）の「満族、満洲、満洲八旗と旗人」の項（二三四〜二四〇頁）、注（5）『世界民族問題事典』の「八旗」の項（八九九頁）などを参照。

（9）以下特に注釈がなければ、清朝末期からイリ政権時代のシボ人教育に関する記述は、注（7）蘇徳善「解放前伊犁錫伯族的教育」、注（5）何堅韌「新疆錫伯族教育概述」に基づく。

（10）一九三八年、シボ営の営制が廃止されて河南県となり、一九三九年寧西県に改名され、一九五四年三月二五日のシボ族自治県成立でチャプチャル県になった。

（11）注（7）『察布査爾錫伯自治県概況』七三、九三頁。班吉蘇「新疆錫伯族双語教学情況的調査与思考」『民族教育研究』一九九六年第一期、五三頁。葛豊交「錫伯族教育現状及特点」『中国民族教育』一九九五年第一、二期、八五頁。注（5）何堅韌「新疆錫伯族教育概述」七七頁。

（12）楠木賢道「新疆のシボ族」（筑波大学歴史・人類学系『歴史人類』第二三号、一九九五年三月）一七六頁。

（13）注（11）班吉蘇「新疆錫伯族双語教学情況的調査与思考」他。

（14）注（12）楠木賢道「新疆のシボ族」一七六～一七七頁。イリ政権時代に初等教育を受けたシボ族の中には、シボ語とともにウイグル語の読み書きができる者が多いという（同論文）。

（15）馬樹勛『中国少数民族文字報紙概略』内蒙古大学出版社、一九九〇年、三八頁。

（16）注（11）葛豊交「錫伯族教育現状及特点」七九～八六頁。

（17）何堅韌「錫伯族学校施行双語教学的意義、成就及主要環節」『民族教育研究』一九九五年第三期、七七～七九頁。注（11）葛豊交「錫伯族教育現状及特点」。

（18）注（15）『中国少数民族文字報紙概略』三八頁。白潤生『中華人民共和国少数民族文字報刊史綱』中央民族大学出版社、一九九四年、九〇～九一頁。

（19）注（7）『中国大百科全書　語言文字』四一九頁。

（20）『教育大辞典第4巻（民族教育、華僑華文教育、港澳教育）』上海教育出版社、一九九二年、四一～四二、三七二頁。

（21）以下特に注がなければ、反右派闘争から文化大革命時期のシボ族教育に関する記述は、傅剛「錫伯族学校双語教学現状与改革」『民族教育研究』一九九〇年第一期、三七～四二頁、注（17）何堅韌「錫伯族学校施行双語教学的意義、成就及主要環節」、李樹蘭「察布査爾錫伯自治県」（中国科学院民族研究所・国家民族事務委員会文化宣伝司主編『中国少数民族語言使用情況』中国藏学出版社、一九九四年）七二～七九頁に基づく。

（22）新疆教育科学研究所編『新疆教育年鑑　一九四九―一九八九』新疆教育出版社、一九九一年、八六頁。

（23）李樹蘭「錫伯語」注（21）『中国少数民族語言使用情況』九一八～九二二頁。文革中、学校でシボ語教育が廃止されたため、青少年層がシボ文を読むことができず、復刊後の『チャプチャル報』の発行部数は停刊前（三〇〇〇部）に比べ、大幅に減少（一九八九年には一三〇〇部）したという（注（21）楠木賢道「新疆のシボ族」一七五頁）。

（24）以下特に注がなければ、一九八〇年代以降のシボ族の教育に関する記述は、注（21）傅剛「錫伯族学校双語教学現状与改革」、注（11）班吉蘇「新疆錫伯族双語教学情況的調査与思考」五三～五七頁に基づく。

（25）注（21）李樹蘭「察布査爾錫伯自治県」。

（26）注（23）李樹蘭「錫伯語」。

（27）注（21）傅剛「錫伯族学校双語教学現状与改革」。

（28）以下特に注がなければ、シボ文教育が直面する問題についての記述は、注（21）傅剛「錫伯族学校双語教学現状与改革」、注（11）班吉蘇「新疆錫伯族双語教学情況的調査与思考」、注（21）李樹蘭「察布査爾錫伯自治県」に基づく。

（29）注（21）傅剛「錫伯族学校双語教学現状与改革」。

（30）この他にも、シボ文の教科書はほぼ満州語の文語そのままに記されており、日常的に話しているシボ語の口語を書き写すものではないため、子ども達は余り興味を示さないという問題もあるという（注（23）楠木賢道「新疆のシボ族」一七五頁）。

（31）注（23）李樹蘭「錫伯語」。

（32）注（23）李樹蘭「錫伯語」。
（33）村松一弥『中国の少数民族――その歴史と文化および現況』毎日新聞社、一九七三年、五三～五四頁。
（34）包爾漢『新疆五十年』文史資料出版社、一九八四年、一六四頁。一八七一年にイリを占領したロシアは、一八八一年のサンクト＝ペテルブルグ条約でイリを清朝に返還する見返りとして、清朝側に新疆省内におけるロシア領事館の設置権と新疆省全域でのロシア国籍者の交易の自由、免税の特権、およびイリにおけるロシア人の土地所有権の継続を認めさせた。そのためロシア革命直前まで「新疆は露支民籍の混雑せること既に極点に達するも就中イリを以って尤も甚だしと為す」「城内外の園荘地所、村落の牧地均しく我が漢、回、纏民（トルコ系ムスリム）と錯雑して居り」「（イーニン）市内の商権はみなロシア人の手に握られ……帳簿、算盤、銀銭、送り状等みなロシア国式なり」という状況であったという（片岡一忠『清朝新疆統治研究』雄山閣、一九九一年、二三三頁、『新疆事情』韓国書籍センター、一九七五年、三四〇～三四二頁）。
（35）一九世紀末から二〇世紀初頭の頃は、新疆からロシアへ出稼ぎに行く者が毎年一〇数万人おり、一八八一年のサンクト＝ペテルブルグ条約締結時に一旦イリからソ連領内に移住したトルコ系ムスリム（六万五〇〇〇人）や回民（四六〇〇人）も、その後中国領内にいる親戚、知人らを頻繁に訪れていたという（鄧波『俄羅斯族』民族出版社、一九九五年、一二～一四頁）。
（36）以下特に注がなければ、ロシア人が中国のロシア族となる経緯についての記述は、鄧波同前書一二～一四、八〇、八七～八八頁に基づく。
（37）新疆のロシア族人口は一九四九年で一万九四五二人。一九五三年の人口は二万二一六六人なので、一九五一年に中国籍を取得した者は多くても二千数百人程度だろう。
（38）以下特に注がなければ、ロシア族教育に関する記述は、注（12）『教育大辞典第4巻』四四頁（俄羅斯族教育）、三六四頁（新疆省立迪化第二中学、伊犁斯大林中学）、注（35）鄧波『俄羅斯族』三二、八七頁に基づく。
（39）周崇経主編『中国人口　新疆分冊』中国財政経済出版社、一九九〇年、一五二頁。
（40）注（1）江初「伊犁民族教育散記」。

第七章　チベット族の民族教育

チベット民族は、七世紀前半、ヤルルンの王、ソンツェンガンポが今のチベット高原一帯を統一して打ち建てた吐蕃王朝の末裔といわれる。七六二年には長安（現在の西安）を占領し、青海東部、四川西部から雲南南詔まで勢力を拡大したが、九世紀末この王朝が崩壊すると、その後統一王朝は現れなかった[1]。

チベット人の自称は、ボ（Bod）またはポェパである（パは人の意味）。チベットという呼称は、唐人が吐蕃と呼んだのを、中央アジアのチュルク人がティピットなどと呼び、それが欧州に伝わったものだといわれる[2]。

一九九〇年現在、中国内のチベット族の人口は、約四五九万三千人で、主にチベット自治区（二〇九万六千人、四五・六％）、青海省（約九一万二千人、一九・九％）、四川省（一〇八万八千人、二三・七％）、甘粛省（三六万七千人、八％）、雲南省（一一万一千人、二・四％）に住んでいる。これら五つの自治区・省にチベット族の自治地方として一自治区、一〇自治州、二自治県がある（表7―1、地図7―2）。

いっぽうチベット人は、従来自分達の住む地域をウ、ツァン、カム、アムド、ガリに分けてきた[3]。ウは中央部ラサ地方、ツァンは経済の中心地シガツェのある南部穀倉地帯、カムは東部の遊牧地帯、アムドは北東部の遊牧地帯にあたる。ただしウとツァンの区別は地理的にも定かでなく、まとめてウ、ツァンと呼ばれる場合が多い。またウ、ツァンとガリの地理的境界も定かでなく、カム、アムド以西をウ、ツァンとして、ガリをこの中に入れている場合もあるようだ。このウ、ツァン、ガリとカム地方の西半分を含めた地域が現在のチベット自治区にあたる。漢語ではチベット族を藏《ツァン》族、チベットを西藏《シーツァン》と称するが、これは「ツァンに住む人」「西にあるツァンの土地」という意味から来ているという。カム地方は現在の四川省カンゼ自治州、雲南省のデチェン自治州、青海省南部の玉樹（ジェクンド）自治州にあたる。中華民国はこの地方に西康《シーカム》省を設けたが、

表7－1　チベット族自治地方の民族別人口

			1953年		1964年		1982年		1990年	
			人数	%	人数	%	人数	%	人数	%
チベット自治区		総人口	1,000,000		1,251,225		1,863,623		2,196,016	
		チベット族	1,000,000	100.0	1,208,663	96.6	1,764,600	94.7	2,096,346	95.5
		漢族	0	0.0	36,717	2.9	91,384	4.9	81,217	3.7
青海省	海北チベット族自治州	総人口	68,402		131,763		219,692		258,462	
		チベット族	19,239	28.1	21,459	16.3	39,540	18.0	52,337	20.2
		漢族		0.0		0.0	109,478	49.8	119,004	46.0
		回族	17,259	25.2	28,347	21.5	55,475	25.3	66,493	25.7
		モンゴル族	3,701	5.4	4,065	3.1	8,890	4.0	11,347	4.4
	黄南チベット族自治州	総人口			79,899		147,364		181,955	
		チベット族			55,077	68.9	94,597	64.2	115,786	63.6
		漢族				0.0	15,280	10.4	20,030	11.0
		回族			5,124	6.4	10,564	7.2	13,569	7.5
		モンゴル族			7,275	9.1	18,205	12.4	22,694	12.5
	海南チベット族自治州	総人口			166,699		324,995		361,355	
		チベット族			82,107	49.3	154,513	47.5	194,261	53.8
		漢族				0.0		0.0	136,335	37.7
		回族			9,740	5.8	19,813	6.1	23,023	6.4
	ゴロク・チベット族自治州	総人口			56,071		103,708		119,973	
		チベット族			50,877	90.7	91,246	88.0	105,654	88.1
		漢族			4,788	8.5	11,268	10.9	12,121	10.1
	玉樹(ジェクンド)チベット族自治州	総人口			102,012		192,912		227,298	
		チベット族			97,724	95.8	183,837	95.3	219,353	96.5
		漢族			4,015	3.9	8,511	4.4	7,198	3.2
	海西モンゴル族チベット族自治州	総人口	35,928		117,993		269,651		312,327	
		チベット族	7,999	22.3	12,294	10.4	23,684	8.8	30,997	9.9
		漢族	2,718	7.6	88,169	74.7	212,626	78.9	237,116	75.9
		モンゴル族	8,181	22.8	11,157	9.5	18,664	6.9	21,603	6.9
四川省	カンゼ・チベット族自治州	総人口	488,212		506,311		762,373		828,531	
		チベット族	393,715	80.6	369,377	73.0	544,436	71.4	627,034	75.7
		漢族	81,902	16.8	125,488	24.8	188,184	24.7	177,778	21.5
	ガパ・チベット族羌(チャン)族自治州	総人口	375,568		487,603		727,800		775,703	
		チベット族	189,464	50.4	199,081	40.8	308,467	42.4	375,551	48.4
		羌族	38,800	10.3	52,784	10.8	100,527	13.8	130,940	16.9
		漢族	138,421	36.9	224,764	46.1	229,978	31.6	244,205	31.5
	ミリ・チベット族自治県	総人口			58,545		101,369		112,700	
		チベット族			19,415	33.2	30,118	29.7	34,616	30.7
		漢族			13,964	23.9	30,083	29.7	32,405	28.8
		イ族			12,760	21.8	23,942	23.6	28,334	25.1
雲南省	デチェン・チベット族自治州	総人口	155,786		179,622		276,611		315,316	
		チベット族	51,409	33.0	61,827	34.4	90,850	32.8	104,422	33.1
		リス族	43,620	28.0	50,090	27.9	78,794	28.5	50,816	16.1
		漢族	31,157	20.0	34,146	19.0	50,192	18.1	92,636	29.4
		ナシ族	15,578	10.0	21,159	11.8	38,394	13.9	39,322	12.5
甘粛省	甘南チベット族自治州	総人口			323,095		515,453		582,400	
		チベット族			146,274	45.3	230,536	44.7	276,645	47.5
		漢族				0.0	247,666	48.0	262,058	45.0
		回族			22,779	7.1	35,769	6.9	39,952	6.9
	天祝チベット族自治県	総人口	89,600		118,600		184,400		209,400	
		チベット族	24,300	27.1	27,500	23.2	44,600	24.2	55,617	26.6
		漢族	60,200	67.2	83,600	70.5	127,400	69.1	140,465	67.1
		トゥ族	4,189	4.7	6,017	5.1	10,000	5.4	11,837	5.7

出所：筆者作成。

地図7–1　20世紀前半のチベット地域と中華民国の行政区画（1940年代）

出所：李鹿苹・黄新南編『最新中国区域地図』文化図書公司、1984年、他をもとに筆者作成。地名の片仮名表記は石濱祐美子氏のご教示による。

中華人民共和国は一九五五年に同省を廃止し、金沙江（ディチュ）以東を四川省、以西をチベット地方（現自治区）に組み入れた。前述した西藏の呼称の由来に従えば、西康も「カムに住む人」「西にあるカムの土地」という意味から来ているのだろう。アムドはだいたい現在の青海省と四川省北部のガパ自治州、甘粛省南西部の甘南自治州、天祝自治県にあたる。ただしウ、ツァン、カム、アムドにも古来明確な境界線があったわけではない。

中国内のチベット語は、この地理的区分と同様、主に中央部（ラサ語）、アムド（東北チベット）、カム（東チベット）の三大方言に分けられる。[4] 瞿靄堂（一九九四年）によれば、一九八二年現在、中央部（ウ、ツァン）方言を話す者は一〇六万人、カム方言は一五〇万人、アムド方言は八〇万人である。中央部の口語は急速に変化して標準語化し、いっぽうアムド方言は現在話されているチベット語の中で最も保守的な方言だという。両者の違いは大きく、カム方言はその中間（どちらかといえば中央部方言より）で、方言の違いは単語と発音の違いで文法はほぼ一致しているが、一般に会話はできない。

ただし、文語は一致している。チベット文字は、チベットの史書によれば、七世紀前半のソンツェンガンポの時代に、天竺で何種類かの文字を学んで帰った大臣トンミサンポータが、五～六世紀に北インドで使われたグプタ系文字（梵文字）をもとにつくったとされる。[5] 九世紀に正字法が確立され、チベット文語は数世紀来ほとんど変らず今日に伝承されてきたので、現代口語と発音、文法、語彙の点で随分違っているが、その反面、前述したように文語は一致しており、それぞれの方言の発音で読み上げる。[6]

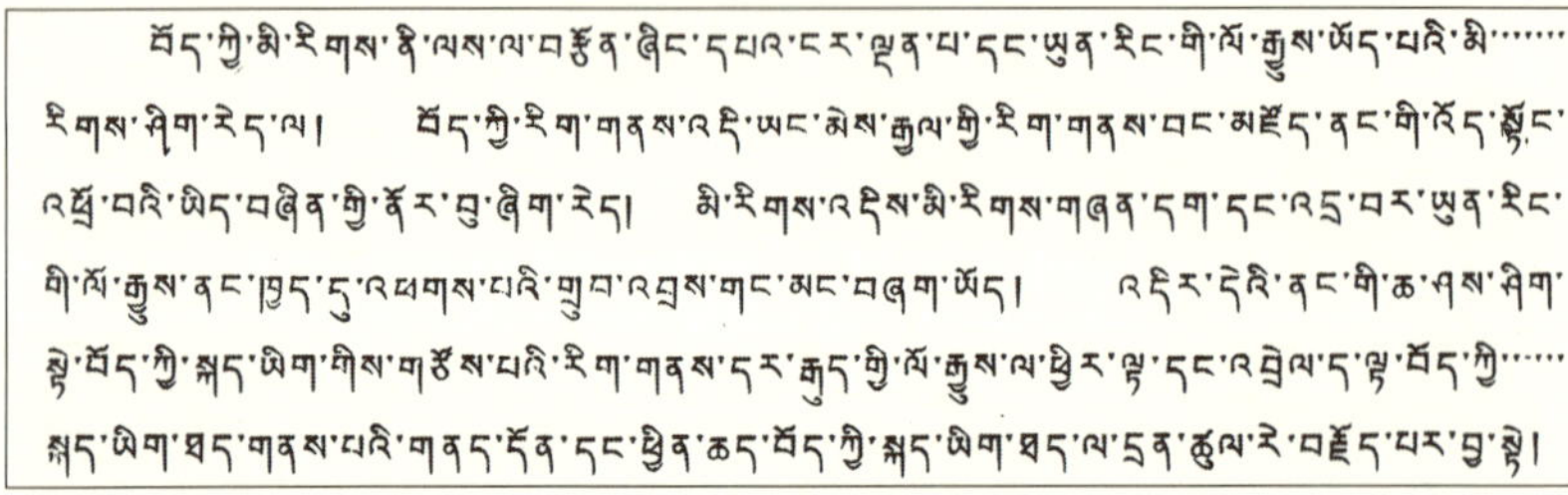

チベット文字：『青海民族師専学報』1992年第1期より

チベット三大地域は社会史的にもかなり異なる経緯を持ち、二〇世紀前半をみても、ウ、ツァンはイギリスの干渉を受けながら独立的状態を保ち、ほぼ旧態依然とした体制を維持し、カムはチベットと清朝、中華民国が対峙、衝突する交戦地帯であり、アムドのチベット族は中華民国の青海、甘粛省の下に置かれ、同国政府とある程度協調しながら自らの権益を図っていた。二〇世紀後半はカム、ウ、ツァンが中華人民共和国に統合され、チベット三大地域は五省・自治区に分けられ、そのすべてに中国共産党主導の近代学校教育が導入される。現在も三つの地域差は依然としてみられるが、中華民国よりはるかに国家統合を達成した中華人民共和国の下で、各省・自治区の事情も、チベット族教育の新たな地域差を生み出している。

そこで本章では、二〇世紀前半のチベット族の教育をウ、ツァン、カム、アムドに分けてとらえ、続いて中華人民共和国におけるチベット族地域における教育の実態を、前述の五省・自治区別に明らかにしてみたい。

一　二〇世紀前半のチベット人（族）教育——ウ、ツァン、カムの場合

1　カム地方の紛争と教育

カム地方は現在、そのほぼ中央を南北に流れる金沙江（ディチュ）を境として、西部はチベット自治区チャムド（昌都）地区、東部は四川省カンゼ（甘孜）チベット族自治州（州都はタルツェムド＝康定）に分けられている。ガパ・チベット族羌族自治州（州都はバルカム＝馬爾康）あたりがカム地方の東端にあたる。この三つの地域は、中国とのつながりから異なる背景を持っているといえる。

西部カム地方（現チャムド地区）は清代、清朝が公認したチャヤ、チャムド、ソウォチェ、パシューの四大活仏が統治していた。[1] 清朝政府の勢力圏内にあったといわれるが、いわゆる内地一八省内ではない藩部である。いっぽう、東部カム地方（現カンゼ自治州）は清代は四川省に属し、タルツェムド、リタン、パタン、デルゲの四大土司（清朝から世襲の官位を与えられたチベット人首領）が統治していた。清朝末期から民国初期には「川辺特別行政区」に属し、一九三九年（民国二八年）、この地域に西康省が設立されてからは同省の康属地区とされたので、「川辺」「康区」とも呼ばれてきた。またカム地方東端（現ガパ自治州）のチベット人は、古くから成都あたりの漢人と交流があった。明朝はこの地方とアムド地域（四川北部、青海、甘粛西南部）のチベット人を土司に任命している。清朝は乾隆年間に金川のチベット人土司の反抗を征圧し、この地域の土司を罷免、清朝の官吏を派遣（改土帰流）して直接統治した。

東部カム地方は一九世紀末から二〇世紀初め、チベットと清朝・中華民国との接点であり、チベット側と清朝・中華民国側が度々対峙、衝突する交戦地帯となり、両者が交互に統治した。以下まずこの東部カム地方に視点を置き、両者の接触、衝突の経緯を追いながら、この地域のチベット人が中国の教育体系に取り込まれていく様子をみてみよう。

（1）趙爾豊の内地化政策と学堂の設立

一九〇〇年代、イギリスやロシアのチベットへの干渉が強ま

る中、清朝はカム地方を武力で制圧して中国内地化を図り、続いてツァンに出兵して一時はラサも占拠するに至る。事の起こりは、一九〇四年（光緒三〇年）一一月、清朝から駐藏幇辦大臣に任じられた鳳全《フォンチュエン》が、任地のチャムドへ向かう途中、カンゼのパタン県に入ってこの地域が気に入り、朝廷の命令を拒んでパタンに居座ったことに始まる。[2] 鳳全はチベット人の風俗習慣や信仰を無視し、自己の支配の安泰のため、この地方の僧院の勢力を削ごうとして強硬な抑圧策をとり、[3] パタンに農場をつくって内地から漢人の開拓移民を呼び込もうとし（移民実辺）、チベット人土司を廃止して清朝官吏への置き換えを図った（改土帰流）。これに対し一九〇五年二月下旬、パタンのチベット人の土司とディンリ（丁林）寺に属する住民五〇〇人が蜂起し、[4] 鳳全と護衛兵一〇〇人らを殺した（パタン事件）。

これを知った四川総督の錫良は直ちに軍隊を差し向け、一九〇五年六月下旬、四川軍はパタンを制圧し、ディンリ寺は焼け落ちた。[5] その後リタンの土司や寺院も抵抗運動を始めたので、趙爾豊《ジャオアーフォン》が現地に残って一九〇六年六月までに、抵抗するチベット人数百人を掃討したという。パタン事件の後、清朝はこの地域に川滇務大臣を置くことにし、一九〇六年七月に趙爾豊をこれに任命した。趙爾豊は一九〇八年、タルツェムド（康定府）、リタン、パタン一帯で大規模な改土帰流を行い、チベット人の土司を廃して内地の官吏に置き換え、戸籍をつくって租税を定めた。

この改土帰流の中で、チベット人は「文字を知らず、言語もできず……まず言語文字から入らなければならない」とする趙爾豊は、一九〇七年に関外学務局を設け、タルツェムドにチベット文専修学堂を建て教員の養成をはかり、パタン、リタン、チャンテン（郷城）、塩井など改土帰流を終えた地域に官話学堂を三〇ヵ所つくった。[6] 官話学堂では、チベット人の子どもに漢人式の姓をつけさせ、漢語漢文を学ばせた。一九一〇年にはこうした官話学堂が九三ヵ所、初等小学堂が二二ヵ所までに増えている。当局は「夷民の子女は貧富に関わらず、六、七歳で学堂に入れる。入学しない場合は、父兄を罰し、銀五両から五〇両の罰金を課す」と定め、百戸以上の村には官話学堂を一ヵ所、百戸以下の場合は合同で一ヵ所、強制的につくらせ、入学しない者は罰金をとるだけでなく、家長や頭目を拘留した。当時のチベット人にとって、子どもをこうした学校へ通わせるのは使役にやるようなもので、金のある者は賄賂を払ったり使用人を替え玉として送ったりし、金のない者は川に身を投げて抗議自殺する事態も生じたという。趙爾豊は内地化を図ろうと、チベット人を漢人式の姓に改名させたり、漢人を現地に定着させるため給与や食糧の配給、土地などの面で様々な優遇措置を設けて、漢人兵士が現地のチベット人女性と結婚するのを奨励したりもした。

趙爾豊が東部カム地方の内地化事業を推し進める中、清朝は一九〇九年六月、チベットへの干渉を強めるイギリスに対抗し、チベットの宗主権を確立すべく、四川軍二〇〇〇人をラサへ向かわせた。チベット軍はこれをチャムドで阻止しようとしたが、四川軍は同年一〇月にチャムドを突破し、一九一〇年二月にラサを占拠する。ダライラマ一三世はインドに逃れ、清朝側はダライラマの罷免を宣告し、財産を没収した(7)。

翌一九一一年三月、カム地方では、四川総督になった趙爾豊の後を引継いで、川滇務大臣となった傅嵩炑が、川辺のチベット地域の改土帰流を完成させ、一九一一年六月、ここに西康省をつくることを上奏するが、間もなく辛亥革命が起こり実現しなかった(8)。これと前後し、一九〇八年一月に駐藏大臣に任じられた趙爾豊が、チャムドでも改土帰流を行っているが、これも徹底されないうち清朝の崩壊を迎えた。清朝が崩壊すると、中央チベットではラサ政府が清朝軍を駆逐しダライラマ一三世が戻り、カム地方では僧院や土司が勢力を取り戻す。趙爾豊が殺されるとタルツェムド、パタン、チャクサム(濾定)の三県以外の各県の学校は管轄する者がなく、廃止された。

(2) チベット政府によるチャムドの奪回

翌一九一二年に成立した中華民国政府は、同年六月一四日、尹昌衡率いる四川軍にチベット入りを命じ、四川軍は七月カンゼに、一〇月までに先鋒部隊がチャムドをぬけてコンポジョンダー(工布江達)まで進んだ(9)。この間七月にダライ・ラマ一三世がチベットの独立を宣言した(10)のに対し、八月一三日、中華民国政府外交部が在中国の各国臨時外交代表に向けて、満洲、モンゴル、チベットの主権は中華民国にあるとの声明を出している(11)。民国政府は一九一四年一月に川辺鎮守使署をつくり、同年三月に清朝の川滇務大臣が管轄したタルツェムドから西の地域を川辺特別行政区とした。

これに対し、チベット政府は一九一七年、イギリスの協力を得ながらチベット軍を派遣して四川軍を駆逐し、一九一八年にチャムドを奪回する。チベット軍はチャムドから金沙江(ディチュ)を越えて東に軍を進め、タルツェムドまで迫ったが、チベットの勢力が拡大しすぎるのを警戒したイギリスが武器の供給を控えたため、チベット軍はデルゲ(徳格)まで後退して、一九一八年にタイクマンの仲介で停戦することになる(12)。これを中国では第一次四川・チベット紛争(第一次川藏紛糾)という。この後一九三二年まで、カンゼ地域の北部までの地域がチベット軍の勢力下に入った。チャムドを取り戻したチベット政府は、チャムド総管を置き、チベット軍が各地に駐屯し、この後一九五〇年までの三二年間、チャムドはチベット政府が統治することになる(13)。その間、教育面でも中国の影響はなかった。

以上見てきたように、カム地方は一九世紀後半から二〇世紀初めにかけて、チベットと中国との攻防の地となり、その中で中国政府側の学校が建てられたりするなど、中国の影響が一定程度及んだ。これに対し、チャムド以西のチベット中央部＝ウ、ツァン地方では基本的に数世紀来の教育システムが温存され、

ダライラマ

ダライラマは、トゥメッド・モンゴルのアルタン・ハーンが、中央チベットのウ地方に本拠地を置くチベット仏教ゲルク派（黄帽派）のソナムギャンツォ（在位一五四三年〜一五八八年）に送った称号である。ダライは海を意味するギャンツォをモンゴル語に訳したもので（ラマは梵語の「学識が深く広い者」の意訳であり、博学の師、徳の深い者、転生活仏などの含意もあるという）、それ以降ダライラマは、チベットの政教両界の最高指導者である転生活仏の尊称となる。チベット仏教では、菩薩の化身＝活仏は、死後も転生すると考え、活仏の死後その転生者を探し、寺廟の所有権、遺産、称号など前代高僧のあらゆる権限を継承させてきた。ソナムギャンツォは、シガツェのタシルンポ寺を建立した、ゲルク派の開祖ツォンカパの弟子、ゲンドゥンドゥプ（在位一三九一年〜一四七四年）の三代目の転生者であり、アルタン・ハーンの求めに応じてモンゴルで布教活動を行った。ここから遡ってゲンドゥンドゥプがダライラマ一世とされる。ダライラマ四世はモンゴル王家に転生（アルタン・ハーン曾孫）し、モンゴルにおけるゲルク派の影響力は強まる。一六世紀前半、ゲルク派がカルマ赤帽派を支持するツァン地方の統治者から迫害を受けると、ホショット・モンゴルのグシ・ハーンは援軍を差し向け、アムドやカム地方を次々に征服し、一六四二年にツァン政権を滅ぼしてチベット全土を掌握、全チベットの支配権をダライラマ五世に譲渡した。こうして政教一致のダライラマ政権が確立したのである。

清朝時代、モンゴルとチベットではチベット仏教が盛行し、一〇〇〇人以上の活仏がいたといわれる。その中で四大活仏と呼ばれた中央チベットのダライラマ、西チベットのパンチェンラマ、外(北)モンゴルのジェブツンダムバ・ホトクト、内(南)モンゴルのチャンジャ・ホトクトは、二〇世紀初頭まで世俗王侯以上の権威を持ち、聖俗の大権を掌握していたが、モンゴルの二大活仏は共産主義政権の樹立に伴って消えた。

現在のダライラマ一四世、テンジンギャンツォは一九三五年にアムドで生まれ、一九四〇年に即位している。

なお寺院におけるラマは、弥沙、比丘《びく》と戒をとり（ここまでで通常二〇〜三〇年）、ゲシェ（博士）の試験にパスし、密教の修習を積んだ最高学位者を指す。チベット仏教寺院の僧をすべてラマと呼ぶ人がいるが誤りだ。またチベット仏教をラマ教と呼ぶケースもみられるが、ラマは和尚と同様、仏教僧を指す名称で、漢族地域の仏教を和尚教と呼ばないのと同じ意味でこれは不当で、チベット仏教に対する誤解に基づく差別語として、関係者はそれを使わないよう何度も訴えてきたという。

参考文献　三浦順子「ダライ・ラマ」『世界民族問題事典』平凡社、一九九五年、六五六〜六五七頁。石濱裕美子「活仏」同書二九二頁。桑徳「何須定要称〝喇嘛教〟？——与尚風同志商榷」『西藏研究』一九八七年第四期、八〇〜八一頁、他。

旧態依然とした教育が行われていた。次に、ウ、ツァン地方における教育状況をみてみよう。

2　ウ、ツァン地方の教育――二〇世紀初頭〜一九四九年

二〇世紀前半のチベットでは旧来の教育システム――仏教寺院、私塾、官学（僧官学校、俗官学校）、医学校――が依然として主たる教育施設としての機能を果していた。ダライラマ一三世は一九一〇年代に入ってから新式の学校教育の導入を目指し、留学生を派遣したり、小学校を設立したりしたが、保守的な勢力に阻まれて普及しなかった。また清朝が学堂を、中華民国がラサ小学校を、イギリスが英語学校を建てるなど、外部の勢力がウ、ツァン地方に学校をつくるのも二〇世紀前半の出来事である。中国共産党はこの時期、チベット中央部の学校建設に全く関わっていない。以下、この新旧の教育システムに分けてみていこう。

（1）旧来の教育

一九一三年から一六年までラサに滞在した青木文教は、当時のウ、ツァン地方の教育状況を次のように記している[14]。

「学事はもっぱら僧侶の兼務となっており、普通就学者のためにはただに小規模の寺子屋式のものが若干存在しているばかりである。これに反し特殊の教育にありては各寺院に宗学院を設け、整然たる組織的教育を行い、その成績は相当に見るべきものがある。ゆえに学僧中には宗学の外に、史文、医術、天文からインド古代の科学、文芸にまで精通せる博学の人物を見ることがあるけれども、一般教育はその制度の欠陥により円満なる普及を期待することができない」。

「目下学問の二大中心ともいうべきは前蔵のラッサ、後蔵のシガツェである。シガツェのタシルンポ、ラッサのセラ、レボン、ガンデンの四大寺は最高の宗学府として聞こえている。普通教育の機関としては両都いずれも官公私立の学塾数箇所ずつあるけれども、とうてい宗学院の盛大なるに及ばない。普通の国民教育の機関としてはラッサにツェラプタ、ツィカンという二種の官立学校があり、タシルンポにもほぼこれと同様のものがある」。

チベットでは二〇世紀に至るまでの数世紀にわたって、教育の中心は寺院だった。それはチベットの教育は、仏教の精神に基づき、仏法をあらゆる学問の根本にするという、仏教と切り離せない、深く結びついたものだったことによる[15]。子どもは出家して寺院に入ると、仏教知識の他に、チベット語の読み書き、医薬、天文、暦、絵画などを学ぶことができたのである[16]。二〇世紀に入っても、その役割に基本的に変化はなかった。

二〇世紀前半のチベットにおける最高学府は、青木文教の記述にもある通り、依然として一五世紀につくられたゲルク派の四大学問寺――ラサのガンデン僧院（一四〇九年設立）、デプン僧院（一四一六年設立）、セラ僧院（一四一九年設立）とシ

ガツェのタシルンポ僧院（一四四七年設立）――であった。これらの学問寺では、組織的な教科課程によって僧侶を養成するための教育が行われていたという[17]。大僧院は盛時には、学僧、役僧、両者の世話をする雑役僧、書物の印刷や衣服の縫製、仏具の制作や投薬調剤などに携わる僧籍を持った職人、僧兵など数千人を擁したといわれる。中でもセラ僧院の僧兵は有名で、時にチベット史を左右するほどの力を持ち、一九五〇年代の人民解放軍のチベット進駐に対する抵抗運動でも僧兵が活発に動いたため、一九五九年のラサ事件の時に人民解放軍はまずセラ僧院を砲撃したのだという。四大学問寺以外にも、ギャンツェのクンブム僧院のように学院を持つ所もあり、ラサのチョカン寺、ラモチェ寺などは大乗仏教の修練場として数千人の僧侶をかかえ、高層や学問僧がそれぞれ得意な教科を中心に僧侶たちを指導していたのである[18]。

［私塾］青木文教が寺子屋式と称した私塾は、初等教育機関としての役割を果していた。ラサ、シガツェ、ギャンツェには私塾がかなりあり（ラサだけで六、七ヵ所）、ラサで規模の大きな私塾には四〇～五〇人の生徒が学んでいた。就学年限はないが、学習を終えるまで最低三年、一般に七、八年を要したという[19]。青木は一九一〇年代半ばのラサの私塾の様子をこう記している。「初等の教育をほどこす学校では貴族平民、男女の別なく平等に生徒を収容する。一校の学生は大抵四十名内外をもって定員とする。学校は特別の校舎を設くる事なく普通家屋の広間や寺院の一部をもって教室にあて、塗板とか、机、椅子等の設備なく学生はすべて座布団の上にあぐらをかく」。中国内の文献では、生徒はほとんど貴族の子どもで、まれに商人や町の富裕者の子ども通っていたとある[20]。それが時代による違いなのか、地域による違いなのかは分からない。私塾では、チベット語の読み書きや各種の書法を教えたり、チベット語の文法に関連した『三十頌』の「文殊頌」や『釈迦格言』の格言や訓戒を暗誦させたりした。ただ少なくとも青木がみた私塾は、学科は「習字、暗誦、作文、算術の四種であるがその実、習字の一科目のみといっても差し支えない」という状態だった。一九世紀以前から受け継がれてきた私塾の教育内容にも、二〇世紀前半に入って大きな差はなかったとみられる。

［官立学校］ツェラプタは一七五四年に設立された、僧官（ツェドゥン）を養成する僧官学校である。もともとノルブリンカに置かれていたが、一七八八年ボタラ宮に移った。ツィカンラプタは一七五一年に設立された、俗官（ドゥンコル）を養成する俗官学校である。校舎は大昭寺（トゥルナン寺）の東側に置かれていた。タシルンポ寺のシガツェ僧官学校は一七八一年に設立されている[21]。

　ツェラプタ（僧官学校）の生徒は四〇～五〇人で、生徒は主に寺院関係者の子どもで、まれに平民の子どもも入学した。書法の訓練、チベット文語の文法、正字法、応用公文や算術の他に、梵文字、医学、薬学と星占術、儀礼や詩歌なども学んだ。

修学年数は八～九年とも、一〇～一五年ともいわれる。いっぽうツィカン・ラプタ（俗官学校）の生徒は二〇～三〇人で、私塾で一定の読み書き、算術能力を身につけた貴族の子ども達が入学し、書法、算術、文法などの他に税収法、会計なども学んだ。修学年数は最短で一年、一般には五年程度だったという。

　青木文教は一九一〇年代半ばの両校の様子を「ツェラプタは……常に五〇名内外の学生を収容し、ツィカンは……四〇名内外の学生を有し、どちらも貴族の子弟の入学するところである。ただし僧官養成所たるツェラプタの方には時々例外として平民の入学を許すこともあるが、平民は有位の官途に就く資格がない」と記している。その内容については「普通の学科目としては習字、暗誦、作文、算術の四種であるがその内最も重要なのは習字であって、次が暗誦である。ツィカン学校にては算術を必須の科目とし、ツェラプタ学校では寧ろ作文に重きを置いている。……学校の修業年限はおよそ三年としてある。進んで高等の科学を修めんとする者は特殊の私塾に進学する」とある。[22]

　一八、九世紀から一九五〇年前後までのウ、ツァンにおける教育状況を記した中国側の諸資料を、一九一〇年代半ばの青木の記述と照らし合わせると、生徒数、修学年数、授業内容に若干の違いがあるだけで、大差はない。一九五一年秋、人民解放軍がラサに進駐した時点で、ウ、ツァン地方にはチベット政府が俗官、僧官、医術や占星術者を養成するためにつくった学校が二〇校、私塾が九五校あり、これらの教育施設で約三〇〇〇人が学んでいたという。[23] ウ、ツァン地方における教育状況は、後述する新式教育の部分的導入を除いて、二〇世紀半ばまで基本的に大きな変化はなかったとみられる。

　なお僧官学校と俗官学校はいずれも、ラサ事件の起こった一九五九年に廃止された。[24]

［医学校］青木文教は触れていないが、医学校としてラサにゴムツァルリクチェーリンとメンツィーカン・ダツァンがあった。前者は一六九六年にチベット医学・暦学者のサンゲギャンツォがラサ郊外のチャクポリ山に建てた医学校で、一般にチャクポリ医学校と呼ばれている。後者は一九一六年、チベット医学者のケンラプノルブが、チベット医学と暦学を教える高等教育機関として開いたもので、例年七〇～一〇〇人程度の生徒が学んだという。[25] 同校の修学年数は三年、六年、九年の三つのコースがあり、チベット医学、薬学、天文、暦学を伝授し、習字や詩歌も教えた。同校の生徒は俗官、僧官学校と違って、みな平民の出身であったという。ラサの他にシガツェにも医学校があった。このチャクポリ医学校とメンツィーカンは、ラサ事件が起こった一九五九年、中国当局が両者を合併してラサ・チベット医院にするまで続く。[26]

（2）新式の教育

　ダライラマ一三世トゥプテンギャンツォ（一八七六～一九三三年）はインドに滞在中（一九一〇年～一二年）、学校教育の重要さを認識し、帰国後、留学生を派遣したり、新式の学校教育を興そうとした(27)。まず一九一二年から一三年の間にイギリスや日本に留学生を送り、その後一九一四年〜二三年にかけて、イギリスやインドに何度も留学生を派遣し、軍事、電気機械、電報、採鉱などの技術を学ばせた。一九三四年の統計ではチベット人留学生の数はウ、ツァン地方からイギリスへ五〇人、カム地方からフランスへ三〇人に達している(28)。また一九一八年頃、ツァン地方の各ゾン（県）に小学校を建て、身分を問わず、学校教育を受けることを望む子どもはすべて入学させるよう指示した(29)。その後各ゾンで小学校が建てられ（教員の給料は地方政府が支給し）、チベット人の子どもがチベット語の読み書きを学んだが、保守的な勢力の反対によって、これら小学校も長続きはしなかったという(30)。一九三四年にダライラマ一三世が死去して摂政政治が始まると、新式教育への試みは頓挫してしまった。

（3）回民学校

ウ、ツァン地方には、チベット人の学校でもなく、後述する外部勢力が作ったものでもない学校があった。回民《フイ》学校である。

チベットの回族は一一世紀頃にツァン地方に移住してきたムスリムの子孫で、数世紀にわたる歴史の中、現地のチベット人と婚姻関係を結び、現在その八割近くはチベット族の血を受け継いでいるという(31)。一七一六年には現在ラサにあるイスラーム大寺院が建てられた。代々ラサに住んできた回民は、信仰宗教が違う他は、生活習慣、言語などチベット族と同じだという。『当代中国的西藏（下）』は、一九一〇年、ラサのイスラム寺院が回民小学校を開き、ここではアラビア語によるコーラン、ウルドゥー語（現パキスタンの公用語）の他に、チベット語と漢語も教え、在校生は一一〇人ほどいたと記している(32)。馬光耀は、ラサの回民はアラビア語やコーラン、ウルドゥー語を教える私塾を開いていたが、一九一〇年代初めに、すべての私塾をラサのイスラム寺院内に集め、一つの学校にしたという。一九三一年、イスラム寺院の執事らが、この回民学校の中から四、五〇人の生徒を抜き出し、半日アラビア語を学び、半日チベット語や漢語を学ぶ半日学堂をつくり、一九三七、八年頃、この回民半日学堂の生徒が増えたため、チベット政府の通訳官の家を借りて、そこに学校を移した。一九三八年、後述する国立ラサ小学校が創立されると、イスラム寺院の回民学校と回民半日学堂はそこに生徒全員が転入して廃止された。

（4）外部勢力がつくった新式学校

清朝は一九〇六年から一九〇九年の間にウ、ツァン地方の靖西、コンポ（工布）、ダム（達木）、ロカ（山南）などに初級小学堂、藏文伝習所（漢人一〇人）、漢文伝習所、陸軍小学堂などの教育施設を一六ヵ所設立している(33)。これらはウ、ツァン地方につくられた新式学校だったが、チベット人のための教育施設とはいえない。清朝の駐藏幇辦大臣、聯豫が一九〇六年、ラサに初めてつくった初級小学堂は、チベット人には歓迎されず、結局入学したのは漢人の生徒三〇人だけだったという。一九〇六年、ダムに建てた小学堂では、漢語や算術を教えたが、これはモンゴル人官員の要請を受けたものだった。また一九〇七年につくった漢文伝習所と藏文伝習所では、チベット人三〇人に漢語を、漢人一〇人にチベット語を習得させたが、これも駐藏幇辦大臣の任務を円滑にこなすために必要な翻訳者を養成するためのものであった。

清朝に代わった中華民国は、結局一度もウ、ツァン地方に軍隊を進駐させることができなかったが、一九三四年、ダライラマ一三世の死去にあたって黄慕松《ファンムーソン》を弔祭使として派遣した際、チベット政府のカシャ（内閣）に中華民国の教育部が国立ラサ小学校を開校し、蒙藏委員会駐藏辦事処がそれを管理することを申し入れた。チベット政府はこれを許したものの、設置場所の選定や校舎の建築については全く便宜を図らず、民国側はとりあえず駐藏辦事処の二階に教室を設け、一九三八年夏に自力でやっと国立ラサ小学校を開校したという[34]。同校は一九四九年夏、チベット政府が国民政府の官員と漢人住民の退去を命じたのに伴って廃校となるまで続く[35]。開校当初は、同校の教員のほとんどが駐藏辦事処の官吏で、在校生は一〇〇人足らずだった。チベット人も通ったが数は少なく、回民と漢人の子どもが主で、ネパールの官吏の子どもなども通っていたという。前述した回民学校の生徒一一〇人という数字と対照すると、少なくとも開校当初の生徒はほとんど回民だったと思われる。授業はチベット語、アラビア語、国語（漢語）、算術、歴史、地理などで、チベット語はラマ僧が、アラビア語は寧夏から招聘したアホンが教えた（後に英語も加わる）。一九四〇年代になるとチベット語、アラビア語、漢語の三クラスに分かれ、生徒数は一九四〇年代前半に一五〇人、後半には三〇〇人に達したが、中退する者が後を断たず、国立ラサ中学の一一年の中で高級小学校卒業まで至った生徒は一二人だけだったという。

いっぽう二〇世紀前半、ウ、ツァン地方にはイギリス人が建てた学校もあった。一九一四年のシムラ会議の後、イギリスはギャンツェに士官訓練学校を建て、ダライラマ一三世はチベット軍の将校を送って近代的軍事教育を受けさせたという[36]。一九二一年には、イギリスの駐ドモ（亜東《ヤートン》）商務代理所のマクドナルド夫妻が私立学校を建てて、教会の援助を受けながら周辺の村のチベット人の子どもに英語や算術などを教え始めている。また一九二三年、ギャンツェで、一九四四年夏にはラサで英語学校（いずれも生徒は約四〇人）がつくられた。ラサ英語学校では、午前中に仏教経典の暗誦や修辞、正字法、算術、書法などを学び、午後に英語や算術を学んだという。しかし寺院の反対で、ギャンツェ英語学校は一九二六年、ラサ英語学校は開校後数ヵ月で閉鎖された[37]。なおこの他イギリスは、一九三四年にラサに無線電気技術学校も建てている。教育の近代化を目指したダライラマ一三世にとって、これらの学校はそのための手段であったと思うが、やはりチベット人自らの民族教育とはいえまい。

以上みてきたように、金沙江（ディチュ）以西のチベットは一九五〇年代まで事実上独立状態を保ち、その中で数世紀来の固有の教育システムを温存させていた。これに対し、東部カム地方では一九二〇年代も紛争が絶えず、中華民国が西康省をつくる中で、中国側の影響が徐々に浸透していった。再び視点をカム東部に移してみよう。

3 西康省の設立とチベット人教育

中華民国政府は一九二五年一二月に、川辺特別行政区を西康特別行政区に改めたが、当時この地方の大半はチベット軍の勢力下にあり、名目上のものにすぎなかった。一九二八年九月五日、国民党が中央政治会議第一五三会議で、熱河、チャハル、綏遠、西康、青海を省にすることを決めた時、西康だけは「条件が特殊なため、すぐに省を設立することができなかった」(38)のもそのためだ。西康省が実際に成立するのは、この決議から一四年後のこととなる。

一九二〇代、中華民国の勢力下にあった東部カム地方では軍閥間の紛争が絶えず、一九二七年七月、劉文輝《リウウェンフイ》率いる四川軍二四軍が西康の統治権を得るが、学校教育は顧みられず、一九二九年当時で小学校は九校、初級小学校が一八校あるのみだった。(39)

一九三〇年代に入ると、中国でいう第二次四川・チベット紛争（第二次川藏紛糾）が起こる。(40) 一九三〇年、金沙江（ディチュ）の東岸地域で大金寺とペリ（白利）土司の間で争いが起こり、前者にチベット軍が、後者に四川軍が加担し、八月にデルゲ（徳格）のチベット軍とカンゼ（甘孜）の四川軍が衝突したのである。チベット軍はペリから四川軍を撤退させ、カンゼを勢力下に置き、タルツェムドに進んだが、一九三二年にはチャムド付近まで押し戻され、停戦した。同じ頃、青海省のツォンカ（湟中）でも僧院の争いが起こり、チベット軍は一九三二年一月、四〇〇〇人の兵力をジェクンド（玉樹）に向かわせ、一時ジェクンドを勢力下に置いたが、一九三二年七月、回民軍閥の馬歩芳《マーブーファン》（国民党駐青海軍隊司令）が率いる国民党青海部隊の反撃を受けて、青海省から撤退した。チベット軍はその後、馬歩芳の軍と協同作戦をとった四川軍によってデンコク（鄧柯）で大敗し、一九一九年以来チベット軍が統治していたデンコクやセルシュ（石渠）を、今度は民国側が奪回した。四川軍はさらにチベット軍をダムゴ（炉霍）、カンゼ一帯から金沙江（ディチュ）へ向けて敗退させ、一九三二年七月にペリを占領し、続いてデルゲやペーユル（白玉）を占領した。両軍は一九三二年一〇月、講和を結び、この後、カンゼ・チベット地域は国民党の勢力下に置かれる。

こうして西康省の東半分を実質的に統治するに至った中華民

国政府では、一九三四年一〇月二〇日、蒙藏委員会が第一八七回常務委員会で、行政院に西康省政府の設立を求めることを決議し、同年一二月一五日、行政院は第一九二回会議で西康省委員会の設立を決め、一九三五年二月二日、「西康省設立委員会組織条例」を発布した[41]。一九三五年七月、西康省建省委員会が劉分輝を委員長として雅安で成立する[42]。

この頃中国共産党の方はというと、長征の過程で一九三五年、はじめてカンゼ一帯のチベット人と接触した段階だった。一九三六年二月、中国工農紅軍第四方面軍が北へ向かう途上でタウ（道孚）、ダムゴ、カンゼに入り、この三県を基盤に同年五月一日、リンチェンドルジ（仁欽多吉）を主席とする中華ソビエト共和国ポェ・パ（チベット人）政府を樹立させた。しかし中共軍が去った二日後、国民党がポェ・パ政府のチベット人メンバー四〇人を殺し、この政府は崩壊した[43]ことからも、当時この地域における中国共産党の影響力は一過性の局部的なものだったことが分かる。

国民党はポェ・パ政府を潰した翌一九三七年、日中戦争が勃発すると、西康党本部をつくり、国民党員が五人以上いる県にはすべて県党本部をつくるなど、この地域での基盤固めを進めた[44]。そして中華民国政府が重慶に遷都し、その勢力が西南地方に移ることによって、一九三九年一月一日に、西康省の設立が実現したのである[45]。西康省は寧区、雅区、康区の三地区を管轄した[46]が、金沙江（ディチュ）より西のチャムド地域は依然としてチベット政府の統治下にあり、中華民国は結局、地図上に描かれた西康省の東半分しか実行支配できなかった。国民党の長年にわたる西康省設立準備の基盤の上に、カム地方西部のチャムドを軍事的に支配して名実の伴った西康省をつくったのは、同省を国民党から引き継いだ中国共産党である。

一九三九年に西康省政府が成立すると、省府となった康定（タルツェムド）では学校の数も増え、民国期、最も多い時で各種小学校が一二六校あった。当時の学校は、例えば国立康定師範専科学校は寺院を改築したもので、省立康定中学は寺院の中につくられていたなど、寺院を利用したものも多かったようだが、在校生の多くは漢族の子どもで、チベット族は少なかった[47]。康区では定期的に競馬大会や南北チベット文カム語コンクールなどを開き、国民党西康省党本部にチベット語研究班を置くなどしたという[48]が、実態はよく分からない。

こうして一九四〇年代、カム東部では国民党の統治が強まっていく。日中戦争が終わる頃になると、一九四五年には中共の地下組織が指導する東チベット自治同盟が、カムと雲南との境界地帯（現在のデチェン自治州内）に遊撃根拠地をつくろうとしたり（デチェン事変）、パタンで東チベット民主青年同盟を組織するなど、中国共産党側の動きも表面に出てくる[49]が、まだまだ微弱なものだった。

日本の敗戦を経て始まった国共内戦では、西康省をなかなか設立できなかった国民党にとって、この地域が大陸最後の拠点となった。中華人民共和国が成立した一九四九年一〇月、国共内戦は終盤を迎え西南戦が始まり、一九五〇年三月二四日、人民解放軍が国民党西康省政府のある康定を占領するに至る(50)。こうした状況だったので、一九五〇年まで中国共産党が東部カム地方のチベット人の教育に関わることはなく、チベット軍が統治する西部カム地方のチャムド地域などでは、中共の組織も活動もなかった(51)のである。

国民党西康省政府を駆逐した中共は、一九五〇年四月二六日、西康省人民政府を成立させ、同年一一月下旬、西康省チベット族自治区をつくった（一九五五年三月、西康省チベット族自治州に改称(52)）。後述するように、同年一〇月には人民解放軍がチャムドのチベット軍を殲滅し、同地を占領し、一九五一年一月一日、チャムド地区を成立させている。**表7―2**は一九五三年の西康省とチャムド地区の民族別人口を示したものである。西康省は漢族が五五％、イ族が三〇％、チベット族が一四％の順で多いことが分かる。チャムド地区では漢族人口がゼロとされていることが目をひく。また『中華人民共和国行政区画手冊』によれば、一九五〇年の西康省の総人口は一七五万五五四二人(53)なので、三年間で約一六二万五五〇〇人増えたことになる。そのほとんどは漢族だろう。西康省はその後、全国人民代表大会第一期二回会議の決議により、一九五五年一〇月一日付けで廃止され、東半分が四川省に、西半分がチベット地方に組み込まれた(54)。これに伴って西康省チベット族自治州は、翌一一月に

表7―2　西康省、チャムド地区民族別人口（1953年）

民族名	人口	A	B	C
西康省				
総人口	3,381,064			0.6
少数民族総人口	1,534,676	45.4		4.5
漢族	1,846,388	54.6		0.3
チベット族	478,779	14.2	31.2	17.2
イ族	1,011,887	29.9	65.9	31.1
回族	9,881	0.3	0.6	0.3
リス族	7,360	0.2	0.5	2.3
モンゴル族	6,916	0.2	0.5	0.5
チャムド地区				
総人口	273,969			0.0
少数民族総人口	273,969	100.0		0.8
漢族	0	0.0		0.0
チベット族	273,969	100.0	100.0	9.9

A＝対省・地区総人口比（%）、B＝対省・地区少数民族総人口比（%）、C＝対各民族全国総人口比（%）
出所：国家統計局人口統計司・公安部三局『中華人民共和国人口統計資料彙編　1949－1985』中国財政経済出版社、1988年、916～917頁をもとに筆者作成。

現在の四川省カンゼ・チベット族自治州となったのである。

以上、現在のカンゼ地方の状況を中心に見てきたが、ここでガパにおける動向を簡単に捉えておこう。

4　ガパ地域における状況

清朝はガパ地方南部の小金川（一六五〇年）と大金川（一六六七年）で改土帰流を行って、直接統治していた(55)。そのため、これらの地域では、中国内地の影響はカム地方より大きかった

と思われる。いっぽう、南部の汶川、茂汶、リゾン（理県）、ツェンラ（小金）、大金の一部を除くガパ地方は、二〇世紀初頭までチベット人土司やチベット寺院が統治していたので、状況は異なる。一九一〇年代後半になると、ガパ地方東部では軍閥が混戦し、一九二〇年代には四川軍閥がガパ地方東部と南部を支配する。その後は国民党の影響力が強くなったと思われる。人民解放軍がガパを占領するのは、ラサ進駐の一年半後の一九五三年春のことである。

中共は一九三五年五月半ばに、紅軍第四方面軍がカンゼからガパに入り、後から来た第二方面軍と合流し、一九三六年八月下旬に甘粛省内へぬけ、また一九三五年六月半ばには第一方面軍が大雪山（夾金山）からガパ地方に入りツェンラ（小金）、トチュ（黒水）、ゾルゲ（若爾盖）を通って同年九月に甘粛省へぬけている。しかしこの地に基盤を残すことはできず、紅軍の去った後、一九三五年、国民政府はガパ地方の東部と南部を第一六行政督察区に組み入れ、一九三九年から国民党県党部をつくりはじめた。その後民国政府は、第一六行政督察区の軍事行政力が及ぶガパ地方の東部と南部で国民学校、辺民小学校、実験小学校など各種の学校をつくり、村単位で学齢児童の数を調べるとともに、入学委員会をつくって、チベット族の子どもを入学させるよう、各村の責任者に命じたりし、また蒙藏学校中学部や中央軍官学校夷生隊がこの地域の優秀なチベット族を入学させている[56]。このように、民国の統治区域ではある程度中国の教育システムと連動した教育事業が推進されたが、甘粛省、青海省と接するガパ地方北部は実質的にチベット人が統治していた。この地域はアムドに属し、カムよりアムドの影響を強く受けていたと思われる。

人民解放軍は一九四九年末に成都を占領し、四川省西北地域に向けて敗走した国民党軍を追って、一九五〇年の初めにガパ地域に向けて進軍し、一九五〇年九月までにガパ地方の東部と南部を勢力下に入れ、一九五二年夏までにガパ地方中部の黒水に拠った国民党勢力を掃討した。その後一九五三年三月、西北解放軍と西南公安部隊が北と南からガパ地方北部に進軍し、この地に拠っていた馬歩芳配下の馬良率いる国民党勢力を五月半ばまでに壊滅した。この戦闘の中で、ガパのチベット人勢力（ゾルゲのチベット寺院やガパの土官）は中共の支配下に入ることになった。

二　二〇世紀前半アムド地方のチベット族教育

アムドは、吐蕃王朝時代は吐蕃の地であり、清代には東北部が甘粛省西寧府、北部が青海モンゴル部、南部が玉樹（ジェクンド）など土司が統轄する地域に分かれていた。つまり、東北部は内陸一八省で、それ以外は理藩院が統轄する藩部だったのである。清朝は青海モンゴル部を青海左翼盟（一三旗）と青海右翼盟（一六旗）の二つに分け、欽差辦理青海蒙古番子事務大臣（青海辦事大臣、西寧辦事大臣）に統轄させた。(1) 中華民国政府は当初、西寧に青海辦事長官を置き、一九一五年これを甘辺寧海鎮守使に改めて青海をその所轄地区としたが、一九二九年に青海省を設立した。この時、旧西寧府所属の各県は甘粛省から青海省に編入され、西寧が青海省の省府となる。(2)

アムドのチベット人は、ウ、ツァンやカム地方と異なり、二〇世紀前半、中華民国との協力関係を築きながら学校教育の普及を図ってきた側面がある。その状況を整理してみよう。

1　清朝末期から北京政府時代

一九二〇年代までに新式学校がつくられたアムドの東北部には、楊《ヤン》土司が治めるチョーネー（卓尼）、青海辦事長官が置かれた西寧（シリン）、そしてラプラン僧院の三大勢力があった。一九世紀末から二〇世紀初頭にかけてこの三者がそれぞれ学校教育を興している。

(1) チョーネーの私塾と西寧の蒙番学校

清朝末期、甘粛省チョーネーに四書を教える私塾が一つあり、楊積慶《ヤンジーチン》土司(3)が土司衛門の業務——外部との連絡や文書の処理・作成——をこなす必要から衛門の職員の子ども達を入学させていた。この私塾が一九二二年、柳林小学校になるが、引き続き楊土司が管理し、在校生は六、七〇人でチベット人と漢人が半々だったという。これがチョーネーのチベット地域初の新式学校だといわれる。楊土司はチベット語の授業も設け、篠河沿岸の二、三〇里以内のチベット人部落は子どもを入学させるよう命じたが、住民たちは様々な理由をつけて入学免除を願い出たり、漢人の雇い人を身代わりに通わせたりしたという。同校は一九二八年に甘粛省政府が接収し、チョーネー第一区公立第一小学校となる。(4)

いっぽう甘粛省西寧府では、清朝末期の一九一〇年（宣統二年）、青海（西寧）辦事大臣が朝廷に上奏し、西寧の馬坊三聖廟に蒙古半日学堂をつくり、モンゴル王侯の子ども達を入学させた。(5) 中国では、これが青海の近代的「民族教育」のはじまりだといわれるが、一九二九年の青海省設置まで、西寧は甘粛省内に属していたので、一九二〇年代までにアムドでチベット人を対象に建てられた新式学校は、すべて甘粛省内にあったといえる。青海省設置まで青海自体には学校は設立されていない。蒙古半日学堂では主に三字経を漢語で教えたが、モンゴル王侯達は子どもが人質に取られたり、兵員にされるのではないかと恐れ、子どもを入学させたがらず、雇い人を代わりに通学させたりしたという。中華民国が成立すると、一九一二年に蒙古半日学堂は蒙番学校に改められ、この時から同校にチベット人の子ども通うようになった。同校は一九二四年、寧海蒙番師範学校、一九二六年に青海籌辺学校に改められる。青海籌辺学校は中学部と師範学科を置き、一般教科の他に辺疆事情、チベット文の授業を設け、青海とツァンの歴史、地理、民族、宗教、青蔵（青海とツァン）関係、川蔵（四川とツァン）関係などを講じたという。

（2）ラプラン僧院とチベット人文化促進会

ラプラン僧院はツォンカパ以来の大学者といわれるジャムヤンシェーパドルジェが一七〇九年に創建したもので、一八世紀以来、アムドのチベット仏教文化、学問の中心であった。アムドにはもう一つ代表的な僧院としてクンブム僧院（一五七七年創建）がある。この僧院はチベット仏教ゲルグ派の開祖ツォンカパ（一三五七年～一四一九年）の生誕地だが、その規模、影響力においてラプランの方がはるかに上回り、二〇世紀前半には、カム、アムド随一の大僧院となっていた。民国期の終りには、時輪（カーラチャクラ）学堂や医学堂など六つの学堂があり、五〇〇人の活仏、三六〇〇人の僧侶を擁したという[6]。

ラプラン僧院は、現在の甘南チベット族自治州北部にあたる地域を治める一大政治勢力でもあった[7]。これに対し、辛亥革命後に西寧の実権を握り、一九一五年に甘辺寧海鎮守使の座に就いた回民軍閥、馬麒《マーチー》は甘粛省南部への勢力拡大を図って、一九一六年のジャムヤンシェーパ四世死去後に起こった内紛に乗じて一九一七年、ラプランへ軍を進めた。ラプラン僧院所属のチベット軍は各地で抗戦したが、多くのチベット人兵士が戦死し、各地の仏教寺院が焼き払われ、ラプラン僧院は占領されたという。その後一九二〇年、リタンで発見されたジャムヤンシェーパ五世テンペーゲルツェン（一九一六～一九四七年）がラプランに入ると、その父ゴンボテンドゥプは、馬麒の軍隊を撤退させようと様々な手段を講じるが事態は好転せず、一九二五年四月にはチベット人約一万人が蜂起したが、逆に回民軍に鎮圧され、ジャムヤンシェーパ五世はラプランから避難せざるを得なくなった。

ジャムヤンシェーパ五世の兄、ロサンツェワン（黄正清《ファンジョンチン》）は事態を打開すべく、一九二五年秋、一〇人の代表を伴って蘭州に赴き、甘粛省督辦公署に惨状を訴えた。ここでこの問題への対応を引き受けた宣侠父《シュエンシャーフー》（国民軍第七方面軍総指揮部政治処党務特派員、中共甘粛特別支部員）[8]が、ロサンツェワンらに勧めて一九二六年、蘭州で設立させたのが藏民（チベット人）文化促進会だという。浙江出身の宣が浙江会館に場所を借り、そこに本部を置き、蘭州にいたチベット人の他に国民党員や学生も大勢入会した。

蘭州のチベット人文化促進会は、当初は社団組織として設立され、表向きは漢語や国内外の情勢について学習したり、唱歌を練習するといった活動をしていたらしい。ロサンツェワンを理事長とし、七四人の会員がおり、総務、教育、宣伝の三セクションを置いた[9]。しかし同会は、単なる文化団体ではなく、反馬麒闘争の活動拠点という性格も持っていた。そもそも宣はロサンツェワンに同会の設立を勧めるにあたって、抵抗を力あるものにし、チベット人の現状を変え、チベット民族の正当な権益を守るには、惨状を訴えるだけではなく、団結し進歩を図ることが肝要であり、その第一歩としてチベット人文化促進会をつくることを説いたという。同会の成立大会で、宣の同僚、銭崝泉は「チベット人文化促進会の文化とは、一つの民族の存続と独立進歩に必要な文化であり、同会は団結と進歩、そして闘争を促す会である」と述べ、ロサンツェワンは馬麒の軍隊によるラプラン進駐と殺戮行為を出席者一同に訴え、賛同を得た。

その後宣侠父は事態の解決のために自ら甘南へ赴き、ジャムヤンシェーパ五世と会見するなど精力的に動く。一九二六年六月にはロサンツェワンとともにラプランの惨状を伝える「甘辺藏民泣訴国人書」を書き、各地に貼り出すなど広報活動を展開し、同年末に国民軍第二師政治処長に任命されて西安に赴任すると、国民党の元老、於右任にラプラン問題を持ちかけ、於から甘粛省代理省長の劉郁芬に即刻解決にあたるよう指示してもらうことに成功。こうした運動の成果によって、一九二七年春に馬一族とラプラン側の協議が成立し、同年四月、馬麒の軍隊がラプランから撤退し、六月にジャムヤンシェーパ五世が戻った。それとともに当地にはラプラン設置局が置かれ、僧院の所領地域に夏河《シャーハー》県（サンチュ）が設置された。宣侠父の勧めで国民党に入党したロサンツェワンは、ラプラン保安隊司令に任命される。

馬麒の軍隊がラプランを去ると、蘭州のチベット人文化促進会は同年のうちに夏河（ラプラン）に移り、ラプラン藏民（チベット人）文化促進会（一九二七〜四九年）と改称する。同会は、当時いくつかあったチベット人文化促進会の中で最も長く活動し、影響力も大きいものだったといわれる。[10] その規約（一九三五年二月）によれば、同会は「チベット人の文化を促進し、教育を実施・普及させ、民族精神を発揚し、民族思想を刷新し、風俗習慣を改善する」（第二条）ことを主旨とし、「チベット人の各級学校を設立し、文化事業とチベット人の各種緊要な問題の研究を行う」（第五条）ことを活動内容とした。[11] 創立年（一九二七年）の八月にさっそくラプラン藏民（チベット人）小学校を設立している。同校はチベット人四〇人を在校生とし、すべて公費待遇でスタートし、チベット語、漢語、算数の三教科があったという。[12] ラプラン・チベット人文化促進会は一九三九年四月にはラプラン巡回施教隊[13]を設け、一九四〇年末には陌務、アムチフ（阿木却）に小学校を建てている。一九四一年には辺聞通信社を設立し、『辺聞通信』をチベット語と漢語で出し、前者は抗日戦争のニュースや国民政府の政令、国内外の情勢などを報じ、後者は漢族向けにチベット地域の文化や社会、経済状況を伝えたという。この他、同会は夏河県図書館、新聞閲覧所、体育場などの文化施設もつくるなど精力的に活動した。夏河、ヨンテン（永登）、臨潭、岷県などに分会もでき、それぞれの地域でチベット人小学校が建てられている。

中華民国期、アムドではカムほどチベット人と漢人の対立はなく、国民党政府はどちらかといえばチベット人及びラプラン僧院側に立って、西寧の回民軍閥との間を仲介したといわれる[14]。国民政府はジャムヤンシェーパ五世を甘粛省政府顧問に任命し、日中戦争が勃発するとジャムヤンシェーパ五世は戦闘機三〇機分の資金を国民政府に寄贈し、国民政府はその功績に応えてジャムヤンシェーパ五世を蒙藏委員会委員に任命するなど、協力関係も見受けられる。

2　南京政権(国民政府)時代

(1)　甘粛省による少数民族教育事業

甘粛省は、一九一七年に教育庁を設置し、学務科の下に学校教育係、社会教育係と並んで民族教育係を置いた[15]。筆者の知る限り、省レベルの民族教育を専門に扱う行政機関としては最も早いものだが、この機関が具体的にどんな働きをしたのかは全く不明だ。一九二〇年代までに甘粛省のチベット人地域に建てられた学校は、ほとんどチベット語の授業を行っておらず、チベット人に対する配慮も欠けていたという[16]。

甘粛省が少数民族教育にそれなりの注意を向けるようになったのは、一九二八年二月、国民党が第二期中央執行委員会第四会議で国民教育の普及を打ち出し、各省・市に義務教育委員会を設けるよう通知した後のことだといわれる[17]。この年同省は夏河県でチベット人小学校を建て、一九三二年には各県ごとに義務教育委員会を設けるよう命じ、チベット人地域の学校数は一九三三年夏河県で七校、一九三四年チョーネーで五校に増えている。

ただし学校は建てたものの、チベット人はなかなか通わなかった。一九三四年の報告では夏河県の学齢児童一八〇〇人中就学者は五六人(三・一%)、西固県では一万一五五五人中三四七人(三%)とごくわずかだった。臨潭県では八七二五人中二〇八七人(二三・九%)と比較的高いが、これはほとんどが漢人と回民である。

こうした実態を踏まえて、甘粛省教育庁はチベット人の就学率を高めるため、一九三四年一一月、三段階のチベット族教育推進計画[18]を立て、学校の教員にはチベット人の風俗習慣に通じた漢人を選任するという方針も盛り込んだ。

翌一九三五年、中華民国政府教育部が辺彊文化教育費を出すようになると、甘粛省はこれを資金として夏河、臨潭、岷県にチベット族小学校を一校ずつ(回民小学校は全部で七校)建てる。さらに同省教育庁は一九三八年、第四科——辺彊教育科を設け、省内のモンゴル、チベット、回民の人口と学齢児童の状況を調査し、それに基づいて翌一九三九年一月、チベット人初級小学校を七校(回民小学校を三三校)建てている。その結果一九四〇年には甘南チベット人地域の小学校と就学者数は、夏河で八校(三六七人)、チョーネーで一二校(五二六人)に増えた。

とはいえ、一九四一年現在、夏河県でチベット人を対象に建てた完全小学校三校の在籍者のうち、チベット人は二一%程度で、まだまだ漢人や回民が多数を占めていたという。ラプラン・チベット人小学校は一〇二人中四五人と半数近くがチベット人だったが、大夏街小学校は九九人中三人、一九四〇年にロサンツェワン夫妻のサポートで開校したラプラン女子小学校も、在校生八〇数人中チベット人は一〇数人だった。政府が強制的に就学させようとすると、チベット人は漢人を雇って身代わりに就学させたり（チベット人学校に漢人が多かったのはこの身代わり就学のせいもある）、春の学期始めはそれなりにいても、その後どんどん減るという状態が続いた。

当時甘粛省当局がチベット人を対象に建てた学校の中でどのような教育が行われていたか、その内実を伝える資料はほとんどない。ただ一九三九年秋、西固に建てられたチベット人初級小学校二校は、いずれも在校生が五〇人程度でチベット人と漢人が半々、教師はすべて漢人で、チベット人の子どもは入学後漢語ができないのでまず漢語を学び、漢語がある程度分かるようになったら、教科書を使って学んだという。カム、アムドに冠たる学問寺、ラプラン僧院のひざ元で、こうした学習効率の悪い学校へチベット人が通いたがらなかったのも無理はない。漢語を習得して立身出世を図ろうという者でなければ、こうした学校に通うメリットはなかったと思われる。

一九四一年四月、甘粛省はモンゴル、チベットなど民族地域の学齢児童の就学率を高めるために、地方行政教育会議の中で「辺疆地域の言語を学校の授業科目に加えるよう辺疆教育の各機関に通達する」、「辺疆学校経費を増やす」「特殊な教員〔非漢族の教員を意味する——筆者〕を養成する」など十条の決議を打ち出している。実際、臨夏国立西北師範学校が回文、チベット文、モンゴル文などを選択履修科目として開講するなど、少数民族語の授業を設ける学校もあったが、民族語や民族語による教育は、後述するチベット人が興した私立学校や寺院が興した学校には及ばなかった[19]。

（2）青海省の設置とチベット人学校の設立

一九二九年、青海省が設置されると、前述した青海籌辺学校は青海省立第一中学となり、その中に蒙藏班（モンゴル・チベット学級）が置かれる形になった。この蒙藏班をもとに一九三三年、青海省立蒙藏師範学校がつくられる[20]。

また青海省設置にともなって、ジェクンドに玉樹県が設置されると、同県県長が小学校を一校建て、翌一九三〇年から藏文学校と称するようになった[21]。この学校には当初八〇人の在籍者がおり、就学者各自に夏服と冬服のセットと毎月麦三桶が支給されたが、教員の多くは県府や玉防司令部、税務局の職員が兼任しており、一九三二年に中央チベットが派遣したチベット軍と回民軍が戦闘を繰り広げるなどの混乱もあって、一九三三年には在籍者五人に減った。その後玉防司令部がチベット人の部落ごとに一人ずつ入学させるよう命じ、蒙藏中心国民学校となる。

一九三一年、青海省は教育庁を設置し、省内に小学校をいくつか建てたが、多くは西寧を中心とした現在の海東地区にあり、チベット人で入学する者はほとんどいなかった。一九三四年の統計で学校教育を受けた者の数は、玉樹（ジェクンド）で三〇人、ゴロクではゼロだったという。民和（現在、回族土族自治県）では三四四七人、化隆（現在、回族自治県）では一六〇二人、循化（現在、サラール族自治県）では一二三一人、貴徳（現在、海南チベット族自治州）では一八八二人、共和（同前）では三七二人、同仁（現在、黄南チベット族自治州）では二〇〇人だったが、これらはほとんど漢人と回民であった。

青海省教育庁はモンゴル、チベット地域の統合を進めるべく一九三四年一〇月、「蒙藏教育推進の実施方法」を発し、毎年各学期ごとに、各地で子どもを選抜し、合計六六人を西寧に送って就学させる、これら児童のため教育庁は西寧に宿舎を建て、児童の服や食事は学校が支給する、など八項目の指針を定めた。しかしその後の青海省の財政難で学校の運営自体が難しくなったこともあり、規定どおりに実施されることはなかったという。

（3）チベット人による民族学校

一九三〇年代になると、甘粛省や青海省でチベット人が主体的に興した学校が現れるようになる。例えば、青海省大通県広恵寺の活仏、ミンドゥルは、一九三一年北平に赴き、そこで得た見聞から学校設立を思い立ち、一九三二年に寺院内にチベット人小学校を設けた。ミンドゥルが校長を務め、経費も自ら賄い、当初は生徒八〇人でスタートし、その後は一三〇人まで増えたという。一九三三年、青海省教育庁の管理下に置かれたが、年間経費の三分の二は依然として活仏個人が負担した[22]。

こうした学校は、中華民国という枠組みの中での民族教育という位置付けを受け入れながら、設立・運営されたといえる。またそれが国家に強要されたものではなく、チベット人自らが自発的・主体的に起こした学校であったため、官立の学校よりチベット人の就学率は高く、教育成果も高かったと思われる。以下、中でも有名なゴキャ僧院長の祁連山私立チベット人学校とシェーラブギャンツォの青海ラマ教義国文講習所を、学校設立の動機や教育内容、中華民国政府との関係などに注意しながら、みてみたい。

（a）ゴキャ僧院長と祁連山私立チベット人学校

甘粛省酒泉地区（現在、粛南ユーグル族自治県）馬楊寺のゴキャ僧院長（一八九七～一九四三年）、ロサンティンレーギャンツォは、度々漢族地域を訪れる中、政治や経済の分野でチベット人が漢人との平等を達成するには学校教育を興す必要があると考えるようになり、馬羅漢らとともに学校設立に乗り出したという[23]。蒙藏委員会河西調査グループの馬鈴稲の協力も得て、一九四二年までに祁連山私立慈雲寺小学校（一九三九年六月）、祁連山私立西藏寺小学校（同年九月）、祁連山私立馬蹄寺小学校（一九四二年八月）など六校を建て、ゴキャ僧院長の死後、一九四六年に建てた祁連山私立長溝寺小学校を合わせ、計七校となった。ゴキャ僧院長は、新式学校を興すことに対する周囲の不安や懐疑心を取り除くべく、様々な機会に信者に学校教育の意義を説き、現地の有力者を説得すべく奔走し、高僧をチベット語の教師とし、学校の運営状況を公開したりした。チベット語の授業は行っていたが、教育課程は中華民国政府教育部の規定に準じ、中華書局が出版した教科書を使っている。各校の経費は現地の租税で賄い、一九四〇年から蒙藏委員会や教育部が各校に補助金を出すようになった。こうしてゴキャ僧院長の興した学校は周囲の理解と支持を得て発展し、一九四二年時点で六校に一七〇人が通うまでになり、卒業後、国立粛州師範学校に進学する者も多かったという。

（b）シェーラブギャンツォと青海ラマ教義国文講習所

一九三六年、青海省循化県のゴロ（古雷）寺の高僧シェーラブギャンツォは、西寧藏文研究社の創設者である黎丹《リータン》[24]に伴われ、チベットからインド、香港、中国南部の沿海地方を見てまわった[25]。

シェーラブギャンツォ（一八八三年～一九六八年）は循化の出身で、一九〇四年にツァンに入り、一九一五年にガラムパ――ゲシェ（博士）のうち密教の教義論議に勝った者に与えられる称号――となり、ダライラマ一三世に重用され、ダライラマ一四世やアボ・ガワンジクメに仏典を講じたり、ラサ三大寺院のゲシェに対する講義を担った高僧である。一九四七年、蒙藏委員会の副委員長になり、中華人民共和国成立後も青海省副主席、文教委員会主任、西北民族事務委員会副主任、中国仏教協会会長、中国仏学院院長などを兼任している。

前述した旅を経て南京に着いたシェーラブギャンツォは、国立中央大学や北京大学、清華大学、武漢大学、中山大学に招かれ、仏教学とチベット族文化に関する講義を行った。ここで得た体験から、チベット地域で先進的な科学技術などを教える職業学校の設立を思いたったという。おりしもシェーラブギャンツォの出身地、父老郷では回民軍閥、馬歩芳が定めた兵役法により、毎年五〇人の青年を兵役に出すことを求められ、住民が苦境を訴えていた。シェーラブギャンツォは国民党教育部に自分の故郷で職業学校を興したいと申し出て、また開校にあたっては生徒を確保するため、当地に課せられた毎年五〇人の兵役義務が免除されるよう国民党政府に頼んだ。一九四一年秋、国民政府はこれを認め、学校名を青海ラマ教義国文講習所とし、シェーラブギャンツォを所長に任命する。資金面では国民政府教育部が四分の三を、寺院が四分の一を負担したという。こうして一九四二年二月、循化県のゴロ寺の中で青海ラマ教義国文講習所が開校した。

同講習所はチベット仏教の教義と現代教育の教授を合わせも

った学校で、年齢に応じて、壮僧クラス（二一歳以上）と童僧クラス（八～二〇歳）があり、合計九〇人、前者はチベット語文法、講演の二教科と仏教経典を学び、後者は国文、チベット文などを学んだ。就学者はみな僧侶で、午前中は学校の制服を着て授業を受け、午後は仏教関係の務めに従事したという。

ゴキャ僧院長やシェーラブギャンツォの学校設立の動機をみると、第二章でみたモンゴル人のグンセンノロブの教育振興活動と通じるものがあるように思われる。その意味でまぎれもなくチベット人自らの手による学校教育の振興であった。

当時チベット人の手によって興された代表的な学校としては、国立ラプラン寺青年ラマ職業学校もあった。同校はジャムヤンシェーパ五世が国民党中央に設立を申し出て、一九四五年四月に開校したもので、ジャムヤンシェーパ五世が初代校長を務め、初年度で一〇〇人の青年僧が就学した。普通科と職業科があり、国文、チベット文の他一般教科を教えたが、一九四七年四月、ジャムヤンシェーパ五世が没すると廃校になった[26]。

前記の四者はいずれも僧侶が起こした学校だが、朱福南《ジューフーナン》（パンチェン駐南京辦事処の初代処長、蒙藏委員会委員）が興した学校もあった。青海省民和県出身の同氏は一九三三年、青海からチベット人やモンゴル人（現在の土族《トゥ》）の学齢児童四〇人をパンチェン駐南京辦事処附設の補習学校に就学させ、その後蒙藏学校に入学させるとともに、一九三四年には出身地の民和県に官亭中心小学校を一校建てた。同校は国民政府規定の教科課程の他に、チベット語の授業を設けていたという。朱福南は一九三六年、官亭付近のチベット人やモンゴル人の住む地域に、蒙藏初級小学校六校と官亭女子小学校を建ててもいる[27]。

アムドの東部は歴史的に北京の政権や漢人と深く関わり、それらとの関係で当地の命運が決まってきたという側面があるといわれる[28]。以上みてきたチベット人学校の振興も、その歴史的な要因の故に、ウ、ツァンやカムとは違う軌跡をたどったのであろう。

（4）馬軍閥と青海省モンゴル・チベット文化促進会

青海蒙藏（モンゴル・チベット）文化促進会は、青海省のロサンチャンチュプ（チベット族）、阿福寿（モンゴル族）らが設立を要請し、蒙藏委員会がこれを認可して一九三三年七月に成立したものである[29]。創立の背景にはパンチェンラマ九世の働きかけがあったともいわれるが[30]、確かなことは分からない。結果をみると、同じ文化促進会でも、前述したラプラン・チベット人文化促進会とはかなり性格が異なっていたといえる。青海省を支配した回民軍閥の影響を強く受けたためだ。

甘粛省臨夏出身の回民軍閥、馬麒《マーチー》は清朝末期、西寧分統の座にあったが、辛亥革命が勃発するとこれを支持し、中華民国成立後はその功績を認められて西寧鎮総兵、続いて甘辺寧海鎮守使となり、西寧の実権を握った。馬一族は馬麒（一九一二～三一年）、馬麟《マーリン》（馬麒の弟、一九三一年～三六年）、馬歩芳《マーブーファン》（馬麒の息子、一九三六〜四九年)[31]の三人にわたって青海を支配し、一九二九年の青海省設置後も中華民国政府の統治や監視は十分及ばなかったという。馬軍閥の勢力は馬歩芳の時代に最盛期を迎え、同氏は青海省政府委員から同省政府主席、国民党中央監察委員、西北軍政長官へと要職を上りつめ、青海のあらゆる職権を掌握した。馬軍閥が政府や軍部の役職の任命、昇進の決定権を一手に握り、一九三八年までは省の財政収支を中央政府に報告することも、査察を受けることもなかったという[32]。

蒙藏文化促進会も例外ではなかった。設立を願い出たロサンチャンチュプ、阿福寿、補建昌、華宝藏、シャルワ、陳栄ら一五人は理事となったが、馬歩芳が理事長に就いている。一九三四年、同会が西寧に建てた蒙藏学校は、設立当初はロサンチャンチュプが校長だったが、同校をもとに一九三七年、蒙藏中学とその附属小学校がつくられた時には馬歩芳が校長となり、ロサンチャンチュプは副校長に転じた。またラプラン・チベット人文化促進会の場合、パンチェンラマ九世が同会所属の学校と図書館に銀一〇〇元を寄付する(一九三六年七月)などし、チベット人自身が支える会という性格が強かったが、青海モンゴル・チベット文化促進会の予算は、当初から国民政府が拠出する辺疆教育費で賄われていた。本部の設置場所も前者が僧院の中であるのに対し、後者は西寧の演舞庁の中だった。チベット人やモンゴル人の影がうすい。

同会の主旨は「三民主義を宣伝し、モンゴル・チベット同胞を覚醒させ教育の普及を図る」こととされ、「モンゴル、チベット語の学習、及びモンゴル・チベット教育の推進」を活動内容とし、総務と組織訓練、編集翻訳の三セクションを置き、具体的には教育や訓練、教科書づくり、翻訳などの活動を行った。ラプランより国民教育的色彩が強く出ているといえよう。

この文化促進会の中で、ロサンチャンチュプら会の創設メンバーと馬歩芳がどのような関係にあったかは分からない。多くのチベット人を殺し、寺院を焼き払った馬軍閥の首領をよく思っていたとは思えない。他にやりようがなかったというのが実状だと思う。馬歩芳側も一般に言われているように、ただただ圧政につぐ圧政を続けていたとも思えず、権力が拡大し、基盤が安定するにつれ、力押しではない統治に傾斜していったとも考えられる。

その一端が回民教育への力の入れように表れている。馬歩芳は蒙藏学校の教育経費を軍事費に転用したといわれるが、回民の教育には非常に力を注いでいた。逆にいえば、文化・教育促進事業におけるモンゴル、チベット人の位置付けは、常に回民の二の次にまわされたとも考えられる。筆者の手元には、回民教育とチベット人教育の関係を直接知ることのできる資料はない。しかし前者は後者に、直接的にしろ間接的にしろ影響を与えていたと思われる。

中国の回民は一九一二年、「国内の回民が連合し、回教の教義を発揚し、回民の知識を向上させ、回民の福利を増進する」

ことを主旨とし、北京で馬隣翼（中華民国政府教育部次長）を会長とする中国回教倶進部を設立し、寺院教育の改革、新式回民教育の振興を図ったり、書籍や定期刊行物を発行するなどの活動を始めていた[33]。清朝時代から各地で凄惨な迫害を受けてきたことが、より団結を高めさせたのだろう[34]。その後中国各地で同会の支部や分会ができ、西寧にも寧海回教促進会が設立された。その時期は分からないが、一九二二年五月二七日には西寧で、寧海回教教育促進会が馬麒を会長として成立している[35]。一九二九年に青海省が設置されると、同会は青海省回教教育促進会となり、一九三一年、馬歩芳が会長に就いた。つまり青海ではモンゴル・チベット文化促進会よりずっと前から、回教教育促進会が活動を展開していたのである。

青海省回教教育促進会は一九三〇年代半ばまでに、西寧、門源、大通、民和、互助、同仁、共和、湟源、化隆、循化、楽都、貴徳、ドラーン、祁連に分会を持ち、会員数五五三八人、附属学校九七校（初級小学校八〇校、完全小学校一六校、中学一校）、年間予算一五万九五一二元という規模になった。蒙藏文化促進会よりはるかに大きい。これらの学校は資金的にも優遇されており、化隆県では一九三四年、県立学校二一校（在校生一二七五人）の年間予算が四三一四元に対し、回教教育促進会所属の小学校一〇校（在校生七七二人）の予算は一万九二八〇元であった。青海省で回民の教育がいかに重視されていたかがうかがわれる。これら回民学校では国民政府教育部の小学校教育課程に準じた教科課程を組んでいたが、アラビア語とイスラーム教教義の授業が週に一、二時間ずつあったともいう。青海省回教教育促進会は一九三二年に附属中学を設立し（一九四〇年に昆侖中学と改称）、同会所属の学校は一九四五年時点で完全小学校八五校、初級小学校二四五校（両者合わせて在校生一万一四〇七人）、中学三校（在校生四〇〇〇人）という規模にまでなっている。

これら回民学校の卒業生は、馬歩芳にとって自らの統治をより強固なものにする上での貴重な人材であった（少なくとも馬歩芳はそれを期待した）と思われる。それはモンゴル、チベット人に対しても同様に言えることだった。回民学校には及ばないものの、前述した西寧の蒙藏中学とその附属小学校は寄宿制の学校で、生徒の家族の宿舎を整備し、生徒の食事と宿舎を支給し、完全公費制でモンゴル、チベット族の子どもの入学を勧めている[36]。同校には王侯や富裕者の子どももいたが、ほとんどは一般庶民の子どもであり、在校生は多い時で三〇〇〜四〇〇人に達したという。チベット語の授業も行っており、サンゲギャンツォ（後の中華人民共和国の青海省教育庁副庁長）らが教壇に立っていた。卒業生は教育に携わったり、国民政府の通訳・翻訳職員になった者もいるという。

モンゴル・チベット文化促進会は、一九三七年までに湟中（ツォンカ）、化隆、楽都、互助、門源県で蒙藏小学校を一五校設立している。これらの学校では漢文、算数などの他に、週四時間のチベット文の授業を設けていたが、一九四〇年代に入って経費が不足し次々に廃校となった[37]。馬歩芳が教育経費の多くを軍事費用に転用したためだといわれる。

清朝末期の蒙古半日学堂の流れをくむ青海省立蒙藏師範学校も、一九四四年大通に移転されて大通師範学校と改称し、一九四六年に青海省立西寧師範学校に吸収合併された。同校にはモンゴル族やチベット族の生徒はほとんどおらず、「蒙藏教育」を経費を得る名目に使っていただけだったという[38]。

いっぽう蒙藏文化促進会が建てた西寧の蒙藏中学は、一九四〇年に青海省地方行政幹部訓練団に編入され、その蒙藏語文班となり、一九四二年同訓練団とともに回教文化促進会の附属中学、昆侖中学に吸収・合併された。馬歩芳は毎年教育部や蒙藏委員会に辺疆教育費や補助費を申請する際、書類上「蒙藏中学」の名義を使って資金を得ていたという[39]。蒙藏教育経費で回民学校の経費を補充していたともいえる。

一九四三年、モンゴル・チベット文化促進会は各学校の運営を各県に任せ、会の本部をジェクンド専員公署の中へ移した。表向きは、青海省東部のモンゴル、チベット地域では学校教育の振興を一定程度達成し基盤ができたという理由だったが、国民政府教育部が青海省視察に職員を派遣すると聞いて、内実を知られるのをさけるためだったともいわれる[40]。ジェクンドに移ってからも引き続き国民政府の辺疆教育費を受け取ったが、一九四三年から四五年の間に同地などで蒙藏中心国民学校を二校、蒙藏国民学校を四校（青海省の蒙藏小学校は一九四〇年、中心国民学校と国民学校に分けられた）新設した以外、さしたる活動はしていなかったという。

蒙藏文化促進会が設立した学校は一九四五年時点で蒙藏中心国民学校が一三校、蒙藏国民学校が四八校であった[41]。前述した回教文化促進会の学校数との差は歴然としているものの、学校教育の一定の基盤はできていたといえる。中華人民共和国成立後、青海省は一九五〇年七月下旬に開いた第一七回行政会議で、少数民族が集まり住む地域で民族小学校を一、二校復活、充実させることを決議している[42]。同国成立直後より、一九四〇年代半ばの方が少数民族学校は多かったことがうかがえる。

蒙藏文化促進会のメンバーは様々な制約を受けながらも、青海省におけるモンゴル人、チベット人の教育を一定程度振興させた。一九五〇年代、青海省の民族事業をリードしたチベット族の中には蒙藏中学の卒業生が少なからずいたという。また後述するように、中華人民共和国成立後、青海省で中央チベットより早くチベット語による教科書が揃えられたが、それは同国成立後、青海省の教育庁副庁長となるサンゲギャンツォ（一八九六～一九七二年）が、一九三七年に青海モンゴル・チベット文化促進会の理事になり、蒙藏中学でチベット語を教え、チベット語の教科書を編さんするなど、民国期すでに積極的に活動していたからである。

三　チベット地方／自治区の教育をめぐる状況――一九五〇～七〇年代

ウ、ツァンは一九五一年五月の一七条協定によって中華人民共和国の「チベット地方」となり、一九六五年九月一日にチベット自治区が成立した。

現在チベット自治区となっている地域で、中共政権が初めてつくった学校はチャムド小学校（一九五一年三月開校）である。その後一九五二年八月にラサ小学校が開校し、一九五六年九月にラサ中学が開校している。それはまさに中華人民共和国のチベット統合の過程に沿って行われた。以下この三つの学校の設立とそれを取り巻く社会状況を追いながら、一九五〇年代から七〇年代までのチベット地方／自治区における教育状況をとらえてみたい。

1　人民解放軍のチベット進駐

一九四九年三月、中共中央は第七期二中全会で、第一野戦軍が青海、新疆、陝西、甘粛省、第二野戦軍が雲南、貴州、四川、西康省の「解放」を受け持つことを決めた。[1] この段階でチベットは含まれていなかったが、その後毛沢東《マオザートン》は「チベットは人口は少ないが、国際的に極めて重要な地域である」との意向を示し、一九四九年九月二日、新華社の「外国の侵略者が中国の領土……チベットを併呑するのを決して許してはならない」と題する社説を通じて、人民解放軍がチベットを含む全領土を解放しなければならないとの意思を表明した。毛沢東は一九四九年一〇月一三日、チベット統治の任務を西南局の第二野戦軍に命じ、同年一二月末になると、モスクワへの途上で「チベットに進軍するのは早いほうが良く、遅れるとまずい」と指示し、[2] 一九五〇年一月二日、モスクワから中共中央へ打電し、西南局にチベットへの進軍を命じている。

しかしチベットへの進軍にはまとまった数の部隊が必要である上、部隊の物資補給経路も確保されておらず、チベットへ行く道路もなく、これらをつくりあげることから始めねばならなかった。[3] さらにチベットは中共にとって「全国で唯一、共産党の地下組織が全く存在しない地域」であり、「チベットへ進軍するにも軍用地図がなく、進軍しながら地図をつくる」という状態だった。また四川省西部＝東部カム地方には人民解放軍の進軍を阻止する敵（おそらく国民党の残存勢力）がおり、チベット中央部への進軍途上で、同軍は「一九五〇年三月から九月までに九万八〇〇〇人の敵を殲滅した」という。チベットへの進軍はこうした様々な障害があって、すぐに実行できるものではなかったのである。

この間チベット政府は一九四九年末、イギリス、アメリカ、インド、ネパールの各政府に対し、人民解放軍のチベット進軍停止を勧告してくれるよう求め、また一九五〇年初めにはこれ

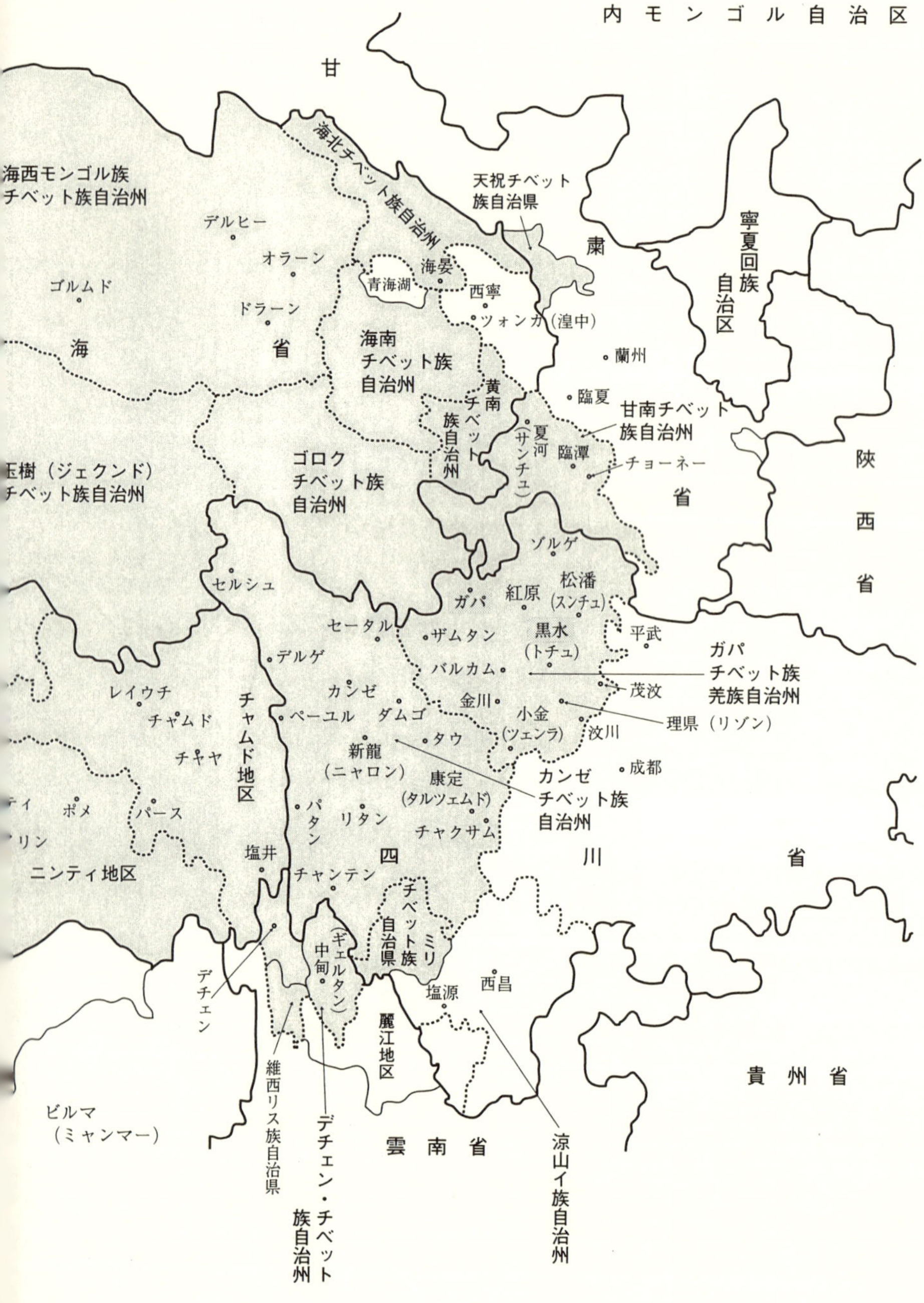
内モンゴル自治区
甘
粛
海北チベット族自治州
天祝チベット族自治県
寧夏回族自治区
海西モンゴル族チベット族自治州
デルヒー
オラーン
ゴルムド
ドラーン
青海湖
海晏
西寧
ツォンカ（湟中）
海
省
海南チベット族自治州
黄南チベット族自治州
蘭州
臨夏
甘南チベット族自治州
夏河（サンチュ）
臨潭
チョーネー
陝西省
玉樹（ジェクンド）チベット族自治州
ゴロクチベット族自治州
省
ゾルゲ
セルシュ
松潘（スンチュ）
紅原
ガパ
セータル
ザムタン
黒水（トチュ）
平武
デルゲ
バルカム
ガパチベット族羌族自治州
茂汶
レイウチ
カンゼ
金川
チャムド
ペーユル
ダムゴ
小金（ツェンラ）
理県（リゾン）
チャヤ
チャムド地区
新龍（ニャロン）
タウ
汶川
成都
康定（タルツェムド）
カンゼチベット族自治州
ティ
ポメ
パース
パタン
リタン
チャクサム
リン
ニンティ地区
塩井
四
川
省
チャンテン
ミリチベット族自治県
中甸（ギェルタン）
デチェン
西昌
塩源
麗江地区
貴州省
維西リス族自治県
ビルマ（ミャンマー）
雲南省
デチェン・チベット族自治州
涼山イ族自治州

地図7–2　チベット族の自治地方

出所：地図A注『中華人民共和国行政区画簡冊』59～63、67～83頁他をもとに筆者作成。地名の片仮名表記
　　　石濱祐美子氏のご教示による。

らの国へ特使を派遣しようとしたが、アメリカの受け入れ許否にあって、実現しなかった(4)。いっぽう中共はチベット政府が人民解放軍を受け入れるよう勧告する使節として、一九五〇年三月末、四川省から志清法師（密悟法師）を、五月初めに青海省からタクツェル・リンポチェ（本名トプテンノルブ、ダライラマ一四世の長兄でクンブム寺院の院長）を代表とする「青海省各寺院チベット平和解放勧告代表団」を、七月上旬には西康省からゲータル（格達）活仏（西康省人民政府副首席）をチベットへ向かわせたりしている(5)。

これらの使節がラサに着かぬまま、毛沢東は一九五〇年八月二三日、西南局に宛てた電報で「一〇月のうちに、チャムドを占領」するよう指示した。人民解放軍は同年一〇月七日、金沙江（ディチュ）、怒江、瀾滄江の三方面からチャムドに入り、チベット軍の主力部隊五七〇〇人余を殲滅し、一〇月一九日にチャムドの市街地を占領する(6)。この時捕虜となったチベット軍の総司令官（東チベット州知事）アボ・ガワンジクメは、その後チベット政府代表として北京で一七条協定を締結することになり、現在は全国人民代表大会の副委員長を務めるに至っている。

チャムドを占領した中共は、これを西康省に組み入れ、同省のチャムド地区(7)とし、翌一九五一年一月一日、中華人民共和国はチャムド地区人民解放委員会をつくって政務院の指導下に置いた(8)。これと前後し、一九五〇年一二月に開かれた西康省チャムド地区の第一期人民代表大会で、同地区で学校をつくることが決まり、一九五一年三月に中共政権の手による金沙江（ディチュ）以西初の学校、チャムド小学校が開校している。その後チャムド地区では一九五二年までに小学校が一二校つくられた(9)。一九五〇年代初頭、これらチャムド地区につくられた小学校では、チベット語で各教科を教えていたという(10)。

チャムド戦でチベット軍が人民解放軍に敗れた結果、チベット政府は一九五一年五月二三日、中華人民共和国政府と一七条協定(11)を結ぶことになる。この協定によって、チベット政府とパンチェン会議庁は同国の地方政権となり、中央人民政府はラサに駐チベット代表を置いた(12)。この後一九五九年まで、中共はチベット政府を「チベット地方政府」と呼ぶ。人民解放軍は同年九月九日先発隊を、一〇月二六日に張国華《ジャングオファ》、譚冠三率いる本隊をラサに入城させ、同年一二月一九日、ラサで中共チベット工作委員会が発足している(13)。

2　ラサ小学校の創立

国民党の国立ラサ小学校は、実質的にはラサのイスラーム寺院の回民学校や回民半日学堂の生徒を基につくったもののように思われるが、中国共産党がラサに最初につくった学校も回民学校だった。ラサの回民たちは国立ラサ小学校の廃校後、そこに通っていた回民の生徒を収容するためにイスラーム寺院のアラビア語クラスをつくっていた。これを一九五一年一〇月下旬、ラサに入った人民解放軍が回民学校に改め、チベット進軍先発隊の政治部から教師を派遣している(14)。

中共チベット工作委員会がラサ小学校の設立を決めたのは一九五二年二月、同校が開校したのは同年八月一五日である(15)。当時はまだ中央チベットの政権を、チベット政府が掌握しており、中共中央はラサに学校をつくるにあたって非常に慎重だったという(16)。それはラサ小学校の重々しい役員人事にも表れている。

ラサ小学校には最高指導機関として、張国華（中共チベット工作委員会副書記、チベット軍区司令）を理事長とし、六人の副理事長、一〇人の理事からなる理事会が設けられた(17)。副理事長には、ガンデン座主ロサンイェーシェー（活仏、ダライラマ一四世の侍講）、ラプカシャ・プンツォクラギェル（カシャ〔チベット政府〕のカルン〔大臣〕、チベット軍総司令、チベット軍区副司令）、アボ・ガワンジクメ（カシャのカルン、チベット軍区第一副司令）、プンツォクワンゲル（中共チベット工作委員会委員、編集審査委員会主任）、林亮（漢族、中共ラサ市委員会書記）らがなり、理事にはツェワンリンチェン・ジャサク（後にカルン兼チベット軍司令、チベット軍区副司令）、ソナムワンドゥー（一七条協定調印時の代表、後にチベット軍総指令）、ケンチュン・トゥプテンテンダル（チベット政府ケンチュン〔僧官書記補〕、一七条協定調印時の代表）、チャンラデン・ソナムゲルポ（学者、ポラネー王の後裔）、プンツォク（チベット政府リムシ〔四品〕、貴族、富豪パンダ家の親戚）、トンドゥプツェリン（インドへ留学した電機エンジニア、チベット政府リムシ）、李安宅《リーアンジャイ》（漢族、もと華西大学教授）、陸一涵《ルーイーハン》（漢族、中共チベット工作委員会宣伝処処長）、ドルジツェテン（中央民族委員会チベット民組組長、国務院チベット科学工作隊社会科学組副組長）らが入っている。

また校長と副校長が三人ずつ置かれ、ガンデン座主ロサンイェーシェーが第一校長、ラプカシャ・プンツォクラギェルが第二校長、ケンチュン・トゥプテンテンダルが第三校長に任命され、チャンラデン・ソナムゲルポが第一副校長、李安宅が第二副校長、陸一涵が第三副校長となった。教員は、カシャ(18)が派遣した僧官（ツェドゥン）が約一〇人と俗官（シュドゥン）が六、七人、チベット入りした共産党員二〇人（職員を含む）、その他一〇人からなっていた。このようにラサ小学校は創設当時、理事長や校長に中共チベット工作委員会とチベット仏教界の上層部の人物をあて、学校の指導員や教師には中共幹部と寺院のラマ僧、チベット族の知識人が混在していたという(19)。

ドルジツェテンは理事会と校長の人選が適切だったため、ラサ小学校の設立に反対する人々も公的に反対できなかったとして、こう述べている。「当時の状況では、三大寺院に代表される宗教勢力とチベット軍がラサ小学校設立に反対する可能性があったが、ロサンイェーシェーとトゥプテンテンダルを第一、第三校長に据えたため宗教界を抑えることができ、プンツォクラギェルを第二校長に据えたので、チベット軍の中の反対勢力も軽挙妄動に走ることはなかった」。校長のロサンイェーシェーやトゥプテンテンダルは、通常はチベット寺院やチベット政府におり、学校には時々来るだけだったという[20]。前述の理事会役員をみると、三人の校長はすべて兼任で、専任になれるのは副校長の李安宅とソナムゲルポだけだ。校長と副校長を合わせて六人も置かねばならなかったのは、こうした戦略上の理由からだったとみられる。

ラサ小学校の設立が決まった頃のラサ市では、中共とチベット族住民の摩擦が高まっていた。一九五一年の秋から五二年の春にかけて人民解放軍の駐屯部隊が膨れ上がるにつれ、ラサ市内の食糧事情や住宅状況が悪化した。生活を圧迫された市民は中共の警告を無視して抗議集会を行い、その声をミマン・ツォンドゥ（人民会議）としてまとめ、人民解放軍の撤退などを求める運動を展開し、中共と対立したのである。政府レベルではチベット軍の人民解放軍駐ラサ部隊への編入をめぐって、中共チベット工作委員会と俗官首相のルカンワ、僧官首相のロサンタシが対立し、両首相は罷免に追い込まれた[21]。毛沢東は四月六日、「チベット工作方針に関する指示」を出し、中共チベット工作委員会に対し「今回の請願を事実上（フォーマルにではなく）受け入れて、（一七条）協定の実行を延期する」との譲歩を指示した[22]。中共がラサ小学校設立に慎重だった背景には、こうした状況があったのである。同校にチベット政府が僧官や俗官を教師として派遣するのを中共が認めたのも、当時チベット政府内部に子ども達が「赤化」されることを憂慮する声が強かったことに対する配慮だったという[23]。

では次にラサ小学校の授業内容をみてみよう。ラサ小学校では創立当初、チベット語、算数、自然、政治などの教科をすべてチベット語で教えていた。理事会は、チベットの私塾と同様に、ラサ小学校でも毎朝学習の前に読経の時間（二〇分）を設けることを決めた。また毎週土曜日の午後に、全校生を対象に「宗教基礎知識」を教える時間も設けたという[24]。

こうした措置は、中共にとって一時の「戦略的譲歩」であったという。王隆駿《ワンロンジュン》（一九五六年チベット自治区準備委員会の文教局に赴任）はこう回想している[25]。「学校を設立する際、チベット政府は学校で読経の時間を設け、仏教行事がある日はそれを行うよう求めて譲らなかった。私達は民衆の宗教的迷信がまだとても濃厚な時には、単純に行政命令で学校における宗教的活動を取り消すのは、民族感情を害するばかりか、宗教的な感情に油をそそぐことになると考え、宗教信仰が学校に入ってくる問題について……戦略上必要な譲歩を行った」。読経の時間は一九五八年に取り消される。

その譲歩の一方で、中共は国民統合のための教育も盛り込み、政治の授業では中共や毛沢東、人民解放軍の業績やチベットは祖国の不可分割の一部分であること、一七条協定の内容などを教えさせ、以前国立ラサ小学校に通っていた者には毎週数時間、漢語を学ばせている[26]。

またラサには漢語のできるチベット族はほとんどいなかったから当然だが、今と比べると一九五〇年代はチベット語が教育のあらゆる面での第一言語だった。一九五〇年代、チベット入りした漢族の共産党員は率先してチベット語を学んだという[27]。ラサ小学校の設立に伴って、同校の分校となった回民学校でも、上級機関が学校の責任者と職員はみなチベット語の読み書きを学ぶよう指示し、現地の回民教師、馬敏達がチベット語教師となった。こうした中で、当時は漢族教師も、多くがチベット語で流暢に会話ができ、チベット語の読み書きを習得した者もいたという[28]。

こうしてラサ小学校をスタートさせた中共は、これを足がかりにして翌一九五三年五月二三日の「チベット平和解放二周年」に合わせ、シガツェをはじめとする一四地域に、小学校を二八校建てたのである[29]。

中央チベットでは、一九五三年三月までに局部的な反乱が何度も起こったという[30]。ただし、ダライラマが中共の要求を受け入れて、ルカンワとロサンタシを罷免し、毛沢東がチベット中央部における「社会改造」の延期を指示するという妥協をしたことによって、中央チベットでは、ラサ小学校ができた一九五二年半ばから、ラサ中学ができる一九五六年半ば頃にかけて、一時的に小康状態が訪れた。この小康状態のうちに、中国はチベット統合のための事業を次々に進める。政治機関としては一九五四年一一月、チベット自治区準備委員会の準備グループがつくられた。一九五六年四月二二日から五月一日、ラサで同委員会の成立大会が開かれ、ダライラマが主任、パンチェンラマが第一副主任、張国華が第二副主任となった[31]。だがダライラマに実権はなかったといわれる[32]。

また中国政府は一九五四年一二月、四川―チベット間、青海―チベット間に道路を貫通させ（後、新疆―チベット間、雲南―チベット間の道路もつくられる）、一九五六年五月には、ラサに着陸する大型旅客機の試験飛行を行う（一九六〇年に民間航路を正式に開通させる）など、チベットへの交通網を整備していった[33]。チベット族の幹部も着々と養成された。一九五二年から五六年にかけてチベット語訓練クラスやチベット族幹部漢語専修クラスなどを設け、それを基にチベット地方幹部学校をつくり、一九五八年までに六一〇〇人の少数民族幹部を養成した。一九五七年、陝西省にチベット公学とチベット団校をつくり、五八年までに三〇〇〇人の生徒が学んだ[34]。

しかし小康状態は長くは続かなかった。中央チベットと四川、青海、新疆を結ぶ道路の建設は、物資欠乏と物価高騰をもたらし、人々の不満が高まった[35]。一九五六年五月二日、チベット自治区準備委員会が成立すると、一部の共産党員は、民主改革を行う時期が来た、大々的に改革の準備に取り掛かれると勘違いし、「大発展」の方針を打ち出したという[36]。その結果、瞬く間にチベット人社会で反感が高まった。中央はいち早く、方針を変更させ、毛沢東は一九五六年八月一八日、ダライラマへの書簡で「現在はまだチベットの社会改革を実行する時期ではない」との意向を伝えた。中共中央は九月四日の「チベットの民主改革に関する指示」の中でも、次のように述べている。「チベットにおける現時点での政策の進行度、幹部の状況、上層部の態度やチャムド地区で最近起こった事件からして、チベットで改革を行う条件はまだ整っていない。我々の準備作業も一、二年のうちに十分できるものではない。それゆえ、民主改革は第一次五ヵ年計画内に実行するものでは決してなく、おそらく第二次五ヵ年計画内のことでもないだろう」。

ラサ中学が創立されたのは、チベット自治区準備委員会が設立され、ラサ市民が再び抗議行動を起こしはじめた時期だった。

3　ラサ中学の創立

チベット自治区準備委員会の文化教育処は一九五六年九月、ラサ中学を開校した。『ラサ史』（一九九四年）は「当時、少数の反動分子がこの種の新しい事業に対して、デマや中傷を流し、路上で通学を阻止したり、通学中の生徒を殴ったりする事件が時おり発生した……新式の学校が健全に発展し、生徒が悪者の襲撃を受けないよう、ラサ市内各地では、生徒の登下校を武装して見送りするという保護措置をとらねばならなかった」と述べている[37]。

ラサ中学は開校当初、第一クラスと第二クラスはチベット族だったが、回族の生徒も多く、第三クラスは回族クラスだった[38]。生徒は入れ替わりが激しく、年齢も一二歳から四五歳まで幅広く、貴族が使用人の子どもを自分の子どもの代わりに学校へやるという慣習も続いていた[39]。教職員の中には、国家教育部が各省・市から派遣した漢族教師がいる一方、チベット政府が推薦し、自治区準備委員会の承認を経る必要はあったが、チベット語教師やクラスの主任としてチベット政府の俗官、僧官、ラマ僧も加わっており、またラサ第一小学校や政府機関の共産党員も入っていた。チベットの旧来の教育と、中共主導の近代教育が入り交じった状況がうかがえる。それは授業内容にも表れている。

ラサ中学では、チベット語の授業はチベットの伝統的な学習方法に合わせて文法、修辞、文学、書法などに分けて行ったが、中共は「内容の上で民族団結に不利になる内容は削除することを強調」したという。また同校には開校当初、仏教の授業があったが、ラサ小学校と同様、中共にとっては一時的な妥協であった。楊殿甲《ヤンディエンジャー》、王銀仙《ワンインシェン》は次のように回顧している。「一九五九年以前、チベット政府はその政権機能を維持しており、宗教迷信は社会生活の各方面に浸透していた。当時学校を興す時、もし宗教と学校教育の分離の原則を徹底し、宗教が学校へ入るのを禁じたなら、チベットの反動勢力が狂乱して反対するばかりか、愛国的な人士も同意するはずがなく、チベット族の幅広い大衆も支持するはずがなく、チベットの学校教育を発展させ、新しい人材を養成する任務を実現するのは困難であったろう。そこでラサ中学も小学校と同様、朝の自習時間に二〇分間の読経の時間を設けることを正式に時間割表に入れ、チベット族クラスの主任が担当することにし、年に一度ダライラマを参拝し、仏教行事の際は休日にするという措置をとった」。ところが「これらの措置に対し、当初からチベット入りしていた共産党員の中にも反対する者がおり、後から新たに来た共産党員はさらに理解がなく、異議を唱えた」という。ラサ中学でも一九五八年、読経の授業は取り消された。

ラサ中学は創立当初、授業はすべてチベット語で行っていたが、そのうち高学年の理数系の授業は漢語で教えるようになっていく。理由は数学、理科、化学、生物などの内容が深まり、教師の質や教科書の編さんが需要に追いつかなくなったためとされる。教授用言語の変更に伴って、中学の修学年数は七年に変更され、一年目を予備クラスとして漢語の強化と数学の学習にあてるようになっていった(40)。

こうして中央チベットでは、一九五〇年代は中学でもほとんどの教科をチベット語で教えていたが、その後小学校ではチベット語で教育を行うが、大部分の地区、市では中学から漢語で授業を行う体制にシフトしていったのである(41)。

4　「六年は変えない」方針と中共教育事業の縮小

一九五六年一一月、ダライラマとパンチェンラマはインド政府の招請を受けて、ブッダ・ジャヤンティ（釈迦如来の生誕二五〇〇年祭）に参加すべくインドへ赴いた。ダライラマがインドに留まる動きを見せると、周恩来《ジョウエンライ》が同年一二月二九日から一九五七年一月一日の四日にわたって、直接ダライラマに会って「帰国」を促し、第二次五カ年計画内は決して改革の話は持ち出さない、六年後、可能なら、ダライラマがその時の状況と条件に応じて決めるとの毛沢東の伝言を伝えたという。翌二月一五日、ダライラマはドモ（亜東）まで戻る(42)。

同年二月二七日、毛沢東は最高国務会議第一一回拡大会議で、チベットでは六年間は民主改革をしないという方針を示し、翌三月五日、張経武《ジャンチンウ》、張国華、範明、牙含章《ヤーハンジャン》、王其梅、周仁山などチベット工作委員会の指導部を北京に召集して開いた中央書記処会議で、この方針を正式に決定した。翌四月二日、ダライラマはラサに帰郷する(43)。

この指示に従ってチベット工作委員会は各事業を縮小した(44)。教育分野では、一九五七年八月、チベット自治区準備委員会の文教処と衛生処が合併して文教衛生処になり、地区より下の文教行政機関はほとんど廃止された。中央チベットにつくられた学校も縮小し、チベット地方幹部学校やラサ中学などを残して、一九五七年上半期までに開校した九八校の小学校を一三校に減らし、漢族の教職員の多くは内地に転勤となった。その一方チベット工作委員会は、同年七月、陝西省でチベット公学（現在のチベット民族学院）とチベット団校を設立し、チベットの青年達を、これら「内地」につくったチベット学校へ送って養成するようになった。一九五七年の学校縮小で転勤となったラサ中学の教師の中には、陝西のチベット公学に移ってチベット語を学習させられた者もいる。

しかしそれもつかの間だった。一九五七年、全国各地の民主改革と社会主義改造がみな完成し、チベットのみ行っていないとして、一部の共産党幹部は焦燥に駆られていたという[45]。

5 ラサ事件と民主改革、文化大革命の中で

カムやアムドでは、一九五〇年代土地改革や農牧業の集団化が進められたのに対し、チベット人が反抗した。東部カム地方(四川省の西部)では一九五六年から五八年にかけて累計一〇万人以上に及ぶといわれる蜂起が起こり[46]、アムド(青海、甘粛のチベット人居住地域)でも、一九五八年に一三万人に及ぶといわれる武装蜂起が起こり[47]、その一部は中央チベットに波及し、いわゆるカムパ・ゲリラに発展していく[48]。人民解放軍との戦闘で、カムでは二万人以上、アムドでは一一万六千人が死亡し、生き残った者はラサに逃れたり、インド、ネパールへ逃れた者も数千人規模だったという[49]。ダライラマの脱出と「チベット亡命政府」の設立をもたらした一九五九年のラサ事件は、こうした流れの中で起こった。

ラサ事件は一九五九年三月、人民解放軍ラサ駐屯軍がダライラマを司令部内での観劇に招待し、チベット人達がダライラマが拘束されることを恐れてノルブリンカ宮殿を取り囲んだことが起因となり、三月一七日にダライラマが密かにラサを脱出した後、武装蜂起したチベット人と人民解放軍が衝突したものとされる[50]。中国側の報告では、この「反乱」には現在チベット自治区となっている地域の大小の寺院二六七六ヵ所のうち一四三六ヵ所(五四%)が、「貴族や大頭目」六三四世帯のうち四六二世帯(七三%)が、「農奴主とその代理人」のうち一二〇〇世帯(三〇%)が加わったというから[51]、相当な規模であったことがうかがえる。人民解放軍は蜂起を殲滅し、ロカ、チャムド、タンラ山などで「国家に反逆する者達」を掃討し、チベット地方政府の解散を宣言した[52]。

一九五九年三月二二日、中共中央は「チベット反乱平定の中で民主改革を実行することについての若干の政策問題」を発し、「チベット地方政府は一七条協定を踏み躙り、祖国に背き、チベットの全面的反乱を起こした。中央が決めていた六年は変更しないという政策は、自ずとこれを執行し続けるわけにはいかない。中央は反乱を平定する戦争の中で、同時に決然として大衆の発動に取り掛かり、民主改革を行わなければならないと考える」と指示[53]。三月二八日、国務院はチベット軍区に反乱を徹底的に平定し、この日をもってチベット地方政府を解散し、チベット自治区準備委員会がその職権を行使するよう命じた[54]。その後一九六一年にかけて、自治区準備委員会による「反乱平定闘争」と、「チベット封建農奴制度の徹底除去」を掲げた民

主改革が実施されたのである[55]。

いっぽう、ダライラマはインドへの亡命途上、ルンツェ・ゾンで一七条協定の破棄とチベット独立、臨時政府の樹立を宣言する。ダライラマがインドへ亡命すると、約一〇万人のチベット人が後を追ったという[56]。

一九五九年のラサ事件で、どれだけのチベット人知識人が失われ、流出したのかは分からない。しかし二〇世紀半ばまでチベットの教育をリードしてきたのが寺院の僧侶や貴族であり、これらの人々が中共と最も対立していたことを思えば、教育の分野では大きな穴があき、相当の人材不足が生じたと思われる。「五九年の騒乱以降、教師が足りなくなり、還俗したラマ僧が教師となった」という記述[57]や、一九五九年のラサ事件の後、各機関が緊急に人員を補充する必要が出たため、ラサ中学の生徒の多くが仕事に就き、在校生が減少したので、この時からラサ中学ではチベット、回の両民族混合クラスで、教科課程も同じくした、といった記述[58]は、その様子をうかがわせる。

自治区準備委員会はラサ事件の後、一九五七年に廃止した小学校を復活させた。一九五九年末には小学校が四六二校、普通中学が二校となり、一九六五年のチベット自治区設立時点では小学校が一八二〇校（うち公立は八二校）、普通中学が四校になっている[59]。同年、チベット地方幹部学校を基に自治区師範学校がつくられ、陝西省に置かれたチベット公学が九月、チベット民族学院に改称した[60]。同校は今でも陝西省にある。こうして中央チベットの特殊性に対する配慮は薄められ、文革もまた、チベットに例外なく及んだのである。

文革中、宗教は封建的な迷信、妖怪変化といわれ、強制的に一切の宗教活動を禁じ、寺院や聖地は破壊され、経板や典籍は焼かれ、中国共産党に協力的だった仏教の宗教者までも専制者として批判され、冤罪が大量に発生した[61]。文革中、チベットの多くの学校がほぼ四年間、新入生をとらず、授業も行わないという状態だったという[62]。

例えばシガツェでは、一九六六年に文革が勃発すると、チベット文字は農業奴隷主階級のものとして批判され、チベット語を学ぶ必要はないという声が大きくなり、チベット語の教師の多くが学校を追われた。一九七九年、シガツェ地区中学にはチベット語の教師は三人しか残っていなかった。チベット語を副次的な授業科目に落とす学校や、チベット語の授業は有名無実となった学校、チベット語の授業を教科課程から取り消した学校もあった[63]。こうして文化大革命によって、チベット自治区ではチベット語で授業ができる教師の数は少なくなり、レベルは低くなったのである[64]。

四　文革後のチベット自治区の学校教育

中共中央書記処は一九八〇年三月半ば、チベット工作座談会を開いてチベット政策の転換を図った(1)。同年五月には胡耀邦《フーヤオバン》、万里《ワンリ》、アボ・ガワンジクメ、楊静仁《ヤンジンレン》など中央の指導者がチベットを視察している。しかし文革が終ってもチベット自治区の幹部にほとんど移動はなく、中央の政策転換が現場に直ちに浸透したわけではなかった。例えばシガツェ地区では、文革後チベット語の授業が再開されることになると、一九七九年から八〇年にかけて、教育局が文革中に損なわれたチベット語の教師を補うため、寺院にいる僧侶や文革中に教職を追われた教師を集めたが、チベット語の授業の内容は、チベットの歴史や宗教と全く切り離すことはできず、文革直後はまだこれを「脱線授業」「授業に宗教色が濃い」と言って非難する者がおり、教師はびくびくしながら授業を行わざるを得なかったという(2)。

その後チベット事業は幾ばくか改善されたが、指導者の中に依然としてチベットの特殊性に対する認識が足らず、民族・宗教政策などの面で、文革中の考え方を引きずっている者がおり、これを払拭すべく中央書記処は一九八四年二月二七日から三月二八日にかけて、再びチベット工作会議を開いた(3)。こうした政策転換の中でチベット自治区は一九八〇年以降、中国仏教協会チベット分会を復活させたり、中央と自治区の財政部門が巨額を投じて文革中に紅衛兵らが破壊した寺廟を修復したり、一九八〇年から一九八八年の間に一七〇〇人の僧侶を復職させたりした(4)。また一九八六年には、北京に中国藏学中心（中国チベット学センター）を設立している(5)。

では以下、この一九八〇年代以降のチベット自治区における学校教育の特徴や問題をとらえてみよう。

1　漢族の占める高い比率、チベット族の低い就学率と高い中途退学率

表7―3が示すように、チベット自治区の人口の九五・五%はチベット族だが、学校教育では人口の三・七%（一九九〇年現在、一九八二年は四・九%）を占める漢族が、かなりの面でマジョリティとなっている。教授用言語の点では、同自治区の小学校のほとんどはチベット語で授業をしているが、初級・高級中学ではほとんど漢語で教育をしている。また在校生や教員の点では、小学校ではチベット族が多いが、中等、高等教育に上がるにつれ、漢族の比率が大きくなっていく。表7―4をみると、一九八七年現在、初級中学では在校生の二九%、専任教師の五七%が漢族であり、高級中学では在校生の四八%、専任教師の八五%が漢族である。チベット自治区の学校教育は中等、高等教育へ上がるにつれて、漢族のもの、あるいは漢族がチベット族に施すものになっているといえよう。

またチベット自治区では学齢児童の就学率が低く、中途退学率は高い。チベット自治区の学齢児童の就学率を表7―5のように年別、地区別、都市・農村別にまとめてみると、自治区全体の就学率は、一九八〇年代前半は年によって変動が大きいものの、八〇年代末から九〇年代初めはだいたい五〇%強である。

表7－3　チベット自治区民族別人口（1990年現在1000人以上）

民族名	1953年	1964年	1982年	1990年			
	人口	人口	人口	人口	A	B	C
総人口	1,000,000	1,251,225	1,863,623	2,196,016			0.2
少数民族総人口	1,000,000	1,214,508	1,772,226 (95.1%)	2,111,775	96.2		2.3
漢族	0	36,717	91,384 (4.9%)	81,217	3.7		0.0
チベット族	1,000,000	1,208,663	1,764,600 (94.7%)	2,096,346	95.5	99.27	45.6
メンパ族	0	3,788	1,094 (0.1%)	7,404	0.3	0.35	99.1
回族	0	1,195	1,772 (0.1%)	2,987	0.1	0.14	0.0
ロッパ族	0	0	1,014 (0.1%)	2,237	0.1	0.11	96.8
ナシ族	0	7	842 (0.0%)	1,329	0.1	0.06	0.5
未識別民族	0	0	0 (0.0%)	3,021	0.1		0.4
外国人中国籍加入者	0	0	13 (0.0%)	3	0.0		0.1

A＝対自治区総人口比（%）、B＝対自治区少数民族総人口比（%）、C＝対各民族全国総人口比（%）
出所：国務院人口普査辦公室『中国第四次人口普査的主要数据』中国統計出版社、1991年、4、17〜25頁、国家統計局人口統計司・公安部三局『中華人民共和国人口統計資料彙編 1949—1985』中国財政経済出版社、1988年、962〜963頁をもとに筆者作成。

表7－4　チベット自治区の小中学校と漢族の比率（1987年末）

	学校数（校）	在校生（人）		専任教師（人）	
		合計	漢族　(%)	合計	漢族　(%)
小学校	2,437	137,069	11,914 (8.7)	7,368	856 (11.6)
(公立小学校)	613	78,341	11,257 (14.4)	4,885	895 (18.3)
(民間小学校)	1,824	58,928	657 (1.1)	2,522	39 (1.5)
初級中学	49	18,581	5,288 (28.5)	1,447	822 (56.8)
高級中学	18	5,300	2,553 (48.2)	549	469 (85.4)
中等専業学校	14	3,060	930 (30.4)	574	356 (62.0)
大学＊	3	2,860	960 (33.6)	683	498 (72.9)

注：中等専業学校、大学の在校生数は1986年度（学校数は1987年も変らず）。
　＊西藏大学、西藏民族学院、西藏農牧学院
出所：以下の資料をもとに筆者作成。劉慶慧「西藏基礎教育与藏語文教学」（沙瑪・加甲選編『少数民族語文教学論文集』内蒙古教育出版社　1989年）、120頁の表「全区基礎教育状況統計表」。中国科学院民族研究所・国家民族事務委員会文化宣伝司主編『中国少数民族語言使用情況』中国藏学出版社、1994年、166頁（張済川「西藏自治区」）。包智明・蘇日娜「西藏自治区民族教育分析——与内蒙古的比較」（北京大学社会学人類学研究所・中華人民共和国藏学研究中心合編『西藏社会発展研究』中国藏学出版社、1997年）、289頁。

地域別ではラサ市やニンティ地区が比較的高い一方、ナグチュ地区、ガリ地区ではかなり低い。都市と農村では大きな開きがある。

表7―6が示すように、チベット自治区の漢族人口の半数はラサ市の城関区（首都周辺地区）に、一割がニンティ地区のニンティ県に集中している（この二つの地域では漢族が人口のほぼ三割を占めている）。残る四割も、各地区の人民政府所在地、すなわち町に集中している。民族別の就学率は不明だが、これらの統計を対照すれば、就学率が高いのは、漢族人口が多い地域であることが察せられる。

これを裏付けるために、もう少し統計をみてみよう。一九九一年のラサ市の学齢児童の入学率は都市（首都周辺地区）で九九・五％に対し、農村七県では六四％である。[6] 表7―7をみると、漢族の生徒は都市部にある学校に集中し、農村部七県の中学には全くいないことが分かる。ラサ市の漢族人口の九割は城関区に集まっているので、漢族の児童・生徒が多く通う地域では就学率が高いということになる。いっぽう一九八〇年代半ばの統計と思われるが、チベット族人口が九九％を占めるナグチュ地区では、学齢児童の入学率は一〇％で、ナグチュ県のモントゥ（門堆）、デキ（徳吉）、ロマ（羅馬）、エンニ（恩尼）など六つの郷の平均は一～三％、中でもエンニ郷はゼロであったという。[7] 同地区アムド県の沙区では、一九八五年、七歳から一四歳の学齢者六四一人のうち、学校に通う者は一〇人だけ（就学率一・五六％）だったとの報告もある。

表7―5は年間の中途退学率を示しているが、小学校六年間を通してみると、中退率は驚くべき高さである。チベット自治区の農村の小学校には一九八五年、一〇万五三六六人の子どもが入学したが、このうち一九九〇年、六年生に進級するまで残っていたのは二四五二人（二・三％）だけだった。[9] 農村の学校といえば、日本では数が少ないように受け取られるが、チベ

表7―5　チベット自治区各地・市学齢児童就学率と中途退学率

年別

年	学齢児童就学率（%）
1981	76.0
1982	78.0
1983	42.1
1984	16.4
1985	46.0
1986	50.0
1987	48.4
1989	53.1
1992	52.4

市・地区別（1989年）

市・地区	学齢児童就学率（%）	年間中途退学率（%）
チベット自治区	53.1	9
ラサ市	69.1	2.9
山南（ロカ）地区	62.7	13.4
ナグチュ地区	17.9	11.4
シガツェ地区	44.6	8.2
ガリ地区	17.3	9.4
ニンティ地区	65.4	6.0
チャムド地区	54.6	11.0

都市・農村別（1989年）

	学齢児童就学率(%)
都市	87.3
農村	43.3

出所：多傑才旦『西藏的教育』中国藏学出版社、1991年、168、169、175頁。李久凌「関於西藏教育改革幾個問題的思考」『西藏研究』1994年第4期、65頁。

表7—6　チベット自治区の漢族人口分布

	総人口	漢族	(%)	A
チベット自治区	2,196,029	80,837	(3.7)	
ラサ市	375,985	44,945	(12.0)	
(城関区)	139,822	40,387	(28.9)	50.0
(トールンデチェン県)	41,219	2,794	(6.8)	3.5
(その他)	194,944	1,764	(0.9)	
チャムド地区	500,173	7,008	(1.4)	
(チャムド県)	77,329	4,743	(6.1)	5.9
(その他)	422,844	2,265	(0.5)	
山南(ロカ)地区	280,811	5,715	(2.0)	
(ネウドン県)	45,173	3,567	(7.9)	4.4
(その他)	235,638	2,148	(0.9)	
シガツェ地区	549,157	4,918	(0.9)	
(シガツェ市)	79,335	2,951	(3.7)	3.7
(その他)	469,822	1,967	(0.4)	
ナグチュ地区	293,842	2,954	(1.0)	
(ナグチュ県)	61,403	2,113	(3.4)	2.6
(その他)	232,439	841	(0.4)	
ガリ地区	61,639	1,432	(2.3)	
(カル県)	9,381	1,159	(12.4)	1.4
(その他)	52,258	273	(0.5)	
ニンティ地区	134,422	13,865	(10.3)	
(ニンティ県)	30,157	8,297	(27.5)	10.3
(メイリン県)	15,015	1,575	(10.5)	1.9
(ポメ県)	24,798	2,455	(9.9)	3.0
(その他)	94,609	9,835	(10.4)	

A＝チベット自治区の漢族人口総数に占める比率(%)
出所：『西藏自治区1990年人口普查資料１』西藏人民出版社、1992年、38～42頁をもとに筆者作成。

ット自治区の農業地域、半農・半牧畜業地域の学校数は、一九九二年現在で公立の小学校が三〇〇校（在校生約九万人）、民間の小学校が一五〇〇校（在校生約五万人）、中学が四〇校（在校生約一万四〇〇〇人）であり[10]、これはチベット自治区の小中学校の七割程度を占めるものである。また**表7—8**は上級学年ほど児童数が少ない状況を表している。仮にこの表を入学時からの同一児童の進級状況を追ったものとみなせば、一年生から六年生の間に児童が激減し、四年生になるまでに八割が退学していることになる。もちろん各学年で入学児童数は違うだろうが、それほど大差はないと思われ、その誤差を考えても、前述した状況を伺い知るには十分であろう。これは後述するように、低学年ではチベット語でチベット語や算数を教える体制が整っているが、高学年になると漢語や漢語で教える授業が入ってくることとも関係しているように思われる。

なおチベット自治区の小学生の卒業率は一九八七年で八・二%、進学率は一九九二年で小学校卒業生が六二・七%、初級中学卒業生が三一・四%とやはり高くない[11]。これは漢族を含めた数字なので、チベット族だけの場合はさらに低いだろう。

なぜこうした状況になっているのか、まず初等・中等・高等教育の具体的な状態からみてみよう。

2　学校教育とチベット語

(1)　初等教育

表7—9はチベット自治区が一九八二年に定めた、同自治区の全日制公立小中学校の教科課程（試行草案）における言語の授業時数である。この表を見ると、チベット自治区全体でチベット語と漢語の二言語教育が普及しているように思われるだろう。

表7−7　ラサ市普通中学の民族構成（1990年）　（単位：人）

学校名	初級中学						高級中学					
	在校生			専任教師			在校生			専任教師		
	合計	非漢族	漢族(%)	合計	非漢族	漢族(%)	合計	非漢族	漢族(%)	合計	非漢族	漢族(%)
ラサ市第一中学	786	596	190(24)	77	37	40(52)	602	412	190(32)	35	3	32(91)
ラサ市第二中学	506	478	28(6)	50	27	23(46)	447	285	162(36)	49	30	19(39)
ラサ市第三中学	374	362	12(3)	37	12	25(68)	382	382	0(0)	23	11	12(52)
ラサ市第四中学	352	140	212(60)	35	8	27(77)	286	96	190(66)	26	0	26(100)
ラサ市第五中学	279	157	122(44)	32	10	22(69)						
ラサ市第六中学	190	130	60(32)	23	5	18(78)						
ラサ市第七中学	263	162	101(38)	30	9	21(70)	240	95	145(60)	26	4	22(85)
ラサ市第八中学	130	122	8(6)	12	8	4(33)						
タクツェ県中学	260	260	0(0)	20	13	7(35)						
トールンデチェン県中学	348	348	0(0)	26	18	8(31)						
ルンドゥプ県中学	408	408	0(0)	11	8	3(27)						
ネモ県中学	301	301	0(0)	15	11	4(27)						
チュシュル県中学	140	140	0(0)	11	6	5(45)						
ダムシュン県中学	95	95	0(0)	7	7	0(0)						
メドゥコンガ県中学	343	343	0(0)	18	15	3(17)						
ラサ中学	888	541	347(39)	78	55	23(29)	740	379	361(49)	56	43	13(23)
交通中学	202	48	154(76)	21	10	11(52)	172	32	140(81)	26	4	22(85)
合計	5,865	4,631	1,234(21)	503	259	244(49)	2,869	1,681	1,188(41)	241	95	146(61)

出所：次仁央宗「簡論拉薩地区教育的基本情況及其発展」『西藏研究』1995年第3期、64頁の表「拉薩市一九九〇年普通中学基本情況」をもとに、筆者作成。

表7−8　チベット自治区一市・四区における普通小学校各学年の児童総数　（1992〜1993年）

地域	全校生徒数	1年生	2年生	3年生	4年生	5年生	6年生
ラサ市	40,884	13,001(31.8)	8,627(21.1)	6,664(16.3)	4,906(12.0)	4,088(10.0)	3,434(8.4)
チャムド地区	32,141	13,242(41.2)	8,164(25.4)	4,500(14.0)	2,732(8.5)	2,025(6.3)	1,511(4.7)
山南地区	32,415	13,452(41.5)	7,358(22.7)	4,765(14.7)	2,885(8.9)	2,301(7.1)	1,653(5.1)
シガツェ地区	56,225	23,446(41.7)	11,020(19.6)	9,839(17.5)	2,193(3.9)	3,598(6.4)	3,205(5.7)
ニンティ地区	12,491	5,009(40.1)	2,848(22.8)	1,624(13.0)	1,299(10.4)	1,024(8.2)	762(6.1)
合計	174,156	68,150(39.1)	38,017(21.8)	27,392(15.7)	14,015(8.0)	13,037(7.5)	10,565(6.1)

注：( )内の数字は全校生徒数に占める比率(%)。
出所：張国都「発展与経済勢態要求相応的教育――対我区農区、半農半牧区教育現状、問題的思考」『西藏研究』1994年第2期、30頁の表をもとに筆者作成。

ところが実際は、全教科を教え、チベット語と漢語の二言語教育をしているのは、ほとんど町にある小学校だけである(12)。町に住むチベット族の子ども達は一般にチベット語で授業を受け、高学年（四年生から六年生、あるいは三年生から五年生）で漢語を学習している。ラサには小学校二年生から漢語の授業を始める学校もある。いっぽう漢語で教える小学校やクラスはチベット自治区全体の五％弱で、その多くはチベット族と漢族の混合クラスになっており、三年生からチベット語の授業を設けている所が多い。この種の学校やクラスが町以外にほとんどないのは、前述したように、同自治区の漢族人口の半数がラサ市の城関区に、残る半数も六地区の中心（町）に集中しているためである。

自治区の大部分を占める農村や牧畜地域の小学校では、ほとんどチベット語だけを教えているといった所が多い（漢語の授業はない）。地区レベルの公立小学校では、チベット語の他に算数などの教科も教えているという(13)。

現在の中国で、漢族の小学生に必修科目として少数民族の言語を学ぶことを義務づけているのはチベット自治区だけである。しかし漢語クラスのチベット語の授業は、テストは厳格ではなく、一般にあまり重視されず、成績も悪いという。これに対しチベット語クラスの漢語は、入学試験や就職試験に漢語が課せられているため重視されている。それもあって、町ではチベット族幹部の中に自分の子どもを漢語で授業を行うクラスに

表7−9　チベット自治区全日制公立小中学校の週間授業時数（試行草案、1982年）

A：小学校でチベット語で授業を行うクラス（中学では漢語で授業を行う）

教科目	小学校						初級中学				高級中学			合計
	1	2	3	4	5	6	1	2	3	4	1	2	3	
チベット語	13	14	14	9	8	8	4	6	6	5	3	3	3	3,396（18.3%）
漢語				5	5	6	13	9	6	6	5	5	5	2,242（12.1%）
外国語											4	4	3	374（ 2.0%）
全教科	26	27	28	29	30	30	30	31	30	30	29	30	28	18,598

B：小学校から漢語で授業を行うクラス

教科目	小学校						初級中学			高級中学			合計
	1	2	3	4	5	6	1	2	3	1	2	3	
チベット語				3	3	3	3	3	3	2	2	2	834（ 6.9%）
漢語	13	14	14	11	9	9	6	6	6	5	5	5	3,642（30.3%）
外国語							4	4	4	3	3	4	748（ 6.2%）
全教科	26	27	28	29	29	29	29	30	31	30	29	27	12,032

出所：沙瑪・加甲『発展中的民族語文教学』四川民族出版社、1990年、57、58頁をもとに筆者作成。

入れる者が少なくなかった(14)。

さらにチベット語で初等教育を受けるチベット自治区の大多数の子どもは、中学へ進学すると大きなハンディを負わされる。

(2) 中等教育

一九八〇年代後半までに、チベット自治区の小学校では、ほぼチベット語で授業を行う状態にもどり、中等専業学校や大学の中にもチベット語で授業を行う学校や学科ができた。しかし、初級中学、高級中学のほとんどは、チベット語を除くすべての授業を漢語で行っている。そのためチベット語で授業を受けた小学校の卒業生は、漢語で授業を行う初級中学に入るしかなく、漢語で授業をしている初級・高級中学を卒業しなければ、チベット語で授業を行う高等学校や学科にも進学できないという、いびつな構造になっている(15)(図7—1)。

前述したように、チベット自治区のチベット族小学生は主にチベット語を学習し、チベット語で授業を受けている。漢語の授業はというと、高学年になって設ける学校もあれば、全く行っていない学校もある。そうした小学校の卒業生が漢語で授業を受けられる状態にないことは明らかだろう。これに対し自治区は、小学校でチベット語クラスにいた子ども達に初級中学に入学する前に一年間の補習期間を設けて(予備学年)、漢語を集中的に学習させた後、正規の三年間の授業を受けさせるという方法で対処してきた(16)。生徒に参考としてチベット語による

図7−1　教授用言語からみたチベット自治区の教育体制(1987年頃)

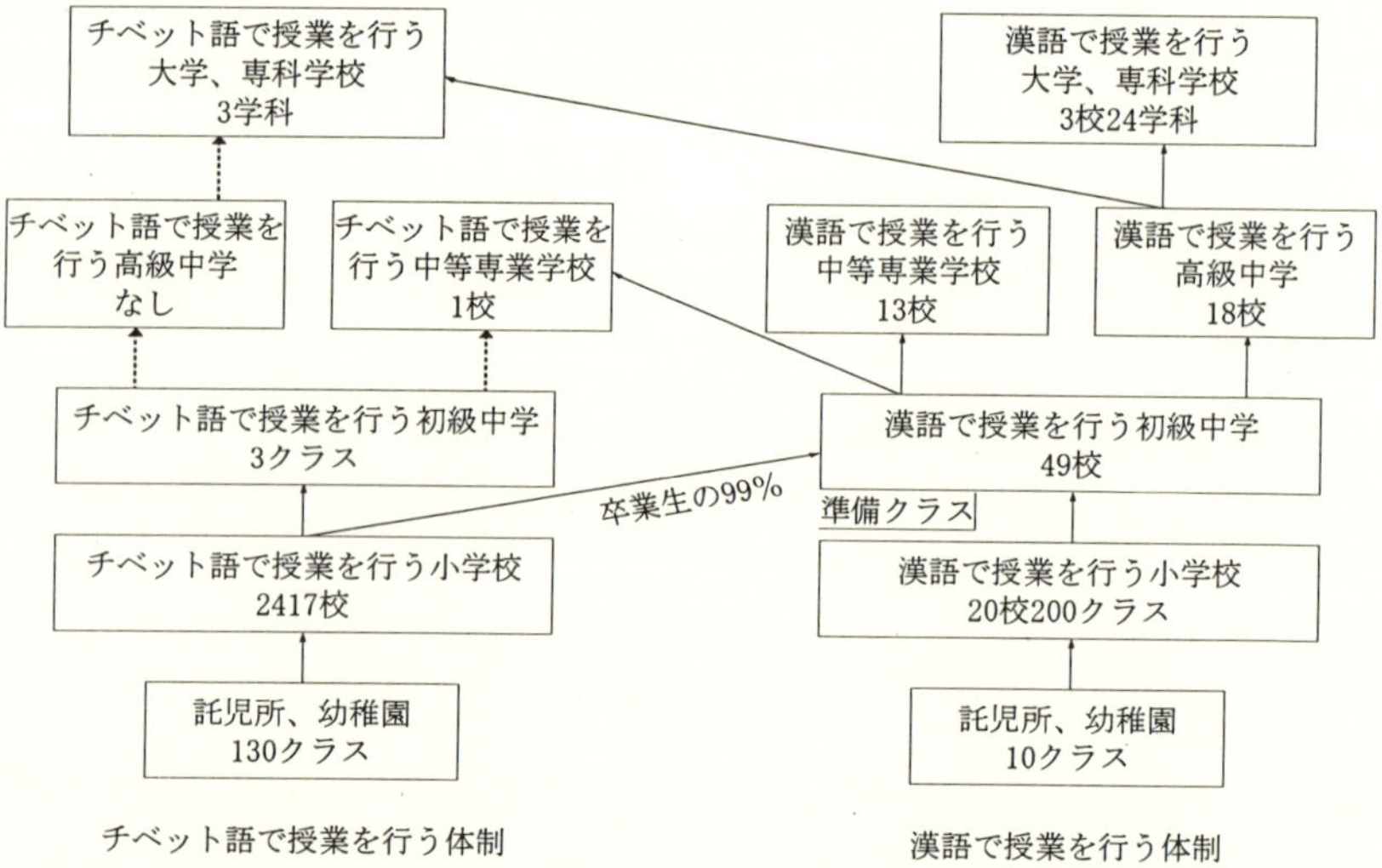

出所：沙瑪加甲邐編『少数民族語文教学論文集』内蒙古教育出版社、1989年、125頁。

教科書を配るなどの措置もとってきたが、成果をあげていない[17]。

これに対し小学校で漢語クラスにいた者は直に初級中学の課程に入る[18]。こうした有利さがあるために、チベット族の幹部の中には自分の子どもを漢語クラスに入れたがる者がいる。チベット語で初等教育を受けた者は、一年多く在学しなければならない上、母語でない漢語による学習を強いられるという、二重のハンディを負わされる。高等教育ならいざ知らず、中等教育レベルでのこの状況は、チベット自治区の人口の九五・五%をチベット族が占めることを考えれば、理不尽なことと思われる。

中学では、チベット族だけの学校やクラスはチベット語を必修科目として教えている。チベット族と漢族の混合クラスでも、チベット語の授業を設けている所が多いが、教育レベルは低い[19]。一九八〇年代、チベット語の授業を英語の授業に変える中学が出始め、漢族の生徒は第二言語として英語を学ぶケースが多くなった[20]。高級中学では、チベット族の生徒に対してもチベット語の授業を設けていない学校が少なくない。高級中学や中等専業学校の入試は各教科ともすべて漢語で出題されている[21]。

(3) 高等教育

一九九〇年現在、チベット自治区の大学は四校、中等専業学校は一五校ある。チベット民族学院は「チベット」の名を冠しながら、設立からずっと陝西省の咸陽市にあり、漢族が多数を占めるという点で、民族学院の中でも特異な存在である。

中等専業学校や大学では、チベット語やチベット医学、チベットの芸術、チベット族史などの専門科目は、チベット語の教科書を使ってチベット語で教えている(チベット医学院とチベット医学校には漢語の授業はない)が、その他の専門科目や各種の公共科目(政治など)は、すべて漢語による教科書を使って漢語で教えている[22]。そう言われると、チベット語で教えている所がかなりあるような印象を受けるが、学校の規模も相対的に小さいことが分かる。これら漢族が全くあるいはほとんどいない二、三の医学、芸術学校を除いて、チベット自治区の高等教育のほとんどは、チベット族が学生の過半数を占める学校でも、漢語で行われていることがうかがわれる。これらの学校に通うチベット族や漢族の学生に対して、チベット語の授業を設けている所があるが、ほとんど有名無実になっているという[23]。大学や専科学校の入試では、学科によってはチベット語の試験があるが、その他の各教科はすべて漢語で出題している[24]。

以上見てきた状況から二つの疑問が沸いてくる。第一に、チベット自治区のチベット族の就学率が低く、中途退学率が高いのはなぜか、第二に、中学でチベット語による教育ができないのはなぜか、である。以下、この二つの問題を考えてみよう。

3 いびつな構造

中国では、チベット族は学校の成績が悪いという評価がよく

表7—10　チベット自治区の大学、中等専科学校と在校生・専任教師の民族比（1989年）

大学	在校生数（人）			専任教師数（人）		
	合計	少数民族	漢族（%）	合計	少数民族	漢族（%）
チベット大学	872	611	261（29.9）	310	107	203（65.5）
チベット自治区農牧大学	298	183	115（38.6）	180	46	134（74.4）
チベット自治区チベット医学院	106	106	0（ 0.0）	22	22	0（ 0.0）
チベット自治区民族学院	697	294	403（57.8）	244	26	218（89.3）
合計	1,973	1,194	779（39.5）	756	201	555（73.4）
中等専業学校						
チベット自治区農業牧畜学校	365	215	150（41.1）	68	17	51（75.0）
チベット自治区衛生学校	298	201	97（32.6）	57	19	38（66.7）
チベット自治区チベット医学校	147	147	0（ 0.0）	22	21	1（ 4.5）
シガツェ衛生学校	60	44	16（26.7）	17	14	3（17.6）
チベット自治区財経学校	354	209	145（41.0）	37	19	18（48.6）
チベット自治区銀行学校	408	259	149（36.5）	59	19	40（67.8）
チベット自治区警察学校	165	95	70（42.4）	35	13	22（62.9）
チベット自治区体育学校	62	57	5（ 8.1）	25	16	9（36.0）
チベット自治区芸術学校	99	99	0（ 0.0）	43	37	6（14.0）
チベット自治区郵便電報学校	228	185	43（18.9）	35	11	24（68.6）
ラサ師範学校	518	431	87（16.8）	52	19	33（63.5）
チャムド師範学校	277	242	35（12.6）	41	19	22（53.7）
山南（ロカ）地区師範学校	189	174	15（ 7.9）	43	25	18（41.9）
シガツェ師範学校	361	350	11（ 3.0）	50	31	19（38.0）
ナグチュ地区中等専業学校	158	117	41（25.9）	35	9	26（74.3）
合計	3,689	2,825	864（23.4）	619	289	330（53.3）

出所：多傑才旦『西藏的教育』中国藏学出版社、1991年、180〜183頁をもとに筆者作成。

なされる。その根拠は時々によって違うが、一九八三年、全国内地の各省市の高等学校のボーダーラインが四〇〇点以上であるのに対し、チベット族学生の場合は一〇〇点で、六〇点でも大学に入れる者があった（その後一九九〇年には文系二三〇点、理系二一〇点まで上がった）[25]とか、一九八七年、内地チベットクラスへ入った生徒のうち、入学者選別試験で合格点に達していたのは一六・一％だったとかいう数字はその一例である。そして一九五九年まで政教一致の「封建農奴制」が維持されていたことや、チベット仏教のために近代的な学校教育の普及が遅れたこと、今でも仏教の影響が大きく、学校教育の妨げになっていること、漢語ができる者が少ないこと、などがその理由として挙げられている。中国内のチベット族教育に関する文献はこうした紋切り型のロジックで始まるものが多い。平たく言えば「チベット族は熱心に勉強しない」「チベット族は学校教育を受けたがらない」「チベット仏教と近代教育は相容れない」という意識が滲み出ている。しかし本当にそうだろうか。

こうした見方に反論して、ペンデンニマ（巴登尼瑪）は、中国の多くの研究者がチベット族の教育を研究する時、寺院教育の存在を無視し、その効用を「宗教」の二文字で全面否定していることに異議をとなえ、公正な態度でチベット族の文化、チベット地域の社会、チベット族の子ども達を見なければならないとして、次のように述べている。[26]

「チベット族の伝統的な教育は、奴隷制社会の教育ではなく、体系的に整備された寺院教育であり、チベット人は寺院で一定の文化的知識を習得できた。寺院教育には身分の差はあったが、すべての人に開かれていた。長い歴史の中で寺院教育は文化を伝承し、寺院と人々のつながりを保ってきた」。

漢語、漢文化を主流とする中国社会、学校教育において、主流の中に身を置く者には、その流れに乗ろうとしてもなかなか乗りきれない人々は、自分より劣った人に映るのだろう。第二言語で思考や意思表示をした経験のない人にはその困難が理解できず、第二言語でたどたどしく喋る人や異文化にうまく対応できない人が、実はモノリンガルの自分より、言語的によっぽど豊かであることになかなか気付かない。例えば、中国内で公表されてきた少数民族の識字率が、民族語の読み書きができて、漢語の読み書きができない者を非識字者としている場合が多いことはよく聞かれる。またモンゴル族の中には、特に中華人民共和国成立前までは、チベット仏教寺院で教育を受け、チベット語の読み書きを習得した者が多かったが、モンゴル族の識字率といった場合に、民族語であるモンゴル語の読み書きができる者を識字者とする場合はあっても、チベット語の読み書きだけができる者はまず入っていない。また漢語の読み書きは不十分ながら、コーラン学校やアラビア語学校でアラビア語の読み書きを習得した回族が、識字者に入っているとも思えない。ペンデンニマは、統計資料が示すチベット族の非識字率は、統計をとる者が漢語の読み書きができない者をすべて非識字者に分類してしまっているので、事実にそぐわないと指摘している。

後述するように、チベット族の子ども達は寺院で教育を受けることには積極的で、また現在「亡命政府」の下にいるチベット人は、中国内のチベット族よりはるかに就学率が高く、高学歴者を多く輩出している。チベット族の子どもの就学率、進学率が低く、学校での成績がよくない原因は別の所にあるようだ。

ペンデンニマはチベット族の子どもが就学しなかったり、中退したり、熱心に勉強しなかったりし、また父母が学校教育を支持しない主な原因は、現行の学校教育が独自の文化に裏付けられたチベット族の生活方式、風俗習慣、価値観、情緒とほとんど無関係なものだからだと述べている。以下同氏の言説をかりて、その問題点を指摘してみたい。

（1）チベット文化とかけ離れた授業内容

教科書の問題を挙げよう。ペンデンニマは、チベット地域で使われている教科書は、チベット語以外は内容的にはすべて全国統一編さん教科書をそのままチベット語に訳したものであり、その内容はチベット地域の子ども達の実生活とかけ離れており、子ども達には難解でいい成績も得られないという。例えば数学教育に関する調査では、教科書に汽車やレール、汽船などチベット自治区の子ども達が直に見たことのない物が出てくるなど、内容がチベットの暮らしからかけ離れていて、教えづらく、子どもには難解だと九〇％以上の学校が答えている[27]。いっぽう教科書の中にはチベット族の文化を反映した内容は非常に少ない。例えばチベット族の子どもに李白や杜甫の詩を暗唱させるが、チベットの伝説は教えないし、唐朝の文成公主と吐蕃王との婚姻ばかり教えて、ソンツェンガンポ王の功績は教えない。ペンデンニマは「こうした授業内容がチベット族の子ども達の興味を引くはずはなく、児童の入学率が低いのも無理はない」と述べている。

全体として、現在チベット自治区で行われている初等教育はチベット地域の実態に合った社会の発展をもたらす内容になっておらず、学校ではチベット地域で生きていくために必要な社会や経済状況の基礎的な知識や能力も培われない、というのが同氏の評価である。学校教育は、農村のチベット族の子どもや親から信用を得ておらず、多くの親は、子どもが学校で役に立たないことばかり学び、家に帰ると働かなくなっているばかりか、食物や着るものをねだることを覚えて帰ってくる、と考えているともいう。

こうした中、一九八〇年代半ばでも、チベット自治区の主な寺院のうち一五の寺院で合計一〇〇〇人余りの学齢期の子どもが学んでいる[28]。一般のチベット族は、学校の教育レベルが低いため子どもを学校にやりたがらず、特に農業牧畜地域の住民の中には、子どもを公立学校ではなく、寺院にやって教育を受けさせることを願う者が多いという[29]。寺院にはチベット語、歴史、絵画などの知識や技術を伝授する人材がおり、寺院教育は農民や牧畜民らから信奉されているとのことである[30]。

一例を挙げれば、四川省カンゼ自治州では一九七八年、共産党の宗教政策が安定すると、多くの寺院が復活し、学齢児童の入学率が八三・八％から四〇％に下降した（チベット族人口が九〇％を占めるセータル、デルゲ、セルシュではそれぞれ一七・一％、二七・八％、二四・三％）。こうした状況は、授業内容が子ども達に根ざしている文化とかけ離れていることにも大きな原因があるという。学校へ行かない、あるいはやめた子ども達は学ぶのが嫌いなわけではない。少なからぬ子どもが学僧になるべく直接寺院に入っており、また学校を退学した児童の多くは、寺に入るための試験に備えて、家で年長者からチベット文を教わっているという。「チベット族の子ども達は学習がきらいなわけではなく、興味が持てないことを学習したくないのである」という指摘は、チベット自治区の教育問題の本質をついているように思われる。

チベット人が近代的な学校教育に向かない、チベット仏教と学校教育は相容れないという主張は、「亡命政府」における学校教育の普及からみてもおかしい。

一九九〇年代初め、インド、ネパール、ブータンに八四のチベット人学校があり、小中高校合わせて二万六千人以上の児童・生徒が在籍し、学齢期（六～一七歳）の子どもの九二％が学校に通っている[31]。就学率はチベット自治区よりはるかに高い。

このダラムサラを中心とした亡命チベット人社会の学校教育は、インド政府の援助の下で、伝統教育と現代教育がミックスした形で始まった。当初はインドの学校制度に即したカリキュラムが設定されたが、伝統的価値観と近代教育の関係・バランスに苦慮しながらも、現代の自然科学、社会科学に応じた教育を普及させてきたという[32]。また職業教育の面でも、一九六〇年代に始まった英語学校など従来のものに加え、一九八八年から新しい職業教育の計画をチベット人学校（Central School for Tibetans）で始めたりしている[33]。「亡命」という追いつめられた状態が、逆に是が非でも近代化を図らねばならないというプラグマテックな転換を可能にした側面もあろう。それどころか近年は「現代教育とチベット文化の維持」という教育目的の両輪のうち、後者、すなわちチベット人の道徳的価値観が失われていくことへの危機感の方がより問題視されている面すらある[34]。

その一端が言語教育にも表れている。「亡命政府」は当初は英語だけで教育を行っていたが、子ども達のチベット語喪失の危惧が高まり、その後六～八歳はチベット語だけで教育し、八歳から英語を取り入れ、しだいに教授用言語をチベット語から英語に切り替えるという教授法をとるようになっている。音楽ではチベット語の歌を教えたりもしている。こうしたダラムサラのチベット人学校へ、チベット本土から子どもだけを越境させ、通わせる親もいるという[35]。

以上挙げた問題の他に、漢族教師のチベット族の児童・生徒に対する理解不足が、両者の関係をぎくしゃくさせている面もあるように思う。四川省での話だが、チベット族の生徒に授業をする漢族の教師の間で、チベット族中学生はしつけがなっておらず、頑固で反抗的で教えにくいという不平がよく聞かれるという。これに対し肖順松《シャオシュンソン》は、生徒がまじめに勉強しないのは、教師に対する反感からである場合が多い、としている[36]。

（2）中学でチベット語による授業が行われない理由

中学ではなぜチベット語による教育が行われないのか。その理由は教員不足とされる。

中学では、小学校と同様、チベット語で書かれた各教科の教科書は一通り揃ってはいるが、これらの教科書を使ってチベット語で授業ができる教師——特に理数系の科目をチベット語で教えられる中学教師——が、チベット自治区には非常に少ないというのである[37]。例えば一九八八年現在、同自治区全体で、初級中学の数学教師三二五人のうち、漢族は一八三人（五八％）チベット族が一三二人（四二％）、高級中学では六八人中漢族六〇人（八八％）、チベット族八人（一二％）であり、高級中学の授業の大部分は内地から派遣された（後述する）漢族のチベット支援教師が担っている。これら初級、高級中学の数学教師のうち、チベット語で授業ができる者は一割に満たなかったという[38]。

すでに表7―4でみたように、チベット自治区の中学の教師は漢族が多い。漢族教師の中にはチベット語の読み書きができる者はほとんどいない。チベット族教師はというと、中学ではチベット語、漢語、数学の三教科に偏っている上、その中でチベット語で授業をしているのはチベット語の教師ぐらいのものだという。その他はチベット族教師であってもチベット語の読み書きがうまくできず、漢語による教科書を使って、漢語で教えている者が多い(39)。

さらに漢語主体の入試制度がこうした状況を肯定し、固定化する作用を及ぼし、動かし難いものにしている構造がある。大学や中等専業学校の入試が漢語で行われるため、チベット語で授業をしている学校も学年が上るにつれて、教授用言語をチベット語から漢語へ変えていかねばならず、チベット語を専攻する少数の生徒を除いて、最終的には漢語で学習する各教科の成績を基準に、生徒の進路を決めている(40)。

中国ではよく学歴ではかられた教師のレベルが低いことが問題とされているが、教育の主体が子ども達であるならば、子ども達の理解できる言葉で教えられない教師が真っ先に失格ではないだろうか。チベット語しかできない子ども達の住む地域における初等中等教育を普及させるには、漢語でしか教えられない高学歴の教員を配置するより、中長期的にみれば、学歴(そもそも中国では、漢語による教育体系の中に入り込むしか高学歴を取得する道はない)は低かろうとも、教授技術が洗練されていなくても、まずはチベット語で教えられる教師を配置し、実践や研修を通じてその腕を磨いていくようにすべきではなかろうか。チベット語で授業をすれば、テクニカルな面で効果的であるばかりか、チベット族の子どもの自分を卑下する心理をなくし、民族的な誇りと自信を持たせることができるなど、子どもの精神面にもプラスの影響がある(41)。

しかしそもそもなぜ、中央チベットのチベット族の間でチベット語で各教科を教えられる中学教師がいないという、おかしな状態が生じているのか。その理由を探ってみよう。

4 チベット語で教えられる教師が少ない理由

(1)チベット支援教師――漢族教師のチベットへの派遣

中等専業学校や大学の教師は漢族が多く、チベット族教師がいても、その大部分は一九五〇年代以降、「内地」の学校へ入学して漢語で教育を受けた者で、チベット語の読み書きはあまりできず、チベット語で専門科目を教えられる者はわずかしかいないという(42)。また特に理系の学科では、チベット語で書かれた教科書が極めて少ない(43)。こうした体制の下で養成されたチベット族教師が、漢語でしか授業ができないというのも無理からぬ気はする。中学のみならず、小学校の高学年を受け持つチベット族教師の中にも、チベット語でうまく教えられない者が多いといわれる(44)。

一九五〇年代から一九六五年までは、中央民族学院の民族語言系（言語学部）で、全国各地の師範学院の学生のうち、チベットへ派遣される者を対象に、一年間のチベット語講習を行っていた。当時はチベット族で漢語ができる者がいなかったため、民族語言系でもチベット語を学ぶのは漢族だった(45)。そのため一九五〇年代は、中国内地からチベットに赴任した漢族教師はチベット語を習得し、チベット語で授業を行っていた。しかし今、内地から大量に派遣される漢族教師は、こうした研修も受けず漢語で授業をする。現在、民族語言系でチベット語を学ぶ漢族はいなくなった。一九五〇年代と今では、漢族の教師といっても随分違うのである。

一九七四年四月二六日、国務院は教育科学グループの「内地がチベットの大学、中学、専科学校の教員を支援する問題に関する報告」を承認・下達し、一九七四年から一九八四年まで、国家機関と関連する省、市から合計三〇〇〇余人のチベット支援教師と教育行政幹部を選抜・派遣し、チベットの民族教育事業の発展を支援するよう指示した。これにしたがって国家教育部は一九七六年から七九年の間に、内地の省・市の大学・学院でチベットに派遣する教員一〇〇〇余人を養成し、一九八〇年三月には「引き続きチベット支援教師を派遣することに関する通知」を発し、その結果一九八〇年から一九八八年の間に二〇三六人のチベット支援教師が送られた(46)。

高級中学課程の大部分は、こうした漢族地域から派遣された教師が担っているのである。

(2) 西藏班と西藏中学――チベット族の「内地」養成

中央チベットにチベット語で教えられるチベット族教師がいないもう一つの理由は、各種の法規がチベット語による教育の普及を掲げる一方で、実際には子ども達の多くが「内地」に送られて漢語による教育を受けているため、チベット語で授業ができるチベット族教師が育たない構造があることだろう。その典型が西藏班（チベット学級）である。

一九八四、五年から「内地」の省や市にある重点中学にチベット学級が設けられるようになった。一九八七年には首都でも北京西藏中学が開校し、チベット自治区の各地から一〇一人の生徒が入学した。これらチベット学級とチベット中学では、チベット語の授業を除いてすべての教科を漢語で教えている。当初の一六の省・市とされた受入先は、一九九三、四年頃には二六の省・市に拡大され、学級数は一九八七年の七八（三七七二人）から、一〇七（九七〇〇人）に増えている(47)。

以上みてきたようにチベット自治区には、チベット族が通う学校の教師が中等・高等教育へ上がるにつれ漢族で占められ（チベット自治区にある教育機関の内地化）、チベット族の子どもを内地に送って教育を受けさせる（チベット人知識人層の内地化）という、チベット族の民族教育が育たない構造がある。

中華人民共和国はチベット自治区の教育経費として多額の費

用を拠出している。内地チベット学級の生徒には平均三〇〇～五〇〇元の生活補助費を給付するなど、政府は一九八五年から八九年の間に四〇〇〇万元、各省、市も二四八〇万元を投じている。(48) 政府がチベット族の教育問題をいかに重視しているかがうかがえよう。しかしそれは、チベット語による人材を育てる方向には向いてはいない。またこの内地チベット学級については、受入側の行政機関の財政負担が増えるのみならず、チベット自治区の教育経費の相当額を占めているという問題も指摘されている。ペマンツェリン(白瑪次仁)は、一九九二年、自治区の教育経費は一億四〇〇〇万元で、その中で人件費一億元を除く四〇〇〇万元のうち、内地で学校を運営するために一〇〇〇万元が費やされているという実状を挙げて、内地にチベット学校、チベット学級をつくるのに反対するわけではないが、チベット族を内地で教育するからといって、自治区内の民族教育の発展が弱められたり削られたりすべきではないと述べている。(49)

ではなぜこうした状況が肯定され、続いているのか。

漢語で学んだことをチベット語で教えるためには、自分の中で翻訳しなければならない。しかしチベット語の読み書きができ、チベット語と漢語の単語の対訳ができていれば、それは一定の努力を要するが、さほど難しいことではない。留学生が留学先で学んだことを、留学先の言葉でしか教えられない、などということはない。それと同じことだ。しかも第二言語である漢語で学んだことを第一言語のチベット語に変換するのは、その逆よりはるかに楽なはずである。漢族地域の大学などに通った者でも、チベット自治区に帰ってから一年程度の時間をさいて、チベット語を学習すれば、チベット語で授業を行えるようになるはずだといわれる。(50) したがって、中学でチベット語による授業が普及しないのは、テクニカルな問題ではないとみるべきだろう。教師達にその幾ばくかの努力をする気力を起こさせないもの、あるいはさせないものがあるように思われる。

劉慶慧《リウチンフイ》は、「チベット語で現代的な科学や文化、技術を学習・習得するのは、今はまだ大いに困難」であり、チベット族幹部や住民の多くが「現代的な科学技術を学習・習得するためには、漢語か外国語でないとだめだ」と思っていることが、漢語が重視され、チベット語が軽視される原因であり、「チベットの党や政府機関、鉱工業企業や学校の中で、チベット語を使うという意見はまだ主流になっていない」と述べているが、(51) これにはうなずけない。

幹部の中に、漢語ができなければ、自分の子どもも出世できないと考える者がいるのは理解できる。しかし一般の住民はそうではなかろう。農村では、子どもを学校に入れたくないので、籤引きで入学する子どもを選び、入学しない子どもの親は、学校へ通う子どもの家のために、年一〇〇～二〇〇元を支払う決まりがあるという話を、九〇年代初めに聞いたこともある。親たちが子どもを学校に入れたがらないのは、子どもを学校に入れてチベット語の読み書きを習って自分にも教えてくれるというならいいが、それをあまり学習しないので意味がないという考えや、チベット語の読み書きのレベルは寺院の方がかなり高く、そちらへ通わせたがるためだという。(52)

中学でチベット語による教育が普及しなかったり、学校が規定より早く漢語を教え始めるのは、一般のチベット族の願いを反映したものではなく、チベット語で授業を行う中学が皆無に近い中、進学率を高めるためには、早くから漢語で授業を受けられるようにする必要があるという学校側の都合や、漢語の教師、漢語でしか授業ができない教師の抵抗などのせいではないかと思う。学校における漢族教師の比重の高さからして、学校＝チベット族住民の意識の表れとすることはできまい。すでにみたようにチベット族の中には学校を離れていく者が多い。そうだとすれば、今までの各章でみてきたように、意思決定集団の認識に問題があると考えるべきだろう。

(3) 幹部の反対

一九八〇年代半ば、ラサ中学、ラサ市第三中学、シガツェ中学、ギャンツェ中学などチベット族教師陣が比較的整っている中学で、初級中学一年生の数学をチベット語で教える試みが行われ、よい効果が得られたが、その後すべて廃止された。その理由は、文化大革命の左傾思想の影響で、チベット自治区には依然としてチベット語で授業を行うことを重視しない人々がいたためとも、生徒や父母の中に進学や就職の進路を考えて反対する者があったためともいわれる。(53)いずれにしろ、これが契機となって一九八六年七月、チベット自治区全体に及ぶ論争が巻き起こり、人民代表大会の後半にピークに達したという。この時の意見は大きく三つに分かれた。一つは、直ちに法令を発し、小学校から大学までチベット語で教育を行う体制を作り上げることを決定するという全面改革論。もう一つは、漢語による教育体系を維持しつつ、小学校のチベット語による教育体制を充実させ、そこから大学までのチベット語による教育体系を整える条件づくりをするという一部改革論。しかし各県の幹部や住民、特にラサ市の幹部がこれらの意見に同意せず、現状維持を主張したという。すなわち、小学校から大学までのチベット語による教育体制を作りあげる必要はなく、そんなことをしたら漢語学習の時間が減り、チベット地域の中国内外への開放とチベット族の子どもの中国内地の各大学への進学を妨げるというものである。(54)

チベット語による教育の普及を妨げる要因として、幹部の考えに問題があることを指摘する報告は多い。自治区レベルの幹部の中には、チベット語による授業の普及は、改革開放や現代化に必要な人材を養成する上での妨げになると見なし、事業の推進に消極的な者もいる。市や地区レベルの関連部門や学校の責任者の中には、この事業を重視していない者もいる。チベット語で授業を行うクラスの生徒の進路に疑念や不安を表明する人々もいる。こうした人々の力がチベット語による授業の普及事業を妨げているといわれる(55)。

チベット自治区では以下のような意見を言う者もいる。「中国は統一された多民族国家であるから、言語と文字も漢語・漢文に統一すべきであり、各民族が別々の言語や文字を使うべきではない」。「チベット語は先進的な科学や文化、技術を表現し得ず、使用範囲は狭く、発展する前途もない」。「もし各教科をすべてチベット語で教えたら、チベット自治区で卒業した学生は自治区内の大学に入るしかなく、内地の名門大学に入れない」。「チベット語で各教科を教えれば、チベット自治区の民族教育はさらに閉鎖的になり、改革開放という歴史的潮流にそぐわない」等々(56)。

学校の授業をチベット語で行うことに反対する人々がいる。幹部の中には公の場で「私の子どもはチベット語クラスにはやらない。絶対漢語クラスに入れる」と言ってはばからない者もいる。こうした力がチベット語による授業の実施を阻止し、困難たらしめている最大の要因であるともいわれる(57)。

このチベット自治区の幹部とはどのような人々からなるのか。チベットの少数民族幹部は、一九五二年には人民解放軍とともにチベット入りした二〇〇人だけだったが、一九五九年の民主改革時に二七〇〇人に増え（幹部総数の三〇％）、一九六五年自治区が成立した時には一万七〇〇〇人（同三三・三％）となり、一九九〇年には三万七〇〇〇人（同六九％）に増えている(58)。だが依然として幹部の三割は漢族が占め、チベット族幹部が増えたといってもそれは末端レベルで、上層部の主要な幹部のポストは依然として漢族が占めているとも聞く。第二回チベット工作座談会紀要は、当面最も重要なことは、依然として左の思想を続けて克服することだと記していることから、一九八〇年代も文革時代の考え方が根強く残っていたことが分かる。またそもそもチベット族幹部が増えれば、チベット語教育が重視されるとみることもできない。

表7－11　内地チベット学級の生徒数と国家幹部の子の比率

年	生徒数	うち国家幹部の子ども
1985	983	646　(65.7%)
1986	1,029	634　(61.6%)
1987	999	594　(59.5%)
1988	1,148	621　(54.1%)
1989	864	418　(48.4%)
1990	1,029	527　(51.2%)

出所：呉徳剛『中国西藏教育改革与発展的理論研究』雲南教育出版社、1995年、293頁。

チベット族の幹部や教員といっても、教育の受け方でチベット語に対する意識は全く違うからだ。漢語で学習し、中等専業学校や大学を出たチベット族の多くは、卒業後何らかのポストについた時には、チベット語の読み書きができないばかりか、チベット語さえうまく話せず、自分の故郷の親類縁者の中に交われなくなってしまっている者がいる。こうした人々は長い間、漢族地域で教育を受けて価値観が変化し、多くの者がチベット語教育に関心を持たず、チベット語を学んでも自分の前途にあまり役に立たないと考えたり、チベット語科の学生を軽蔑して一瞥する価値もないと思っている者もいるという(59)。表7―11をみると、内地チベット・クラスの半数が幹部の子ども達である。意思決定集団のこの状況が、チベット族教育に与える影響は大きい。

5　一九八〇年代後半の改革
――チベット語の学習、使用と発展に関する規定

一九八七年七月九日、チベット自治区は第四期人民代表大会の第五回会議で「チベット自治区におけるチベット語の学習、使用と発展に関する若干の規定（試行）」（西藏自治区学習、使用和発展藏語文的若干規定）を採択した(60)。その背後には、全国人民代表大会副委員長を務めるアボ・ガワンジクメとパンチェンラマ一〇世チューキギェルツェンの働きかけがある。両氏はチベット自治区を視察中、八七年七月四日に開かれた第五回会議の主席団拡大会議に出席し、チベット自治区において漢語が実質的に第一の公用語となっている異常な現状を断固として改め、チベット語を第一の公用語にする方針を真摯に実施するよう強く求めるとともに、一六ヵ条の建議を提出した。この建議に基づいてつくられた規定が同会議で採択され、自治区人民政府が同月一九日に公布し、一九八八年七月一日から施行されるに至ったのである。パンチェンラマは七月四日の会議で、今回自分とアボ・ガワンジクメがチベット自治区へ来た主な目的の一つは、チベット語の使用と発展に関する問題を解決することだと述べている。また、悠久の歴史をもつチベット語やチベット文字が自分達の代で消えてしまったとしたら、歴史に対して申し訳ないとの心境も吐露した。パンチェンラマは一九八六年一月二二日、北京で青海省民族事務委員会主任のツェテン（才旦）ら六人の代表と会って青海民族師範専科学校の名誉校長を引き受けた時も、民族語教育をしっかり行うよう念を押している(61)し、一九八七年、雲南省デチェン・チベット族自治州で行った講話（本章第六節3参照）を考え合わせると、この頃、チベット語の社会的使用範囲がだんだん狭められていく状況を何とかしなければならないという、強い思いを持っていたことがうかがえる(62)。

一九八〇年代半ばのチベット自治区の公的分野で、チベット語と漢語が実際どのように使われていたかを伝える資料はないが、その頃この問題を憂慮するチベット族の間から次のような建議が出されている。（一）大型の会議では通訳を置き、漢語だけではなく、チベット語も使う。（二）政府の公文書は漢語だけではなく、チベット語でも出す。（三）中学と大学ではチベット語で授業を行えるようにする。（四）就職試験では、漢語のレベルだけをみるのではなく、チベット語の試験も行う。（五）銀行などサービス部門は漢語だけではなく、チベット語も使う。ここから、都市部における公共面では漢語が主、チベッ

ト語が副どころか、実質的には漢語が唯一の公用語になっていた場面も多々あったことがうかがえる。このうち（一）（二）の問題については一九八〇年代後半、ある程度前進が見られ、党や政府の指導部門の公文書はほとんどチベット語でも出されるようになり、規模の大きな会議ではチベット語も使われるようにもなったというが、解決に至っていない問題が多いという。(63)

「チベット語の学習、使用と発展に関する若干の規定」は第三条で教育について次のように指示している。(64)

「自治区の各級各種学校のチベット族児童・生徒・学生は、必ずチベット語を主要教科とし、その他の教科も原則としてチベット語による教授を主とし、入学試験ではチベット語で教える教科はチベット語で答案できるよう積極的に条件づくりをする。チベット族の小学生はすべてチベット語で授業を受け、それに影響を与えないという前提の下で、高学年から漢語の授業を設ける。中学、中等専業学校と大学や専科学校のチベット族の生徒・学生の言語教科はチベット語を主要教科とし、同時に漢語も学習するようにし、その他の教科はできるだけ早くチベット語で授業ができるよう積極的に条件づくりをし、条件のある中学は外国語も開講する。漢族の児童・生徒・学生は漢語を主要教科とし、各種の教科は漢語で授業をし、適切な学年からチベット語の授業を必修教科として加え、外国語も開講する」。

チベット自治区人民代表大会常務委員会は一九八八年一〇月二九日、「チベット自治区におけるチベット語の学習、使用と発展に関する若干の規定（試行）の実施細則」（関於貫徹執行《西藏自治区学習、使用和発展藏語文的若干規定（試行）的実施細則）を公布し、一九八七年の規定を実施するための具体的なプランを示した。(65) 教育に関する第四章は次のようにいう。

「一九九三年の新入生から、初級中学のチベット族クラスでは漢語と外国語を除くすべての教科をチベット語で教える。一九九七年度の新入生から、高級中学のほぼすべての教科と中等専業学校の教科の大部分をチベット語で教える。二〇〇〇年以降、大学、専科学校は次第にチベット語で授業を行うようにする。この目標に向かって、ラサ市とシガツェ地区の初等教育が比較的整っている一部の地方は、他の地域に先駆けて実施し、その経験を総括した後に自治区全域に広める」（第一五条）。

「小学校では一九八七年秋に入学する新一年生から、チベット族と漢族の児童をすべて分けてクラスをつくり、別々に教科課程を定める。漢族クラスは漢語で授業をし、高学年でチベット語の授業を設ける（主要教科とはしない）。チベット族クラスはチベット語で授業をし、それに影響しないという前提の下で、四年生から漢語の授業を設ける」（第一六条）。

実施細則第一五条に従って、一九八九年秋から自治区ラサ中学、ラサ市第一中学、シガツェ地区中学、山南（ロカ）地区第二中学の四校で、チベット語で各教科の授業を行う（漢語を一教科として設ける）実験クラスが設けられた。(66) その第一期生が一九九二年に卒業すると、その中の一部の生徒は高級中学のチベット語で授業を行う実験クラスに入学した。こうして一九九三年までにチベット語で授業を行うクラスは七〇余り（高級中学の実験クラス四クラスを含む）、三〇〇〇人まで増えた[67]。だがこれは同年のチベット自治区の少数民族中学生一万八九五九人[68]の一五・八％にすぎない。

チベット自治区は一九八七年秋から、小学新入一年生をチベット族、漢族ごとにクラス分けし、チベット族児童はすべてチベット語で授業を行うクラスに入って学習することにした（第一六条はこの二年前に実施を図った措置を後追い的に規定したものである）。しかし実施の段階になると抵抗が大きく、かなりの地域でこの政策は実現しなかったという。チベット族の幹部や人民代表、各機関職員の中には、会議など公の場所で発言する時はチベット語の学習と使用を積極的に提唱しながら、自分の子どもの問題になるとチベット語で授業を行うクラスに入れたがらず、あの手この手を使って漢語で授業を行うクラスや内地の中学に入れる者が多かったという。また漢語は小学校高学年（四年生）から教え始めるとの規定も守られず、各地の実地調査では小学校二年生から漢語の授業を始めている学校が多く、一年生から始めたり、条件が整ってもいないのに漢語の授業を設けようとする学校もあった[69]。一九九二年後期の段階で、チベット語で授業を受けている小学生は一七万七七三五人だという[70]。これは同年のチベット自治区の少数民族小学生一八万一九〇五人[71]の九七・七％にあたるが、依然として四〇〇〇人近いチベット族小学生が漢語で教育を受けていることになる。

このように一九八七年の規定と八九年の実施細則で定められた指針は局部的にしか達成されていない。

五　四川省におけるチベット族教育

現在の四川《スーチョワン》省の西部一帯はチベットの区分ではカムに、西北部はアムドに属し、ガパ・チベット族羌《チャン》族自治州の北部は、甘粛省の民族の回廊と呼ばれる地域に接している。そのため四川省という枠組みの中でチベット族の言語使用状況をとらえると、少し複雑になる。カンゼ・チベット族自治州の大部分とミリ・チベット族自治県の一部の地域のチベット族はカム方言を話し、ガパ自治州の大部分とカンゼ自治州の一部の地域のチベット族はアムド方言を話す。またガパ自治州南部のバルカム、理県（リゾン）、金川、小金県（ツェンラ）などのチベット族はギャロン（嘉戎）語を話し[1]、ガパ自治州中部の黒水県（トチュ）のチベット族は、ほとんどが黒水語（羌語）を話し、涼山イ族自治州のミリ・チベット自治県と塩源県のチベット族の多くはプミ語を話す[2]。また平武県のペマ（白馬）郷には、羌語とチベット語の中間ともいえる独自の言葉を話す、ペマ（平武）チベット族と呼ばれる人々が住んでいる[3]。

四川省の少数民族人口は一九九〇年現在で約四八八万九千人

だが、一億人以上の人口を抱える同省で省総人口の四・六％を占めるにすぎない（**表7―12**）。ガパやカンゼの東部は地理的にみても漢族の大都市、成都からそれほど離れてはおらず、四川省のチベット族の一部はかなり漢族の影響を受けてきたとみられる。四川省のチベット地域（カンゼ、ガパ両自治州とミリ自治県）で一九五八年から一九七八年の二〇年間、チベット語の授業が廃止され、漢語によるモノリンガル教育が強行された[4]要因の一つもそこにあると思われる。青海省や甘粛省に比べても、漢語化の影響は大きかったようだ。

ただし、四川省では文革中からイ族の伝統文字復権の動きが起こり、文革後、規範イ文の普及が急速に図られた（第三章参照）こととの相乗効果で、チベット語の教育も大幅に見直されたと思われる。四川省の少数民族事業は従来、少数民族の中で人口が最も多いイ族とチベット族、そして同省内に総人口の九九％が住む羌族を重点としてきた[5]。固有の文字を持たなかった羌族についても、一九八九年に四川省羌族ピンイン文字方案創作グループができて、九一年四月に羌族の北部方言に依拠した表音文字、「羌族ピンイン文字方案」がつくられ、普及が図られている[6]。

こうした状況の中で、四川省のチベット族の間で民族語を学習する者の比率は一九八〇年代から九〇年代にかけて、徐々に高まってきた。その経緯を追ってみよう。

1　四川省の民族教育政策とチベット族

一九八一年、中共四川省委員会と四川省人民政府は民族教育事業会議を開いて、この分野における左傾路線の転換・克服を図った。一九八三年には同省教育庁がチベット文教育事業会議を開いて、チベット族地域の小中学校ではチベット語の教育が重要な地位を占め、重要な作用を果すものだとの認識を示し、これらの学校ではチベット語と漢語による二言語教育を行う方針を固めた。また一九八五年、中共四川省委員会と四川省人民政府が通達した「民族教育事業の強化に関する決定」では、チベット族地域の二言語教育はまず民族語の授業の普及に重点を置き、各教科をイ語やチベット語で教える授業形式は、一部の民族学校で試行し、状況をみて広めていくことが決められる[7]。翌一九八六年までに、**表7―13**が示す形で、四川省全域で小中学校のうち七五三校（在校生四万一六三二人）がチベット語の授業を行うようになった。

一九八八年九月には、四川省の教育委員会と民族事務委員会が連名で「イ、チベット小中学校の二言語教育に関する意見」（関於彝、藏中小学双語教学工作的意見）を通達し、省内のイ族とチベット族地域では、民族語と漢語の二種類の言語文字で教育をするという「一つの体制」を作り上げ、（一）民族語で授業をし、漢語を一教科として教える、（二）漢語で授業をし、民族語を一教科として教える、という二つのスタイルの二言語

表7－12　四川省民族別人口（1990年、1000人以上）

民族名	1953年	1964年	1982年	1990年			
	人口	人口	人口	人口	A	B	C
四川省総人口	61,696,753	67,956,490	99,713,246	107,218,310			9.46
少数民族総人口	501,256	1,729,301	3,661,502	4,889,295	4.6		5.41
漢族	61,195,494	66,225,898	96,051,716	102,328,069	95.4		9.82
イ族	110,940	885,113	1,526,707	1,787,340	1.7	36.6	27.20
チベット族	234,090	606,652	921,984	1,087,758	1.0	22.2	23.68
トゥチャ族	0	11,275	598,274	1,076,529	1.0	22.0	18.87
ミャオ族	77,873	85,736	355,335	533,860	0.5	10.9	7.22
羌族	35,651	48,971	102,553	196,299	0.2	4.0	99.01
回族	38,212	57,564	91,092	108,285	0.1	2.2	1.26
モンゴル族	657	13,392	14,560	27,303	0.0	0.6	0.57
リス族	10	7,802	13,772	16,252	0.0	0.3	2.83
満州族	2,789	3,746	7,162	12,195	0.0	0.2	0.12
ナシ族	13	2,540	13,444	8,595	0.0	0.2	3.09
ペー族	91	588	3,076	7,420	0.0	0.2	0.47
プイ族	31	506	4,206	7,350	0.0	0.2	0.29
タイ族	33	919	2,900	5,678	0.0	0.1	0.55
チワン族	20	3,324	2,976	4,639	0.0	0.1	0.03
トン族	46	114	586	2,712	0.0	0.1	0.11
ハニ族	9	14	97	1,149	0.0	0.0	0.09
未識別民族	0	1,251	0	898	0.0		0.12
外国人中国籍加入者	3	40	28	48	0.0		1.40

A＝対省総人口比(%)、B＝対省少数民族総人口比(%)、C＝対各民族全国総人口比(%)
出所：『四川省1990年人口普査資料（上）』中国統計出版社、1993年、92～113頁、国家統計局人口統計司・公安部三局『中華人民共和国人口統計資料彙編　1949―1985』中国財政経済出版社、1988年、956～957頁他をもとに筆者作成。

教育を推進していく方針を確認している。(8) 両者のうち、表7―13をみると、八六年から九五年にかけて、(二)の加授チベット語スタイルが増え、(一)の加授漢語スタイルが減り、チベット語教育を受ける小中学生の数は全体として増えていることがうかがえる。これは前述の八五年の決定によるものだろうか。

これらの動きに伴って、チベット語で授業を行う教師の養成が徐々に図られていった。四川省のチベット地域には、康定(タルツェムド)民族師範学校(一九三八年設立)やバルカム民族師範学校(一九七三年設立)など中等師範学校が五校あるが、そのうち四校がチベット語普通師範学科を設けている。(9) その上の専科学校レベルでは、一九八六年九月に康定民族師範専科学校が開校し、一九八九年秋からガパ自治州師範専科学校にチベット語学科が開設されている。(10) その結果こうした教師は一九九〇年、四川省のチベット地域の小中学校の教師一〇四六人のうち二三八人(二二・八%)にまで増えた。(11)

入試制度も改革され、一九九〇年代に入ると、康定民族師範学校、ガパ師範専科学校、西南民族学院などのチベット語学科を受験する者は、漢語を除く各教科――文系はチベット語、数学、政治、歴史、地理、理系は政治、チベット語、物理、化学――を

表7－13　四川省のチベット語教育状況（1986、90、95年）

年	授業スタイル	小学校		初級中学		高級中学		小中学校合計	
		校数	児童数	校数	生徒数	校数	生徒数	校数	児童・生徒数
86年	加授漢語	124	6,867	3	451	1	80	128	7,398
	加授チベット語	589	30,766	36	3,468	0	0	625	34,234
	合計	713	37,633	39	3,919	1	80	753	41,632
90年	加授漢語							76	5,620（ 5.6%）
	加授チベット語							772	45,675（45.5%）
	合計							848	51,295（51.1%）
95年	加授漢語	74	5,241			3	697		
	加授チベット語	855	50,100						
	合計	929	55,341	37	5,714				

注：加授漢語＝チベット語で授業をし、漢語を一教科として教える。
　　加授チベット語＝漢語で授業をし、チベット語を一教科として教える。
出所：田清玉「在全省第三次中小学藏文教学工作会議上的講話」『民族教育』1988年第2期、3頁
　　　康定民族師範専科学校課題組『四川藏区双語教育与教学研究』四川大学出版社、1996年、11、84～85頁の文中のデータをもとに筆者作成。

チベット語で出題する方式（藏単考試）か、チベット語以外の各教科は漢語で出題する国家統一試験を受ける方式（藏加考試）のいずれかで受験するというシステムが整えられた(12)。

こうした基盤整備も伴った結果、「二言語教育に関する意見」が通達された一九八八年から一九九五年の五年間に、子ども達の成績はよくなり、入学率や進学率もアップし、中途退学率が下がったという。一九九三年現在、四川省ではチベット族の小中学生の五〇％がチベット語の授業を受けるまでになった(13)。

では次にカンゼ、ガパ、ミリの三つの民族自治地方ごとに、より具体的な状況をとらえ、三者の比較をしてみたい。

2　カンゼ・チベット族自治州

カンゼ・チベット族自治州は、一九五〇年一一月二四日に成立した西康省チベット族自治区が一九五五年に改称したものである。一九五〇年、同自治区の小学校は四一校で、そこに通う小学生二九〇三人のうち、少数民族は八％にすぎなかった(14)。この頃はまだチベット族の初等教育で公立学校が果す役割は低かったといえよう。ただ中共は同党の幹部養成のための教育には早くから着手しており、一九五〇年に民族幹部学校をつくり、一九五三年までにチベット族など少数民族の生徒二五〇〇人を養成し、その中から成績の良い者を中央民族学院や西南民族学院に送って学習させている。ハード面では、西康省チベット族自治区の人民委員会はチベット語と漢語の翻訳機関を設け、主

な公文書や政府機関の印章・公印、布告、宣伝などをチベット語でもつくり、チベット語の新聞・雑誌を出すなど、国民党政府時代とは一線を画す政策も実行した[15]。

一九五三年一一月、西康省チベット族自治区が第一期第三回各族各界代表会議で「民族言語文字の発展についての実施方法」を採択したのもその一環であり、これにより自治区内の各級人民政府の公文書はチベット語を第一言語とし、告示、広報や政治学習用の資料はすべてチベット語と漢語でつくることや、小学校ではチベット語で教育することが定められた。この時期、カンゼやガパではチベット族小学校をつくり、小学校のチベット語や算数の教科書を編さんし、その他の初級小学校の教材は漢語からチベット語に翻訳して揃えたという[16]。

前述したようにカンゼ、ガパ、ミリでは一九五八年から七八年までチベット語の教育が停止されたが、カンゼでは文革の間、学校へ通う子どもの数が激減した[17]。文革を経た一九八〇年代の当地の言語使用状況について次のような報告がある。「康定県の町に住むチベット族の間では、チベット語は高齢者が使うだけで、若い世代はほとんどチベット語ができなくなっている。……デルゲ県のチベット族は日常生活では、学校や幹部が漢語を使う他はチベット語を使っているが……会議や機関の公務、学校の授業では漢語が使われることが多くなっている」[18]。

カンゼ自治州では一九七九年のうちに、小学校の三割前後がチベット語の授業を再開し、小学校のチベット語教科書も新たに編さんした[19]。林俊華は、一九九〇年同州の小学校のうち四三〇校（児童一一万八九六五人）、初級中学のうち一三校（生徒二六三二人）、高級中学のうち一一校（生徒四二三人）がチベット語の授業を行っていると記す。これは筆者の計算によれば、同州のチベット族小学生の六九％、中学生の四六％にあたる[20]。林の挙げる数字は、**表7—14**とは特に小学校レベルでかなり違うが、一九九六年にはチベット族の小学生の七四・三％（四万五七一四人）、中学生の五三・六％（四八九七人）がチベット語の授業を受けており、小学生の一〇・三％、中学生の四・三％がチベット語で各教科を学んでいることになる。またこの表から、カンゼ自治州では一九九〇年から九六年にかけて、チベット語学習者は着実に増えていることが分かる。それに伴って、学齢児童の就学率は一九九〇年には五二・四％、一九九六年には七二・七％に上昇した[21]。

入学試験にもチベット語が徐々に取り入れられるようになり、中等師範学校の入試にチベット語の他に、一九九五年からチベット語で出題する数学が追加された。また中等専業学校の入試にも、一九九六年からチベット語が加えられ、その得点の三〇％を総合得点に入れることになり、一九九七年からチベット語で各教科を出題する方式も導入されている。専科学校の入試にも一九九八年から、前述した藏単考試（チベット語で出題）と藏加考試（漢語で出題）の二つの形式が加えられることになった[22]。

表7－14　カンゼ・チベット族自治州：二言語教育状況（1990年代）

	授業スタイル	小学校		中学		小中学校合計	
		校数	児童数	校数	生徒数	校数	児童・生徒数
90年	加授漢語	26	2,843			26	2,843 (5.5)
	加授チベット語	537	30,468			559	33,984 (65.5)
	合計	563	33,311	22	3,516	585	36,827 (71.0)

	授業スタイル	小学校		初級中学		高級中学		小中学校合計	
		校数	児童数	校数	生徒数	校数	生徒数	校数	児童・生徒数
95年	加授漢語	75	3,088	1	338	0	0	76	3,426
	加授チベット語	659	38,438	23	3,968	7	441	689	42,847
	合計	734	41,526	24	4,306	7	441	765	46,273

	授業スタイル	小学校		中学		小中学校合計	
		校数	児童数	校数	生徒数	校数	児童・生徒数
96年	チベット族在校生総数		61,534		9,133		70,667
	加授漢語	120	6,336 (10.3)	2	395 (4.3)	122	6,731 (9.5)
	加授チベット語	705	39,378 (64.0)	28	4,502 (49.3)	733	43,880 (62.1)
	合計	825	45,714 (74.3)	30	4,897 (53.6)	855	50,611 (71.6)

注：( )の数字は、チベット族児童・生徒全体に占める比率(%)
出所：康定民族師範専科学校課題組『四川藏区双語教育与教学研究』四川大学出版社、1996年、11、84～85頁、程寛鑫「抓“双語”体制建設促育人整体効益」『中国民族教育』1997年第5期、32頁の文中のデータをもとに筆者作成。

カンゼ自治州はチベット語の教師を養成するため、一九八七年一一月、同自治州初のチベット語で教育を行う寄宿制中学、康定県新都橋チベット文中学を設立し、各師範学校（専科学校、中等専業学校）にもすべてチベット文科をつくり、それ以外のクラスでも基礎チベット語の授業を設けている[23]。

新都橋チベット文中学は生徒のほとんどがチベット族で、チベット語、数学、歴史、地理、政治、物理をチベット語で教えている。一九九二年には高級中学が増設され、やはり漢語を除く政治、歴史、地理、物理などをチベット語で教えている。チベット語で授業をするようになってから、生徒の学習意欲は高まり、入学率は高まり、中途退学率は減り、生徒や父母は喜んでいるという[24]。

康定民族師範学校（一九三八年に設立）は、一九八〇年にチベット語普通師範クラスを新設してから、青海省、チベット自治区、ミリ自治県などからも生徒が進学してくるようになった。一九九五年九月現在、同校の一七クラス（八二三人）のうち四クラス（二〇五人）がチベット語普通師範クラスである。このクラスではチベット語、数学、物理、心理学、教育学、小学校教材教授法などは、四川省統一編さんのチベット語による教科書を使ってチベット語で教えているが、政治、地史、音楽、体育、美術などは暫時漢語の教科書で教えている。選修科目としてチベット族文学史、チベット王臣記、カンゼ州地理概況、チベット族舞踏、チベット絵画など民族的特徴のある科目もある。

同校の漢語普通師範クラスでは、一九〇時間のチベット語の授業が課せられているが、チベット語普通師範クラスでは年間七五〇時間の漢語の授業がある。(25)漢語の方がチベット語より重視されている点は否めない。

3　ガパ・チベット族羌族自治州

ガパ・チベット族羌族自治州は一九五三年一月一日に成立した四川省チベット族自治区が、五五年一一月にガパ・チベット族自治州に改称し、八七年に現在の名称になったものだ。

ガパ師範専科学校の教員、林向栄《リンシャンロン》(チベット族)は、一九八六年実地調査を行うまで、「私達の間には誤解があった」と述べている。その誤解とは一九五〇年代から二、三〇年間、政府がガパ自治州へ多くの漢族を派遣し(人口が数十万人増えた)(26)ので、少数民族は漢族と頻繁に交流するようになり、漢語を覚え、公道の沿線や村に住む者も今では日常的に漢語を話し、漢文の読み書きができる者もいるだろうというものだった。しかし実地調査の結果、成都に近い理県(リゾン)や汶川県、茂汶一帯では漢語ができる者は多いが、それより西側の県では幹部や中学生を除き、日常的に農村で暮らしている人々はほとんど漢語ができないことが分かったという。バルカムから数キロ離れたユドゥク(英波洛)村では村民四〇四人のうち、漢語ができるのは六九人(一七%)だけだった。(27)

しかし行政分野では、こうした当事者の現状とはかけ離れた事態が進行している。自治州における一九八〇年代のチベット語使用状況の報告によれば、政府機関は機関の名称以外、チベット文字はほとんど使わないし、重要な会議の講話はチベット語に翻訳する場合もあるが、そうしたケースは多くないという。(28)

ガパ自治州には一九八八年現在、幼稚園が四三ヵ所(少数民族は全園児の四五%)、小学校が一四五五校(少数民族は全児童の六三%)、初級中学が四七校(少数民族は全生徒の四四%)、高級中学及び完全中学が二六校(同三〇%)ある。(29)

表7—15から、これら教育機関の中で、一九八七年にはガパ自治州のチベット族小学生の二三%、初級中学生の一六%がチベット語の授業を受けており、小学生の六%、中学生の一〇%がチベット語で各教科を学習していることが分かる。チベット語の授業を受ける小中学生の割合は、一九九〇年には三二・六%まで上がった。これを**表7—14**と見比べると、チベット語学習者はカンゼの七割に対して、ガパは三割と低いことが分かる。その一つの要因は、ガパ自治州のチベット族の中にはギャロン語や羌語を話す人々がかなりいることに求められるだろう。

ガパ自治州のチベット族はガパ、紅原、ゾルゲ(若爾蓋)、ザムタン(壌塘)、松藩(スンチュ)県のチベット地域ではアムド方言を、バルカム(馬爾康)、金川、小金(ツェンラ)、理県のチベット地域ではギャロン語を、黒水県(トチュ)のチベット地域では黒水語(実際は羌語の北部方言)を話す。(30)人口比でみれば一九八二年現在、ガパ自治州に住むチベット族の五

表7－15　ガパ・チベット族羌族自治州：小中学校のチベット語教育状況（1987、90年）

	授業スタイル	小学校		初級中学		高級中学＊		小中学校合計	
		校数	児童数	校数	生徒数	校数	生徒数	校数	児童・生徒数
87年	チベット族在校生総数		39,589		6,309		1,257		47,155
	加授漢語	51	2,381(6.0)	5	630(10.0)	0	0	56	3,011(6.4)
	加授チベット語	156	6,227(15.7)	4	384(6.1)	1	146(11.6)	161	6,757(14.3)
	合計	207	8,608(21.7)	9	1,014(16.1)	1	146(11.6)	217	9,768(20.7)

	授業スタイル	小学校		中学		小中学校合計	
		校数	児童数	校数	生徒数	校数	児童・生徒数
90年	加授漢語	48	2,398	2	379	50	2,795(7.0)
	加授チベット語	186	9,055	10	1,170	196	10,222(25.6)
	合計	234	11,453	12	1,549	246	13,017(32.6)

＊ゾルゲ・チベット文中学の高級中学クラス。
出所：中国社会科学院民族研究所・国家民族事務委員会文化宣伝司主編『中国少数民族語言使用情況』中国蔵学出版社、1994年、418、420頁、康定民族師範専科学校課題組『四川蔵区双語教育与教学研究』四川大学出版社、1996年、11頁の文中のデータをもとに筆者作成。

〇％がアムド方言を、三〇％がギャロン語を、一三％が羌語を話すという。したがってチベット文語で教育を行う学校は、主に北部のガパ、ゾルゲ、ザムタン、紅河四県に集中している(31)。いっぽうギャロン語を話す地域では、漢語で授業をする学校が多く、チベット語の授業を設けている学校はわずかしかない。黒水地区では、沙石多郷の中心小学校でチベット語クラスをつくったことがあるが、それ以外はチベット語を教えていない(32)。

ギャロン語を話すチベット族はアムド方言が話せず、チベット語を学ぶのは容易ではなく、ギャロン語を話すチベット族がバルカム師範学校を卒業後、チベット語を話す地域の学校に配属されることがあるが、なかなかうまく授業ができないという(33)。ただしガパ自治州の初級中学の卒業試験、高級中学と中等師範学校の入学試験のチベット語はアムド方言で出題し、四川省クラスのチベット族学校ではカム方言で出題するため、ギャロン語を母語とするチベット族の子どもは、中等教育ではアムド方言で授業を受けつつ、カム方言も学ばねばならない(34)。

ガパ自治州でチベット語による教育が比較的よく行われている中学を二校紹介しよう。ガパ自治州ゾルゲ・チベット文中学は一九八一年七月、ロラン・ニマが創立した学校で、一九八五年に高級中学部を増設してガパ自治州唯一のチベット語高級完全中学となった(35)。同校は自治州内の各県からチベット語で学ぶ初級中学生、高級中学生が入学する唯一の学校である。一九八三年、パンチェンラマがゾルゲを視察した時、「このチベット文学校の教え方や授業内容には民族的な特色が反映されていて、まさに民族自治の学校だ」と喜んで同学校に一泊し、学校に一万元を寄付したという話しも伝えられている。[36]それは同校の次のような特徴が言わしめたものだろう。

第一に、同校はチベット族一般住民のための教育に心がけている。ゾルゲ・チベット文中学は生徒数約三〇〇人のうち、九割をチベット族の農民、牧畜民の子どもが占め、国家機関の幹部や職員の子どもの比率は他の学校と比べて極端に小さい。初級中学生の中には入学前まで寺院教育を受けていた者もいる。

第二に、チベット語による教育を徹底させている。四川省内でチベット語で授業をする中学の教師を養成しているのは、ガパ師範専科学校と康定民族師範専科学校の二校だけで、しかも初級中学のチベット語と数学・理科の二学科しかない。そのためチベット語と数学以外は専門の教師がいないのだが、ゾルゲ・チベット文中学ではこの二教科の教師が兼任する形で、漢語の授業を除くすべての授業をチベット語で教えている。一九八五年に五省区統一編さんの教科書が出るまでは、同校の教科書はほとんどロラン・ニマが自分で編さんしたものを使っていた。こうした点から同校の名は全チベット族地域に知れ渡り、同校へ入学したがるチベット族が多いという。[37]

ギャロン語を話すチベット族の子ども達が通うバルカム県本真中学校では、授業はアムド語で行う。[38]この学校にはチベット語と漢語の授業はチベット語で教える教師がいるが、数学、政治、歴史、地理はチベット語で教えられる教員がいない。教員二四人のうち、チベット語の教師が五人いる他は、漢語か漢語で各教科を教える教師である。そこで、教室では専門科目の教員が漢語で話した内容を、チベット語の教師がチベット語に訳して生徒に聞かせるという形で授業をしている。通訳のため教えるのに通常の二倍近くの時間が必要となり、学校では授業時数を増やす方法で対処している。アムド方言で授業を受け、授業時数も長い(一学期で普通の学校より七〇〇時間上回ることもある)という負担はあるが、生徒の学習意欲は高く、漢語で授業を受けているチベット族より進学率は高い。

この学校では、各学年の生徒は入学時のチベット語と漢語の成績により、チベット語を教授用言語とするクラスと、漢語を教授用言語とするクラスに分けている。前者は第二言語として漢語を、後者はチベット語を教えている。後者のクラスの生徒も、一、二年生の間にチベット語で授業が受けられるようにし、三年生になると教授用言語をチベット語に変えている。

4 ミリ・チベット族自治県

ミリ(木里)チベット族自治県は、涼山イ族自治州の中にあるが、地理的には北部と東西をカンゼ自治州の南部に囲まれる形になっている(地図7―2)。

現在、ミリ自治県がある地域を中国共産党が統治するのは、一九五〇年三月、人民解放軍の第二野戦軍が西昌、涼山一帯の国民党軍を壊滅させた後のことだ。一九五〇年初頭にはまだ、国民党の西南軍長官公署の副長官と西南警備司令が、ミリのチベット族のラマ僧をミリ分区保安司令に任命したりしている。(39)二〇世紀前半、ミリでは国民党政府がつくった国立西康木里小学校(40)が唯一の学校だったが、この学校は一九四九年に廃校になっている。中華人民共和国は、一九五三年にミリに最初の小学校を建てた。一九九五年現在、ミリ自治県には小学校が二九八校、初級中学が三校、職業高級中学が一校、高級完全中学が一校あり（小学生は一〇〇九六人、初級中学生は一六〇一人、高級中学生は八二人）、小中学生の七一・一％（八三七八人）を少数民族が占めている。

同県では、チベット族のうち、県北部に住む人口の三割を占める人々がカム方言を話し、残る七割はプミ語の北部方言を話す。カム方言を話す人々は日常的にはチベット語を使っているが、漢族などと話す時や学校の授業では漢語も使う。プミ語を話す人々は、一般にカム方言を話すチベット族より漢語のレベルが高い一方、チベット語の読み書きができる人は少ないが、仏教行事の時はチベット語を使うという。

中華人民共和国成立初期、ミリ自治県の学校ではチベット語を教えていたが、一九五八年に停止、その後は漢語のモノリンガル教育が続いた。一九七八年の後期になると、東朗小学校がチベット語の授業を始め、反響がよく成果も出たので、一九八二年から、県内の小学校二八六校のうち六校と、中学四校がチベット語の授業を行うようになったという。一九九五年には小学校一七校（児童数一六九二人）、中学五校（生徒数一〇一五人）まで拡大している。これは前述した九五年の同県小学生総数の一六・八％、中学生総数の六〇・三％にあたる。ただし現在もミリ自治県にはチベット語で各教科を教える学校はない。学校では各教科は漢語で教え、一般に小学校三年生からチベット語の授業を毎週二～四時間行っている。公共面では政府の布告や機関の看板、印章にチベット文字が使われている他はすべて漢字で、県レベルの会議や公務、学校の授業、ラジオなどはほとんど漢語を使っている。

ミリに住むナシ族、モンゴル族、漢族の中には昔からチベット語を学ぶ者がおり、ミリ自治県の小中学校では、これら民族の子どもの中にもチベット語の授業を受けている者がいる。例えばミリ自治県完全小学校は在校生の五二％が漢族だが、父母の希望や進学試験の関係から、全校生徒が三年生からチベット語を学んでいる。ただし毎週二時間なので、小学校卒業までに五省区共通の小学校チベット語の教科書全一二冊のうち、第三冊までしか終えられない。チベット語の言語環境が比較的よい郷や村の小学校でも五、六冊までがせいぜいだという。

ミリ自治県内の各中学にはそれぞれチベット語の授業を行うクラスが設けられているが、出身小学校によってチベット語の学習進度が違うため、初級中学では極端な場合、小学校用チベット語教科書の第一冊から教え始めねばならないこともある。

ただし初級中学卒業生に対する進学試験が、この小学校教科書の一～五冊を出題範囲としているので、初級中学を卒業するまでには第五冊までは学習し終えねばならない。初級中学でも自発的にチベット語を学ぶ漢族、ナシ族、モンゴル族の生徒がおり、全体の三～五％を占める。

県のチベット族の住民達はチベット語の学習に積極的で、こうした状況を反映して、ミリ人民政府は一九九五年一〇月「我が県における二言語教育の全面的実施に関する通知」を公布した。この通知は各郷（鎮）の小学校は若干の例外――后所、下麦地、芽租、李子坪の四郷ではイ語の授業を設け、牦牛坪ではイ語とチベット語の両方を教える――を除いて、三年生からチベット語の授業を設け、五省区共通のチベット語教科書の第一―八冊を学習し、初級中学では第九―一二冊を学習すること、今後県内の統一入試や中等専業学校の入試などは、すべてこの範囲から出題すると記している。

その一方で、行政区画の枠組みから生じる悩みも抱えている。中等専業学校は地区・自治州内の初級中学卒業生を募集対象とするので、ミリ自治県の生徒は通常、同県が属する涼山自治州内で進学先を探すことになる。ところがイ族の自治地方である涼山にはチベット語を教える中等専業学校はない。そこでミリ自治県は県内の初級中学卒業生に中等専業学校レベルで引き続きチベット語を学習させるために、県の予算でカンゼ自治州の学校へ進学させている。こうした特別な進学には費用がかさむが、その結果ミリ自治県のチベット語の教師は県内で養成した者だけでなく、カンゼの康定、カンゼ、パタンの三つの師範学校を卒業した者もいる。またミリ自治県にも涼山自治州にもチベット語の授業を必修科目として開講する高級中学はない。高級中学レベルでは生徒数が少ない（一九九五年で八二人）ため、チベット語の授業を必修科目とするクラスさえつくれないのが現状である。そこでミリ自治県の高級中学クラスは大学、専科学校入試のチベット語に備えるため、チベット語を選修科目として設けて毎週四時間、課外の時間を使って教えている。

以上、四川省の三つのチベット族自治地方におけるチベット語学習の状況を概観したが、学校におけるチベット語、チベット語による教育の普及率はカンゼが一番高く、次がガパ、ミリが一番低い。自治州、自治県レベルでは、それがどの行政区画に組み込まれているかによって、民族語教育の普及率が違ってくることが分かる。また民族語や民族語による教育が四川省で徐々にながら普及してきた要因の中で、入学試験をチベット語で出題したり、入試科目にチベット語を課す学校があることが、大きいように筆者には思えた。

六　雲南省デチェン自治州のチベット族教育

デチェン（廸慶）チベット族自治州は、カム地方の南端にあたり、雲南《ユンナン》省で唯一のチベット族自治地方である。表7―16が示すように、チベット族人口は州総人口の三三・一％を占め、デチェン（徳欽）県、中甸（ギェルタン）県ではそれぞれ八〇・三％、四一・二％を占める。同自治州は三県からなるが、残る一県は維西《ウェイシー》リス族自治県で、リス族の人口が多い。デチェン自治州全体でもリス族は総人口の二九・四％を占め、漢族人口は一六・一％で三番目である。このデチェン自治州の民族構成比は、表7―1で見る限り、中華人民共和国成立以降、大きな変化はない。しかし言語の使用状況は大きく変わった。

1　半世紀で逆転したチベット語の社会的地位

現在デチェン・チベット族自治州がある地域は、清朝初期はチベットの統治地域だったが、一七二四年（雍正二年）に清朝が改土帰流を行って雲南省の管轄下に置いた。ただしチベット仏教の勢力は強く、改土帰流は折衷的なもので、それまでの政教一致の統治システムが根本的に変わったわけではなかった(1)。

一九世紀末から二〇世紀前半、デチェン地域では寺院や私塾、教会による教育がチベット文字をある程度普及させた。メインはやはり伝統的な寺院教育だったが、清末から民国初期にかけて、デチェン県では主にチベット文語の読み書きを教える私塾が普及し始めた。一九〇七年にダライラマに随行して光緒皇帝に謁見したチャンチュプニマ（悍浪・降初尼瑪）が、一九一〇年中甸へ帰郷した後に中甸中心鎮の大仏寺のチベット公堂の中で開いた私塾が、この地域の私塾の始まりのようである。トディン（拖丁）では、一九三九年から一九四一年まで、シガツェから教師を招いて私塾を開いていた。私塾に通うことができた者は少なかったが、一般の住民も朝晩や暇な時間に、村の中でチベット文字の読み書きのできる人や家住みの僧侶のところへ行ってチベット語の読み書き（経書や記帳、手紙など日常生活の応用文など）を教わっていたという。またデチェン県にカトリック教会が建つとミッション・スクールがつくられたが、そこではチベット語に訳した聖書を教科書として使うため、まずチベット語の読み書きを教えた。こうして民国時期は、デチェン県でチベット語の読み書きがある程度できる人は多かったのである。

そのいっぽう漢語で教える小学校が、一九三九年（民国二八年）段階でデチェンに三〇校設立されている（チベット語で教育を行う近代的な学校は一校も設立されなかった）。これらの小学校にチベット族が通っていたかどうかは分からないが、町には一定数の漢族がおり、漢語が使われていたことがうかがえる。とはいえ中華人民共和国成立以前、デチェンのチベット人は、町に住む者を除いて、ほとんど漢語・漢文ができなかった。

表7—16　デチェン・チベット族自治州民族別人口（1990年）

	デチェン自治州		中甸県		デチェン県		維西リス族自治県	
	人口	%	人口	%	人口	%	人口	%
総人口	315,316		122,108		56,644		136,564	
チベット族	104,422	33.1	50,350	41.2	45,493	80.3	8,579	6.3
リス族	92,636	29.4	9,050	7.4	8,529	15.1	75,057	55.0
漢族	50,816	16.1	29,833	24.4	1,090	1.9	22,893	16.8
ナシ族	39,322	12.5	21,630	17.7	1,072	1.9	16,620	12.2
ペー族	14,027	4.4	4,102	3.4	269	0.5	9,656	7.1
イ族	9,285	2.9	7,668	6.3	6	0.0	1,611	1.2

出所：『雲南省第四次人口普査手工彙総資料』雲南人民出版社、1991年、26、102～107頁をもとに筆者作成。

一九三九年に書かれた『中甸県誌』は「県内のチベット族はチベット文字を使い、決して漢文を学ばない」、デチェンの人々は「チベットの経文を読み、漢文は知らない」と記している。

しかし、それから約半世紀後の一九八六年一〇月、譚克譲《タンクーラン》（民族研究所の研究員）が、デチェン自治州で行ったチベット語使用状況の調査結果は、次のようなものだった(2)。

識字率は、自治州政府がある中甸県の抽出調査（町、農村、山間地域の三点で計五五戸、三三三人）で、漢文の読み書きができる者が三七・五％（一二五人）、町に限ってみれば五二％であるのに対し、チベット語の読み書きができる者は四・二％（一四人）。自治州全体の抽出調査では、町の場合八八％、農村の場合でも五五％のチベット族が漢語を習得したバイリンガルで、自治州内で別の民族と話す時、漢語が仲介言語となっており、チベット語の有用性は以前より随分低下しているという。

学校教育では、中甸、デチェン両県にある小学校五一五校（州全体で九二一校、民族小学校が各県に一校、計二校）のうち、チベット語の授業があるのは二〇校（計二四クラス）の一、二年生だけで、チベット語で授業をしているのは、さらにその中の一七クラスに限られる（五省区統一編さんのチベット語教科書を使用）。両県で一〇校（州全体で一八校）ある中学のうち、民族中学が一校ある（初級、高級中学を併設）が、チベット語の授業はしていない。中等専業学校一〇校の中では、州立民族師範学校の中に三年制のチベット語クラスがあるだけだ。

政府の文書、布告、会議報告、法廷の訴訟や判決文、商業上の広告、価格表、商標、街頭の交通標識、表札なども全部漢文を使っている。州クラスの三二の機関のうち、看板がチベット・漢両文字で書いてある所が一九ヵ所、残りは漢文のみで、中甸県クラスの機関では一〇ヵ所のうち三ヵ所のみとさらに少ない。中甸県図書館には蔵書が四万冊あるが、このうちチベット語の蔵書は約百冊程度で、チベット語の新聞や定期刊行物は置いていない。チベット語で書かれた本を借りる人は毎週二、三人程度。自治州には、チベット語の出版機関はない。

半世紀のうち、チベット語と漢語の地位が、少なくとも町の暮らしや公教育の分野では逆転したのである。それがどのように起こったか？ まず中華人民共和国成立以降のチベット語をめぐる経緯をみてみたい。

2 中華人民共和国成立後の状況

デチェンのチベット人が中国共産党と初めて接するのは一九三六年五月、中国工農紅軍第二方面軍の約二万人が金沙江（ディチュ）を渡って中甸地域に入った時であり、紅軍はその後ここからチベット地域を北上して延安に辿り着いた(3)。

中華人民共和国成立後、一九五六年九月一三日にデチェン・チベット族自治州が成立すると、州レベルの機関の看板や印章の多くがチベット、漢両文字で書かれるようになり、政府の文書も多くがチベット語に訳され、小学校でチベット語を教えるようになった。しかし左傾路線の中で一九五七年にチベット語の授業が廃止され、それが一部の地域ながらも正式に復活する一九八〇年までの二〇年以上の間、学校では漢語漢文で教育をしており、一九五八年から文革終了まで、チベット文字も使えなくなっていたという。その結果、チベット語の読み書きができる者は寺院の高齢のラマ僧ぐらいで、一般住民や幹部の間ではほとんどいなくなってしまった(4)。

この文革のさ中に、デチェン自治州は一時期、麗江《リージャン》地区に組み込まれた。麗江地区はナシ族を主体とする少数民族地域で、デチェン地方は一九七三年にここから分離して州に戻ったが、麗江地区に組み込まれている間、チベット語教育は重視されなかったという。ナシ族は南方少数民族の中でも歴史的に漢文のできる者が多く、著名な書道家を何人も輩出していることでも有名な民族だ。少数民族地方とはいえ、文革中は漢文偏重の路線を比較的受け入れ易く、少数民族文字に対する配慮はほとんどなかったと思われる。

中甸県では文革中、チベット語の名称がある山水、湖、寺廟、街道などにあえて漢語の名称が付けられたり、漢名に取って代えられたりした。文革時代に生まれた子どもは、農業、牧畜地域でも漢族式の名前をつけられた。文革が終わってからも、同県の市街地のチベット族は一般に漢族式の名前を使っており、チベット式の名前は通常使わず、名前を見ただけでは漢族かチベット族か分からないという。チベット族と漢族の間に生まれた子どもを、民族的出自はチベット族としながら名前は漢族式にしたり、父母の名前を漢字の当字で表記した時の頭文字を姓にしている（例えば父親の名前、ワンチュクドルジの漢字の当字が旺秋多吉なら、旺なにがしと名乗る）場合もある。デチェンではチベット族の子どもは、チベット式の名前があっても、学校に上がると漢族式の名前に変えるという傾向も一般に広まっており、チベット族の中で、チベット文字で自分の名前が書ける者は多くない。

こうした経緯からか、デチェン自治州では、文革が終わった後のチベット語問題をめぐる行政の対応は遅く、チベット語を使い始めるのも、すぐではない。一九七六年、中央民族学院がデチェン自治州のために一六人のチベット語教員を養成したが、同州はこれらの学生を卒業後すぐに教職に就かせず、文化事業部門に配属してしまったという。中共一一期三中全会のあと、州内のチベット族の幹部や住民の間から、チベット文の学習を公に認めるよう求める声があがり、独学したり、子どもを寺院にやって学ばせる者などが出た。ここに至って中共デチェン自治州委員会と自治州政府は一九八〇年七月、州内のチベット族地域でチベット文を普及させること、チベット族が多く住む地域の一部の小学校、県の民族小学校、州の民族師範学校でチベット語クラスをつくることを決めたのである（小学一、二年生では主にチベット語で教え、チベット語の授業は毎週八時間）。その後、中共デチェン自治州委員会宣伝部が、州の機関の職員向けにチベット文夜間学校を開いたり、州の師範学校がチベット文の授業を設けたり、チベット族が多く住む地域の小中学校で試験的にチベット語の授業を始めたり、デチェン県の教師研修学校もチベット語の授業を始めた。自治州師範学校は、正式にチベット語専科クラスを募集するようになり、デチェン自治州から中央民族学院、西南民族学院、カンゼ師範学校などに卒業生を送って、チベット文を学ばせた(5)。

こうした政策転換は、あまりスムーズには進まなかったようである。文革直後は、以前高等教育機関で養成したチベット語事業の人材は、転職、転勤などして居らず、チベット語の教師が不足していた。文革直後の教員不足は他の少数民族地域でも起こったことだが、デチェン自治州の場合、特に長い間小中学校でチベット語の授業を行っていなかったので、州の民族師範学校に入学してくるチベット族の大多数は、チベット語の読み書きができない状態で、ゼロに近い状態から学ばねばならなかった。同校のチベット語クラスの学生の中にはボーダーラインを引き下げて採用した者もおり、レベルに問題があり、また「世俗の偏見」から安心して学習できない学生もいたというし、卒業後、必ずしもチベット語の授業を行う職に就けるとは限らないという見通しの暗さもあった(6)。安定した教師陣がなかなかつくれず、州のチベット語の推進事業は思うように進まなかったようである。デチェン自治州のチベット語教師は、中央民族学院、西南民族学院、カンゼ師範学校など、雲南省外の学校に委託して養成しているが、一九九〇年代に至っても、これらの学校に入る時点で、学生のチベット語のレベルは一般的に低く、卒業時もレベルに問題が残るという。

一九九〇年代前半の段階でも、デチェン自治州の州府、中甸県の様々な機関（州や県の機関、学校、病院、工場、会社、商店、食堂、バスの駅）の看板で、チベット文字を使っている所は非常に少ない。中甸県の中心部では通知、公告、ニュース、宣伝標語、宣伝欄など、チベット文字で書かれたものはほとんどない。長距離バスや汽車の駅は、看板から時刻表、料金表に至るまでチベット文字は一切使われておらず、途中駅でも漢文しか使われていない。デチェン県でも、機関、商店、食堂などで、チベット文字はめったに見られない。ある食堂の主人は、チベット地域で食堂を開くのに、なぜ店の名前にチベット文字を使わないのかと尋ねられ、「チベット語で書いてもどれだけの者が分かるか知れない。漢文の看板なら、大勢の者が分かる」と答えたという。またチベット寺院ですらチベット文字の表示がない所もある。デチェン自治州には寺院が二一ヵ所、僧侶が一四〇〇人おり、中心鎮付近のジャムラカン（百鶏）寺は文革後ほぼ修復されたが、境内にチベット語で書かれた看板はなく、若い僧のチベット語の読み書きレベルは一般に低いという。

以上みたように、チベット族の自治地方の中でデチェン自治州はチベット語の使用率が最も低い。それはなぜか。

まず、デチェン地方は一般のチベット地域と異なり、清代の半ば以降、内地一八省に組み入れられていたという歴史的な経緯が挙げられる。デチェンのチベット人の中で漢人式の姓名を持つ者が出始めるのも、清代の頃まで溯る。二〇世紀半ばまでには、町で漢語がチベット族の間にも広まる基盤ができていたと考えられる。

次に、デチェン自治州が雲南省に属しているという点である。雲南省は南方少数民族が多く、民族語事業が北方や西方に比べて弱い地方である。同省は一九五〇年代、固有の文字のなかった民族にローマ字式の文字をつくったりして民族文字の普及を図ったが、反右派闘争や文革の中でことごとく取りやめにしている。こうした雲南省全体の民族語事業の制約をデチェンも受けただろう。さらにデチェンのチベット族は、シプソンパンナのタイ族、大理のペー族、麗江のナシ族、楚雄のイ族のような雲南の「主体民族」ではない。雲南省は非常に多くの少数民族が混在する省であり、省内には八つの民族自治州があるが、その中でデチェン自治州は地理的に辺鄙で、交通が不便な州であり、地位は高くないといわれる。そのため雲南省のチベット族は、省内で影響力が弱く、政策上もなかなか省中央の指導部の関心を引くことができない。

第三に行政指導部の問題である。デチェン自治州の党、政府機関のチベット族の指導者や幹部は、漢語・漢文しかできなかったり、チベット語ができてもその読み書きができない。現在、州や県の行政文書、会議文書は漢文で、上層部の指導者は会議の講話など仕事で漢語のみ使い、州にも県にもチベット語翻訳機関はなく、チベット語で文書がつくれる民族幹部は極めて少ない。これが、チベット文の学習、使用を制約している。自治州にはチベット語による定期刊行物もなく、映画のチベット語訳版もなく、チベット文字はただ看板の中で漢文に添えて書かれたり、特定の書籍や刊行物の表題に使われる程度だという。

こうした状況は、意思決定機関における民族構成とも関係があると思われる。一九八四年のデチェン自治州の区以上の行政機関の幹部の民族別内訳は、総数七五六七人中、漢族が二三九四人(三一・三%)、チベット族が二〇八〇人(二七・五%)、ナシ族一五〇八人(一九・九%)、ペー族七二〇人(九・五%)、リス族六四九人(八・六%)、イ族六二人(〇・八%)である。(7)これら複数の民族が共同で仕事をする時、「族際語」となるのは漢語だろう。またこれを**表7―16**の同自治州の民族別人口と対照してみると、漢族、ナシ族、ペー族といった漢語漢文に習熟している民族が幹部に占める比率が人口比より大きく、この三民族で幹部の六割を占めている(人口比では三割)ことがわかる。一方固有の伝統文字が今も健在なチベット族、リス族、イ族の幹部は少ない。上級の行政機関では漢語が数の上でもマジョリティ言語となっているのである。こうしてみると、デチェン自治州の言語状況は、チベット族と漢族という二元的な問題ではなく、漢語の首位をもたらす上で、それ以外の少数民族が少なからぬ役割を果していると考えられる。また分野によっては少数民族自体が少ない所がある。デチェン自治州の鉱工業関連の企業の技術者の中には、同州の少数民族出身者は非常に少なく、建築、工芸、商業で中心的役割を担っているのも、ほとんどが自治州外の出身者であるという。(8)

そのため、これまでの州の指導者の中には、チベット語の学習や民族教育の体系を整えることを重視しない者がおり、この事業に力を入れず、やっても続けないという状況があった。ある外国人がチベット文学校を設立するため投資しようとデチェンを訪れ、当地でチベット文学校をつくる上で難しい事はあるかと尋ねたのに対し、ある県の指導者がここでチベット文を学ぶのは英文を学ぶより難しいと答えたので、話が流れてしまったという事もあったという。

こうした状況の中、一九八五年には小学校二〇校の計四〇クラス(児童五〇〇人)でチベット語を教える程度にはなったが、初級中学にチベット語クラスがなく、チベット語による教育体系は整っていなかった。チベット語クラスの中には、校舎が粗末で学習環境も劣悪な所もあり、チベット文語を学んだ者が、仕事や生活の中でそれを使う機会も非常に少なかった。(9)

3　パンチェンラマの講話

一九八〇年代後半、この停滞したデチェン自治州のチベット族教育を突き動かしたものがある。一九八六年一〇月上旬、パンチェンラマ一〇世チューキギェルツェン(全国人民代表大会副委員長、一九三八年～一九八九年)が、デチェン自治州を視察した時の講話だ。この時、パンチェンラマは、チベット語の教育と使用の問題を取り上げ、民族自治地方では民族言語文字を普及させなければならないと述べた。講話の要旨は、以下のようなものだったという。(10)

「チベット族は自分達の言語ときちんとした文字がある。チベット族にとっては、チベット語が母語であり、まずチベット語・チベット文をよく学ばなければならない。現在、自治機関の中には、民族文字を使わず、漢文だけを使っている所があるが、一般住民は自分達民族の言語文字しか分からない。こうしたやり方は憲法の規定に反している。民族地域で働く幹部は、現地出身者であろうとよその地方から来た者であろうと、五〇年代の精神を発揮して、一般住民との絆のもとになる、民族言語文字を学んでほしい。同時に現在、民族文字が直面している最大の問題は、その使用に関するもので、チベット文を学んだら使うことが肝要で、チベット文は役に立つものだから、今後チベット地域で出すあらゆる文書がすべてチベット文で書かれることを希望する。また民族文字が読み書きできる者を見下してはならず、漢文が読み書きできる者と同等に見なすべきだ」。

デチェン自治州の人民政府と中共委員会は、パンチェンラマの指摘に従って、直ちに「チベット語の教育及び使用の重視と強化に関する決定」を通達し、以下の指示を出した。

(一) 全州の各級各種学校はすべて、民族語の教育を行う。チベット族地域ではチベット文を、リス族地域ではリス文を、イ族地域ではイ文の授業を行わねばならない。

(二) 自治州の幹部と職員はすべて民族語を学習する。チベット族の幹部はチベット語を、他の少数民族の幹部や職員はそれぞれ自民族の言語文字を、学習・習得するよう努め、漢族幹部は業務を円滑にこなし、住民とのつながりをつくるために、少数民族の言語文字を学ばなければならない。各級の指導的立場にある幹部は率先してこれを学び、使わねばならない。

(三) 自治州クラスの自治機関と中甸、デチェン両県はチベット語を第一公用語とし、今後公文書をチベット、漢両文字で発するよう努め、維西リス族自治県はリス語を県の第一公用語とし、リス文、漢文二種類の文字で文書を書くよう努める。

(四) チベット族や他の少数民族が、自民族の言語文字で自分の姓名を決められるようにしなければならない。以前、左傾路線の影響下で少数民族に漢名(漢族式の名前)を使わせたのは極端な過ちであり、まだ改められていない場合はただちに改め、左傾路線の影響下で変更された地名も、地名調査の結果を待って改正しなければならない。

この通達の後、デチェン自治州ではチベット語の使用範囲はいく分広げられ、一九八八年、自治州教育局はデチェン(八八)八号文書を通達し、二言語教育を積極的に推進し、普及させるよう求め、デチェン自治州に初めてチベット語の授業を行う中学ができた[11]。一九九一年には、自治州全体でチベット語教師が四七名、主にチベット族児童・生徒が通う二八三校のうち二八校(小学校二六校、中学一校、中等専業学校一校)がチベット文の授業を行い、小学生六七二人(チベット族小学生の六・六%)、中学生三八名(チベット族中学生の二%)、中等師範学校生一〇〇名が学ぶまでになった[12]。

パンチェンラマの講話によって、デチェン自治州に初めてチベット語の授業を行う中学ができたことは、大きな一歩であった。ただ前述した積極的な改革方針は、学校教育以外ではほとんど実社会に影響していないようにもみえる。布鋼《プーガン》の報告（一九九四年）をもとに、一九九〇年代の状況をみてみよう。

4　一九九〇年代の状況

一九九〇年代に入り、デチェン自治州の一部の地方のチベット族小中学校では、文革のあと再開したチベット語の授業を、また取りやめる所が出てきている。一九九三年、チベット語の授業がある小中学校は二七校（在校生七四七人、うち中学が二校で在校生六二人、小学校が二四校で在校生六六一人、中等師範学校が一校で在校生四五人）であり、チベット語の授業をしている小学校はチベット族小学生が主に通う小学校の八・一％、小学校でチベット語の授業を受けている児童はチベット族小学生の六・五％と若干縮小している。

デチェン自治州のチベット語教師は雲南省外の学校に委託して養成しているが、卒業後、教職に配属されなかったり、教職についても転職する者が多い。デチェン自治州師範学校が、西南民族学院から教師を招聘してチベット語クラスをつくったが、今、ここの卒業生のほとんどはチベット語ではなく、漢語を教えている。

小学校でチベット語を学んだ子どもの進学先も確保されていない。州内の職員や幹部の募集の際は、すべて漢語のレベルを基に選別し、中学や専科学校、大学の入試ではチベット語の試験の得点は、合否の判断基準となる総合点数に加えられず、雲南省内の雲南民族学院、雲南大学にもチベット語学科はない。行政の教育部門や学校の指導者の中には、進学率、高等学校合格率を高めようと考えて、チベット語の授業時数を減らしたり、チベット語の教師を軽視する者もいるという。入試の際、英語を一ヵ月学習した生徒には試験成績の二〇％を加算し、チベット文を一年学習した生徒には一点も加えないという学校もある。一九九四年、雲南省で唯一の民族語で授業を行う中学、デチェン自治州チベット語文中学が設立され、チベット語で教育を受けた小学生がチベット語で授業を行う初級中学、高級中学に進学する道を開いた(13)。しかし、これはまだまだ狭き道である。

子どもが小学校へ入学すると名前を漢族名に変える状況も、一九九〇年代に入って変わっていない。一九九三年、中甸県の第五中学では、五二人の生徒のうち三八人がチベット族だが、名前がみんな漢族名なので、名前を見ただけでは誰がチベット族か分からなかったという。

図書の状況をみると、中甸県図書館のチベット語の蔵書は、パンチェンラマがデチェン自治州を視察した時に本を贈ったので、二百冊（全蔵書約五万冊の〇・四％）まで増えた。しかしデチェン図書館ではチベット語の本は六〇冊（全蔵書三万冊の〇・二％）しかない。両図書館の職員は、チベット語の本を借りる人は非常に少ないので、束ねて棚の高い段に置いてあるにすぎず、あまり買い入れもしないと語ったという。

デチェン県の書店はチベット語の本をほとんど置いていな

い。農牧業の家の子どもの中には、本が高くて買えない者もおり、一九九〇年代に入って本の値段が数倍に跳ね上がっていることがそれに追討ちをかけている。デチェン自治州の書店のチベット語書籍はわずか数種類しかなく、こうした状況が五省区チベット文教材第八回協力会議で強い批判を浴びたと聞く。

　こうしてみると、パンチェンラマの講話は一時デチェン自治州の指導部を突き動かし、一九八〇年代後半のチベット族教育の推進力となったが、その後チベット語事業は停滞、後退していると見ざるをえない。

　以上見てきたデチェン自治州のチベット語使用状況は、町や公的分野を中心としたものである。農牧業地域の状況についてはほとんど資料がない。農牧業地域では、文革後、党の民族・宗教政策が改善されると、チベット文を学ぶ者が日増しに増え、チベット自治区などへ行って自費でチベット文を学ぶ者もおり、チベット語が読み書きできる者は人々から尊敬されているという。チベット語はまだまだ健在といえる。また今のところ、デチェン州のチベット族は、チベット語が読み書きできる人は多くないが、チベット語はほぼ皆話せるともいう[14]。

　自治州の仏教協会は、自らの活動範囲内でチベット文の普及に努めている。協会の会議報告や決議などをチベット文字で書くことからはじめ、直接チベット文字で書けるものはチベット文字を使い、そうでないものは自治州内外の人に頼んで翻訳している。仏教協会は「仏教界チベット文実験クラス」をつくり、中央チベット側と交渉し、前途有望な青年僧をラサの三大寺院に送って修業させるという伝統を復活させた。

　しかし、デチェン自治州の公的分野で使われるのはほとんど漢語である。その公的分野を司るデチェン自治州の政治的中心部と、チベット語を話す地域の人々との距離が広がっているように思える。政策は中心部が決めるので、中心部の状況に合わせがちになる。教育をみても、漢族との混在地域に住むチベット族の子どもは一般に漢語ができるので、全国統一編さんの教科書で授業を受けることもできる。ところがチベット族が多く住む地域の子ども達は一般に漢語ができないのに、小中学校の漢文の授業は教科書、授業方法、就学年数などいずれも、漢族との混在地域と同じにしている[15]。こうした問題が指摘されても、中心部の指導者達はなかなか動かないようである。

七　青海省のチベット族教育

　一九九〇年現在、青海省《チンハイ》のチベット族は約九一万二千人（同省総人口の二〇・五％）。同省の少数民族の中では最も人口が多く、四八・六％を占め（表7―17）、特にゴロク、玉樹《ユーシュ》（ジエクンド）、黄南、海南の各自治州ではチベット族がマジョリティである（表7―1）。

青海省では東端の西寧《シーニン》市、海東地区の一部を除く総面積の九八％を民族自治地方（六つの自治州と七つの自治県）が占めている（**地図7―2**）[1]。同省では農業地域と牧畜地域の比率が一対九といわれるが、海東地区が農業地域であり、青海省総人口の五八％（一九九〇年現在）を占める漢族の八割がここと西寧市に集中している。そのため同省の人口密度は、**表7―18**が示すように、東端の西寧市、海東地区とその他の地域では極端に違う。またこの表からチベット族が多数を占める前述の四自治州のある地域は、自然環境が厳しく、平均収入は低く、学校の普及率も低いことが分かる。

一九四九年段階で一〇九校（教師一四〇人、児童四九〇〇人）だった青海省の民族小学校[2]は、それ以降**表7―19**が示すように増えている。チベット族小学校はすべてチベット語の授業を設けているという[3]。チベット語で各教科を教える学校と在校生数は**表7―20**の通りである。この**表7―19**と**表7―20**から、一九九一年で民族小学校の五二％、民族中学の六二・五％が民族語で授業を行っていることが分かる。また**表7―20**と第二章で挙げた**表2―15**（青海省の民族語で授業を受けている児童・生徒の比率、二六六頁）から、一九八〇年代半ばから九〇年代初めにかけて、チベット族小学生の六〇～七〇％、中学生の四五、六％がチベット語で教育を受けていることがうかがえる。こうした青海省のチベット族教育の状況は、漢族との接触の度合いから次の二種類に大別できる。

表7―17　青海省民族別人口（1990年、1000人以上）

民族名	1953年	1964年	1982年	1990年			
	人口	人口	人口	人口	A	B	C
青海省総人口	1,676,534	2,145,604	3,895,695	4,456,946			0.39
少数民族総人口	854,139	829,318	1,535,780	1,876,515	42.10		2.07
漢族	822,395	1,316,233	2,359,909	2,580,419	57.90		0.25
チベット族	493,639	422,664	753,897	911,860	20.46	48.59	19.85
回族	251,959	280,026	533,859	638,847	14.33	34.04	7.43
トゥ族	53,277	69,296	129,194	162,865	3.65	8.68	84.99
サラール族	27,760	29,796	60,981	77,003	1.73	4.10	87.81
モンゴル族	26,224	24,928	50,454	71,515	1.60	3.81	1.49
満洲族	18	645	3,034	8,463	0.19	0.45	0.09
トンシャン族	60	160	651	1,557	0.03	0.08	0.42
未識別民族	0	40	0	8	0.00		0.00
外国人中国籍加入者	0	13	6	4	0.00		0.12

A＝対省総人口比（％）、B＝対省少数民族総人口比（％）、C＝対各民族全国総人口比（％）
出所：国務院人口普査辦公室『中国第四次人口普査的主要数据』中国統計出版社、1991年、4、17～25頁、国家統計局人口統計司・公安部三局『中華人民共和国人口統計資料彙編1949―1985』中国財政経済出版社、1988年、968～969頁他をもとに筆者作成。

表7－18　青海省3地区の比較

<table>
<tr><td colspan="3">地区</td><td colspan="2">青南地区</td><td colspan="2">環湖地区</td><td colspan="2">海東地区</td></tr>
<tr><td colspan="3">行政地域</td><td colspan="2">ジェクンド、ゴロク、黄南チベット族自治州と海西自治州のタンラ地区</td><td colspan="2">海北、海西、海南自治州</td><td colspan="2">西寧市と化隆、循化、互助、民和、楽都、平安、湟中、湟源、大通県、海南自治州の貴徳県、黄南自治州の尖扎県</td></tr>
<tr><td colspan="3">面積</td><td colspan="2">35 万km²</td><td colspan="2">36 万km²</td><td colspan="2">3 万 5000km²</td></tr>
<tr><td colspan="3">人口（海東は 1991 年、他は 92 年）</td><td colspan="2">51 万 3000 人</td><td colspan="2">97 万 4000 人</td><td colspan="2">297 万人</td></tr>
<tr><td colspan="3">人口密度</td><td colspan="2">1.45 人／km²</td><td colspan="2">3.7 人／km²</td><td colspan="2">118 人／km²</td></tr>
<tr><td colspan="3">チベット族人口
（対地区総人口比）</td><td colspan="2">473,000 人
（85%）</td><td colspan="2">290,500 人
（29.4%）</td><td colspan="2">276,000 人
（9.3%）</td></tr>
<tr><td colspan="3">平均海抜</td><td colspan="2">4000 ～ 4500m</td><td colspan="2">3300m 前後</td><td colspan="2">2700 ～ 2900m</td></tr>
<tr><td colspan="3">年間平均気温</td><td colspan="2">－ 5 度～ 3.7 度</td><td colspan="2">－ 3 度～ 5.7 度</td><td colspan="2">3 度～ 8 度</td></tr>
<tr><td colspan="3">農牧民の一人当たり平均年収</td><td colspan="2">550 元前後</td><td colspan="2">870 元前後</td><td colspan="2">800 元余り</td></tr>
<tr><td rowspan="2">チベット仏教寺院</td><td>1958 年</td><td>寺院 僧侶</td><td>344 カ所</td><td>49,064 人</td><td>159 カ所</td><td>11,612 人</td><td>256 カ所</td><td>11,507 人</td></tr>
<tr><td>1990 年</td><td>寺院 僧侶</td><td>316 カ所</td><td>22,989 人</td><td>158 カ所</td><td>5,379 人</td><td>219 カ所</td><td>4,790 人</td></tr>
<tr><td>チベット族学歴</td><td colspan="2">小学校卒業以上</td><td colspan="2">21.30%</td><td colspan="2">30.30%</td><td colspan="2">49.70%</td></tr>
<tr><td rowspan="4">学校状況</td><td colspan="2">小学校（1992 年）
中学　（1992 年）</td><td colspan="2">545 校
34 校</td><td colspan="2">821 校
128 校</td><td colspan="2">2,479 校
322 校</td></tr>
<tr><td>校区</td><td></td><td colspan="2">平均で 1800km² ごとに学校が 1 校</td><td colspan="2">平均で 900km² ごとに学校が 1 校</td><td colspan="2">平均で 30km² ごとに学校が 1 校</td></tr>
<tr><td>小学校</td><td>入学率
卒業率
進学率</td><td colspan="2">36.50%
86.50%
68.60%</td><td colspan="2">80.30%
91.30%
87.60%</td><td colspan="2">94.50%
95.30%
90.50%</td></tr>
<tr><td>チベット族児童の入学率</td><td>小学校
中学</td><td colspan="2">28.60%
17.80%</td><td colspan="2"></td><td colspan="2"></td></tr>
</table>

出所：南文淵「青海藏区不同的生態・文化区域特点及其発展前景」『西藏研究』1997年第2期の文中のデータをもとに、筆者作成。

表7－19　青海省の民族学校数

	民族小学校	民族中学	民族中等専業学校	民族高等学校	総数	対全省学校総数比
1949年	109					
1982年	803	25	7	1	836	
1985年	1, 423	49	13	2	1, 487	
1987年	1, 653	57	7	2	1, 719	37. 0%
1988年	1, 440	55	7	2	1, 504	
1991年	1, 466	64	7	2	1, 539	34. 6%

出所：「青海民族教育概況」『民族教育研究』1993年第3期、20頁、『青海民族教育論文集』青海人民出版社、1989年、9、22頁、『当代中国的青海』当代中国出版社、1991年、88頁をもとに筆者作成。

表7－20　青海省：民族語で授業を行う学校

年度	小学校					中学				
	チベット語			モンゴル語		チベット語			モンゴル語	
	学校数	児童数	A	学校数	児童数	学校数	生徒数	A	学校数	生徒数
1986	881	43, 000	60. 0%			33	6, 370	46. 0%		
1988	727	53, 276	70. 6%			32	7, 784	44. 5%		
1991	743	50, 543		19	1, 777	37	9, 614		3	877

注：A＝チベット族小中学生のうちチベット語で授業を受ける者の比率
1988年のチベット語で授業を受ける小中学生の比率は、同年の全省チベット族在校児童数75496人、在校生徒数17473人をもとに筆者が計算した。
出所：「青海民族教育概況」『民族教育研究』1993年第3期、20頁、『青海民族教育論文集』青海人民出版社、1989年、1、3、38頁の文中のデータをもとに筆者作成。

牧畜地域とされる六自治州に住むチベット族約六〇万人は、ほとんどの者が漢語ができない。これら地域の小中学校では、各教科をチベット語で教え、小学校三年生から漢語を一教科として教えるスタイルの二言語教育が行われている。一般に漢語の授業時数は学年が上がるにつれて増やすが、小学校レベルでは漢語の授業のない所もある。高級中学レベルでは文系科目は引き続きチベット語で教えるが、理系科目の授業は漢語で行っている。

いっぽう農業地域（海北）に住むチベット族約二八万人は、漢族と接してきた期間が長く、学校では漢語で授業をし、チベット語を一教科として教えるスタイルをとっている所が多く、チベット語で授業を行う学校は一部に限られている[4]。ただし、小学校への入学率を見ると、玉樹自治州で一三・七％、ゴロク自治州で一五・一％と低いので、学校教育だけでこれらの地域の教育状況は判断できないだろう[5]。

1　一九五〇年代——民族教育の整備

青海省は中華人民共和国のチベット族教育

が最も早くから整備された所だといえる。

一九五〇年、青海省文教庁はサンゲギャンツォ副庁長のイニシャティブで、チベット語の識字教科書とチベット族小学校用の教科書の編さんに着手し、同年のうちに初級小学校のチベット語・漢語対照の語文（言語）、算数と高級小学校の歴史、地理、自然の教科書を発行している。[6] 一九五五年までには初級、高級小学校のチベット語で書かれた教科書を七種類そろえ、甘粛、四川省やチベット地方の学校にも供給したという。[7]

時間が前後するが、サンゲギャンツォがチベット族学校用教科書の編さんに着手した一九五〇年の七月、青海省人民政府は第一七回行政会議で、少数民族教育の再建と推進について、以下の四項目を決議している。（一）各民族の青少年・児童は、それぞれの民族が社会生活で広く用いている言語文字を主に使って、文化や科学、政治知識を学習し、状況に鑑みて民族語や民族史の授業を設ける。（二）西寧に人民公学を設立し、兄弟民族の政治、経済、文化建設に資する幹部を育成する。（三）少数民族が多く住む地域では、民族小学校一、二校を再建・充実させ、少数民族教師の育成にも心がける。（四）民族混在地域では計画的に各兄弟民族の子弟を入学させる。入学条件は緩くし、必要な場合は別にクラスを編成するか、単独で開校する。[8]

こうした方針を受けて、一九五一年一一月、青海省師範学校が民族教師訓練クラスを設け、牧畜地域の少数民族青年を募集し始めた。[9] 一九五二年六月下旬には、省文教庁が民族教育科を設立し、九月三日には黄南チベット族自治州同仁県のニェントー、デデン、ドワ、ランギャでチベット族小学校が開校している。[10] 一九五六年には、海南チベット族自治州で少数民族教師の養成を目的とする、青海省ではじめての民族師範学校がつくられ、五七年までに六つの自治州でそれぞれ民族師範学校が開校した。同年九月二〇日、民族幹部、小中学校の教師、民族語翻訳等の人材養成を目指して、青海民族公学[11]をもとに青海民族学院が設立される。[12] またこの時期、チベット語のメディアとして一九五六年九月に『青海日報』のチベット語版が創刊された。[13]

2　反右派闘争から文化大革命

反右派闘争・大躍進から文化大革命期の左傾路線は、青海省の民族教育事業にも被害を及ぼした。一九五八年、左傾路線の台頭で「言語融合論」が唱えられると、民族学校の中には、少数民族の教師を下放（思想改造のため農村・山地などへ送って労働させる）したり、民族語の授業を取り消したり、授業時数を削減する所が出た。海北チベット族自治州民族師範学校（一九五七年九月創立）は、一九六一～六二年度、門源回族自治県師範学校と合併され、その結果生徒が激減し、民族語の授業も廃止された。[14] 青海省全体でみると、少数民族の在校生は一九五七年の四万一〇〇〇人から一九六二年には二三％減少している。[15] 青海省のチベット族学校で、漢語をいつから第何学年で教え始めるようになったかを示す資料は手元にない。ただ一九六一年一一月に、青海省文教庁が発した「民族小中学校の若干の問題に関する意見」では、漢語を小学校五、六年生から週に三、四時間教えるよう指示している。[16] このことから、延辺や内モンゴルと同様に一九五〇年代初頭に中学レベルで導入され、反右派闘争・大躍進で小学校の低、中学年まで引き下げられ、一九六〇年代初頭の調整期に若干引き戻されたという構図も浮んでくる。

文化大革命が勃発すると、民族学校の多くが廃校になり、民族語で書かれる教科書の編さん機関や教育行政機関も廃止された。[17] 例えば、海西モンゴル族チベット族カザフ族自治州民族師範学校は一九六六年六月、デルヒー(徳令哈)に移転となり、六九年三月に廃止された(七二年九月に復活)。[19] 一九七五年には、青海省文教局が民族師範学校の「生徒は少数民族を主とする」「授業は民族語を主とする」など六条の意見を出している(州民族師範教育事業の改正に関する意見)[20] ことから、文革中は民族師範学校に漢族の生徒が大量に在籍し、漢語で授業を行っていたことがうかがえる。こうして青海省の六自治州と互助、化隆、循化の三自治県の統計では、民族学校は一九七〇年段階で一九六〇年より三六・二%、少数民族在校生は一四・六%減少している。[21] 農業地域では、ほとんどの民族学校がチベット語の授業を取り消して漢語の授業に代え、牧畜業地域の民族学校の中には、漢語を小学校一年生から教え始める所がいくつも出てきた。黄南チベット族自治州の尖札県ジャラン(加譲)公社は、チベット族全員がチベット語で暮らしているにもかかわらず、学校のチベット語の授業を取り消し、すべての授業を漢語だけで行うようにしたため、教育レベルが一気に下がり、就学児童数は日に日に減り、民族間の軋轢を生んだという。[22] 青海民族学院の戴金璞・副院長は文化大革命中に迫害されて死亡し[23]、青海省教育庁のサンゲギャンツォ庁長も迫害され、本籍地に送還され労働改造の措置を受けた(文革後、名誉を回復、政治協商会議第四期青海省委員会の副主席となる)。[24]

ただし、資料で見る限り、その被害は他省に比べれば小さく、立ち直りも早かったようである。反右派闘・大躍進の時は、一九五九年六月、中共青海省委員会が少数民族教育事業に関する指示を出し、各学校は少数民族語の授業を再開している。[25] 文革期には、一九七〇年七月、中共青海省委員会核心グループが青海民族学院を廃止して青海民族師範学校に格下げするが、省教育局と民族学院の教員や学生の抵抗にあい、翌年四月一五日に復活している。[26] 七〇年、チベット語教科書編さんグループが復活してもいる。[27]

青海省では中華人民共和国成立以降、早くからチベット語の教科書をつくり、教師を養成し、学校でのチベット語やチベット語による教育を普及させている。文革中の打撃が、チベット自治区、四川、雲南、甘粛省のチベット族地域に比べて小さかったとすれば、そのためではないかと思われる。

3　一九八〇年代以降

文革が終ると、一九七九年八月、青海省教育庁は「少数民族語授業の強化に関する意見」を発し、少数民族学校では自民族の言語と文字で授業を行うという原則を徹底させ、言語と文字を持つ少数民族が多く住む地域には、単独の民族学校をつくるか、民族合同校でクラスを分けるかして、すべて民族語の授業を設けるよう求めた[28]。一九八一年一月には、中共青海省委員会、同省政府が「少数民族地域の教育事業の強化に関する指示」(全九条)を発し、大学、学院、中等専業学校は民族クラスを設け、入学試験ではボーダーラインを適宜緩和する(第二条)、民族語を第一言語として授業を行うことを徹底させる(第四条)、毎年、民族地域補助費と経済未発達地域に対する発展支援資金の中から三〇%を、民族教育事業に用いる(第七条)ことなどを指示する[29]。

同年一〇月三日～一〇日、青海省教育庁が黄南自治州で開いた全省第一回民族語文教育事業座談会は、文革後同省のチベット族小中学校で民族語による教育を復活、発展させるのに大きな影響を与えたといわれる[30]。ここでは、前述した諸方針や、民族語による教科書の編さん、出版事業を強化する、民族学校は小学校段階から民族語の教育を重視し強化する、など民族語教育事業の強化に関する十条の意見がまとめられた[31]。この会議後の通達には以下の指針が記されている。「民族小学校は原則として民族語で授業を行う。固有の言語と文字がある少数民族は、まず自民族の言語文字をよく学び、小学校三年生から漢語を学び始める。固有の言語があり文字がない少数民族については、自民族の言語を補助的に用いて授業を行う。民族初級中学ではチベット語の授業と漢語の授業の比重を同じくし、高級中学では漢語の比重を大きくする」。こうした方針にそって、青海教育学院は一九八一年、民族教員養成部をつくり、チベット族中学の理科をチベット語で教えられる教師を養成し始めた[32]。一九八五年には、チベット語と漢語の両方で授業ができる民族中学の教師を養成するため、海南自治州に青海民族師範専科学校を設立している[33]。

その結果、一九八三年の段階で、民族語で授業を行う学校が全省民族小学校一二〇〇校のうち九二三校、中学五一校のうち二三校となり、民族師範学校でも、一部の教科を民族語で教えられるようになった。青海民族学院と各自治州の民族師範学校は一九八二年から入学試験に民族語を加え、その配点を加算することにした[34]。

一九八四年の青海省民族小中学校教科課程試行草案は「民族小学校は民族言語文字の学習に力を入れ、一般に四年生から漢語の授業を行い、学年が上がるにつれてその授業時数を適宜増やしても構わない。農業地域と市街地の民族学校では、少数民族児童・生徒が漢語がある程度できるなら、早めに漢語を教え始めてもよいし、漢語の授業時数を増やしてもよい」とし、前述の八一年の方針を若干変更している。また、民族学校は二言語教育をしているので、修学年数は一般に小学校六年、初級中学三年、高級中学三年の一二年とし、入学年齢は一〇歳まで広げて構わないとした[35]。

こうして一九八〇年代を通じて、青海省ではチベット語教育の再建とその普及に向けた取り組みが推し進められてきた。しかしその一方で、二言語教育の教員（特に理科をチベット語で教えられる教師）が足りない、初等教育から高等教育までのチベット語による教育体系が整っておらず教科書も不完全である、卒業後の進路が狭い、などの原因から、地域や学校によってはチベット語の授業を重視せず、それを取りやめて、漢語のみで授業を行う所も出てきている、など問題も報告されている[36]。

八　甘粛省のチベット族教育

一九九〇年現在、甘粛《カンスー》省の少数民族人口は総人口の八・三％。少数民族の中では回族が六割近くを占め、チベット族は約三七万人で二割程度である（表7—21）。しかし同省の学校に就学する少数民族の比率は一九八六年現在、小学校で五・七％（一五万一四二五人）、普通中学で三・〇％（三万二二七六人）、中等師範学校で三・二％（五五二人）、中等技術学校で五・〇％（一二七九人）[1]と、いずれもこれを下回っている。甘粛省には

表7—21　甘粛省民族別人口（1990年、1000人以上）

民族名	1953年	1964年	1982年	1990年			
	人口	人口	人口	人口	A	B	C
甘粛省総人口	12,698,102	12,630,569	19,569,191	22,371,141			1.97
少数民族総人口	1,492,124	955,396	1,555,200	1,856,139	8.30		2.05
漢族	11,205,969	11,675,052	18,013,975	20,514,989	91.70		1.97
回族	1,086,567	593,304	957,170	1,094,354	4.89	58.96	12.72
チベット族	204,730	192,494	304,573	366,718	1.64	19.76	7.98
トンシャン族	155,460	138,467	237,879	311,457	1.39	16.78	83.31
トゥ族	0	7,614	12,578	21,239	0.09	1.14	11.08
満洲族	2,483	3,531	8,511	16,723	0.07	0.90	0.17
ユーグル族	3,860	5,625	10,227	11,809	0.05	0.64	96.03
ボウナン族	4,949	5,055	8,372	11,069	0.05	0.60	90.64
モンゴル族	23,360	3,435	6,197	8,354	0.04	0.45	0.17
サラール族	2,646	3,393	5,117	6,739	0.03	0.36	7.68
カザフ族	1,752	1,484	2,366	3,148	0.01	0.17	0.28
外国人中国籍加入者	9	25	16	8	0.00		0.00
未識別民族	0	96	0	5	0.00		0.15

A＝対省総人口比、B＝対省少数民族総人口比、C＝対各民族全国総人口比

出所：国務院人口普査辦公室『中国第四次人口普査的主要数据』中国統計出版社、1991年、4、17～25頁、国家統計局人口統計司・公安部三局『中華人民共和国人口統計資料彙編1949—1985』中国財政経済出版社、1988年、966～967頁他をもとに筆者作成。

チベット族の自治地方として、甘南《カンナン》チベット族自治州（一九五三年一〇月一日成立）と天祝《ティエンジュ》チベット族自治県（一九五〇年五月六日成立）がある。第二節でみたように、甘南自治州の州府、夏河県（サンチュ）にあるラプラン僧院は、アムド地方のチベット人の宗教、政治、教育の中心地として機能してきた。一九九五年現在も、ラプラン僧院とその属寺の信徒は五〇万人、同僧院には所属僧が八〇〇人、各地から学びに来ている僧を合わせると一〇〇〇人以上の僧がおり、甘粛仏教学院やチベット医学の研究所も置かれているという(2)。本節では、甘粛省のチベット族教育の状況を、甘南自治州と天祝自治県における言語教育に焦点をあてて見ていきたい。

1　一九五〇年代から文化大革命まで

一九四九年八月、陝甘寧辺区政府は「少数民族の小学校あるいは少数民族が一定数在籍している小学校は、自由意志と需要に基づき、当該民族語の授業を設けても構わない。ただし、内容は教育方針に反してはならない」「少数民族学校は、民族の特徴に基づき、民族課程を設けても構わない。ただし人民政府の政策や法令に反するものであってはならない」と指示した（新地区における当面の国民教育改革に関する指示、中等学校改革に関する指示(3)）。「民族課程」の具体的内容は分からないが、無神論を党是とする中国共産党にとって、中華民国期のチベット人学校の多くが寺院教育と密接に連携し、回教学校がイスラーム教教義やアラビア語を教えていたような状況は、そもそも許容し得ないものであった。前述の「中等学校改革に関する指示」では「宗教団体が運営する私立小学校は、今後宗教科目を必修科目としてはならず、授業の中で宗教を宣伝してはならず、在校生に強制的に宗教を信仰させてはならず、在校生を強制的に宗教儀式に参加させてはならない」とも指示している。共和国成立後は「教育課程は宗教的感情を刺激しないことを原則としつつ、教育ができるだけ早く宗教による支配から脱するよう」（一九五〇年一〇月、甘粛省第一期教育工作会議、江隆基・西北軍政委員会教育部長の講話）図るようになる。

視点を言語教育に戻すと、甘粛省人民政府は一九五〇年、少数民族が在籍する初級中学では状況に鑑み、少数民族語を選択科目として設けるよう（西北区中学教育暫定規定）、また同省文教庁も「少数民族学校は、教科課程の作成にあたって、民族語、歴史の科目など少数民族学校に必要な特殊性を保つようにする」よう指示している。とはいえ同国成立直後の甘粛省では、チベット語やチベット語による授業はあまり普及していなかったようだ。天祝チベット族自治県では、チベット語の授業を設けていたのは六校で、チベット語の教師は六人（児童は合わせて五一二人）、チベット語で授業を行う小学校は一校だけだったという。一九五〇年に西北民族学院ができ、少数民族言語学部が設けられると、民族語教師が養成されるようになる。

同省で学校教育におけるチベット語の比重が高まったのは、

一九五〇年代半ばといえる。一九五三年秋から天祝、ラプラン、チョーネーなどのチベット族小学校が高学年の漢語の授業を二時間減らし、チベット語の授業を三時間増やし、天祝初級師範学校はチベット語教員訓練クラスを付設し、チベット語教師の養成を図った。また翌一九五四年には、甘粛省教育庁が臨潭初級中学で英語の授業を廃止してチベット語の授業を設けたり、甘南自治州の初級師範学校でもチベット語の授業を新設している。一九五五年には、甘粛省教育庁は国家教育部に対して「チベット族学校では毎週二～三時間チベット語の授業を行っている」と報告するに至った。同年、西北民族学院はチベット語教員訓練クラスを開き、一九五六年一二月の甘粛省牧畜地域教育事業会議でも、今後牧畜地域の県の小学校では順々に自民族の言語で授業を行うという方針が示されている。

こうして一九五〇年代、小中学校ではチベット語で授業を行うようになり(4)、甘南チベット族自治州の牧畜地域とチベット族が多く住む農業地域の学校では、ほとんどチベット語だけを教える学校もあった。自治州の中等学校四校では、学科によっては全部チベット語で授業を行っていたという。

2　大躍進の中で

一九五八年、大躍進が始まると、教育庁は全省民族教育座談会の後で「民族学校の教師は当該民族の言語で授業を行わなければならない」「牧畜地域、半牧畜地域で働く教師は、当地の民族の言語文字を学習することを主要な政治任務として達成しなければならない。民族地域の教師は、一年以内に少数民族語のレベルを小学生四年生程度に高め、二年で高級小学校程度に高めるよう求める」というノルマを設定した(民族教師の養成と向上を如何に行うかについての意見)。またそれまで小学校のチベット語教科書はすべて青海省が編さん・出版したものを使っていたが、同年「我が省で出版した小学校チベット語教科書を採用することに関する通知」を発し、秋期から甘粛省で独自につくった教科書を使うよう求め、同時に『チベット民識字教科書』を発行したりした。こうした性急路線はチベット族の教育を混乱させたと思われる。

いっぽう左傾路線が台頭すると、天祝県の学校の中にはチベット語で授業を行うのは「古くさく遅れている」として、「自発的」にやめる所も出た。一九六三年、甘南自治州はチベット族地域にある一二〇の学校でチベット語の授業を開設したが、一九六三年～六四年は、チベット語を学習する生徒四〇二四人に対し、チベット語教師は六六人と不足したという。反右派闘争・大躍進期、結果的にチベット語の授業はかなり排斥されていたものと推察される。

またこの時期、甘南自治州にあった一九六の仏教寺院のうち一九一ヵ所が閉鎖され、一万五千人の僧侶が還俗させられた。ラプラン僧院で学んでいた五三三人の児童は障害児八人を除いてすべて公立学校へ入れられ、幼いジャムヤンシェーパ六世に自分の手で仏像を壊させ、袈裟を脱がせ、学校へ入れた。

文革期に関する資料はないが、「天祝県は文革後……文革で廃止された中学二校と、二八の小学校におけるチベット語の授業を復活させた」「甘南自治州は民族教師の不足を補うため、一九八〇年、社会人の中から九八人を選んでチベット語教師としたり、県、人民公社でのチベット語民間教師の年齢、学歴等の条件を緩和した」という記述から、民族語の授業が廃止されたり、民族学校が廃止されていたことがうかがえる。この時期いくつもの仏教寺院が破壊された。

3　一九八〇年代以降

文化大革命後、甘粛省民族事務委員会は一九七九年四月の全省民族語文工作会議で、同省に対し、幼稚園から大学まで民族語で教育を行う体制を整えることを求めた。これをうけて同年の全省牧畜地域事業会議と小中学校教育革命座談会では、民族語教師を養成すべく、牧畜地域の中学に民族師範クラスを設け、チベット、モンゴル、カザフ族の青年を募集することを決めている。

こうした政策転換の結果、一九八五年現在で省内の少数民族教師は四二二四人（全省教師総数の二・九％）、うちチベット語の教師が五〇〇人にまで拡充された。同省はチベット族の適齢児童の入学や住民の学校設立へのモティベーションを促すため、「民族教育に熱心で住民の間で一定の信望のある宗教者」を学校の名誉校長に任じ、学校の管理委員会に参加させるという試みも行うようになる。[5]

続いて文革後のチベット語教育の状況を概観してみよう。甘粛省は一九八〇年代、チベット語が主に使われている地域ではチベット語を教授用言語とし、一教科として漢語を（一般に四年生から）教える、漢語もある程度使われている地域では漢語を教授用言語とし、一教科としてチベット語を教えるという方針をとっている。一九八六年現在、甘粛省の少数民族地域には、小学校が二六六〇校（在校生一一万六八〇四人）、中学が一一八校ある。[6]このうち小中学校三二七校、中等専業学校三校、師範専科学校一校が民族言語の授業を設けており、二〇三七八人が民族語を学び、教師一一二二人が民族語の授業に携わっているという。これは同省少数民族地域の小中学校の一一・八％にあたり、また筆者の推計に基づけば、その小中学生の一四・四％にあたる。[7]ただしこれは回族など他の少数民族を含んだ数字なので、チベット族だけならもっと高いだろう。

甘南チベット族自治州に限ってみると、チベット語で各教科の授業を行う小中学校は一九八六年現在で七六校。[8]一九八七、八年頃の統計で、チベット語の授業を設けている学校は小学校が二二六校、中学が六校、中等専業学校が三校である。小学生一〇四九二人（うちチベット族が一〇一一二人、同州のチベット族小学生の六〇％）、中学生、中等専業学校生一八二四人（うちチベット族が一〇〇五人、同州のチベット族中学生、中等専業学校生の五四・六％）がチベット語を学習している。

甘粛省におけるチベット族教育の実状は今一つ分からない。ただ何東昌《ハアトンチャン》（国家教育委員会党組書記、副主任）は一九八六年、甘粛省教育事業例会の講話で次のように述べている。

「学校の運営、授業内容など民族地域の特徴を持たせねばならない。この特徴を離れたら、効果は低い。チベット族地域ではチベット文も漢文も学ばねばならない。二つの言語をいかにして学ぶか？　今は単純にチベット語を学んだ後で、漢族地域で使っている漢語の教科書を学習している。二つの言語がどのような共通性や違いを持つのか、子どもが学習するにあたって難しい点は何か、といった問題について、私達は科学的に研究してこなかった。こうしたやり方は変えねばならない。歴史の授業では、民族地域の歴史の授業は漢族地域の歴史の授業と違いを持たせるべきであろう」[9]。「チベット族の間では歴史的に知識人と宗教は分かち難いものである。教師の中でチベット語と漢語の双方に通じる者は多くなく、チベット語の読み書きができて、数学、理科、化学に通じる者というとさらに少ない」[10]。

認識、教え方など取り組むべき問題、改善すべき点は多々あるようだ。

九　五省・自治区チベット語教材協力グループ

最後に、五省・自治区間のチベット族用教科書の編さん協力事業にふれておこう。

チベット語で書かれる教科書は、一九八〇年代に入るまでチベット自治区、青海省、四川省、甘粛省、雲南省がそれぞれバラバラに編さんしていた[1]。チベット語、チベット語による教育状況も地域ごとに違っていた[2]。こうした状況を変革するため、教育部と国家民族事務委員会が青海省西寧市で第一回チベット語教材協力会議を開き、五省・自治区チベット語教材協力グループ（五省区藏文教材協作小組）の設立を決めたのは、一九八二年三月のことである。これは八省・自治区小中学校モンゴル語教材協力グループ（一九七三年設立）、東北三省朝鮮語教材協力指導グループ（一九七五年設立）に次ぐ、第三番めの省・自治区の枠を超えた少数民族の同一民族共通教科書編さん機構である。こうして中華人民共和国成立以降、その行政区画によって隔てられ、相互の交流が乏しかったチベット族の学校教育が結びつきを持つようになったのである。

五省・自治区チベット語教材協力グループが出す教科書のうち、チベット語は独自に編さんし、漢語は教育部が定めた民族学校漢語授業大綱をもとに同グループが編さんしたものだが、その他の各教科の教科書は、全国統一編さんの小中学校の教科書をそのままチベット語に翻訳したものである。(3)その編集・翻訳作業は、チベット自治区の教育庁チベット教材編集翻訳局と青海省の民族教材編集翻訳処(4)の二カ所で担っている。両者には役割分担があり、前者は漢語を除く小学校の各教科の教科書と参考書、初級・高級中学のチベット語の教科書や参考書を編さんし、後者は小学校の漢語の教科書やチベット語を除く初級・高級中学の各教科の教科書と参考書、及び中等師範学校の教育学と心理学の教科書の編さん作業を担うことになっている。また甘粛、四川、雲南省は教科書編さん作業に加わる人員を青海省やチベット自治区に派遣している。(5)こうした分業体制の下で一九八三年秋から五省・自治区協力グループの教科書の供給が始まった。

省・自治区の枠を超えた同一民族の共通教科書編さん機構の中心が、モンゴル族の場合、内モンゴル自治区のフフホト市であり、朝鮮族の場合、延辺朝鮮族自治州の延吉市であることからして、チベット族の場合はチベット自治区のラサ市だと思うのが自然だろう。ところがチベット族の場合、その中心は青海省が担っている。五省・自治区チベット語教材協力グループは、チベット自治区と青海省の代表それぞれ二人と、甘粛、四川、雲南省の代表それぞれ一人の七人からなり、長は青海省の代表が務め、チベット自治区の代表は副長のポストに就いている。事務所(五省区チベット語教材協力事務所)は青海省が西寧市につくり、専従職員を置いて五省・自治区間の調整を担っている(同事務所は全国チベット語教科書審査委員会と五省・自治区チベット族教育協力指導グループの事務所も兼ねている)。これは青海省のチベット族教育は、中華民国時代からある程度中国内地とのつながりを持ち、そのため中華人民共和国成立以降も、いち早くチベット語で書かれた教科書を揃えられたという経緯とも関係しているだろう。

一九八六年、全国小中学校教科書検定委員会の下にチベット語教科書審査委員会が設けられ、五省・自治区協力グループが編さんした教科書を検定し、教科書の中で使われる各種の用語を統一する作業も始まった。こうして一九八八年半ばまでに、同グループ統一編さんのチベット語による小中学校各教科の教科書や参考書が合計二二二種類発行され、そのうち初級中学と高級中学のチベット語、小学校の算数、歴史、地理の教科書などの検定と用語の統一が図られた。

チベット地域には中央部チベット方言、アムド方言、カム方言の三大方言があり、方言間の違いが大きい。仏教経典などを書き表す文語は早くから統一されているが、数学、化学、物理など自然科学の用語は、一九五〇年代から一九八二年まで五省・自治区で使われる教科書の間で統一されたことがなく、個々につくられていたため省・自治区ごとに異なっていた。(6)これがチベット語教科書の統一編さん作業の中で最大の難問であったという。これに対し五省・自治区協力グループは書き言葉に基づき名詞や述語の統一を図り、各教科で使われる用語をチベット語と漢語の対照辞典にまとめ、チベット族共通の教科書の中では一応名詞や述語は統一された(7)。ただし教科書は結局アムド方言の単語や言い回しに近いものになっており、カムやウ、ツァン地方では使いづらさを免れないようである。民族教育課題グループは「現行の中学のチベット語で書かれた教科書はアムド方言で書かれており、使いづらい」と報告している(8)。四川民族出版社は五省・自治区協力グループができた後も、一九九〇年にチベット語とイ語の教材編集室を設け、一九八一年から一九九四年までにチベット語で書かれた小中学校、中等師範学校の教科書一一七種類とチベット語識字教科書を出している(9)。康定民族師範学校は四川省教育委員会の教科書検定に合格した自主編さんの『チベット語教科書』を使っている(10)。

その後一九八八年六月には、四川省の成都で開かれた第七回五省・自治区チベット語教材協力会議で、チベット族教育の状況には五省・自治区の間でかなりの違いがある一方、共通の課題・任務も抱えており、それらに共同で臨むべきだという認識に基づいて、協力の範囲を教科書からチベット族教育全体に拡大することが決まった。こうして同年、五省・自治区チベット族教育協力指導グループがつくられたのである。

チベット族共通の教科書編さん協力事業は次のような問題を抱えている。チベット語教材は発行部数が少なく、出版による赤字が大きい。各省・自治区は財政補助金を出して補てん措置をとったりしているが、教科書の種類が多いいっぽう補助金は限られているので、解決には至っていない。そのため出版サイクルがうまくいかず、授業が始まる前に出版できなかったり、発送できないという状況も出ている。現在、同じ種類の教科書を三つの出版社が出しているなど労力と投資の重複があり、効率化が望まれる(11)。

＊

中央チベットでは二〇世紀前半、ダライラマ一三世のイニシアティブによってチベット民族自身の手による近代学校教育の導入が図られたが、極めて局部的、一時的なものに終わり、結局二〇世紀半ばまで伝統的な教育スタイルを温存していた。カムはその前衛となって、清朝や中華民国と紛争を繰り返し、安定した教育事業が推進できなかったともいえる。いっぽうアムドでは、変動する新たな社会の中で、漢人との平等を達成し、チベット人の社会的地位を確立することを目指して、自発的・主体的に学校教育を興すチベット人達が現れた。

そのチベットは二〇世紀後半、カム、ウ、ツァンを含めて中華人民共和国に統合されたが、五〇年代後半にカム、アムドにおける蜂起やラサ事件など激しい衝突が起こり、多くの死者が出て、ダライラマとともに一〇万人が亡命するなどし、その傷が学校教育にも深い影響を与えた。従来チベットの教育をリードしてきた寺院や貴族階層で、極度の人材不足が生じたとも思われる。中国共産党は一九五三年まで、寺院の学僧やチベット政府の派遣する教師を学校に入れたり、学校で読経の時間を設けることを認めるなど妥協的な措置をとっていたが、五九年を境に一気に取り払い、ラサ中学の教授用言語もチベット語から漢語に変えられた。

こうした経緯がチベット族教育のいびつな構造をもたらした一因だといえよう。チベット自治区では人口の九五・五%をチベット族が占めながら、学校教育は中等、高等教育へ上がるにつれて、漢族のもの、あるいは漢族がチベット族に施すものになっている。中央チベットと呼ばれる地域で、チベット語で各教科を教えられる中学教師が極端に不足し、初級・高級中学のほとんどは漢語を教授用言語としている。全国統一編さんの教科書の内容はチベット地域の実生活とかけ離れており、一般のチベット族の間では、子どもには寺院でチベット語の読み書きなどを習わせたいと願う者が多いという。就学率が低く、中途退学率が異常に高い一因はそこに求められるだろう。

チベット自治区では一九九二年現在、少数民族小学生の九七・七%がチベット語で授業を受けているが、中学でそれが一部の実験クラスとして再開されたのは一九八九年であり、その対象は少数民族中学生の一五・八%(一九九三年)と低い。そのため本章の検証によれば、前記の割合は、小学校レベルではチベット自治区が最も高く、その次が青海、甘粛、四川、雲南省だが、中学レベルでは青海省が最も高く、その次が甘粛省で、チベット自治区は四川省のガパ自治州と同レベルである。

アムドのチベット人は歴史的に北京の政権や漢人と深く関わり、中華民国期もカムほど漢人との対立はなく、国民政府との協力関係を築きながら、学校教育の振興を図ってきた側面がある。中華人民共和国におけるチベット族教育が青海省で最も早く整備されたのは、当時同省教育庁の副庁長を務めたサンゲギャンツォらが、中華民国期に青海省蒙藏文化促進会を運営し、蒙藏学校を建て、チベット語による教科書も編さんしていたという基盤があったからであろう。現在もチベット族共通教科書の編さん・発行の中心は青海省であり、同省では一九八〇年代半ばから九〇年代初めの時点で、チベット族小学生の六〇~七〇%、中学生の四五、六%がチベット語で教育を受けている。

二〇世紀後半、チベットの三大地域は五省・自治区に分けられ、各省・自治区の事情もチベット族教育の新たな地域差を生み出した。漢族人口が一億人を超え、省総人口の九五・四%を占める(一九九〇年)四川省に属するカンゼ、ガパ、ミリでは、一九五八年から七八年の二〇年間、チベット語の授業が廃止されたが、いっぽうチベット族と並び同省の主な少数民族であるイ族の間で、文革中から伝統文字復権の動きがあり、それとの相乗効果でチベット語の教育も大幅に見直されたと思われる。逆にミリ自治県は涼山イ族自治州に属するがゆえに、州内にチベット語を教える中等専業学校がないなど、上級行政区域が別の民族の自治地方であることから生じる悩みも抱えている。

清朝の半ば以降、内地一八省の一つ、雲南省に組み入れられたデチェンは、チベット族地域の中で最も内地化が進んだ所だといえるが、文革中は自治州が事実上廃止されて麗江地区に組み込まれ、一九八〇年代にはチベット語の読み書きができる者はほとんどいなくなり、漢族式の名前をつける者も多くなっていた。雲南省は南方少数民族が多く、民族語事業が北方や西方に比べて弱く、さらにその雲南省の中でチベット族はタイ族やナシ族などの「主体民族」ではなく、省中央指導部に対する影響力は弱い。

こうした環境が二〇世紀後半、新たに各地のチベット族教育を規定する外的要因になったと思われる。

在日韓国・朝鮮人の民族教育との比較という起点から、中国の朝鮮族、その朝鮮族が組み込まれている中国の少数民族教育全体をみていこうという筆者にとって、チベット族は最も共通点の少ない、疎遠な存在であった。チベット族地域に行ったこともなく、感覚的に事実を見分けることができない。特に、蜂起と鎮圧などの政治的変動と教育事業の推進が、文書資料を見る限りでは全く結びつかず、パラレルに進行している点には悩まされる。

一九五〇年代の青海省では、サンゲギャンツォらのイニシアティブによる教育事業の推進と五八年の蜂起が同じ時期に進行している。教育事業が政治情勢の影響を全く受けないとは考え難いが、資料からは両者の関係は一切浮んでこない。一九八七年七月、チベット自治区人民代表大会が「チベット語の学習、使用と発展に関する若干の規定」を採択し、同年秋からチベット族の小学新入一年生はすべてチベット語で授業を行うクラスに入るという措置をとったが、この八七年九月にラサ暴動が起こっている。両者は全く異なる次元で進行したのか。チベット族社会が一枚岩ではないということだろう。

チベット族教育の実態はまだまだ不明な点が多く、特に現場の実態はなかなか伝わってこない。ただし、本章で簡単に挙げた亡命チベット人社会における学校教育の普及率、就学率の高さ（九二％）を見ただけでも、チベット民族は近代教育に向かない、チベット仏教と学校教育は相容れないというステレオタイプが妥当でないことは分かる。両者をきちんと比較するのは、在日韓国・朝鮮人と中国朝鮮族のそれを比較するほど容易ではないが。チベット族の教育には、本書でみた他の少数民族に比べ、テクニカルな問題以前の課題が多々あるといえよう。

［注］

（1）八巻佳子「チベット――中国社会主義国家の中の民族問題」『季刊中国研究』第二四号、一九九二年、一一〇～一一二頁。

（2）村松一弥『中国の少数民族――その歴史と文化及び現況』毎日新聞社、一九七三年、一三八～一三九頁。森安孝夫「中央アジア史の中のチベット」（長野泰彦・立川武蔵編『チベットの言語と文化』冬樹社、一九八七年）四八頁。

（3）以下、本段落の記述は、村松一弥、同前書一三九頁に基づく。

（4）本段落の記述は以下の文献に基づく。武内紹人「チベット語のすすめ」『言語』一九九〇年八月号、一〇二〜一〇五頁。西田龍雄「チベット語の変遷と文字」注（2）『チベットの言語と文化』一一〇、一三一頁。瞿靄堂「藏語」（中国社会科学院民族研究所・国家民族事務委員会文化宣伝司主編『中国少数民族語言使用情況』中国藏学出版社、一九九四年）七五〇〜七五五頁。

（5）岩佐昌暲『中国の少数民族と言語』光生館、一九八三年、三六頁。陳其光『中国語文概要』中央民族学院出版社、一九九〇年、二三一頁。ただし近年はこの文字はもっと古くから使われており、創作者をトンミサンポータとする見方も支持され難くなっているという（注（4）西田龍雄「チベット語の変遷と文字」一五八頁）。

（6）星美千代「『シェーチャ』紙より」『言語』一九八〇年七月号、六三頁。注（4）瞿靄堂「藏語」七五三頁。

第一節

（1）本段落の記述は、村松一弥『中国の少数民族――その歴史と文化及び現状』毎日新聞社、一九七三年、一四三〜一四五頁、林俊華「甘孜藏区学校教育開発史概索」『西藏研究』一九九三年第二期、三九頁に基づく。

（2）以下、鳳全とパタン事件に関する記述は、格勒『甘孜藏族自治州史話』四川民族出版社、一九八四年、一六二〜一七一頁、李茂郁「試論清末川辺改土帰流」『西藏研究』一九八四年第二期、九頁に基づく。

（3）鳳全は各僧院の僧侶を三〇〇人以下に制限し、僧侶のうち一三歳未満の者をすべて還俗させ、二〇年間は出家を禁じ、寺院が新たに僧侶を迎え入れることも禁じ、大寺院の解体を図った（格勒、同前書、一六五頁）。

（4）鳳全側が反撃し、戦闘が激しくなる中で、蜂起に参加するチベット人は三五〇〇人に膨れあがっていったという（格勒、同前書一六九頁）。

（5）以下、チベット人蜂起鎮圧と趙爾豊による改土帰流に関する記述は、徐銘「清末川辺藏区改土帰流初探」『西藏研究』一九八二年第二期、一一三頁、注（2）李茂郁「試論清末川辺改土帰流」九頁、注（2）格勒『甘孜藏族自治州史話』一七二〜一七五頁に基づく。趙爾豊は清朝の地方官吏で、一九〇三年に四川に配属された後、辺疆支配に強い関心を持ち、中央チベットやカム地方に関する情報を積極的に集めていたという（格勒、同書一七二〜一七三頁）。

（6）以下、趙爾豊の教育施策に関する記述は、注（1）林俊華「甘孜藏区学校教育開発史概索」『西藏研究』一九九三年第二期、三九〜四一頁、注（5）徐銘「清末川辺藏区改土帰流初探」一一九頁。注（2）李茂郁「試論清末川辺改土帰流」一七頁に基づく。

（7）注（2）李茂郁「試論清末川辺改土帰流」一〇頁。注（5）徐銘「清末川辺藏区改土帰流初探」一一四頁。山口瑞鳳『チベット（下）』東京大学出版会、一九八八年、一三五頁。

（8）以下、注（5）徐銘「清末川辺藏区改土帰流初探」一一五頁。注（1）林俊華「甘孜藏区学校教育開発史概索」四一頁。李本信「一個過渡性的地方政権機構――談談昌都解放委員会」『西藏研究』一九九五年第四期、一頁。

（9）以下特に注釈がなければ、本段落の記述は、注（2）格勒『甘孜藏族自治州史話』二三六頁、王貴・喜饒尼瑪・唐家衛『西藏歴史地位辨』民族出版社、一九九五年、二三八〜二四〇頁に基づく。

（10）ペマ・ギャルポ『チベット入門』日中出版、一九八七年、一一一～一一二頁。チベット独立宣言の時期については、注（7）山口瑞鳳『チベット（下）』は、一九一三年三月の「五ヵ条宣言」の前文で独立を宣言したとし（一三七頁）、ダライ・ラマ『チベットわが祖国』（中公文書、一九八九年）は、一九一三年一月八日、チベット独立宣言発布（四一六頁）とするなど、記述が一致していない。
（11）史筠『民族事務管理制度』吉林教育出版社、一九九一年、一二七頁。
（12）注（7）山口瑞鳳『チベット（下）』一三八頁。
（13）注（8）李本信「一個過渡性的地方政権機構――談談昌都解放委員会」一頁。
（14）以下、特に注がなければ、青木文教の記述は、青木文教『西藏』芙蓉書房、一九六九年、一六八～一七一頁による。
（15）青木文教は「すべてチベットの教育はその主義を仏教に取り、仏法僧の三宝に信頼することを以てあらゆる学問の根本としている。したがって教育の精神も仏教に準拠している」と述べている（同前書一六九頁）。
（16）朱解琳『藏族近現代教育史略』青海人民出版社、一九九〇年、二頁。
（17）詳しくは、光島督「チベットにおける僧侶教育」（多賀秋五郎『近世アジア教育史研究』文理書院、一九六六年）一八一～一三一七頁。小野田俊蔵「チベットの学問寺」（岩波講座『東洋思想』第一一巻、岩波書店、一九八九年）三五一～三七三頁。注（7）山口瑞鳳『チベット（下）』第四章の「寺院」「僧院の生活」（三二八～三六七頁）などを参照。
（18）光島督、同前論文。小野田俊蔵、同前論文。
（19）多傑才旦『西藏的教育』中国藏学出版社、一九九一年、五五～五七頁。注（16）朱解琳『藏族近現代教育史略』一九～二〇頁。
（20）注（16）朱解琳『藏族近現代教育史略』一九～二三頁。
（21）以下、特に注がなければ僧官学校、俗官学校に関する記述は、以下の文献に基づく。注（16）朱解琳『藏族近現代教育史略』一九～二三頁。夏鋳主編『藏族教育的改革与発展』青海人民出版社、一九九三年、二六～二七頁。『当代中国的西藏（下）』当代中国出版社、一九九一年、三〇〇～三〇一頁。注（19）多傑才旦『西藏的教育』四八～五二頁。呉徳鋼『中国西藏教育改革与発展的理論研究』雲南教育出版社、一九九五年、五四～五五、六二頁。
（22）注（14）青木文教『西藏』一六八～一七一頁。
（23）張済川「西藏自治区」（中国科学院民族研究所・国家民族事務委員会文化宣伝司主編『中国少数民族語言使用情況』中国藏学出版社、一九九四年）一六五～一六八頁。
（24）『教育大辞典第4巻（民族教育、華僑華文教育、港澳教育）』上海教育出版社、一九九二年、三二六～三二七頁。
（25）注（19）多傑才旦『西藏的教育』四八～五七頁。
（26）ラサ・チベット医院は一九八〇年九月、チベット自治区チベット医院になる（暦学研究所とチベット医学院が附属）。一九八三年、四年制の中等専業学校としてチベット自治区チベット医学校ができ、チベット医学、西洋医学、チベット語、英語を教えるようになった。一九八九年九月、チベット大学医学部となった（注（24）『教育大辞典　第四巻』九〇、三二六～三二八頁）。二〇〇一年九月、チベット医学院は自治区チベット大学医学院の大学、中等専業部となった
（27）注（14）青木文教『西藏』一六九頁。青木文教は「今のダライ

ラマは二年間余インドに滞在中一国の文化が教育に待つところ多きを悟り、帰藏後文明国の制度を模倣して新教育をほどこさんと計画したが、国際関係の上から外国教師を公然招聘するのが困難であるのと、支藏（シナ・チベット）戦争に多事であったために未だ実施の運びに至らない」と述べている。

（28）注（16）朱解琳『藏族近現代教育史略』二九五～二九七頁。

（29）次央「浅談十三世達頼的新政措施」『西藏研究』一九八六年第三期、三四頁。

（30）注（16）朱解琳『藏族近現代教育史略』四二～四三頁。

（31）以下、特に注がなければ、ラサの回民学校に関する記述は、馬光耀「拉薩回民教育瑣議」『西藏研究』一九九四年第三期、五一～五二頁に基づく。

（32）注（21）『当代中国的西藏（下）』三〇二頁。

（33）注（19）多傑才旦『西藏的教育』四六～四七頁。

（34）李厚高『蒙藏委員会簡史続編』蒙藏委員会、一九九六年、五六頁。

（35）以下特に注がなければ、国立ラサ小学校に関する記述は、注（19）多傑才旦『西藏的教育』五七～六〇頁と注（31）馬光耀「拉薩回民教育瑣議」に基づく。

（36）以下、特に注釈がなければ、本段落の記述は、注（19）多傑才旦『西藏的教育』六二～六三頁と注（16）朱解琳『藏族近現代教育史略』二九〇～二九三頁に基づく。

（37）注（10）ダライ・ラマ『チベットわが祖国』四一九～四二〇頁。

（38）注（11）史筠『民族事務管理制度』一四五、一七五頁。

（39）王暁春「民国四川藏族档案史料評介」『西藏研究』一九九三年第三期、五五頁。注（1）林俊華「甘孜藏区学校教育開発史概索」四一頁。

（40）以下、本段落に関する記述は、注（7）山口瑞鳳『チベット（下）』一三八頁と注（2）格勒『甘孜藏族自治州史話』二五〇～二五六頁に基づく。

（41）注（11）史筠『民族事務管理制度』一七五頁。

（42）注（39）王暁春「民国四川藏族档案史料評介」五五頁。

（43）李栄忠・劉君「波巴第一次全国人民代表大会述評」『西藏研究』一九八六年第四期、七七～八三頁。注（2）格勒『甘孜藏族自治州史話』二七四～二七六頁。

（44）注（2）格勒『甘孜藏族自治州史話』二三八頁。

（45）注（11）史筠『民族事務管理制度』一七五頁。

（46）注（39）王暁春「民国四川藏族档案史料評介」五五頁。このうち康区は康定（タルツェムド）、瀘定（チャクサム）、丹巴（ロンダ）、九龍（ゲスル）、タウ（道孚）、炉霍（ダムゴ）、カンゼ（甘孜）、デンコク（鄧柯）、セルシュ（石渠）、ペーユル（白玉）、瞻化、雅化、稲城、定郷、義敦、バーアン（巴安）、デロン（得栄）、デルゲ（徳格）の一九県と泰寧実験区を含む、現在のカンゼ自治州に相当する地域であった。

（47）注（1）林俊華「甘孜藏区学校教育開発史概索」四一～四三頁。

（48）注（39）王暁春「民国四川藏族档案史料評介」五八頁。

（49）注（1）村松一弥『中国の少数民族』一四四頁。

（50）注（2）格勒『甘孜藏族自治州史話』二八五～二八六頁。

（51）注（8）李本信「一個過渡性的地方政権機構――談談昌都解放委員会」。

（52）『当代四川大事輯要』四川人民出版社、一九九一年、一八、二七頁。

(53) 中華人民共和国民政部行政区画処編『中華人民共和国行政区画手冊』光明日報社、一九八六年、五八七頁。
(54) 陳旭麓・李華興『中華民国史辞典』上海人民出版社、一九九一年、一六四頁。西康省の面積は一九五〇年で五二万九三〇〇平方キロメートル。四川省の面積は一九五〇年の三四万七〇三八平方キロメートル。これが分割され、四川省の面積は一九五〇年の三四万七〇三八平方キロメートルに、「チベット及びチャムド地区」の面積は同時期九〇万五九九九平方キロメートルから一二二万一六〇〇平方キロメートルに増えている〔注(53)『中華人民共和国行政区画手冊』五八七～五九〇頁〕。
(55) 以下、特に注釈がなければ、第四項の記述は『阿壩藏族自治州概況』四川民族出版社、一九八五年、四九、五三～五九～六一、八六、一〇七～一〇八、一一〇～一二〇頁に基づく。
(56) 注(39) 王暁春「民国四川藏族档案史料評介」五五頁。

第二節

(1)「西寧改制」「辦事大臣」『青海民族研究』一九九四年第一期、七八～七九頁。西寧府は甘粛省に属したが、青海(西寧)辦事大臣は甘粛省に属さず、理藩院に直属していた。
(2) 一九二七年南京で成立した国民党政府は、一九二八年八月二九日の国民党中央政治会議第一五二会議で、青海に省を設立することを決め、同第一五九会議(一〇月一七日)で、甘粛省の旧西寧道所属の各県を青海省に組み入れ、西寧を青海省の省都とすることを決めている(史筠『民族事務管理制度』吉林教育出版社、一九九一年、一七三～一七四頁)。
(3) 楊土司は明朝以降一九代にわたってチョーネーを治めた土司で、甘粛省南部の土司の中で最も勢力が大きく、現在のチョーネー、テウォ(迭部)、ドゥクチュ(舟曲)の南部に相当する一万平方キロメートルの地域を所轄し、そこには二千五百戸、十万人が住んでいたという(『甘南藏族自治州概況』甘粛民族出版社、一九八六年、七三頁)。
(4) 朱解琳『藏族近現代教育史略』青海人民出版社、一九九〇年、一五四～一五五頁。
(5) 以下、蒙古半日学堂とその流れをくむ学校に関する記述は、以下の文献に基づく。李文実「青海民族教育的回顧与前瞻」(張定邦主編『青海学校教育沿革与現状』青海人民出版社、一九八九年)八四八頁。張定邦「青海省師範教育史梗概」同書八七八頁。『教育大辞典第4巻(民族教育、華僑華文教育、港澳教育)』上海教育出版社、一九九二年、三四八頁。尕宝英「青海蒙古族教育的回顧与思考」『青海民族研究』一九九二年第四期、三三～四〇頁。
(6) 山口瑞鳳『チベット(下)』東京大学出版会、一九九八年、三四〇～三四一頁。
(7) 以下特に注釈がなければ、ラプラン僧院と馬軍閥の対立、蘭州のラプラン・チベット人文化促進会に関する記述は、以下の文献に基づく。注(3)『甘南藏族自治州概況』五九～六一頁。馬祖霊主編『甘粛統戦史略』甘粛人民出版社、一九八八年、九～一四頁。阿部治平「東北チベット(アムド)における社会主義」『中国研究月報』第四八巻一〇号、一九九四年一〇月、二～一四頁。李栄珍・高占福「民主革命時期党在甘粛少数民族地区的活動」『甘粛民族研究』一九九一年第三期、一〇～一一頁。
(8) 宣侠父は浙江省出身(一八九九年生まれ)で、一九二二年中国共産党に入った。一九二四年一〇月の北京政変後、国民軍総司令となった馮玉祥が中国共産党に政治幹部の派遣を要請し、これを受けた中共北方区委員会が、宣侠父らを張家口の国民軍に派遣し、一九二五年八月、馮玉祥が甘粛督辦になったのに伴って、甘粛省の蘭州に赴任した。宣は国民軍の中で政治工作を行い、同年冬に他の共産党員とともに蘭州で甘粛省初の中共組織、中共甘粛特別支部をつくったといわれる（馬祖霊主編、同前書三、九頁。李栄珍・高占福、同前論文一〇頁）。

(9) 注（4）朱解琳『藏族近現代教育史略』一四七頁。

(10) ラプラン・チベット人文化促進会に関する記述は、以下の文献に基づく。注（4）朱解琳『藏族近現代教育史略』一四七～一四八頁。注（5）『教育大辞典第4巻』二〇〇頁。夏鋳・劉文璞『藏族教育的改革与発展』青海人民出版社、一九九三年、四〇～四一頁。なお抗日戦争時期にチベット地方駐京辦事処、パンチェン駐京辦事処、南京に滞在しているチベット族らが、南京で西藏（チベット）文化促進会をつくったが、中央チベットから遠く離れ、戦争もあってあまり活動はしていない。ラプラン・チベット人文化促進会は、中華人民共和国の成立に伴って一九四九年に解散するまで活動を続けた。

(11)「拉卜楞藏民文化促進会組織章程」（一九三五年二月）、注（4）朱解琳『藏族近現代教育史略』三三一～三三五頁。

(12) 注（5）『教育大辞典第4巻』三四七頁。同校は一九四二年に夏河県ラプラン区チベット人中心小学校に改められ、公費待遇が取り消されると、入学者は激減したという。

(13) ラプラン巡回施教隊は、一九三九～四一年の二年間、絵画展を開いたり、壁新聞をはったり、映画の上映、社会調査、夏河内でチベット語と漢語で民報を発行するなどの活動をした。中華民国政府養育部の資金補助を受け、一九四一年には管轄自体が教育部に移るが、同年のうちに廃止された〔注（4）朱解琳『藏族近現代教育史略』二二九頁〕。

(14) 注（7）阿部治平論文、二、四頁。

(15) 注（4）朱解琳『藏族近現代教育史略』六八頁。

(16) 朱解琳、同前書一五六頁。

(17) 以下、特に注釈がなければ、甘粛省による少数民族教育事業に関する記述は、注（4）朱解琳『藏族近現代教育史略』一六三～一七六頁に基づく。

(18) この計画は、第一段階（一九三五年～三七年）で漢人とチベット人が混在する地域にチベット族初級小学校を一校ずつ建て、第二段階（一九三八年～四〇年）で中心初級小学校を完全小学校に拡充し、第三段階（一九四一年以降）でチベット人の小学校卒業生を師範学校に入学させ、教員の養成を図る、というものだった〔注（4）朱解琳、同前書一六四～一六五頁、『教育大事典　第4巻』一一四頁〕。

(19) 王力生『甘粛民族教育発展概況』甘粛民族出版社、一九八八年、四二三頁。

(20) 注（10）夏鋳・劉文璞『藏族教育的改革与発展』三九頁。注（4）朱解琳『藏族近現代教育史略』一五三頁。

(21) 以下、青海省設置後の同省によるチベット人教育に関する記述は、注（4）朱解琳『藏族近現代教育史略』一七六～一八六頁に基づく。

(22) 注（10）夏鋳・劉文璞『藏族教育的改革与発展』四〇頁。

(23) ゴキャ僧院長と祁連山の各学校に関する記述は以下の文献に基づく。丁虎生「顧嘉堪布和他的民族教育思想」『民族教育研究』

一九九三年第二期、七七〜八〇頁。注（10）夏鋳・劉文璞『藏族教育的改革与発展』四二頁。注（5）『教育大事典第4巻』三三九頁。注（4）朱解琳『藏族近現代教育史略』一七四〜一七六頁。

（24）西寧道尹の黎丹は、一九二〇年に個人の資産を投じて、チベット語の教科書編さん機関、西寧藏文研究社を創設した。同社は一九三〇年に青海藏文研究社と改称し、『藏漢小辞典』『翻訳名義集』などを出版し、国家教育部が一九三一年から三四年に西寧でチベット文学習クラスを開いた時も、教科書を供給した。研究、教務、評議の三部門を置き、職員は最も多い時で約六〇人いたが、一九三八年黎丹が死亡すると廃止された〔注（5）『教育大事典第4巻』一八九頁〕。

（25）シェーラブギャンツォと青海ラマ教義国文講習所に関する記述は、以下の文献に基づく。嘎瑪・侃本「青海喇嘛教義国文講習所概述」『青海民族研究』一九九四年第一期、六〇〜六一頁。注（5）『教育大事典第4巻』一六四、三四九頁。

（26）注（10）夏鋳・劉文璞『藏族教育的改革与発展』四一頁。注（5）『教育大事典第4巻』三三九頁。

（27）注（4）朱解琳『藏族近現代教育史略』一七八頁。

（28）注（7）阿部治平論文、四頁。

（29）以下特に注釈がなければ、青海省蒙藏文化促進会に関する記述は、以下の文献に基づく。注（5）『教育大辞典第4巻』二〇〇頁。張定邦「清末民国時代青海中学教育史略」注（5）『青海学校教育沿革与現状』八八九頁。注（4）朱解琳『藏族近現代教育史略』一四八〜一五一頁。注（10）夏鋳・劉文璞『藏族教育的改革与発展』三八〜三九頁。

（30）夏鋳・劉文璞主編、同前書三八頁。

（31）馬歩芳は、七歳から父親の馬麒にモスクに入れられてイスラーム教義に専念し、一七歳まで聖職者の厳しい生活を送った。その履歴を利用して西北の回教世界に影響力を広げ、青海省の軍隊指揮権を手に入れると叔父の馬麟を追放し、強大な騎兵部隊でアムド・チベットを抑え、また同じイスラーム教のスーフィー派をおさえながら、自分が信仰するイフワーン派を武力で拡大させたという（張承志『回教からみた中国』中公新書、一九九三年、一〇四、一一四〜一一六頁）。一九四九年八月、人民解放軍が蘭州を占領（二六日）すると二八日、新疆経由でインドへ逃亡。その後一九五七年に台湾の駐サウジアラビア大使となっている（陳旭麓・李華興主編『中華民国史辞典』上海人民出版社、一九九一年、二九頁）。

（32）芈一之「論馬歩芳家族地方政権的性質」『青海民族研究』一九九〇年第一期、一六〜二一頁。

（33）注（5）『教育大辞典第4巻』一九八頁。中国回教倶進部は一九三六年五月に北京市政府の命令で解散させられた。

（34）清朝時代の回民の蜂起やそれに対する弾圧ついては、注（31）張承志『回教からみた中国』四七〜九九頁を参照。

（35）以下特に注釈がなければ、青海省の回教文化促進会とその活動については、朱解琳「青海回族的近代学校教育」『民族教育研究』一九九三年第二期、七一〜七六頁に基づく。

（36）注（4）朱解琳『藏族近現代教育史略』一五〇〜一五一頁。高士栄「民国時期甘、青蒙藏学校教育」『甘粛民族研究』一九九一年第三期、四四頁。

（37）注（4）朱解琳『藏族近現代教育史略』一八二〜一八三頁。

（38）注（10）夏鋳・劉文璞『藏族教育的改革与発展』三九頁。

(39)注(29)張定邦「清末民国時代青海中学教育史略」八八九頁。
(40)張定邦、同前論文八八九頁。注(4)朱解琳『藏族近現代教育史略』一五〇頁。
(41)朱解琳、同前書一八五頁。
(42)馬玉麟主編『青海教育大事記一九四九―一九九一』青海教育出版社、一九九二年、八頁。

第三節

(1)以下、本段落の記述は、蒋成光「毛沢東解決西藏問題重要論述的歴史地位和作用」『西藏研究』一九九四年第一期、一四頁、陰法唐「毛沢東同志的音容永遠激励西藏人民」『西藏研究』一九九四年第一期、六頁に基づく。
(2)この時毛沢東は朝鮮情勢に鑑み、朝鮮で内戦が勃発すればアメリカが出兵し戦火が中国に及び、蒋介石がアメリカの支援を受けて大陸へ反攻し、チベット政府が「分裂活動」を活発化させることを予想し、即刻「チベット解放」を決したという(蒋成光、同前論文、一四頁)。
(3)以下、中共西藏自治区委員会党史資料征集委員会編『西藏革命史』西藏人民出版社、一九九一年、三一～三四頁。
(4)ペマ・ギャルポ『チベット入門』日中出版、一九八七年、一一七頁。
(5)泰華声「馬克思主義民族理論的偉大実践」『西藏研究』一九九一年第二期、一四五頁。注(3)『西藏革命史』三四～三六頁。このうちダライラマに面会できたのはタクツェル・リムポチェだけで、同氏はそのままドモから国外へ逃れた。
(6)洛桑丹珍・赤来「西藏社会的発展進歩与党的統一戦線」『西藏研究』一九九五年第三期、二一～三頁。注(3)『西藏革命史』四四頁。
(7)チャムド地区は、東は金沙江(ディチュ)のカンゼ以西、西は色斉拉の貢塔布とナグチュ以東、北は青海省の玉樹(ジェクンド)以南、南は雲南省のデチェン以北に及ぶ東西約八五〇キロメートル、南北約四七〇キロメートル、総面積約三〇万平方キロメートルの地域である(李本信「一個過渡性的地方政権機構――談談昌都解放委員会」『西藏研究』一九九五年第四期、一頁)。
(8)汪徳軍「簡略回顧西藏各級人民政権的建立」『西藏研究』一九九四年第四期、五五頁他。
(9)多傑才旦『西藏的教育』中国藏学出版社、一九九一年、七一頁。
(10)注(8)汪徳軍「簡略回顧西藏各級人民政権的建立」五六頁。
(11)一九五一年五月二三日の中央人民政府とチベット地方政府の「チベット平和解放に関する協約」は第五条で「チベットの現行制度に対しては、中央は変更を加えない、ダライラマの固有の地位及び職権にも中央は変更を加えない」と規定している。また第七条は「中国人民政治協商会議共同綱領が規定する宗教信仰の自由の政策を実行し、チベット人民の宗教信仰と風俗習慣を尊重し、チベット寺院を保護する。寺院の収入には中央は変更を加えない」と規定している(呂建福「浅論宗教信仰自由政策在西藏的実践」『西藏研究』一九九一年第二期、九〇頁)。
(12)注(8)汪徳軍「簡略回顧西藏各級人民政権的建立」五五頁。
(13)注(3)『西藏革命史』六四～六九頁。その後人民解放軍は一一月一五日、ギャンツェとシガツェに進駐し、一二月一日には西北進軍部隊がラサに到着するなど、その数を増やしていった(同書六九頁)。

(14) 馬光耀「拉薩回民教育瑣議」『西藏研究』一九九四年第三期、五三頁。
(15) 注(9)多傑才旦『西藏的教育』七一~七二頁。
(16) 傅崇蘭『拉薩史』中国社会科学出版社、一九九四年、二六七~二七〇頁。張国華はドルジツェテンらに、ラサ小学校の設立・運営を通じて、チベット族に共産党の事業能力とやり方を示し、共産党が一七条協定を誠心誠意履行していることを分からせるよう指示したという〔注(9)多傑才旦『西藏的教育』七五頁〕。毛沢東は一九五二年四月、西南局へ発した電報で、中共チベット工作委員会がラサ小学校の設立を、事前に中共中央に打診せずに決めたことを批判している〔注(1)陰法唐「毛沢東同志的音容永遠激励西藏人民」一一頁〕。
(17) 以下、特に注釈がなければ、ラサ中学の役職員に関する記述は、注(9)多傑才旦『西藏的教育』七二~七四頁に基づく。
(18) カルン(大臣)たちの会議、カルンシャクレンギェー(大臣邸会議)の略。
(19) 王隆駿「党在西藏地区教育工作経験初探——回憶一九五一—一九六六年西藏教育工作」(耿金声・王錫宏主編『西藏教育研究』中央民族学院出版社、一九八九年)九二頁。
(20) 注(9)多傑才旦『西藏的教育』七五頁。
(21) 松本高明『チベット問題と中国——問題発生の構造とダライ・ラマ「外交」の変遷——』アジア政経学会、一九九六年、四一~四五頁。
(22) 毛沢東「中共中央関於西藏工作方針的指示」(国家民族事務委員会政策研究室編『中国共産党主要領導人論民族問題』民族出版社、一九九四年)八〇~八三頁。
(23) ダライラマ一四世は後に、中国共産党が統治する中国は「私たちよりも(軍事的に)強力であるというだけでなく、まぎれもなく、その性格において異なっていた。過去何世紀もの間を通じて、チベットと中国の間には、常に、ある種の宗教的な思いやりがあった。しかし、私たちは軍事的支配ばかりでなく、異質の唯物主義的な教義による支配に脅かされることになった。その教義は、チベットにおいて、私たちの誰もが理解していた限りでは、全くゾッとするほど嫌なものと思われていた」と記している(ダライ・ラマ『チベットわが祖国——ダライ・ラマ自叙伝——』中公文庫、一九八九年、一二五頁)。
(24) 注(9)多傑才旦『西藏的教育』七六頁。
(25) 注(19)王隆駿「党在西藏地区教育工作経験初探」九二頁。
(26) 注(9)多傑才旦『西藏的教育』七七頁。
(27) 民族教育課題組赴藏調査組「関於発展西藏教育問題之管」注(19)『西藏教育研究』六二~六三頁。
(28) 注(14)馬光耀「拉薩回民教育瑣議」五三頁。一九五六年、同校はラサ市第二小学校となった。在校生六〇〇人の半数が回族で、チベット族と回族に分けずにクラスをつくり、朝の読経の時間だけ、チベット族と回族は別々に授業を受けた。
(29) 注(16)傅崇蘭『拉薩史』二六八頁。
(30) 注(1)陰法唐「毛沢東同志的音容永遠激励西藏人民」七頁。
(31) 注(8)汪徳軍「簡略回顧西藏各級人民政権的建立」五六頁。
(32) 阿部治平「ダライ・ラマ反乱」(『世界民族問題事典』平凡社、一九九五年)六五七頁。
(33) 注(9)多傑才旦『西藏的教育』六九頁。
(34) 《西藏教育》編輯部「西藏教育歴史回顧」注(19)『西藏教育

研究』一三一～一三三頁。
(35) 注(32)阿部治平「ダライ・ラマ反乱」。
(36) 以下、江平「論慎重穏進方針」『西藏研究』一九八八年第一期、一二頁。呉健礼「毛沢東同志与西藏的経済発展」『西藏研究』一九九三年第四期、九～一〇頁。
(37) 注(16)傅崇蘭『拉薩史』二六八～二六九頁。この件について扉效栄・宮素蘭「西藏教育発展芻議」(『西藏研究』一九八五年第二期、五八頁)は「中国共産党主導の学校教育普及を『チベット上層反動集団』は危惧、敵視し、親が子どもを学校に送るのを阻止したり、中央人民政府に上書し、反対の意を表したりした」と述べている。
(38) 注(14)馬光耀「拉薩回民教育瑣議」五三頁。
(39) 以下特に注釈がなければ、ラサ中学に関する記述は、楊殿甲・王銀仙「対創辦西藏拉薩中学的回顧」注(19)『西藏教育研究』三一一～三一六頁に基づく。
(40) 注(27)民族教育課題組赴藏調査組「関於発展西藏教育問題之管」六二～六三頁。注(19)王隆駿「党在西藏地区教育工作経験初探」九七頁。
(41) 白瑪次仁「対藏語文授課工作的思考」『西藏研究』一九九四年第二期、三五～三六頁。汪永忠「認真総結歴史経験　穏健発展民族教育」注(19)『西藏教育研究』一〇〇～一〇二頁。
(42) 注(1)蒋成光「毛沢東解決西藏問題重要論述的歴史地位和作用」一六頁。
(43)『中央西藏党史大事記(一九四九―一九九四)』西藏人民出版社、一九九五年、七二頁。注(1)蒋成光「毛沢東解決西藏問題重要論述的歴史地位和作用」一七頁。
(44) 以下、本段落の記述は、注(9)多傑才旦『西藏的教育』八四頁、注(16)傅崇蘭『拉薩史』二六八頁、注(39)楊殿甲・王銀仙「対創辦西藏拉薩中学的回顧」三一二～三一三頁に基づく。
(45) 翁乾麟「党的民族区域自治政策在西藏的偉大実践」『西藏研究』一九八五年第三期、四一頁。
(46) 中共西康省委員会は一九五一年四月の第一回党代表大会で、少数民族が多く住む地域では土地改革をしないとの方針を定めていたが、一九五五年三月七日に、少数民族地域の農業地域で民主改革を行うことを決める。農業地域に限定するといっても、四川省は、イ族、チベット族地域を農業地域一九〇万人、牧畜地域二一万人に分けていたので、ほとんどが対象だった。西康省東部の四川省編入が目前に迫った五五年九月二二日、中共四川省委員会はチベット族とイ族地域で民主改革を行う方案を中共中央に提出し、同年一二月にはガパ・チベット族自治州の岷江から西の地域で土地改革を行うこと、カンゼ・チベット族自治州の丹巴、康定の二県で試験的に土地改革を行うことを決める。
これに反対するイ族が一二月二四日、涼山イ族自治州の普雄地区で武装蜂起し、美姑、布拖、喜徳の大規模な蜂起を経て、涼山各地に蜂起が広がった。いっぽう一九五六年二月下旬には、カンゼ自治州のセータル(色達)、ペーユル(白玉)、ニャロン(新龍)、義敦などのチベット人が蜂起し、三月九日リタンで二五〇〇人が蜂起し、全州に蜂起が広がった。ガパ自治州でも三月一三日にチユゲル(綽斯甲)地区で一一〇〇人が蜂起し、ソマン(梭磨)、チョクツェ(卓克基)、ゾンカ(松崗)、ダムパ(党壩)、ゾルゲ、松藩(スンチュ)、黒水(トチュ)でも蜂起が続いた。人民解放軍はこれらを鎮圧するため、涼山に五五年末、ガパに五六年三月一九日、カンゼに三月二四日、それぞれ進軍した。

中央政治局と書記処は一九五六年六月、対策会議を開き「人民・民衆と反乱者との闘争は、階級闘争の性質を持ち、反乱を平定するのは解放戦争である」との方針を決めた。中共四川省委員会は、一九五六年一二月までの段階で、人民解放軍は蜂起側に二万人以上の死傷者を出させ、二万人を捕らえた（人民解放軍側は死亡者二三六九人、傷害者三三〇一人）としている。蜂起は累計で一〇万人以上、最大時で六万人に及んだというが、人民解放軍は一九五八年までにこれを鎮圧した。そして五八年冬から五九年前半、カンゼ、ガパ両自治州で、チベット僧院の封建・搾取・圧迫制度を廃することを核とした「四反」闘争（反反乱、反違法、反特権、反搾取）が行われた。以上、『当代四川大事輯要』（四川人民出版社、一九九一年、三六～三七、八五～八六、九一、九四、九八～九九頁）、龔自徳主編『中共四川地方史専題紀事』（四川人民出版社、一九九一年、七八、七九、八二頁）による。

(47) 中共青海省委員会は一九五六年から牧畜地域で集団化運動を進め、五七年一一月、条件のある所で牧畜合作社、公私合営の牧場を作ること、翌五八年一月には「五年以内に牧畜業の社会主義改造を完成する」ことを決定する。これに反対して、一九五八年三月から八月にかけて、チベット族ら延べ一三万人にのぼる蜂起が起こり、人民解放軍蘭州軍区と中央軍事委員会による鎮圧作戦は、このうち一一万六千人を殲滅したという。また青海省は同年、反乱を防ぐ名目で五万人余り（牧畜地域に住むチベット人、モンゴル人の一割以上）を逮捕し、うち二万三二六〇人が獄中で死亡し、一七三人が殺されたが、一九八一年三月の「五八年青海省での極左政策見直し」決定で、このうち四万五千人（逮捕者の八四％）は誤認逮捕であることが判明したという。以上、毛里和子『周縁からの中国――民族問題と国家』東大出版会、一九九八年、二六九～二七〇、二七四～二七六頁。

(48) カムパ・ゲリラについては、三浦順子「カムパ・ゲリラ」注(32)『世界民族問題事典』三一一頁他を参照。

(49) 注(32) 阿部治平「ダライ・ラマ反乱」六五七頁。

(50) 注(32) 阿部治平「ダライ・ラマ反乱」六五七頁。

(51) 注(6) 洛桑丹珍・赤来「西藏社会的発展進歩与党的統一戦線」九頁。

(52) 注(5) 泰華声「馬克思主義民族理論的偉大実践」一四六頁。

(53) 注(36) 呉健礼「毛沢東同志与西藏的経済発展」一〇頁。

(54) 王慶山「毛沢東与西藏革命」『西藏研究』一九九三年第四期、一六頁。

(55) 藩建生「統一戦線是西藏穏定和発展的法宝」『西藏研究』一九九五年第四期、五頁。

(56) 三浦順子「ダライ・ラマ」注(32)『世界民族問題事典』六五七頁。

(57) 注(34)《西藏教育》編輯部「西藏教育歴史回顧」一三一～一三二頁。

(58) 注(14) 馬光耀「拉薩回民教育瑣議」五三～五四頁。

(59) 孟徳利「西藏現代民族教育的歴史地位」『西藏研究』一九九一年第二期、一二〇頁。

(60) 注(9) 多傑才旦『西藏的教育』九六頁。

(61) 注(11) 呂建福「浅論宗教信仰自由政策在西藏的実践」九三頁。

(62) 注(37) 雇效栄・宮素蘭「西藏教育発展芻議」五八頁。

(63) 日喀則地区教育局「日喀則地区近幾年藏語文教学的幾点体会」

注（19）『西藏教育研究』二七八～二七九頁。

（64）注（34）《西藏教育》編輯部「西藏教育歴史回顧」一三七頁。

第四節

（1）「チベット工作座談会紀要」（一九八〇年四月七日）は、チベット自治区の教育事業について「チベット語の非識字者をなくし、チベット族と漢族、各民族の児童・生徒・学生はチベット語を学習しなければならない」「チベット語の教科書を編集・発行して授業の質を高め、自治区の大学、専科学校、中等専業学校はチベット族とメンパ族、ロッパ族など少数民族の学生を主に採用する」「チベット医学、薬学、暦学、気象学を伝承し、発展させる」よう指示した。また言語政策に関して「民族文化の継承と発展に真摯に取り組み、チベット語・チベット文字の使用を重視し、民族の風俗習慣を尊重する。自治区の党・政府機関の行政文書は必ずチベット語と漢語の両方を用い、翻訳者を養成し、翻訳・印刷機構をつくらねばならない。漢族幹部はチベット語・チベット文を学習し、少数民族の幹部も漢語漢文を学習しなければならない」との方針を打ち出している（国家民族事務委員会・中共中央文献研究室『新時期民族工作文献選編』中央文献出版社、一九九〇年、四一～四四頁）。

（2）日喀則地区教育局「日喀則地区近幾年藏語文教学的幾点体会」（耿金声・王錫宏主編『西藏教育研究』中央民族学院出版社、一九八九年）二七八～二八二頁。

（3）江平「論慎重穏進方針」『西藏研究』一九八八年第一期、一二頁。第二回「チベット工作座談会紀要」（一九八四年四月一日）は、チベット自治区の各級の党・政府指導機関が「チベット文化の固有の優良な伝統を尊重、継承し、チベット族の言語、文学、史学、芸術、医学を発展させる」ことに精力を注ぐよう指示し、また「少数民族の風俗習慣を尊重し、チベット語・チベット文の学習と使用を十分に重視しなければならない。自治区の各級党・政府指導機関と人民団体の文書は、すべてチベット語に翻訳し、次第にチベット語で起草するようにする」（注（1）『新時期民族工作文献選編』二一一、二一四～二一五頁）よう指示している。

（4）藩建生「統一戦線是西藏穏定和発展的法宝」『西藏研究』一九九五年第四期、六頁。

（5）藏青華「試述八十年代的西藏民族関係」『西藏研究』一九九一年第二期、一六〇頁。

（6）次仁央宗「簡論拉薩地区教育的基本情況及其発展」『西藏研究』一九九五年第三期、五八頁。

（7）白瑪朗傑「現階段西藏宗教的地位和作用」『西藏研究』一九八九年第一期、一〇頁。

（8）巴登尼瑪「藏族教育的出路」『西藏研究』一九九四年第三期、四七頁。

（9）張国都「発展与経済勢態要求相応的教育——対我区農区、半農半牧区教育現状、問題的思考」『西藏研究』一九九四年第二期、二九頁。

（10）張国都、同論文二五頁。

（11）李久凌「関於西藏教育改革幾個問題的思考」『西藏研究』一九九四年第四期、六五頁。注（8）巴登尼瑪「藏族教育的出路」四五頁。

（12）以下、チベット自治区の小学校教育に関する記述は、以下の文献に基づく。沙瑪・加甲『発展中的民族語文教学』四川民族出版

社、一九九〇年、三二一、五三頁。劉慶慧「西藏基礎教育与藏語文教学」（沙瑪・加甲選編『少数民族語文教学論文集』内蒙古教育出版社、一九八九年）一一八～一三〇頁。田家楽「関於西藏両語教学問題的探討」『西藏研究』一九八七年第四期、六二～六七頁。張済川「西藏自治区」（中国科学院民族研究所・国家民族事務委員会文化宣伝司主編『中国少数民族語言使用情況』中国藏学出版社、一九九四年）一六五～一六八頁。

（13）小学校ではとりわけ高学年の算数の教師が不足し、小学校三年以上では算数の授業をしていない学校がかなりある（特に辺境地域の学校）。逆に三年生までは算数の授業を行わず、チベット語だけを学習している学校もある（大羅桑朗傑作・房霊敏「西藏数学教育的特点、問題及対策初探」『西藏研究』一九九二年第二期、六三頁）。

（14）民族教育課題組赴藏調査組「西藏教育現状与対策——西藏教育調査報告」注（2）『西藏教育研究』三九～四〇頁。

（15）西藏自治区民族教育科学研究所「関於西藏建立以藏語授課為主的教学体系初索」注（2）『西藏教育研究』二九〇～三〇六頁。

（16）注（14）「西藏教育現状与対策——西藏教育調査報告」。

（17）注（12）劉慶慧「西藏基礎教育与藏語文教学」一二一頁。

（18）注（14）「西藏教育現状与対策——西藏教育調査報告」。

（19）注（12）劉慶慧「西藏基礎教育与藏語文教学」一二二頁。

（20）注（12）田家楽論文と張済川「西藏自治区」。

（21）注（14）「西藏教育現状与対策——西藏教育調査報告」。

（22）注（14）「西藏教育現状与対策——西藏教育調査報告」。注（12）張済川「西藏自治区」。

（23）注（15）「関於西藏建立以藏語授課為主的教学体系初索」。

（24）民族教育課題組赴藏調査組「関於発展西藏教育問題之管見」注（2）『西藏教育研究』六三～六四頁。

（25）注（8）巴登尼瑪「藏族教育的出路」四五頁。

（26）以下特に注釈がなければ、第四節三項の記述は、注（8）巴登尼瑪「藏族教育的出路」四四～五〇頁に基づく。

（27）注（13）大羅桑朗傑作・房霊敏論文。

（28）注（14）「西藏教育現状与対策——西藏教育調査報告」四二頁。

（29）注（7）白瑪朗傑「現階段西藏宗教的地位和作用」八頁。

（30）注（14）「西藏教育現状与対策——西藏教育調査報告」四七～四八頁。

（31）チベット亡命政府情報・国際関係省『チベットの現実』風彩社、一九九五年、九八～一〇〇頁。

（32）Tashi Norbu Rikha, "Science education for Tibetan schools," *Tibetan Bulletin*, January-February 1993, page 15-16.

（33）V.K.Singh, "Vocational Education in Tibetan Society," *Tibetan Bulletin*, July-August 1994, page 6-7.

（34）Tsepak Rigzin, "Schools and Preservation of Tibetan Heritage", *Tibetan Bulletin*, July-August 1994, page 8-9. Kesang T. Bhutia, "Value Education in Tibetan Society," page 10-11.

（35）松本高明「チベット難民社会の政治的多元化——新教育層の政治化と亡命政府の対中路線」（一九九八年七月一八日、文部省特定領域研究一一三「現代中国の構造変動」B01班研究会における発表）。

（36）肖順松「藏族中学生逆反心理初探」『民族教育』一九八八年六期、四八～五〇頁。具体的には、チベット族の中学生の年齢は一般に漢族の場合より二～三歳上で、自分は子どもではないという意識を持っている。チベット族は、子どもの自主性を重んじ、小さい時から子どもを自由にさせるが、学校では制約が多く、反感を持つ。チベット族の子ども達は、仏や先祖の遺訓を信じ、学校教育で教える知識を心から学ぼうとはしない。生徒の中には教師が教える知識や道理は、祖先の遺訓に反すると思って、反抗的になる生徒もいる、など。

(37) 注(12)劉慶慧「西藏基礎教育与藏語文教学」一二二頁。

(38) 注(13)大羅桑朗傑作・房靈敏論文。

(39) 注(15)「関於西藏建立以藏語授課為主的教学体系初索」。注(12)張済川「西藏自治区」。

(40) 注(8)巴登尼瑪「藏族教育的出路」四五頁。

(41) 白瑪次仁「対藏語文授課工作的思考」『西藏研究』一九九四年第二期、三八頁。

(42) 注(12)張済川「西藏自治区」。

(43) 注(9)張国都論文、三二頁。

(44) 注(12)劉慶慧「西藏基礎教育与藏語文教学」一二三頁。

(45) 一九九二年九月二八日、中央民族学院にて王会銀氏のご教示。

(46) 孟徳利「西藏現代民族教育的歴史地位」『西藏研究』一九九一年第二期、一二四頁。

(47) 注(12)張済川「西藏自治区」。郎傑「支援西藏発展西藏造福人民」『西藏研究』一九九四年第四期、四五頁。

(48) 注(46)孟徳利論文。

(49) 白瑪次仁「民族素質与民族教育」『西藏研究』一九九三年第一期、四九頁。

(50) 注(14)「西藏教育現状与対策——西藏教育調査報告」四七頁。

(51) 注(12)劉慶慧「西藏基礎教育与藏語文教学」一二六頁。

(52) 一九九二年一二月三日、中央民族学院にて周潤年氏のご教示。

(53) 注(24)「関於発展西藏教育問題之管」。

(54) 注(14)「西藏教育現状与対策——西藏教育調査報告」四〇～四一頁。

(55) 注(41)白瑪次仁「対藏語文授課工作的思考」。

(56) 索朗頓珠「論我区民族教育的双語文教学」『西藏研究』一九九二年第四期、八頁。

(57) 注(24)「関於発展西藏教育問題之管」六四頁。

(58) 侯劍「両次社会大変革対西藏的影響」『西藏研究』一九九一年第二期、一一一頁。

(59) 注(8)巴登尼瑪「藏族教育的出路」四六頁。いっぽう、チベット語の研究や学習を専門に行っている人は、漢語を学んでいる学生を見下し、漢語だけ学んで自民族の文字や、自分達の文化さえ分からないような人間は役に立たないと考えているという(同論文)。両者の間には大きな溝が生まれているのかもしれない。

(60) 注(6)次仁央宗「簡論拉薩地区教育的基本情況及其発展」七〇頁。

(61) 馬玉麟主編『青海教育大事記一九四九—一九九一』青海人民出版社、一九九二年、二七一頁。

(62) 朗傑「阿沛和班禅強調高度重視使用和発展藏語文」『民族教育』一九八七年第四期、七頁。注(12)張済川「西藏自治区」。

(63) 注(12)張済川「西藏自治区」。

(64) 沙瑪・加甲『発展中的民族語文教学』四川民族出版社、一九九〇年、一六六～一六九頁。「チベット語の学習、使用と発展に関する若干の規定」は、この他以下のような点を指示している。自治区の各級国家機関が職務を執行する際はチベット語を主とし、チベット語と漢語を併用する（第二条）。チベット族の間でチベット文字の非識字者をなくす（第四条）。チベット語で各教科の教科書や参考図書を発行する（第五条）。チベット語で授業を行える各級各種学校の教師を養成する（第六条）。チベット族の幹部や職員は必ずチベット語の読み書きを習得し、漢族幹部・職員のチベット語学習を奨励する（第七条）。チベット語の読み書き能力を、チベット族の幹部や職員採用時の必須条件とし、評価や昇進時の重要な判断基準とする（第八条）。自治区の国家機関が発する公文書がチベット語で書かれていなければ、下級機関は受け取りを許否できる。郵便、電報電話、銀行、商店などのサービス部門はチベット語を第一公用語とする（第九条）。公的機関が開く各種会議はチベット語を第一言語とする（第十条）。公共機関の公章、看板や街道、商店やサービス部門の名称はチベット語と漢語の両方で標記する（第十一条）。チベット族の公民が民族語・文字で訴訟を行う権利を保障し、法院の文書はチベット語で記す（第十二条）。チベット語の新聞、出版、ラジオ、映画、テレビ事業を発展させる（第十三条）。自治区の国家機関、人民団体、企業は翻訳機関と翻訳者を置く（第十四条）。自治区はチベット語事業指導機構を設ける（第十五条）。

(65) 注（6）次仁央宗「簡論拉薩地区教育的基本情況及其発展」七〇頁。

(66) 冐振中「対我国民語工作的思考——兼西藏自治区的民族教学」『西藏研究』一九九五年第一期、七九頁。注（56）索朗頓珠「論我区民族教育的双語文教学」一〇頁。

(67) 注（41）白瑪次仁「対藏語文授課工作的思考」三七頁。

(68)『中国民族統計年鑑一九四九—一九九四年』民族出版社、一九九四年、三四六頁。

(69) 注（12）劉慶慧「西藏基礎教育与藏語文教学」一二六頁。実施細則は、「総則」「行政文書、会議、標記」「幹部、職員」「教育」「科学技術」「文化」「新聞」「企業とサービス業」「公安、検察、法律系統」「翻訳・編集」「チベット語事業指導機構」「その他」「附則」の一二章、六五条からなる。

(70) 注（41）白瑪次仁「対藏語文授課工作的思考」三七頁。

(71)『中国民族経済一九九三』中国統計出版社、一九九四年、四二七頁。

第五節

(1) ギャロン語は、文法面では羌語やプミ語、ヒマラヤ地方の諸言語と共通する点があり、発音や語彙の面ではチベットに近い言語とされており、文字はない（中央民族学院少数民族語言研究所編『中国少数民族語言』四川民族出版社、一九八七年、一五七頁）。

(2) 中国社会科学院民族研究所・国家民族事務委員会文化宣伝司主編『中国少数民族語言使用情況』中国藏学出版社、一九九四年、三九九頁。

(3) ペマ・チベット族は、一九五一年に川北行政公署が派遣した民族工作隊に対し、現地の責任者がこれらの人々もチベット人だと言ったので、チベット族となった。しかし、周辺のチベット族と言葉も風俗習慣も違い、結婚し合うこともなく、宗教もチベット仏教ではなく山の神を崇めるシャマニズムである。人口は一九九〇年現在、約一万二〇〇〇人（費孝通「関於我国民族的識別問題」『民族理論和民族政策論文選（一九五一—一九八三）』中央民族学院出版社、一九八三年、一六～一七頁。松岡正子「白馬チベット

族」『日本と中国』一九九二年四月五日)。

(4) 胡書津「四川省彝、藏地区教育体系中発展双語制之我見」(『民族語文論文集——慶祝馬学良先生八十寿辰文集』中央民族学院出版社、一九九三年)三二九~三三五頁。

(5) 拙稿「涼山イ族自治州を訪れて」(下)『ヒューマンライツ』一九九五年六月号、四九~五一頁。

(6) 一九九〇年、ガパ師範専科学校で羌語教師養成クラスを開き、茂県で羌語養成クラスを設けた。一九九四年までに一〇校の小学校(一~三年生)、一〇地点の識字教育で試験的に使用されるまでに至っている。同前拙稿を参照。

(7) 蔡永祥「略論我省彝、藏地区双語教学的方針」『民族教育』一九八七年第一期、二四~二六頁。

(8) 注(4)胡書津論文。

(9) バルカム民族師範学校は、一九七六年からチベット語科のクラスを募集し始めた(甘国棟「努力培養合格的藏文教師」、『民族教育』一九八八年六期、四四頁)。

(10) 桂栄「阿壩州藏文教学今秋実現小学——大学〝通車〟」『民族教育』一九八九年第四期、一一頁。楊嘉銘「四川藏区藏、漢双語教育与教学概論」(康定民族師範専科学校課題組『四川藏区双語教学研究』四川大学出版社、一九九六年)一二~一三頁。

(11) 楊嘉銘、同前論文一八頁。

(12) 楊嘉銘「以嶄新的姿態、跨入二十一世紀——四川藏区民族高校藏文専業系科在当前教学中需要解決的問題」注(10)『四川藏区双語教学研究』一一八、一一九、一二三頁。

(13) 注(4)胡書津論文。

(14) 楊大成「好師質培訓工作発展民族教育事業」『民族教育』一九八七年第四期、四二頁。

(15) 格勒『甘孜藏族自治州史話』四川民族出版社、一九八四年、二八九~二九二頁。

(16) 注(10)楊嘉銘「四川藏区藏、漢双語教育与教学概論」七~八頁。「甘孜藏族自治州」注(2)『中国少数民族語言使用情況』四〇四頁。

(17) 程寛鑫「抓〝双語〟体制建設促育人整体効益」『中国民族教育』一九九七年第五期、三二頁。

(18) 注(2)『中国少数民族語言使用情況』四〇三~四〇四頁。

(19) 同前書、四〇四頁。

(20) 林俊華「甘孜藏区学校教育開発史概索」『西藏研究』一九九三年第二期、四四~四五頁。全州のチベット族在校生のデータがなかったので、カンゼ自治州の一九九〇年の少数民族小中学生数(小学生三八一六人、中学生六九〇六人)に、同州の少数民族に占めるチベット族の比率をチベット族人口六二万七〇三四人÷(総人口八二万八五三二人—漢族人口一七万七七七八人)×一〇〇で計算し(九六・四%)、これをかけた数字を使って計算した。

(21) 注(17)程寛鑫論文。

(22) 程寛鑫、同前論文。

(23) 注(20)林俊華「甘孜藏区学校教育開発史概索」。

(24) 阿織「双語教学的典型、農牧区辦学的希望——康定県新都橋藏文中学双語教学調査」注(10)『四川藏区双語教学研究』一四二~一五〇頁。

(25) 李能武・唐明釗「面向農牧区、培養双語師質——康定民族師範学校双語教学調査」注(10)『四川藏区双語教学研究』一二七~一四一頁。

(26) 一九五〇年代以降、ガパ自治州には「内地」から一万八千人の漢族の幹部と八万人の漢族労働者が移住してきた（『阿壩藏族自治州概況』四川民族出版社、一九八五年、一三～一四頁）。

(27) 林向栄「从語言文字使用状況看当今双語教学的一些問題」『民族教育』一九八九年第三期（双語教学研究専集）四三～四六頁。

(28) 注（2）『中国少数民族語言使用情況』四一九頁。

(29) 周明清「从民族特点和地区実際出発　穩歩発展阿壩教育」『民族教育』一九八八年第六期、二一頁。

(30) 注（26）『阿壩藏族羌族自治州概況』一一頁。

(31) 注（2）『中国少数民族語言使用情況』四一六、四一八頁。

(32) 注（2）『中国少数民族語言使用情況』四二一頁。ただしこの地域の住民の間には、学校教育でチベット文の基礎を身につければ、一八歳以降寺や廟へ入ってチベット仏教を学べるという考えから、チベット文を学びたいという要望があるという。

(33) 注（9）甘国棟「努力培養合格的藏文教師」。注（2）『中国少数民族語言使用情況』四二一頁。

(34) 林俊華「从実際出発、努力探索双語教学的新路子──阿壩若爾蓋藏文中学、馬爾康本真中学双語教学調査報告」注（10）『四川藏区双語教学研究』一六六頁。

(35) 注（34）林俊華「从実際出発、努力探索双語教学的新路子」一五九～一六三頁。ロラン・ニマ（羅讓・尼瑪）は一九二五年にゾルゲで生まれ、ラブラン僧院でゲシェの学位を取得した教育家、医学者である。一九五九年に康薩小学校を創設し、チベット語やチベット医学（家畜用）を教えた。またゾルゲ県チベット農牧民文化学校も創立している〔林俊華「尼瑪辦学模式対発展藏区教育的啓示」注（10）『四川藏区双語教学研究』一〇七～一〇八頁〕。

(36) 若爾蓋藏文中学「草地民族教育的新華──若爾蓋藏文中学」『民族教育』一九八八年六期、四二頁。

(37) 注（34）林俊華「从実際出発、努力探索双語教学的新路子」。

(38) 林俊華、同前論文一六四～一六六頁に基づく。

(39) 以下特に注釈がなければ、王輝全「木里藏族自治県双語教育、教学調査」注（10）『四川藏区双語教学研究』一五一～一五八頁、『木里藏族自治県概況』四川民族出版社、一九八五年、九一、一四七～一四八頁、注（2）『中国少数民族語言使用情況』四二三頁に基づく。

(40) 国立西康木里（木裏）小学校の設立年は、一九四五年九月（郭寄嶠著・蒙藏委員会主編『民国以来中央対蒙藏的施政』中央文物供応社、一九八四年、五五頁）、一九四六年〔注（39）王輝全論文、一五二頁〕、一九四八年〔注（39）『木里藏族自治県概況』一四七頁〕という説がある。

第六節

(1) 以下特に注釈がなければ、第六節の記述は、布鋼「藏文在廸慶自治州的学習和使用」『西藏研究』一九九四年第一期、一一二～一一九頁に基づく。

(2) 譚克讓「雲南廸慶藏族自治州藏文使用情況的調査」（中国社会科学院民族研究所・国家民族事務委員会文化宣伝司主編『中国少数民族語言使用和発展問題』中国藏学出版社、一九九三年）一一一～一一五頁。

(3) 王曉松「廸慶藏族歴史文化簡述」『西藏研究』一九九三年第四期、九九頁。

(4) 注（2）譚克讓「雲南廸慶藏族自治州藏文使用情況的調査」。

陸紹尊「廸慶藏族自治州」注（2）『中国少数民族語言使用情況』五五四～五六〇頁。

（5）王暁松・曹達偉「推行双語教学　提高民族素質」『雲南民族語文』一九九一年第二期、一六～一八頁。

（6）楊瑞龍「対廸慶藏文教学的思考」『雲南民族語文』一九九一年第二期、一三頁。

（7）注（4）陸紹尊「廸慶藏族自治州」五六〇頁。

（8）注（5）王暁松・曹達偉「推行双語教学　提高民族素質」。

（9）注（4）陸紹尊「廸慶藏族自治州」。韓四「廸慶藏族自治州党委、州政府作出決定重視和加強藏語文教学和使用」『雲南民族語文』一九八六年第二期、一頁。

（10）パンチェンラマの講話と、それに基づいて出された「チベット語の教育、使用の重視と強化に関する決定」についての記述は、韓四、同前論文に基づく。

（11）注（1）布鋼「藏文在廸慶自治州的学習和使用」一一七頁。

（12）注（5）王暁松・曹達偉「推行双語教学　提高民族素質」。一九九〇年頃は、デチェン自治州のチベット語の授業は、小学校で毎週二時間～四時間となっている。

（13）郗衛寧「論雲南省双語教学的特点」（雲南省教育委員会編『雲南民族教育論文集』雲南民族出版社、一九九五年）七九頁。

（14）注（6）楊瑞龍「対廸慶藏文教学的思考」。

（15）注（5）王暁松・曹達偉「推行双語教学　提高民族素質」。

第七節

（1）海北、海南、海西の各自治州は、中国最大の内陸塩湖である青海湖（チベット語でツォンゴン、モンゴル語でココノル、面積四六三五平方キロメートル）のそれぞれ北側、南側、西側にあることから、その名が付けられている（黄南自治州の名は、この地が黄河の南にあることに由来している）。

（2）王振峰・劉永成・他札西「青海省民族教育概況」『民族教育研究』一九九三年第三期、一八～二九頁。

（3）『当代中国的青海（下巻）』当代中国出版社、一九九一年、九二～九三頁。

（4）注（2）王振峰他「青海省民族教育概況」。注（3）『当代中国的青海（下巻）』九二～九三頁。

（5）注（2）王振峰他「青海省民族教育概況」。別の資料では、全省少数民族の小学校入学率は六五・九%、玉樹州は三二・五%、ゴロク州は一一・七%、黄南州は五四・一%、海南州は六三・三%、海北州は六七・四%、海西州は七二・九%（青海省教育庁・青海省民族教育研究会編『青海民族教育論文集』青海省人民出版社、一九八九年、二六頁）。

（6）馬玉麟主編『青海教育大事記一九四九―一九九一』青海教育出版社、一九九二年、一一頁。注（3）『当代中国的青海（下巻）』九二～九三頁。

（7）同前書三五頁。

（8）同前書八頁。

（9）同前書一四頁。

（10）同前書一七、一八頁。

（11）一九四九年一二月、少数民族幹部を養成するためにつくられた青海省青年幹部訓練班が一九五〇年二月、青海省人民公学に改称し、同年八月青海省民族公学になった（張定邦主編『青海学校教育沿革与現状』青海人民出版社、一九八九年、六頁）。

(12) 注(3)『当代中国的青海(下巻)』八六頁。注(6)馬玉麟主編『青海教育大事記』四五頁。
(13) 馬秀海「青海民族宗教工作紀事」『青海民族研究』一九九二年第四期、八七頁。
(14) 注(11)張定邦主編『青海学校教育沿革与現状』六一二頁。
(15)『教育大辞典第4巻(民族教育、華僑華文教育、港澳教育)』上海教育出版社、一九九二年、七四頁。注(3)『当代中国的青海(下巻)』八六頁。
(16) 注(6)馬玉麟主編『青海教育大事記』八三頁。
(17) 注(3)『当代中国的青海(下巻)』九二頁。
(18) 一九八三年に海西自治州のカザフ族が新疆ウイグル自治区内に帰ったので、海西モンゴル族チベット族カザフ族自治州は一九八六年に海西モンゴル族チベット族自治州に改称した(孔祥録「民族区域自治在青海的推行与初歩完善」『青海民族研究』一九九二年第三期、四頁)。
(19) 注(11)張定邦主編『青海学校教育沿革与現状』七二七頁。
(20) 注(6)馬玉麟主編『青海教育大事記』一五四頁。
(21) 注(3)『当代中国的青海(下巻)』八六頁。
(22) 賈晞儒『民族語文散論』青海省人民出版社、一九八七年、一三二頁。
(23) 注(6)馬玉麟主編『青海教育大事記』一六七頁。
(24) 同前書一七〇頁。
(25) 注(3)『当代中国的青海(下巻)』八六頁。
(26) 注(6)馬玉麟主編『青海教育大事記』一二三頁。注(3)『当代中国的青海(下巻)』は、青海民族学院は一九七〇年初頭に廃止され、同年九月に復活したとしている(同書九九頁)。
(27) 注(3)『当代中国的青海(下巻)』九三頁。
(28) 注(6)馬玉麟主編『青海教育大事記』一八三頁。
(29) 同前書一九五頁。
(30) 班瑪丹増「大力発展藏族教育」注(5)『青海民族教育論文集』二一~五頁。
(31) 注(6)馬玉麟主編『青海教育大事記』二〇四頁。
(32) 注(30)班瑪丹増「大力発展藏族教育」。
(33) 注(3)『当代中国的青海(下巻)』一〇〇頁。
(34) 同前書九二~九三頁。
(35) 沙瑪・加甲『発展中的民族語文教学』四川民族出版社、一九九〇年、五一~五三頁。
(36) 注(30)班瑪丹増「大力発展藏族教育」。

第八節

(1) 甘粛教育資料編輯委員会編『甘粛教育年鑑(一九八四―一九八六)』甘粛教育出版社、一九八九年、三六六頁。
(2) 平野聡「一九九四年夏・中国西北訪問記(2)」『中国研究月報』第五六八号、一九九五年六月、一二、一四頁。
(3) 以下、特に注釈がない場合は、本節の記述は、王力生編著『甘粛民族教育発展概況』甘粛民族出版社、一九八八年、四二〇~四二九頁に基づく。
(4) 中国科学院民族研究所西藏少数民族社会歴史調査組編『藏族簡史』一九六三年、一七三、二六二~二六三頁。
(5) 注(1)『甘粛教育年鑑(一九八四―一九八六)』八六頁。
(6) 甘粛省地方誌編纂委員会『甘粛省誌第五十九巻　教育誌』甘粛人民出版社、一九九一年、四一六、四二〇頁。

（7）本節冒頭で挙げたように、一九八六年の全省少数民族小学生は一五万一四二五人、中学生は三万二二七六人なので、少数民族地域の小学生数（一一万六八〇四人）が全省少数民族小学生数に占める比率を出し（七七・一％）、これから民族地域の少数民族中学生数を推計すると二万四八八五人となり、これを基に計算すれば、二万〇三七八人は民族地域の少数民族小中学生（推計一四万一六八九九人）の一四・四％となる。

（8）注（1）『甘粛教育年鑑（一九八四—一九八六）』八八頁。

（9）同前書一七一、一七二頁。

（10）同前書一七五頁。

第九節

（1）チベット地方では一九五六年にラサ中学をつくった時、教科書編さんにあたって、四川、青海、甘粛、雲南のチベット族地域は言語などの面で中央チベットと異なり、またチベット語の文語が口語とかなり違う問題を解決する必要があるとして、他地域のチベット語の教科書を使うのではなく、独自に編さんすべきということになった。教科書の編さんには、チベットに入ってからチベット語の読み書きを学んだ教師達があたったので、作業は困難だったという。楊殿甲・王銀仙「対創辦西藏拉薩中学的回顧」（耿金声・王錫宏主編『西藏教育研究』中央民族学院出版社、一九八九年）三一五頁。

（2）楊嘉銘「四川藏区藏、漢双語教育与教学概論」（康定民族師範専科学校課題組『四川藏区双語教学研究』四川大学出版社、一九九六年）一五～一六頁。

（3）『当代中国的西藏（下）』当代中国出版社、一九九一年、三三八頁。林俊華「从実際出発、努力探索双語教学的新路子——阿壩若爾蓋藏文中学、馬爾康本真中学双語教学調査報告」注（2）『四川藏区双語教学研究』一五九～一六三頁。

（4）一九八一年九月七日、青海教育出版社が青海民族教材編集翻訳処に改められる（馬玉麟主編『青海教育大事記一九四九—一九九一』青海人民出版社、一九九二年、二〇三頁）。

（5）『当代中国的青海（下巻）』当代中国出版社、一九九一年、九二～九三頁。

（6）沙瑪・加甲『発展中的民族語文教学』四川民族出版社、一九九〇年、一二一～一二六頁。

（7）朴勝一主編『中国少数民族教育発展与展望』内蒙古教育出版社、一九九〇年、一九八頁。

（8）民族教育課題組赴藏調査組「関於発展西藏教育問題之管」注（1）『西藏教育研究』六三～六四頁。

（9）沙瑪・加甲「四川民族出版社藏、彝文教材出版簡介」『中国民族教育』一九九七年第一期、一七頁。

（10）李能武・唐明釗「面向農牧区、培養双語師質——康定民族師範学校双語教学調査」注（2）『四川藏区双語教学研究』一二七～一四一頁。

（11）洛絨次称「加強藏文教材建設　提高藏文教材質量」『中国民族教育』一九九六年第四期、二七～二八頁。

第八章　広西チワン族自治区の民族語事業と教育

一九九〇年現在、広西《グワンシー》チワン族自治区の少数民族人口は約一六五一万人、自治区総人口の三九・一%を占める。少数民族の中では自治民族であるチワン族が最も多く、約一四一五万人（自治区総人口の三三・五%、自治区少数民族総人口の八五・七%）。チワン族、キン族の九割、ヤオ族の六割、ムーラオ族、マオナン族のほとんどが広西自治区に住んでいる（表8—1）。同自治区には民族自治州はないが、一九九七年現在、一二の民族自治県と二九の民族郷（ヤオ族郷が二六、ミャオ族郷が三）がある（地図8—1）。

チワン族は人口約一五五〇万人（一九九〇年）を擁する中国最大の少数民族であり、モンゴル、ウイグル、チベット、回族と並ぶ五大自治区の一つをもつ。しかし広西チワン族自治区における民族語、民族語による教育の普及や民族語使用の程度は、民族文字を持つ民族の自治地方の中でも、目にみえて低い。今のところ、広西チワン族自治区で民族語を学校教育に取り入れているのはチワン族のごく一部だけで、その他の民族はすべて漢語で授業を受けている。チワン族のチワン文字は、中華人民共和国がつくったローマ字式新文字の中で唯一、国務院が公式の文字と承認している文字だが、その普及事業は芳しくない。民族自治地方の中では新疆ウイグル、チベット、内モンゴル自治区や延辺朝鮮族、涼山イ族、カンゼ・チベット族自治州、ドゥルベット・モンゴル族自治県など自治県レベルでも、それぞれ民族語の使用や学習を保障するための民族語条例を制定している所があるが、広西自治区にはこうした法規さえない。以下、広西自治区の民族語事業や民族語教育の状況を紹介しながら、その理由を考えてみたい。

表8－1　広西チワン族自治区民族別人口（1990年、1000人以上）

民族名	1953年	1964年	1982年	1990年			
	人口	人口	人口	人口	A	B	C
広西自治区総人口	19,560,822	20,845,017	36,421,421	42,245,765			
少数民族総人口	7,414,104	8,553,353	13,935,157	16,508,114	39.1		18.25
漢族	12,146,711	12,289,068	22,485,565	25,736,855	60.9		2.47
チワン族	6,496,141	7,567,011	12,323,978	14,154,194	33.5	85.7	91.38
ヤオ族	471,244	532,634	863,809	1,325,118	3.1	8.0	62.10
ミャオ族	203,547	217,102	337,444	425,137	1.0	2.6	5.75
トン族	149,869	139,437	229,593	286,915	0.7	1.7	11.41
ムーラオ族	0	52,575	88,840	155,862	0.4	0.9	97.82
マオナン族	0	22,337	37,933	70,732	0.2	0.4	98.28
回族	9,894	13,436	19,374	28,190	0.1	0.2	0.33
キン族	0	22	9,864	16,425	0.0	0.1	86.84
スイ族	999	2,647	4,063	12,797	0.0	0.1	3.70
プイ族	0	0	6,787	9,685	0.0	0.1	0.38
イ族	4,681	4,241	4,717	7,156	0.0	0.0	0.11
満洲族	355	942	2,250	5,783	0.0	0.0	0.06
リー族	872	0	1,853	3,231	0.0	0.0	0.29
コーラオ族	0	507	980	2,537	0.0	0.0	0.58
トゥチャ族	0	30	244	2,024	0.0	0.0	0.04
未識別民族	7	1,996	0	354	0.0		0.05
外国人中国籍加入者	0	600	699	442	0.0		12.92

A＝対自治区総人口比（%）、B＝対自治区少数民族総人口比（%）、C＝対各民族全国総人口比（%）
出所：『中国第四次人口普査的主要数据』中国統計出版社、1991年、国家統計局人口統計司・公安部三局『中華人民共和国人口統計資料彙編 1949－1985』中国財政経済出版社、1988年、954～955頁他をもとに筆者作成。

一　広西チワン族自治区の設立

広西チワン族[1]自治区は一九五八年三月一五日に成立した。もともとチワン族の自治地方としては、広西省の中に一九五二年一二月九日、桂西《クイシー》チワン族自治区（一九五六年、自治州に改称）が設立されていた。広西省の西部に設けられたこの自治区は、省総面積の六割近くを占め（同省二三万平方キロメートル中、一三万二四〇〇平方キロメートル）、チワン族が総人口の六七・一％（六二六万人中四二〇万人）を占めていた[2]。しかし中国の少数民族の中で人口の最も多いチワン族が地区（省より下、県より上の行政単位）レベルの自治州しか持たないのはおかしいとして、中共中央は一九五六年一〇月、省レベルの自治区として広西チワン族自治区を設立する意向を示した。当初は広西省を二つに分けて東部を引き続き広西省にし、西部の桂西チワン族自治州＋αをチワン族自治区にするという意見もあったが、最終的には周恩来《ジョウエンライ》らの意向にそって広西省全体をチワン族自治区にするという意見が通った。その理由としては、次のような点があげられている。

（一）チワン族の居住地域は広西省の六割を占め

地図8−1　広西チワン族自治区の民族自治地方（1990年）

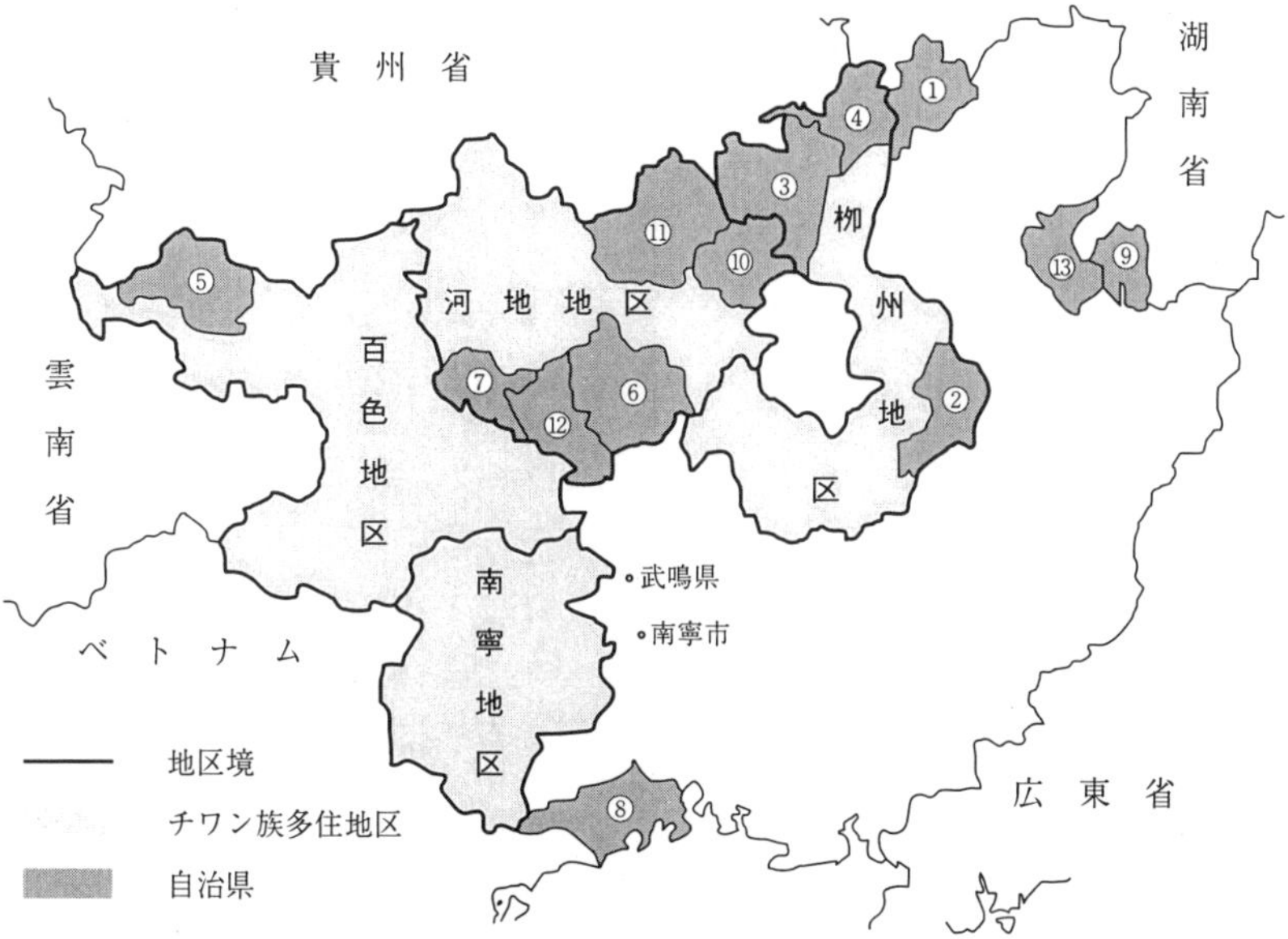

①龍勝各族自治県
②金秀ヤオ族自治県
③融水ミャオ族自治県
④三江トン族自治県
⑤隆林各族自治県
⑥都安ヤオ族自治県
⑦巴馬ヤオ族自治県
⑧防城各族自治県＊
⑨富川ヤオ族自治県
⑩羅城コーラオ族自治県
⑪環江マオナン族自治県
⑫大化ヤオ族自治県
⑬恭城ヤオ族自治県

＊防城各族自治県は1994年に廃止され、防城港市となった。

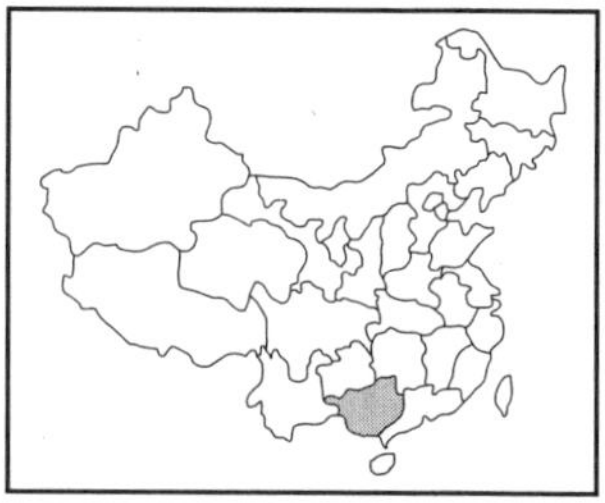

出所：地図A注『中華人民共和国行政区画簡冊』55〜57頁他をもとに筆者作成。

る鉱山、森林、水資源の豊かな地域にあたるが、人口は同省の三七％であり、逆に漢族は人口の五八％を占め、文化や技術のレベルが高いが、居住面積は三割と狭い。そこで漢族が持つ人口の多さと、少数民族地域の広大な土地、豊かな資源という互いの「長所」を十分に発揮するためには、漢族とチワン族を一つの行政区域内に収める必要があった。

（二）チワン族と漢族は民族の発展レベルでみれば大きな隔たりがあるが、ともに農耕民族である点では近い。

こうして一九五七年六月、国務院は広西チワン族自治区の設立を決定したのである。

広西省全体をチワン族自治区としたことが、チワン族自身のためになったかは疑わしい。桂西チワン族自治州ではチワン族が総人口の六七・一％を占めていたが、現在の広西チワン族自治区では三三％であり、自治地方内でのチワン族の発言権は相対的に弱まったとみられる。広西チワン族自治区ができる前、李任仁《リーレンレン》（広西省副省長）は「チワン族が主に通う学校ではチワン語で、漢族が主に通う学校では漢語で授業をし、チワン族と漢族が一緒に通う学校ではクラスを分けてチワン語と漢語で授業を行う」（一九五七年三月、全国人民政治協商会議）意向を示していた。(3)しかし現状はこの方針からは程遠い。

また現在、広西自治区ではチワン語を話す人口（一七〇〇万人）は粤語（広東語）を話す人口より多いのに、チワン語のラジオ放送の時間は粤語のそれとは比べ物にならないほど少ないし、チワン語によるテレビ放送は行われていない。定期刊行物では新聞『広西民族報』と雑誌『三月三』（チワン文版）があるだけだ。蒙元耀《モンユエンヤオ》（広西自治区言語文字工作委員会）は「こうした状況は人口一五〇〇万人のチワン族にとっては、民族の悲哀と言わざるをえない」と嘆いている。(4)

二　チワン族とその言語使用状況

村松一弥『中国の少数民族』によれば、チワン（撞）という名称はもとを辿れば、宋代（九六〇年～一二七九年）の漢文の文献で「土人」（土官の民となって荘園の小作人として村落に住むようになった俚獠）の中の一集団の名称として現れた。(5)明朝（一三六八～一六四四年）は直接統治地域を広げるべく広西の非漢人地域の土司を廃止し、府県を増やしていったが、この頃から府県となった地域に住む非漢人が、土司地域のラン（狼）人に対して、すべてチワン（獞）と呼ばれるようになったという。するとチワンはもともと今の一五五〇万人とは程遠い小さな集団の名称だったことになる。また自らの内的な力でその集団を拡大したのではなく、漢人側の認識によってそこに含まれる人々の範囲が膨らんでいったことになる。清朝（一六一六～一九一一年）は府県を広西全域に広げようと図り、それに伴ってチワン（獞）は数が増えていく一方、漢人への同化が進み、外見では漢人と見分けがつかなくなった。文化的にも、チワンの中には宋代頃から科挙試験を受ける者が出始め、漢文を学ぶ者が増え、民国時代になると地方によっては漢語に相当通じる者も出てきたという。(6)このチワン人のほとんどは、中華人民共和国が成立した当初は漢族と見られることを望んでいたが、中国共産党はチワン族は国民党の統治下で抑圧を受けるのを恐れて自らの出自を隠していたとして、それ以前に知られていたよりも数百万人も多いチワン族を捜し出したと、S・R・ラムゼイは述べている。(7)

現在チワン族を構成する諸集団の中で、プ・チワン（プは人を意味する）と称するのは、広西自治区の中部と西部の一部の人々である。中国政府は一九五二年、桂西チワン（僮）族自治区を設立した時、プ・イ（貴州省のプイ族の自称と同じ）と称する広西北部と西北部及び雲南省文山チワン族ミャオ族自治州北部の人々、プ・ノンと称する広西西部と南部の一部、文山自治州南部の人々や、プ・トゥ、プ・バン、プ・タイ、プ・トン、プ・ルン、プ・ラオ、プ・マンなどと称する諸集団をチワン族という一つの民族にまとめ、一九五〇年代初頭の民族識別を経て、合計二〇数集団がチワン族に含まれることになった。(8)

第一部第一章でみたように、チワン族の一般住民の中には、中華人民共和国成立前は自分達が何民族か全く知らず、一九五二年桂西チワン族自治区が成立した時、はじめて民族的出自を知らせねばならないことを聞いたという人々もかなりいた。また文革後広西で行われた民族識別の再調査では、一九五〇年代、各地の幹部らが確たる裏付けのない推量や憶測で、所轄地域の住民の民族を報告していた実態が明らかになり、それまでミャオ族やヤオ族などと「間違って」登録していた約五万五〇〇〇人の民族的出自がチワン族に「訂正」されたという経緯もある。しかし共和国成立初頭頃まで自分達が何民族か知る必要のない社会で暮らしてきた人々にとっても、一九八〇年代初頭までの三〇年という年月は状況によっては民族意識が芽生え、定着するのに十分な期間でもあった。(9) 一九五〇年代以降チワン族の間では、チワン族としての民族意識を高めるために「三月三日」や「カエル祭り」などの祭祀を民族の祭典として復活したり、盛大に行ったりしてきたともいわれる。(10) そのため現在一五五〇万人のチワン族の間で、どれだけ一つの民族というアイデンティティがあるかについては、はかりかねるところがある。

次に言語使用状況をみてみよう。一九八二年の調査によれば、チワン族一三三七万八〇〇〇人のうち、九七％（一二九八万人）がチワン語を話し、五五％（六七〇万人）がチワン語と漢語のバイリンガルだという。(11) すると前者から後者を引いた数、六二八万人（四七％）がチワン語のモノリンガルということになる。特に百色、柳州、河地、南寧の四地区(12)には広西自治区のチワン族人口の九割が集まっており、これら地域にはチワン族人口が八、九割を占める県も多く、日常生活ではチワン語が幅広く使われている。いっぽう漢語のモノリンガルは、都市に住む若年層や都市で生まれた者の中に三〇～四〇万人（三％）いるだけだった。チワン語と漢語のバイリンガルとされる人々の間でも、漢語のレベルにはかなり差があり、小学校卒業レベル以上の漢語・漢文を習得している者は二〇〇～三〇〇万人（一五～二二％）程度だともいう。日常生活で漢語を主に使ったり、漢語のみが使われている地域は百色市など都市や町に限られている。(13) したがってチワン族のほとんどは依然としてチワン語を母語としており、漢語の読み書きができる者は多くて二割程度ということになる。ただチワン語といっても、統一された言語があるわけではなく、チワン族にまとめられた諸集団が使う複数の言語を寄せ集めたものと捉えた方がよい。第一部第一章でみた通り、南盤江の両側に住む広西自治区北部のチワン族と貴州省のプイ族は同じプ・イ集団で話す言語も同じだが、省・自治区ごとに行われた民族識別で別々の民族とされたため、その既成事実に合わせて前者がチワン語、後者がプイ語に分類された経緯にも注意すべきだ。

こうした事情をわきまえた上で、中国の言語学者の分類に従えば、チワン語は北部方言と南部方言に分けられ、チワン族総人口の約六五%が北部方言を、三五%が南部方言を使う。両方言は文法上はほぼ一致しているが、語彙と発音の違いは大きく、会話は通じないという。北部方言は七つの土語に分類されているが、その間の違いは比較的小さい。いっぽう五つの土語に分類されている南部方言は、土語の間の違いが大きく、ほとんど会話できない。一九五七年に国務院が承認したチワン文は、チワン語の北部方言を基礎方言とし、その中の武鳴《ウーミン》の発音を標準音にしたものである[14]。ここからチワン文はもともとチワン族全員がすんなり使えるものではなかったことがうかがえる。

ところで、チワン族など広西の少数民族の祖先達は、実は数世紀にわたって固有の書き言葉を伝承してきた。ローマ字式新文字の導入をみる前に、これらの伝統文字を紹介しておこう。

三　方塊文字とローマ字式新文字

チワン、ヤオ、トン、キン族の祖先達は、古来、漢字を応用して作った、方塊チワン文字（Sawndip, Sawcuengh または Sawgok）、方塊ヤオ文字、方塊トン文字、字喃（chu nôm, チューノム＝「俗字」の意味）と呼ばれる文字を使っていた。現存する最古の方塊文字は、六八二年（唐代永淳元年）に澄州刺史が刻んだ石碑だとされる[15]。

方塊チワン文字は、（一）チワン語の発音と同じ発音をする漢字をあてる（この場合、漢字の意味とは一致しない）、（二）二つの漢字を組み合わせて一つが音を、一つが意味を表す（例えば「⿱台死」は台が音を、死が意味を表す）、（三）複数の漢字を組み合わせ新しい意味を持たせる（例えば⿱山⿰山山＝大きな山、忐＝高地）、（四）漢字にない固有の文字（例えば※＝縦横、⺆＝杖）などからなる。一二世紀頃に、こうしたチワン語の音と合致する方塊チワン文字がつくられ、それ以来数世紀にわたって民謡の創作や記録、昔話、伝説、演劇、道士の写経、碑文、帳簿や書き付け、手紙などに使われてきた。この文字で書かれた詩歌は収集されているだけで数千部に及ぶが、標準化も統一もされなかったために広範に普及することはなかったという。

中華人民共和国成立後も、一般のチワン族住民の間では民謡の書き取りや政治広報などに方塊文字が使われていたが、同国はこれを公式の文字とは認めず、代わりにローマ字式の新文字をつくった。チワン文字は、中華人民共和国が少数民族につくったローマ字式新文字の中で、唯一国務院の承認を得た公式文字である。方塊文字の方はというと、今でも百色地区の靖西、徳保県などいくつかの地域ではかなりの者が使っており、この文字で民謡の歌詞を綴ったりしているが、全体的にみれば、一九五〇年代初めに比べて使用者はかなり減ったという[16]。

いっぽう、ヤオ族にも文革後ローマ字式文字がつくられた。ヤオ族の言語はミェン語（ヤオ語群）、プヌ語（ミャオ語群）、ラキャ語（チワン・トン語派スイ語群）の三つに大別されている。一九八二年の統計では中国内のヤオ族約一四〇万人のうち、六九万人（四九・三％）がミェン語を、三一万四五〇〇人（二二・五％）がプヌ語を、八九〇〇人（〇・六％）がラキャ語を話す[17]。ヤオ文はこのうちのミェン語を書き写すローマ字式文字である。一九八〇年の第三回全国民族語文会議で、ヤオ文創作の問題が提起されたのを受けて、ヤオ文方案（草案）がつくられ、一九八三年から広西、広東、雲南などの一部のヤオ族地域でこれを試験的に学ばせた。この時点で中国外のヤオ人[18]の間ではすでにローマ字によるヤオ文字がつくられていたので、一九八四年、中国とアメリカ合州国に住むヤオ族の言語学者が協議し、国外のものと統一されたヤオ文方案が完成した。こうしてできたヤオ文は世界各地に住むミェン語を話すヤオ人約一〇〇万人の間で使うことができるという[19]。

京《キン》族は、ベトナム社会主義共和国の総人口の八七％（一九八九年統計）を占めるマジョリティ、キン（京）族＝狭義のベトナム人と同じ民族である。中華人民共和国成立以前は漢族やチワン族から「安南」と呼ばれ、同国成立後は「越族」が自称、他称であったが、一九五八年五月に国務院が「京族」を正式な民族名として承認して以来この名称が使われている[20]。

中国内のキン族の話し言葉は、ベトナムで話されているキン語（ベトナム語）と同じで、方言の違いもなくほぼ一致している[21]。キン族の祖先は一〇世紀以降、漢字を応用した「字喃」（チューノム）と称する文字をつくった。一三世紀末の詩人、グェン・トゥエン（阮詮）がこの文字で詩歌の創作を始めてから広まり、詩歌や経書、文書を書き記すのに用いられた。二〇世紀前半まで、字喃はかなり使われており、現在保存されているキン族の文献、経書、歌の本の中にはこの文字で書かれたものがあるが、今は読める人は少ない[22]。ベトナムでは二〇世紀前半の間にクォックグー（国語）と呼ばれるキン（ベトナム）語のローマ字式表記法が普及した[23]。中国のキン族がこの文字を使っているという情報はないが、皆無とは思われない。中国とベトナム両政府は、一九六〇年代まで中越国境線からそれぞれ二〇キロの地帯を諸民族が自由に移動往来することを認めていたし、一九七〇年代末に両国の関係が悪化し、ベトナムに住んでいた華人・華僑や少数民族が大量に国境を渡って中国へ移住した時には、「華民族」に属するという偽造の身分証明書を携えて、ベトナム難民に紛れ込んでいたキン族出身者も多かったという[24]。しかし結果的に見て、クォックグーは中国内のキン族の公式の文字とはなっていない。キン族地域には四つの小学校と一つの中学が設立されているが、学校教育はすべて漢語漢文で行われている[25]。

貴州省や雲南、湖南省のミャオ族の間では三種類のミャオ文が使われているが、このいずれも広西のミャオ族の間では普及が図られておらず、学校では漢語漢文で授業をしている。イ族、スイ族の文字も雲南や貴州のように伝承されてはいない(26)。では以下、ローマ字式チワン文の創作と普及事業、学校での使用状況に絞って紹介してみたい。

四　ローマ字式チワン文字と学校教育

1　ローマ字式チワン文字の創作と公認をめぐる経緯

チワン文の創作は、一九五一年、政治協商会議と言語座談会に出席するため、北京を訪れたチワン族代表が求めたといわれるが(27)、チワン族の間でそれまで使っていた方塊チワン文字ではなく、ローマ字式新文字をつくって普及させることになった経緯は明らかではない。一九四〇年代後半、南寧師範学院の学生であった農配乾が、フランス人宣教師がベトナムのノン人用の聖書をつくるために綴ったラテン式文字を応用して、龍州のチワン語を書き表すローマ字式文字をつくったというが(28)、それと中華人民共和国下のチワン文字（漢語ピンイン方案との一致性が図られた）との間につながりがあるかは不明である。

一九五二年三月上旬、中国科学院言語研究所は、袁家驊《ユエンジャーファ》率いる工作組（タスク・チーム）を広西に派遣しチワン語を調べ、チワン文方案を作って来賓県の人々に試験的に学ばせた。一九五四年五月、中央人民政府政務院が「今なお文字のない民族を援助して文字を創る問題に関する報告」に対する意見つき回答で、まず一、二の民族の間で試行するよう指示した時、言語研究所と中央民族事務委員会が真っ先に選んだのがチワン族である。

一九五四年九月、言語研究所はチワン語の標準語と基礎方言を決めるため、言語工作第一隊を広西に派遣し、広西省桂西チワン族自治区チワン族文字研究指導委員会（一九五四年七月設立、後「チワン文工作委員会」に改称）と合同で広西チワン語の各方言を調査した。そして翌一九五五年五月、南寧《ナンニン》で開かれたチワン族文字問題座談会で、チワン語の北部方言を基礎方言とし、武鳴の話し言葉を標準音にしてチワン文方案をつくることが決まる。それからわずか三ヵ月後の同年八月、チワン文方案（草案）は完成し、『広西日報』の紙上に掲載された。これは一九五二年方案とほぼ同じものだったという。

翌一九五六年三月にはチワン文方案（草案）を普及させるために桂西チワン文学校が開校し、一九五七年五月には広西民族出版社が設立され、同年七月には新聞『チワン文報』が発刊した(29)。そして同年一一月二九日、国務院は第六三回全体会議で「チワン文方案」を承認し、公式の文字として普及させることにしたのである。

ローマ字式チワン文に対する当時の人々の対応を、王均《ワンジュン》は

「チワン文事業漫談」（一九八六年）という問答形式の文章の中で、次のように回顧している。(30)「当時（チワン文の創作を）強く求める人々がいる一方、公然と反対したり暗に抵抗したりする人々がいた。しかし文字創作を求める声が絶対的に優勢であった。小学校の教師達は、民族文字がないことの苦渋を一番感じていた。……チワン族の中で漢語の読み書きができる者は少なかったが、彼らの中に幹部になっている者が多く、発言力は大きかった。彼らはチワン文が普及すれば、自分が逆に『文盲』になってしまい、面倒なことになると思っていた。……チワン族幹部の中には、チワン文を学ぼうとせず、住民がチワン文で報告を書くと『上司に難癖をつけるのか』といってとがめる者もいた」。総じて言えば小学校の教師や、漢語ができないのに漢語で学習させられて負担を感じているチワン族らがチワン文字を創ることを強く求め、漢語の読み書きができる人々はこれに反対し、一般の住民はよく分からず、誰かが（チワン文があった方が）いいと言えば要ると言う状態だったという。

またローマ字式チワン文字をつくる過程における、基礎方言や標準音の選定の仕方やその理由は、現代中国の民族語事業を規定したルールを知る上で興味深いので、紹介しておきたい。(31)

一九五二年袁家驊が広西で調査をした際、南北二つのチワン語では会話ができないので、学習や使用面での便を考えて、南北の二大方言ごとに文字方案をつくることも検討されていたという。その後の言語調査によってチワン語が地域によってかなり違うことがはっきりすると、一九五五年、統一のチワン文字方案をつくるか、方言ごとに分けてつくるかで議論が分かれた。しかし最終的には南北方言の間でも共通する単語があり、漢語の西南官話からの借用語を常用語として加えれば、南北方言で共通するチワン語の語彙はもっと増やせることなどを理由として、一つの文字方案をつくることが決められた。

統一のチワン文をつくることが決まると、チワン族の三分の二が使う上、方言内部で比較的一致性が高い北部方言を基礎方言とすることについては、さしたる異論も出なかった。しかしどこを標準音とするかという問題ではかなり意見が分かれ、選定は一足飛びにはいかなかった。言語学者らはまずチワン語が使われている政治的、経済的な中心都市を探しだそうとした。桂西チワン族自治区の中心といえば、その区都である南寧市ということになるが、南寧市ではチワン語は話されていない。そこで中級の都市の中で標準音を選定することを考えたが、柳州市や百色市でもチワン語は使われておらず、第一、区都から離れているのでだめだということになった。そこで県の中心部というレベルまで「降格」して探さねばならなかったという。ここに至って初めは北部方言を代表する来賓、馬山、都安が候補にあがったが、南部方言との隔たりが大きく、南北方言統一文字の標準音とはなり得ないということになり、最終的に候補にあがったのが武鳴であった。北部方言を話すチワン族は、武鳴のチワン語は桂北地域、柳江地域、とりわけ人口が最も多い紅水河流域の口語と大きくかけ離れているといって難色を示したが、チワン文指導工作委員会は武鳴をチワン文の標準音地域に選定することを決めた。それを正当化する理由としては、武鳴のチワン語が代表性が薄いというのは他のチワン語北部方言の各県と比較してのことであり、武鳴は北部方言と南部方言の交接点であり、南北方言統一のチワン文をつくる上では便利であること、武鳴県は南寧市に近いこと、また馬山や都安など紅水河近辺のチワン族が南寧に行く時の通り道でもあることなどがあげられた。

南北それぞれの方言ごとにチワン文をつくっていたら、武鳴の言葉が標準音になることはなかったろう。南北二大方言を統一するチワン文をつくることにしたため、チワン語の北部方言の中で南北二つの方言に通じるような方言を標準音にする必要性が生まれ、武鳴の言葉が標準音に選ばれたのである。

こうしてできたチワン文を国務院が承認した後は、一九五八年から小学校や成人向けの夜間識字クラスなどを通じてチワン文の普及が図られ、一九六〇年末までに二九〇万人のチワン族が学習し、そのうち七〇万人がチワン文を習得したという。チワン文の普及事業は反右派闘争、大躍進によって停止されることはなかった。国務院が正式に公認した文字であることがその要因だと思われる。しかし左傾思想の妨害が「チワン文の正常な推進」を妨げたといわれ、その後の文革期にはチワン文の推進事業は完全に停止されてしまった(32)。

2　チワン文字普及事業の再開と縮小

中共広西チワン族自治区委員会と同自治区人民政府が、チワン文推進事業の再開を決めるのは一九八〇年五月のことである(33)。一九八一年七月、広西チワン族自治区少数民族言語文字工作委員会が、チワン文草案を修訂し、『チワン文方案（修訂案）』をつくった。国家民族事務委員会の承認（一九八二年二月二日）を得て、広西自治区人民政府はこの方案を一九八二年三月三〇日に公布し、四月二七日に『広西日報』の紙上で施行している。これと前後するが、一九八〇年にはチワン文の識字クラスが一部復活し、一九八六年までに四七県で二五万人がチワン文字を習得した。学校教育の分野では、一九八一年に再びチワン文の授業が始まり、その翌年に文革で廃止された広西チワン文学校が復活し、一九八三年から南寧、百色、巴馬、桂林の各民族師範学校に通うチワン族の生徒にチワン文が必修科目として設けられ、一九八八年にはチワン文放送学校も開校している。一九八八年六月段階で、自治区内でチワン族人口が三万人を超える四五の県で合計三〇六校の小学校がチワン文クラスを設け、また一九八七年に武鳴と徳保でチワン文中学が建てられたのに続いて、一七の県がチワン文初級中学クラスを設置するまでになった。学校でチワン語教育を受ける者の数は、一九八六年には小学生一万八一六四人（四二県の三七八校）、中学生一五六人（二校）になり、一九八九年には小学生二万七二一〇人（三八

30 CIETBUETRAEMX NANZ LUMZ

Govaiz hai va hoengzyanyan. Cietbuetraemx Boux Daijcuz daengz lo.

Bineix caeuq binaengz mbouj ityiengh, gyoengqvunz daegbied gauhingq,

92

チワン語『語文』教科書

五校の中の一〇三三クラス）、中学生一八〇〇人（桂西の一四県）まで拡大している。[34] しかし広西自治区における少数民族の小学生数が二二五万七一〇〇人、中学生数が四二万五一〇〇人という数字（一九八五年）から推算すれば、チワン族のうちチワン語の授業を受けている者は、最も多い時ですら小学生の一%程度、中学生では一%にも満たないほんの一握りしかいないことがうかがえる。それ以外のチワン族が通う学校では、ずっと漢族地域と同じ制度をとってきており、教授用言語、授業内容、教科課程も漢族地域の学校とほとんど変わらない。[35]

このように一九八〇年代にチワン文の普及事業が再開されたが、成果は芳しくない。チワン文の識字活動は一九八六年以降、予算が全くつかなくなって停止している。[36] 現場で働いている幹部達は、チワン文の普及事業は計画出産（一人っ子政策）の実施の次に難しい仕事だとこぼしているという。[37]

当時現場では、識字教育に対する反対は少なかったが、チワン文字を学校教育へ取り入れることには強く反対する人々がいたという。[38] 村長の中にはチワン文で教育を行うようになった学校に住民をかき集めて押しかけ、校長を取り囲んで糾弾する者達がいた。県の人事部門が成績の悪い教師をチワン文教育の教師陣に送り込むケースもあった。学齢期に達した自分の子どもがチワン語クラスに入れられないよう、独断で自分の管轄地域の小学校に対してチワン語クラスの募集を取り止めるよう命令した、郷の中共委員会の責任者もいた。小学校の校長の中には、チワン語クラスをつくってよい成果を出したために疎まれて転勤せられた者もいるという。なぜこうした反対があったのか。

それは一般住民はチワン文を歓迎しているが、地方の共産党や政府の指導者の中に、チワン文事業の意義や効用を理解していない人々がいるからだとされる。こうした人々は現場の状況を知らず、担当の研究部門の報告や意見に耳を傾けようとせず、チワン文を普及させること自体に異論を唱えたりもした。会議の席上、チワン族はチワン文字がなくても博士を輩出していると述べた幹部もいれば、自分の子はチワン文を学ばなくても留学したと言ってのける幹部もおり、担当部門の報告や意見を聞かず、チワン文を普及させるべきか否か意見を尋ねるのに、漢文学者を呼んだ幹部もいる。陳竹林《チェンジューリン》は、民族言語事業の担当者は、忍耐強く着実に成果をあげて、これら幹部の「雄弁」に対抗しなければならないと述べている。

実際様々な文献が、チワン文の普及事業を妨げている最大の要因は、広西自治区の指導者クラスの幹部がそれを支持していないことにあるとしている。蒙元耀の言葉を借りれば、各級指導部門の意思決定層がチワン文普及事業の重要さや必要性を理解しておらず、チワン文推進事業を厄介なものとみなし、党や国家の民族政策だから仕方なく対応している者もいる(39)。そのため人員や経費、設備や仕事の条件などの面で一向に便宜を図ろうとしない。地方の幹部の中にも、この事業を民族事業の飾り物とみなし、民族教育事業を発展させる上で必要な手段だと考えていない者がいる。意思決定層の主要な人物の中には、チワン文の普及を図ることは「民族地域の経済発展にマイナスの影響を与えないか」「普通話の普及を妨げないか」などと疑念を呈する者が少なくなく、こうした声がチワン文推進事業への予算配分を妨げている。こうした状態の中で、チワン文の使用範囲は今のところ民族語事業の関係者、民間文学の研究者、チワン語教育に携わる教師、チワン文による識字教育によって識字者となった農民などに限られており、一般住民の中にもチワン文は役に立たず、前途もないと思う者が増えている。こうして「憲法や民族区域自治法が少数民族に認めた多くの民族平等の権益は絵に描いた餅でしかなくなっている」というのである。自ら漢語のみで教育を受けてきた上層部にいるチワン族幹部ほど、チワン族全員が最初から漢語のみで教育を受ければいいと考え、チワン文教育は不要だとする声が大きいと聞いたこともある。経費が十分に与えられないのでよい教師が養成できず、教師がいないのでチワン文の普及事業も推進しようがないという悪循環が続いている。

調査によれば、広西の少数民族地域の少数民族の子どもは、初級中学一、二年生になってようやく頭の中で考えたことが漢語で表明できるようになるという。多くのチワン族地域では、小学校の学業を順調に終えられるのは三分の一の子どもだけで、小学校卒業段階で言語と算数の成績は非常に悪い。大学、専科学校の入試や幹部募集では、少数民族には優遇措置として総得点に数点、あるいは十数点が加算されるが、その程度で不利が是正されるわけはなく、漢語を母語とする学生と対等に競り合うことなどできない。本来ならば学校におけるチワン語、チワン語による教育を充実させることで、こうした不利を是正していくべきなのに、広西自治区では一九九〇年代に入って逆にそれが縮小された。

一九九〇年、広西チワン族自治区人民政府は、チワン文を学校教育で教える実験の規模、程度、指導方針を規定しなおした。(40)それによれば、チワン文教育の実験規模はチワン族が多く住む二三の県の一部の学校に限定し、成果が得られたら次第に広げていく。程度については学校教育におけるチワン文の使用は小学校レベルを中心とし、初級中学ではチワン文の授業を必修科目として行うのみにして、高級中学では暫時実施しない。そして、小学校におけるチワン・漢二言語教育の方針を「チワン語を主とし、チワン語の学習が漢語の学習につながるようにし、チワン語で漢語の学習を促進し、チワン・漢両言語に通じさせる」こととしたのである。これは明らかにチワン文普及事業の縮小、後退である。

この決定の背後にいかなる力が働いていたか。広西におけるチワン文の使用状況を一九九一年一一月に視察した民族研究所の孫竹《スンジュー》は、この件について「行政の関与と民族意識がともに低下し、チワン文を取り入れている学校は、小学校が四五県から二三県に、初級中学が四一県から二一県に、民族中学は二二県から一〇県に縮小された」と報告している。経費を得るため時間割表上はチワン文の授業を置きながら、実際は行っていない学校もあり、チワン文が役に立つのか、使用範囲、学校教育へどの程度導入するか、チワン文を学習、習得して進学、就職できるか、自治区の職権行使の時の文字とするかどうか等をめぐり、チワン族内部で意見が分かれているとも述べている。(41)

また広西自治区では一九九〇年頃から、民族学校の主管機関が民族事務委員会から教育委員会に移り、民族的特徴のある教育がいっそう重視されなくなったという話を聞いたことがある。チワン文の普及事業も、従来は言語文字工作委員会が担っていたが、学校のチワン文教育は教育委員会が責任を負うことになった。詳しいことは分からないが、主管機関が教育委員会に移ったことと、一九九〇年の政策変更は関連しているのかもしれない。

一九九〇年の方針変更によって、授業は次のように行うことになった。言語については、学前班（就学前教育）ではチワン語のみ学習し、漢語の授業は行わない。一般に小学校第一学年の後期からチワン・漢二言語教育を始める。その方法は、同じ内容をチワン文と漢文で書いた二種類の教科書を使い、先にチワン語の教科書で教え、その後漢語で教える、というものだ。チワン語の教科書は、全国統一編さんの漢語教科書を自治区が翻訳したものである。同じ内容を二つの言語で書いた教科書を同時に使う期間は、チワン語と漢語双方ができる二言語教師が一人で担当する。いっぽう小学校の算数の教科書は、低学年から中学年の間はチワン文で書かれた算数の教科書を用い、チワン語で教える。高学年になると漢語で書かれた教科書を使い、主に漢語を用いて授業を行う。(42)

ローマ字式チワン文は、国務院の承認を得ながらそれほど普及しているとはいえず、今後もどの程度普及するか見通しは明らかではない。古来漢字を応用した表形文字を使ってきたチワン族に、中華人民共和国成立後に表音文字を創作・導入したことは、結局文字の普及を遅らせたと昨今回顧する学者もいる。では今から方塊文字を標準化し、普及を図ることは可能かと問うと、一九五〇年代なら可能であったが、今ではもう遅いという答えが返ってきた。しかしローマ字式文字がつくられて四〇年以上が経つ今も、チワン族の庶民の間で方塊チワン文字が依然として根強く使われ続けているのは、チワン族の一般住民が話し言葉と一致した文字を必要としており、この文字がまさにチワン語に基づいてつくられ、チワン語と音が一致しているからだともいわれる。(43) チワン文は漢語ピンインと字母の上でできるだけ一致させることを意識してつくられたものであり、(44)またチワン語の共通語をつくろうとして南北方言の中間にあることで選ばれた武鳴の言葉は、チワン族の間でどっちつかずで、使い勝手のいいものではないようである。

新チワン文は、漢語がローマ字化すると信じられていた時代につくられたものであるが、現状を見れば近い将来漢語がローマ字化することは考えられず、漢字の習得という観点に立てば、漢語ピンインとの関連でつくられたローマ字式文字より、方塊文字の方が有利なのではないか。現在日本で使われている当用漢字は、中国の現行漢字とは発音は全く違うし、字形も違うものがあれば、同じ漢字で構成された単語でも意味が違うものもある。しかし日本でこれを習得した者が、書き言葉としての漢語を習得する際、ローマ字表記をする西欧人より遥かに短時間で学べることは、中国に留学して漢語を学んだ者ならば誰でも知っていることである。教科書など書き言葉を通して学習する機会が増える中級、高級レベルに至ればなおさら、日本出身者に対し、西欧出身の学習者はハンディを感じていく。ローマ字式文字を使う中国の少数民族にも同じことがいえるだろう。中国では今なお少数民族に対して漢語ピンインを学習する上での便利さが強調されるが、漢語ピンインで書かれた本などなく、受験も漢語ピンインで出されるわけではなく、その是非はともかくとして、実社会で求められているのも漢字で読み書きができることである。チワン族の子どもが漢字でチワン語を書き表すという話は、(45) まさに方塊文字としての使い方、日本で言う当用漢字的な使い方だともいえよう。

以上のような点から、筆者には、当面は回り道になるだろうが、今からでも方塊文字を整理して普及させる方が、現在のローマ字式チワン文字をあくまで貫くよりも、中長期的にはチワン族の識字率の向上や学校教育の発展につながる可能性が高いのではないかと思われる。

［注］

（1）チワンを表す漢字には一九六五年一〇月まで「僮」の文字があてられていた。行政単位の正式名称も桂西僮族自治州、広西僮族自治区と表記されている。これは宋代にチワンを指して使われ始めた「撞」が、明代以降けものへんの「獞」に変わり、これを中華人民共和国が民族差別をなくすという意味で、にんべんの「僮」に変えたという経緯によるという。しかし「僮」は本来トンと発音し、僮族をトン族と誤って呼ぶ人も多く、また漢字の「僮」には未成年者という意味があってよくないということで、国務院の通達によって「僮」が強壮の「壮」に改められた。ただしこれは漢字の当て字の問題であり、民族名称がトン族に変わったわけでもないので、本書では一九六五年以前もチワンと表記する。村松一弥『中国の少数民族——その歴史と文化および現状』毎日新聞社、一九七三年、二六八～二六九頁。班弨『中国的語言和文字』広西教育出版社、一九九五年、二一頁。国務院「関於更改僮族及僮族自治地方名称問題給広西僮族自治区人民委員会、雲南省人民委員会、広東省人民委員会的批復（一九六五年一〇月一二日）」（中国社会科学院民族研究所『我国民族区域自治文献資料彙編』第三輯第二分冊）一二三〇頁。

（2）以下、広西チワン族自治区の設立経緯についての記述は、『広西壮族自治区概況』広西民族出版社、一九八五年、一四三～一四七頁、金宝生『社会主義初級階段的広西民族問題』広西人民出版社、一九八八年、一一〇～一一一頁、『当代中国的広西』当代中国出版社、一九九二年、二六八～二七一頁、李維漢「関於建立僮族自治区問題的一些看法和意見」（『我国民族区域自治文献資料彙編』第三輯第二分冊）一六～二一頁に基づく。

（3）新華社「政協全国委員会邀請広西籍人士挙行会議　協商建立広西僮族自治区」注（1）『我国民族区域自治文献資料彙編』第三輯第二分冊、五頁。

（4）蒙元耀「壮文工作之我見」（中国南方語言学会南方片会議論文、一九九二年一一月）二～五頁。一九八〇年代末、チワン語によるラジオ放送は一日一時間である。鄭貽青「広西壮族自治区」（中国社会科学院民族研究所・国家民族事務委員会文化宣伝司主編『中国少数民族語言使用情況』中国藏学出版社、一九九四年）一〇〇頁。

（5）以下、チワン族の起源についての記述は、注（1）村松一弥『中国の少数民族』二六四～二六七頁に基づく。

（6）趙益真・林少棉「実事求是　確立壮漢双語教学的基本思路」『中国民族教育』一九九六年第二期、二九～三二頁。

（7）S・R・ラムゼイ『中国の諸言語——歴史と現況——』大修館書店、一九九〇年、二九七頁。

（8）鄭貽青「壮語」注（4）『中国少数民族語言使用情況』八三八頁。黄光学『中国的民族識別』民族出版社、一九九五年、二五六～二五七頁。注（1）村松一弥『中国の少数民族』二六九～二七〇頁。

（9）例えば崇左県のヤオ族（一万二八〇人）をチワン族とした報告書は、これらの人々は三〇年来ずっとヤオ族と申告していたため、自分達はヤオ族だとの意識、感情が強いと記している。「崇左県那隆、盧駄公社〝瑶族〟識別調査報告」（広西壮族自治区民族事務委員会『広西壮族自治区民族識別文件資料彙編』一九八三年）九三～九四頁。

(10) 鈴木正崇「創られた民族――中国少数民族と国家形成」（飯島茂編『せめぎあう「民族」と国家』アカデミア出版会、一九九三年）。

(11) 以下特に注がなければ、チワン族の言語使用状況についての記述は、注（4）鄭貽青「広西壮族自治区」『中国少数民族語言使用情況』九六頁、同「壮語」（同書八三八頁）に基づく。

(12) 百色地区はチワン族人口が八〇％、南寧地区は七〇・六％、河池地区は六八％、柳州地区は五三％を占める。陳竹林「論壮文方案」（国家民族事務委員会文化司・中国社会科学院民族研究所主編『中国少数民族語言文字使用和発展問題』中国藏学出版社、一九九三年）三七頁。

(13) 注（6）趙益真・林少棉「実事求是　確立壮漢双語教学的基本思路」。

(14) 周耀文「壮・布〝文字連盟〟反思」『民族研究』一九九〇年第二期、一七～一八頁。

(15) 以下、方塊チワン文字に関する記述は、姚舜安主編『広西民族大全』広西人民出版社、一九九一年、二九七、三〇一、三〇四～三〇六頁、張元生他『古壮字文献選注』天津古籍出版社、一九九二年、一頁、覃輝庭「在壮族地区使用壮漢双語文教学是提高壮族人民文化教育水平的必由之路」（戴慶厦主編『語言関係与語言工作』天津古籍出版社、一九九〇年）二二一～二二三頁に基づく。

(16) 注（8）鄭貽青「壮語」八四〇、八四一頁。現在の方塊文字の使用状況に対する評価は人によってかなり違い、現在この文字が読み書きできるのは教師や知識人、言語事業に関わる者など少数の者に限られ、一般の人は使えなくなってしまった（注（15）姚舜安主編『広西民族大全』三〇一頁）という評価もあれば、依然として民間で広く使われているという評価（覃輝庭、前掲論文、二二三頁）もある。

(17) 注（4）『中国少数民族語言使用情況』八二九～八三五、八六四頁。ヤオ族の中で、ミェンと称する人々は中国内では湖南、貴州、広西、広東、雲南の六〇数県に分散し、プヌと称する人々は都安、馬山、大化、上林など広西自治区中西部のチワン族地域に住み、ラキャは金秀ヤオ族自治県に住んでいる。一九八二年段階でミェンのうち二五万人、ラキャのうち二千人は漢語を使い、プヌのうち一二万八千人はチワン語を使うようになっている。

(18) ヤオ族の祖先の一部は、一九世紀に中国の南方から東南アジアに移動し、一九七〇年代前半にその子孫の一部がベトナム難民となったため、現在はベトナム、タイ、ラオスやアメリカ、カナダ、フランスにも住んでいる（注（15）『広西民族大全』三二四頁、注（7）S・R・ラムゼイ『中国の諸言語』三五一頁）。

(19) 注（15）姚舜安主編『広西民族大全』三一七～三一八頁。

(20) 姚舜安主編、同前書三四頁。「京」は中国の普通話ではチンと発音するが、ベトナムや広東語地域ではキンと発音するので、日本では中国の京族を表す時もキン族と表記している（注（1）村松一弥『中国の少数民族』二七六～二七七頁）。ベトナムは「南の越」を意味し、中国では「越南」と表記される。これをみても、キン族の祖先はチワン族などの祖先でもある「越」と密接な関係があることをうかがわせる。ただベトナム側ではキン族の起源についての定説はなく、インドシナ半島の山間部にいたモン・クメール系の集団が現在のベトナム北部の江河流域地帯に進出して、北方のタイ系の集団と交わって形成されたというのが有力な仮説だという（『世界民族問題事典』平凡社、一九九五年、一八四～一八五頁）。中国側は中国のキン族を一六世紀前半に現在ベトナム領となっている地域から広西地域に移住してきた人々と説明している。今は防城港市（一九九四年まで防城各族自治県）のベトナム国境付近の沿海地域、江平鎮の山沁、巫頭、沥尾に住み、漁業に従事する者が多い（姚舜安主編『広西民族大全』）。防城各族自治県は、一九五八年に設立された東興各族自治県が一九七九年一月に改称したものである。それ以前は一九五二年末に山沁、巫頭、沥尾の三つのキン族の民族郷が設立されていた。

(21) 中国のキン族は現在大部分の者が漢語を使い、漢語（広東語）が第一言語となっている者も少なくない。漢語の影響は地域によって異なり、漢族が多い町や村の近くに住むキン族は、中華人民共和国成立以前から漢人との接触が多く、漢文などを教える私塾が開かれたりしていたので、漢語の読み書きができる者が多い。いっぽう以前島で暮らしていたキン族の場合は、漢人との接触が少なく、二〇世紀半ばまでキン語が主要なコミュニケーションの手段だった。一九九〇年前後の状況では、前者のキン族の間でキン語ができるのは老人だけで、四〇歳ぐらいから下の者はキン語はできないという。後者のキン族の間では一般に六〇歳前後から上の者はキン語を使い、それ以下の者はキン語と漢語のバイリンガルだが、漢語の影響が次第に強くなってキン語が話せない者も出始めている。これは東興各族自治県の江平人民公社が一九六六年から山沁島、巫頭島、沥尾島の所謂キン族三島と対岸との間を干拓し水田をつくり、キン族三島が陸続きの半島となったこととも関係があろう。一九九六年の報告では、防城港市の江龍大隊（キン、漢、チワン族混住、キン族が人口の半数）の二六〇〇人のキン族のうち、カトリック教の信者約三〇〇人が聖書の朗読などでキン語を使っている他はキン語ができず、漢語のみ使っているという（戴慶厦・董艶「中国国情与双語教育」『民族研究』一九九六年第一期、三七頁）。一九九〇年頃になると、キン族の中でキン語の歌謡が歌えるのは五〇～六〇歳代の人で、キン族の各種文化行事や催し物では一般に広東語が使われている。

(22) 『中国大百科全書　語言文字』中国大百科全書出版社、一九八八年、三三〇、四九九頁。

(23) ベトナムにおけるチューノムとクォックグー（国語）については、古田元夫『ベトナム人共産主義者の民族政策史――革命の中のエスニシティ』大月書店、一九九一年、五〇、八八～九二頁を参照。

(24) 吉沢南『ベトナム・現代史のなかの諸民族』朝日新聞社、一九八二年、五四、六四頁。古田元夫、同前書五八八頁。

(25) 注(15)姚舜安主編『広西民族大全』三七、三三〇頁。

(26) 姚舜安主編、同前書二九七、三二一頁。

(27) 王均「壮文工作漫話」（中国民族語言学会編『中国民族語言論文集』四川民族出版社、一九八六年）七頁。

(28) 梁敏「壮分方案的歴史沿革」注(12)『中国少数民族語言文字使用和発展問題』二九頁。農配乾は、その先進的思想を危険視され、中華人民共和国成立前に国民党関係者によって逮捕、殺害されたという。

(29) 『チワン文報』は文革中は発行停止となり、一九八二年八月に週間新聞として復刊し、一九八六年七月から『広西民族報』と改称し、週二回の発行となった。発行部数は一五〇〇〇部。「千百万壮族人民的《広西民族報》」（馬樹勛『中国少数民族文字報紙概略』内蒙古大学出版社、一九九〇年）一六七～一七〇頁。

（30）注（27）王均「壮文工作漫話」三頁。

（31）以下特に注がなければ、ローマ字式チワン文字の基礎方言や標準音選定の経緯に関する記述は、注（12）陳竹林「論壮文方案」四〇～四二頁に基づく。

（32）注（15）姚舜安主編『広西民族大全』三〇八頁。

（33）以下特に注がなければ、一九八〇年代のチワン文事業と学校教育への導入に関する記述は、陸瑞昌「論壮文与民族智力的開発」『民族教育研究』一九九〇年第四期、三九頁、注（15）『広西民族大全』三〇六～三〇八頁、注（12）陳竹林「論壮文方案」四四～四五頁、注（4）『中国少数民族語言使用情況』一〇〇、八四一頁に基づく。

（34）『教育大辞典第4巻』上海教育出版社、一九九二年、一三頁。

（35）注（6）趙益真・林少棉「実事求是　確立壮漢双語教学的基本思路」。

（36）注（12）陳竹林「論壮文方案」四四頁。

（37）注（4）蒙元耀「壮文工作之我見」。

（38）以下の記述は、注（12）陳竹林「論壮文方案」三七～四七頁に基づく。

（39）以下の記述は、注（4）蒙元耀「壮文工作之我見」に基づく。

（40）以下の記述は、注（6）趙益真・林少棉「実事求是　確立壮漢双語教学的基本思路」に基づく。

（41）孫竹「再論関於使用和発展民族語言文字的問題」『民族研究』一九九五年第二期、一七頁。

（42）注（6）趙益真・林少棉「実事求是　確立壮漢双語教学的基本思路」。

（43）覃耀庭「勇於改革探索　発展民族教育——壮族地区学校的壮漢双語文教学初探」注（12）『中国少数民族語言文字使用和発展問題』一四八頁。

（44）注（12）陳竹林「論壮文方案」三七～四七頁。

（45）陳竹林、同論文三八頁。

第九章　海南島リー族のリー文字

中華人民共和国が一九五〇年代、南方の一〇の少数民族（チワン、プイ、イ、ミャオ、トン、ハニ、リス、ワ、リー、ナシ）につくったローマ字式表音文字は、反右派闘争、大躍進、文化大革命の中で、ことごとくその推進事業が中止されたが、文革が終ると次々に再開された（新イ文は第三章でみたように廃止され、伝統イ文が公的な文字となった）。ところがその中で唯一、一九九〇年代になっても依然として推進事業が「停止」状態のままの文字がある。リー族のリー文だ。なぜリー文の普及事業だけが中止されたままなのか。その背景には、海南《ハイナン》リー族ミャオ族自治州が三度廃止され、海南島が経済特区化されて経済優先主義が台頭するなど政治的環境と、海南島の少数民族の中には、中華人民共和国成立前から固有の文字を持っていたものはなく、二〇世紀後半普及が図られた少数民族文字もリー文だけであるという、海南島の民族状況などがあるように思われる。以下、こうした要素に注意しながら、海南島のリー族の置かれた状況と、リー文推進事業の経緯をみてみよう。

一　海南島のエスニック集団とリー語使用状況

リー族は海南島の先住民族である。一九九〇年現在、海南島のリー族人口は約一〇二万人、同島総人口の一五・五％を占める。マジョリティは八三％を占める漢族だ（表9―1）。

リー族の自称はライで、大きく分けてハ、ケイ、モーイファオ、ズーン、加茂《チャマオ》の五つの言語集団からなる。前四者は互いに会話ができるが、加茂語は大きく異なる。[1] 海南島にはこの他にもユニークなマイノリティ・グループが住んでいる。海南島のミャオ族（自称キムムン）が話す言葉は、やはりキムムンと自称する広西、雲南一帯のヤオ族の言葉と全く同一のものだとの調査結果が出ており、民族識別でもヤオ族とされたが、当人達が同意しなかったためその意思に従ってミャオ族としている(2)。臨高県を中心とし儋県、瓊山県、澄邁県の一部や海口市の郊外には、秦から漢代（紀元前二二一年～紀元二二〇年）に大陸から渡ってきた人々の子孫とされる、臨高人と呼ばれる集団約五〇万人（一九八二年）が住んでいる。漢族と自己申請しているが、臨高人の使う言葉、臨高話は広西のチワン語と同じといえるものだともいう。また村《ツン》話と呼ばれるリー語とチワン語の混合語を話す人々——村人（東方、昌江両県に一九八二年現在約六万人、漢族と自己申告）もいる。三亜《サンヤー》市の羊欄郷の回族が話す回輝《フイフイ》語は、インドネシア諸語と関係があるとされているし、儋県の白沙県に接する地域の漢族はリー語を話す(3)。

いっぽう海南島以外でリー族と自己申請している集団があるが、実際はリー族ではない場合が多いという。例えば貴州省では一九九〇年の第四回人口調査で八万人以上のリー族が登録されているが、これは「里《リー》民」という呼称をもつ人々が間違ってリー族と報告したものといわれている(4)。昔は広西、広東など南部の人々を総じて「俚《リー》」と呼んでおり、広西自治区や湖南省でリー族と申請した集団も、だいたい昔「俚」と呼ばれていたことを理由にしていると聞いたこともある。このように海南島に住む各集団の民族の区分けはかなり曖昧なところがある。

海南島には以前リー族とミャオ族の連合自治州があったが、一九八七年末に廃止され、その一部が六つの自治県となった（地図9―1）。表9―2をみると、南部と西部の内陸地方にあたる通什市と保亭、陵水、白沙の各自治県ではリー族人口が過半数を占める一方、三亜市と東方や楽東、昌江の各自治県では漢族が過半数を占めていることが分かる。これらの地域に漢族が多いのは、三亜と東方には海口《ハイコウ》と結ばれた港があり、昌江から三亜までを結ぶ西南部海岸沿いに海南島唯一の鉄道が敷かれていることと関係があろう。

リー族の言語使用状況を見ると、一九八二年の調査では、海南島に住むリー族の九割がリー語で日常生活を営んでいる。逆

表9－1　海南省民族別人口（1990年、1000人以上）

民族名	人口	A	B	C
総人口	6,557,482			0.58
少数民族総人口	1,113,304	16.98		1.23
漢族	5,442,386	83.00		0.52
リー族	1,019,503	15.55	91.57	91.77
ミャオ族	52,044	0.79	4.67	0.70
チワン族	31,017	0.47	2.79	0.20
回族	5,695	0.09	0.51	0.07
ヤオ族	2,134	0.03	0.19	0.10
未識別民族	1,734	0.03		0.23
外国人中国籍加入者	58	0.00		1.70

A＝対省総人口比(%)、B＝対省少数民族総人口比(%)、C＝対各民族全国総人口比(%)
出所：国務院人口普查辦公室『中国第四次人口普查的主要数据』中国統計出版社、1991年、4、17～25頁、をもとに筆者作成。

地図9−1　海南省の民族自治地方（1990年）

出所：地図A注『中華人民共和国行政区画簡冊』58頁他をもとに筆者作成。

表9−2　海南省内各県・市民族別人口（1990年）

		海口市	三亜市	通什市	東方リー族自治県	楽東リー族自治県	瓊中リー族ミャオ族自治県	保亭リー族ミャオ族自治県	陵水リー族自治県	白沙リー族自治県	昌江リー族自治県
総人口		410,068	370,235	94,124	312,842	421,383	195,878	155,583	284,438	163,745	205,538
漢族	A	40,613	208,603	340,423	248,181	262,530	94,407	62,569	135,305	71,587	135,343
	B	99.0%	56.3%	6.2%	79.3%	62.3%	48.2%	40.2%	47.6%	43.7%	65.8%
	C	7.5%	3.8%	0.6%	4.6%	4.8%	1.7%	1.1%	2.5%	1.3%	2.5%
リー族	A	1,496	152,138	55,415	63,420	155,148	84,624	84,218	147,671	88,600	67,877
	B	0.4%	41.1%	58.9%	20.3%	36.8%	43.2%	54.1%	51.9%	54.1%	33.0%
	C	0.1%	14.9%	5.4%	6.2%	15.2%	8.3%	8.3%	14.5%	8.7%	6.7%
ミャオ族	A	123	2,606	4,060	800	2,045	10,604	5,234	545	1,495	155
	B	0.0%	0.7%	4.3%	0.3%	0.5%	5.4%	3.4%	0.2%	0.9%	0.1%
	C	0.2%	5.0%	7.8%	1.5%	3.9%	20.4%	10.1%	1.0%	2.9%	0.3%

A＝各自治県・市内の各民族総人口、B＝対自治県・市総人口比、C＝対海南省各民族人口比
出所：『海南統計年鑑1991』中国統計出版社，1991年、36、38頁をもとに筆者作成。

に一割はリー語を喪失し、漢語（海南語か客家語）を使うようになっているが、その内訳をみると、こうした人々は海南リー族ミャオ族自治州内では五・四％（約七四万二千人中四万人）に対して、その外に住む約六万七千人の間では六割（四万人）にも達していた[5]。これが単に集住度によるものか、それとも自治地方の内外に住むことによる影響もあってのことかは分からない。

　中国は一九五〇年代末から六〇年代にかけて、海南島の各地に国営農場や鉱山企業を多数つくり、またベトナムに対する軍事的要塞として駐屯軍を置いたため、島外から労働者や兵士が数十万人規模で移住し、海南島の漢族人口は大幅に増えた。また一九七〇年代から、三亜市と陵水、楽東県を全国の冬季農業基地としたため、チベットを除く全国各地から毎年数万人が常駐するようにもなった。こうして一九五三年に二六五万六九〇〇人だった海南島の人口は、一九八二年には五六六万七六〇〇人に膨れ上がっている。漢族人口の増加は、後述するようにリー族の言語使用状況に大きな影響を与えた。

　以下、三度廃止された自治州の命運と、一九五八年以降停止されたままのリー文推進事業をめぐる状況を紹介しよう。

二　三度廃止された自治州

　国共内戦期、グオシン（漢名、王国興《ワングオシン》）がリー族を率いて武装蜂起し、中国共産党とともに国民党と戦ったため、海南島のリー族は、早くから中共に協力した少数民族として知られている[6]。一九四九年三月に早くも楽東、白沙、保亭で「崖瓊少数民族自治区行政委員会」が成立しているのはそのためだ。中華人民共和国成立以降、一九五二年七月一日、海南リー族ミャオ族自治区が成立すると、グオシンが初代の自治区長を務め、楽東県に自治区人民政府を置き、楽東、東方、白沙、瓊中、保亭の五県を所轄することになった[7]。一九五二年の自治区第一期人民代表大会では、選出された二七一人の代表中、リー族が二二六人（八四・三％）、ミャオ族が二六人、漢族が一九人で、リー族が主要な地位を占めていたことが分かる。

　海南リー族ミャオ族自治区は一九五五年、自治区第二期人民代表大会で海南リー族ミャオ族自治州に改称し、楽東、東方、白沙、瓊中、保亭の七県、通什、三亜の二市で構成されることになった。しかし、一九五七年冬から一九五八年春にかけて反右派闘争が海南島で広がると、一九五八年の全州幹部大会はグオシン批判を行い、同年一二月、自治州人民政府はリー族が多く住む地域から海口に移され、海南行政署に併合され（州政府の事実上取り消し）、保亭、崖、陵水県の一部は隣接する県に併合された。一九五八年当時で二一一九人（全州幹部総数の三〇%）だった少数民族幹部の人数は、一九六一年には一一四四人に減っている。反右派闘争、大躍進が終わると、一九六二年三月一日、自治州の行政区画は元どおりになったが、四年後の文革の勃発は遥かに大きな打撃を与えた。

広東省革命委員会の承認を得て海南リー族ミャオ族自治州革命委員会が成立したのは一九六八年四月八日である。この文革中、少数民族幹部は「民族主義分裂集団」などとレッテルを貼られ、多くの者が残酷な仕打ちを受け、投獄され、少なからぬ者が負傷し、障害を負い、冤罪を負ったまま死亡した。州内で迫害を受けた少数民族幹部と住民は五五一五人にのぼる。(8)

文革が終わると、一九八二年八月、海南自治州革命委員会を廃止し、改めて海南リー族ミャオ族自治州人民政府がつくられたが、五年後、海南自治州は三たび廃止されることになる。一九八七年六月、鄧小平が海南島経済特区の設立を宣告したのである。同年九月二日、第六期全国人民代表大会常務委員会第二二回会議は、国務院の海南省設立に関する提議に全会一致で同意し、一九八八年四月一三日、第七期全国人民代表大会第一回会議は「海南省設立に関する決議」及び「海南経済特区設立に関する決議」を採択し、同月二六日、中共海南省委員会、海南省人民政府が成立した。こうして海南島は広東省の管轄から離れて独立の省となったが、それに伴って海南自治州は廃止され、その代わりに一九八七年一二月下旬、七つの自治県が設けられたのである。それは前二回のような政治的運動の中で起こったものではなく、改革・開放政策の波によるものだった。海南自治州が三度目の復活を迎える日は、目下の形勢からは望めない。

自治州が一級下の行政レベルの自治県に格下げされたことで、リー族の自治権は弱くなったとみられる。また一九八二年段階で海南自治州は海南島のリー族の九二%が住む地域を含んでいたが、一九九〇年現在は六つの自治県を合わせて六七・八%しか含んでおらず、通什、三亜に住むリー族約二〇万七五〇〇人は民族自治地方の枠外に置かれることになった。中国の民族政策は、再三述べてきたように民族自治地方を単位とし、その枠内の少数民族（特に自治民族）に各種の特別措置を提供するものであるから、これは少数民族としての権利を享受できるリー族が減少したことを意味する。

中国第五の経済特区——海南省ができると、商売を目的とした人々が広東省やその他の地域から大勢海南島にやってくるようになった。同省は一九九四年には三亜国際空港を開き、海岸線ではホテル、別荘、商店街、テニス場、ゴルフ場などのリゾート開発を進め、そこに代々住んできたリー族の村は、海南島固有の少数民族、リー族を売り物にした観光地「民族村」に変えられた。海南島の最高峰（一八六七メートル）でリー族が祖先発祥の地と崇める五指山にも小型飛行場がつくられ、リゾート開発が進んでいる。海南島を訪れる観光客は一九九三年で年間二八〇万人に達した(9)。こうした開発によってリー族の中に経済的な豊かさを得た者もいるだろうが、後述するように、多くの一般住民にとってはマイナス面の方が大きいように思える。

三　再開されないリー文の推進事業

リー族には従来固有の文字はなかった。そのため中華人民共和国成立後にリー族地域の農村につくられた小中学校では、漢語漢文で授業を行った。リー族の子ども達は漢語が分からないので学習は困難であったという(10)。

一九五二年六月の「広東省海南リー族ミャオ族自治区人民政府組織条例（草案）」は、第七条八項で「人民政府はしばらくの間は職権の行使にあたって漢族文字を使用するが、今後自治区内の大多数の人民と上部指導者の意思・願望に従って、リー族、ミャオ族の言語を表記する文字をつくり、文化教育事業を発展させる」と定めている。これに基づき一九五六年夏、中国科学院少数民族言語調査第一工作隊の海南分隊と海南リー族ミャオ族自治州のリー族ミャオ族語研究指導委員会が協同して楽東、東方、白沙、瓊中、崖、陵水、保亭七県の二〇地域の言語を調査してリー語の方言を分類した後、ハ方言を基礎方言とし、その中の保亭郷（もと楽東県三平区に属する）の発音を標準音としたローマ字式リー文方案（草案）を作成。一九五七年二月、自治州で「リー族言語文字科学討論会」が開かれ、「リー語方言の区分とリー文創作に関する意見」及びリー文方案（草案）がともに採択された。

リー文が完成すると、これを試行するために、海南リー族ミャオ族自治州民族語文学校、通什市、楽東県抱由鎮保定郷保定村、白沙県又郷などでリー文クラスを開いた。その後、海南自治州民族語文学校の第一期生一〇〇人は五カ月の学習でリー文を習得し、通什市ではリー文識字教育のための教員四一人を一ヵ月で養成したという。しかし一九五七年冬から一九五八年春にかけて反右派闘争が海南島に波及すると同時に、リー文の普及事業は中止された。この後現在に至るまで、中央民族学院でリー文クラスを二度募集した（一九六二年に一〇人、一九八五年に八人）以外、リー語の普及事業は再開されていない。

海南省の設立はリー族の暮らしや、言語使用状況に大きな影響を与えている。現在、海南省には民族中学が一〇校あるが、うち海南省重点中学である海口市国興中学は、華僑の資金援助で建てられたもので、リー族、華僑、漢族がともに通っている。こうしたハード面ではプラスといえる側面もあるが、ソフト面ではリー族に以前はなかった様々な負担を背負わせている。

例えば、海南省設立以降、広州話、湖南話などを話す漢族が流入し、漢語に包囲される形になったリー族は、経済特区となった海南島で生きるため、ますます彼らにとっての「外来語」を学ばねばならなくなっている。一九九〇年頃から学前班（就学前教育)の段階から普通話を学習し始めるようになったという。こうした社会環境の変化の中で、リー族の間では話し言葉のリー語から漢語への転換が進んでいる。一九九〇年前後のある地域での調査では、五〇歳以上はリー語ができ、三〇~五〇歳では一般会話はリー語でできるが難しい会話はできない、三〇歳以下は漢語を使うという、世代による言語転換現象が確認された。リー族の一般の人々は民族語喪失の危機感を感じていないという。逆に、非公式な形でのリー族に対する蔑視、軽視が存在するため、劣等感にとらわれて町中でリー語を話したがらない、民族行事の時以外は民族服を着ない者が、少なくないという。

三亜市と陵水、瓊中、昌江、儋県の一部等のリー族の中には、海南語――漢語の閩南(福建)方言海南語――ができ、また父母も漢語ができる者が比較的多い。こうした地域の小学校では一年生で主に海南語が、二年生以降は普通話を主に用いた漢語のみによる授業が行われている。楽東、東方県の一部、昌江県の東方県に接する地域、白沙県の通什市に接する地域、通什市の一部では、小学校一~四年生の段階で漢語の教科書を使いつつ、リー語で解説する母語補助方式をとっている。しかし、省、県いずれも政府内に二言語教育を専門に扱う機関がなく、こうした教授法は少数民族教師が自主的に行っているもので、当然、リー語の分からない漢族教師が受け持つクラスでは行われていない。

孫竹《スンジュー》(中国社会科学院民族研究所)は一九九五年の調査報告で「リー族の幹部や知識人はリー文の試行を再開すべきかどうかについてあまり熱意がなく、冷めた見方をしていた」と述べている。(11) 孫によれば、民族事務委員会等が設けた座談会では、リー文は実用的でないから必要ないというのが多数意見であり、リー文は必要との声は、少数意見だったという。

リー文は不要とする人々は、その理由として以下のような点を挙げた。①リー語は方言の違いがあり、標準音を決めても他の地域では使えない。②リー族は居住地域が分散しているし、改革開放以来多くの者が漢語を学習しており、リー文を使う必要性がなく、普及させることもできない。③今リー文を推進すればすでに漢文を習得したリー族幹部や住民はリー文の非識字者になり、大量の非識字者が出てしまう。

いっぽうリー文は必要とする人々は、①リー文字は識字教育、小学校の低学年における学習、言語や詩歌の記録、民族の歴史、文化の伝承に役立つ、②一つの民族をなすからには民族文字があった方がよい、③リー文は社会のあらゆる面で推進しなくてもよいが、研究者を育成し、リー族の言語文字に対する重視が足りない現状は変えるべきである、といった意見を出した。

この他リー文を復活すべきか否かは、行政とリー族の代表が決めればよいことだという傍観的態度をとる人もいたという。

いっぽうリー族の言語学者である文明英《ウェンミンイン》は、リー文の普及とリー文教育の実施はリー族の一般の人々の願いであり、要求でもあると述べている。そして「長期的な視点から、リー文は普及させねばならない。次の世代、その次の世代へと代々受け継いでいかねばならない」「リー文は普及させるのみならず、それを自分達の生活圏で正しく使わねばならない。九〇数万人のリー族人民が、もし自己の言語と文字を持たなかったら、将来の発展も存在すらも思い描けない」というリー族の長老や長年民族教育事業に関わってきたリー族の意見を紹介し、これこそ大多数のリー族の願いであり要求であり、主流であるとし、リー文普及事業の復活と推進を提唱している。少し長くなるが、行政幹部ではないリー族の肉声として、同氏の主張を紹介したい。

「漢語を使うリー族は少数で、ほとんどの農村ではリー語をコミュニケーションの手段としている。こうした人々にいきなり漢文を学習させようとするのは困難なことである。……学校に上がるリー族の子ども達を待ち受けているのは、自分達の言語と全く違う漢文の教育である。漢語・漢文をそれなりに習得しようと思えば、漢族の子どもの何倍もの勉強をしなければならない。特に海南島では漢語の海南方言を学び、かつ普通話を学んで初めて漢字を習得できる。こうした努力によって多少の知識は得られるが、それも学校を離れてリー語で生活する家に戻れば忘れてしまう。そのため小学校や中学を出ても成績が悪く、手紙さえ書けない子ども達がおり、学習に興味を持てず、父母は不満を抱き、中途退学する子どもも多い。……識字教育も同様で、中華人民共和国成立以降、何度か大規模な識字運動が展開されたが、終ってみると非識字者は依然として非識字者のままで、成果がほとんどないのも、話し言葉（リー語）と全く違う書き言葉（漢字）でそれを行ってきたからに他ならない」。

「リー文は前途がない、リー文を学んでも役に立たない」「リー文は海南島の中でしか使えない、時間をかけてリー文を学習するより、その時間を漢語や外国語の学習にまわした方がいい」などという意見に対し、文明英はこう答えている。「前途」や「有用性」を論じるなら、「文字は必ず改革し、世界の文字と同様に表音文字の道を歩まねばならない」（毛沢東）とする方針に合っているのは、漢字よりむしろリー文字の方ではないか。「リー文は海南島の中でしか使えない」という考えは劣等感に他ならず、こうした考えを取り払うためにもリー文を普及させ、リー文でリー族の文化、政治、経済などの文献を記録し、リー族社会の今昔や文化の発展、政治的地位の向上や経済生活の改善などを広報し、代々伝えていくべきである。自民族の言語をよく習得してこそ、漢語や他の諸言語を学びやすくなるのであり、リー文の普及とリー文の教育は漢語や他の言語をより効果的に学ぶことを可能にする。リー語には確かに方言の差はあるが、漢語の方言――例えば粤語（広東語）、閩語（福建語など）、客家語と現行の普通話――ほどの違いはなく、交通が便利になった今日、リー文を言語統一の道具として用いれば、リー語の共通語ができるはずである。

海南自治州の廃止は、リー族やミャオ族の一般住民の意思に基づくものだったとは思えない。海南省の設立も経済特区化も、現地の一般住民の頭越しに行われたもので、それによって利益を得ているのも現地の一般住民ではない。自ら望んだものならば、観光客の到来によって自分たちの風俗や言語を恥ずかしいと思うはずはなく、観光客の眼差しに傷つくこともなかろう。

海南省には、リー族の他に自らの文字を持ったことのある少数民族はいない。そこに、タイ族、チベット族、イ族など数世紀に及ぶ伝統文字を持つ民族がいる雲南省、国務院が公式文字と認めたチワン文字がある広西チワン族自治区、中華人民共和国成立前から自らの文字を持つミャオ族の他、プイ、トン族という複数の民族に文字がつくられた貴州省などとの違いがある。広東省から切り離され、島を丸ごと経済基地化された現在の海南島を支配しているのは、金の力であり、経済の論理であり、リー文の復活に耳を貸す漢族もほとんどいない。その中で、海南省に民族文字の推進事業をさせようと思っても、リー族以外の民族が動くとは思えず、リー族の孤軍奮闘によるしかなかろう。中央の権威を利用するという手段はあるが、一九九二年の三二号文書も海南省では効果がないとみえる。本書でこれまでみてきたように、民族語をめぐる幹部の考えは一般住民の意識を代表しているとは思えない。一般住民の意思が反映される体制がつくられない限り、リー文推進事業の復活は難しいだろう。

［注］

（1）岩佐昌暲『中国の少数民族と言語』光生館、一九八三年、六九～七〇頁。各集団の内訳はハが五八％、ケイが二四％、ズーンが六％、モーイファオが四％、加茂が七％（欧陽覚亜・鄭貽青『黎語簡志』民族出版社、一九八〇年、八五～八六頁）。

（2）盧詒常「海南島苗族的語言及其系属」『民族語文』一九八七年第三期、五三～六三頁。「我国的民族識別——楊候第答記者問」『民族団結』一九九二年第六期、一三頁。

（3）欧陽覚亜「海南省」（中国社会科学院民族研究所・民族事務委員会文化宣伝司主編『中国少数民族語言使用情況』中国藏学出版社、一九九四年）七二三頁。欧陽覚亜・符鎮南「海南島村話系属問題」『民族語文』一九八八年第一期、八～一七頁。一九九二年一一月一二日、中央民族学院民族語言三系の文明英教授のご教示。

（4）張人位・石開忠『貴州民族人口』貴州民族出版社、一九九二年、一五頁。貴州省のリー族は第二回人口調査（一九六四年）では二七人だったが、第三回人口調査（一九八二年）で約七万人になった。貴州省の関峰プイ族ミャオ族自治県のリー族（約六万人）については、歴史的にもリー族と関係なく、民族的特徴もリー族と一致しないことが調査で明らかにされているという。ちなみに貴州省民族研究所編『貴州少数民族』（貴州民族出版社、一九九一年）は貴州省の少数民族を人口の多い順に一五紹介しているが、人口順では一〇番めのリー族だけはとばして何も紹介していない。

（5）欧陽覚亜「黎語」注（3）『中国少数民族語言使用情況』八六六～八六九頁。

（6）S・R・ラムゼイ『中国の諸言語——歴史と現況——』大修館

書店、一九九〇年、三一一～三一三頁。
（7）以下特に注がなければ、海南自治州の成立と廃止をめぐる経緯は『海南黎族苗族自治州概況』広東人民出版社、一九八六年、四二～四三、八二～八九頁、中元秀『黎族人民領袖王国興』民族出版社、一九八三年、一〇七～一〇八、一二二～一三一頁、李小林「海南大特区的少数民族」『民族団結』一九九二年三月号、一五～一八頁に基づく。
（8）この間の経緯は、注（7）中元秀『黎族人民領袖王国興』に詳しく記されている。
（9）「かつての軍事的要衝・海南島　リゾート開発、急ピッチ」『朝日新聞』一九九四年一月二一日。
（10）以下特に注がなければ、リー文推進事業に関する記述は、注（1）『黎語簡志』一〇二頁、文明英「黎語文応該復推進」（戴慶厦主編『語言関係与語言工作』天津古籍出版社、一九九〇年）七六～八四頁、注（3）文明英教授のご教示に基づく。
（11）孫竹「再論関於使用和発展民族語言文字的問題」『民族研究』一九九五年第二期、一七頁。

おわりに

中華人民共和国は、様々な問題をはらみながらも、五五の少数民族を公認し、民族自治地方を設置し、多くの民族学校を設立し、民族語による各種の出版物を大量に発行してきた。その規模は中華民国時代をはるかに上回る。その成果は評価されるべきだろう。ただ客観的にみれば、両者の間には二〇世紀前半が戦乱期であったこと、国家統合の達成度の違いという前提条件の差があることも考慮しなければなるまい。中華民国期は、現在の中華人民共和国ほど国民統合は進まず、朝鮮人やモンゴル人、チベット人、トルコ系ムスリムなどの間では、自らのナショナリズムに基づいた独自の教育も行われていた。それが、少数民族教育という一つのカテゴリーに統合されるのは、一九五一年の第一回全国民族教育会議あたりだといえる。この少数民族教育の中には、国民教育と民族教育的要素が混在している。現状をみると、中国で今日ほど少数民族語が広範に学校の教授用言語となった時代はないが、同時に今ほど漢語教育が少数民族の隅々にまで浸透させられた時代もなかった。本書でみてみきた各地、各民族の言語教育における漢語と少数民族語の比重は、国民教育と民族教育のバランスを如実に反映している。そこからみると、この半世紀のうちに、少数民族教育における国民教育の比重が徐々に（時として一気に）高められてきたことも分かる。

中国には少数民族に関する法規がたくさんあるが、政府の公的立場・法規と現場での行政執行状況の間には往々にして大きな隔たりがある。本書の中で地方レベルの行政責任者が国家レベルの法規と全く反する指示を平然と出している例をいくつか挙げたが、だからといって指導者が罰せられたり更迭されることはない。そのことが民族語政策の不徹底につながり、民族語教育の不振を招き、民族語を放棄する者を生じさせている構造がある。したがって法規などのハード面を見ただけでは、中国少数民族教育の実状を理解したことにはならない。

中国の少数民族の間で、アイヌ民族や在日韓国・朝鮮人と比べて、民族語の使用率が高い第一の理由は、少数民族政策の成果ではなく、移動の制約によって人口の大多数を占める農村地域の閉鎖的社会が維持され、テレビなどのメディアが、少数民族社会に浸透していなかったためだとみるべきだろう。東京に住む在日韓国・朝鮮人の子どもの朝鮮語学習率と、北京に住む朝鮮族の子どものそれとを比べれば、おそらく前者の方が高い。

李禎鎬《リージェンカオ》（一九八八年）は、（一）民族語で授業を行う大学、専科学校の卒業生は配属が難しい、（二）地域によっては就職や入学試験の際、民族語で答案できるという政策が徹底しておらず、漢語のみによる答案を使用している学校や会社もあることなど、民族語政策の不徹底が民族語教育の不振を招いている点に注目し、次のようにいう[1]。「少数民族語の充分な発展と運用が実現していないために、少数民族の中に自らの民族語を放棄し、漢語の学習に切りかえる者を生じさせている。その結果少数民族語の社会的地位は下がる一方で、民族教育に深刻な不振が起こっている地域もあり、児童や生徒が不足し、規模を縮小したり閉鎖せざるをえない学校も出ている。こうした現象を悪循環的に『民族語無用』の論拠とする者もいる。その実、問題の本質は民族語の平等な地位を効果的に保障できるか否かにある」。

中国の少数民族政策を突き動かすものは何か――これが筆者の中にあった一つの疑問であった。例えば北欧における外国籍住民の権利平等政策の基盤には、外国籍住民も社会の構成員であり、同様に納税の義務を果たすなど社会に貢献しているという考えがある。中国の場合、これに相当するものは何だろう。公的には、社会主義国家としての理念があげられるが、どうもそれが主な原動力になっているようには見えない。視点をずらすと、一枚岩ではない、次のような要素がみえてくる。一つは前述した社会主義国家としての理念。これは施政方針レベルで現れる。もう一つは中央政府の執行レベルでの意図。少数民族教育に関していえば、国民教育的な意図がより強く表れる。今一つは現場の少数民族当事者達の思い、である。

中国的文脈に置きかえられたマルクス・レーニン主義は、中華人民共和国建国間もない頃は、人々の原動力になっていたと思う。大規模な民族識別調査による少数民族の承認や民族自治地方、民族学校の設立などがそのポジティブな成果だとすれば、そのエネルギーが負の方向に向いてしまったのが反右派闘争・大躍進であったといえるだろう。いずれにせよそのエネルギーは相当なものだった。なおこれらは共産主義社会の到来を夢見た人々の理想のなせる技であり、近年西欧社会を中心に築き上げられてきた多文化主義的理念などとは異質なものである。だがこうした理念は、建前としては依然有効であっても、一般の行政幹部たちが、今現在この理想を追求するために行動しているようには見えない。

行政執行レベルではよりプラグマティックな意図が表れる。例えば、中央民族学院の設立を指示した一九五〇年の少数民族幹部養成試行方案がいうように、中国における民族教育の起点は「国家建設のため……広く大量に少数民族幹部を養成する」ことにあった。一九五一年の第一回全国民族教育会議も「民族教育は少数民族幹部の養成を主要な任務とする」と明示している。その背景には「民族問題を徹底的に解決し、民族反動派を完全に孤立させるためには、多くの少数民族出身の共産主義幹部がいなければ不可能である[2]」という、一九四九年に毛沢東が発した指示がある。これは明らかに国民統合のための国民教育を図るものである。

少数民族語の尊重や民族教育は、国家統合にプラスとなる限りにおいて、必要な措置とみなされているとも考えられる。少数民族の主な居住地である民族自治地方は、全国土の六四・三％に及ぶ「広大で資源豊富」な地域であり、「少数民族地域の経済や社会の発展を早め、全国各民族の大団結を守ることは、少数民族の繁栄と幸福に関係するのみならず、我が国の現代化建設の全局面に影響を及ぼす」と意識されている[3]。民族自治地方の多くは十数の国家と隣接する二万二千㎞に及ぶ陸地国境線沿いの地域に存在し、また三四の民族は国境線の外側にも同一民族が住んでいる。この二点から中国政府は今でも「民族教育の発展は民族の平等・団結と祖国の統一を守りぬく上で非常に重要な意義をもつ[4]」との認識を堅持している。本書でみたように、寺院教育の伝統がある民族の間では、学校教育で民族語が軽視されると、瞬く間に子ども達が学校から寺院に流れるという現象が起こる。また現段階ですべての少数民族に対し漢語のモノリンガル教育を行えば、学習効率は落ちるし、反感を買うだけだ。

孫竹《スンジュー》（一九九五年）は、中央党校の民族宗教問題検討班の座談会で、李瑞環《リールイファン》が述べたという次の言葉を紹介している[5]。「私たちがいう中国とは、九六〇万平方メートルの領土、五六の民族並びにこれら民族からなる一二億の人民を最も基本的な要素とする。これらの要素が一つなりとも欠けることがあってはならない。その中のいずれか一つでも欠けたならば、それを中国となすことはできない。領土は、民族は、人民は、分裂してはならず、もし分裂してしまったら、中国は中国でなくなってしまう」。

いっぽう現場レベルでは、自分達の民族の伝統、文化、言語を子ども達に伝えたいという少数民族自身の思いによって、民族教育が推進されている所が多い。（中央・地方）政府の中には、自らのポストを生かしてできる限り民族的権利を保障しようと努める、少数民族の官僚たちもいる。

中国では、反右派闘争以前の一九五〇年代が民族政策の黄金期、文化大革命以降が第二の黄金期と呼ばれる。少数民族政策が安定的に推進されたのは、この二つの時期だ。第一の黄金期における推進力は前述したようなことである。新国家建設へ向けた理想や情熱もあったであろう。いっぽう第二の黄金期の原動力となったのは、十年動乱＝文革の反動であったように思われる。一九八〇年代前半は民族の掘り起こしと再発見の時代であり、個々の民族の特徴を際立たせるかのごとく、各民族の歴史、言語、風俗習慣などに関する研究が勢いよく展開された。いわゆる「民族問題五種叢書」（『少数民族簡史叢書』『民族語言簡誌』『少数民族社会歴史調査叢刊』『民族自治地方概況』など）が続々と出版されたのもこの時期である。その意味でこの時期は、各少数民族の独自性を尊重して高める方向に相当なエネルギーが注がれたといえよう。一九八〇年代前半の方針は、一九八〇年代後半に実を結び、充実していった。しかし一九九〇年代に入り、第二の黄金期は、すでにその輝きを失いはじめているのではなかろうか。

ポスト文革期の復興熱は冷め、一九八九年の天安門事件、九一年のソ連邦崩壊による危機意識によって、民主化運動や少数民族の独自性を求める動きは冷水を浴びる。当局の間には、八〇年代には見られなかった過敏で過度な対応も生じているようだ。一九九二年の市場経済化は経済重視に拍車をかけ、九三年頃から、各研究誌に掲載される民族教育に関する論文も、経済がらみのものがやたら多くなり、本書で扱ったような、狭義の民族教育、民族語の使用や民族語喪失といった問題を扱った文章は、目にみえて少なくなった。

また一九八〇年代後半から、費孝通《フェイシャオトン》の提起した「中華民族多元一体」論が脚光を浴び、五六民族（漢族と少数民族）から作り上げられたとする「中華民族」なる呼称が、ここ数年頻繁に使われている。特に政治の分野では、中国は秦漢の時代より現在の中国の領域、民族からなる統一された多民族国家であったという「中華民族」論を以て、新疆やチベットの分離主義的傾向が批判され、「中華民族の凝集力」が声高に唱えられている。またしばしばそれは五六民族の単なる総称という範疇を逸脱して単一の民族であるかのようにも扱われ、反右派闘争、大躍進、文化大革命で蔓延した民族融合論の形を変えた復活ではないかとの懸念も生じ得る(6)。

こうした整理からすると、中華人民共和国の半世紀における少数民族政策の原動力は、時々によって違い、上がり下がりが激しく、不安定なものだったことが分かる。中国では、個人の民族的アイデンティティ尊重といった観念が形成されているとは言い難く、民族語の尊重を支える普遍的理念が根底にないことが、政策に一貫性をもてない主な原因ではないか。この点が改善されなければ、民族語教育政策は今後も外的要因に左右されやすい脆弱さを免れ得ないであろう。

筆者が、いまだ調査不足な点を多々残しながらも、現時点で本書を出すことにしたのは、将来において今を振り返る時、おそらく中国のマイノリティ政策、民族教育をめぐる状況は、文革終了から一九九〇年代初めまでが（大きなものではないにしろ）一つの区切りとされるのではないかと思われ、そのため一九九〇年代初頭までの状況を、中国での現地生活での感覚が完全に消え去ってしまわないうちに、まとめておきたかったからである。

[注]

(1) 李禎鎬「関於民族語文工作之我見」『黒龍江民族叢刊』一九八八年第三期、一〇七頁。

(2) 毛沢東「関於大量吸収和培養少数民族幹部的電報（一九四九年十一月十四日）」（国家民族事務委員会政策研究室編『中国共産党主要領導人論民族問題』民族出版社、一九九四年）四二頁。

(3) 国家教育委員会・国家民族事務委員会「関於加強民族教育工作若干問題的意見」『中国民族教育』一九九三年第一―二期、五頁。

(4) 司馬義・艾買提「団結奮闘・継続前進・実現少数民族教育和全国教育的協調発展――在第四次全国民族教育工作会議上的講和」『民族教育研究』一九九二年第二期、八～九頁。

(5) 孫竹「再論関於使用和発展民族語言文字的問題」『民族研究』一九九五年第二期、一九頁。

(6) 詳しくは拙稿「『中華民族』論台頭の力学――民族識別との関連を中心に」『部落解放研究』第一〇七号、七四～九七頁を参照。一九九一年三月、中国民族理論学会「九十年代民族関係発展の趨勢と対策・特別学術討論会」では「我が国は漢族を主体とする多民族国家であり、全国各民族は一つの共同の民族複合体―― 〝中華民族〟を構成している……各民族は今後もさらに互いに学び合い、吸収し、共通性が次第に増し、ついには融合して漢族でも満洲族でもチベット族でもない、一つの新しい民族共同体となる。この新しい民族共同体の名称はやはり〝中華民族〟という」として、「中華民族」を民族融合の結果生まれる新たなひとつの民族と観念している。その「中華民族」の共通言語は、彭官章「論中華民族的形成」（『満族研究』一九九三年第一期）によれば、漢語である。

あとがき

一九九〇年、初めて訪れた延辺朝鮮族自治州（それが初めての訪中でもあった）で、筆者がショックを受けたことに、日本では裁判にもなった在日韓国・朝鮮人名の民族語読みの問題を、中国朝鮮族の学生が理解できなかったことがある。日本の学校で積み重ねられてきた民族教育では「本名を呼び、名乗る」ことが大きな柱となってきた。「朴」と書いて「ぱく」と呼んで、はじめてその人であると思うからである。しかし、これは表意文字と表音文字を併用する日本人と朝鮮人の間で共有される価値観であって、現在も実用レベルでは表意文字のみで、統一の書き言葉がなければ複数の独立言語として分類されるというほど、方言の違いが著しい漢語がマジョリティ言語である中国では、名前は形が表し、どう発音するかはあまり問題ではないようだ。小さなことかもしれないが、筆者にはそれまでの在日韓国・朝鮮人問題に関わる中で培った価値観が、中国の朝鮮族に適用できなかったこと、日本で問題とされていることが他国では問題とされない場合もあることに気付かされ、視野の狭さを思い知らされた。

翌一九九一年、在日韓国人問題研究所（RAIK《レイク》）は、「日本における多文化共存社会づくり」を共通のテーマに、国内外のマイノリティ問題に関わる実務者・研究者に呼びかけて、マイノリティ問題グループ間研究会を設けた。その相互学習の中で、ことばの問題が共通の課題として浮かび上がってきた。ことばは、日本語を母語としない人が日本社会で生活し始めてまずぶつかり、また日本に定住し子や孫を育てる時に再び悩む問題である。その研究会の初歩的成果と問題提起をかねて、同年六月末にフォーラム「多民族・多文化共存社会の創造をめざして――日本における多言語教育の課題」を開いたが、この時中国における少数民族二言語教育について、具体的かつ体系的に報告できる人を誰一人探し出せなかった。誰もいないなら、自分で調べてこようという思いもあって、同年秋から中国へ留学したのである。その意味で、本書は同研究会への報告書である。

中国に留学したのは、日本からみれば、ある意味で西洋よりも価値観、概念にギャップがあるといえる中国で、その社会に身を置きつつ、朝鮮族やその他の少数民族の問題が、漢族や少数民族の間でどのように議論され、理解され、実施されているのか、知りたいという思いもあった。その中国留学中は、実に様々な方にお世話になった。一人一人の名前は挙げられないが、以下の三方には特にお礼を申し上げたいと思う。いろいろな方を紹介し調査の便宜も図って下さった民族教育研究所の王錫宏《ワンシーホン》副教授。指導教官を引き受けて下さった中央民族学院民族語言三系主任の戴慶廈《タイチンシャー》教授。また当時北京に滞在しておられた学部時代の指導教官、秋月望先生（明治学院大学）には、生活面で大変お世話になった。

一年半の滞在を通して、筆者は言語が時としてコミュニケーション手段を超えた意味を持つことを実感した。北京の街中では、外国人だと気がつかない中国人から、ことばの拙さゆえに、見下した対応をされたことが何度かあった。日本人だと分かった場合は、急に花が咲いたような笑顔に変わったり、ばつの悪そうな顔をするのだが、そのつど日本人でなかったらどうなんだと思ったものである。中央民族学院の学生達は、北京市中に出たとき、出身校を名乗りたがらないという話を聞いたこともある。いっぽう、延辺で朝鮮語を使った時の朝鮮族の笑顔や親切な対応——延吉から吉林までの汽車では座席券が買えなかったにも関わらず、朝鮮族のおばさん達に守られて、ずっと座っていられ、りんごなしなどご馳走になったこともある——と、内モンゴルや新疆へ行った時に、筆者がモンゴル語やウイグル語ができないと知った人々の冷めた対応とのギャップには、心苦しいものを感じたものである。一九八〇年代初めにカシュガルで暴動が起こった時、ウイグル語ができたために難を逃れることができたという漢族女性の話を聞いたこともある。自分達の民族語ができる者には一目おく。少数民族の感情はどこでも同じである。モンゴル族地域に行くのに片言のモンゴル語も学んでいかないのは礼儀に反すると思って、モンゴル語学習教材一セットを買ったものの、情けないことにいまだ押し入れで眠っている。

また中国での一年半は、自らバイリンガリズムを体験する機会ともなった。終盤は頭の中でも漢語で思考したり、日本語と漢語まじりで思考するケースも増えたが、漢語で思考していると、途中で適切な単語が浮かばなくなって、思考がとぎれることがある。モノリンガルの人には実感しにくいが、試しに第二、第三言語で日常生活の思考をしてみれば、言語の習得と思考能力の向上には密接な関係があること、母語による思考能力をきちんと伸ばさず、小学校低学年あたりから、第二言語の漢語で学習させることが、セミリンガルをもたらすという問題を、実体験できるだろう。

＊

本書の執筆を志してから六年の歳月が流れ、ポスト文革期の八〇年代を中心にと書き始めたのが、いつの間にか九〇年代の終わりになってしまった。帰国後、経済的理由で三年ほど就職したこともあるが、データの欠如、不統一、不正確さに悩まされ続けて執筆が難航を極めたことが最大の原因である。ある中国人研究者が「統計、統計、七〇％は統計、三〇％は推計」という歌を教えてくれたが、中国の統計数字は不正確なものが多い。また文献によって同じ年度の学校数や在校生数が大幅に違ったり、二〇世紀の出来事でもその年が数年食い違うなどしょっちゅうである。文献に何の限定もなく書かれていることが、実はほんの一時期の、あるいは局部的なことで、もはや現状でなかったりすることも多い。そうした資料の信憑性も識別しながら、問題を一つ一つクリアーし、実像を組み立てていく作業は、大変神経のすりへる仕事だった。

こうしたテクニカルな問題だけでなく、二〇世紀という一世紀にわたる時間、中国の少数民族を全体と細部にわたって検証するという仕事の大変さに、終盤はほとほとまいった。朝鮮族はある程度分かるものの、それ以外は全くの門外漢で、特にモンゴル、チベット、ウイグル族などについては、それぞれの専門家に原稿をチェックしていただかなければ、とうてい人前に出す自信は得られなかった。その意味で、原稿を読んで不適切な所を指摘し、さまざまなご教示をいただいた以下の方々には、特にお礼申し上げたい。第二部の第二章については、一橋大学の田中克彦教授とシンジルト氏、フフバートル氏、芦村京氏ほか一九九七年度田中ゼミの皆さん、そしてアジア・アフリカ言語文化研究所の中見立夫教授。第六章については、同研究所の新免康助教授とリズワン・アブリミティ氏（九州大学大学院博士課程）、同章第三節については楠木賢道氏（筑波大学歴史・人類学系専任講師）。そして第七章については石濱裕美子氏（早稲田大学教育学部専任講師）。

このほか、修士課程の指導教官である毛里和子先生（横浜市立大学教授、一九九九年四月より早稲田大学教授）には、中国研究のノウ・ハウを教わった。中国研究の素人だった筆者の手による本書が、中国研究者の目にもそこそこ堪えられるものになっているなら、ひとえに毛里先生のご教示の賜物であろう。佐藤信行氏（在日韓国人問題研究所）には原稿の一部を全くのボランティアで、フリー編集者の北村綾子氏には全体を友情価格で校正していただいた。合わせて感謝申し上げたい。また前述したような理由から、本書の出版は当初の予定から二年以上も遅れてしまい、社会評論社と最終的に編集まで担当して下さった松田健二社長にはご迷惑をおかけした。お詫びとともに深く感謝申し上げたい。

最後になったが、筆者は一九九八年四月から日本学術振興会特別研究員に採用していただいたおかげで、この一年は本書の執筆にかなり専念することができた。それとともに九八年度は、文部省科学研究費補助金の交付を受け、その一部を本研究にも使わせていただいたことを、合わせてお礼申し上げたい。

一九九九年三月二五日

岡本雅享

増補改訂版発行にあたって

二〇〇五年夏、社会評論社の松田健二社長から、本書再版のお話しをいただいた。初版が売り切れてからも、コンスタントに注文が入っているからということで、ありがたいことである。

本書に対しては、筆者の知る限り、一一人の方々が書評を発表して下さっている（敬称略、発表の早い順、題名は書評のサブタイトル）。

藤井幸之助「本の紹介」『IMADR-JC通信』一〇三号、一九九九年一〇・一一月
朴君愛「スケールの大きさ、内容の豊かさで圧倒」『社会新報』四〇七三号、一九九九年一二月二二日
植田晃次「無味乾燥なデータから浮かび上がった生々しい姿」『週間金曜日』三〇三号、二〇〇〇年二月一八日
榎井縁「膨大な情報、発見の連続」『ヒューマンライツ』一四四号、二〇〇〇年三月
曽士才「各地域の民族語教育の現状から中国の民族問題が見える」『図書新聞』二四七九号、二〇〇〇年三月二五日
フフバートル「民族語教育の視点から見た中国の少数民族問題」『PRIME』（明治学院大学国際平和研究所紀要）一二号、二〇〇〇年三月
安田敏朗「書評」『中国研究月報』六二七号、二〇〇〇年五月
松本高明「書評」『アジ研ワールド・トレンド』五九号、二〇〇〇年八月

谷垣真理子「民族と教育―中国の少数民族問題の全体像に挑戦」『東方』二三五号、二〇〇〇年九月
桧山明宏「新刊紹介」『広島東洋史学報』第五号、二〇〇〇年一一月
十河俊輔「書評」『中国21』一一号、二〇〇一年三月

いずれも、それぞれ異なる専門の視点から、本書の特質や意義を鮮やかに描き出し、課題を鋭くご指摘下さっている。その幾つかは、松田社長が、増補版にあたって抜粋を掲載しようと企画されたほど、レベルの高いものだ。様々な分野の専門家が本書を読んで書かれた分析と考察は、読者にとっても、大いに参考になると思う。機会があれば、ぜひお読みいただきたい。

評者のうち植田晃次氏は、筆者が見落としていた多くの誤字等を見つけて教えて下さった。今回の再版で八五ヶ所の訂正をしているが、その多くは、植田氏のご好意、ご尽力によるものである。あらためてお礼申し上げたい。

また、前記の書評で、複数の方が、索引や図表一覧が欲しかったとリクエスト下さった。そこで、本書を事典的に使われる読者の便を考えて、通常の人名、事項索引の他に、民族（集団）名、民族語・文字名、地名、公文書（文件）の索引を作った。この索引づくりは想像を絶する作業で、一年近くかかった。その間に出版事情が厳しくなり、索引を入稿した二〇〇六年五月から、さらに二年近くの歳月が流れた。

中国社会は一九九〇年代半ば以降、めまぐるしい変化を遂げているが、本書が重視した少数民族の尊厳や独自性を確保・維持・発展させるための民族教育―民族語を維持或いは回復するための教育などに象徴される―といった点では、驚くほど「進展」はない。

例えばチベット自治区では、一九八八年一〇月二九日に公布した藏政発〔一九八七〕四九号文書（チベット自治区におけるチベット語の学習、使用と発展に関する若干の規定）の「実施細則」（藏政発〔一九八八〕七〇号）で、チベッ

表S－1　四川省の二言語教育状況（2006年）

	授業スタイル	小学校		初級中学		高級中学		A
		校数	児童数	校数	生徒数	校数	生徒数	
チベット族地域	加授漢語	208	11,481	5	1,069			7.3%
	加授チベット語	997	66,846	38	6,417	10	694	43.2%
イ族地域	加授漢語	119	7,473	8	810			33.3%
	加授イ語	653	57,252	64	13,623	9	1866	33.2%

出所：拉各「四川省民族語文翻譯学会工作彙報」『民族譯壇』2006年第3期、42頁の文中のデータをもとに筆者作成。
注：加授漢語＝チベット語（イ語）で授業をし、漢語を一教科として教える
加授チベット（イ）語＝漢語で授業をし、チベット語（イ語）を一教科として教える
A＝各地域のチベット族、イ族の全小中学生に占める比率

ト族の初級中学では一九九三年から、高級中学では一九九七年の新入生から、教授用言語を漢語からチベット語に切り替えるよう定めていた（本書四八八頁）が、達成率は一九九九年時点で少数民族初級中学生の一三％、高級中学生の五・七％と、一九九三年の一五・八％から拡大していない。同自治区は、二〇〇二年五月二二日、第七期人民代表大会第五回会議で、親規定にあたる藏政発〔一九八七〕四九号文書を改定し（〔二〇〇二〕一号文書）、チベット語及びチベット語による教育の普及（第三条、本書四八八頁）や、チベット語で授業ができる教師の育成（第六条、本書五三六～五三七頁）に関する条文を削除した。(1)

四川省のチベット族、イ族地域でも、民族語教育、民族語による教育を受ける小中学生の比率は、横ばいないし若干下がっている(2)（表S―1と本書第三章の表3―3〔涼山イ族自治州のみ〕、第七章の表7―13、14、15の比較）。

本書が扱った問題における、大きな変化はある。

例えば、民族学校の激減。延辺朝鮮族自治州でみると、一九九〇年に二三四校あった朝鮮族小学校が一九九五年に一三四校、二〇〇四年には七〇校にまで（七一％）減少。(3)内モンゴル自治区でも、一九九三年から二〇〇二年の間に、民族小学校が三〇二六校から一三四七校へ、民族中学が三九〇校から二九四校へ、それぞれ五五％、二五％減少している（本書二一四頁の表2―4と表S―2の比較）。新疆ウイグル自治区の場合、ウイグル、クルグズ族学校では減少率が比較的少ないものの、二〇〇〇年代前半のうちにカザフ、モンゴル、シボ族小学校は半減している（表S―3）。

朝鮮族の場合、総人口の三割に相当する六〇～七〇万人が移住し――黒龍江省にあった朝鮮族村が一九九〇年の五〇一村から、二〇〇二年に三九二村、二〇〇七年に三一四村に減少するなど――民族集住地域が解体・縮小していることが主因である。(4)黒龍江省でも、一九八八年から二〇〇五年の間に、朝鮮族小学校が三一九校（七九％）、朝鮮族中学が五四校（六三％）減少している（表S―4）。中国で「内地」と呼ばれる漢族地域に通常朝鮮族学校はなく、沿海地域などへ移住した朝鮮族家庭の子どもたちは、一般に漢族学校へ通うしかない。中国の民族自治地方を単位とした属地主

表S－2　内モンゴル自治区の民族学校（2002年末現在）

民族学校	園・校数	園児・児童・生徒数
民族幼稚園	81	71,923
（うち民族語で授業を行う幼稚園）	74	31,105
民族小学校	1,347	412,886
（うち民族語で授業を行う小学校）	1,267	196,868
民族中学	294	383,901
（うち民族語で授業を行う初級中学）	222	120,151
（うち民族語で授業を行う高級中学）	57	40,251
民族職業中学	38	28,419

出所：李晶「内蒙古民族教育発展現状及対策」『黒龍江民族叢刊』2006年第6期、106、107頁文中のデータをもとに筆者作成。

表S－3　新疆ウイグル自治区：民族語別小中学校数（2000年、2004年）

	小学校		中学	
	2000年	2004年	2000年	2004年
ウイグル	3,727	3,297	635	579
カザフ	707	375	185	148
モンゴル	47	22	24	15
シボ	8	4	3	2
クルグズ	92	79	23	25

出所：教育部民族教育司・国家民委教育科技司編『走向輝煌的中国民族教育――第五次全国民族教育工作会議材料彙編』民族出版社、2003年、295頁、高莉琴等『新疆的語言状況及推広普通話方略研究』北京語言大学出版社、2006年、297頁をもとに筆者作成。

表S－4　黒龍江省朝鮮族小中学校数の変遷

年		1988	1997	2004	2005
小学	校数	405	288	90	86
	児童数	35,422	29,491	8,348	5,517
中学	校数	85	70	34	31
	生徒数	20,748	19,850	15,616	16,482

出所：李順宝・羅正日「関於黒龍江省朝鮮族教育情況的調研報告」『黒龍江民族叢刊』2006年第6期

義的な民族政策は、人口の移動が活発になる中、どんどん機能を低下させているといえよう。

朝鮮族の人口移動は中国諸民族の中では群を抜いてトップであり、二〇〇六年末現在、中国朝鮮族総人口（二〇〇〇年の第五回人口センサスで一九二万四〇〇〇人）の一割に相当する二三万七〇〇〇人の朝鮮族（韓国での呼称は「韓国系中国人」）は韓国に在留している。[5] その一方で、中国朝鮮族の国外移住による人口減少分（二〇数万人）を大きく上回る韓国人人口が中国国内に流入し、二〇〇五年現在、北京市内では朝鮮族一二万人＋韓国人八万人、天津市内では朝鮮族四万人＋韓国人四万人など、中国朝鮮族＋在中韓国人が合わさったコミュニティができ――韓国外交通商部の海外同胞現況調査は、二〇〇五年現在、「朝鮮族を含む中国の同胞」が二四三万九〇〇〇人と報告している――在中韓国人の子どもを対象にした韓国国際学校の週末ハングル学校に、漢族学校で学ぶ首都圏在住の朝鮮族の子どもが通うなど、これまで中国では見られなかった形の民族教育も、ごく僅かながら、生じている。[6] それとともに、朝鮮族と韓国人の結合に対する懸念の声も、聞かれるようになった。[7]

二言語教育における漢語教育の比重の拡大も、大きな変化といえよう。

新疆ウイグル自治区は一九九二年、民族高級中学における理数系科目の教授用言語を漢語に変えるという「二言語教育実験」を三校三クラス（ウルムチ、タルバガタイ、トルファン地区）で始めたが、それが二〇〇三年時点で一〇五校二九四クラス（一万三七三三人）に拡大している。[8]

国務院は二〇〇二年七月七日の国発〔二〇〇二〕一四号文書「改革を深め、民族教育の発展を速めることについての決定」（関於深化改革加快発展民族教育的決定）で「積極的に条件を創りあげ、民族語で授業を行う民族小中学校で、次第に小学校一年生から漢語の授業を設けるようにしなければならない」との方針を打ち出した。[9] これを受けて翌二〇〇三年、新疆ウイグル自治区人民政府は「国務院の国発〔二〇〇二〕一四号文書の貫徹にあたっての意見」を発し、漢語授業の実験範囲を拡大し、小中学校で「民・漢合同学校」（民族学校と漢族学校の合併）或いは「民族混合クラス」

を増やすよう指示した。こうした中、新疆ウイグル自治区では、文革後四四校（一九八四年）まで減った「民・漢合同校」が、二〇〇四年現在で、文革期を大きく上回る四二七校まで増えている。少数民族の漢語習得を促す環境をつくるのが狙いで、これら漢族との合併校では、小学校一年生から漢語を教えている。

二〇〇四年三月には、中共新疆自治区委員会・人民政府が「二言語教育事業の大幅な推進に関する決定」を発し、少数民族教師の漢語レベルを向上させるよう指示。同二〇〇四年秋から、新疆ウイグル自治区各地の「条件をみたす」民族小学校で、「語文」（少数民族学校用の、第二言語として学ぶ「漢語文」教科書ではなく、漢族学校用の、母語として学ぶ教科書）の授業を一年生から導入し、算数の授業は三年生から教授用言語を漢語に切り替えて教えるようになった。さらに二〇〇五年、新疆自治区は「少数民族就学前二言語教育の強化に関する意見」を発し、「二言語実験」（＝漢語による教育）を始める時期を、当初の高級中学から就学前教育まで引き下げた。ウルムチ市内では、二〇〇六年秋から、すべての民族小学校が、三年生から算数の教授用言語を漢語に切り替えている。[10]

新疆ウイグル自治区でいう「二言語教育」が、実質、少数民族に対する漢語教育を意味することは、中国内の他の地域・民族と比べても特異な現象であったが、一九九〇年代半ば以降、それはさらに、少数民族学校で漢語を一教科目言語として設ける教育から、漢語を教授用言語とする教育に変容してきている。[11]

市場経済社会が沿海部から少数民族地域の隅々まで蔓延し、多くの人々の目が金銭的・物質的豊かさの獲得に向けられ、二〇〇〇年始動の西部大開発によって、少数民族の漢語習得を促す意見が勢いを増す中で、一九八〇年代に高まった民族語を重視する風潮は減退している。本書の初版で、中国少数民族をめぐる状況は一九九〇年代初めまでが一つの区切りとなるだろうと書いたが、現実は、どうもそうなってきているようだ。現況が流動的になっている今、民族政策の第二の黄金期といわれた時代までの状況を記録した本書の価値を評価し、出版事情が厳しい昨今、筆者の渡米（今月末から一年間）前に間に合うよう再版に踏み切って下った社会評論社と松田社長には、改めてお礼申し上げたい。

［注］

（1）周煒・格桑堅村主編『西藏的藏語文工作』中国藏学出版社、二〇〇四年、三八、七九～八五、四三八頁。周煒「西藏的双語特点及双語発展的主要原因」『青海民族研究』第一三巻四期、二〇〇二年九月、九一頁。

（2）その他の地域をみると、貴州省では二〇〇〇年代半ばに至っても、二言語教育（民族語を補助的に使う授業形式と、少数民族文字を用いた二言語文教育）が必要な子どものうち、それを受けているのは一〇％に満たないという（鄧永漢「新時期民族教育的形勢和任務」『貴州民族宗教』二〇〇六年第二期、二〇〇六年四月、七頁）。チワン文教育も、広西チワン族自治区の首都・南寧市でみると、二〇〇〇年代半ば、二一校の小学校でチワン・漢二言語教育実験授業を、七校の民族中学でチワン文授業の実験を続けている程度である（黄家仁「做好城市民族工作、為改革開放和首府建設創造良好条件」『民族之声』二〇〇六年第一期、二〇〇六年三月、三二頁）。

（3）吉林省教育庁は、第五回全国民族教育工作会議（二〇〇二年七月、北京）で、第九期五ヵ年計画（一九九六～二〇〇〇年）の間に、吉林省全体で民族小学校三一三校、民族中学三四校を廃校にし、省内の民族学校は六〇五校（民族連合校を含む）になったと報告している（教育部民族教育司・国家民委教育科技司編『走向輝煌的中国民族教育――第五次全国民族教育工作会議材料彙編』民族出版社、二〇〇三年、一〇一頁）。黒龍江省でも、一九八〇年代末に六五五校あった民族学校が、二〇〇二年には三八四校に減少している（閻沙慶「関於黒龍江省少数民族教育情況的思考与対策」『黒龍江民族叢刊』二〇〇三年第五期、一〇一頁）。

（4）鄭信哲「朝鮮族人口自然増長率下降対発展的影響」『黒龍江民族叢刊』二〇〇六年第一期、三八頁、「朝鮮族村、一人当たり所得四〇〇〇元台」『黒龍江新聞』二〇〇七年五月三〇日（朝鮮族ネット［http://www.searchnavi.com/˜hp/chosenzoku］に日本語訳掲載）及び本書一七四頁。鄭信哲の現地調査では、二〇〇二年、黒龍江省海林県海林郷南拉古朝鮮族村の村民のうち二七％（一九四二人中五三二人）が国外（うち韓国が五〇五人）へ、九・五％（一八四人）が国内の都市部へ出て働いている。同年、遼寧省大洼県栄興朝鮮族郷の中央屯村、海浜村の二つの朝鮮族村では総人口の三五％（一〇二五人）が村外へ働きに出ており、そのうち中央屯村の二一三人（うち韓国が一九一人）、海浜村の四四四人、合計六五七人は国外で働いていたという。鄭信哲「中国朝鮮族発展現状与対策」（郝時遠・王希恩主編『中国民族発展報告（二〇〇一～二〇〇六）』社会科学文献出版社、二〇〇六年）四一九～四二〇頁。朝鮮族の人口移動と朝鮮族学校の減少については、一九九〇年代後半までの状況とその影響を拙稿「中国のマイノリティ政策と国際規準」（毛里和子編『現代中国の構造変動7　中華世界――アイデンティティの再編』東京大学出版会、二〇〇一年）で考察したので、ご参照いただきたい。

（5）　韓国法務部の出入国管理統計年譜。韓国の学校に通う朝鮮族の子ども達は、自民族の教育を受けていることにはなる。なお、正規滞在者（一九万九一〇〇人）の一八％にあたる三万五八〇一人（うち八七％＝三万一一八三人が女性）は韓国人と結婚している。

（6）「急成長する首都圏ハンギョレ社会」（『黒龍江新聞』二〇〇五年一〇月二一日）及び「在外同胞六六三万八三三八人――中、米、日の順」（『韓国日報』二〇〇五年九月四日）。注（4）朝鮮族ネット。

（7）　例えば鄭信哲は「近年、朝鮮族と韓国の接触・交流が増大するのに伴って、朝鮮族の中には、自らを「韓国人」だと思う錯覚を生じている者がいる」と警鐘を鳴らし、次のようにいう。「これは誤りであり、明確にしておかねばならない。中国の朝鮮族は、韓国人と同じ民族であるが、政治体制、社会環境及び経済文化の発展が違う国土において長い間生活する中で、民族の性格、思考方式、価値観等が大きく変化しており、相互の民族的同一性は減少し、差異が絶え間なく増大している」。注（4）鄭信哲「中国朝鮮族発展現状与対策」四三〇頁。中国朝鮮族と在中韓国人の（再）結合は、中国は秦漢の時代より現在の中国の領域、民族からなる統一された多民族国家であったという「中華民族」論（本書五七五頁）を揺るがしかねないものに映り得るだろう。

（8）　以下特に注釈がなければ、新疆ウイグル自治区に関する記述は、次の文献に基づく。注（3）『第五次全国民族教育工作会議材料彙編』二九五～二九六頁。高莉琴等『新疆的語言状況及推広普通話方略研究』北京語言大学出版社、二〇〇六年、二九六～三〇三頁。王阿舒・孟凡麗「新疆少数民族双語教育政策発展総述」『民族教育研究』二〇〇六年第二期、二五～二六頁。巴戦龍「多民族学校的中国模式――〝民漢合校〟研究」『甘粛民族研究』二〇〇六年第二期、三一～三八頁。

（9）　注（3）『第五次全国民族教育工作会議材料彙編』六頁。

（10）　古力加娜提・艾乃吐拉「新疆地区双語教育的現状与展望―从田野調査視覚的考察」（国家民族事務委員会文化宣伝司・教育部語言文字信息管理司「民族語文国際学術研討会」二〇〇七年一一月、北京）。

(11) アナトラ・グリジャナティ「幼児教育にみる中国新疆ウイグル自治区の双語教育の実態」(アジア教育学会第二回大会、二〇〇七年一一月)。新疆ウイグル自治区における最近の二言語教育をめぐる状況については、アナトラ・グリジャナティ「新疆ウイグル自治区におけるバイリンガル教育について—地域格差を中心に」(『九州教育学会研究紀要』第三三巻、二〇〇五年)、同「新疆バイリンガル教育の興隆について—ウイグル社会を中心に」(『国際教育文化研究』第五巻、二〇〇五年)、同「中国新疆ウイグル自治区における双語教育の現状と課題について—高等教育を中心に」(『九州教育学会研究紀要』第三四巻、二〇〇六年)等が詳しく記している。

二〇〇八年二月三日

岡本雅享

図表の補足

中国政府が承認する少数民族は五五のままで、一九九〇年代以降も五六番目の少数民族としての承認はない。未識別民族が多い貴州省で、一九九二年に繞家人《ラオジャー》(六五〇〇人)をヤオ族、一九九三年に木佬人《ムーラオ》(二万八〇〇〇人)をムーラオ族、一九九六年に東家人《トンジャー》(四万一五〇〇人)をショー族に認定するなどした(貴州省民族事務委員会編『貴州民族工作五十年』貴州民族出版社、一九九九年、二三一～二三六頁)が、二〇〇〇年になっても、全国で未識別民族が七三万人以上いる。**表B**(本書四六—四七頁)の補足として、二〇〇〇年の第五回全国人口センサスに基づく民族別人口表(**表S—5**)をつくった。トゥチャ族、羌族、カオシャン族など人口増加率の大きい民族の場合、民族的出自の変更や、漢族と少数民族が結婚した家庭の多くが、子どもを少数民族として届け出ているのが主な原因だという(郝時遠・王希恩主編『中国民族発展報告』社会科学文献出版社、二〇〇六年、二一六頁)。民族自治地方は、**表D**(五五—五七頁)の五自治区、三〇自治州、三自治旗に変化はない。民族自治県は、黔江トゥチャ族ミャオ族自治県(もと四川省、現在重慶市)が二〇〇〇年に廃止されて重慶市黔江区となる一方、北川県（四川省）が二〇〇三年に北川羌族自治県となり、二〇〇六年現在、一一七自治県である。一九八六年、一九〇〇以上を数えた民族郷は、二〇〇三年時点で一一七三に減少している（前掲『中国民族発展報告』八八頁及び本書七三頁）。なお、内モンゴル自治区（地図2—3、本書二三〇頁）では、行政区画の再編により、ジリム盟が一九九九年に通遼市、イフジョー盟が二〇〇一年にオルドス市に変更されるなど、モンゴル族の伝統的政治制度である盟旗が減少している。

S－5　中国各民族の人口（2000年）

民族名	1990年人口	2000年人口	1990～2000年	
			人口増加数	増加比
総人口	1,133,682,501	1,242,612,226	108,929,725	1.10
漢族	1,042,482,187	1,137,386,112	94,903,925	1.09
少数民族総人口	90,447,552	104,490,735	14,043,183	1.16
チワン族	15,489,630	16,178,811	689,181	1.04
満洲族	9,821,180	10,682,262	861,082	1.09
回族	8,602,978	9,816,805	1,213,827	1.14
ミャオ族	7,398,035	8,940,116	1,542,081	1.21
ウイグル族	7,214,431	8,399,393	1,184,962	1.16
イ族	6,572,173	7,762,272	1,190,099	1.18
トゥチャ族	5,704,223	8,028,133	2,323,910	1.41
モンゴル族	4,806,849	5,813,947	1,007,098	1.21
チベット族	4,593,330	5,416,021	822,691	1.18
プイ族	2,545,059	2,971,460	426,401	1.17
トン族	2,514,014	2,960,293	446,279	1.18
ヤオ族	2,134,013	2,637,421	503,408	1.24
朝鮮族	1,920,597	1,923,842	3,245	1.00
ペー族	1,594,827	1,858,063	263,236	1.17
ハニ族	1,253,952	1,439,673	185,721	1.15
カザフ族	1,111,718	1,250,458	138,740	1.12
リー族	1,110,900	1,247,814	136,914	1.12
タイ族	1,025,128	1,158,989	133,861	1.13
ショー族	630,378	709,592	79,214	1.13
リス族	574,856	634,912	60,056	1.10
コーラオ族	437,997	579,357	141,360	1.32
ラフ族	411,476	453,705	42,229	1.10
トンシャン族	373,872	513,805	139,933	1.37
ワ族	351,947	396,610	44,663	1.13
スイ族	345,993	406,902	60,909	1.18
ナシ族	278,009	308,839	30,830	1.11
羌族	198,252	306,072	107,820	1.54
トゥ族	191,624	241,198	49,574	1.26
シボ族	172,847	188,824	15,977	1.09
ムーラオ族	159,328	207,352	48,024	1.30
クルグズ族	141,549	160,823	19,274	1.14
ダフール族	121,357	132,394	11,037	1.09
ジンポー族	119,209	132,143	12,934	1.11
サラール族	87,697	104,503	16,806	1.19
プーラン族	82,280	91,882	9,602	1.12
マオナン族	71,968	107,166	35,198	1.49
タジク族	33,538	41,028	7,490	1.22
プミ族	29,657	33,600	3,943	1.13
アチャン族	27,708	33,936	6,228	1.22
ヌー族	27,123	28,759	1,636	1.06
エヴェンキ族	26,315	30,505	4,190	1.16
キン族	18,915	22,517	3,602	1.19
チノー族	18,021	20,899	2,878	1.16
ダアン族	15,462	17,935	2,473	1.16
ウズベク族	14,502	12,370	-2,132	0.85
ロシア族	13,504	15,609	2,105	1.16
ユーグ族	12,297	13,791	1,494	1.12
ボウナン族	12,212	16,505	4,293	1.35
メンパ族	7,475	8,923	1448	1.19
オロチョン族	6,965	8,196	1,231	1.18
トールン族	5,816	7,426	1,610	1.28
タタール族	4,873	4,890	17	1.00
ホジェン族	4,245	4,640	395	1.09
カオシャン族	2,909	4,461	1,552	1.53
ロッパ族	2,312	2,965	653	1.28
未識別民族	749,341	734,438	-14,903	0.98
外国人中国籍加入者	3,421	941	-2480	0.28

出所：「第五次人口普査全国各民族人口」をもとに筆者作成。

索引

民族(集団)名索引

ア行

カ行

サ行

タ行

ナ行

ハ行

マ行

ヤ行

ラ行

ワ行

民族語・文字名索引

ア行

カ行

サ行

タ行

ナ行

ハ行

マ行

ヤ行

ラ行

ワ行

人名索引

ア行

カ行

サ行

フフバートル　10
フレーザー(J. O. Frazet)　330
ブルハン　377,421,422,425
プンツォクワンゲル　463
ペマンツェリン　484
ペンデンニマ　478-480
候宝林(ホウバオリン)　45
尕ボヤン　241
ボヤンダライ　207
ボヤンマンドホ　207
ホンタイジ　107,190,275

マ行

馬寅(マーイン)　37,43
馬文余(マーウェンユー)　65
馬光耀　442
馬学良(マーシュエリャン)　121,129
馬叙倫(マーシュールン)　104,138
馬仲英(マージョンイン)　370,378,379
馬麒(マーチー)　449-450,455
馬虎山(マーフーシャン)　421
馬歩芳(マープーファン)　88,444,447,
　454-458,529
馬良(マーリャン)　88,447
馬麟(マーリン)　455,529
馬羅漢(マールオファン)　453
毛沢東(マオザートン)　37,53,61,88,90,
　93,120,123,138,147,152,155,206,210,
　239,274,291,459,462,465-467,573
マクドナルド　443
マスウード・サブリ　385
松岡洋右　278
松島孝良　278
松本光太郎　41
マンスル・ロズヨフ　381
ミンドゥル　453
ムーサー・バヨフ家(フセインとバハーウッ
　ディン兄弟)　377
村松一弥　546
孟一鳴(モンイーミン)　379
蒙元耀(モンユェンヤオ)　546

ヤ行

牙含章(ヤーハンジャン)　467
姚錫光(ヤオシーグァン)　78
楊積慶(ヤンジーチン)　448
楊正旺(ヤンジョンワン)　132
楊静仁(ヤンジンレン)　470
楊増新(ヤンズンシン)　370,376-378,386,
　420
楊殿甲(ヤンディエンジャー)　466
於毅夫　38
於右任(ユウヨウレン)　450
袁世凱(ユエンシーガイ)　76,78,95,274
袁家驊(ユエンジャーファ)　550
吉原四郎　192

ラ行

ラプカシャ・プンツォクラギェル　463
ラムゼイ　546
李安宅(リーアンジャイ)　463
李文漢(リーウェンハン)　320
李仕安(リーシーアン)　296-297
李先念(リーシェンニェン)　239,284
李小平(リーシャオピン)　351
李禎鎬(リージェンカオ)　572
黎錦熙(リージンシー)　126,127,138
黎丹(リータン)　454
李丹山(リータンシャン)　195
李豊春(リーフォンチュン)　92
李瑞環(リールイファン)　574
李任仁(リーレンニン)　546
劉樸忱(リュウプーチェン)　78
劉文輝(リウウェンフイ)　444,445
劉慶慧(リウチンフイ)　484
劉鴻文(リュウホンウェン)　153,175
林向栄(リンシャンロン)　495
リンチェンドルジ　445
陸一涵(ルーイーハン)　463
羅家修(ルオジャーシュー)　299
羅常培(ルオチャンペイ)　123,127,138,
　296-297
羅亜民(ルオヤーミン)　320
ルカンワ　464-465

ワ行

地名索引

ア行

カ行

サ行

タ行

ナ行

マ行

ヤ行

ラ行

事項索引

ア行

サ行

タ行

ナ行

ハ行

ヤ行

ラ行

ワ行

公文書(文件)索引

1901年9月　辛丑条約(義和団事変最終議定書)　208
1902年8月15日　清朝政府「欽定学堂章程」 192
1904年(光緒30年)　清朝政府「奏定学堂章程」(奏上学堂規定)　77,192
1911年12月　「満洲、モンゴル、回、チベット待遇に関する七ヵ条(待遇満、蒙、回、藏七条)」 76
1912年1月19日　中華民国教育部「普通教育暫行辦法通令」(普通教育暫定措置令)　77
1913年2月　中華民国教育部「蒙藏学校章程」 78
1914年5月1日　中華民国約法(暫定憲法)　76,95
1922年11月1日　中華民国「新学制」 77
1924年1月　中国国民党第1回代表大会宣言　34
1926年1月　中国共産党「西北軍工作に関する指示」 34
1926年6月　ロサンツェワン、宣侠父「甘辺藏民泣訴国人書」 450
1928年7月9日　中国共産党第6回全国代表大会「民族問題に関する決議案」 87
1929年2月7日　中華民国「蒙藏委員会組織法」 79
1929年6月17日　国民党第3期中央執行委員会第2回全体会議「モンゴル・チベットに関する決議案(関於蒙藏之決議案)」 79,195
1929年7月22日　中華民国教育部「待遇蒙藏学生章程(モンゴル、チベット学生待遇規約)」 85
1929年7月　蒙藏委員会施政綱領　195
1930年2月　蒙藏委員会モンゴル会議「モンゴル教育に関する決議案」 196
1930年　中華民国「蒙藏委員会派遣駐在処専門員条例」 79
1930年　国民政府第2回全国教育会議「蒙藏教育実施計画」 81
1931年3月　国民党中央常務委員会「訓政時期約法(暫定憲法)」草案　196
1931年5月5日　国民政府「中華民国訓政時期約法」 83
1931年9月　国民党第3期中央執行委員会第17回常務会議「三民主義教育実施原則」(第6章—蒙藏教育)　80
1931年10月12日　国民政府「モンゴル盟部旗組織法」 196
1931年11月7日　中華ソビエト共和国憲法大綱　52
1931年11月　中華工農兵ソビエト第1回全国代表大会「中国境内の少数民族に関する決議案」 87
1933年8月19日　内モンゴル自治宣言　203
1933年11月17日　内モンゴル自治解決大綱　203
1934年2月28日　国民政府「モンゴル地方自治問題の解決方法の原則」 203
1934年10月　青海省教育庁「蒙藏教育推進の実施方法」 453
1934年11月　甘粛省教育庁「チベット族教育推進計画」 451
1935年2月　「ラプラン・チベット人文化促進会規約」 450
1935年　中共中央「少数民族(の支持)獲得に関する指示」 87
1935年　中共中央「康藏西番(カム、ツァン、アムドのチベット人)民衆に告げる書—チベット民族革命運動進行の闘争綱領」 87
1935年12月20日　中共中央「内モンゴル人民に対する宣言」 87,191,206,239

1936年　中共「抗日救亡運動の新形勢と民主共和国に関する決議」 52
1936年　中華民国教育部「蒙藏回学生の内地専科学校以上の学校への進学補助辦法(措置)」 85
1938年3月　朝鮮総督府「第3次朝鮮教育令」 202
1938年10月　毛沢東「新段階論」 53
1938年　毛沢東「中共第6期中央委員会拡大第6次全体会議における報告」 88
1938年　大日本帝国「朝鮮教育令」
1939年4月　(国民政府)第3回全国教育会議「辺疆教育推進方案」 85
1939年　中華民国「修正蒙藏学生章程」 84
1939年　中国共産党「陝甘寧辺区抗日戦争時期施政綱領」 88, 206
1940年3月21日　中華民国教育部「国民教育実施綱領」 77
1940年7月　中共中央「抗日戦争中のモンゴル民族問題要綱」 206
1941年5月　中国共産党「陝甘寧辺区施政綱領」 50, 206
1941年11月　中華民国行政院「辺地青年教育及び人事行政実施綱領」 85
1941年　中華民国教育部「辺疆教育郷土教科書参考資料の請求方法」「辺地教育史料方法」 82
1942年　中華民国「辺疆学生待遇暫定辦法」 85
1944年　中華民国「辺疆学生待遇辦法」 85
1945年5月　国民党「第6回全国代表大会(重慶)宣言」 86
1945年5月18日　国民党政策綱領案「民族主義者について」 86
1945年10月20日　張治中(国民党政府代表)「中央の新疆局部事変の解決に対する提示案」 384
1945年10月23日　中共中央書記処「内モンゴル工作についての意見」 207
1946年6月　延辺行政督察公署「吉林省暫定教育方針、暫定学制、及び標準教科課程」 148
1947年1月1日　「中華民国憲法」 83
1947年3月23日　中共中央「内モンゴル自治の諸問題に関する意見」 208
1947年4月　内モンゴル自治政府施政綱領・暫定組織大綱、内モンゴル人民代表会議宣言 208, 212
1947年　中華民国　修正「辺疆学生待遇辦法」 85
1948年12月9日　劉俊秀「民族政策中の幾つかの問題について」 148
1949年8月　陝甘寧辺区政府「新地区における当面の国民教育改革に関する指示」「中等学校改革に関する指示」 516
1949年9月29日　中国人民政治協商会議共同綱領 39, 58
1949年10月　中国人民政治協商会議共同綱領第6章「民族政策」 97
1950年8月　国家教育部「中学暫定教科課程」(草案) 114, 149, 160
1950年10月　江隆基・西北軍政委員会教育部長講話(甘粛省第1期教育工作会議) 516
1950年11月24日　中央人民政府政務院「少数民族幹部養成試行方案」 89, 573
1950年　国家教育部「高等学校の新入生募集規定」 110
1950年　新疆省人民政府「当面の新疆教育改革に関する指示」 391
1950年　甘粛省人民政府「西北区中学教育暫定規定」 516
1951年2月5日　中央人民政府政務院「民族事務に関する決定」 127, 298
1951年4月6日　毛沢東「チベット工作方針に関する指示」 464

1951年5月　中央人民政府とチベット地方政府「チベット平和解放に関する協約」(17条協定)　459,462,468,530
1951年9月　国家教育部第1回全国民族教育会議(北京)「中華人民共和国の少数民族教育の方針」　89
同全国民族教育会議「少数民族教育発展のための措置」　89
1951年　東北教育部「1951年後期の小中学校教育事業の補助的指示」　150
1951年　内モンゴル自治区小学校教育暫定実施方法　215
1952年2月22日　中央人民政府政務院「地方民族民主連合政府実施方法の決定」　58
1952年4月16日　中央人民政府政務院「民族教育行政機構設置に関する決定」　112,113
1952年8月8日　中華人民共和国民族区域自治実施綱領　39,58,97
1952年　新疆省教育庁「宗教小学校及び宗教の授業の問題に関する指示」　387
1953年2月2日　国家教育部「兄弟民族はどの種の言語を用いて授業を行うべきかに関する意見」　90
1953年9月9日　中央人民政府承認公布「民族区域自治推進経験に関する基本総括」　97
1953年11月　西康省チベット族自治区(第1期第3回各族各界代表会議)「民族言語文字の発展についての実施方法」　493
1953年　中共中央「過去数年間党が少数民族の中で実施した政策の主な経験の総括について」(討議)　37
1953年　吉林省「朝鮮族中学53年～54年教科課程(草案)」　151
1954年5月　民族言語文字研究指導委員会、中央民族事務委員会「文字のない民族を援助して文字を創作する問題に関する報告」　127,550
1954年9月20日　中華人民共和国憲法　58,97,133
1955年4月28日　国家教育部「全国の民族教育行政指導問題」　113
1955年7月13日　新疆省人民政府「クルグズ語正字法」(388号訓令)　399
1955年12月2日　国家教育部「(少数民族受験生の年齢緩和に関する)広西省教育庁にあてた通達」　110
1955年12月29日　国務院「地方民族民主連合政府の改定に関する指示」　58
1955年12月29日　国務院「民族郷設立の若干の問題に関する指示」　73
1955年12月29日　国務院「区に相当する民族自治区の改定に関する指示」　73
1955年　高等教育部「少数民族学生の優先採用に関する通知」　119
1956年3月10日　国務院「各少数民族文字方案の創作と改革の承認順序と、実験推進の分業に関する通知」　128,136
1956年4月23日　国家教育部「モンゴル族学校において自民族語文を用いた授業を開始・推進する問題について」(黒龍江省教育庁への指示)　249
1956年9月4日　中共中央「チベットの民主改革に関する指示」　466
1956年10月6日　国務院「区と郷に相当する民族自治区の改定に関する補充指示」　73
1957年2月　毛沢東「人民内部の矛盾を正しく処理する問題について」　90,152
1957年6月8日　毛東沢「これはどうしたことか」(人民日報)　91
1957年12月10日　国務院「少数民族文字方案中の字母作成の原則」　129,298,343,399
1957年　「新入生募集規定」　119
1958年1月10日　周恩来「当面の文字改革の任務」(中国人民政治協商会議全国委員会での報告)　129,243,299,399

1958年3月　吉林省教育『大躍進』誓師大会決議　256
1958年　民族事務委員会文教司「党の民族語事業の方針を正しく貫徹執行するために奮闘する」　132
1958年　甘粛省教育庁「民族教師の養成と向上を如何に行うかについての意見」　517
1958年　甘粛省教育庁「我が省で出版した小学校チベット語教科書を採用することに関する通知」　517
1959年3月22日　中共中央「チベット反乱平定の中で民主改革を実行することについての若干の政策問題」　468
1959年5月　新疆省人民政府「ウイグル語正字法」(21号決議)　399
1959年6月11日　吉林省教育庁「民族連合学校に関する通知」　153,257
1960年8月25日　新疆自治区教育庁「民族中学における漢語教育事業の改善、向上に関する通知」　391
1961年1月　中共第8期9中全会「調整・鞏固(強化)・充実・提高(向上)」の「八字方針」　92
1961年11月　青海省文教庁「民族小中学校の若干の問題に関する意見」　513
1962年8月2日　国家教育部、中央民族事務委員会「高等学校における少数民族学生の優先採用に関する通知」　118,119
1963・64年　教育部「高等学校入学試験規定」　119
1966年5月　中共中央「5・16通知」(文化大革命発動)　93,154
1974年1月9日　国務院「国発〔1974〕3号文書」(関於内蒙古自治区蒙古語文工作問題報告的批復)　239
1974年4月26日　国務院「(教育科学グループ)内地がチベットの大学、中学、専科学校の教員を支援する問題に関する報告」承認　483
1975年1月25日　中華人民共和国憲法　133
1975年　青海省文教局「海西モンゴル族チベット族カザフ族自治州民族師範教育事業の改正に関する意見」　513
1976年7月15日　新疆自治区革命委員会「ウイグル、カザフ旧文字の使用停止とウイグル、カザフ新文字の全面的使用に関する決定」　400
1978年1月　中央教育部「全日制10年制小中学校の教科課程試行草案」　392
1979年8月　青海省教育庁「少数民族語授業の強化に関する意見」　514
1979年11月3日　国家民族事務委員会「民族識別事業の積極的推進に関する通知」(国家民委(79)166号文書)　48
1980年3月31日　八省区モンゴル語事業協力グループ「モンゴル語の基礎方言、標準音の確定とモンゴル語音標の試行に関する請示報告」　187
1980年3月　国家教育部「引き続きチベット支援教師を派遣することに関する通知」　483
1980年4月7日　国家民族事務委員会「チベット工作座談会紀要」　534
1980年6月21日　国家教育部「全国重点高等学校における少数民族班の試験的設置に関する通知」　119
1980年10月9日　教育部・国家民族事務委員会「民族教育事業の強化に関する意見」　93
1980年　国家教育部「高等学校新入生募集規定」　111,119
1980年　内モンゴル自治区教育局「民族教育の回復と発展に関する意見報告」　218
1981年1月12日　修正「蒙藏委員会組織法」(台湾)　96

1981年1月　中共青海省委員会、同省政府「少数民族地域の教育事業の強化に関する指示」 514
1981年6月　中共第11期6中全会「建国以来党の若干の歴史問題についての決議」 93
1981年11月28日　国務院人口センサス指導グループ、公安部、国家民族事務委員会「民族的出自の回復あるいは改正の処理原則に関する通知」(国家民委(81)民政字第601号文書) 48
1981年　中央教育部「全日制5年制小学校教科課程(修訂草案)」 392
1982年2月2日　国家民族事務委員会「チワン文方案(修訂案)」(承認) 552
1982年3月2日　国家教育部「全日制民族小中学校漢語文教育要綱」 109
1982年3月　中共新疆ウイグル自治区委員会「"経文(コーラン)学校に対する処理に関する意見報告"転送の通知」 387
1982年9月11日　新疆自治区人民政府「ウイグル、カザフ旧文字の全面的使用に関する報告」 402
1982年10月13日　新疆自治区第5期人民代表大会常務委員会「ウイグル、カザフ旧文字の全面的使用に関する決議」(新人発(1982)44号文書) 402
1982年　国務院人口センサス指導グループ「各民族名称一覧表」 40
1982年　中共中央「我が国の社会主義時期における宗教問題の基本観点と基本政策」 109
1982年　新疆ウイグル自治区教育庁「民族小中学校の漢語授業の強化に関する意見」 393
1983年3月　「国家民族事務委員会の主要な任務と職責」 114
1983年8月16日　貴州省民族事務委員会・教育庁「民族学校における民族語文教育実験に関する通知」(黔教通字150号、黔族(1983)40号) 355
1983年12月29日　国務院「民族郷の設立問題に関する指示」 73
1983年　新疆ウイグル自治区人民政府「ウイグル文字表」 403
1984年1月　中共新疆自治区委員会「民族学校における漢語授業の強化に関する意見」(新党発(84)3号文書) 393
1984年5月31日　中華人民共和国民族区域自治法　104,172
1984年　中共新疆自治区委員会「中共新疆自治区委員会の3号文書の徹底に関する通知」 395
1984年　青海省「民族小中学校教科課程試行草案」 514
1985年10月24日　国家民族事務委員会「区域自治を実行する民族が総人口に占めるべき比率の問題について」(第325号文書) 50
1985年　山東省人民政府「民族教育事業の強化に関する意見」 102
1985年　延辺朝鮮族自治州自治条例　172,178,180
1985年　中共四川省委員会、四川省人民政府「民族教育事業の強化に関する決定」 490
1986年2月8日　国家民族事務委員会「民族的出自の回復あるいは変更問題に関する補充通知」(国家民委(86)民政字第37号文書) 50
1986年4月20日　ドゥルベット・モンゴル族自治県自治条例　252
1986年6月12日　国家民族事務委員会「我が国の民族識別事業と民族的出自変更の情況に関する報告」((86)民政字第252号文書) 50
1986年10月　デチェン・チベット族自治州人民政府「チベット語の教育及び使用の重視と強化に関する決定」 506
1986年　内モンゴル自治区「民族教育工作条例」 169

1987年7月　貴州省「貴州省計画生育試行条例」 71
1987年7月9日　チベット自治区第４期人民代表大会「チベット自治区におけるチベット語の学習、使用と発展に関する若干の規定(試行)」(藏政発〔1987〕49号) 487,523,536,582
1987年　国家教育委員会「普通高等学校新入生募集暫定条例」 111,119
1987年末　新疆ウイグル自治区教育委員会「民族小中学校における漢語教育事業の一層の強化に関する幾つかの措置」 395
1988年１月　黒龍江省民族郷条例 178
1988年4月13日　第7期全国人民代表大会第1回会議「海南省設立に関する決議」 565
1988年9月　四川省教育委員会・民族事務委員会「イ、チベット小中学校の二言語教育に関する意見」 490,492
1988年10月　国家民族事務委員会「三定」方案 114
1988年10月29日　チベット自治区人民代表大会常務委員会「チベット自治区におけるチベット語の学習、使用と発展に関する若干の規定(試行)の実施細則」(藏政発〔1988〕70号) 488,582
1988年　延辺朝鮮族自治州朝鮮語文工作条例 172,180
1989年3月　雲南省教育庁「民族語教育事業に関する意見」 137
1989年6月　河南モンゴル族自治県自治条例 269
1989年11月15日　国家民族事務委員会、公安部「民族的出自変更事業の一時停止に関する通知」 50
1990年5月10日　「中国公民の民族的出自確定に関する規定」 40
1991年2月　ドゥルベット・モンゴル族自治県モンゴル語文工作条例 252
1991年4月30日　国家民族事務委員会「少数民族言語文字事業をさらによく実施する件に関する報告」(6月19日、国務院国発［1991］32号文書) 121,135,137
1991年5月　長白朝鮮族自治県自治条例 178
1993年4月　イ語文工作条例 303
1993年9月15日　国家民族事務委員会「民族郷行政工作条例」 62,178
1993年9月15日　国家民族事務委員会「城市(都市)民族工作条例」 62
1994年4月6日　国連規約人権委員会「一般的意見23」 41
1995年10月　ミリ・チベット族自治県人民政府「我が県における二言語教育の全面的実施に関する通知」 499
2002年5月22日　チベット自治区第7期人民代表大会「藏政発〔1987〕49号文書改訂に関する決定」(〔2002〕1号文書) 583
2002年7月7日　国務院「改革を深め、民族教育の発展を速めることについての決定(関於深化改革加快発展民族教育的決定)」(国発〔2002〕14号文書) 585
2003年　新疆ウイグル自治区人民政府「国務院の国発〔2002〕14号文書の貫徹にあたっての意見」 585
2004年3月　中共新疆ウイグル自治区委員会・人民政府「二言語教育事業の大幅な推進に関する決定」 586
2005年　新疆ウイグル自治区「少数民族就学前二言語教育の強化に関する意見」 586

図表一覧

地図

表

図

図　民族文字・教科書

岡本 雅享（おかもと　まさたか）

1967年、出雲市生まれ。明治学院大学国際学部卒業。北京師範学院、中央民族学院留学。IMADR（反差別国際運動）事務局員等を経て、横浜市立大学大学院国際文化研究科修士課程修了（1997年、国際学修士）。一橋大学大学院社会学研究科博士課程修了（2000年、社会学博士）。現在、福岡県立大学人間社会学部准教授。
主な著書は『国際人権と在日韓国・朝鮮人——国連人権活動へのアプローチ』（在日韓国人問題研究所、1990年）、『ウォッチ！規約人権委員会——どこがずれてる？人権の国際規準と日本の現状』（日本評論社、1999年、監修）、『現代中国の構造変動7　中華世界——アイデンティティの再編』（東京大学出版会、2001年、共著）、『マイノリティの権利とは——日本における多文化共生社会の実現に向けて』（解放出版社、2004年、共著）、『日本の民族差別——人種差別撤廃条約からみた課題』（明石書店、2005年、監修・編著）など。

中国の少数民族教育と言語政策［増補改訂版］

2008年4月20日　初版第1刷発行

著　者：岡本雅享
装　幀：伊藤　知
発行人：松田健二
発行所：株式会社 社会評論社
東京都文京区本郷2-3-10　☎ 03(3814)3861　FAX 03(3818)2808
http://www.shahyo.com
印刷：スマイル企画＋倉敷印刷
製本：東和製本

ある日本兵の二つの戦場

近藤一の終わらない戦争

●内海愛子・石田米子・加藤修弘編

A5判★2800円＋税／0557-1

沖縄戦の生き残り兵士の近藤さんは、その悲惨な体験を語りつぐなかで、中国大陸で自分たちがしてきたことに向き合うことになる。一皇軍兵士の「加害と被害」体験の聞き書き。(2005・1)

関東軍兵士はなぜシベリアに抑留されたか

米ソ超大国のパワーゲームによる悲劇

●エレーナ・カタソノワ著／白井久也訳

A5判★3800円＋税／1310-8

著者、エレーナ・レオニードブナ・カタソノワは、東洋学研究所から日本に派遣され、全抑協本部があった山形県鶴岡市に4年住み、シベリア抑留問題の人道的解決に取り組む。埋もれた歴史資料の発掘。(2004・11)

秋田県における朝鮮人強制連行

証言と調査の記録

●野添憲治編著

四六判★2400円＋税／1316-7

編者を中心とする調査団による、炭坑、金属鉱山、軍事工場、土建・港湾荷役などで強制労働させられた朝鮮人と企業関係者への聞き取り調査の報告集。(2005・1)

日本の植民地図書館

アジアにおける近代図書館史

●加藤一夫・河田いこひ・東條文規

四六判★ 4200円＋税／0559-8

北海道・沖縄、台湾、朝鮮、中国占領地、「満州」、南方——。日本が侵略・占領した地域に作られた図書館。それは「皇民化政策」と文化支配の重要な装置であった。知られざる図書館の歴史と戦争責任。(2005・5)

朝鮮農村の〈植民地近代〉経験

●松本武祝

A5判★ 3600円＋税／0286-6

植民地期と解放後の朝鮮の「近代」としての連続性に着目し、ヘゲモニー、規律権力あるいはジェンダーといった分析概念から、植民地下朝鮮人の日常生活レベルでの権力作用の分析を試みる。(2005・7)

満鉄経済調査会と南郷龍音

満洲国通貨金融政策史料

●小林英夫・加藤聖文・南郷みどり編

A5判★ 7800円＋税 /1439-2

満鉄経済調査会金融班主任をつとめたテクノクラート・南郷龍音。彼は「満洲国中央銀行」の設立と「満洲国」の幣制統一事業の実質的な責任者でもあった。克明な日記と当時の資料から、満鉄調査部の活動を見る。(2004・4)

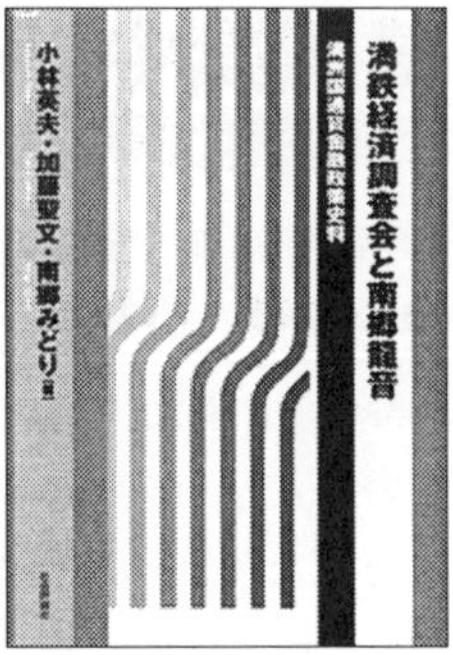

朝鮮半島 危機から平和構築へ

●菅英輝編著

四六判★ 2300 円＋税／ 1437-6

米国・日本・韓国・中国・ロシアの対北朝鮮政策を分析し、危機と対立の構造から緊張緩和と平和構築へ到る可能性を探る。この地域の多国間安全保障システムの構築をめざす日韓両国の共同研究の成果。(2004・4)

北朝鮮は経済危機を脱出できるか

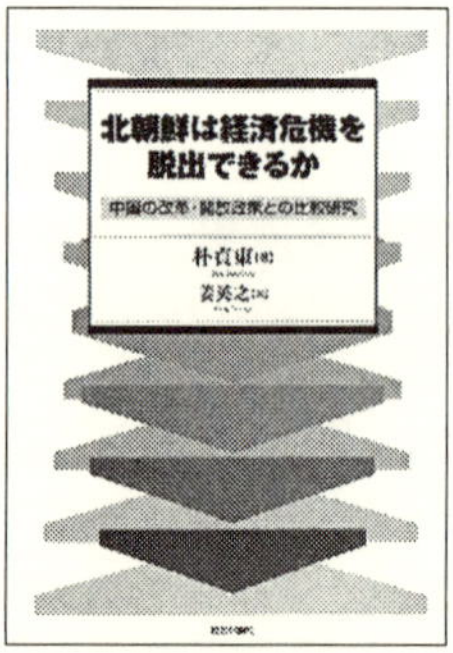

中国の改革・開放政策との比較研究

●朴貞東／姜英之訳

A5 判★ 3200 円＋税／ 0284-X

経済危機から脱出し、経済の再生と持続可能な成長は可能か。経済改革の具体的実態を分析し、中国の改革・開放政策と比較しながら、現在の対外経済環境に適応できる、改革・開放を本格化させる方向性を提示。(2004・8)

韓国獄中 34 年
元北朝鮮従軍記者の手記

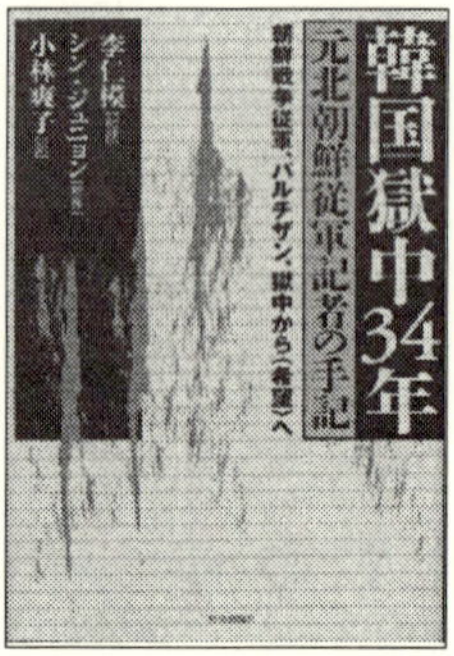

韓国獄中 34 年・元北朝鮮従軍記者の手記

●李仁模／小林爽子訳

四六判★ 2800 円＋税／ 0285-8

朝鮮戦争に参加、パルチザンとして過ごした智異山の暮らし、拷問が繰り返される獄中体験、釈放後の老人を支える韓国の市民たちとのふれあい。一個の人間に刻み込まれた、朝鮮半島の分断と和解への歴史。(2005・2)